Eckhard Henscheid
Gerhard Henschel
Brigitte Kronauer

Kulturgeschichte der Mißverständnisse

Studien zum Geistesleben

RECLAM VERLAG LEIPZIG

ISBN 3-379-01689-6

© 1997 Philipp Reclam jun. GmbH & Co., Stuttgart (Originalausgabe)
© Reclam Verlag Leipzig 2000 (Taschenbuchausgabe)

Reclam-Bibliothek Band 1689
1. Auflage, 2000
Reihengestaltung: Hans Peter Willberg
Umschlaggestaltung: Matthias Gubig, Berlin,
unter Verwendung eines Fotos von Rainer Griese, Troisdorf
Gesetzt aus Garamond
Satz: Wilhelm Röck, Weinsberg
Druck und Bindung: Ebner, Ulm
Printed in Germany

Inhalt

I

Die Unfähigkeit zu trauern o. s. ä. 17
  Ein Spezialkapitel zu unserer Kulturgeschichte

Diskret charmant 26
  Ein journalistischer Gesamtunfall

Nachgeholtes Vorwort 27

Denk ich an Deutschland 30
  Ein nichtendenwollendes Kapitel

Nachkriegswirren 34
  Ein weiteres Schwerpunktkapitel

Der Fall Kraus–Hitler 50

Humor 51
  Ein ewiges Trauerspiel

Jedermanns Apfelbäumchen 67
  Luther und die Nachredner

Mnemotechnische Zerebralerosionen 70
  Gespräche über Gedichte nach Auschwitz usw.

Chamäleonide Musik 73
  Ein Aufriß

Entfremdete und Verfremdete 84
  Eine schwere Kontroverse

Und »Griechenland«? 87
  Winckelmann und die Folgen

»Arkadien« 91
   Ein Nachschlag

Sinnverflüchtigungen 95
   Mutter Courage et alt. tutti frutti

Zu Sokrates' Unwissen 99
   Von hier her und aus jenem her

Nachts, wenn die Leichen schreien 101
   Über Filmeindeutschungen

Scheibe, Kugel, Birne, Tisch 104
   Aus der Enzyklopädie der Erdwissenschaften

Mars macht mobil 110
   »channel« oder »canal«

Falsche Signale und benachbarte Irreführungen 112
   Ein Querschnitt

Prähistorischer Budenzauber 132
   Felsbilder und Fehlausdeutungen

Identität – ja oder contra 134

II

Wagner 137
   Eine Bilanz

Freud 156
   Die Psychoanalyse oder: Aus dem Zentrum
   der Begriffsverwirrung

Einstein und Darwin 176
   Ein nahezu naturnotwendiges doppeltes
   Scheitern

Satire und Begriffsverwirrung 188
   Eine Kurzgeschichte

Maria wie Milch und Blut 189
  Eine kleine Motivgeschichte

Sinnverwehungen 204
  Die Politik und das uneigentliche Sprechen

Jäger des verlorenen Schatzes 207
  Von der Insel Atlantis

Trauerunfähigkeit II 222
  Eine fast kuriose psychoanalytische
  Sommergeschichte

Tucholsky und die Spätfolgen 225
  Ein fatales Kraftwort

Das Mißverständnis als Muse 231
  Ein Inventar

Schöne Hör- und Lesefehler 253
  Ein Kapitel zur Erholung

Mißverstand 259
  Von Gastautor Johann Peter Hebel

Grammatik u. ä. 259
  Ein Querschnitt

Etymologie auf dem Holzweg 264
  Ein Aufriß

Schopenhauers »Ding an sich« 268

Falsche Wörter 270
  Eine Vergeblichkeitsbilanz

Herodes 276
  Falsch verstanden und fehlerhaft korrigiert

Namenskongruenzen 281

Tertium datur 283
  Goya und Jean Paul

Hitler 283
  Von Schicklgruber bis zur Auschwitz-Lüge

Shakespeare 298
    Kandidaten, Komplott, Konjunktive

Christentum 301
    Jesus, Bibel, Theologie, Kirchengeschichte

Gott und die Bibel 318
    »Mißverständnisse von Jahrtausenden« –
    eine Ergänzung

Philosophie und Wissenschaft 324
    Von Heidegger über Sartre zu Edel und Hegel

Das Bewußtsein von Nöten 339
    Adorno mißdeutet Hegel

Und abermals: H. Böll 340
    Adorno mißversteht erneut

Nostradamus total verrückt 342

Fabel 350

Romantik 350
    Eine Begriffskatastrophe

Kolumbus in der Medizin 356
    Fortschritt auf Schleichwegen und falschen
    Fährten

Erbsen um die Augen 359
    Sexuelle Abweichungen

Das Reiten der Geister im Gebiete der
Naturerkenntnis 362
    Nazis zwischen Relativitätstheorie und
    Welteislehre

Menschenfleisch aus der Gerüchteküche ... 386
    Einige Nachrichten

Von Schmitt über Jünger zu Weber 390
    Ein Spezialunfug

Jüngers Spätschwachsinn 391

Große Alte 392

Der Neue...................... 394

Alles fließt usw. 395
    Zitate von Herodot zu Richard Wagner usf.

Stumme Lustbarkeiten 398
    Über optische Täuschungen

Der Treppenwitz 400
    Zu Hertslets Klassiker

Die Deutschen 401
    Ein Endlos-Kapitel

Deutsche Symbolik 413
    Von unserem Gastautor F. W. Bernstein

Vom undogmatischen Frühling zum deutschen
Herbst 414
    Eine Erinnerung

Per aspera ad aspera 417
    Die unendliche Sache Clara und
    Robert Schumann

Ein weiterer Sonderfall 419

Der Erdbeerschorsch 421

III

Irrungen, Wirrungen 423
    Heterotautonomisches und Brummendes

Plato und die platonischen Realisten 429
    Ein dreifacher Extra-Problembereich

Die Kröte als entarteter Frosch und der Neger
am Rhein 430
    Nochmals Adolf Hitler – Absonderliches und
    Abstruses

Dudu, Pimpam und die Folgen 440
    Von Teufeln, Dämonen und anderen
    Interferenzen

Tiere 442
    Ein Vergleich

Sport und Alltagsleben 446

Spinoza 453

Zur Augenproblematik 454
    Von Goethe bis Thomas Mann

Vom Stein der Weisen 457
    Eine Kurzgeschichte

Katakombenkitsch 462
    Aus dem frühchristlichen Schattenreich

Ariadne auf Nixon 464
    Verstreute Verhörer, Versprecher, Verleser,
    Verwechslungen

Weitere Wortmißwenden 469
    Zu einem mehr oder weniger aktuellen
    Kleinphänomen

Trauerunfähigkeit III 472
    Eine vorerst letzte Spätlese

Die Grafiker 475
    Ein weiteres Spezialkapitel

Misheard Lyrics 478
    Ein Kapitel für Englischversierte

Tao 480

Politik und Politikwissenschaft 480
    Eine Übersicht

Hochmißverständlicher Islam 488
    Oder: Vom Holocaust zum Holozän

»Gothic« 490

Getürkte Heilige und türkische Hähne 492
   Ein seltsamer Fall aus Lübeck und Verwandtes

Münz' Mißverständnis 499
   Geschichte als Sinngebung des Sinnlosen

»Soldaten sind Mörder« 502
   Tucholsky zu einem kleinen Volksaufstand

Von Obelix zu Rathenow 505
   Wieder mal ein Sonderfall

Populäre Irrtümer 506
   Ein Blick auf die Kollegen

Was tun? 507
   Exemplarisches über Zitatquellen

Der Krieg der Welten 509
   Massenmißverständnisse zwischen Welles und
   Wells usw. usf.

Nomen non est semper omen 514

Nomen est oft ein Problem 517

Frankreich 518
   Ein Einspruch

Frankfurt 520
   Eine Korrektur

Kulturschnappmesser 521

In schwereigener Sache 522
   Wir drei Mißverstandenen

Unselds schwindende Autorenschaft 529
   Oder: Herbstgefühle eines Patriarchen

Nachkriegswirren II 534

Leere Versprechungen 535

Unklare Trennungen 536
   Oder: Letzte Probleme

Mehrfachbesetzungen 537
    Oder: Der Platz wird enger

O England! 538
    Die Karikaturisten

London 1966 540

De verkeerde wereld 541
    Oder: Das Mißverständnis vom Mißverständnis

Nachkriegs-Topwirrwarr 545
    Oder: Der Fall Borchert

Anything goes 546

Ewiger Schwachsinn 547

Von Descartes bis Wittgenstein 547
    Ein Beitrag samt Gastbeitrag von Ulrich Holbein

Von Courbet bis Dürer 551
    Bzw.: Von Proudhon zu Gernhardt

Puccini und Augstein 552
    Vermittelt durch Hitler

Verbalhornviehungen 554

Zerebrasthenie 555

Adornos Humor 556

Spiegelgasse, Zürich, 1916 ff. 557

Aha! 557

Letzte Worte 558
    Mit einigen Neuheiten

Noch so ein Fall 560
    Aus unseres Hausautors kleiner Todesprosa

Dostojewski-Special 561

Wer war's denn nun? 561
    Furie des Vergessens

Ein allerletzter Sonderfall 562
Winckelmann und Lessing 563
Parabel 564

Empfohlene Handbibliothek 565
Register 567

Valet ima summis mutare et insignem attenuat deus obscura promens.
Horaz, »Oden« I,34

Wahn! Wahn! Überall Wahn!
Richard Wagner, »Die Meistersinger von Nürnberg«

Was aber im Speziellen die Kulturgeschichte betrifft, so ist es schlechterdings unmöglich, sie anders als dilettantisch zu behandeln.
Egon Friedell, »Kulturgeschichte der Neuzeit«

So etwas von Mißverständnissen, von Nebeneinanderdenken, von Aneinandervorbeireden ...
Kurt Tucholsky am 18. 1. 1931 an seinen Bruder

O Weltenwahns Umnachten!
Richard Wagner, »Parsifal«

So verdichtet sich der Verdacht des Unfugs zur Annahme.
Bernd Eilert

Dann aber werd ich's erkennen, gleich wie ich erkennet bin.
1. Kor. 13,12

I

Die Unfähigkeit zu trauern o.s.ä.

Ein Spezialkapitel zu unserer Kulturgeschichte

»Die Unfähigkeit zur Trauer um den erlittenen Verlust des Führers ist das Ergebnis einer intensiven Abwehr von Schuld, Scham und Angst; sie gelingt durch den Rückzug bisher starker libidinöser Besetzungen. Die Nazivergangenheit wird derealisiert, entwirklicht. Als Anlaß zur Trauer wirkt übrigens nicht nur der Tod Adolf Hitlers als realer Person, sondern vor allem das Erlöschen seiner Repräsentanz als kollektives Ich-Ideal. Er war ein Objekt, an das man sich anlehnte, dem man die Verantwortung übertrug, und ein inneres Objekt. Als solches repräsentierte und belebte er aufs neue die Allmachtsvorstellungen, die wir aus der frühen Kindheit über uns hegen; sein Tod und seine Entwertung durch Sieger bedeutete auch den Verlust eines narzißtischen Objekts und damit eine Ich- oder Selbstverarmung und -entwertung.«

Zwar scheinen die beiden Autoren, Alexander und Margarete Mitscherlich, auch hier schon, im Veröffentlichungsjahr 1967 ihres nachmals berühmten Buchs, und vor allem späterhin schwerlich so ganz genau zu wissen, was sie eigentlich meinen, was es, von beider schauderhaftem Deutsch mal abgesehen, mit ihrer so plakativen wie ominösen »Unfähigkeit zu trauern« so einigermaßen genau auf sich hat; denn diese obige »zusammenfassende« Definition (S. 34 ff. der Piper-Ausgabe 1977) läßt ganz andere und eigentlich sogar recht divergente vorausgehen und folgen; etwa: »Erst in zweiter Linie folgt die Abwehr der Trauer um die zahllosen Opfer der Hitlerschen Aggression«; und: »Problematisch ist erst die Tatsache, daß – infolge der Derealisation der Naziperiode – auch später keine adäquate Trauerarbeit um die

Mitmenschen (Hervorhebung: A. u. M. M.) erfolgte, die durch unsere Taten in Massen getötet wurden« (S. 35) –

– und im weiteren Verlauf des Großessays nimmt die zentrale Kategorie und Titelmetapher der Trauerlosigkeit resp. Trauerunfähigkeit dann noch viel frappantere Kurven, unterliegt einer Metamorphose nach der anderen; von der Trauer als der »melancholischen Selbstanklage« zur »Selbstzerfleischung der (!) Melancholie«; von der »Trauer um die Opfer« (S. 28) bis andererseits wieder zum Adolf Hitler geltenden »Schmerz um den Verlust eines Wesens, mit dem der Trauernde in einer tiefer gehenden mitmenschlichen Gefühlsbeziehung verbunden war. Mit dem betrauerten« – zwei Seiten vorher war er, Hitler, gerade ja nicht betrauert – »Objekt ging etwas verloren, was ein wertvoller Inhalt unserer erlebten Umwelt (!!) war« (S. 37).

»Mit anderen Worten« (Mitscherlich, 1967): Verstanden durfte schon 1967 unter der Trauerunfähigkeit so ungefähr und ad libitum alles und jedes werden, von der einigermaßen synonym gemeinten »Entwirklichung« der »Naziperiode« (!) bis zum Ausbleiben einer »großartigen Ich-Verarmung« (S. 37); und vor allem aber auch jene moralisch-moralisierende Disqualifikation eines penetrant unterstellten gleichsam nationalvölkischen Versagens, welches, so der Tenor des hin und her schwappenden begrifflichen Kuddelmuddels, sozusagen in einem Syndrom bestehe aus Indifferenz, hedonistischem Nachkriegsmaterialismus und »Verleugnungsarbeit« (S. 36) – als »Verdrängung« wurde das Ganze erst später subsumiert, vor allem von Margarete Mitscherlich selber; 1967 scheiden die Autoren noch geradezu peinlich: »Wir sprechen korrekterweise von Verleugnung und nicht Verdrängung. Verleugnung ist ein Abwehrmechanismus, der sich auf störende Wahrnehmung der äußeren Realität bezieht. Verdrängung gilt der Unlust bereitenden Wahrnehmung eigener Triebregungen« (S. 39).

Wie auch immer: Hitler hin und der schmerzlich verlustig gegangene und noch schmerzlicher unbetrauerte Führer hin und her: Als Verleugnung/Verdrängung der eigenen aktuell bösen Nationalgeschichte wurde in den folgenden fünfundzwanzig Jahren die »Unfähigkeit zu trauern« immer eindeutiger und (eigentlich erfreulich) wieder ganz eingleisig verstanden. Und immer häufiger zitiert. Und immer wahlloser; und falscher.

Denn genau jene Allerwelts-Allzweck-Bedeutung hatten die Mitscherlichs 1967 mit ihrem Titel resp. Titel-Postulat eben nicht im Sinn, jedenfalls nicht primär und nicht S. 30 ff. ihres Buchs – was immer es, heute wiedergelesen mit ihren zitierten und reichlich obskurantischen Textpassagen akkurat auf sich haben mag, samt der offenbar dahinterstehenden und aber nicht weiter ausgeführten These und Theorie eines Kollektiv-Traumas: Scheint's schwebte hier Alexander und Margarete Mitscherlich (vielleicht ja auch nur einem von ihnen) ein irgendwie Archaisches, jedenfalls sehr Frühes vor: ein Herrschafts- und Staatsmodell dergestalt, daß der per Tod erlittene Führerverlust in aller Regel zur sozialen Wiedergesundung durch die entlastenden Gefühle und Rituale von Trauer zu kompensieren ist – ein Ablauf, der aber eben 1945 ff. durch Hitler und die Hitlerei quasi verunmöglicht wurde; und dies, obschon gleichzeitig, wie man einigermaßen erstaunt erfährt, auch Hitler ein »vom Volk narzißtisch geliebter« Mann gewesen sein soll. Eine Art Tabu-Trauma also waltete hier, anstatt eines Denk- und Trauerverbots. Mit der Folge eines offenbaren massenpsychotischen Vakuums; eines seelischen Dachschadens.

Mit der Trauerunfähigkeit als Grund und Folge, als Henne und Ei, zugleich.

Jedenfalls irgendwo.

Ob nun dem weiland deutschen Volk die Trauer um die schon zuvor dahingegangenen Führer Hindenburg, Bismarck, Heinrich der Vogler usw. gar so viel genutzt hatte: Die Unfähigkeit bzw. Unerlaubtheit, um Hitler und die Seinen einigermaßen ausgiebig zu trauern, die produzierte im Rahmen der dabei merkwürdig völkisch anmutenden Mitscherlichschen Theoriegespinste nicht allein immer frappantere Deduktionen im Buch: »Der Unfähigkeit zu trauern ist also unsere weniger einfühlende als auf Selbstwertbestätigung erpichte Art zu lieben vorausgegangen«. Oder, in der Tradition der Freudschen »Trauerarbeit« (oder auch nicht): »In der Trauer wird das verlorene Objekt introjiziert« (S. 78); ein Sammelsurium von Aporien etwa in Gestalt einer »Steigerung der Trauer, die Melancholie« und wiederum der »Trauer über die Opfer, an deren Tod wir mitschuldig wurden« (inklusive der Trauer über das Ausbleiben dieser Trauer) bis hin zum blanken und kompromißlosen Nonsens –:

Sie, die Unfähigkeit zu trauern, produzierte gleichsam nebenher und a posteriori und auf einer Sekundärschiene von Denkverwehung eines der fülligsten und reizvollsten und vor allem modellhaftesten Kapitel in einer noch zu schreibenden und empirisch wie theoretisch zu elaborierenden Kulturgeschichte der Mißverständnisse dergestalt, daß, so die Arbeitshypothese, unsere komplette Kultur und Kulturgeschichte aus (fast) nichts als aus falschen Überlieferungen, Fehlexegesen, vorgelieferten Deutungsstereotypen, Legenden, Mythen, Salbadereien, Zitatenverdrehungen, Fehlerverselbständigungen und so weiter und so fort – eben: Mißverständnissen sich konstituiert.

Bei der ambi- bis polyvalenten, bei der mindestens doppelgesichtig doppelmitscherlichischen »Unfähigkeit zu trauern« ist es eine ziemlich singuläre Kontinuität, welche das rasch zum Schlagwort ausgewuchtete und fuchtelnde Titel-Zitat über das nächste Vierteljahrhundert hinweg begleitete – und dabei das eventuell Gemeinte offenkundig, ja nachweislich immer falscher und sinnloser und törichter machte. Ad usum Delphini noch weit über die genuin Mitscherlichsche Viel- und auch Wirrsinnigkeit hinaus. Die, das sei ihr immerhin hoch angerechnet, schon auf der zweiten Buchseite für diesen »schwächsten Teil unserer seelischen Organisation, unser Denkvermögen« (S. 8) um Nachsicht fleht. Wobei die späteren eigenwilligen Eigenauslegungen der ihren Co-Autor um viele Jahre überdauernden Witwe den anderweitigen und immer vermehrteren Fehltritten und den immer schillernderen Fehlfarben führend, ja irgendwie triumphal voranschreiten. Mit den Jahren immer eigensinniger. Ja, der Verdacht ist schon insofern immer weniger weder zu verleugnen noch zu verdrängen, die bekannte Psychoanalytikerin habe schon 1967 partout nicht gewußt, was in ihrem berühmten Buch eigentlich genau drinsteht – und freilich deshalb nur um so dringlicher gegenüber dem ohnehin verblichenen Alexander das geistig-seelische Primat an ihm reklamiert. Denn siehe, sie zitiert und deutet in der Folge und im Zuge ihrer späteren genuin mehr popularistischen und monokausal verantworteten Bücher etwa über die »Mühsal der Emanzipation« und das »humanere Über-Ich« (!) von Frauen mit all ihrem zutiefst spekulativen Frauenelogen-Kitsch auch die von ihr einst ja mitsignierte Trauerunfähigkeit jetzt so gut wie exklusiv und ad usum Dummi als jene inzwischen richtiggehend volkstümlich gewordene »Verdrängungsarbeit« weit jenseits des einstigen und ohnehin odiosen oder doch gar zu komplizierten Führer- und mithin Trauerentzugs, als welche sie ab sofort auch sämtliche sozialdemokratischen KulturdezernentInnen im jetzt stets trauerprallen Munde wälzen. So in »Erinnerungsarbeit. Zur Psychoanalyse der Unfähigkeit zu trauern« (1987), in welchem schmalen Seitenwerk eben jene »Erinnerungsarbeit« nun wieder als Heilmittel wider die Trauerunfähigkeit sowohl als etwas paradox wider die Hitlersche »Grausamkeitsarbeit« (S. 101) empfohlen wird. Welches aber trotzdem die Frage unbeantwortet läßt, ob, auch mit nachgeholter Trauerfähigkeit, »millionenfacher Mord denn überhaupt zu bewältigen ist«; das von der »sogenannten Hitler-Welle überschwemmte Deutschland« (S. 113) her und hin und das Mühlrad in unserem Kopf jetzt wieder andersrum.

Dieses rumpelte allerdings auch schon im August 1977 im Zuge des von der Witwe solo verantworteten Nachworts der »unveränderten

Neuausgabe« gewaltig auf und nieder; und freilich auf trauermäßig erfreulich gemütlichem Geleise auch retour: »Die ›Unfähigkeit zu trauern‹ offenbart sich in Deutschland nach wie vor, und zwar in dem Widerstand, sich mit der jüngsten Geschichte auseinanderzusetzen, sie als bedeutungsvoll für die gegenwärtigen politischen Zustände und menschlichen Verhaltensweisen anzuerkennen« (S. 368).

Die Version ad usum Infantili.

In ziemlich genau diesem Sinne fast jedweder platten und zugleich beliebigen Verwendbarkeit wurde der Buchtitel denn auch späterhin zitiert und traktiert; peu à peu und etwa im Tempo Margarete Mitscherlichs sich immer weiter und sinnfreier entfernend vom einstigen Buchinhalt, von seinem immerhin 1967 noch meist erahnbaren Ursprung und Doppel-Gehalt. Wurde zum Selbstbedienungslädchen für alles und jedes, für dumm und doof: vor allem für fast jede Spezerei von sozialpsychologischer Viertelbildung mit Totalanspruch; und auf der anderen Seite zur Heimat, zum Topos für höhere Vergangenheits(»VB«)bewältigungsrituale fast aller Couleur, besonders für die von den beiden Mitscherlichs im nämlichen Atemzug gleich mitkreierte und konträr-komplementäre postfreudische »Trauerarbeit«; die da ihre Trauerklimax in der Dekorierung einer Frankfurter Buchhandlung mit eben diesem Schildchen »Trauerarbeit«, aufgenäht auf eine schwarze Fahne, erklimmen durfte. Sie, all die Mißdeutungen, Legendenbildungen, Dämlichkeiten, in wenigstens winziger Auswahl zu verfolgen, dürfte ebenso unterhaltsam wie lehrreich sein:

Wenn etwa die Journalistin Gabriele v. Arnim nicht nur ihr Vorbild M. Mitscherlich am 29. 10. 1988 zum gemeinsamen Weintrinken besucht und um sich an ihrem »deftigen Selbstbewußtsein« zu laben; sondern sich auch noch als ihre Erbin und gleichsam ihr Vollzugsorgan aufwirft und nämlich in ihrem auch sonst hochprätentiös zusammengeschusterten vorgeblichen Tagebuch »Das große Schweigen« (1989) aber schon zwei Tage vorher, am 27. 10., dies schwerstpretiös vermerkt: »Die eigene Unfähigkeit zu trauern resultiert in der Unfähigkeit, andere zu therapieren« – dann mag der spezielle Unfug dieses speziösen Schäfchens und seines auch sonst beklagenswert beredten Schweige-Sermons schon wieder nett und fast anrührend mahnen; zumal dieser die Trauerunfähigkeit auch ja schon am 14. 1. 1988 am »hornhäutigen« Werner Höfer beklagt, bei dem im Fernsehen nämlich »von Schatten der Vergangenheit, von Trauer nichts zu spüren« war –

– das Unglück zeigt jedoch auch von seinem vorläufigen Ende her, wie die parawissenschaftliche Metapher von 1967 nach rund zwanzig Jahren aber auch restlos autonomisiert und automatisiert, verunklart und verunsinnigt wurde. Zum Beispiel auch der vermeintlich nachdenkliche und besonnenere und überhaupt seriösere Ralph Giordano weiß ja mitnichten mehr, wovon er eigentlich genuin redet, wenn er (im »Spiegel« vom 16.3.1992) über die »Trauerunfähigkeit der Linken« lamentiert und sich dabei ex- oder zumindest implizit auf die Mitscherlichs bezieht, ohne dies zu ahnen; bzw. auf das, was das Ehepaar am Vorabend der Studentenbewegung immerhin vielleicht meinte. Denn er, Giordano, meint was ganz was anderes.

Hölderlin? Meint er das Gedicht »Mnemosyne?« »Dem gleich fehlet die Trauer«? Nein, Hölderlin, den kennen weder die Mitscherlichs noch Giordano. Den kennt höchstens noch Helmut Kohl.

Und auch in der richtigen Aura academica geht's inzwischen rund: Hörbar unbesehen führt der Germanist Keith Bullivant in »Hansers Sozialgeschichte der deutschen Literatur« (Bd. 12, 1992) die ihm nur dem ungefähren Vernehmen nach bekannte Mitscherlichsche »Unfähigkeit zu trauern« wieder prompt und knallhart zurück auf die »Unfähigkeit der Deutschen, sich auch in der Literatur aktiv mit der Nazivergangenheit auseinanderzusetzen« (S. 279).

O Gott, als ob die deutsche Literaturfeuilletonistik eben das nicht seit mindestens 1967 bis hin zur restlosen Unglaubwürdigkeit täte und getan hätte. Als ob nicht gerade mit dieser bestenfalls nimmermüd törichten Wohlgesinnung, die »Hitler-Barbarei« und/oder die Juden und überhaupt alles zu betrauern, nolens oder auch volens Höchstauflagen erzielt, Karrieren gebastelt worden wären. Aber freilich, warum eine Arnim, einen Giordano und einen betroffenheitspolitisch zugereisten Amerikaner schelten, wenn doch auch die beiden Mitscherlichs selber a.a.O. neben den hitlerlibidinösen eben auch noch ganz andersgeartete Gründe für Trauerunfähigkeit zur freien Verfügung offeriert haben. Etwa den, daß der »Abgrund zwischen Literatur und Politik in unserem Lande erhalten geblieben ist« (S. 57). Was immer das Interessantes heißen mag: Womöglich hat der Bullivant immerhin den Piper-Klappentext mal kurz so überflogen.

So wie der deutsche Landser im Ersten Weltkrieg dem Hörensagen nach allzeit den »Faust« oder wahlweise den »Zarathustra« im Rucksack trug; so wie in den Tornistern der Woodstock-Teilnehmer jederzeit ausgerechnet Hermann Hesse gelagert haben soll; so wie, na ja, auch bei bürgerlichen Hochzeiten genaugenommen und letzten Endes nichts stimmt und kein Deckel auf seinen Topf paßt –: So gründet sich, milde gerechnet, die halbe Kulturgeschichte auf Mesalliancen, Fehlprojektionen, Interaktionsdefekte und Mißdeutungen ad infinitesimalum – und der so gleisnerische wie zugleich gleißend ignorante »Umgang mit« (Raddatz) Trauer und Trauerarbeit und Trauerunfähigkeit, mit der wissenschaftlichen Aura Freuds und der Seinen, er wäre in dieser nicht eben tragischen Unglücksgeschichte lediglich ein besonders paradigmatischer und sogar sinnlich schöner Dauermißgriff: die meist raunende Edelverbalie der »unbefugt Leidtragenden« (Karl Kraus, Die Fackel 474–483, S. 120) im fast immerzu hohlen Hochton; der geradezu zwanghaft vorgezeigte Erlesenheits-Passepartout, nämlich für zart-skrupulöse Gesinnung. Und am Ende eben eine gemeinplätzige Brühe aus Bonität und Dummheit, aus gedankenverlorener Gedankenferne und – partiell durchaus nachweisbar – schnöd spekulativer Abgreiferei.

Mindestens aber wenig anderes mehr als schlechte Sprichwörtlichkeit; ohne auch nur mehr halbwegs verbindliche, geschweige denn wissenschaftlich plausible Wörtlichkeit. Ob die FAZ (7. 2. 1992) bei ihrer Rezension der TV-Film-Pretiose »Winterreise« das authentische oder aber das schon allseits sinnabgelöste Mitscherlich-Zitat meint, wenn sie anläßlich dieser »west-östlichen Trauerarbeit« spottet, es sei dies »eine alte Geschichte, die von der Unfähigkeit zu trauern«, das war nicht ganz auszumachen. Mit Gewißheit schon blindvertraulich traumverloren danebengreift und bloßen Nonsens spinnt die spekulative Buchtitel-Inversion des eingeborenen Böll-Sohns René, wenn er kurz nach dem Ableben seines Vaters in seinem Lamuv-Verlag sich nicht schämt und einen Titel »Heinrich Böll – Die Fähigkeit zu trauern« ausbrütet, in dem nichts stimmt als der Tran der offenkundig uninformierten Anspielungstorheit. Und während sich z. B. Uwe Wittstocks Doktorarbeit über die DDR-Literatur insbesondere Christa Wolfs und Franz Fühmanns und ihre »Fähigkeit zu trauern« (so der Titel des Buchs von 1987) immerhin noch nachweislich und explizit auf den Mitscherlich-Titel bezieht, als wenn auch etwas zaunpfahlwinkend beifallheischende Hommage, spiegelt sich in den meisten anderen Zitatanknüpfungen doch gleichfalls wenig anderes mehr als eine Art assoziatives Namens- beziehungsweise Word-dropping, eine sei's mehr hochhinauswollende, sei's mehr platt kommerzorientierte Anbiederung – denn siehe: »Die Tränenprobe« mit der »während der Folter festgestellten Unfähigkeit, Tränen zu vergießen, galt hier als starkes Schuldindiz« (Manfred Hammes, Hexenwahn und Hexenprozesse, 1977); und gilt es in unseren späten Bibelarbeitsreuundleidgremien heute noch. Und in Schriftstellerkreisen ist es noch beliebter als ein willkommen nonchalantes Einstreichen und Partizipieren am rechtlich und auch pekuniär immerhin nicht weiter geschützten Erbe der Erbin Margarete. An welchem sich in jenen nebulösen Jahren auch noch

Frankfurts Ex-OB Volker Hauff rhetorisch vergreift, wenn er dieser, so dies und jenes ungeprüft und ungelesen nachplappernd, die Goethe-Plakette der Stadt Frankfurt aufdrängt. Wohlweislich hütete sich, hätte sie's denn vermocht, die so Behängte, den rammdösig oberbürgermeisterlichen Begriffsschwurbel zu entnebeln.

Genug. Schon 1989 schritt der jetzt allgemeinen Buntgesinnung der begrifflichen Omnivalenz und Freiverfügbarkeit der »Spiegel«-Reporter J. Leinemann couragiert voran, insofern er so ungescheut wie sinnentrückt auf Glanzpapier drucken ließ, beim Gorbatschow-Besuch in der Bundesrepublik sei »bei vielen Deutschen jene Unfähigkeit zu trauern aufgebrochen, die der typische Kreml-Funktionär und der die Angst schürende kalte Krieger mit Nazivergangenheit jahrzehntelang gemeinsam konserviert« hätten.

O Jesus. Jetzt rauscht aber wirklich alles querbeet.

Und deshalb ließ sich auch schon im Jahr davor im Zuge von Jenningers angeblich unerträglicher Reichskristallnachtrede der »stern«-Gewissensredakteur Heinrich Jaenecke nicht lumpen noch es sich nehmen und jammerte schwerstaufgewühlt von der deutschen »Unfähigkeit zu trauern«. Wo es doch allenfalls um die Unfähigkeit zur Rezeption rhetorischer Fragen ging.

Dagegen verhält es sich bei Gottfried Blumenstein (Mr. Tambourine Man – Leben und Musik von Bob Dylan, 1991, S. 126) so: »Dylan war von dem Mord an John F. Kennedy so schwer getroffen, daß er unfähig war zu trauern« – auch das noch; offenbar eine Langzeithalberinnerung des Biografen.

Nun wäre ja zwar noch schöner, wenn neunzig Jahre nach Karl Kraus' Einstand ausgerechnet Journalisten eine wenigstens halbsinnige Ahnung dessen hätten, was ausgerechnet die Wörtchen, die sie da vollmundig faseln, einigermaßen polizeiunwidrig bedeuten könnten – allein, es geht ja nicht allein um die offenkundig längst zerebral autonome Preßmafia: Wie ein Virus zwängt das offenbarlich autoenergetisch legenden- und unfugzeugende Wort sich abermals in die Welt der Wissenschaft, die oft Geisteswissenschaft genannte Großheuchelei zumal: So wenn die germanistische Feministin Regula Venske 1991 in einem sog. Aufsatz über Männerbilder in der Frauenliteratur »Trauer über die männliche Unfähigkeit zu lieben« gaukelt und dabei nur noch wie eine sehr ferne Erinnerung Mitscherlich in sich selber revoziert, derweil sie doch in Wahrheit längst auf dem Weg ist zur Wilfried Wieckschen Wahnwelt à la Männer-lassen-lieben o.s.ä. So wenn der Soziologe Norbert Seitz »Die Unfähigkeit zu feiern« (1985), nämlich den 8. Mai, ausmacht. So wenn noch am 13. 5. 1994 analog in der

»Zeit« Karl-Heinz Janßen bei Gelegenheit der deutschen Verlegenheit beim Sieg über Hitler mit gleichfalls der Überschrift »Die Unfähigkeit zu feiern« nachzieht. So wenn Georg Seeßlen in seinem Hitler-Buch von 1990 aber wiederum mit der »Unfähigkeit der Gesellschaft zu lieben« kontert. So wenn der Jesuit Rupert Lay zur Abwechslung »die Kunst zu trauern vermitteln will« (FAZ-Magazin, 11. 9. 1992). So wenn der Wiener Oberpsychiater und Renommier-Psychoanalytiker und (hier rundet sich ein Kreis) nationale Freud-Verweser Prof. Dr. Erwin Ringel in seinem Opernbuch von 1990 die extra mit Mitscherlichs Namen ausgewiesene »Unfähigkeit zu trauern« (S. 141) schon komplett und unangefochten sinnentrückt auf die nur noch frei vagierende Platitüde heruntergedrückt: daß Lustspiele heute wie immerdar beliebter als Tragödien seien, denn: »Bei Lustspielen kann man sich besser vor Selbsterkenntnis schützen als bei Tragödien« (!) –

– womit die vielgeliebte Trauerunfähigkeit definitiv zum Schmarren und zur losen Redensart geworden ist, ursprungsenthoben wie die Max Goldtsche LP-Nonsensversion »Die Unfähigkeit zu frühstücken« und ad usum vollends Quatschi. Pudelwohl freiheitlich gemütlich daheim in einer Region von Frechheit, deren Torheit auch durch die Chuzpe ihrer abgebrüht alpenrepublikanischen Blödheit nicht viel scharmanter wird.

»Obskur, obskur« (Karl Gerold). Die Windbeutelei als Fokus, als die parabolische Hyperbel der Epochenphysiognomie: Ihrer spätzeitlichen Scharlatanerie, ihres Schamanenwesens, ihres häufig schwindelerregenden Schwindelgeists. Die Unfähigkeit, kleinere Brötchen zu backen. Soll man darüber trauern? Aber nein. Sondern – traurig sind wir sowieso – als ca. 387. Dummbeutel seit 1967 setzt am 18. 5. 1992 ein eigentlich zu Unrecht anonym gebliebener »Spiegel«-Autor der Palme restlos die Krone auf, indem er ein vorerst letztes Mal die fugenlose Ratifizierung des Unflats paraphiert und nämlich im knallbunten Atemzug von Marlene Dietrichs Beerdigung die »blamable Unfähigkeit zu Trauerfeiern« beweint.

Ergänze: Der Deutschen. Nach Hitler.

e. h.

Diskret charmant

Ein journalistischer Gesamtunfall

»Der dezente Charme der Bourgeoisie«? »Diskretion und charmante Bourgeoisie«? »Der distinkte Charme der Bourgeoisie«? »Der charmante Sex der Bourbonen«? »Diskreter Charme der Diskothek«? »Mit Schirm, Scharm und Schamhaar«? »Diverse Chancen der Demokratie«? »Dezente Damen schwärmen aus«? »Der charismatische Sex der Bürgermädchen«? »Diskretes Schummerlicht im Boudoir«? »Der Charme der diskreten Burgenländerinnen«? »Burschencharme und Schamarbeit«?

Wie der berühmte Filmtitel denn nun genau gelautet haben mag, das weiß heute, nach ca. 17 520 journalistischen und meist überschriftlichen Variationen und Verballhornungen und Halbzitaten, selbstverständlich kaum jemand mehr, und das wird auch Jean-Louis Buñuel o.s.ä. nicht mehr so genau wissen; nämlich spätestens seit dem 22. 3. 1994, als der prima Sender SAT 1 im Rahmen der noch besseren »Spiegel TV-Reportage« den »Diskreten Charme des Alexander Schalck-Golodkowski« filmisch aufbereitete; wonach es auch nicht mehr fehlen konnte, daß der Nürnberger »Abendzeitungs«-Kulturkritiker Dieter Stoll mit bewährten Händen aus einem Gastspiel der Berliner Philharmoniker unter Abbado bei Mahlers Neunter und im Rahmen eines auch sonst Satz für Satz, ja Wort für Wort wahnsinnig gewordenen Textauflaufs die »Indiskrete Faszination der Anarchie« herauslauschte.

Jou werkli. Und damit auch noch das Kunststück schaffte, eine Halberinnerung an irgendeinen kurzen zusammen mit Enzensberger verlebten Sommer in Anatolien unterzubuttern. Im Gesamtzuge eines auch sonst »überrumpelnd großen Abends« (Stoll). Allmächt.

Dafür weiß aber auch andererseits heute ohnehin niemand mehr, was mit dem berühmten Filmtitel nämlich seinerzeit ungefähr gemeint gewesen sein könnte. Das große Fressen? Moral und Megamoral? Gustav Mahlers indiskrete Memoiren? Bürger, hütet eure Töchter? Jenseits von Gut und Ultra?

Gleichviel, seine Energievorräte dürften noch bis knapp zum Jahr 2000 langen. Die der vergleichbar umtriebig polyvalenten und gleichfalls buntbuñuelischen obskuren Begierde des Objekts o.s.ä. vielleicht sogar bis 2001.

Erst dann tritt wieder Ruhe ein.
In Demut wollen wir's erharren.
Und aber trotzdem sehr aufpassen, was wohl mit dieser tollen und zweiten Obskuranz genau gemeint sein könnte. Laut »Cosmopolitan« (6/1994) ist bei Tennisspielen das »Objekt der Begierde für viele Fotografen« die Spielerehefrau Jessica Stich. Genannt wurden in der Presse der letzten Jahre ferner Jürgen Klinsmann, ein Schachcomputer, Madonna und für Kinder ein neuer Fußball. Zuletzt wurden »Ces secrets objets du désir« in der großartigen Zeitschrift »Marie Claire« (12/1994) allerdings wieder als das geoutet, was sie immer waren: hundsordinär charmante Damendessous.

e. h.

Nachgeholtes Vorwort

Jenes in der Mitte des einleitenden Mitscherlich-ff.-Essays angekündigte und angedrohte Großopus einer »Kulturgeschichte der Mißverständnisse«: es hat mit diesem Buch, man ahnt ganz richtig, Gestalt angenommen. Es war zeit des initialzündenden Trauer-etc.-Texts natürlich schon in der Optik, ja in der akuten Planung und z. T. sogar schon in der noch etwas zögerlichen Ausführung; einige Einsichten, auch Problemeinsichten und thematische Erwägungen haben sich aber erst im Zuge der dann in dreifach möglichst unauflöslicher corporate identity anlaufenden Arbeit akzentuiert:

»Mißverständnis« in unserem Sinne ist hier einigermaßen abzugrenzen von Mißdeutung, Fehlinterpretation etwa im Verstand des 1993 wiedererschienenen Franz Rohschen Buchs vom »Verkannten Künstler – Studien zur Geschichte und Theorie des kulturellen Mißverstehens« (1948), das ja im Grunde nur den titelspendenden Gemeinplatz quer durch die halbe Kulturgeschichte exemplifiziert, vor allem im Sinne »einer Geschichte der Sperrungen gegenüber dem Genie« (Neuausg. 1993, S. 139); desgleichen vom allzu uferlosen Thema der exegetischen und quellenkritischen Dissonanzen; auch von Legenden und Mythen, denen ja menschliche Dinge eh und wohl notwendig nicht entgehen. Sondern: »Mißverständnis« meint hier bei uns wesentlich und jedenfalls dominant ein früheres und elementareres Stadium von Falschprogrammierung; nämlich eins genau nach dem Modell von Johann Peter Hebels »Kannitverstan«-Geschichte; eine Art Grenzstreifenlinie zwischen biologischem Defekt, dem, hier akustischen, Versehen, einerseits und fehlfolgerndem Mißverstehen andererseits. Die Fehler beginnen nämlich nicht erst später, sondern von Haus auf.

Insofern ist der Buchtitel begrifflich sogar ein bißchen unscharf, selber leicht mißverständlich. Das liegt wohl wieder an der Sache selber. Schon im Eingangskapitel hat sich ja ein paarmal gezeigt, daß und wie die beschriebenen Bezirke des Falschen und Fehlgehenden sich tatsächlich überlappen, nicht immer säuberlich zu trennen sind. Wir – die Autoren im Verein mit den freundlichst zum Mäkeln eingeladenen Lesern – wollen hier trotzdem im allgemeinen unser Möglichstes tun, die thematischen Trennlinien nicht gar zu nachsichtig zu verwischen. Eine bloße Geschichte schierer falscher Deutungen wäre nämlich witzlos. Sie führte ins Unendliche.

»Die Welt ist eine Konstruktion aus unseren Gefühlen, Wahrnehmungen, Erinnerungen. Es ist bequem, sie so zu betrachten, als existiere sie für sich selbst. Aber sie manifestiert sich sicher nicht durch ihre Existenz«; so um 1930 der österreichische Physiker Erwin Schrödinger. Natürlich und naturgemäß setzt die Geschichte der Mißverständnisse schon in einem sehr frühen Stadium ein, spätestens mit Kants Erkenntniskritik – wahrscheinlich ist Geschichte ja selber auch integral Mißverständnis, jedenfalls die partiale: die gesamte Geschichte des Christentums z. B., der wir ein eigenes, sehr buntscheckiges Kapitel gewidmet haben, ist ein offenbares und offenbar fast allseitiges und allstrahlendes; gewiß in einem höheren theologischen und metaphysischen, aber auch in unserem eher planen und platten Sinne; uns, die hier weniger an den Makrofeldern, den engen Verflechtungen von falscher Hermeneutik und falscher Tradierung, interessiert sind; viel mehr am Mikrokosmos des häufig sich selbst fortzeugenden Unfugs. Der Teufel stecke auch uns im Detail; aber auch Gott: Des allgemeinen und offenbar strukturbildenden »Weltenwahns Umnachten« (Wagner, Parsifal, 2. Akt) – es hat sein dialektisch segenbringendes Pendant, Mephisto eben auch umgekehrt seinen laut göttlicher Auskunft mehr oder weniger produktiven »Gefährten« in Faust. Archetypus fürs Blütentreibende und Fruchtzeugende der Mißverständnisse ist abermals Hebels Kalendergeschichte – und nicht erst 1878 wußte man das mit dem Zu- und damals schon Gegenspieler Richard Wagners: »Sind nicht gerade ... auf dem Boden des unreinen Denkens viele der herr-

lichsten Früchte älterer Cultur aufgewachsen?« (Friedrich Nietzsche, Menschliches, Allzumenschliches) –
– bevor es aber allzu allzumenschlich und harmonistisch wird, sei doch rechtzeitig geltend gemacht, daß zwar in Wagner, wie ähnlich in beiden deutschen Poesieklassikern, ein halbmißverstandener antiker und germanischer Mythos überaus fruchtbar wurde im Sinne auch der neueren Kultur, auch der mit K; daß aber ein mißverstandener Wagner, Nietzsche, Gobineau usw. sich z. B. bei einem A. Hitler über die Maßen verheerend auswirkte.

Bei der Vulgärauslegung der Einsteinschen Relativitätstheorie durch Luise Rinser oder aber herumrasende Astronauten dergestalt, daß die Erde durch eben jene spezielle und allgemeine immer kleiner werde, ist es wieder nicht so schlimm; und bei der vermeintlich Indien geltenden Entdeckung Amerikas 1492 ja auch nicht unbedingt; wir kommen auf den Komplex noch kurz zurück.

Weniger Früchte zeugende, gar Äpfel neuer Erkenntnis keimlegende Mißverständnisse sind insgesamt wohl solche, welche vorzüglich das zur Mutter haben, was man heute gern unter Namen wie Manipulation und Simulation subsumiert; und dies immer im Kainszeichen der modernen, wohl doch substantiell »anderen« Medienwelt. Hier sind Henne und Ei nun oft gar nicht mehr auseinanderzuhalten – die Kategorie Mißverständnis wuchert zu einer neuen, bisher so nicht erfahrbaren Essenz. Sich selbst verlängernde und potenzierende Legenden aufgrund irgendwelcher angeblicher Empirie münden da – um ein halbwegs akutes Beispiel zu wählen – etwa in den Verdacht, ja die Erkenntnis, daß der sogenannte deutsche »Wiedervereinigungsrausch«, so da ab 1990 von allerlei Medien laut beklagt wird, wohl ab ovo ein rein mediales Gebilde, eine Chimäre war, eine Suggestion und Autosuggestion; die dann als solche entweder eine Zeitlang als homunkuleisch halbe Realität rumorte; oder nach dem Modell der selffulfilling prophecy sich mehr oder weniger wieder ins Nichts auflösen mußte; aufgrund ihres nichtig Nichtenden.

Daß der Geschichte der Kultur ein sozusagen autodynamisch progredierend irrtümliches, gleichzeitig nach den Trägheitsgesetzen funktionierendes, in toto gleichsam unordentlich-entropisches, vulgo schwachsinniges Konstituens einverwoben ist, das beleuchtet schon ein so beliebiges tägliches wie beklagenswertes und abermals eher aktuelles Beispiel wie dies (Pressemeldung 14. 12. 1992): daß Heinrich Böll sieben Jahre nach seinem Tod laut Allensbach (Elisabeth Noelle-Neumann, aber vielleicht ist die ja auch nur so eine Chimäre) nämlich 90 von 100 Deutschen als »guter Autor« gilt, während es zu seinen

Lebzeiten wohl höchstens 50 Prozent waren, schon weil Böll damals noch einigermaßen polarisierte und virulenter agierte und nervte – und überhaupt lebte; falls an solchen Zahlen und Aussagen überhaupt noch der Hauch einer Spur von Realität ist, woran man allerdings erheblichste Zweifel haben darf –

– ehe wir aber unser Thema im stringenteren Sinne endgültig und gar zu schleunig aus den schon wild flackernden Augen verlieren: das Thema nämlich – um mit einer berühmten Formulierung von Oswald Spengler einen abermaligen Definitionsversuch zu riskieren – der Zeichnung von »Umrissen einer Morphologie« (des Ungenauen, des Falschlesens, der Falschmünzerei usw.) –

– aber noch gescheiter wohl, wir kommen jetzt statt weiterer morphologischer Hochstapeleien und Falschmünzereien zum Thema und zum nächsten Kapitel:

e. h.

Denk ich an Deutschland ...

Ein nichtendenwollendes Kapitel

1844 erschienen im Verlag Hoffmann und Campe Heinrich Heines »Neue Gedichte«, und seitdem geistert ein Mißverständnis der Extraklasse durch die Kulturgeschichte, ein »Fehl-Zitat« (Ludwig Marcuse). Wer dem diffusen Gefühl, irgendwie an, in oder unter Deutschland zu leiden, Ausdruck verleihen möchte, leitet die entsprechende Beschwerde gerne mit der Bemerkung ein, daß er oder sie, in der Nacht an Deutschland denkend, um den Schlaf gebracht sei.

»Denk ich an Deutschland in der Nacht, / Dann bin ich um den Schlaf gebracht, / Ich kann nicht mehr die Augen schließen, / Und meine heißen Tränen fließen.« So steht es in Heines »Nachtgedanken«, die er noch in neun weiteren Strophen ausgebreitet hat. In Gedichten, Liedern, Leitartikeln und Litaneien macht es sich immer wieder gut, die durch Kontaktsperregesetze, Hitlers Autobahnen oder den Herbst in Deutschland hervorgerufenen Schlafstörungen breitenwirksam mit Heinescher Sentimentalität zu würzen und zu adeln. Wer bekennt, daß der Gedanke an Deutschland ihm nachts den Schlaf raube, weist sich als sensibel und politisch wachsam aus.

Und doch ist alles ganz anders. Tatsächlich ging es dem Emigranten Heine darum, sein Heimweh lyrisch zu gestalten. In der sechsten Strophe kulminiert diese Sehnsucht auf eine Weise, von der die braven Leute, die sich schlaflos und gedankenvoll im Bette wälzen, nicht einmal eine Ahnung haben: »Deutschland hat ewigen Bestand, / Es ist ein kerngesundes Land, / Mit seinen Eichen, seinen Linden, / Werd ich es immer wiederfinden.« Wörner, Schönhuber und Dregger wissen wahrscheinlich gar nicht, welche Perle deutscher Poesie sie sich da von sozialdemokratischen Kabarettisten, linken Blindgängern und Deppen entwenden ließen. Mit dem billigen Denk-ich-an-Deutschland-Ticket nebelgeistern überdies immerzu irgendwelche Reader durch den Buchhandel: z. Zt. ist u. a. »Denk ich an Deutschland – Menschen erzählen von ihren Hoffnungen und Ängsten« erhältlich, herausgegeben von Klaus Human; nicht zu verwechseln mit »Denk ich an Deutschland – Grundlagen eines Dialogs beider deutscher Staaten«, herausgegeben von Steffen Käser; ein Werk, das scharf konkurriert mit dem von Hans J. Degen herausgegebenen Textsammelsurium »Denk ich an Deutschland – Beiträge zu einer libertären Positionsbestimmung« – ein Ende ist nicht in Sicht. Wo Menschen von ihren Hoffnungen und Ängsten erzählen, Staaten miteinander sprechen und Beiträge zu einer libertären Positionsbestimmung gesammelt werden, müssen unfehlbar auch Heines Nachtgedanken fälschlich herbeizitiert werden; anders geht's nicht.

Ausnahmsweise aufgepaßt hat in diesem Zusammenhang im Februar 1990 Rudolf Augstein und im »Spiegel« erklärt: »Jetzt zitiert auch mein Klassenkamerad aus hannoverschen Tagen, Uri Avnery, die Verse Heinrich Heines im ›Stern‹: ›Denk' ich an Deutschland in der Nacht, / Dann bin ich um den Schlaf gebracht ...‹ Kaum einer der zahlreichen Rezitatoren scheint das Gedicht wirklich gelesen zu haben. Der in Paris lebende Heine sorgt sich nämlich nicht um Deutschland, sondern um seine vor den Toren Hamburgs lebende Mutter, die er zwölf Jahre nicht gesehen hat.« Tatsächlich preist Heine in der siebenten Strophe nicht mehr das Vaterland, sondern seine Mutter: »Nach Deutschland lechzt' ich nicht so sehr, / Wenn nicht die Mutter dorten wär'; / Das Vaterland wird nie verderben, / Jedoch die alte Frau kann sterben.«

Es wird immer komplizierter. Ludwig Marcuse zufolge ist das Gedicht nämlich wiederum noch einmal ganz anders zu interpretieren: »Ich will nicht sagen, daß Heine niemals um den Schlaf gebracht wurde, wenn er am Tage oder in der Nacht an Deutschland dachte – aber bestimmt nicht in diesem besonderen Fall, wo er es so zitierbar zu sagen schien. Schien: weil die meisten Zitierer das Gedicht nicht kannten oder unter dem Lärm des bekannten Zitats gar nicht mehr hinhörten.« Denn in der letzten Strophe feiert Heine weder Vaterland noch Mutter, sondern sein welsches Weib: »Gottlob! durch meine Fenster bricht / Französisch heitres Tageslicht; / Es kommt mein Weib, schön wie der Morgen, / Und lächelt fort die deutschen Sorgen.«

Kunterbunt geht alles durcheinander. »Was immer zitiert wurde als das klassische Lechzen des deutschen Emigranten nach der Heimat, ist hier genau das Gegenteil: die Ironisierung aller Sentimentalität« (Marcuse). Der klassischen Fehlinterpretation ist der Brauch vaterlandsloser Gesellen gefolgt, die ersten beiden Zeilen des Gedichtes als Ausweis der Betroffenheit angesichts deutscher Übeltaten in Umlauf zu bringen. Nichts stimmt, niemand kann die Zeilen mit Recht für sich reklamieren, und am Ende könnte alle Welt wahrscheinlich besser schlafen, wenn Heine seinen vermaledeiten Gassenhauer nie geschrieben hätte.

Was tun, Rudolf Augstein? »Solidarität tut not, Staatskunst auch. Doch gemach: Deutschland, wie wir von Heine wissen, ist ein kerngesundes Land, in dem wir getrost an unser altes Mütterchen denken können.«

Gute Nacht.

g. h.

Nachklapp

Ja freilich, ungeachtet Augsteins Gegenbeispiel: so traumhaft träumerisch pleureuse und tränenreich plärrös schreiben sie in aller Regel daher und bedienen sich nassauernd bei Gott und Heine, auch wenn der mit seiner schlafraubenden Sorge genaugenommen eigentlich nur die Mutter meinte: Von der beklagenswert linksradikalen Lore (»Kom(m)ödchen-Chefin«) Lorentz bis zum rechtschristlichen Peter Gauweiler, der damit seinen FAZ-Fragebogen nobilitiert und die Frage nach seiner »gegenwärtigen Geistesverfassung« kaum glaubwürdig pariert; aber auch noch dem Prof. Jürgen Habermas in seiner Kohlära-Bilanz (Die Zeit vom 11. 3. 1994) schwant offenbar mehr vom ungefähren Hörensagen her: »Kohl hätte Heine nicht um den Schlaf gebracht«; kaum zufällig reimt sich Philosoph auf doof. Und natürlich ist, wo's so hoch und zwanglos hergeht, auch Fritz J. Raddatz mit von der Partie, den Kasus hat, wie so oft, Hermann L. Gremliza 1986 verewigt: »Wenn Literaturbegriff und politisches Weltbild von nun an bestimmt werden von der Münchner DKP – dann«, ergrimmt sich der fesche Literaturprofessor, »braucht es gar nicht Nacht zu werden, und man ist um den Schlaf gebracht« (Raddatz) –

– und der gleichfalls immerwache Gremliza kommentiert trotzdem ungerührt: »Da steht er nun, Heines Einfall, der dürftig genug war, um von jedem Nonvaleur jeder Couleur in den Mund genommen werden zu können, auf dem Kopf: Denk ich an Deutschland ..., dann kann ich am Tage nicht mehr schlafen« –

– möglicherweise aber auch nur aus Angst, die Zitat-Hochstapelei käme eines Tags zusammen mit zighundert anderen vielleicht doch noch raus. Was hiermit einmal mehr geschehen ist.

Nach jenem »geistesgeschichtlichen Trägheitsgesetz« (Roh, S. 206) des oftmals ab ovo einsetzenden fortwährenden und fortschreitenden Verunklarens und Vermantschens schon der einfachsten Namen und Daten funktionieren große Teile auch und gerade stets des hochhinauswollenden Geschwätzes. Robert Gernhardt (Reim und Zeit, 1990) grübelt darüber, daß der gleichfalls ganz zentral unserer Kulturgeschichte angehörige und ähnlich pathetisch geartete Deutschland-Topos vom »Land der Dichter und Denker« (wer hat ihn eigentlich geprägt?) bzw. vom analogen »Land der Richter und Henker« (war's wirklich Karl Kraus? als erster?) endgültig ins sehr Nonsensige und schon verächtlich Dumme rutscht mit seiner fortschreitend beliebigen, das Sinnhaltige und Sinnfreie wahllos vermixenden Permutation, etwa in dem von Gernhardt hier kaum halb erfundenen und zum Vierzeiler veredelten Kondensat:

> »Einst Land der Dichter und der Denker,
> Dann Land der Richter und der Henker,
> Heut' Land der Schlichter und der Lenker –:
> Wann Land der Lichter? Wann der Schenker?«

– und dieser journalistisch definierte Mindersinn klingt natürlich schon gleich wieder ästimabler und digner und beinahe ja schon sinnerfüllt, wenn z. B. ein besorgtes »Denk ich an ...« drübersteht.

Und sei's von Gerhard Zwerenz.

»Mach einer was gegen die Dichter« (Gernhardt). Und ihren späten »Umgang mit« (Raddatz) Heines alter Mutter.

Den auch die ganz besonders seriuesen und traditionstragenden Verlagshäuser auch weiterhin und hemmungslosest pflegen. »Denk ich an Deutschland – Stimmen der Befremdung« betitelt sich, die vorgenannte Reihe arrondierend, 1993 hochanspielungsschwanger und sicherlich nicht als letzter Hochstapelfahrer ein Fischer-Taschenbuch, in dem sich 31 mehr oder weniger prominente und überhaupt ragende »Ausländer« (seltsamerweise in Gänsefüßchen, wahrscheinlich, man weiß es, sind wir nämlich heute alle welche, vor allem Konst. Wecker, Peter Maffay und Paul Breitner) in Deutschland über genau dieses vernehmen lassen – und titelbildlich hochgerüstet ist der schwerblütige Sums mit was? Genau, mit Caspar David Friedrichs Allzweckgemälde von der »Gescheiterten Hoffnung«.

Von der kann wohl die Rede sein, ja, doch. Als Eisbrocken auf der Ostsee, die den eigentlich verdientermaßen drohenden Abgang des enttäuschten »Ausländers« ins bessere Ausland, nach Schweden, wie eine letzte Bosheit des Lands der Gelichter und Versenker torpedieren.

Obwohl vielleicht Friedrichs Alternativ-Passepartoutbild vom Wanderer über dem Nebelmeer (siehe unser Extrakapitel von den Künsten der Grafiker) doch noch einen weiteren Tick symbolischer und grunzdümmer gewesen wäre.

Was aber nochmals den alten Heine angeht: Wenn man Max Goldt (Titanic 3/1996) vertrauen darf, so beginnt kurz vorher ein Zeitungsartikel über die Zurückhaltung der Deutschen beim Kauf von Bettwäsche folgendermaßen: »Wenn der Schriftsteller Heinrich Heine an Deutschland dachte, dann war er um den Schlaf gebracht. So ähnlich geht es Horst Breitpohl, dem Vorsitzenden des Arbeitskreises Bettwäsche.«

Goldt hat recht: »Super Artikelanfang.«
Und: Mega-Heine-Rebirthing.

e. h.

Nachkriegswirren

Ein weiteres Schwerpunktkapitel

Gleich nach der Beendigung des sog. Hitler-Krieges wurde es paradiesisch. Da rauschte und wogte alles durcheinander, da wurde fast alles miteinander verwechselt, da wurde, speziell im besiegten Deutschland, doppelt tabula rasa gemacht: Da wurden Jazzkeller mit sogenannten Existentialistenkellern über einen Leisten geschert, obwohl es die letzteren eigentlich gar nicht gab, sondern Jean-Paul Sartre mit den Seinen saß tagelang, wenn schon, im Rollkragenpullover im »Deux Magots« herum und wurde in Deutschland manchmal gleichzeitig auch noch mit Jean Paul verwechselt und später dann auch mit Miles Davis bzw. Jean-Paul Belmondo, dessen Existentialismus allerdings wieder mehr darin bestand, daß er in Jean-Luc Godards Kultfilm »Hors d'haleine« (Außer Atem) zwei Stunden lang Gauloises kettenrauchte; während Sartre auf dem Montmartre nur auf achtzig Gitanes pro Tag kam – in harter Konkurrenz mit dem Jazzkeller-Ausmaler Picasso und seinem amerikanischen Freund Duke (»Hot Five«) Ellington; indessen ihre deutschen Bewunderer und gierigen Absorbierer sich längst nicht mehr von Cocteau und Gide aus der Hitlerbarbarei und ihrem Ballast heraushelfen ließen, sondern, von Böll bis Koeppen und den jungen Alfred Andersch, natürlich nur von den amerikanischen Jazzdichtern Hemingway und Thomas Wolfe und Faulkner. Und später dann Jack Beatnik. Und aber keineswegs mehr vom katholischen Existentialisten Claudel-Bernanos. Sondern höchstens noch von Sisyphos und dem damals sehr beliebten Buch »Mythe de Camus«.

Camus war es dann auch, der dem Geist dieser beflissen präbeatgenerationsbunten Scheckigkeit über einen Dramentitel mehr zufällig die Begriffsbestimmung gab: »Das Mißverständnis« (Le malentendu). Gott, so der Tenor des sonst recht dürftigen Stücks von 1944, verweigert als alter »wunderlicher Knecht« dem Menschen die Hilfe. Das schnappte dann 1947, in abermals leichter Sinnverwehung, in seinem Drama »Draußen vor der Tür« auch ein gewisser Wolfgang Borchert so bräsig wie schnurgrad auf und stand dafür ab sofort kerzengerade.

Fraglos fehlverstanden im sich gerade wieder auf internationales Niveau hochrappelnden alten Reich wurde mit oder ohne Bedacht auch Albert Camus' ja keineswegs nur verinnerlicht gemeinter und appellierender Revolte-Begriff – und nicht erst später von Andreas Baader; wie von Klaus (»Café au lait«) Croissant Sartres allerdings tatsächlich etwas schleierhafter Sozialismus. Und – Hermann Peter Piwitt hat den Unfall in einem schönen Aufsatz über die Zeit und »Zeit« von 1968/69 verewigt – der Sartresche und (wir widmen dem Unfug später ein eigenes Kapitelchen) heideggerbezügliche Buchtitel »Das Sein und das Nichts« von der Gräfin Marion Dönhoff sowieso. Die brachte aber, so denk- wie lesefaul, auch ein Vierteljahrhundert später noch prompt alles durcheinander; nein, noch genauer: sie wußte und weiß überhaupt nicht, wovon sie redet. Zum Beispiel, wenn sie Marx sagt.

Laut Lothar Baier (Was wird Literatur?, 1993) anhaltend und nachhaltig fehlgebucht wurde und wird auch Sartres Begriff jenes »Engagements«, wie es dann speziell und mit Verspätung in den 70er Jahren in der Bundesrepublik zum programmatischen und postulativen Gemeinplatz reifte, ohne daß man noch groß zwischen Marx und Sartre und Adorno und Rühmkorf als Quelle und Verständigungsbasis zu unterscheiden sich bemüßigt fühlte – denn was soll's, auch die französische berühmte »clarté« selber ist ja alles andere als ein »rationales« und »aufgeklärtes« Integral des »Apollinischen«; siehe heute Mitterand und Glucksmann und Baudrillard und den Kulturminister Jack Lang; siehe den kompletten Roman des 20. Jahrhunderts nach Proust, der im Zuge größter formaler Schlampereien und sonstiger Sekkaturen allzeit philosophischen Geist mit ewigwiedergekäut schwerst öden Dreiecksgeschichten der Sorte »Huis clos« (1945) verwechselt; siehe, um einen Ausfallschritt in das womöglich ja noch wirrere Reich der Bildenden Kunst nicht zu scheuen, den beschämenden Fall des Malers Bernard Buffet, den seinerzeit hochbezahlt professorale Ignoranten allen Ernstes nicht nur neben Picasso und van Gogh situierten; sondern den man im Zuge mancherlei »intellektueller Malheurs, zu denen die Hysterie geführt hatte, in den fünfziger Jahren ... zum visuellen Vollender des Existentialismus ausrufen konnte« (Werner Spies, FAZ, 28. 1. 1989).

Wie ähnlich auch der Maler Georges Rouault für irgendeine »religiöse Art von triefendem Existentialismus« (Brigitte Kronauer) sich sehr tauglich zeigte. Und der späte Chagall sich andererseits als Picasso der blaurosa Periode empfahl. Und Georges Brassens aber wieder mehr als singender Jean-Paul Sartre. Aus Chartres. Und Edith Piaf als vorweggenommen reinkarnierter Camus. Während im aus Ruinen wiedererstehenden Reich jenseits des Rheins der junge und mächtig vorwärtsdrängende Heinrich Böll seine nagelneue und gelehrsam galgenhumorvoll lachende Clownsthematik (1963) nun wieder weniger von Chaplin und Grock und (»Buffalobill«) Buffet bezog, sondern gleich besser und noch solider vom alten »Lache Bajazzo«-Leoncavallo.

Daß aber nicht nur der hochmediokre Buffet die Kunstwelt zu narren vermochte und derart einen Großkasus von blamablem Gigantomißverstand vorstellt, sondern z. B. auch der lange Jahre höchsttaxierte Paul Klee einen kaum weniger spektakulären von »Künstlerlegende« als »Karrierist« und »Selbstinszenierung des Künstlers«: darauf macht spät, aber immerhin Susanne Weingarten am 28. 3. 1990 in der FAZ aufmerksam. Es ist der verkannte »Stille im Lande«, den Klee, keineswegs als erster und als erster erfolgreich, in seiner autobiografischen Skizze für einen Ausstellungskatalog 1920 auf eine offenbar die Realität planvoll negierende Weise fruchtbar mimt: »Der große Erfolg fiel ihm wie eine reife Frucht in den Schoß. Er freut sich seiner in der Stille einer arbeitsreichen Zurückgezogenheit. Träumend, schaffend, geigespielend.«

Eine ja meist sehr erfolgreiche »Mystifikation des Künstlers«: daß er »diesseitig gar nicht faßbar sei« (FAZ).

Und indessen in Nachkriegsdeutschland offenbar all der alte und neue Mystifikationsunfug jetzt erst mal besonders innig und gläubig abgekauft, aufgegriffen und zum Teil seinerseits schon gut abkassierend imitiert wird, derweil steht z. B. die Siegermacht Amerika als neues Künstler-Ideal der linksrheinischen intern und extern wenig nach. Mit vor allem transatlantischem Konfusionseffekt: So wie nicht allein der erregte Jungleser von 1950 ff. etwa Thomas Wolfes »Von Zeit und Strom« (1935, dt. 1936) mit großer Prosa und mit Hans Henny Jahnns »Fluß ohne Ufer« (1949/50) und womöglich auch noch mit Hermann Kasacks Kafka-Bluff »Die Stadt hinter dem Strom« (1947) durcheinanderrauschen ließ und in zweiter Stromlinie dann vielleicht auch mit – abermals – Sartres »Sein und Nichts« (1943) und Heideggers »Sein und Zeit« (1927) und vermutlich auch noch mit Gustav Freytags »Soll und Haben« (1855): so der noch aufgescheuchtere Jungaufschnapper dieser deutschen Jahre im Zuge ihrer kulturellen Doppelkolonisation durch Frankreich und Amerika den bis heute uneindämmbaren Hemingway mit Avantgarde und Sex und andererseits und wenigstens in einem Fall sogar noch mit der »Schlichtheit der Bibel« (Alwin Streibl). Und dann aber natürlich und vor allem mit nimmersatter Virilität und also virtuell virginitätsbesessener Phallokratie; und diese dann etwas später mit Henry Miller. Woody Allen wurde dagegen wieder etwas später konträr, ja kontrafakturell inkompatibel zum ewigen Loser. Eine Mythe, die zwar schon beim erfolgreich mit ihr jonglierenden Chaplin nicht stimmte. Sondern im abstrusen Gegenteil ist Allen eigentlich von Anfang an der leicht neurotische, »stadtneurotische« (was immer das sein mag), »moderne«, jedenfalls gegenwärtige Grundsympath. Und in der Folge Winner und Weiberabstaubmacker.

»Als ob«, mutmaßt Robert Gernhardt, die »Karrieren der Beckett oder Warhol oder Beuys nicht deutlich genug bebilderten, wovon hier die Rede ist. Obwohl ihr breiter Ruhm sicherlich auf Mißverständnissen beruhte, auf geradezu verfälschenden Verkürzungen und markenartikelähnlichen Etiketten – Beckett: Mülleimer, Warhol: Suppendosen, Beuys: Hut –, glühte selbst in der Asche dieser Reduzierungen noch etwas von dem Feuer, das diese Künstler in ihren Anfangszeiten an den herkömmlichen Kunstbegriff und die überkommenen Kunstgattungen gelegt hatten« (Glück Glanz Ruhm, 1983) –

– gut, das Schlechte und Dumme ist nur, daß diese Etiketten nicht einmal direkt Schwindel, aber häufig nicht unumworben, nämlich gleich mehrfach besetzt sind: Die Suppendosen auch von Roy Lichtenstein, der Hut allein im deutschen Kulturraum und nach 1970 von Wolf Wondratschek und Udo Lindenberg und Herrmann Burrrger – und den Abfallmülleimer hat sich Beckett mindestens mit Crumb und anderen eigentlich wohl nicht Beckett-stämmigen Comics-Zeichnern sowie am Ende und post mortem auch noch mit Fassbinders obskurem Frankfurt-Theaterstück zu teilen.

Samuel Beckett gehört auch, seit »Warten auf Godot« (1952), zum damals, mit den frühen sechziger Jahren, überaus hochangesehenen sog. »absurden Theater«, dessen Namenserfinder in einer Art verwunderter Rückschaubilanz (in der Anthologie »Werksbesichtigung Geisteswissenschaften«, 1990) die ganze Wahrheit offenbart: Der ungarisch-englische Regisseur und Theaterwissenschaftler Martin Esslin, dessen rasch international populär gewordenes Buch »The Theatre of the Absurd« (1961) nämlich, wie der Verursacher, ursprünglich in einer Serie der FAZ, recht kopfschüttelnd sich erinnert, im Zuge der nächsten Jahre eine kuriose Verfälschungs- oder doch Verunklarungsgeschichte übers »absurde Theater« bis hin zu seinem Eintreffen im englischen Unterhaus erlebte und erlitt, wo ein Abgeordneter »This is a veritable theatre of the absurd!« geplärrt haben soll – eine »leider weit verbreitete Begriffsverwirrung« (Esslin) und – ihrerseits Theater des Absurden. Denn gemeint war ursprünglich von Esslin nur eine »nicht diskursiv erklärbare« und deshalb als »absurd« empfundene Welt. Bzw.: gattungstheoretisch »so etwas wie ein ›lyrisches‹ Theater«, im Gegensatz etwa zu Brechts auch bis zum Absud totgekochtem »epischen«.

Gleichwohl machte ihrerseits zuletzt auch noch die den interferenten Fall vortragende FAZ im Zusammenhang des Eiskunst-Matches Nancy Kerrigan vs. Tonya Harding in Lillehammer wegen übertriebener Sicherheitsvorsorge »absurdes Theater« (18. 2. 1994) ausfindig. Von der Sektion Geisteswissenschaften bis zum Sport führt eben noch immer kein Weg noch Steg.

Das Brechtsche »epische« Theater hat seinerseits ja auch ziemlich unermeßliche Begriffskonfusion und Sinnentleerung ausgelöst bzw. gefunden; noch mehr allerdings wohl der Brechtsche »Verfremdungseffekt«, der aber, wiewohl sein Erfinder gewissermaßen Marxist, partout nichts mit der Marxschen »verfremdeten« Arbeit zu tun hat. Sondern diese heißt erstens »entfremdet«, stammt zweitens begriffsgeschichtlich von Hegel her, ist als solche ein Wortkrüppel (denn eigentlich bezeichnet ja das »ent« die Negation und also Wiederversöhnung der von Hegel/Marx als fremd empfundenen Arbeit), viertens widmen wir auch diesem Komplex ein eigenes Kleinkapitel – und fünftens diente so oder so natürlich auch dieser Verfremdungseffekt nur als Allzweckwischiwaschi für allerlei finster feuilletonistische Gelegenheiten.

Zu tun haben wir es insgesamt und zwischenbilanzlich also mit zum Teil unfreiwilliger Komik, zum Teil aber auch mit ganz intentional operierenden Schwindeletiketten – beim gewissermaßen Überlebenskampf: »als tobe da eine Materialschlacht, die jedes daran beteiligte Ich zwang, auch noch die letzten Reserven ins Feld zu führen« (Gernhardt, S. 113) – und eben dabei aber nolens und volens, aktiv und passiv alles und jedes in die zum Teil größtmögliche Verstrickung zu verwursteln.

Die Sache hat ihr Internationales, mit insbesondere bundesdeutschem Widerhall. Daß und wie Antonioni, Fellini usw. als neuer italienischer Kinorealismus, als magischer Realismus und vor allem als »Moderne« durchgehen konnten, obwohl doch z. B. diese beiden wenig mehr und anderes vorstellten als eine Ansammlung der letzten und hanebüchensten Schrottsymbolismen: und warum das vor allem in Deutschland so gut klappte, das wird immer rätselvoll bleiben; wird als Wunder aber übertroffen beinahe noch von dem Mirakel, daß in Italien dort drunten Cesare Pavese eine neue Gattung gleichfalls realistischer Poesie vorstellen sollte, wo er doch in seiner Erzählprosa fast exklusiv und evident lediglich eine eher antiquarische Synthese aus vitalem Akademismus und formal kläglicher Schlamperei con espressione und in extenso abgab. Annähernd wie Hemingway wirkte der Italiener gleichwohl vor allem nach Deutschland hinein eine Zeitlang stilbildend und vorbildlich – leider tat dies gar nicht oder jedenfalls nicht rechtzeitig der bedeutende österreich-italienische Romancier Italo Svevo, dem aber gleichwohl ab ca. 1925 nicht erspart blieb, als »italienischer Kafka« oder, noch etwas törichter, als »italienischer Proust« ausposaunert zu werden (vgl. dazu v. a.: Livia Veneziani Svevos Memoiren, dt. 1993) – so wie Svevos opus summum »La Coscienza di Zeno« (1923) immer wieder als »psychoanalytischer Roman«; wo er aber in Tat und Wahrheit allenfalls vorsichtig und ironisch das damals ziemlich neue Thema der psychoanalytischen Couch und Kur probethematisiert.

Immerhin, Svevo revanchierte sich zügig, indem er, den Erinnerungen seiner Witwe zu folgen, seinerseits allerlei populäre Legenden und populistische Mißverständnisse über Nietzsche vom Hörensagen gläubig übernahm und weitergab.

Daß Großmißverständnis Kafka prangt als ein ebenso werkimmanentes wie vor allem rezeptionsgeschichtlich wohl schon allseitiges – in Deutschland auch als ein spezifisch nachkriegsrepräsentatives. Und auch da vielspektrales. Man sollte und müßte es in einer Einzeluntersuchung mal verifizieren: vermutbar kein Buch hat seit 1945, ja vielleicht seit 1900, so nimmermüd und zwanghaft mißverständnisfördernden und -eskalierenden und insofern verheerenden Einfluß bewirkt wie das frühe Fischer-Taschenbuch Band 19, das mit der Auswahl »Das Urteil und andere Erzählungen« Franz Kafka zum (zumeist dann auch via verordneter Unterrichtslektüre) Autor bzw. identifikationseinladenden Onkel Doktor macht für ganze Heerscharen von spätpubertativen Gymnasiasten im Zuge ihrer realen oder eingebildeten Grabenkämpfe mit dem Elternhause und – wie Generationen vorher aus ebenso dunklen Gründen Nietzsche und Dostojewski – überhaupt der bösen Welt. Als ob ausgerechnet das Genie des 29jährigen Kafka für die ohngefähren Wehwehchen 14- bis 18jähriger Trotzkopfisten stehen sollte; als ob da lauter draußen im Lande verwandelte Käfer seines Trosts bedürften. Von den laut Frank Schirrmacher (der davon was versteht) endlosen Fehldeutungen des nämlich dauerfalschzitierten ersten »Prozeß«-Satzes hier beinahe zu schweigen und von den rücksichtslosen und oft verdammlichen Fehlauslegungen kompletter Legionen von Theologen, Mystikern, Kabbalisten, Rabbinern, Existentialisten, Kritischen Theoretikern, Strukturalisten, Dekonstruktivisten und weiterer Deutobaldmuffelinskys z. B. auch der bürokratiekritischen Couleur bei der Bilanz stoßseufzend fast noch lautloser nur noch albträumend zu verstummen. Nicht aber vollends hier fürs Weltgericht über den Dramatisierungs- und Verfilmungsstopseleien der Gide und Orson Welles und Jean-Marie Straub und darüber noch hinaustölpelnden allerjüngsten Filmrudereien, die den alten Kafka Franz endlich heim- und zu sich selbst bringen: nämlich 1992 vor allem im Zuge des Spitzenfilms »Kafka« (GB/CSFR) eines gewissen Steven Soderbergh, welcher, den Autor Kafka (Jeremy Irons) und Josef K. vorbildlich fugenlos vermixend, beide im grimmigen Kampf mit den – auch nach der Erosion des Kommunismus – noch immer nicht so recht funktionierenden Prager Versicherungsgesellschaften sowie mit beider sehr betrüblichen Erektionsproblemen (Theresa Russell als »Gabriela«) zeigt. Kurzum: die ritzenlose Hölle. Bzw.: »Ein Mördermonster verfolgt Kafka« (Abendzeitung).

Aber die krassesten Unfälle und erbärmlichsten Katastrophen passieren auch einige Etagen höher. »Den Meisterwerken eilen Gerüchte voraus, die den Leser daran hindern, eigene Erfahrungen mit ihnen zu machen«, ahnt Gustav Seibt (FAZ, 7. 9. 1996) im Zusammenhang mit Proust, Doderer und eben auch besonders Kafka – bei ihm hebt der Unfug ante schon an mit den beflissen mitgeschleppten Bildlegenden und Viertelwahrheiten, die ihn zum Käferungeziefer = Gymnasiasten einerseits und über den Familiennamen zur Dohle andererseits machen, wie die sein »Schloß« schon im 1. Kapitel »umkreisenden Krähen« dritterseits wissen; und der Leonardo da Vinci ausdeutelnde Freudsche Falschgeier als Milan vierter- und fünfterseits. Bei Kafka rauscht es speziell seit 1945 durcheinander, daß es schon keine Art mehr hat; und selbst die bekannte Erzählung »Franz Kafka verfilmt seinen Landarzt« (1982) beschämt ihre rabenschwarz banalitätsphantastischen Adlerfittiche einziehen muß –

– der schmachvolle Unflat der internationalen und nicht zuletzt führend deutschen Kafka-Mißhandlung erfährt ein gewisses Gegengewicht allenfalls durch Samuel Beckett: Speziell in seinem »Warten auf Godot«-Stück tummelten sich die unbefugten Theologen und Sozialisten und Existentialisten und vorbergmanischen Gottsucher ebenso besessen und verwerflich und unzart peinigend –: als eine Art Wurmfortsatz des Kafka-Unheils wurde der synchrone Beckett-Krampf mit ähnlicher Mißverstehensquote auch gleich in einem Aufwasch jenem nochmals drübergepfropft.

Obwohl er doch genuin eigentlich mehr aus der Joyce-Brühe herrührt.

Karl Kraus: »Man könnte größenwahnsinnig werden: so wenig wird man anerkannt!« (Die Fackel 254/255, S. 35). Oder auch nur erkannt, gekannt. Und diese Demutseinsicht bleibt nicht mal posthum nicht mal Heinrich Böll erspart, dem, zum sehr gerechten Güterausgleich für sein eigenes Hemingway- und Dos Passos-Fehlabkupfern, in einer Umfrage der Münchner »Abendzeitung« »Was ist Ihr Lieblingsfilm?« die Lehrerin Danielle Hower in Verbindung mit der »Verlorenen Ehre der Katharina Blum« dieses lobend nachsagt: »Mich muß das Thema interessieren: In diesem Fall war es das Schicksal der Frauen, die im 2. Weltkrieg ihren Weg und ihr Auskommen finden mußten« (26. 6. 1993).

Womit immerhin auch Karl Carstens' (oder: Karl Carstens? Carl Karstens'?) Immortalitätsdiktum über die betreffende und schwer terroristische Epopöe des unter dem Pseudonym Blüm schreibenden Dichters Böll einigermaßen egalisiert wäre. Aber die Fluten des kulturellen Vergessens hinter der diese nochmals überspülenden Hegelschen Furie des Verschwindens wären dann doch ein wieder anderes und fast eigenes Thema. Obwohl die offensichtlich gemeinte Gruppenbild-Dame Leni (Riefenstahl? nein) alias Romy Schneider von 1971 mit der Kölner Karnevalsverweigerin Katharina als Angela Winkler von 1974 wegen der nicht genug zu rühmenden Unverwechselbarkeit der großen Böllschen Frauencharaktere ja nun wirklich eigentlich nicht zu vermantschen ist. Aber »das große ungeschlachte Lesepublikum« (Joseph v. Eichendorff) geht eben seine eigenen eigenwilligen Wege, und »das tonangebende Pack« (Die Fackel, Dezember 1924) der befugter scheinenden Kritiker wird heute auch nicht mehr so genau wissen, warum damals alles so ins Kino rannte. Jeglichen Sinns entrafft. Was Adorno speziell im Hinblick auf die neuen Medienformationen meinte, gilt heute offenbar phylogenetisch universell: »Die Bevölkerung ist so an den Unfug gewöhnt, der ihr widerfährt, daß sie selbst dann nicht auf ihn verzichten mag, wenn sie ihn halb durchschaut.«

Zum Beispiel auch nach Lektüre dieses aufklärenden Buchs. Karl Kraus' »Bewußtsein, unter Trotteln zu leben« (a.a.O.) konvergiert in Gram und Wehsal mit dem horror oder auch amor vacui, daß speziell diese wiederum Hegelsche »Negativität des Denkens« halt zu ihm, dem Bewußtsein, selbanderweis gehört. Wenn es denn noch eins ist, das der Weltgeist uns hier gaukelt.

Wie bekannt, wäre Vladimir Nabokov ohne das »›Lolita‹-Mißverständnis« (so subsumiert es Christoph Keller in der »Weltwoche« vom 9.7.1992), also ohne das halb planvolle, halb zufallsgesetzliche Nachtglockenfehlläuten von wegen und rund um den angeblichen Nymphchen-»Porno« (was man halt, ein Doppelmißverständnis, in den späten Fünfzigern sich unter »Porno« ausmalte) heute mit 99prozentiger Sicherheit – noch oder schon wieder – vollständige terra incognita; als Autor gar nicht existent; nie existent geworden; was ja, von heute aus, dieser oder jener bedauern möchte. Im entfernt verwandten Fall der Grassschen »Blechtrommel« (1959), die ja um die gleiche Zeit gleichfalls mit der Legende unerhörter Schweinigeleien und Provokationen und Jesus-Beleidigungen sich erfolgreichst andiente, wäre das wieder weniger tragisch gewesen – ihr penetrantes metaphorisch-katachretisches Trommel- und Zersinge-Allegoriengefuchtel genau zwischen oberstudienrätlicher Weltliteraturprätention und finsterem »Landsknechtsulk« (Robert Neumann) wäre als mißverstanden nachkriegsdeutscher Humorbarock (vgl. E. Henscheid im »Merkur« 428, 1984, S. 689) zweifellos entbehrlich gewesen. Bei Nabokov nennt Keller den Fehlprojektionszufall, gerade weil er das Vergessen verhinderte, »schaurig anmutend«. Sich vorzustellen, daß derlei jährlich, wöchentlich weltweit passieren könnte, werweiß ohne den »Porno«- und Nymphchenkoeffizienten eben auch andauernd passiert, hat etwas – Grelles? Fahles? Tragisches? Furchtbares? Im Gegenteil: Tröstliches?

Ob es mehr ein »typisch deutsches« oder ein gesamtheitlich deutschrussischenglisches Mißglück vorstellt, bleibe hier gleichfalls dahingestellt; bei dieser schönen Gelegenheit aber immerhin en passant ein entschiedenes Klärungswort zum »feinen englischen Humor«. Es gibt ihn: vielleicht gar nicht. Und er ist spätestens seinerseits dann Mißverständnis, wenn er seitens der schon oben als unqualifiziert erwähnten Kritiker von deutschen Autoren erheischt und/oder aber Loriot-Bülow nachgepriesen wird. Zum Beispiel vom besonders inkompetenten Prof. Joachim Kaiser. Alles nachweislich Quatsch (vgl. Robert Gernhardt, Was gibt's denn da zu lachen?, 1988, S. 368 ff.). Alles Quatsch und Ressentiment. Ressentiment und aufgezogener Automat, der auf den Applaus der gleich Gedankenlosen abhebt. Ende der Invektive; wir kommen auf den spezifischen Humor-Unfallkomplex in einem eigenen Kompaktkapitel konzentriert zurück.

Ein Spezialfall von kulturellem Nachkriegswirrsinn im Verbund mit falschverstanden feinem englischen Humor sei aber hier doch gleich noch festgehalten und abermals hochverdient der Vergessensfurie entrissen: die Erstübersetzung des Carson McCullersschen Novellen-Titels »The Ballad of the Sad Café« um 1954: »Die Mär von der glücklosen Schenke«.

Doch, das hat was. Falscher geht's nicht mehr.

Höchstens noch vor einiger Zeit durch den Schriftsteller und Schauspieler Franz Xaver Kroetz (Jg. 1946). Der ohne mit der allzeit pochenden Schläfe mehr als gewohnt zu zucken in einer Umfrage »Die Bücher ihres Lebens« (Spiegel-Special 3/1990) zu unserer unverhofften Erschütterung davon Mitteilung macht: »Als mein Vater noch immer E. Salgari und Karl May las, las ich Ernest Hemingway, Jean-Paul Sartre und Romano Guardini. Mein Vater starb 1961« –

– und hätte aber gut daran getan, seinem schon damals schwer mißratenen Sohn vorher noch eins hinter die Löffel zu geben. Denn »Hemingway und Sartre und Guardini«, Kroetz – das geht nicht. »Hemingway und Sartre und Jean-Paul Bukowski« – ja, gut. Auch: »Guardini, Martin Buber und Fjodor Michailowitsch Muffel« – okay. Aber: »Hemingway und Guardini«: nein und abermals nein. Kein Wunder daß der junge Mann bald bei Jean-Claude Brecht landete, um dann bei Ernest Marx vollends unter die Räder zu kommen.

Außerdem handelt es sich hier offenbar um ein gleich doppeltes posthitlerisches Mißverständnis. Denn des Vaters Lektüre war ja wohl doch die fortschrittlichere ...

»Wenn ein großes Meisterwerk Erfolg hat, so kann man in neunzig von hundert Fällen darauf schwören, daß sich das Publikum aus dem Ding etwas zurechtgemacht hat, das nur noch gerade die äußeren Umrisse mit dem ursprünglichen gemein hat. Es gibt einen Publikumshamlet, einen Publikumsbeethoven, einen Publikumsrembrandt.«

So Kurt Tucholsky (Briefe an einen Kinoschauspieler, 1919), der dann freilich in eben dieser Weise manchmal auch so einiges durcheinanderbrachte und zurechtmachte; z. B. mit seinem Aphorismus über dem kleinen Mann seinen Verdi, Puccini, und dem kleinen Mann seinen Puccini, Lehár – und dabei auch entschieden Publikumsverdi, Publikumspuccini und sogar Publikumslehár meinte. Wenn überhaupt was. So oder so wurde die Lage nach 1945 aber sicherlich noch schlimmer. Es gab ab jetzt ja auch einen Publikumsbeckett, einen Publikumsvangogh, einen Publikumskafka, die da, innerhalb ihrer Branche offenbar je am besten geeignet, auch die modernen Klassiker vorzustellen hatten. Wie ab sofort umgekehrt und andauernd und ebenso zwangsweise und zwanghaft töricht der Rang der Malereiklassiker von Arcimboldo bis Greco sich an ihrer »Aktualität« und »vorweggenommenen Moderne«, was immer das nun wieder genau sein mochte, zu bewähren hatte, die »Postmoderne« gab es damals noch nicht – es gab aber auch bald den nachgeholten Volkscamus und den nachgeholten Publikumsklee und eben speziell den skizzierten Schülerkafka –

– und nicht zuletzt gab es auch und gibt es noch den Publikumstucholsky, dieser gespalten allerdings wiederum in zwei Äste: erstens den Ondit- und Volksmundtucholsky, der insbesondere auf den Namen Helmut Kohl hört und deshalb auch dauernd in des Kanzlers Fahrtenrucksack mitreist; und dann wieder ziemlich konträr zu diesem – und auch ziemlich jenseits des realen und politischen – den Nachlaßverwaltertucholsky, der da so divergenten Kräften wie Raddatz, Zwerenz und Peter Schulz (SPD) pariert – nachdem es nun seit einigen Jahren, Glückes genug, auch endlich einen Tucholsky-Preis gibt. Sicher gewinnt ihn, wenn sie noch ein paar Jährchen durchhält, eines Tages wenn nicht Raddatz so doch Raddatzens langjährige Brotgeberin, die freilich schon zusammen mit Richard v. Weizsäcker im Heinepreisgenre tätige Marion Gräfin Dönhoff – Gott, was ein so ständig wie inständig passierender Schmarren, was eine postkarlkrausische »Pestkultur« (Die Fackel 457–461, S. 94)!

Daß Tucholsky einst Sozialist war und Antimilitarist, der unterm Signum der Weimarer Wiederaufrüstung Soldaten dezidiert und sei's mehr provokativ als »Mörder« einstufte, interessiert spätestens bei Kohl dann nicht mehr so arg oder besser überhaupt nicht – bei Kohl und dem Bertelsmann-Lesering, wo er zur definitiven Ulknudel umgemodelt worden ist –, und daß umgekehrt allen Ernstes Ernst Jünger seit jüngerer Zeit auch als gereinigter Marxist behandelt wird, ist aber auch schon kaum noch Ulk. Wahrscheinlich vermochten nur mancherlei Zufälle und Mißverständnisse zu verhindern, daß aus dem »entfesselten Proleteus« (Hans Pfitzner) Hitler posthum auch noch einer wurde; wie nach Stülpnagel zuletzt auch aus Ribbentrop vielleicht »noch ein Widerständler?« (FAZ, 19. 9. 1996).

Falschreklamierungen: Wie ehedem schon Franz Josef Strauß samt den Seinen um 1969 ff., so zuletzt noch Elisabeth Noelle-Neumann in einem Festvortrag des (was es alles gibt:) baden-württembergischen Studienzentrums Weikersheim leitet die »antiautoritäre Erziehung« von den »ideologischen Vorgaben Adornos und der ›Frankfurter Schule‹« ab, die nämlich hätten beide den »autoritären Erziehungsstil im deutschen Elternhaus brechen« wollen mit weißgott welchen Folgen. Kein Wort natürlich wahr, wahr höchstens allenfalls dies, daß in Adornos Frankfurter Suhrkamp Verlag u.v.a. damals auch ein paar Bücher bzw. Buchtitel auftauchten, welche mit den entsprechenden und von Noelle-Neumann vag erinnerten Summerhill- und Sutherland-Neill-Moden der sechziger Jahre kokettierten. Der in Wahrheit vielmehr emphatisch hochbourgeois akademikerlaufbahnfeste geborene Professor Adorno, den man (wir kommen später im Buch darauf zurück) in der Folge auch für Marx zur Verantwortung zog, ohne wenigstens dafür noch verkehrter Horkheimer zu belangen – der erstrebte als recht autoritär und auch altmodisch machtstrategisch denkender und sogar machtlüstern operierender treudeutscher Universitätslöwe bei allem Subtilpalaver über philosophische Theorie und Praxis natürlich nichts weniger als das von Autorität und Autoritäten befreite Leben; auch wenn ihn der schlechtinformierte Unverstand eines keineswegs listigen, sondern offenbar nur besonders unbedacht fehlgehenden Weltgeistes zu einem der »geistigen Väter der Studentenbewegung« (vox populi von 1968 ff.) salbte bzw. brandmarkte; und zu einem, neben Bölls Heinrich, der Revolte und des Terrorismus gleich mit dazu; welche großen und schon bald unüberschaubar werdenden Links-Rechts-Verrutschungen und Konservativ-Progressiv-Interferenzen in der Adornopreis-Belobigung des einstmals von Horkheimer (Briefwechsel 1949–1973, 1996) der insgeheimen Revolutionsabsicht verdächtigten Jürgen Habermas aus der Hand des CDU-Rechten und Frankfurt-OB Walter Wallmann sich forcierten; sowie in der Preisung des späten und

linksreaktionären und deshalb gleichfalls mit dem Adornopreis dekorierten Groß- und Dauerbrabblers Günther Anders durch Springers »Welt« kulminierten und endlich systemlogisch gipfelstürmten.
Wie Theodor W. Adorno wenig weniger als den autoritären Muff von tausendjährigen Talaren beseitigen wollte, ganz ähnlich am allerwenigsten das seit ca. 1965 in der Bundesrepublik grassierende sogenannte Regietheater vordemokratisch-obsolete Theaterstrukturen. Zwar gab es an deutschen Bühnen seit ca. 1970 auch manche und meist wenig bedachtsame linksproletarische und basisdemokratische Impulse bis hin zur Beraterfunktion der Putzfrau bei der Spielplangestaltung. Das zufällig ziemlich simultan hochgekommene Gewese der Regietheater-Regisseure intendierte und meinte aber in seiner genialisch-solipsistischen Grundgebärde exactement au contraire das kraftmeiernd alte Autoritäre, Gegendemokratische und in diesem Sinn Reaktionäre schlechthin. Schalt aber alle eifrig des verspießt Reaktionären, die dagegen waren. Bejammernswert wenige kriegten den doch gut hörbar schreienden Widerspruch spitz – die Köpfe waren damals schon wirklich sehr verstopft.
Auch die der Kinogänger. Die da nicht nur einen Fellini für einen Gesellschaftskritiker, sondern auch noch einen extrem unbedarften Dilettanten wie den bekannten Schweden Ingmar (»Das Schweigen«) Bergman für wenn nicht gleich Ingemar Stenmark, so doch für einen Filmkünstler und darüber hinaus auch noch, wie vorher fälschlich schon Kafka und Beckett, für einen modernen »Gottsucher« erachteten. Und das zum Teil und jedenfalls in den Fernsehansagen der Bergman-Retrospektiven bis zum heutigen Tag unverdrossen tun. Und seinen schwer symbolisch-enigmatisch-kryptischen Quark schon unrevidierbar für »Meisterwerke« dazu. Wo sie doch nichts anderes sind als, in den besseren Fällen, ein nach siebzig Jahren wiederaufgewärmter Strindberg. Und der war ja auch schon Sammelsurium an Kitsch und Quatsch, ja Schwachsinn, schauen Sie sich nur klaren Kopfs mal eines seiner unsterblichen Stücke an! Was? Frauenbefreiung habe der theatralisch postuliert und damit Bergman antizipiert? Aber, aber, das war doch nicht mal Ibsen! Dem Bergman war doch immer nur um schieren Sex zu tun! Sex um jeden Preis!
Von dem war er besessen.
Und vom Alkohol. Schauen Sie sich ruhig auch Bergmans »Szenen einer Ehe« gesetzten Gemüts und ohne Vorurteile nochmals an. Und Sie werden merken: von wegen Psychodrama modern-nervöser Menschen. Von wegen Geschlechterkampf zwischen aufgeklärten Ehegatten. Circa alle zwanzig Minuten in dem nichtendenden Vierstünder

greift er, der Ehemann Johan, immer wenn grad mal wieder Friede eingekehrt ist, zum Schnaps. Zu einem seltsam braunen, optisch sechsämterähnlichen Schnaps. Den er aus wahren Zahnputzgläsern gierig in sich schüttet. Und dann, klar, kracht's. Kracht's eine Viertelstunde später. Kracht es immer wieder.

Und von wegen schweigend. Krachend!

Alkoholprohibition, wenn er überhaupt eins hat, ist das Thema dieses angeblichen Gottsuchers. Promillesuchengehen im angeblich so keusch alkoholresistent sozialistischen Schweden ist sein vielleicht sogar unbewußtes Thema!

Bergman, Strindberg, auch Sibelius, Grieg schweigsam nordische »Gottsucher«? Wie es der Volksmund will? Ach was, diese Nordpolanalphabeten können doch noch nicht mal einen Straßenplan lesen. Um rauszukriegen, wo Gott wohnen könnte. Und außerdem ist fürs Schweigen eigentlich – die russische oder auch slawische Seele zuständig! Die redet nämlich, z. B. als ständig brabbelnde Dostojewski-Personnage, beim Gottsuchen auch einen gewaltigen Galimathias an nicht endenwollendem Bramarbas zusammen. Als schweigende Stille. Des Ladogasees im Winter.

Ingmar Bergmans deutsch-österreichisches Unverstands- und Unverstandenheitspendant ist Thomas Bernhard. Warum auch immer, obwohl auch seine Theater- und Romanfiguren in einem unaufhaltsamen äußeren oder inneren Redestrom der obsessionellsten Art sich befinden, gilt der vor einigen Jahren etwas zu spät (denn anfangs war er ganz gut) verstorbene Österreicher der Legende gleichfalls als der obsessionelle Schweiger; und auch Ulrich Weinzierls Korrektur »Der große Schweiger war in Wirklichkeit ein begnadeter Causeur« (FAZ, 5. 3. 1993) muß man in ihrer Halbaufklärungswilligkeit ihrerseits korrigieren: Zum Causeur fehlte ihm, Bernhard, die nötige Grundausstattung mit Bildung und jenen Lebenskenntnissen, wie sie auch im Theater- und Minettifach übers ewig sich repetierende Alberne und selbstzufrieden Inferiore hinaus conditio sine qua non oder jedenfalls Regel sein sollten. »Begnadet« aber war der erfolgreiche Mystifikateur von Einsamkeit und Abschottung höchstens als höchst agiler Selbstdarsteller. Allein, so wie eben Hans Neuenfels und Peter Zadek nichts ungerner als Demokraten sind; so wie der Prof. Adorno etwas anders als Anders und noch früher als Max Horkheimer Karl Marx ab ovo seiner schöngeistigen Mutter fürchtete, ja haßte; so wie Heinrich Böll zeitlebens offenbar allen (sogar der sonst so ahnungsreich-kritische Adorno fiel im Rahmen von Reich-Ranickis großer Elogen-Anthologie von 1968 mit einem erstaunlich dummen Text auf ihn rein) unfehlbar als linksrebellischer Heiliger mit rechtsrheinischem Schalkskorrektiv galt, obwohl er doch letztendlich genau so muckerhaft katholisch verblieb wie sein verlogen renegierender Clown Hans Schnier, und wie er, Böll, um 1950 zu einer erstaunlichen Nachkriegskarriere angetreten; so wie er, Böll, allezeit als unumdeutbar integer katalogisiert wurde, obschon doch sein früher und ruhmzeugender Roman »Und sagte kein einziges Wort« (1953) fast exklusiv aus töricht-reaktionären Ressentiments sich konstituierte, wie z. B. dem blutundbodennah thematischen, daß Drogisten, Drogistenkongresse und bessere Hotels das Schlechte schlechthin sind; so wie Grassens »Blechtrommel« wegen schierer Dicke als »barock« gehandelt wurde; so ab ca. 1946 und dann zeitlebens aus dem gleichen Grund selbstverständlich auch Franz (»Josef«) Strauß. Obwohl der ja doch eigentlich das komplett-kompakte Gegenteil des Barocken, eines irgend sinnigen Barockbegriffs vorstellte, also etwa der gottgefälligen unio von Sensualismus und Spiritualismus. Sondern Strauß war allenfalls das allerverkürzteste Barock: üppig. Und größenwahnsinnig. Und: dick. Wie Grass' Roman. Genau.

Gern ließ Strauß sich deshalb in den Medien auch als reinkarnierter Renaissance-Fürst handeln.

Und anders als Grass bekam Strauß dafür wenigstens auch noch den spätbarocken Karl Valentin-Faschingsorden ab. Auf daß überhaupt nichts mehr stimmte, auf daß es vollends sinnfrei, auf daß das Wort spät doch noch erfüllet würde.

Dieses erfüllte sich allerdings eigentlich schon so exemplarisch wie füllig in der historischen Stunde der ersten deutschen Sartre-Rezeption, an die F. Schirrmacher, der da allerdings noch nicht auf der Welt war, klug, ja gewissermaßen spirituell rücksichtig anläßlich des ersten Frankfurter Sartre-Kongresses 1987 erinnerte: »Sartre im Kontext der fünfziger Jahre: das intellektuelle Charisma als Rock- und Roll-Phänomen«; und heute: »Die Erinnerung, wie es einmal war, als Sartre die intellektuelle Szene betrat und alle Welt schwarze Pullover trug« (FAZ, 11. 7. 1987). Wobei Schirrmacher, einengend muß es noch einmal betont werden, offenbar älteren Filmen vertraut, vertrauensseliger wohl aber noch diesbezüglich alten Mären aus den Großvaterlegenden seiner Kafkaprofessoren gelauscht haben dürfte. Trotzdem hat er ziemlich recht. Und er weiß oder wußte damals allerdings nur noch nicht, daß Sartre mit seinem Rollkragenpullover seinerzeit auch schon Kafka als slawische Seele des Dämonen-Dostojewski (Die Eingeschlossenen von Altona) vorwegnehmend rezipierte. Oder jedenfalls als Georges Brassens rezitierte. Wie umgekehrt Camus Bernanos als kaltes Bernard Buffet. Und Adornopreisträger (1995) Godard den in der Tat begrifflich recht glitschigen und allzu eklektischen, ja ekelhaften Sartreschen Existentialismus irgendwo als neumodische erotische Sauerei. Oder zumindest Gaunerei. Godards Debütwerk »Außer Atem« jedenfalls – und das ist wieder mal keineswegs Erfindung – stellte die Münchner »Abendzeitung« 1990 als »existentialistischen Gangster- und Liebesfilm« vor.

Womit sie völlig recht hat. Genau das nämlich war er, der halbmarxistisch humanistische Existentialismus. Auf der Linie Teddie Adornos. Und ohne den in den Schwarzwald irreführenden Umweg Heidegger.

Der allerdings – unser Buch kommt darauf zurück – tatsächlich 1945 ff. am Feldberg mit Sartre skifahren wollte.

Was gottlob am Umsteigen in Offenburg scheiterte. An einer – typisch Sartre – Verwechslung mit Offenbachs Frankfurter Schule (Hölzenbein, Alfred Pfaff u. a.).

»Die Gesellschaft«, seufzt fazitierend und fasziniert der mit einem dem unseren überaus ähnlichen Thema befaßte Robert Gernhardt, »modelt sich die Genies, wie sie sie braucht« (Glück Glanz Ruhm, S. 141). Und er entdeckt im gleichen Büchlein für den Zustand unserer allgemeinen synästhetisch-synkretistischen und deshalb schwer behaglichen Kultur und speziell der hochkonfusen deutschen Nachkriegskultur das Realsymbol in Gestalt einer gigantischen Realkatachrese. Nämlich in der beschreibenden Vorführung einer prima vista hundsgewöhnlichen, seconda vista aber kardinalgemein katastrophalen neufrankfurterischen Alltagskneipe namens »Taverne Wachtelstubb« (S. 33 ff.). In ihr findet sich wie in einem ikonograffitischen Fokus geballt von Rembrandts »Nachtwache« bis zur italienfrohen Griechenlandassoziation, vom bildgewordenen Navigare-necesse-est-Postulat bis zur wiederum mehr altdeutsch-merianstichtreuen Gemütsamkeit samt Butzenscheibe so ungefähr aller alte und neue Unfug und Unrat und Urschleim sowie überhaupt alles Menschenblendwerk, welches als Verweile-doch-Einladung lang nach Faust (und doch noch selbst seiner gotischen Studierstube verwandtschaftlich gut eingedenk) sinnstiftend präsent und hoffentlich auch wirksam ist.

Gernhardts gastweise schilderndes Alterego vermag seine Bewegung, ja Erregung nicht zu verbergen. Sartre allerdings tat gut, tat letztlich sehr gut daran, nicht skizufahren. Sondern im vergleichsweise beschaulichen »Deux Magots« zu verweilen und allenfalls ab und zu ins nahe und intime »Chez Maxim« zu wechseln, um da wie dort seine relativ übersichtlichen Tage zu verleben. Er, und es, wäre sonst noch existentialistischer geworden.

e. h.

Der Fall Kraus–Hitler

»Mir fällt zu Hitler nichts ein«, mit diesem eigentlich recht bekannten Wort eröffnet Karl Kraus 1933 seine »Dritte Walpurgisnacht«. »›Zu Hitler fällt mir nichts mehr ein‹, schrieb Karl Kraus kleinlaut im Jahre 1933. Wie sollte ihm auch! Sein ganzes Pulver war längst draufgegangen« – so falschzitiert der betagtere Bloch-Schüler Günter Zehm (»Pankraz«) in der »Welt« das Wort, und Hermann L. Gremliza in seiner »konkret«-Express-Kolumne hält den Fall 1980 fürs ewige Strafgericht fest: »Der Kultur, die sich von Zehm redigieren läßt, kann es ja wurscht sein, was Kraus geschrieben hat.« Vom Falschzitat und von dem barbarischen draufgegangenen Pulver ganz abgesehen, ist, so Gremliza, eben dies nicht Kraus' »kleinlautes letztes Wort gewesen, sondern der erste Satz eines Werkes von 291 Seiten, das bis heute alle Darstellungen faschistischer Unkultur überragt.«

Pankraz war nicht der einzige Schlamper und/oder Kenntnisvortäuscher. In seiner umfassenden Studie »›Dritte Walpurgisnacht‹ – Über einen Text von Karl Kraus« (1982) listet Jochen Stremmel eine ganze Kolonne jener auf, die, angefangen beim PEN-Präsidenten Hermann Kesten, wie in einer Epidemie von »böswilliger Stupidität« (Helmut Arntzen) entweder Lektüre vorgeben oder sich zumindest falsch erinnern und deshalb mehr oder weniger komplett mißverstehen: »Aber Kraus fiel zu Hitler nichts mehr ein, und es wird ihn kaum getröstet haben, daß der Tyrann mit Prügeln und Stiefeltritten das Journalistenvolk unterdrückte und vertrieb« (S. 220f.).

Auch der berühmte Literaturprofessor und Gremliza-Freund Fritz J. Raddatz glaubt sich auszukennen, schimpft dreimal hintereinander (Funk, Zeitschrift, Essayband) gleichlautend auf Kraus ein, zitiert den Satz zwar korrekt, weiß auch, daß das Walpurgisnacht-Buch rund 300 Seiten stark ist, wie so häufig bringt der sinnreiche Mann aber dann doch so einigen Sinn durcheinander: »Werner Finck fiel sehr wohl etwas ein ... ›Die dritte Walpurgisnacht‹ des Karl Kraus ist eine intellektuelle Bankrotterklärung: ihm fiel zum Faschismus nichts ein. Dieses Buch steckt voller Koketterie; da bohrt einer – aber der Zahn ist schon weg« (Verwerfungen, 1972) –

– ja allen fällt zu Kraus/Hitler irgendwas ein, meist nur nichts Genaues. Eine seltsame Melange aus Legende, Unwissen, Mythos, Pharisäerei, Wissenssimulation und Autosuggestion, etwas zu wissen; eine beim waltenden und fuhrwerkenden »Geistgesindel« (Die Fackel

890–905, S. 8) ja nicht gar zu seltene Kompottspeise. Und wahrscheinlich spukte den Zehm, Raddatz et alt. gewiegten Vertretern der »Prostitution der Worte« (546–550, S. 66) und der offenbar immer noch zunehmenden »Weltverblödung« (557–582, S. 22) halt einfach ein ganz anderes berühmtes Österreicher-Schmankerl vom Hörensagen im Ohrwaschel rum: »Wovon man nicht sprechen kann, darüber muß man schweigen« (Wittgenstein, Tractatus logico-philosophicus).

Aber auch das war garantiert wieder ganz anders gemeint.

e. h.

Humor

Ein ewiges Trauerspiel

Im Fall Dostojewski ist wahrscheinlich schon alles zu spät. Zwar haben schon vor mehr als fünfzig Jahren Franz Kafka (im Tagebuch) und Thomas Mann (im großen Essay) darauf bestanden, daß Dostojewski u. a. ein oft wahnwitzig komischer Autor sei, ein Humorist von so exzessiven Graden, wie man sie bei den als Humoristen bekannten Autoren niemals findet. Doch die Verlagsmanager, Klappentexter, Nachwortschreiber und Professorenschnarcher machen aus Dostojewski nach wie vor einen Autor von Tiefsinn und Tran, von Tragik und Gottsuche, von Selbstmord und Erlösung und weißderteufel. Und vor allem: Tiefe, Tiefe und nochmals Tiefe.

Dabei geht aller Augenschein dahin, daß es derlei in Dostojewskis Romanen kaum gibt: daß zumindest deren herzhafte Oberflächlichkeit und Quirligkeit ihre durchaus bessere und weiterreichende Qualität ist. Der Höhepunkt des Klappentexterunsinns möge hier zitiert und verewigt sein, er stammt von dem Übersetzer (!) Karl Nötzel und lautet:

»Dieser stille Mann, der hatte Rußland die geistige Einheit gegeben.«

In Wahrheit handelt Dostojewskis Epik von Lautheit, Geschwätzigkeit, Disparatheit und Geistlosigkeit ad infinitum. Wer Augen hat, zu lesen, dem sei zur Überprüfung dessen nach wie vor die plane Lektüre empfohlen; und zwar nicht nur der kleinen, sogenannten »humoristischen Romane«, sondern vor allem der fünf großen. Zur Introduktion diene vielleicht die Wahnsinnshumoreske »Eine peinliche Geschichte«; dieser lasse man dann am besten das »Fest«-Kapitel aus den »Dämonen« folgen.

Gut eignet sich zur Ein- und Beweisführung auch Stepan Trofimowitsch' den Goetheschen »Faust« II fortlaberndes Jugendgedicht zu Beginn dieses dicken »Dämonen«-Romans von 1873. Oder etwa der heftige Menschenauflauf zu einer reichlich obskuren Vormittagsgesellschaft im Rahmen einer lang sich hinziehenden komisch-brodelnden Szene aus dem Roman »Der Idiot« (1869) – eineinhalb Kapitel aus dem ersten Romanteil. Kenntnis des Personals und des schon geschürzten Handlungsknotens sind vergleichsweise gleichgültig – hier tobt im Rahmen eines vollkommen hanebüchen-trivialen Menschenauflaufs mit schachtelerzählter Bologneserhündchen-Einlage das hirnrissige Chaos selber.

Wie zumeist in diesem späten Roman, den Walter Benjamin als einen der letzten und modernsten jener modernen Gattung erachtete, die einst mit dem »Don Quijote« (1605–15) eröffnet habe. Ein komisch-humoristischer ist nun aber der gerade nicht, kein Mensch, jeder kann es ausprobieren, vermag da irgendwo noch zu lachen; wohl aber dauernd im und über den »Idioten«, auch wenn seinerseits Benjamin sich gerade auf diese geradezu fürstlich verschleuderten komischen Potenzen wieder kaum, allenfalls mittelbar konzentriert.

Dostojewski ist kein Einzelfall; der auf ihn kongenial aufmerksam machende Kafka selber das zweite Groß-Malheur. Und das, obwohl schon Max Brod auf die sozusagen chaplinesken Qualitäten des »Amerika«-Romans (Der Verschollene) insistiert und davon berichtet hat, wie bei einer privaten Kafka-Lesung aus dem »Prozeß« der Rezitator und sein Auditorium sich vor Lachen nicht mehr eingekriegt haben. Und obgleich früh schon mit Bedacht Thomas Mann den »religiösen Humoristen« Kafka geltend gemacht hatte. Den »religiösen« kann man sich dabei übrigens getrost schenken. Noch im vergleichsweise symbolischen und kryptischen und religionsdeutenden und prima facie jedenfalls scheint's doch recht komikfernen »Schloß«-Roman (1926) waltet weniger hohe und abgehobene und etwa symbolisch-subtile denn über weite Strecken vielmehr infantil-regressive Schmuddel- und Schweinigel- und buchstäblich Saustall-Komik aus dem Vollen. Vor allem in der Bierwirtschaft unterm Tisch. Denn »ein Ausschankmädchen zu sein, ist viel« (in der Fassung der Handschrift, 1982, S. 462). Und hat z. B. dies zur Folge: »Im Wirtshaus ging er (K.) gleich in sein Zimmer und legte sich aufs Bett, Frieda machte sich daneben auf dem Boden ein Lager zurecht, die Gehilfen waren miteingedrungen, wurden vertrieben, kamen dann aber durchs Fenster wieder herein. K. war zu müde, um sie nochmals zu vertreiben. Die Wirtin kam eigens hinauf, um Frieda zu begrüßen, wurde von Frieda Mütterchen genannt, es gab eine unverständlich herzliche Begrüßung mit Küssen und langem Aneinanderdrücken. Ruhe war in dem Zimmerchen überhaupt wenig, öfters kamen auch die Mägde in ihren Männerstiefeln hereingepoltert, um irgendetwas zu bringen oder zu holen ...« (S. 71).

Die Kafkas ist wie hier und auch sonst zu großen Teilen und ganz wesentlich Albtraumkomik, an den amerikanischen Irr- und Wirrwegen Karl Roßmanns besonders schön nachzuvollziehen – ähnlich wie an den Figuren des Kafka-Bruders Robert Walser und beider später Schüler Urs Widmer, Ror Wolf und Eckhard Henscheid (Roßmann, Roßmann ..., 1982). Ihr Humoristisches ist ihre letzthinnige quasi transzendierende Geborgenheit, die wie von oben garantierte Unversehrbarkeit der herumirrenden, wie leichte Federn herumtreibenden und unschwer verführten Menschenkinder, Karl Roßmann voran; gleich eigentlich, ob man es vorzieht, die Romanidee und -konstruktion, diese Lebensoptik, eher ästhetisch oder religiös oder sonstwie metaphysisch auszudeuten.

Daß man seit Kafkas Erstauftreten zwar auch immer mal wieder richtig, seit fast hundert Jahren aber ungleich massenhafter daneben deutete und offenbar allzeit fast komplett an den planen Texten vorbeilas, ins Jüdische oder Kabbalistische oder Biografistische oder notfalls und gegen jede Not ins Psychoanalytische hinein: das hat über ein Gefühl großer Vergeblichkeit und Klebrigkeit hinaus natürlich auch wieder etwas durchaus Lachhaftes: Mag sein, hier waltete ja keineswegs, wie vorrangig im Fall Dostojewski, der Fluch der bösen Erziehung, nämlich einer fremdbestimmt selbstantrainierten lebenslangen Leseunfähigkeit, die fortzeugend nur immer neues Dümmeres und noch Dümmeres gebären soll; sondern letztendlich im Zuge einer hegelischen – und insofern eigentlich sehr kafkafremden – List des Weltgeists auch abermals ein potenziert Humoristisches; dergestalt, daß im Sinne z. B. des Kleistschen Marionettentheaters wie der späten Kafkaschen Krankenaufzeichnungen das Dumme und Böse erst einmal wie durch eine Unendlichkeit hindurch gänzlich und restlos aufgearbeitet werden müssen, ehe Dialektik ein neues und womöglich besseres Leben gestattet. Mit einem noch älteren Text, dem der Bach-Kantate, stoßzuseufzen: »Wir müssen durch viel Trübsal in das Reich Gottes eingehen.«

Samuel Beckett – auch auf ihn sind wir vorne im Nachkriegswirrkapitel schon gestoßen – wäre wohl ein drittes prominentes Exempel aus dem 20. Jahrhundert, daß ausgerechnet stil- und begriffsbildende Großhumoristen am allerwenigsten als solche gelesen und verstanden und belobigt werden; sondern abermals als immerzu Tragiker, Gottsucher, Christuserneuerer, Einsamkeitsapostel, Vatergeschädigte usw. Mißverstanden und fehlverbraten wird allerdings weniger der Beckett der eher albernen und dürftigen Laienbühnenstücke (Warten auf Godot, Endspiel) und also des sogenannten »absurden Theaters« (siehe auch hier unser Kapitel über die allgemeinen und besonderen »Nachkriegswirren«); sondern der epische, vor allem der Autor des Romans »Molloy« (1951) und partiell der sich daran anknüpfenden Roman-Trilogie. Und es wäre fast ein vierter prominenter Fall der Österreicher Thomas Bernhard, der gleichfalls vom Start (ca. 1965) weg kreuzverkehrt gelesen, eigentlich nur aufgeschnappt wurde, nämlich abwechselnd als symbolischer Apokalyptiker oder unbarmherziger Gesellschaftskritiker oder barocker Bußprediger oder wütender Österreichbeschimpfer oder dann halt als trauerarbeitsmäßiger Tragischgeworfener; und der all dies allenfalls als Pose war; nämlich er war's als schimärischer Spiegelfechter, als Mimiker und Mimetiker eines spätbiblisch schimpfenden Abraham a Sancta Clara, wesentlich als Parodiker all dieser altbacken ernsthaften Haltungen und Posen – und er, Bernhard, wäre tatsächlich zu den großen und unverstandenen Komikern und Humoristen zu zählen, hätte er sich ernsthaft an das gehalten, was er versprach bis hin etwa zu seinem etwas zu dicken Roman »Korrektur« (1975); hätte er sodann nicht, ja eigentlich schon seit ca. 1970, alles daran gesetzt, seinen achtbaren Ruf selbst hemmungslos zu ruinieren, indem er's dezidiert und vor allem via seine zumeist steindumm hingeschluderten Komödien selbst in die Welt setzte: daß er Komiker, Kasper, Clown sei – und natürlich nichts weniger als das dann in der Folge war und sein konnte. Da war er nicht länger der Organisator artistisch verschlungener und prismatisch schillernder und potentiell ad infinitum rotierender Satzgebilde und konturenreicher Prosagebirgslandschaften und mäandernder Serpentinenpaßstraßen; sondern sehr dümmlich umjubelter Theaterpremierenadabei, Minettifreund und, natürlich, früh Büchnerpreisträger.

Manchmal scheint es, einiges an Fehlfährte habe sich herumgesprochen und als Mißverstand und Mißverständnis aufgehellt. So wenn der heimische Kritiker U. Weinzierl, wir haben es oben schon gelesen, immerhin post mortem legendenkorrigierend darauf besteht, es sei dies kein großer Schweiger, sondern ein nimmermüder Plauderer gewesen.

Genauer: er war vor allem ein pathischer Schwätzer. Anderes wird langsam immerhin halbwahr: »Ich glaube, daß Thomas Bernhard den herrschenden Verhältnissen nach dem Maul stänkert« (Sigrid Löffler). Nein, zuletzt nicht mal denen. Sondern das tat er sehr kryptisch und eben humoristisch aber auch ganz offen schon in seinen jungen Tagen. Zuletzt muffelte er als nationaler Wurschtel nur noch trostlos und selber extrem ungetröstet vor sich hin, um irgendwelche Theater- und Medienapparate weiter halt gleichfalls am Wurschteln zu halten.

Bei Dostojewski scheint der Hauptschuldige Stefan Zweig zu sein, jedenfalls was die deutschsprachige Rezeption resp. Ausdeutungshilfsschule angeht. Er, Zweig, steuerte einst und möglicherweise auf Jahrhunderte fortwirkend den allergrößten und verheerendsten und immer neue Ungeheuer zeugenden Stuß und Stiefel bei, in einem Großessay, den der österreichische Schluri offenbar in einer einzigen Nacht herunterschlawinert hat, weil er vielleicht am Morgen einen Vorschuß und nämlich sehr dostojewskinah Pulver fürs Kartenspielen o. ä. brauchte; ein Pseudoessay, an und in dem aber auch kein einziges Wort stimmt, geschweige denn, daß Zweig eins bei Dostojewski nachgeschlagen hätte, sondern er gehorchte seinerseits ja auch schon irgendwelchen obskuren Ondits von Legenden von Omina von narrenden Langzeiterinnerungen usw. Vielleicht ist der Schmäh auch partiell national bedingt. Denn gleichfalls Zweigs Landsmann und Zeitgenosse Egon Friedell liegt mit verantwortungslosen Sprüchen wie Dostojewskis Romane seien »Apokalypsen und fünfte Evangelien« nachhaltig meinungsverheerend gar nicht schlecht.

Wenig verschlägt und rechtfertigt da der Hinweis, Dostojewski habe offenbar und jedenfalls teilweise, zieht man sein »Tagebuch« und seine Briefe zurate, selber gar nicht gewußt, daß und wie massiv er Komik, zum oftmals Schreien komische Prosa, produziere. Umgekehrt macht allerdings, nun wiederum von der anderen Seite her und der sowieso unausrottbaren Legende zu gefallen, den Jean Paul Richter noch nicht zum Satiriker und Humoristen, daß er's selber glaubt und manchmal sogar im Buchtitel führt. Obzwar diese »Satiren« nur endlose Spintisierereien sind; und der dann schulbildende und vermeintlich sogar forminitiierende »Humor« des »Schulmeisterlein Wutz« (1793) nur ein höchst eingeschränkter und dafür um so schrankenlos stil- ja begriffsverbildender ist.

Viel liegt da tatsächlich an der offenbar heillos irreversiblen, zum Teil (wir streifen sie noch in einem eigenen Kapitelchen) gattungsgeschichtlichen Begriffsverwirrung: weder der Jean Paulsche noch der moderne Satirebegriff hat ja irgend noch mit der antiken Satire-Bedeutung der mit verschiedenen Früchten gefüllten »Opferschale« (lat.: »satura«) zu tun; und allerdings, ein altbeliebtes Mißverständnis, auch nichts mit dem Satyr – dieser nun freilich mit dem Bocksgesang, und der wiederum, wie uns 1993 Botho Strauß nachdrücklich in Erinnerung gerufen und aufgeklärt hat, als deren Urbedeutung mit Tragödie; doch auch das, siehe unser Kapitel »Falsche Wörter«, stimmt nicht ganz. Aber auch sonst rauscht und brandet es ja zwischen den Begriffen Komik – Humor – Satire – Ironie – Parodie – Travestie – Polemik – Pamphlet usw. machtvoll, fatal und schon längst hoffnungslos durch- und ineinander. Das mag partiell auch an der Sache selber liegen, die, je nach Optik, mal mehr den Humor zum Dachverband von Komik macht, mal gerade das Umgekehrte wähnt und tut. Der Sache selber wohnt etwas andauernd Changierendes, Oszillierendes inne – so wie da z. B. Karl Kraus eben mit der akkuraten Umkehrung des Horaz (»Difficile est satiram non scribere«) seinerseits Satire erklärt: »Es passiert zu viel, man kann keine Satiren mehr schreiben«, auch das macht eben die Sache wie die verwandten Gattungen noch einmal fluid; sowie ihr jeweils Geschichtliches: zum Beispiel haben die Horazischen Satirebücher »Sermonum libri duo« unter Brüdern und sine ira et allzuviel studio natürlich weder mit Kraus noch mit Fruchtschalen noch mit Jean Paul noch mit Tucholsky irgend zu schaffen; sondern sind wenig fruchtbare und um so bräsiger vor sich hin belehrende und palavernde Räsonnements, eben: Sermone.

Verwickelt verhält sich's bei Theodor Fontane. Denn anders als die Jean Pauls konstituieren sich seine Poesie und seine Poetik tatsächlich sehr auch aus und im Humor, einer integrierend humoristischen, resignativ-komischen Weltperspektive und einem gleichsam eigens dafür geschaffenen Parlando aus Entsagung und dem, was hundert Jahre später das berühmte Tübinger Ehepaar Walter und Inge Jens zäh und verbissen als »heitere Fontanesche Gelassenheit« weniger an diesem als immer wieder an sich selbst bewundernd bestaunen wird. Allein, das auf den Kollegen und Artverwandten Gottfried Keller wie auf sich, Fontane, selber gemünzte Wort vom »Goldgrund« des Humoristischen war dann nur um so fataler und abermals Wasser auf die Mühlen derer, so da den Humor ab sofort und zujederzeit vom sanften, gar zu sanften Schulmeisterlein Wutz herleiteten. Und ähnlich inkommensurabel, ja ineffabile liegt die Begriffskonfusion im gleichzeitigen Fall Wilhelm Raabe, dem berühmten Doktorarbeitsobjekt der sodann noch berühmteren Prof. Dr. Gertrud Höhler (man glaubt es nicht, das Pärchen Raabe/Höhler) – und all dies trug jedenfalls nicht dazu bei, eine Sehweise zu begründen, welche etwa Humor und Realität/Realismus in einer irgend engeren Korrelation sähe; sondern im Gegenteil: beides wurde dann fast stets oder jedenfalls über lange Durststrecken hinweg mehr oder weniger als Gegensatz traktiert; und wird im Prinzip immer noch.

So daß auch die Mißverständnisse weiter und allseits walken und wuchern durften, weit ins 20. Jahrhundert hinein; solche noch jenseits und vor speziellerer und vertiefterer Interpretation; solche noch im aposteriorischen Vorfeld der Prämissen. Im Zusammenhang Fontane war da die ärgste und ärgerlichste, auch schon narrischste und deshalb auch wieder humorerzeugende die allerdings notgedrungen nur einseitig beschlossene Ehe Fontane/Fassbinder (und vergleichbar wirklich nur dem Pärchen Raabe/Höhler) mit dem gemeinsam hergenagelten Filmkind »Effi Briest«; virtuell übertroffen aber dann wohl doch noch vom fast simultanen Traum des »Frankfurter Rundschau«-Filmtheoretikers und Literaturkritikers Wolfram Schütte, dem Traum von einer noch weit über Cosima hinaus komplett genialischen Ehe Rainer Werners mit Richard Wagners »Tristan«, den zu inszenieren oder filmisch zu packen Fassbinder bitte bald sich aufmachen möge; was dann gottseidank durch ein energisches Dazwischentreten eines überaus freundlichen Cicisbeo Hein schon als »Projekt« (Habermas u. a.) zunichte gemacht wurde, eh' es uns noch vollends fertig machen konnte – doch, diese noch erhabenere Mesalliance als Traum von der Großen Eschersheimerstraße aus dem Stalle Karl Gerolds vielleicht ja auch im neuerlichen Verbundsystem mit Fontane zur Tripelkopulation geweitet und mit Wagners unendlicher und selbst Raabe/Höhler zurücklassender Sehnsuchtsmelodie als Nacht der Liebe herniedersinkend auf das jetzt definitiv offene Polen abgesegnet und kanonisiert: das – wär's dann gewesen.

Im übrigen wiederholt und massiert sich auch bei Wagner noch einmal die fast allseitige Fehleinschätzung, die Taubheit gegens Komische, gegen sein, Wagners, ganz spezielles und doch nachgerade klassisches Komisches. Wo schon das alles überragende Paradigma der »Meistersinger« von den Connaisseuren ziemlich einheitlich als minderes Werk gebucht wird, da verwundert es kaum mehr, daß auch der »Ring«, all seiner mikro- und makrohumoristischen Evidenz zuwider, bis zum heutigen Tag plan bierernst gehört wird; nämlich als wäre alles linear und monochrom ganz tragisch gemeint. Was aber spätestens bei der »Götterdämmerung« ganz blödsinnig wird: Ist doch ihre thematische wie musikalische Substanz die einer, wie nirgends sonst in jenem Jahrhundert, vollkommenen Koinzidenz von Tragödie und Komödie; von ernstestem Ernst und reinem Unfug. Man denke auch an die C-Dur-Banalitäten des »Rheingold«-Finales; man denke an die nachtschwarz aus den Weltraumschlünden hervorbrummenden dissonantischen und übermäßig akkordischen Hagen-Musiken der »Götterdämmerung«; man bedenke auch und vor allem die ungescheute Krach- und Infantilkomik am Schluß des 1. »Siegfried«-Aufzugs! Purer Quatsch – schiere Freude an ihm.

»Flaubert hat gesagt, Erfolg geht immer daneben. ›Madame Bovary‹ ist wegen seiner farcenhaften Stellen ein Hit geworden« (Julian Barnes, Metroland, 1980). Das mag es denn auch hin und wieder geben: daß eingebildete und jedenfalls keineswegs das Kunstwerk zentrierende Komik, hier die Farce, ein Werk berühmt macht, dessen Qualitäten eigentlich ganz woanders daheim sind. Der Fall Flaubert ist rar; ein anderer noch verzwickter, die Schraube eins weiterdrehend: der durchaus nicht-komische, genuin und seiner Prägung nach ja durchaus nicht-humoristische, ja eigentlich humorunbegabte James Joyce ist ein neuerer Unfall von gleichsam nun doppeltem Mißverständnis, Unverstand in Potenz: Nun es sich in gewissen akademischen und metaakademischen Kreisen spät, aber plötzlich herumgesprochen hat, daß Humor in bestimmtem Betracht eigentlich auch nichts Böses ist, sondern eher konträr: da machte es auch auf einmal Chic, machte es sogar erheblich was her, nun ausgerechnet den sturheil Antike-noblen, dabei Mythos aktualisierenden Akademisten Joyce, dessen Humor beinahe ausschließlich in nimmermüd sprachetymologisierender Anspielungs- und Verballhornungsobsession und, damit in Verbindung, in einer gewissen formalistischen Kreuzworträtsel- und Puzzle-Humoristik sich erschöpft, zum Hochkomiker und Hochhumoristen zu salben. Leider lieferten sodann auch Arno Schmidt und zuweilen noch leiderer Vladimir Nabokov entsprechende verlockende Vorgaben und Vorlagen, die Menschheit noch zäher auf unziemlich hohem Niveau zu langweilen. Und daß aber ausgerechnet der altbackenste, penibelste, moralinhaltigste, vereinsmeierlichste, autoritätsfixierteste und ängstlichst hierarchiebedachteste Schriftsteller der zweiten Jahrhunderthälfte, Grass also, als barock und berserkerhaft, als üppig und revoluzzig, als anarchisch und häretisch, in summa: als humoristisch fehlkatalogisiert wurde und mitunter noch wird, und dies nur, weil vor fast vierzig Jahren ein damals schon etwas sklerotischer Jungkritiker Joachim Kaiser nebst einigen nachmaligen Nebenpäpsten rund um die Gruppe 47 schon damals, zur Zeit des »Blechtrommel«-Debuts 1959, genauso barock und anarchisch und ausufernd und weltgeistüppig dachten und fühlten: davon war auch schon vorne im Nachkriegs-Kapitel die leidige Rede, und wir wollen uns den Fall deshalb doppelt gut merken.

Daß Humor eigentlich mit Lachen zu tun hat, wird gern vergessen ausgerechnet in einer Zeit, da die »Anatomie des menschlichen Lachens« (FAZ, 6. 3. 1996) erstmals bis in die Keuchsequenzen, Phonstärken, neuronalen Entwicklungsdaten und Taktfrequenzen hinein erforscht und vermessen wird. Im Leben wird meist gern, spontan und sogar zu Recht gelacht, in der Kunst kaum. Die Opern z. B., die als komische oder humoristische gelten, gelten dem im Vollbesitz seiner Zurechnungsfähigkeit Befindlichen mehr als infantil, inferior, inkompatibel eben mit Zurechnungsfähigkeit – und wo es in der Oper, insgesamt tatsächlich nicht so gar häufig, komisch, humoristisch, lachhaft wird, wird meistens nichts gehört noch gar gelacht – und das wie in schon übertriebener Selbstpeinigung schon seit Generationen und Jahrhunderten, da hilft offenbar keine Neuzeit noch Moderne weiter. Im Literaturfach sieht die Sache nur um wenige Grade besser aus, auch hier ist Lachen in der Regel ein Tabu, nämlich eigentlich Indiz, ja Nachweis von Minderwertigkeit – akzeptiert ist seit Urgroßonkels Zeit lediglich das bekannte Lachen, das im Halse stecken bleibt, sodann das mozartische Lächeln zwischen Tränen sowie dann allenfalls noch die Ironie, die fast immer höhere und gebrochene Ironie – aber auch mit der hat es eine sehr eigene und besondere Bewandtnis:

In Deutschland möglicherweise mehr als sonstwo ist Ironie zwar nicht grundsätzlich verboten, aber es hat doch insgesamt im Alltag wie immer noch bei eher literarisch-artifiziellen Texten etwas wie ein »Ironieverbot« (FAZ, 14. 8. 1996), praktisch ein Nichtwahrnehmen von Ironie, sofern sie nicht extra und lauthals plakatiert ist – wir kommen in einem eigenen Kapitel darauf zurück. Das ironische, das uneigentliche Sprechen als werkimmanenter Mikro- und Makrokosmos ist zwar schon dem Erdaltertum und ganz kleinen Kindern bekannt; es wurde als »eironeia« schon von Aristoteles so wie heute als uneigentliches Wahrheitssprechen erkannt und zum Einsatz gebracht und von Aristophanes in den »Wolken« als überhaupt indirektes Sprechen begrifflich erweitert und etwas abgewertet – aber »ach ja, die Ironie!« seufzt spöttisch-vielwissend Settembrini im für sie ja bekanntlich großparadigmatischen »Zauberberg«; denn immer noch hatte es mit ihr ja alles und ergo nichts auf sich. Wiewohl von Hegel als »das Spiel mit allem« nobilitiert und auf die dann auch vom späten Goethe wie vom späten Verdi theatralisch ratifizierte Formel gebracht: »Aller Ernst ist zugleich nur ein Scherz«, verlief die Karrierekurve der Ironie kaum günstiger als die der angrenzenden Genres Humor und Satire: theoretisch scheiterte sie von Thomas Mann und Goethe über Kafka bis zu Martin Walser meist schon an der expandierenden Begriffskonfusion – praktisch begünstigte sie häufig wiederum die geborenen Langweiler, die da unterm Alibimäntelchen von Ironie und Selbstironie und romantischer Ironie die ohnehin geplagte Menschheit nur noch nachhaltiger verdrossen und verbiesterten.

Nicht besser fuhr sie aber mit Satire und Satirikern. Was unter diesem Rubrum auftrat und -tritt, legt seit einem runden Säkulum den Ruf nach der Polizei jetzt aus ganz anderen Gründen als im Kaiserreich nahe. »Nehmen Sie zum Beispiel Wolfram Siebeck«, führt der als Richter eigentlich zur Nachsicht angehaltene Herbert Rosendorfer (Die Erfindung des SommerWinters, 1994) eins der ragendsten Beispiele auf, »der darf sich nur deshalb einen Satiriker nennen, weil diese Bezeichnung nicht geschützt ist«, und das, obwohl er nur »seit Jahren ein und dieselbe Geschichte wöchentlich in drei bis vier Blättern schreibt«.

Ähnlich wie die Ironie halt so irgendwas zwischen Thomas Mann, Grabbe, »Leonce und Lena« und speziell im Österreich des Werner Schneyder vorzüglich Abflußsystem eines spezifisch »österreichischen Geistreichtums« ist und nachweislich schon zu Karl Kraus' Zeiten (Die Fackel 668–675, S. 13) war: so seit langem schon Satire eher, ja wesentlich Legende von Satire, irgendetwas Gutes und Gutgemeintes zwischen Heine und Thoma und Tucholsky, zwischen Kraus und Dall, tatsächlich wurde der Autor dieses Aufsatzes auch konsequent mit beiden schon verglichen, hie von der Berliner, dort von der Zürcher Spitzenpresse – und der verwandte »Nonsens« ist da von hier wie dort aus selbstverständlich auch nicht fern. Sondern wird von der Hamburger erledigt.

Daß Leser generell und offenbar à tout prix praktisch alles falsch aufschnappen: – das wird leider auch für dieses unser Buch hier gelten und erhöht seinen humoristisch-wissenschaftlichen Rang vorab ins Tragische. Unter diesem speziellen Murphyschen Gesetz hatte mehr noch als das davon ja ein bißchen separierte Werk eine lebende Legende wie eben der – und über die Berufsbezeichnung kann man auch streiten oder verzweifeln – Satiriker Karl Kraus spätestens nach einem Jahrgang »Fackel« ab 1900 dauerhaft zu leiden, und er litt, zumindest lustvoll rhetorisch: Wenn er z. B. (Die Fackel 554–556, S. 31f.) die »Leser der Fackel«, jene fast konspirativ-verständnisinnig vermeintlichen Gleichgesinnten, »Esel« schalt, die als solche eher »unangenehme Begleiterscheinungen« seiner schriftstellerischen Anstrengungen seien; die da »allen Bitten zum Trotz, es sich nicht nehmen lassen, mich anzuregen«, mit Zeitungsausschnitten nämlich, Rat und Anfrage. Allein: »Ich werde doch nicht jedem Trottel mein Redaktionsgeheimnis ... aufbinden!«

Dergleichen Rhetorik und Pilatus-Pathetik des schuldlosen Lamms machte dann unter den Adoranten und den vielen unbegabten und wenigen begabten Epigonen und »Plagiatoren« (so nennt der Begabteste, Hermann L. Gremliza, weiterverwirrend sich selber) die Runde – die Mißverständnisse, über welche Kraus vor allem ab 1910 sei's aus Koketterie, sei's aus Desperatheit zunehmend klagt: sie betreffen ferner auch fälschlich insinuierte Humorbedürfnisse und sinistre Skandal-Aufklärungsmotive der Leser; so als wäre die »Fackel« der »Spiegel« von 1955 ff. oder auch eine Kuriosa-Kollektion zum allgemeinen Schmäh und Divertimento; und nicht nach Krausens Intention Weltgerichtsschädelstätte von »Lügenwerk« und »Scheinwelt« und »Weltverblödung« (Die Fackel 519/520, S. 9; 546–550, S. 12; 557–560, S. 22) und wie die unermüdet über die Dezennien hinweg von Kraus permutierten Verdikte der Schwarzen Kunst noch lauten mögen. Die Leser erhofften und liebten vorgeführte Zeitungsdebakel – Kraus war um ganz Anderes zu tun: »Jedes Wort, das er (der Journalismus) spricht, ist Lüge«, am kenntlichsten in der »vollkommenen Wurstigkeit, mit der er den Ereignissen gegenübersteht, wohl wissend, daß sie ohne ihn keine wären« (561–567, S. 53).

Dergleichen ist heute, annähernd ein Jahrhundert später, fast Allgemeinplatz, und die sogenannte Realität, die erste wie die fastidentische mediale, nur noch etwas ärger geworden. Und natürlich nützt »Satire«, hier formal Polemik, inhaltlich die identische Aufklärung, gegen beide nichts; schon weil sie in ihrem Kern kaum verstanden wurde noch je wird; so wie eben deshalb natürlich auch Kraus' helfende und aufklärende Satireworte zum Humor Nestroys ungehört und unverstanden verhallten: Wie seine, Kraus', eigene satirische, blieb auch nach 1900 gleichfalls die humoristische Dimension Nestroys ein nicht nur Wiener fugenloses Mißverständnis. Nestroy verblieb, was er schon lang vor Kraus unkorrigierbar war: das unverdrossene und beliebige Fortzeugegerücht eines eh wurstigen »Hauptspaßmachers« (676–678, S. 8).

Es ist in diesem Buch und in diesem Kapitel ja nicht – oder jedenfalls nicht zentral – die Rede von denkbaren und bekannten Großmißdeutungen dergestalt, daß die Menschen irgendwann einmal Kunst mit Religion verwechseln, als deren in Wahrheit historisch offenbar zwingende Profanierung und Säkularisierung. Oder aber von großoptischen Täuschungen der Idiotie der Art, daß in Zeitungsaufrufen ausgerechnet jene gegen den Drogenmißbrauch der Jugend zu Felde zieht, deren ganzes Leben in der einzigen und nimmersatt eingepfiffenen Droge sich bewahrheitete, ca. 13,8quadrillionenmal einen kleinen gelben Tennisball übers Netz zu wuchten. Inniger mit unserem speziellen Thema zu tun hat schon, daß die erwähnte profanierte Kunstreligion ihrerseits wenigstens wenn schon nicht sakral, so doch möglichst hoch situiert bleiben möchte. Und sich deshalb möglichst wenig mit dem vermeintlich Niederen, Humor und Satire, gemein und schmuddelig zu machen bereit ist. Was, denkbar, streckenweise beweisbar, wieder eine Sub- und Metafolge von Mißverstand zeugte. Eben u. a. die tendenziell totale Hilf- und Ratlosigkeit rund um den Begriffskreis von Humor und Satire – jetzt auch, soweit man das noch auseinandersortieren kann, außerhalb seiner besonders krassen gattungsgeschichtlichen Wandlungen und seiner chamäleoniden Semantik. »Humor diskreditiert«, befand der Humorist und Satiriker Tucholsky. Was natürlich lapidar ebenso wahr wie falsch ist. Nicht nur wurden Legionen Afterkarrieren auf ihm, dem Humor, errichtet. Schon begrifflich – müßte man jetzt eigentlich wieder von vorne anfangen.

Gleichfalls weit mehr verheerend als klärend hat ein anderes und leider nur allzu bekanntes Tucholsky-Wort, niedergeschrieben in der »Weltbühne« von 1919, Wirkung gezeitigt, eins der drei oder vier populärsten Tucholsky-Vademecums – wir kommen auf es später in einem eigenen und komplementären Tucholsky-Artikel zurück, es ist eins der inflationärsten und gleichzeitig falschverstehbar-falschverstandensten Kulturrudimente der neueren Neuzeit überhaupt: »Was darf Satire? Alles.« Der Historikerkollege Hans Mentz hat darüber in seiner »Titanic«-Humorkritik-Kolumne (4/1989) ausführlich, wenn auch keineswegs erschöpfend räsonniert. Das mittlerweile ca. 14 700mal in Dissertationen, Besinnungsaufsätzen und Leitartikeln der Sorte »Jaja-der-gute-Tucho-das-war-noch-Satire« unziemlich rezitierte, zum Teil dann auch einfach schon mal falsch zitierte Wort stimmt natürlich nicht einmal dann zur Hälfte, wenn man seinen punktuellen Anlaß, sein präfaschistisches historisches Umfeld oder z. B. auch sein ironisches Changieren zwischen Zustandsbefund und gattungstheoretischem Postulat außer acht läßt –

– wer auch nur geringfügigst Realität, damals wie heute, wahrzunehmen in der Lage ist, der weiß, daß Satire zur Tucholsky-Zeit manchmal viel, manchmal möglichst wenig, manchmal gar nichts durfte; z. B. schon wenig später wurde ja akut, was Walter Mehring gleichzeitig kabarettistisch-pointiert aussprach: »Pointen müssen sitzen«; und 1945 ff. oder etwa – Regierungsantritt Brandt – 1969 ff. erlebte das tiefominöse und hochodiose Tucholsky-Wort gleich noch viel ambiguischere Wahrwerdungen: Zum Beispiel in einer fortschreitenden Domestizierung von Satire durch erweiterte Libertinage und

Toleranz gleich (so Herbert Marcuse u.v.a.) Repression einerseits bis hin zur Nullität und schieren Verächtlichkeit; andererseits in gravierenden und justiziell relevant werdenden Exempeln als Sanktion und Verurteilung nicht anders wie zu Kaisers und »Simplizissimus«-Zeiten; und partiell satire- und kritikfeindlicher ja noch. Richter, Staatsanwälte und z. T. sogar Kläger sind ja heute einerseits durch Tucholsky et alt. gewarnt und mit ihm gewappelt, sich forensisch nicht gar zu frenetisch lächerlich zu machen, ja großteils wohl selbst Tucholsky-Leser, wie der Kanzler Kohl. Im Zweifelsfall aber eben doch Leser mehr der gemütvollen Berliner Mutterhände-Gedichte und der inzwischen ihrer aktuellen Akutheit gänzlich entkleideten heiter darüberstehenden Schnurren. Im Zweifelsfall darf auch fünfzig und achtzig Jahre nach Tucholsky »Satire« eo ipso nicht viel, praktisch nichts.

So erfreulich auch der (später prompt teilrevidierte) Freispruch der bösen Inzest-Insinuateure Henscheid/»konkret« vs. die vorerwähnte Raabe-Spezialistin Höhler in Sachen satirische Verächtlichmachung nebst zynischer Menschenverachtung durch zwei Instanzen des Hamburger Landgerichts gewesen sein mag; erfreulich und in der satirefreundlichen, ja -affinen Frappanz seiner zunächst schmerzensgeldabwehrenden Begründung fast unglaublich: noch ist derlei Ausnahme; offenbar vermehrt wieder Ausnahme. Gewaltig wurden gerade 1992–1996 alle möglichen Satiriker von allen möglichen Leidtragenden mit 5000 bis 60000 Mark zur Kasse für seelischen Schmerz gebeten. Noch 1996 bekam Gerhard Henschel vorerst außerforensisch, aber mit starker justizieller Drohgebärde seitens des unermeßlichen Konrad Weiß (Bündnis 90 / Die Grünen) in ausgerechnet der »Welt am Sonntag« restlos seitenverkehrt zu lesen, seine nun für wahrlich scheint's jedermann unmißverständliche Romansatire »Der Barbier von Bebra« sei haftanstaltswürdig »faschistoid«; hätte ein »juristisches Vorgehen auch nur die geringste Aussicht auf Erfolg gehabt«, man hätte desgleichen sehr wohl getätigt. Die alte Faschismuskeule nun ausgerechnet reingewürgt seitens unserer märtyrerheroischsten Ex-Bürgerrechtler wider ausgerechnetst unsere vergleichsweise couragiertesten Satiriker: Es hat über die zerebralstrukturellen DDR-BRD-Schründe noch hinaus schon etwas recht Nervzerbröselndes.

Unklarer, ungeklärter noch als im Juristischen und Praktischen und Neuvereinigungsantagonistischen bleibt Satire im keusch Begrifflichen. Nicht viel besser geht es bis heute ihrer Tochter oder kleinen Schwester, der Parodie:

Es ist ja, seiner durchaus achtbaren gemütvoll feierlichen und erbaulichen Qualitäten ungeachtet, Hoffmann von Fallerslebens leidlich bekanntes Deutschland-Lied von 1841 das geistvollste aller deutschen Gedichte vielleicht nicht; aber alle mir bekannten der offenbar schon fast zahllosen Parodien und Travestien und kritisch berserkernden Kontrafakturen von Dietrich Kittner bis Horst Tomayer scheinen mir, mit einer einzigen, mir zufällig befreundeten, Ausnahme, noch viel geistloser. Und insofern hat Goethes gern und meist ironisch abwertend zitiertes Diktum von der das »Schöne, Edle und Große herunterziehenden« und schmähenden Grundgestalt allen Parodierens ja keineswegs so ganz unrecht: Parodie, wie Satire insgesamt, zählt in einem gewissen Betracht zu den billigsten und schmählichsten und dabei manchmal höchst absurd ästimierten Tätigkeiten des Menschengeists; und die Satiriker/Parodisten setzen sich in der Tat nicht selten auch aus den größten und kostenlosesten Knallköpfen zusammen, die sich da exklusiv parasitär gütlich tun – auch Karl Kraus hat, an einem anderen überragenden Exempel, Goethes »Wanderers Nachtlied«, die triste Traurigkeit deutlich genug exemplifiziert.

Die weltweit ungezählten Pater-Noster-Travestien wären ein prominenter und weiterer einschlägiger Fall von trübselig-gratismäßiger Witzhuberei – und trotzdem ist aber natürlich dem Klappentext des Reclam-Sammelbands »Kein Pardon für Klassiker« (1992) zuzustimmen: »Wo die Klassiker zu Marmor oder Gips erstarrt sind, da müssen Parodien her!«; und ebenso richtig liegt der Herausgeber Winfried Freund, wenn er das Selbstverständliche von Parodie mit gesundem Skeptizismus, mit gesundheitsfördernder Provokation, mit kongenialer Produktivität, mit Aufklärung und Mündigkeit in Koalition bringt: »Parodieren ist das Naturrecht des republikanischen Lesers.« Nur: als solche ausgewiesene Anthologien sind da zwar auch immer nützlich, aber allenfalls der halbe Weg aus der selbstverschuldeten Unmündigkeit. Konzessioniert ist der Geist des Parodierens, wie alles Freche, heutzutage wohl im geordneten und wohlbeschilderten Kollektiv, da, wo es deshalb kaum mehr verletzt, wo es schwerlich mehr unverhofft und verboten auftritt; wo es ergo konveniert. Ja, mehr noch – ich hab dies erst kürzlich wieder im Falle Richard Wagner am eigenen Leib verspürt –: das Parodieren wird zwar schon von offizieller Seite als wünschenswert postuliert, realiter und am unerwünschten Ort verstößt es aber immer noch gegen die noch immer geltenden »bildungsbürgerlichen« (Freund) Regeln von Feinheit und Erhabenheitssucht; auch Botho Strauß und Handkes altgewordener Peter, statt sich geschmeichelt zu fühlen, beschweren sich ja auch wie gehabt über ihre Veralberer; vom sehr undankbaren Siegfried Unseld kaum zu seufzen.

Das Denkverbot Parodie/Satire, scheint mir, ist gegenwärtig so quasi erst zur Hälfte suspendiert – schon von daher hat wiederum das Reclam-Bändchen (wie Verwandtes) seine Berechtigung, selbst wenn andererseits viele der vorgeführten Texte vor und nach Robert Neumann erstaunlich, ja bedrückend schlicht uns mahnen, kunstlos, witzlos und abermals – einen Vers von Alexander Moszkowski abzuwandeln –: »Parodien sind gefahrlos / Selbst im Fall Don Carlos«.

Aber selbst Zweischneidiges, selbst eine Melange aus Ignoranz und Passion wie die »Faust«-III-Verscheißerung Friedrich Theodor Vischers hat ihre Meriten und ihr Belehrendes und ihr Hocherwünschtes – möge das Werk also in möglichst viele Jugendlichenhände geraten und jugendliche Gesinnung vulgo: Denkstrukturen formen helfen, jene, die da auf den Namen des Zynischmenschenverachtenden zumeist hören – als Appetitanreger hier aber noch rasch ein ebenso schön lapidares wie wahres wie recht unbekanntes Paradigma von Friedrich Torberg. Über Friedrich Schiller: »Was wälzt sich dort mit Sprachgewalt / Von Pathos Tempel zur Tirade? / Ein Ungeheuer von Gestalt, / Das bald sich bäumet, bald sich ballt – / Hier wird Getümmel zur Ballade. / Wie schade.« Nämlich schade, daß dergleichen satirisch-parodistischer Schimmerglanz offenbar noch immer als Ausnahme von der Regel Pathos und Ernst und Bedeutung gehandelt wird; und nicht Parodie als beider tendenziell äquivalentes Komplement.

»Habermas hatte offensichtlich die Regel mißverstanden oder was«, verrät Eckhard Henscheid im Zuge seiner bekannten Anekdote über einen nicht so ganz historischen Wettstreit der noch bekannteren Frankfurter Kritischen Theoretiker im Zusammenhang des möglichst weit postponierten Reflexivums »sich« (Wie Max Horkheimer einmal sogar Adorno hereinlegte, 1983) – nicht mißverstand der Prof. J. Habermas, sollte er auch die elegante, ja sublime Form dieser halbwahren Geschichten nicht kapieren, die Spitzheit der humoristischen Pointe – in der Folge werweiß der Hauptgrund für (vgl. das Kapitel »Trauerunfähigkeit II« in diesem Buch) seinen allzu witwenchevaleresken und überreagierenden FAZ-Leserbrief. Immerhin, wo er schon nichts Genaueres realisierte noch goutierte, schwante ihm doch was; vom Subversiven, Tückischen, ja Verräterischen des Humoristischen; ja womöglich witterte er Verrat und Insubordination und den Keim von Anarchie, der noch Horkheimer selbst revolutionsverdächtige Professor Habermas; der dann auch prompt bei Dostojewski einiges durcheinanderbringt, nämlich sich an den leidenswilligseligen »Dostojewski-Blick«, der Romanfiguren, zu erinnern meint; diesen Autor aber besser wieder mal erstmals lesen sollte, wenn er grad mal Zeit hat –

– nichts, absolut nichts ahnen aber vor allem jene, die bei Dostojewski wie anderswo nach wie vor das Wort von der »russischen Seele« im allzeit hemmungslos offenen Munde wälzen, betreffe nun diese (vgl. dazu nochmals unser Kapitel »Nachkriegswirren«) mehr Dostojewski oder Tschaikowski oder irgend einen anderen stillen und in Wahrheit stocklauten Don oder im Zweifelsfall dann halt den alten Bojarenrussen Ingmar Bergman – und am wenigsten ahnt der in Deutschland seit langem führend die Geschäfte Dostojewskis bewerkstelligende Münchner Piper Verlag, der in seiner Verlagsreklame nämlich keineswegs das wenige Gescheite, was zu diesem Russen – auch – hin und wieder geäußert wird, nachplappert, sondern freudigst unverzagt und ganz besonders innig den Stefan Zweigschen Stuß und Stiefel. Deshalb zum Beschluß nochmals ein ebenso seriöses wie pädagogisch erotisiertes, ja inflammiertes Wort zur Rundung und immerhin partiellen Heilung:

Daß Dostojewski, der grotesken Fama zuwider, ein ganz überwiegend komischer, wenn man will: humoristischer (weniger und seltener allerdings: satirischer) Romancier war und sei, sozusagen Gerhard Polt und (dem ihm durch das Todesdatum 9. Februar symbiotisch ominös verbundenen) Karl Valentin strukturell und strukturalistisch und struwwelpetermäßig ganz entschieden näher als dem Tolstoi und dem Solschenizyn und dem Jelzin zusammen: Kafkas und Thomas Manns und selbst Bernd Eilerts und Eckhard Henscheids wiederholte Lese- und Lesetechnikempfehlungen hin und her: es könnte eigentlich jeder unverbildete Leser selbst und autonom drauf kommen; wenn schon nicht der Piper Verlag und seine Leseunfähigen und vermutlich -unwilligen und Mythenweiterlügner in Kulturredaktionen und womöglich slawistischen Schlawinerseminaren. Für die tausend Seiten der »Brüder Karamasoff« muß dieser Befund, dieser Generalnenner, zugleich erweitert und freilich wieder eingeschränkt werden. Tatsächlich geht es bei diesem geradezu herzergreifend schlampig gefertigten Roman um nichts und wiedernichts als um Komik, Kasperliaden, Kolportagenunfug – alle immer noch und immer wieder insinuierte mitgeschleppte Schwerthematik von wegen Vatermord, Schuld und Sühne, gar Gottvater und Gottsohn ist, energischer und zugleich wurschtliger noch als sonst, ganz ausschließlich Vorwand, Scheinthema, Fehlfährte. Aber andererseits verkommen hier Dostojewskis humoristische und wahrlich dämonische Domänen, das entfaltete Chaos als das jeweils restlos Unverhoffte und Unverhältnismäßige und Unstatthafte, leider häufig zu reiner Routine, zur ziemlich freudlosen Wiederholung bereits früher erprobter und probater Techniken; ein singuläres Kapitel wie die inkommensurable Tiradenverarschung des heiligmäßigen Greises Staretz durch den nimmermüd tückischen Vater Karamasoff mal beiseite. Wie der alte Unhold über Dutzende von Seiten hin den Klostermann und Lehrer seines Sohnes Aljoscha durch nimmerendend alberne Redensarten und Anekdoten auflaufen läßt, durch nimmerstill permutierte dümmliche Anreden vom »ehrwürdiger Vater« über den »du, mein Lehrer« bis zum »erhabenster Greis« und zum »heiligsten Mann«: diese schon erhabene Apotheose von nimmersatter Nichtswürdigkeit lese anstatt Habermas der nachwachsende Dostojewski-Willige erst mal eventuell zur Einstimmung (Kap. 6: »Wozu lebt solch ein Mensch?«) – wahlweise aber und vielleicht doch noch gescheiter die schon vorne erwähnten »Dämonen«- und »Idiot«-Partien –

– Schluß der Leseempfehlungen und Leserbetreuungen und Beteuerungen – auf zum nächsten Kapitel, zurück »zur Sache!« (Dostojewski, Vorwort-Schluß der »Brüder Karamasoff«).

e. h.

Jedermanns Apfelbäumchen

Luther und die Nachredner

Es gibt geflügelte Worte mehr oder weniger dunklen Sinnes und Ursprungs, die sich einfach nie gehackt zu legen scheinen: »Wo Es war, soll Ich werden«, »Persil bleibt Persil« und »Ich bin. Aber ich habe mich nicht. Darum werden wir erst.«

Zu diesen Klassikern aus dem philosophischen Poesiealbum gesellte sich in der Nachkriegszeit ein vermeintliches Lutherzitat, das so gut zur Erbauung von Kirchentagsbesuchern wie von Ostermarschierern taugte und in leichten Variationen abwechselnd von Parlamentariern, Apokalyptikern, naturreligiösen Schwärmern, Existentialisten und Laubenpiepern kolportiert wurde. Tatsächlich diente es in der Adenauerzeit verschiedenen Gartenfibeln als Motto: »Und wenn ich wüßte, daß morgen die Welt unterginge, würde ich heute noch mein Apfelbäumchen pflanzen.«

Wer dieses Zitat im Munde führt, macht sich enorm wichtig, weil er suggeriert, bereits die Posaunen des letzten Gerichts zu vernehmen und dennoch nicht zu verzagen: Hier stehe ich und kann nicht anders! Der pathetische Wallungswert erhöht sich noch durch die Behauptung, der Autor sei Martin Luther.

Martin Schloemann beschreibt in seiner aparten Studie »Luthers Apfelbäumchen?« (1994) die verzwickte Quellensuche und die Wirkungsgeschichte des Zitats. Bei Luther konnte es niemals nachgewiesen werden. Zwischendurch galten u. a. auch Eduard Mörike, Friedrich Rückert und schwäbische Pietisten des frühen 19. Jahrhunderts als Urheber, ohne daß jemals ein Philologe konkret fündig geworden wäre. Neben Luther wurde in den späten 40er Jahren des 20. Jahrhunderts vorübergehend der Magister Friedrich Christian Laukhard (1757–1822) als Verfasser genannt. »Ja, es besteht sogar die Möglichkeit der Annahme eines banalen Hörfehlers: ›Luther‹ und ›Laukhard‹ liegen phonetisch gar nicht so weit auseinander«, heißt es bei Schloemann, der nach langwieriger Prüfung auch die Autorschaft Laukhards ausschließt.

Das Zitat bleibt apokryph, was seiner Beliebtheit keinen Abbruch tut. In den 50er Jahren schmückten sich mit ihm vorzüglich Pazifisten und evangelische Bischöfe; später kamen auch enttäuschte Utopisten, Wachstumskritiker, Ökologen und Broccoliförster zum Stelldichein unterm Apfelbaum. Propheten des Weltuntergangs ist das Zitat nicht weniger zweckdienlich als pausbäckigen Optimisten. Bei der Brüsseler Weltausstellung 1958 trat es sogar als zwölffach wiederholter Wandspruch und offizielles zivilreligiöses Bekenntnis der Bundesrepublik in Erscheinung.

Alle möglichen Fraktionen, die wenig oder nichts miteinander teilen, haben sich im Laufe der Jahrzehnte der hohen Worte ihres Pseudo-Luthers bemächtigt. Ihres Lebens schönster Traum hängt an diesem Apfelbaumzitat: »Laienchristen, Pfarrer, Bischöfe, die für sich selbst den Ausspruch von einer traditionellen Bibel- und Gesangbucheschatologie umfaßt sein lassen, welche die wache Wahrnehmung irdischer Aufgaben ja auch einschließt, nehmen ein gänzlich anderes, sogar widerchristliches Verständnis bei ihren Hörern oder Gesprächspartnern oft nicht recht wahr oder sie halten es – begreiflicherweise – nicht für tunlich, es immer gleich ausdrücklich zu bestreiten oder zu korrigieren« (Schloemann).

Als Reichskleinod und rhetorische Allzweckwaffe hat das Wort vom Apfelbäumchen dem fröhlichen Landmann und Olof Palme zu Gebote gestanden, Peter Paul Zahl und Helmut Kohl, Hoimar von Ditfurth und 1972 auch einem gutgenährten Visionär der Sozialen Marktwirtschaft. »Martin Luther hat einmal gesagt: ›Auch wenn ich wüßte, daß in drei Tagen die Welt unterginge, würde ich heute ein Bäumchen pflanzen.‹ Heute muß man jedem raten, so viele Bäume wie möglich zu pflanzen, damit die Welt nicht untergeht.« So steht es in einer Broschüre der 1972 von Hans-Dietrich Genscher ins Leben gerufenen »Aktion Gemeinsinn«.

Reinhard Mey, der 1989 sogar eine ganze Platte pseudolutherisch betitelte (»Mein Apfelbäumchen«), sang darauf unverdrossen auf sein Baby ein: »Wenn alle Hoffnungen verdorr'n, / Mit dir beginn' ich ganz von vorn, / Und Unerreichbares erreichen, ja, ich kann's! / Du bist das Apfelbäumchen, das ich pflanz'!« Und Friedrich Schorlemmer, der das abgedroschene Zitat 1993 in einem Beitrag für die Zeitschrift »Das Plateau« aufgriff, konnte anschließend nur noch stammeln: »Mein Bäumchen. Heute noch. Gerade ich. Trotzdem. Hier.«

Den hübschesten Beitrag zur Wirkungsgeschichte, noch weit vor Schorlemmer und Mey, leistete allerdings Gottfried Benn 1950 mit dem Gedicht »Was meinte Luther mit dem Apfelbaum?«, in dem er die Frage stellte, ob Luther aus stoischer, weltabgewandter Gelassenheit so gesprochen habe – »meinte er das, der alte Biedermann / und blickt noch einmal seine Käte an? / und trinkt noch einmal einen Humpen Bier / und schläft, bis es beginnt – frühmorgens vier? / Dann war er wirklich ein sehr großer Mann, / den man auch heute nur bewundern kann.«

g. h.

PS: Dagegen ist das bekannte und verwandte Wort »Jeder Mann muß im Leben drei Dinge zuwegebringen: einen Sohn zeugen, ein Buch schreiben, einen Baum pflanzen und ein Haus bauen« (also: vier) schon gleich gar nicht von Luther noch von Nietzsche noch von Kohl noch von Horkheimer. Sondern von – Rilke? Na, dann halt in Gottesnamen Jesus; zitiert nach: Bärbel Bohley.

e. h.

Mnemotechnische Zerebralerosionen
Gespräche über Gedichte nach Auschwitz usw.

»Was sind das für Zeiten, wo
Ein Gespräch über Bäume fast ein Verbrechen ist
Weil es ein Schweigen über so viele Untaten einschließt!«

Allenfalls Heinrich Heines »Denk ich an Deutschland«-Phrase (siehe den betreffenden Gesamtdarstellungsvorgang in eben diesem Buch) und Alexander und Margarete Mitscherlichs Trauerunfähigkeits-Emphase (ebd.) lockten in den letzten hundertfünfzig Jahren zumindest im deutschen Kulturraum so viele Zitierer, Paraphrasierer, Variierer und sonstige Traditions- und Identifikationsvermittler hervor wie die berühmten obigen Zeilen aus Brechts Gedicht »An die Nachgeborenen«, und natürlich konnten deshalb Falschzitierungen bis hin zur groben Sinnentstellung nicht ausbleiben, die schönste leistete sich ausgerechnet der Lyrikfachmann Hans Bender ausgerechnet in einer neuen und repräsentativen deutschen Lyrikanthologie (Was sind das für Zeiten. Deutschsprachige Gedichte der achtziger Jahre, 1988), indem er, ohne daß irgendein Hausknecht im Hanser-Verlag es dingfest gemacht hätte, aus dem in der Tat ja schon etwas abgefingerten »Gespräch über Bäume« ein zwar restlos erzdummes, aber immerhin wieder taufrisches »Gedicht über Bäume« murkste – gemerkt hat es in diesem Fall aber nachweislich immerhin ein Leser, Robert Gernhardt in seinen »Gedanken über Bäume«-Dichtungsgedanken (1990) oder so irgendwie ungefähr.

Etwas häufiger bemerkt wurden die immer noch stattfindenden Unfälle, die mit Adornos Diktum »Nach Auschwitz ein Gedicht zu schreiben ist barbarisch« (aus »Kulturkritik und Gesellschaft«) an ungeniert-unsauberem und zum Teil gleichfalls sinnverlassenem Zitieren veranstaltet werden – die schönste Demenz gestattete sich in einem auch sonst unermeßlichen Gespräch zu ihrem 75. Geburtstag mit dem Südwestfunk Luise Rinser, insofern als sie entschlossen die Schraube noch um ein Rad weiterdrehte oder umgekehrt und mitten in ihrem Heim in Rocca di Papua oder Papa oder Pampas partout nicht einsehen wollte, »daß man nach Auschwitz nicht mehr beten kann«.

Interessanter noch und nämlich zerebralphänomenologisch polyvalenter die Version, welche Johannes Gross im FAZ-Magazin (möglicherweise prüft auch hier selten einer was nach) und dann in Buchform (DVA – da reicht die Zeit schon gar nicht mehr, bzw. man verläßt sich eben auf die FAZ) als seltsam ungehobelte Invektive gegen den bekannten Großdenker und sein inzwischen in »seltsamer Flugbewegung« (Amir Esheh in: Merkur 530, 1993) fast geflügeltes und dabei bis zur approximativen Unkenntlichkeit fehlzitiertes Volksgut aus dem Köcher holt:

»Adorno hat hinterlassen, daß nach Auschwitz kein Gedicht mehr geschrieben werden könne. Die Wahrheit ist, daß Adorno auch vor Auschwitz kein Gedicht schreiben konnte.«

Doch, doch, gegen das wichtigtuerische Gelabere und Gegockele gerade dieser endlosen Mit-Adorno-Auschwitz-Imponiererei (eigentlich könnte einer mal die Gespräche in Auschwitz oder jedenfalls Austerlitz über Bäume verwurschteln) hilft vielleicht ja nur ein Gegengift: Die stupende Geschmacklosigkeit inklusive dezidierte Zitierschludrigkeit.

Abgesehen davon, daß Adorno sein Diktum selbst mehrfach abwandelte und im Erklären mählich relativierte.

Gross aber, zwar nicht klüger geworden durch meine seinerzeit öffentlich erfolgte Klarstellung oder gewarnt durch die Aufpaßarbeit von vielleicht drei-vier FAZ-Lesern, beugt, seltsam altersmild ironisch, im gleichen Blatt beim nächsten derartigen Opus (28. 1. 1994) vor:

»Ich hatte La Rochefoucauld zugeschrieben, die Heuchelei sei eine Huldigung der Tugend an das Laster; gesagt hat er das Gegenteil: Die Heuchelei ist eine Huldigung des Lasters an die Tugend. Wie bin ich auf die Eselei gekommen? Vielleicht hatte ich im Hinterkopf, daß die wahren Tugenden heute keine öffentliche Huldigung mehr erwarten und erlangen (sondern nur die unechten oder kleinen wie die falsche und die ehrliche Bescheidenheit) und es eher für tugendhaft gilt, gegenüber dem Laster nachsichtig zu sein.«

Aber während hier Johannes Gross so kokett wie ökonomisch vorbildlich noch aus seiner Halbbildung Zeilen schindet und altherrliche Scherze drechselt, derweil ließ schon im Jahr zuvor ein Ganzanderer, ein Hoher und Hochgewachsener und noch Mächtigerer aus dem Norden gleichfalls nichts anbrennen, auch nicht nach seinem machtvollen Ausscheiden aus der deutschen Spitzenpolitik im Mai 1994: Björn Engholm nämlich, indem er noch beinahe posthum sein tragisches Sturzgeschick mit der tiefsten und noch tragischeren Dialektik zumindest ein Stück weit begründete; mit Immanuel Kant nämlich, der, so unverhofft Engholm, die »Notlüge« in besonderen »existentiellen Grenzsituationen« (Björn) als Ausnahme zuläßt.

Da aber hatte er (Augen zu und durch) nicht mit den wachsamen FAZ-Leseraugen gerechnet. Die ihm nämlich mindestens hundert Mann stark leserbrieflich schreiend in die ohnehin schon schmerzhaft offene Armflanke fielen. Und ihren Kant ehrenretteten. Die nämlich wahrscheinlich sonst dauernd notlügen würden, hätte ihnen der Königspilsner nicht akkurat gerade das striktest verboten.

Erlaubt ist dagegen wieder, was Ulrich Holbein in seiner Glossensammlung »Sprachlupe« (1996, S. 260) mit dem Adornoauschwitz anstellt: »Obwohl man seit Dachau eigentlich keine Wachtelschlaggedichte schreiben dürfte« –: denn diese Verdrehung zeigt (a) nur, daß der Verdreher das Original womöglich sogar kennt; daß ihm aber (b) die Trivialität zu unerträglich ist, es dauernd im Munde herumzurühren und dies (c) sogar und gerade in seiner imponiersüchtig authentischen, nichtverballhornten Gestalt; zumal (d) gerade der Verursacher Adorno sich mehrfach und in der Gefühlstradition Prousts auf seine Idiosynkrasie gegens banale reçu etwas zugute gehalten hat, so daß (e) für den dies alles wahrscheinlich wissenden oder doch vorwissenden Wiederverwender das Original als »naturbelassene Undelikatesse« (Holbein) sogar doppelt sich verbietet; und (f) also allenfalls eine Reanimation durch den mutatis mutandis ohnehin eher zufälligen Ort (Auschwitz/Dachau) sowie durch die spezifizierende Verengung der lyrischen Dimension auf das Wachtelschlaggedicht einleuchtet; auch wenn (g) gerade diese der zuweilen sehr dialektikfern humorlose und integral autoritäre Adorno wahrscheinlich partout nicht hätte durchgehen lassen; und (h) gerade auf dem Wachtelgedichtsektor, was womöglich nicht mal der vielwissende Holbein weiß, F. W. Bernstein bereits im Jahr 1980 wieder ganz Hervorragendes geleistet hat.

Abermals einfacher und überhaupt nicht dialektisch ist es dagegen, wenn am 8. 7. 1995 ein durch seine pausenlos aufeinanderfolgenden Tugendbuchbestseller doppelt geschlauchter Ulrich Wickert in seinen ARD-»Tagesthemen« trotzdem intellektuell nicht mehr zu bremsen ist, er sich seinen Überleitungstext also offenbar selber schreibt und prompt seinen Adorno unter Quellenangabe ungeschaut besonders ungescheit hinmodelt: »Nach Auschwitz kann man keine Gedichte mehr schreiben.«

Sondern nur noch belustigt zwinkernd zu »Das Wetter« arrondieren.

e. h.

Chamäleonide Musik

Ein Aufriß

Wußten Sie, lieber Leser, schon, daß Edvard Griegs allbekannte »Morgenstimmung« aus der »Peer Gynt«-Suite bzw. aus der Schauspielmusik zu Henrik Ibsens Drama keineswegs, wie alle Welt seit jeher, und seit der Winterolympiade von Lillehammer noch einmal forciert, meint, die glasige Klarheit eines sich ankündigenden Sonnenaufgangs über den norwegischen Fjorden vorstellt; sondern diese Morgenstimmung eine über Afrika suggeriert? Dort nämlich ist die Handlung gerade angekommen. Und das von Mendelssohn und Wagner adaptierte wenn nicht plagiierte wiegende Rollen der Dreiklangskadenzen in E-Dur also: es wäre, jedenfalls nach Griegs Intention, eher äquatorwärmenah denn nordmeerkühl?

Mit Musik lasse sich alles und jedes beweisen, wähnte Nietzsche gegen Mendelssohn, der ihr im Gegenteil eine besondere, das Wort weit überragende Präzision unterstellte – allein, fernab von der noch weiter reichenden und noch immer recht unentschiedenen Frage, ob denn der kollektive Japaner die nämliche Musik ganz anders höre und sich ausdeute als der Deutsche, der Eskimo und der Marsmensch, rangieren auch im Musikhören viel näher liegende Falschinformationen und -tradierungen als Fehlerquellen plan obenan. Daß ausgerechnet eine als besonders, ja exemplarisch haydnhaft empfindbare Musik, die namengebende »Serenade« des 2. Satzes von Haydns Streichquartett op. 3,5, gar nicht von Haydn ist, sondern, wie man heute definitiv weiß, von einem gewissen Roman Hoffstetter: das transzendiert nicht allein den Fall Grieg, sondern streift auch den paratheologischen, daß Shakespeares Stücke wie bekannt gar nicht von Shakespeare sind, sondern von einem unbekannten Verfasser gleichen Namens. Aber auch der Hinweis auf den fehldeutungsfördernden Kollektivstil, der da die Haydn- und Mozart-Ära noch beträchtlich prägt, reicht nicht ganz aus: denn Hoffstetters Einfall wie Durchführung haben ja ihr wirklich serenadisch Platonisches und Ideales und in der Folge wohl oder übel – Geniales.

Frägt man sich bei Franz Schuberts »Eine kleine Trauermusik« D 79 von 1813 für neun Bläser, die, wie man etwas verschreckt liest, der Erinnerung an Theodor Körner gewidmet ist, wieso ausgerechnet ein derartiger vaterländischer Wirrkopf bei einem 16jährigen Kompositeur derart schöne windelwehe Musik hervorzurufen vermag, schönere schrieb Schubert nie; so vertiefen sich bei Anton Bruckner im 3. Satz der Achten Sinfonie abermals die Antinomien und Tiefenkonfusionen, denn wir alle, und keineswegs nur indoktriniert durch die etwas gemeinplätzige Bruckner-Großimago, hätten darauf gewettet, hier 28 Minuten lang die Natur oder wahlweise Naturmetaphysik vulgo Gott selbst reden und seufzen zu hören, aber vonwegen: Bruckner will da die ganze Zeit über lediglich an ein »schönes Mädel«, das ihm den Kopf verdreht, gedacht haben; ganz ähnlich wie Antonín Dvořák im Cellokonzert in h-moll op. 104 von 1896 keineswegs, worauf wir hätten schwören mögen, die schwer schattend dunklen Wälder Böhmens imaginierte; sondern die Niagara-Fälle. Ausgerechnet. Allerdings, es hatte sich ja lang vorher schon der ältere Kollege Bedřich Smetana grad mit seiner heroisch-tschechischen Oper »Dalibor« den Ruf des »Germanisators« eingehandelt, und, noch eine Idee absurder, mit der »Verkauften Braut« den des »Wagnerismus«. Publikum und Kritiker hören halt ad libitum alles verkehrt raus – aber Dvořák, Bruckner selber? Also, dieses »Mißhören« (Faust I) seiner Achten – das glauben wir zumindest dem Bruckner halt entweder einfach nicht; oder wir müssen nochmals ganz von vorne anfangen.

Sich fortzeugende, immer diminuendohafter sinnhaltige, immer wahrheitsenthöhltere Schwindeletiketten färben und münzen Verstand früh um in Unverstand: Weil Anton v. Webern überwiegend leise und kurze und nicht sehr diatonische Musik eingefallen ist, deshalb wurde er am 29. 12. 1992 im Zuge eines auch ansonsten ziemlich steindummen Films von der überaus blonden ZDF-Ansagerin auch prompt als »hochsensibel« vorgestellt. Spätestens im ZDF wird alles, aberauchalles falsch, ins RTL-Plus gelangt das Zeug gottseidank erst gar nicht, da würde es dann suiziderzwingend. Im ARD toben wie in allen anderen Programmen seit Urgedenken dagegen allzeit sog. »Volksmusik«-Sendungen, in denen auch unentwegt sog. »Volkslieder« vorkommen; die es natürlich strenggenommen seit dem frühen 19. Jahrhundert gar nicht mehr gibt; auch das »Ännchen von Tharau« ist ja keins, sondern hat mit Silcher einen Komponisten und mit Heinrich Albert und vordem fälschlich Simon Dach sogar zwei Dichter; was bereits den Begriff des Volkslieds ausschließt; ganz streng genommen war selbst das, was in Brentano/Arnims »Wunderhorn«-Sammlung von 1806/08 steht, zumeist ja keins. Eher Volkslied im authentischen Sinne ist schon wieder »Die Fischerin vom Bodensee«, »Caprifischer« und »Ja, mir san mit'm Radl da«, der Verfasser vor allem beim letzten ist nämlich so vorbildlich anonym wie der Kompositeur.

Hoffentlich.

»Volkslieder« sind nämlich keineswegs Kunstwerke, sondern »Naturwerke wie die Pflanzen« (Joseph Görres, Die teutschen Volksbücher), mag schon sein, und ähnlich läßt sich Eichendorff im »Taugenichts« vernehmen – bestenfalls, wenn schon nicht in der Version von Heino und Maria Hellwig, ist also Schubert/Müllers »Lindenbaum« durch Kunst hindurch eins geworden.

Manchmal sind es, dem Mißverständnis zuarbeitend, Zufälle, welche über Existenz und vermeintliche Essenz von Kunstwerken entscheiden; Zufälle z. B. in Gestalt von Eselsbrücken. Eine solche hat Haydns Sinfonie Nr. 83 wegen des Beinamens »Das Huhn« dreimal so bekannt gemacht wie z. B. die doppelt so gewichtige Sinfonie Nr. 97, und das, obschon die Sache mit dem angeblichen Hühnergegacker reine Kinderei ist. Bei der Sinfonie mit dem Paukenschlag Nr. 94 ist dieser dagegen unleugbar. Und aber gleichfalls in Name und Sache Haydns Nutzen mehrend.

Daß Robert Schumann Eichendorff-Gedichte (op. 39) vertonte, ist in Ordnung; auch Justinus Kerner zeigte er sich im leider zu wenig bekannten und wunderbaren Liedzyklus (op. 35) wahlverwandt; daß der treudeutsch-ritterliche Hochromantiker aber auch noch den Ironiker Heinrich Heine anging, nähert sich schon wieder sehr der Mesalliance. Wie seine große auf Goethes Doppelwerk bezogene »Faust«-Komposition als maßvoll opernhaftes Oratorium. Womit Schumann allerdings keineswegs alleine steht. Ob die »Faust«-Vertonungen von Berlioz, Boito und vor allem Gounod dabei mehr freiwillige oder mehr unfreiwillige Fehlheirat aufgrund unüberbrückbarer Differenzen ex origine sind, ist nicht immer so ganz klar; heraus kam oft in allen drei Fällen, was Friedell besonders bei Gounod zu erkennen meint, »erstklassiger Schund« – und der war Oper sui generis ja recht eigentlich von Anfang an; rigid genommen Kitsch, jedenfalls mehrfaches Mißverständnis: nämlich dieses, zuallererst mit der Oper »Dafne« (1594) der fiorentinischen Musici Giulio Caccini und Jacopo Peri im Verein mit dem Text eines gewissen Rinuccini antike Tragödie wiederaufleben zu lassen (vgl. das Kapitel über Griechenland in diesem Buch); ein Geburtsmakel, ein Mißverständnis, das aber seither allseits ein überaus fruchtbares genannt wird.

Naturgemäß war u. v. a. auch Richard Wagner (vgl. dazu unser großes Spezialtraktat) schon zu Lebzeiten ein einziges, monströses und sich allweil selbst fortspinnendes Mißverständnis und Mißverständnisopfer, und dies erst recht nach seinem Tode und nach 1900. Bayreuther »Meistersingern« wurde schon 1911 von einem damals berühmten General Ludendorff beigewohnt – und nach Hans Sachsens von Cosima erheischter und von Wagner in der Tat recht matt und lustlos heruntekomponierter Schlußansprache »Verachtet mir die Meister nicht!« (gemeint sind hier zwiefältig sowohl die Stände als die bürgerlichen Künste) erhob sich das Publikum und brüllte das Deutschlandlied des Hoffmann von Fallersleben. Ungeachtet der schwarzweißroten Fahne auf dem Festspielhausdach, ungeachtet Wagners republikanischer und revolutionärer Vergangenheit und seines Züricher Exils von 1849. Bald darauf kamen dann auch Winifred, Chamberlain und der Größte Feldherr aller Zeiten zum Grünen Hügel und bekamen dort das Sagen – Wagner mit seinem dummen Aufsatz übers »Judentum in der Musik« von 1850 war langfristig ohne Zweifel nicht vollends schuldlos daran – wie ähnlich Verdi in der Helm- und Lärm-Risorgimento-Oper »La Battaglia di Legnano« und ähnlichen Produkten gab Wagner solchen buntgescheckten politischen und zuweilen etwas tödlichen Falschorientierungen ja durchaus Zucker und Zunder.

Allerdings nun gerade am wenigsten in den »Meistersingern« jenes Nürnberg, dessen Reichsparteitagsgelände dann nochmals fünfzig Jahre später die dortige Kulturdezernentin Karla Fohrbeck zur europäischen Trauer- und Begegnungsstätte zu permutieren sich anheischig machte: ein ungefähr fünffaches Mißverständnis, gewissermaßen ein Gesamtkunstwerk. Ein gottseidank folgenloses. Die Sache wurde einfach wieder vergessen.

Aber so wie es dann seit ca. 1840 allzeit Mißgriff sowohl als Mißverstand war und blieb, Wagnerparodien zu schreiben, denn Wagners Opern, der »Ring« noch mehr als die »Meistersinger«, waren ja in Text und Komposition von ihrer Idee her und bis in den kompositorischen Mikrokosmos hinein schon essentiell selber auch Komik und Parodie, wenn auch im Verbund mit einem davon nicht mehr zu trennenden Pathetisch-Tragischen: So soll es zuweilen allerdings auch in Wagners eigenem, noch suchenden, aufnahmewilligen Kopf recht mißgriffsträchtig durcheinandergewabert sein. Laut Nietzsche (Die fröhliche Wissenschaft) hat Richard Wagner, nämlich zunächst durch Hegel »irregeführt«, keineswegs, so wie es dann die Legende wollte, Schopenhauer-Philosophie in Musik umgesetzt, im »Parsifal« angeblich sogar »Mitleidsmusik« komponiert. Sondern auch hier lief's gerade umgekehrt, Wagner habe erst a posteriori und »später Schopenhauer's Lehre aus seinen Gestalten herausgelesen« – eine recht rare und aparte Species von Mißverständnis, mit dem Nietzscheschen Fazit: »Nichts geht gerade so sehr wider den Geist Schopenhauer's, als das eigentlich Wagnerische an den Helden Wagner's ..., mit Einem Worte, das Siegfriedhafte im Antlitze seiner Helden.«

Wahr, und auch wieder nicht: die Helden sind ja nicht partout Botschaft, sondern häufig und wenn überhaupt deren dramatisch-theatralisches Medium; gleichviel: Allzu viel akkurater Schopenhauer lagert tatsächlich nicht in oder über Wagners Texten, in gewisser Weise meint und propagiert »Tristan« ja mit dem Hohelied der Geschlechterliebe präzis das Gegenteil, und Schopenhauer hätte vor Wut gezetert über diese schnöde Konsequenz seiner Nirwana-Erlösung – da tat Goethe schon besser und gründlicher daran, umgekehrt Schuberts überwiegend sehr verständige Gedichtkompositionen seinerseits nicht mal mißzuverstehen; sondern besser gleich zu ignorieren und das Liederpäckchen nicht mal zu öffnen. Und daß es bei Nietzsche selber weit über dessen fortschreitende oder aber gelegentliche Schopenhauer-Lektüre hinaus (vgl. Eckhard Henscheid, Schopenhauer und Nietzsche. Ein Vergleich, 1985) wahrlich kreuzweis und betrüblichst durcheinanderrauschte, sei hier gleichfalls ja nicht gänzlich verschwiegen. Der da dauernd für die Heiterkeit und Leichtigkeit des Geistes sich stark machte, war, hier nur kurz in Parenthese geunkt, in Wahrheit selber einer der schwerfälligsten, ja plumpsten; der da fortwährend nicht nur gegens angeblich dumpfmachende Bier, sondern gegen die deutsche »Tiefe« insgesamt polemisierte, der forderte, ja lamentierte diese schon im nächsten Moment prompt wieder ein; der die gedankliche und stilistische Schwerfälligkeit des deutschen Gelehrten, seine gesellschaftliche Nichtsnutzigkeit bespottete, der war von beidem selber integral der Inbegriff.

Beim ehemaligen Freund Wagner lag Nietzsches Aufklärungsarbeit in Pro und Contra restlos konfus. Seine Melange aus ahnendem und zum Teil visionärem Begreifen hie und totaler Ignoranz dort verdiente ein eigenes Buch. Daß Wagners Oper auch in ihrer Eigenschaft als Gesamtkunstwerk z. B. keineswegs den neuen Helden und Erlöser, den Übermenschen und Erlösten, eine Philosophie der Gründerzeit sowohl als die Wiederkunft des Katholischen und weiß der Himmel was zeugen wollte, sondern nur und primär durch originelle und neuartige musikalisch-thematische Konfigurationen auf sich aufmerksam machen: das hat Nietzsche offensichtlich nie, von allen vielleicht am wenigsten, begriffen.

Unversehens haben wir uns hier nun allerdings auf einen recht erweiterten Begriff von Mißverständnis eingelassen, den eher von Exegese und Hermeneutik, dem Franz Rohschen auch von Verkennung – die Grenzlinien sind hier nicht sehr deutlich.

Mißverständnisträchtig selbstverständlich zeigen sich auch die für allen Wagner-Diskurs zentralen Kategorien »Gesamtkunstwerk«, »Zukunftsmusik« und »unendliche Melodie«: sie sind häufig gar nicht von Wagner und hatten bzw. hätten wohl auch nicht seinen Beifall (siehe hierzu abermals unser Wagner-Extrakapitel). Was Wunder, daß selbstredend auch die Konstellation »Wagner, Verdi – Geschichte einer Unbeziehung« (Friedrich Dieckmann, 1989) nicht nur das, sondern auch die eines ziemlich allseitigen Fehlverständnisses war. Schon die Ideal- und Sozialtypen stimmten ja nicht zusammen – und stimmen auch gar nicht: Wagner in seiner gebärdenreichen und redseligen Prägung entsprach eigentlich mehr dem Gemeinplatz eines Italieners – der schroffe und mitteilungsscheue Verdi viel mehr dem Bildtopos des Germanen (s. Dieckmann, S. 28), wenn denn das mitteilungsscheue Schweigen nicht eher, wir hörten es schon, der Fama vom Slawen oder Russen oder gar Schweden (Ingmar Bergman, Ingemar Stenmark, Ingeborg Bachmann) zukommt. Zudem ignorierte Wagner mit Cosimas dümmlicher, ja dummdreister Hilfe den südlichen Rivalen so konsequent, ja fast artistisch, wie sich Verdi so beharrlich wie generös um ein verehrendes Verständnis Wagners inter pares mühte – und dafür schlecht gelohnt wurde: Leider auf den großen Bizet zurück geht der unsternhafte Unfug, daß Verdi mit dem Pariser »Don Carlo« von 1867 nun betrüblicherweise »kein Italiener mehr« sei – ein Gerücht, das sich dann mit der »Aida« fortsetzte und eine Zeitlang hemmungslos auch im Heimatland fortbrummte dergestalt, daß Verdi nun auch nicht mehr Verdi, sondern Wagnerianer wenn nicht Wagner-Plagiator sei. Als Beleg taugten allenfalls entfernte Ähnlichkeiten der glitzernd und gleißend hohen Streicher beim »Aida«- wie vorher beim »Lohengrin«-Vorspiel – unablässig und über die Jahrhundertwende hinaus walkte nun in Italien und in halb Europa gleichwohl das Geschwätz in der Formation praktisch einer üblen Nachrede, welche Verdi ausgerechnet mit seinem verdi-genuinsten Meisterwerk vor dem Hintergrund des damals zügig Italien erobernden Sachsen in die Nähe des Rufmords brachte. »Von Wagner nicht einmal im Traum!!« wehrte Verdi sich so energisch wie zunächst nutzlos, habe er bei der »Aida« gelernt oder gar abgeschaut – und abermals traf ihn der zentrale Vorwurf, der ihn des Verlusts der Melodie bezichtigte und den er schon bei »Don Carlo« zurückgewiesen: dieser sei »melodischer« als »Maskenball« und »Rigoletto«! Und, nicht zu vergessen die Doppelung des offenbar amnesisch und aber alles andere als anämisch rasenden Unsinns, dabei sei, so Verdi maliziös, »Maskenball« seinerzeit doch an der Scala ausgepfiffen worden! Aber, vielleicht zum ersten und einzigen Male in seinem sonst so erfolggestählten Leben, Verdi ist wirklich erheblich getroffen: »Ein Nachahmer Wagners?« spottet er herb im Brief an Giulio Ricordi 1872, »ein schönes Ergebnis, wenn man nach 35 Jahren als Nachahmer enden muß!!!«

In einem Fall aber tat das Verdi wirklich, nicht ganz klar und belegbar, ob volens oder nolens, unbewußt oder als etwas verhüllte Hommage: Indem er für Otellos Entree annähernd die gleichen vokalen und dramatischen Mittel verwendete wie elf Jahre zuvor, 1876, jener, der eigentlich sein Schüler und erkiester Epigone war, Amilcare Ponchielli, mit dem Auftritt des Enzo in »La Gioconda«: »Assassini!« Auch so schafft man natürlich Gerüchte, Fehlerquellen und Schiefauslegungen.

In die unendliche Melodie der Mißverständniskette Verdi – Wagner aber gehört noch der peinvolle Unfall, den sich der europäisch führende Dirigent und Wagner-Promotor und Cosima-Exgatte Hans v. Bülow gestattete, als er Verdis gerade aus der Taufe gehobenes »Requiem« als musikalisch »attila«-mäßig charakterisierte (Johannes Brahms korrigierte mit einem einzigen Blick in die Partitur; die Komposition sei genial, Bülow mache sich lächerlich) – es entschuldigte sich Bülow dafür viel später mit einem leider aber auch wieder allzu devot-schneidigen Brief, dessen unschönen Ton Verdi seinerseits abermals generösest überlas und verzieh. Und es fügt sich schließlich recht passend in jene Kette, daß runde zwanzig Jahre nach dem Requiem auch Verdi schwach wurde: und nämlich den jungen Richard Strauss, der ihm die Partitur des »Guntram« widmen wollte, mit dem »Verfasser von Walzern« durcheinanderbrachte. Aber damit doch wiederum so unrecht nicht hatte: Der »Rosenkavalier«-Walzer ist nun mal auch Strauss' mit Doppel-s populärstes Stück. Und daß es den um 1740 unter Maria Theresia noch gar nicht gab und daß er andererseits auch im Büchner-Bergschen »Wozzeck« von 1835 bzw. 1925 zitiert steht, das ist allerdings dann nochmals ein anderes Kapitel und ein schon fast gar zu weites Feld.

Hans v. Bülows vielbezeugtes Unverständnis der Musik Haydns, Bruckners und andererseits eben Verdis mahnt aber vielleicht weniger als ein solches, nicht mal als ein wirkliches Mißverständnis. Sondern ist womöglich ja nur pointensüchtiges, dummes Gerede. Das aber weniger Hans Pfitzner beseelt, wenn dieser nach dem ersten Satz von Mahlers Achter »Veni Creator Spiritus« pikant frägt: Und wenn er aber halt nicht kommt? Sondern ungleich ärgerlicher jenen, der Pfitzner für dieses Glanzlicht tadelt: Adorno, wenn der mit Oberlehrerfurchenblick und wahrer Spießerfurcht, und obwohl er's mindestens von

den »Meistersingern« her besser wissen müßte, über Humor redet. Daß der das Barbarische, das Abstoßende schlechthin sei. Er weiß nicht, wovon er redet.
Davon um so genauer ein anderer Wagner-Kenner. Der besonderen Auskennerschaft Wolfram Schüttes und seiner »Frankfurter Rundschau« blieb es, wie erwähnt, vorbehalten, in den frühen 80er Jahren und nachdem es gottseidank aus Todesgründen aber schon zu spät war, eine Ehe Rainer Werner Fassbinders mit Richard Wagners »Tristan« zu erträumen, ja zu erflehen. Kraft regielicher Neudarstellung. Da wäre aber wirklich was Lustiges dabei rausgekommen, weit tiefsinniger und dröhnender als Hans Sachsens humoristisches Tristan-Rezitat in den »Meistersingern«.
Wenn Musik schon »durchaus geoffenbarte Religion« (Wackenroder/Tieck 1799) sein sollte, so bleibt diese, wie die der Bibel und eben doch gegen Mendelssohn, gleichwohl stets falsch auslegbar. Das beginnt oft schon beim Falsch-Aufschnappen des Beiwerks. So berichtet der Pianist und Schriftsteller Alfred Brendel (Nachdenken über Musik, 1982, S. 19), daß nach dem Zeugnis einer Beethoven-Biografie vom Anfang des Jahrhunderts die Beethovensche Waldstein-Klaviersonate op. 53 irgendwann einmal den Beinamen »Horror« bekommen habe, »wohl wegen der gestoßenen und bewegten Figuren und um des modulatorisch überraschenden Beginnes willen, der ein Gruseln hervorruft«. »Das Gruseln des Autors«, belehrt Brendel, »gründet sich auf ein Mißverständnis: die Waldstein-Sonate ist in Frankreich nämlich unter dem Namen ›L'aurore‹ bekannt.«
Vielleicht war's ja auch genau umgekehrt, und die Franzosen hören seit fast zweihundert Jahren in bester Kannitverstan-Tradition Morgenröte heraus, wo die Pianisten seit ebenso vielen Jahren über den Horror kaum spielbar flinker Oktavenläufe und Triller-Nebenstimmen ächzen; morgenrötlich klingt die Musik so oder so mitnichten, ebenso wie man bei der sog. Mondschein-Sonate op. 27,2 ja auch keineswegs an diesen denken muß; die Beispiele ließen sich unschwer mehren – bei der guten Gelegenheit aber lieber ein klärendes Wort zu einer speziellen Form von Miß- und Unverstand und Legendenbildung, für die speziell manche Pianisten von Benedetti Michelangeli bis eben Brendel sorgen: Zu der Manie nämlich, in ihren Interpretationen und Platteneinspielungen habe man besondere Pretiosa und Rara zu ästimieren – und das gilt noch eherner für einen dritten: Im Bayerischen Rundfunk z. B. läuft seit ca. 750 Jahren eine Sendereihe, die Woche für Woche darauf besteht, wie unvergleichlich, wie marktgegenläufig, unschätzbar und darum eigentlich unbezahlbar sämtliche

Klavieraufnahmen des Pianisten Glenn Gould doch seien. Dabei werden akkurat ebendiese Hinterlassenschaften des amerikanischen »Rebellen« gleichzeitig seit Jahr und Tag massenweise und also offenbar besonders marktkonform als sogenannte »Billigpakete« an den Mann gebracht; mitsamt der Versicherung selbstverständlich, mit dem Erwerb gehöre er, der Erwerber, garantiert einer Elite und gleichzeitig der Avantgarde an.

Anton Bruckner werde jetzt, entnimmt man der FAZ vom 3. 3. 1994, »entnazifiziert«. Wie vormals Hitlers Lieblingskomponist Wagner werde der »Bauernsinfoniker« und »Spielmann Gottes« (so schlüsselwörtlich der Herausgeber, Dirigent und Komponist Joseph Haas) erst jetzt und spät auf seinen wahren und sogar judenkompatiblen Gehalt jenseits von Walhalla und Goebbels und Knappertsbusch hin entschleiert – seine »sinfonischen Riesenschlangen« (Brahms), sein »Zyklopengestammel« (Richard Strauss) neu und korrekt und objektiv gehört (»entmystifiziert« bzw. »entmythologisiert«, wie das zuzeiten vollends sinnlos hieß). Man darf gespannt sein, wohin das führt, zumal die Zeitschrift »American Record Guide« hingerissen frägt: »Gibt es eine frömmere Musik als die Bruckners?« – und das hatten wir ja eigentlich schon längst und lang schon vor Adorno. Immerhin kann hier Läuterung als Restsäuberung von Hitler nicht schaden. Bruckner wurde aufs Ende hin offenbar noch heftiger für die Rettung des Reichs zum Einsatz gebracht als selbst Wagner, dessen »Götterdämmerung« im Gegenteil offenbar mehr für die verbrannte Erde stand. Man denke etwa an jene Kette von frevlerischem Mißverstand im Zusammenhang des Führergeburtstags 1944, als vom Reichspropagandaministerium heftig die Wiederholung der Radioausstrahlung von Bruckners Siebter erwünscht wurde, nachdem der oberösterreichische Gauleiter August E. Eigruber den auf Bruckner so gierigen Führer zu spät verständigt hatte (Die Rückseite des Hakenkreuzes, hrsg. von Beatrice und Helmut Heiber, 1993, S. 109) – es war später übrigens speziell diese Siebte für Adorno genau jenes »Urgestein«, das speziell Helmut Schmidt zum 70. Wiegenfest an genau jenem Franz Josef Strauß würdigte, zu dessen Hinschied am 3. 10. 1988 der Bayerische Rundfunk dann allerdings schleunigst Bruckners Achte auflegte, wohl um auf alle Fälle etwaige Reminiszenzen an den Führer klug zu umgehen –

– wie bekannt, hatten sich die Nazis seinerzeit aber genau so schamlos wie über Wagner und Bruckner auch über J. S. Bach hergemacht und ihn arisiert; wobei allerdings große Teile der gesammelten und gerammelten Bach-Fehleinschätzungen und Instrumentalisierungen nicht erst auf die Nazis und dann auf die nur scheinbar säubernden Nachkriegspietisten zurückgehen, für die er dann gleichfalls wieder so was wie ein mehr spiritualisierter Spielmann Gottes war; sondern auch schon auf Albert Schweitzer, ja auf Robert Schumann, wo dieser ihn nicht anders als Mendelssohn als Stammvater der Romantik pries (s. Roh, S. 429) – und letztlich auch auf Beethoven, als der an ihm die reichlich einseitige Metapher Bach = eigentlich Meer ausprobierte; von den neueren schon kafka-beckettähnlichen, meist parareligiös grundierten Falschauslegungen Bachs hier beinahe gänzlich der Rede zu entraten; nicht ganz klar, wohin es beim Thomaskantor heute und künftighin ausschlägt, ins mehr Neospielmannsmäßige oder ins zahlenokkultistisch Gödelescherbachische; immerhin gibt es ja bei ihm auch noch die planen Noten und die nicht mehr ganz so planen Werkausgaben; und dies zum Troste: »Es war ... für einen Johann Sebastian Bach höchst bedeutsam, daß er nicht in die Feuilletons gezerrt wurde« (Roh, S. 328).

Jedenfalls nicht schon sofort.

Fehltaxierungen pflastern ansonsten ihren Weg:

So wie für Schopenhauer bedenkenswerterweise Rossini noch weit über Mozart rangierte; so wie noch Wagner seinen Rossini seltsam genug als ruheständlerischen Majordomus der noch lebenden Oper ehrte und allerdings taktisch wallfahrend aufsuchte, den ihm, Wagner, überaus verwandten Verdi aber nicht mal als Existenz wahrhaben wollte; so wie Wagner Schopenhauer falsch oder vielleicht auch gar nicht las, oder höchstens dessen Unfug über Rossini: So weitet sich bei Rossini selber das einfache Miß- zum Tripelunverständnis, wenn er schon zu Lebzeiten zum »Schwan von Pesaro« ausgerufen wird. Denn erstens singt ein Schwan selten; zweitens zwingt kaum einer so wenig die Assoziation zu den gelassen und edel und gar »heilig« gleitenden Hölderlinschen Schwänen herbei wie der hüpfige und andauernd faschingsmäßige Rossini; und drittens war er nicht mal ein guter Komponist, da täuschen und schwindeln Schopenhauer und Wagner unisono sich was vor.

Zum Quadrupelmißverständnis und vielleicht noch darüber hinaus dehnt und streckt sich der Fall im Zufall des Unfalls der berühmten Nobilitierung der – seltsamerweise gleichfalls in Pesaro geborenen – Sopranistin Renata Tebaldi, nämlich zur »Stimme eines Engels«. Die geht nämlich keineswegs, wie oft behauptet, auf Herbert v. Karajan zurück; sondern dieser zitierte nur Arturo Toscanini, der mit dieser »voce d'angelo« 1946 anläßlich einer Mailänder Probe zu – nein, eben nicht Verdis »Requiem«, sondern definitiv: – Verdis »Te Deum« keineswegs damit die noch sehr junge Sängerin lobte bzw. charakterisierte, sondern derart auf den Sing-Ort des Soprans hoch oberhalb des Chors verwies. Was aber gleichwohl im Folgenden der Tebaldi zum Markenzeichen vorzüglich im Kampf mit der genuin ja eher schrillen Maria Callas gedieh – und noch Ende 1993 zum Titel eines ZDF-Primadonnen-Portraits der inzwischen 71jährigen durch die Filmautorin Anca Pandelea. Welche das Mißverständnis dabei ebenso einerseits aufklärte wie via Filmtitel perpetuierte. Dem schloß sich indirekt dann noch Ellen Kohlhaas in ihrer FAZ-Rezension an, insofern auch sie alles getreulich korrekt vortrug, aber kraft der Überschrift den »Engel« gleichfalls nochmals zementierte.

Dabei war, wo es drauf ankam mit dem Beweis, die Tebaldi eben keiner. Sondern in Verdis angeblich unmelodiösem »Don Carlo« anläßlich dessen allerinspiriertester Melodie durch die »Engelsstimme« mit ihrem hochhimmlischen »Volate verso il ciel« eben nicht diese. Sondern die Tebaldi sang allzeit die Elisabetta. Und in der Platteneinspielung der Puccinischen »Bohème« die Mimi. Und es ist diese zwar in der deutschen Übersetzung »ein Engel an Herzensgüte«, so im 4. Akt die Kokotte Musetta. Welche nun in der erwähnten und superieuren, ja annähernd coelestischen Gesamtaufnahme aber von keiner anderen gesungen wird als von: – Gianna d'Angelo.

Und wahrscheinlich deshalb wurde die Tebaldi in ihrem ehernen Kampf mit der Callas von irgendwelchen Journalisten damals dann auch »Engel mit den stählernen Grübchen« tituliert; praktisch hart wie Grubstahl.

Daß aber, um auch dies abschließend nicht zu vertuschen, Griegs vorerwähnt vielvergewaltigte Morgenmusik 1995 von der Reiseredaktion des – abermals! – ZDF wiederum und offenbar aus schierem Unverstand als Background-Gesumme für allerlei vorgeführte Sahara-Attraktionen vorerst letzte Verwendung findet und mithin tatsächlich nach dem gemeinten Afrika heimkehrt, dies rundet das reine Durcheinander inmitten des allgemeinen Telosschwunds unverhofft zum ungetrübten Sinn. Wundern würde man sich nicht einmal mehr, wenn da ein zufällig beim ZDF abgebliebener Musikstudent mal sogar ganz unzufällig was Richtiges erwittert hätte.

e. h.

Entfremdete und Verfremdete

Eine schwere Kontroverse

In den Feuilletons ist die Hölle los, und dies seit Jahrzehnten; und das, obschon es um eigentlich sehr Kältliches, Frierenmachendes, Frosttreibendes geht. Aber kaum sonst einmal wo züngeln die begrifflichen Flammen so leidenschaftlich besinnungslos, ignorant und inflammiert durcheinander und ineinander als da, wo das Entfremdete und das Verfremdete der modernen Welt zur Behandlung ansteht.

Das Zeitalter der Angst, irgendwie ist es auch das der Ver- bzw. Entfremdung. Vornehmlich seit uns herkömmliche Sehweisen verfremdet wurden und die Verfremdung der Geschlechter immer bedrohlichere, um nicht zu sagen entfremdlichere Ausmaße und Auswüchse annahm. Wobei die Moderne Kunst speziell seit Albert Camus' »Der Fremde« (L'étranger) von 1942 gleichzeitig den Männern und Frauen das ohnehin schon verfremdete Leben ja immer noch entfremdender vorkommen lassen mußte.

Dabei haben in Tat und Wahrheit Verfremdung und Entfremdung so gut wie nichts, ja fast sogar wenig miteinander zu tun:

»Entfremdung« ist eine auf Karl Marx (Ökonomisch-philosophische Manuskripte, 1844, veröffentlicht 1933) und weiter auf seinen Lehrer Hegel zurückgehende politische Kategorie, die mit einem anderen und auch neuen Wort die Entwirklichung i. e. Entmenschlichung, Entwurzelung, Fremdbestimmung der modernen Lohnarbeit unterm Kapitalismus bezeichnet; woraus in weiterer Konsequenz die von Marx so genannte »Entfremdung des Menschen vom Menschen« resultiert; genannt zuweilen auch »Verdinglichung«.

Meinte die Entfremdung bei Hegel noch mehr deskriptiv und positiv eine Vergegenständlichung menschlicher Wesenskräfte in den Arbeitsprodukten; so bei Marx dezidiert kritisch und veränderungsbedürftig ein gestörtes Weltverhältnis: die Trennung des Arbeiters von seinem Produkt durch das Privateigentum an Produktionsmitteln. Erst lang nach Marx wurde »Entfremdung« auch allgemein kulturkritisch für gestörte und zerstörte humane Beziehungen verstanden.

Die Marxsche und die Hegelsche Entfremdung hat im Kern z. B. noch Georg Simmels »Exkurs über den Fremden« im 9. Kapitel seiner

»Soziologie« von 1908 im Auge, auch wenn er sein Fremdsein »in einer ganz positiven Beziehung« (S. 765) sieht: als Mobilität, als Vorzug, als »Objektivität«, welche man »auch als Freiheit bezeichnen kann« (Neuausg. 1992, S. 767).

Daß die »Entfremdung« ein Wortkrüppel, zumindest eine begrifflich unglückliche Bildung ist, wurde in einem früheren Kapitel schon gestreift. Denn gemeint ist ja eher »ent-eint«; »ent-fremdet« annonciert ja eigentlich eher so etwas wie Wiederversöhnung, Wiedervereinigung. Anders als im Fall der Ent-Eignung impliziert das Wort so etwas wie eine contradictio in adiecto und birgt also etwas zusätzlich Mißverständnistreibendes – gemeint ist mit ihm ja vielmehr die seit dem 19. Jahrhundert gleichfalls häufig gehörte »Fremdbestimmung«; und wäre das Ganze irgend reversibel, wäre sie als Terminus jedenfalls vorzuziehen. So oder so:

»Verfremdung« dagegen ist ein zuerst wohl von Bertolt Brecht in den 30er Jahren in die damalige Diskursdiskussion, nämlich in die Dramentheorie und -praxis eingebrachter Begriff, vorzüglich in der vermutlich von ihm, Brecht, erfundenen Kombination »Verfremdungs-Effekt«; der nicht viel anderes meint als eine Form von Illusionsbrechung, vergleichbar, ja fast identisch der sogenannten Romantischen Ironie; eine revidierte Seweise von Wirklichkeit in der Folge auch; die Bezeichnung der Differenz von Alltagsrealität und künstlerischer Darstellung, manchmal auch nur eine schiere Technik, vornehmlich im Sinne von Brechts »epischem Theater« im Kontrast zum konventionellen oder auch (siehe dazu unser Kapitel »Nachkriegswirren«) zum lyrisch-absurden; und allenfalls insofern und in letzter Instanz ist diese »Verfremdung« tatsächlich ein bißchen affin der »Entfremdung«, mit dem gewissermaßen auf den Kopf seiner wahren Natur und Bestimmung gestellten neueren Menschen unterm Diktat des kapitalistischen Verhältnisses.

Befremdlich genug, daß der niederländische Romancier und Essayist Harry Mulisch dies alles weiß, in seinen Betrachtungen »Die Zukunft von gestern« (1995) für beide Teile des Begriffspärchens auch die richtigen und wichtigsten Quellen aufführt – und doch im Weiteren fast alles falsch macht und den üblichen terminologischen Kuddelmuddel bis hin zur Explosion von Mißverständnissen und zur Implosion jeglichen Sinns anstimmt:

– Offenbarer Unsinn ist die pure Gleichsetzung unserer Zeit i.e. unseres Jahrhunderts mit dem »Zeitalter der Entfremdung« (S. 67); denn Marx' Begriff gilt – mindestens auch schon – fürs frühe 19. Jahrhundert.

– Albern mahnt es, dies »Zeitalter der Entfremdung« dem »Zeitalter der Angst« i. e. Kierkegaards folgen zu lassen (S. 67). So einfach stellen sich diese Dinge nur in Holland dar.
– Richtig wiederum und im weitesten Brecht-Sinne mag sein, daß Roy Lichtenstein und die Beatles bis dato gewohnte Kunstformen »verfremdeten«, möglicherweise sogar, wie Mulisch recht gutgläubig wähnt, »die Wirklichkeit«.
– Für Peter Weiss' de-Sade-Stück (S. 68) gilt das schon wieder weniger, ja fast gar nicht.
– Geschweige denn, daß G. Grass »mit einem Roman über den Hund Hitlers den Zweiten Weltkrieg verfremdet« habe; und noch weniger taten das »die darin vorkommenden Telegramme aus dem Führerhauptquartier«, welche »den Stil Heideggers verfremdeten« (S. 68). Wenn wir das recht erahnen, setzten sie ihn allenfalls etwas parodierend und mithin für Mulisch eher fremdelnd ein.
– Kompletter Blödsinn dünkt uns, daß in den USA »das Ende des Kalten Krieges und der Angst sogar mit Büchern wie ›Gott ist tot‹« (?) »gefeiert« wurde, »mit denen die Entfremdung der Theologie eingeleitet wurde« (S. 68). Das versteht nur noch ein Haarlemer oder eben US-Amerikaner. In Wahrheit wurden allenfalls schon mit Nietzsches Diktum Gott und die Theologie auf einen Schlag – eben nicht »entfremdet«; sondern erledigt.
– Vollends das »Happening« ist mitnichten eine »typische Entfremdung aus dem Beginn der sechziger Jahre« (S. 72); sondern, wenn überhaupt was, eine klassische Verfremdung.
Warum schreibt einer, der's besser wissen könnte, solchen schmählichen Schmonzes? Nein, keineswegs weil jetzt auch noch »die Entfremdung entfremdet« wurde (S. 72), wie sich Mulisch reichlich spintisiererisch einreden möchte. Sondern höchstens deshalb, weil laut Karl Valentin in der Fremde (Deutschland) selbst der Fremde (Holländerer) fremd ist. Und es konnte deshalb kaum ausbleiben, daß dies exklusiv sprachwitzig intendierte Diktum des Münchner Komikers von einem vollends irregeleiteten Schwerhumanisten 1994 zu Frankfurt vollrohr pathetisch via Plakat in die schwelende, ja schwefelnde Asylantendiskussion eingebracht wurde.
Fremdartig genug.
Denn siehe und erkenne mit Heinrich Bölls unsterblichem Hans Schnier von 1963: »Ein Clown, dessen Haupteffekt sein unbewegliches Gesicht ist, muß sein Gesicht sehr beweglich halten. Früher steckte ich mir immer, bevor ich mit dem Training begann, die Zunge heraus, um mir mich erst einmal ganz nahe zu bringen,

bevor ich mich mir wieder entfremden konnte« (Ansichten eines Clowns).

Hm. Er meint allerdings auch »streckte« statt »steckte«. Und das ist das Befremdliche.

e. h.

Und »Griechenland«?
Winckelmann und die Folgen

Also, wie war das noch mal mit jenem Griechenland, das sie seinerzeit und zum Teil noch immer allerorten zumindest »mit der Seele suchten« (Iphigenie, V. 12)? Das antike – wie das damit leicht zu verwechselnde idealische – Griechenland war für die Deutschen des 18. Jahrhunderts von Johann Joachim Winckelmann angefangen »von edler Einfalt und stiller Größe«, und das war, wie man seit spätestens dem mittleren 19. ziemlich gut weiß, ein einziges Mißverständnis; an Mächtigkeit und Folgenreichtum allenfalls vergleichbar der Geburt der Oper als der vermeintlichen Wiedergeburt der antiken Tragödie um 1600; oder später, nach 1850, der gleichfalls fruchtbar fehlgeborenen Idee des Wagnerschen Gesamtkunstwerkes; wir kommen auf es noch zu sprechen.

Griechenland war vorher schon mal schweres Falschverständnis, nämlich als seine vermeintliche Wiederaufrichtung mit der italienischen Rinascita, als in Wahrheit »ein Griechentum dritten Grades« (Friedell, Kulturgeschichte der Neuzeit, S. 790). Andersherum, und die Renaissance ebenso wie viel später Winckelmanns und partiell Goethes und Schillers und Hölderlins Griechenland betreffend: »Wir wissen heute, daß das Altertum nicht antik war« (S. 791).

Bei Friedell oder auch schon halbwegs bei Nietzsche (Die Geburt der Tragödie aus dem Geiste der Musik, 1872) möge man sich zu dieser sehr obskuren Causa genauer kundig machen: das wirkliche Griechenland und seine Schimäre, seine Projektion, seine paraplatonische Idee konstituieren im Verein ein allerschwerstes paradoxales Kuddelmuddel. Friedell bringt es, insbesondere den Irrtum mit dem Edlen und Harmonischen und Schönen, immer wieder schön auf den Punkt:

»Wenn wir dieser« – von Schiller bis Napoleon gehegten – »Auffassung des Altertums glauben wollten, so hätte die Hauptbeschäftigung der Griechen und Römer offenbar darin bestanden, fleißig Winckelmann zu lesen, wie ja auch die Naturkinder Rousseaus zweifellos den ›Contrat social‹ auswendig kannten. Diese sonderbare ›Rückkehr zur Antike‹ ist nur zu verstehen aus einem tiefen Bedürfnis und letzten Versuch, in einer Welt der reinen Maße und Proportionen, der lichten Ordnung und leichten Überschaubarkeit, Selbstbegrenzung und Unkompliziertheit Erholung und Ausruhen von der eigenen Problematik, schweifenden Formlosigkeit und verwirrenden Vielfältigkeit der Bestrebungen, Beziehungen, Aspekte zu finden. Der Klassizismus ist aus der Angst des modernen Menschen geboren« (S. 794).

Nach Griechenland, Antike, Renaissance wird hier mit dem »Klassizismus« ein vierter der Sache sehr naher Begriff eingeführt – ein fünfter wäre der mit der Renaissance fast identisch gehandelte des »Humanismus« – und ein zentraler sechster das Pärchen »Hellas« und »Hellenismus«, also die Gelehrtheit des nachklassischen Griechentums bzw. die nachklassische Lehre vom klassischen und idealischen respektive idealtypischen – Jacob Burckhardt faßt den Hellenismus als »das kosmopolitisch mitteilbar gewordene Griechentum«.

Das wirkliche Griechenland dagegen, so belehrt uns Friedell wortreich, sei »bunt und gebrochen, nervös und irisierend, unbeherrscht und tumultuös und ganz und gar nicht abgeklärt« gewesen, das Leben in ihm »für moderne Begriffe schlichtweg unerträglich« (S. 821). Und mit der berühmtbetulichen »Frömmigkeit« der Griechen war es wohl noch weniger weit her, die Leute waren und handelten, so Friedell, »au fond atheistisch«, kultisch-zeremoniell hingegeben »kindlicher Dämonen- und Gespensterfurcht« (S. 823). So ähnlich hatte es ja auch D. Martin Luther schon gesehen: »Der Griechen Weisheit ist gar viehisch« (Tischrede um 1535, bis Winckelmann waren da noch 230 Jahre) – der Verfasser der »Kulturgeschichte der Neuzeit«, der hier nicht zu seinem Schaden rund fünfzig Seiten lang von seinem Thema weg in die Antike hinein abschweift, bilanziert einigermaßen nietzschehaft: »Die Griechen sind für sich das exotische Volk par excellence« (S. 810).

Woher rühren sie, Phantom und Phantasma und Fehleinschätzung? Aus dem präadornoisch zeitlosen Bedürfnis, sich gern täuschen lassen zu wollen? Winckelmann, der, so journalistisch spitzt es Friedell zu, »sein ganzes Leben lang etwa fünfzig Jahre alt« (S. 833) war, wollte in und mit seiner »Geschichte der Kunst des Altertums« von 1764 nur vermeintlich auf Historie hinaus, »in Wirklichkeit aber eine

Ästhetik, die an der Hand der alten Bildwerke die moderne Kunst verwirft« – so etwa wie, ein offenbar wieder- und wiederkehrendes Schema, noch 1950ff. der Zürcher Goethist Emil Staiger, wenn er den maßvoll modifizierten Olympier Goethe gegen den modernen Asphalt und Kulturverlust und letztlich halt gegen Schmutz und Schund der Gegenwartsliteratenschaft entsprechend niederen Ranges ausspielt. Ähnlich wie je nach Laune und Opportunität Goethe seinerseits gegenüber Eckermann immer wieder das Romantische als das Kranke und Schwächliche und Lazarettmäßige belästert. Winckelmann, offensichtlich, wollte nicht sehen, was seiner Meinung nach nicht sein sollte; sondern das, was ihm pro domo seiner eigenen Lebens- und Werkstrategie in den Kram paßte.

Und wurde darin allerdings bald und wenigstens kräftig durchschaut; z. B. von Friedrich Schlegel: »Jeder hat noch in den Alten gefunden, was er brauchte oder wünschte, vorzüglich sich selbst.«

Die Sache ist hier aber wohl noch etwas verzweigter. So wie es für Friedell (S. 26) so etwas wie »Repräsentativmenschen« ihrer jeweiligen Epoche gibt, so offenbar auch repräsentativ nachzügelnde Assimilatoren der Epoche; im Fall des deutschen Mittelalters vielleicht Novalis oder auch Richard Wagner, im Fall Griechenland z. B. Winckelmann und, verwinkelter, auch Nietzsche; mit dem Nachteil, daß ihre Idee, ihre jeweilige Idealtypik, mit der Wirklichkeit vielleicht sogar besonders selten kongruiert. Noch eben mit der Wissenschaft. »Der Papst für klassische Philologie«, Ulrich v. Wilamowitz-Moellendorff, hat entsprechend erklärt, daß eine griechische Kulturgeschichte »für die Wissenschaft nicht existiert« (Friedell, S. 26) – mit der Nebenfolge, daß es dann wie in einer Art Kettenreaktion schon im Begrifflichen besonders hoffnungsraubend durcheinanderpfeift. Die Engführung Antike – Renaissance wird in dem Maß immer dubioser, in dem auch eineinhalb Jahrhunderte nach Jacob Burckhardt und ungeachtet allen postulierten »Zäsurenbewußtseins« (Kurt Flasch) unklarer denn je ist, was der sowohl Epochen- als Stilbegriff Renaissance genau genommen umgreift, und unklar auch schon für den Autor der »Kultur der Renaissance in Italien« von 1860 war (s. Werner Kaegi, Jacob Burckhardt. Eine Biographie, Bd. 2, 1956, S. 717). Wobei ja z. B. auch schon »die abstrakte Entgegensetzung von ›Mittelalter‹ und ›Renaissance‹, die Burckhardt voraussetzte« (Kurt Flasch, Das philosophische Denken im Mittelalter, 1986, S. 552) in heutiger Optik eine unhaltbare ist.

Im Fall Griechenland ist aber alles noch verwickelter. So wie der späte Emil Staiger »fruchtbare Mißverständnisse Goethes und Schillers«

vor allem rund um die Zeitschriftenprojekte der »Horen« und des »Musenalmanach« feiernd beklagt, so war damit korrelierend auch wie das Schillers zur Geschichtsdramatik das Goethes zu Griechenland ein fast vollständiges, nämlich im wesentlichen von Winckelmann ausgelöstes und über ihn schon ziemlich verfestigtes; zum anderen eins, welches »das Griechische« als das Antiromantisch-Reine bzw. Antibarbarisch-Gegenmoderne wiederaufrichten wollte (s. Dieter Borchmeyer, Weimarer Klassik, Weinheim 1994, S. 351 ff.) – diesem goethisch Griechischen = Kunstschönen wird dann von Schiller in den »Horen« von 1797 das »Charakteristische« als das eigentliche Wesen der griechischen Kunstwerke gegenübergestellt oder immerhin beigesellt.

Wie auch immer, mit etwelcher historischen Wirklichkeit hatte und hat derlei sich verzweigende ästhetische Spekulation ohnehin nicht mehr viel zu tun. Noch mit altgriechischer Zivilisation und Politik und Polis. Zumal Griechenland mittlerweile auch als mythisch gefeiertes Herkunftsland der »Demokratie« wieder mehr als zweifelhaft geworden ist; bzw. der Begriff romantisiert mißbräuchlich: »demos«, belehrt uns Moses I. Finley (Das politische Leben der antiken Welt, München 1986), bedeutete eine kleine Minderheit unter Ausschluß u. a. der Frauen und Sklaven.

Und schon bzw. noch um 1820 muß im Zuge der aktuellen Freiheitskämpfe Percy B. Shelley laut Edward John Trelawny (Recollections of the Last Days of Shelley and Byron, 1858/78) begreifen: »Sie hockten in kleinen Gruppen auf dem Deck herum, schrien, gestikulierten, rauchten und aßen und würfelten wie die Wilden.

›Haben Sie sich das Griechentum so vorgestellt, Shelley?‹ fragte ich.

›Nein, aber die Hölle‹ erwiderte er.«

Und es bezeugt im gleichen Buch der populäre Führer des damaligen griechischen Freiheitskampfes Odysseus: »Die Griechen sind von Natur aus verräterisch, hinterlistig, gemein und unbeständig, und Geschichte und Überlieferung beweisen, daß sie von jeher so gewesen sind.«

Und das wollten und wollen sie eben nicht, die späten Winckelmanns, auch wenn sie als Volkshochschulräte heute lieber in der Formation von Ouzo-Trinkern und Maria Farantouri-Hörern anrücken. Nichts tun sie ja auch ferner letztlich lieber, als das Edle, wenn schon nicht still, so doch laut und einfältig verehren. Die damals wie heute »seinsollende griechische Simplizität« (Iffland über Goethes »Iphigenie« von 1786) dankt es ihnen. Wenn auch weiterhin mehr uninteressiert an dieser seelenvollen Iphigenie. Zu Recht. Hatte doch schon der in Hellas-Nord gerngelesene »Tiroler Anzeiger«, Innsbruck, vom 5. Juni 1924 (abgedruckt in der »Fackel« 657–667, S. 130) anläßlich einer dortigen »Iphigenie«-Aufführung festgestellt, daß Goethe, »so tief wir den Hut vor ihm ziehen«, aber gerade hier »bezüglich der Auffassung des ›Klassischen‹ einer großen Täuschung erlegen ist«.

Ja, und von der Klassischen Walpurgisnacht verstand der alte Blocksberg- bzw. Brockenbesteiger gleich noch viel weniger.

e. h.

»Arkadien«

Ein Nachschlag

Damit in diesem ziemlich, ja unziemlich konfusionistischem Griechenland-Zusammenhang aber auch noch eine andere und gleichfalls nicht ganz lupenreine Sache in einem Aufwasch halbwegs geklärt sei:

»Et in Arcadia ego – auch ich in Arkadien« findet sich zuerst als Schrift unter einem Bild von Bartolommeo Schidone (1559–1615) sowie unter zwei Gemälden (1630 bzw. 1640/45) von Nicolas Poussin (1594–1655), die davon betroffene Goethe-Philologie schweigt sich, soweit zu sehen, darüber aus, auf wen von beiden sich speziell Goethe bezog – es meint aber die Formel mit Arkadien jedenfalls das griechische Bergland auf dem Peloponnes bei Tripolis und mit ihm das antike Hirtenland als Inbild perennierend purer paradiesischer oder jedenfalls, da gehen die Meinungen schon etwas auseinander, paraparadiesischer Glückseligkeit; mithin das Urbild aller Schäfer- und Hirtendichtung, Idylle und auch stammverwandter (aber keineswegs kongruenter) Anakreontik; es ist das Arkadische das »Schäfermäßige« (Johann Peter Uz, ca. 1750) schlechthin, das er, Uz, deshalb freilich vorerst nur von fern zart grüßt:

> »Arkadien! Sei mir gegrüßt!
> Du Land beglückter Hirten,
> Wo unter unentweihten Myrten
> Ein zärtlich Herz allein
> Noch rühmlich ist!«   (Der Schäfer)

Die moderne deutsche Zitat- und Bedeutungsgeschichte der vor allem – bis hin zu Bloch – utopieverheißenden Formel aber hebt an bei Friedrich Schiller mit seinem Gedicht »Resignation – Eine Phantasie« von 1786, einem recht glanzlosen und rechtschaffen unbeholfenen und volle 20 Strophen lang nichtendenwollenden Produkt aus dem Terrain der inzwischen schon etwas älteren und italienisch renaissancekulturell begründeten und zuweilen dann auch schon mit Italien verwechselten Griechenlandsehnsucht, von der vorhin schon genauer die Rede war – und darüber hinaus des sich mit ihr konstituierenden deutschen Klassizismus:

> »Auch ich war in Arkadien geboren,
> Auch mir hat die Natur
> An meiner Wiege Freude zugeschworen,
> Auch ich war in Arkadien geboren,
> Doch Tränen gab der kurze Lenz mir nur« –

– usw., ohne seine zitatgeschichtliche Zentralrelevanz dürfte man sie sofort vergessen, diese kaum auch nur rhetorische Fleißarbeit wider die »Mumie der Zeit« und das tintenkleckende Jahrhundert und daß jetzt überhaupt halt alles schlechter geworden ist.

Seit Vergil, belehrt uns wieder etwas abweichend Bruno Snell, sei Arkadien »geistige Landschaft« des utopischen Glücks; im Deutschen spätestens seit Goethe, wobei allerdings gerade der Goethe der »Italienischen Reise« nun ausgerechnet Sizilien als »Insel der seligen Phäaken« (7. 4. 1787) erlebt – und sich selbst wohl weniger als helenahörigen Faust II, sondern mehr als Ulysses redivivus. Vorher schon, 1778, hatte Wieland in verwandtem vorgoethisch-vorschillerischem Sinn Arkadien thematisiert, im Gedicht »Pervonte«, dieses nun eindeutig angelehnt an Schidones im Palast Sciarra-Colonna in Rom befindliches Gemälde mit dem am Boden liegenden Totenkopf, den zwei junge Hirten ergriffen betrachten. Wieland:

> »Und auch nicht eine dieser Schönen
> Schien nach der Grabschrift sich zu sehnen:
> Auch ich lebt in Arkadia!«

Und am Schluß:

> »Und ruft mit Wehmut aus: Du arme Vastola,
> Auch du warst in Arcadia!«

Ein drittes Mal findet sich »Et in Arcadia ego« auf einem frühen Gemälde des Malers Giovanni Francesco Barbieri, genannt »il Guercino«, in der Galleria Corsini in Rom (s. Büchmann, Geflügelte Worte, 1993, S. 355) – die erste deutsche Übersetzung des Worts aber noch vor Wieland in Johann Georg Jacobis »Winterreise« von 1769:

»Wenn ich auf schönen Fluren einen Leichenstein antreffe mit der Überschrift: ›Auch ich war in Arkadien‹, so zeig' ich den Leichenstein meinen Freunden, wir bleiben stehen, drücken uns die Hand und gehen weiter« –

– von Adam Friedrich Oeser gibt es um 1770 eine Eindeutschung, Friedrich Rückert benutzt das Wort 1811 im 20. Sonett der »Aprilreiseblätter«; und so fort – wer sich über diese frühen und heute weithin apokryphen Assimilierungen noch genauer informieren will, der greife zu Petra Maisaks und Corinna Fiedlers Insel-Taschenbuch »Arkadien – Landschaft vergänglichen Glücks« (1992).

Gleichfalls wie Schiller 1786 verwendet Goethe das mittlerweile wohl schon recht sprichwörtlich gewordene Arkadien-Zitat als Motto, ursprünglich sogar als Titel für seine »Italienische Reise«, das südgriechische Arkadien mithin im Zuge des ohnehinnig allgemeinen »Italienwehs« (Wilhelm Heinse) entschlossen nach Westen und ins Überhöhte transportierend. Und ins noch spürbarer redensartlich Zitatmäßige. Im goethefolglich Italienischen zuhause ist es in Wolf v. Niebelschütz' zu Versen geronnener, schwerst gebildeter, ja etwas oberstudienratsmäßiger und mit dem Titel »Auch ich in Arkadien« gerüsteter Italienreise von 1951. Bei Fontane im Gedicht »Fester Befehl« ist Arkadien im mecklenburgischen Neuruppin gelegen. Nicht lokal zugeordnet, sondern nur im zitatlichen Wortsalat, taucht es wieder auf im Gedicht Oskar Pastiors von 1986:

>»Arkadien – ein auch
>früh dem pfeil geflogen
>einmal ich
>einmal war
>einmal gebirg und tal
>durch – und zurück
>das war in einem
>ein auch arkadien.«

Und schon fast gänzlich undeterminiert krächzt es in der Gestalt des Couplets »Als ich einst Prinz war in Arkadien« in Jacques Offenbachs Buffo-Opera »Orpheus in der Unterwelt« von 1858, vielleicht in Anspielung auf Goethe-Schiller, vielleicht auch auf Schidone-Poussin, jedenfalls als wunderbar nervtötender Gesang des betrunkenen Dieners Hans Styx – aber das hat weiter nichts zu sagen und nicht viel zu bedeuten, denn eigentlich spielt diese Orpheus-Eurydice-Travestie in Theben bzw. irgendwo in einem Zypressenhain.

Wobei natürlich auch die alte Schillersche Zuordnung von »Elysium« für Zukunft, von »Arkadien« für utopische Vergangenheit (Sibylle Tönnies in der Festschrift zum 60. Geburtstag von Lars Clausen 1995/96), nicht mehr die geringste Rolle spielt.

Noch einmal stringenter, viel früher und doch bereits lang nach Schiller, Goethe, Wieland, Oeser usw. erscheint die Formel in einem noch nicht ganz verblühten Werk der Literaturgeschichte: als aposteriorischer Titel bzw. als Schlußsatz von Joseph v. Eichendorffs nachgelassener Satire-Erzählung »Auch ich war in Arkadien!« von 1832; in einem etwas sehr verzwickten Zusammenhang. Der satirische Impuls richtet sich einerseits wider die antiliberal zensurfördernden Karlsbader Beschlüsse von 1819. Andererseits spielt als Eichendorffsches Fixmotiv das des preußischen Beamten mit herein, »dem Presseunfuge zu steuern« (Eichendorff, Allgemeine Grundsätze zum Entwurf eines Pressegesetzes, 1832). Dritterseits wähnt der »Arkadien«-Verfasser der via Untertitel wohl schillerbezüglichen »Phantasie« von einer hier reichlich konservativ-preußischen, ja übellaunigen Position aus (siehe den Kommentar zu: Joseph v. Eichendorff, Werke, Bd. 3, 1993, S. 665) im Hambacher Fest von 1832 die symbolische Walpurgisnacht, in der liberalen Bewegung insgesamt aber den Hexenspuk auf dem Blocksberg – und verursacht damit also eine mehrfache und mehr als mißverstehenfördernde Symbol- und Bedeutungsinversion: Arkadien wäre z. B. keineswegs die »klassische Walpurgisnacht« der gleichsam seit Goethe kraft Imagination wiederhergestellten griechischen Mythologie; sondern umgekehrt die alte christlich-germanenheidnische des »Faust« I gewissermaßen; Arkadien meinte in der satirisch-polemischen Zuspitzung nicht nur den falschen Traum, die falsche liberale Hoffnung, vor denen beiden im Text auch hinlänglich gewarnt wird; Arkadien wäre jetzt ausgerechnet – das Nordische, Gegen-Antikische schlechthin.

Als ging' der Geistesgeschichte selber ein Mühlrad im Kopf herum.

Daß aber endlich die bekannte Schallplattenfirma Arcade keineswegs zarte griechische Hirtenflötenmusik produziert, sondern ausschließlich solche, deren lärmstarke Vulgarität nur noch durch die höchstordinäre Plärrkraft ihrer eigenen Fernsehwerbung in die Schranken gewiesen wird: das bringt via die coincidentia oppositorum die Dinge wieder ins Lot, das dürfen wir getrost begrüßen, das hat schon wieder was mehr schweinehirtenhundmäßig Äquatoriales.

Und wird nur noch ein letztesmal und ein Vierteljahrhundert nach Ingeborg Bachmanns zu Recht vergessener Einlassung »Auch ich habe in Arkadien gelebt« (wer's glaubt) 1996 durch Bernd Eilert forciert und zugespitzt und auf den modernen Punkt gebracht, insofern Arkadien über das bekannte Bacardi-Rumland der TV-Spots als »Bacardien« wiederersteht: als Trivialparadies verzweifelt-froher Suffköpfe.

Und genau das hat der Goethe letztlich ja auch gemeint.

e. h.

Sinnverflüchtigungen

Mutter Courage et alt. tutti frutti

Ob die Legionen, so da allwöchentlich mindestens in jedem dritten Fall »Mutter Courage« ins Kästchen »Ihre Lieblingsgestalt in der Dichtung« des FAZ-Magazin-Fragebogens hineinschreiben, auch immer wirklich so ganz genau wissen, wer das ist und was sie da so hineinschreiben? Meinen sie tatsächlich die Brechtsche Bühnenfigur als nämlich eine Lehrgestalt des reichlich pragmatisch-angepaßten, letztendlich ignoranten, durch die Erfahrung der Verderblichkeit des Kriegs keineswegs klüger gewordenen Überlebenswillens? Oder meinen sie halt vielmehr irgend »so eine Mutige« (Barbara Rütting über Luise Rinser), was für eine auch immer?

»Mutter Teresa«? Die legendäre Trümmerfrau? Florence Nightingale? Miß (»Dallas«) Elly? Na dann im Zweifelsfall in Gottes Namen eben Helene Weigel als Therese Giehse in der Nebenrolle von Inge Meysel.

Der Witz mit Karl Mays »Das Kapital« (»Aber warum kommen denn da überhaupt keine Indianer drin vor?«) ist bekannt, die Leistungsfähigkeit des menschlichen Hirns mit seinen lebenslang zur Verfügung stehenden 30 Milliarden Neuronen und ihrer Bewältigung von 185 Milliarden Infos innert 70 Jahren nun einmal begrenzt. Nicht bekannt noch begrenzt ist die Zahl derer, die im gleichen FAZ-Magazin-

Fragebogen (und die Redaktion bestätigt auf Anfrage fast erleichtert die betreffenden und häufigen Hirnschwurbel ihrer Bogenausfüller) eigentlich jene Ruine Linser als »Lieblingslyriker« eintragen wollten; welche ihrerseits ihre gloriose Bundespräsidentinnenkandidatur 1983 contra Weizsäcker mit der von ihr eigentlich angestrebten Bundestagspräsidialschaft durcheinanderbrachte (jedenfalls später im Südwestfunk-Interview zum 75. Wiegenfest); dann aber aus schierer Schusseligkeit Uta Courths-Hammbrücher draus werden ließen.

Verrat witterte seinerzeit ja auch der wirkliche Bundespräsident Karl Carstens betreffs eines gewissen und wahrscheinlich sogar landesflüchtigen Terroristen Heinrich Böll, welcher unter dem gemeinen Pseudonym oder vielleicht auch Psychogramm Katharina-Norbert Blüm o. s. ä. die Bundesrepublik aus den Angeln heben wollte. Andererseits: »Heitmann? Ist das nicht der Typ, der irgendwie mit Frauen nichts am Hut hat?« (Straßenpassantin im RTL-Fernsehen über den streitlichen oder jedenfalls umstreitbaren CDU-Bundesobmannsaspiranten a. D.). Nein, hier schlägt die sonst so beklagenswerte Verflüchtigung von Wissen schon wieder komplett gegenhorkheimerisch, ja antiadornesk in pure Aufklärung zurück. Genauer kann man es gar nicht sagen. Vor allem, weil die befragte Tante ja wohl Dr. Jürgen Dingworth-Stoiber meinte.

Kultur ist Trivialmythos, und Trivialmythen sind meist falsche oder fälschliche Kurzinfos (genannt Bits oder Spikes o. ä.). Von ihnen lebt, mit dem vorerwähnten Bertolt Brecht zu seufzen, nicht mal eine Maus. Laut Robert Gernhardt (Glück Glanz Ruhm, 1983, S. 86) ist, wie gesagt, in der neueren Kunstgeschichte in diesem Sinne Warhol für Suppendosen, Beuys für alte Hüte und Beckett für das Elend in Mülleimern zuständig. Und diesen schwer viertelinformierten Quatsch verbrät dann der Maler Michael Mathias Prechtl (aus Nürnberg, woher denn sonst) regelmäßig zu Kunstpostkarten und »Spiegel«-Titelbildern. Und da ist Freud dann halt ein Geier und Kafka eine Dohle. Und, um sicher zu gehen, zusätzlich ein verwandelter Käfer. So weit, doch, hat das seine Richtigkeit. Auch wenn Freud (Eine Kindheitserinnerung des Leonardo da Vinci) in Wahrheit mehr eine, wie man heute weiß, Gabelweihe (»nibbio«) war; wir kommen im Buch darauf zurück. Und auch wenn da genaugenommen nichts, partout nix mehr stimmt. Schon weil die Zahl der brauchbaren Bildermythen und Zerebral-Aktennotizen trotz des vielen Gelumpes in der Welt letztlich doch recht begrenzt ist. Und deshalb z. B. für Italo Svevo, Heimito v. Doderer, Georg Friedrich Kersting, Albert Anker, Georg Flegel, Prof. Britzelmeier, Perutz, Polgar, Gernhardt, Bernstein (F. W. natürlich; nicht Eduard, eher schon Lennie; diese Mehrfachbesetzungen sind natürlich auch so ein Problem; wir kommen auch auf sie zurück), Henscheid, Henschel, Kronauer und Ror Wolf praktisch nichts mehr übrigbleibt.

Na, für Ror Wolf immerhin: Unglück, Suhrkamp, Eintracht Frankfurt, diese drei. Aber das Unglück ist, mit Paulus (Salomo?) zu seufzen, das liebste unter ihnen.

»Was tun?« Frug Zeus. Oder war's Josef Lenin? Fjodor Michailowitsch Tschernyschévskij, genannt Nekrásov? Pfarrer Schorlemmer-Krenz? Nun, immerhin, eins ist klar. Der Autor der Zeilen »Die schärfsten Kritiker der Elche / Waren früher selber welche« ist bestimmt nicht F. W. Bernstein. Sondern Karl Marx. Oder jedenfalls Fritz Teufel. Wenn nicht Teddie Horkheimer.

Wie auch immer: Nur allzu verständlich, daß im ARD-Film »Mutter Courage und die Juden« vom 17. 4. 1995 gleichfalls die niederländische Journalistin Johtje Vos dafür, daß sie im Krieg zighunderte Leben rettete, sich von einem ahnungsfreien Autor wie gehabt den Ehrentitel einfängt; und noch einleuchtender, daß es dann auch der alte Spitzengermanist und Oberliteraturgeschichtsschreiber Waldemar oder jedenfalls Walter Jens auch nicht besser weiß und – der »Freitag« vom 4. 8. 1994 zitiert es dankenswerterweise nochmals anläßlich ihres Ablebens – Karola Bloch egalweg zur »Mutter Courage« ernennt. Höchstwahrscheinlich aber Gerhart Hauptmajors Schwiegermutter Wolf (Christa, nicht Ror noch Wondratschek) als Trude Heesters alias Gussy Massarati meint.

Wogegen, wie Klaus Bittermann zu Recht zurechtrückt, die unbeschreibliche Regine Hildebrandt, beschriebe man sie, wiederum weit mehr noch als die Mutter Courage au contraire die Hl. Johanna rediviva von den Schlachthöfen ist. Jawohl. Abermals Brecht also. Hier als vielleicht noch verzweifeltere Halberinnerung: Was war das noch mal für eine?

Alles Fragen und Bohren nützt aber ja eh nix, denn aus der »Bild am Sonntag« vom 12. 8. 1995 erfahren wir schon kurz darauf, daß sich die nämliche Regine Hildebrandt zuhause (!) eben doch »Mutter Courage« rufen läßt. Womit die Planstelle der Jeanne d'Arc wieder frei wird für Petra Kelly sel. oder wahlweise Jutta Ditfurth. Wenn schon nicht für Karin Struck.

Indessen die »Woche« vom 14. 7. 1995 folgerichtig die fast noch unglaublichere »Reichsbetroffenheitsführerin« (Matthias Beltz) Lea Rosh im scharfen Gegensatz dazu zur »Stiefmutter Courage« erkürt. Und den IG-Metall-Chef Klaus Zwickel aber schon am 10. 11. 1995 wegen seines »Muts zur Enthaltsamkeit« zum »Vater Courage« erkiest. Indessen, es hört und hört nicht auf, andererseits Monika Maron für die Zeitschrift »konkret« (12/1995) es nur zur »Madame Courage« bringt. Und nur mehr so ironisch. Monsieur Courage? Nun, unseretwegen gerne Hermann L. Gremliza.

Dagegen ist die Überschrift des Artikels »Vater Zivilcourage« in der FAZ vom 1. 10. 1996 über den Prof. Manfred Messerschmidt nicht nur, wie Dr. Wolf Stoeckers Leserbrief vom 10. 10. anmahnt, inhaltlich falsch bzw. »unangebracht«; sondern im Sinne der dezidierten Brecht-Anspielung dann sogar doppelter Blödsinn.

»Mutters Courage« andererseits feiert, den offensichtlich infiniten Wahn zu schüren, 1996, nachdem er's nun offenbar auch noch mitgekriegt hat, George Tabori mehr allgemein und fern von Brecht. Dagegen ist zur gleichen Zeit (Die Zeit, 3. 4. 1996) für die über sie pflichtschuldig spottende Barbara Sichtermann unser aller Margarethe Schreinemakers »Mutter Teresa, Courage und Beimer in einer Person« – na hoffentlich kriegt da die Schreinemakers die feineren Unterschiede nicht durcheinander, und noch hoffentlicher hat die Sichtermann in den letzten zwanzig Jahren das Theaterstück mal nachgelesen oder wenigstens gesehen in diesen eiligen und gestressten Zeiten mit ihren »wirbelsinnigen« (Jeremias Gotthelf, Anne Bäbi Jowäger) Personen- und Metaphernkonsternationen – und übrigens ist ja auch diese Mutter und Ehefrau und Romangestalt Anne Bäbi aus der Schweiz und aus den Jahren 1843/44 die nachgerade klassische Mutter Courage wenn nicht aus Courmayeur, so doch aus der Gegend von Solothurn, und daß sie auch was von der vorrevolutionären Gorkischen Mutter (Mother) Pelageja Vlasov sowie von Max Halbes berühmter Mutter Erdmute Erde hat, das wird schon nötig gewesen sein bei diesem etwas grausam arg schweiz-bernerisch herumhängerischen Ehemann Hansli und beider einäugigem Söhnlein Jakobli, der sicherlich herzigsten Gestalt der Weltliteratur.

Wieder mehr die »Johanna der Schlachthöfe« stellt neuerdings und zu unser aller erheblichen Überraschung laut »Spiegel« vom 23. 9. 1996 Brigitte Bardot vor, die dann im Fortgang des Artikels als »Sex-Ikone« sowohl als »Ikone des schönen Scheins« allerdings noch verblüffender auch gleichzeitig »die heilige Franziska der Tiere« ist, und der Artikelverfasser offenbar mitten unterm Schreiben bsuffn oder narrisch geworden –

– durchaus seine Zwetschgen noch beieinander dagegen hat Herbert Hupka (Schlesien, CDU), wenn er am 19. 12. 1995 in den FAZ-Magazin-Fragebogen überaus glaubwürdig als seine Meistbewunderte

»Mutter Wolffen« aus Gerhart Hauptmanns »Biberpelz« hineinschreibt; jene also, die vermutlich auch Jens, Sichtermann und die Familie Hildebrandt gemeint gehabt haben müssen dürften. Und nur nicht gleich auf den Namen gekommen sind.

Den abermaligen Fall der der blöden Wirklichkeit vorauseilenden schnöden Phantasie respektive Satire aber hatten wir dann schon am 29. 5. 1995, als diesmal das ZDF einen Spielfilm auf- und entbot: »Großmutters Courage« – in der Titelrolle aber prompt zu ihrem 85. Geburtstag: Inge Meysel. Doch vielleicht gehört ebendas schon nicht mehr ganz ins strenggenommene Gebiet der Mißverständnisse; sondern in das der optischen Täuschungen, der Escherschen Perspektivirreführungen, der Simpsonschen Paradoxe, der Murphyschen Gesetze und nicht zu vergessen das des Neuronen- und Synapsenverschleißes des gesamtgesellschaftlichen Alzheimer.

Das Volk ästimiert ja auch, demoskopisch erhärtet, Abgeordnete, die es gar nicht gibt.

e. h.

Zu Sokrates' Unwissen

Von hier her und aus jenem her

Nicht nur Laien, sondern auch Gelehrte, die es besser wissen sollten, wissen von Sokrates, daß er wußte, daß er nichts wußte. Vor der Einsicht des Meisters in die Beschränktheit seines Verstandes kapituliert auch der Verstand des beflissenen Schülers; die höchste Einsicht kann er nicht mehr interpretieren, sondern nur noch raunend beschwören: »Das Wort fällt Sokrates in den Geist und wirkt sich darin in besonderer Weise aus. Einen anderen würde es sicher machen, oder hochmütig, oder wie immer verderben; Sokrates hingegen realisiert an ihm sein innerstes Ethos, indem er ihm den Satz entgegenstellt – falls man nicht sagen muß: es in den Satz umwandelt – ›ich weiß, daß ich nichts weiß‹. Darin ist ›Wissen‹ in dem neuen, Existenz begründenden Sinne genommen, wie Sokrates-Platon es versteht: als ein Erkennen des Ewig-Gültigen und ein Verstehen des Zeitlich-Bedingten aus jenem her. Sokrates weiß, daß er solches Wissen nicht hat; eben damit weiß er aber auch, daß es ein solches Wissen gibt und mißt sich selbst daran; ja er hat, trotz aller Selbstkritik, in Wahrheit bereits dieses Wissen, weil er sonst dessen Maßbegriff gar nicht aufstellen könnte.«

So schilderte 1952 der Theologe Romano Guardini in seiner Studie »Der Tod des Sokrates« den pathetischsten Moment der antiken Philosophiegeschichte.

399 v. Chr. wurde Sokrates der Gottlosigkeit angeklagt und in Athen vor Gericht gestellt. Wie er sich verteidigte, hat Platon in der »Apologie« überliefert. Sein Freund Chairephon, sagte Sokrates, sei nach Delphi gegangen und habe die Pythia gefragt, ob es jemanden gebe, der weiser sei als Sokrates. Keiner sei weiser, habe der Orakelspruch gelautet. Sokrates, mit klarer, auch nach 2400 Jahren noch deutlicher Ironie, sagte dazu, er sei sich »weder im Großen noch im Kleinen irgendeiner Weisheit bewußt« und habe überlegt, wie er den Orakelspruch verstehen solle. Schließlich sei er ausgezogen, um die eigene Weisheit an der anderer Menschen zu messen. Schon sein erster Gesprächspartner sei durchaus nicht weise gewesen: »Und dann versuchte ich wiederholt, ihm zu beweisen, daß er sich zwar für weise halte, es aber nicht sei. Die Wirkung war, daß ich mich bei ihm und vielen von den Anwesenden verhaßt machte. Als ich mich aber dann entfernte, ging mir der Gedanke im Kopf herum: Diesem Menschen bin ich an Weisheit überlegen. Denn es scheint zwar, als wisse keiner von uns beiden irgend etwas Gutes und Rechtes; dieser glaubt es aber zu wissen, obgleich er nichts weiß, während ich zwar nichts weiß, aber auch nicht glaube. Es scheint also, daß ich jedenfalls diesem ein wenig an Weisheit überlegen bin, und zwar darin, daß ich dann, wenn ich etwas nicht weiß, auch nicht glaube, ich wüßte es.«

Von der vollbärtigen, pathosschweren, innerstes Ethos realisierenden Stummfilm-Gestik des antiken Sehers, den Romano Guardini und Scharen mit eher lauem Bemühen Philosophie studiert habender Dozenten sich erträumen, offenbart sich in Platons Wiedergabe der Verteidigungsrede nichts; was sich zeigt, sind Witz und gerissener Geist. Die Gelassenheit, mit der sich Sokrates noch angesichts des Todes das Vergnügen machte, seine Gegner zu verspotten, ist erhabener als Guardinis steifhosiges »Erkennen des Ewig-Gültigen und ein Verstehen des Zeitlich-Bedingten aus jenem her«, das ihn sogar noch zu der Frage verleitet hat: »Erscheint von hier her das Sich-Unterreden des Sokrates mit den Menschen nicht als ein Gespräch, welches er, über den jeweiligen menschlichen Partner weg, mit dem Gotte der geistigen Klarheit führt?« Von hier her und aus jenem her bekommt es weltlichem Menschenwitz übel, wenn ihn der Inhaber eines Lehrstuhls für Christliche Weltanschauung und Religionsphilosophie göttlich überhöhen möchte.

»Ich weiß, daß ich nichts weiß«: Der Satz gehört als nackte, jeder ironischen Bedeutung entkleidete Phrase zur philosophischen Notration, die sich bei der Flucht aus dem Seminarraum ins Kloster oder in die Selbsterfahrungsgruppe gerade noch in den Tornister quetschen läßt, zusammen mit der Kunst des Liebens, dem Geist der Utopie, der Möwe Jonathan und Zen oder der Kunst, nicht zu wissen, wie man in der Mensa bargeldlos bezahlt.

g. h.

Nachts, wenn die Leichen schreien
Über Filmeindeutschungen

Die Annahme, was Günter Kunert, Claus Peymann, Anselm Kiefer und Karl-Heinz Stockhausen produzieren, sei Kunst, während aus Hollywood nur tödlich amüsanter Schund komme, verbindet linksorientierte Kulturkritiker ideologisch mit den Sittenwächtern der Adenauerzeit, die ihren Spengler mißverstanden hatten und vor dem Untergang des Abendlandes durch Micky Maus und Hüftschwung warnten. Törichterweise begünstigen graue Eminenzen der deutschen Filmwirtschaft immer noch und ohne Not das Vorurteil, daß Kino nur Kintopp sei. Wo immer es opportun zu sein scheint, werden US-amerikanischen Filmen in Deutschland brutal vergröbernde, auf reißerisch getrimmte, willkürlich aus der Luft gegriffene Titel verpaßt, als gehe es darum, Hochkulturspießer irrezuführen.

Aus dem Spielfilm »His Kind of Woman« wurde schon 1951 »Ein Satansweib«, aus »Kissin' Cousins« wurden »Die wilden Weiber von Tennessee«, aus »Unguarded Moment« wurde »In den Fängen des Teufels«, aus »Final Jeopardy« wurde »Die Nacht ohne Mitleid«, und der schon im Original grell titulierte Film »The Devil's Rain« mußte in Deutschland unter dem noch bescheuerteren Titel »Nachts, wenn die Leichen schreien« ins Abseits laufen.

Aus »Wrong is Right« leckten »Flammen am Horizont«, ein gewöhnlicher »Blackout« brachte gleich eine »Bestie in Schwarz« hervor, »The Neighbour« stand in Deutschland sofort »Im Bann des Psychopathen«, »The Last Run« beschleunigte sich zu »Wen die Meute hetzt«, und aus dem guten Rat »Survive the Savage Sea« entwickelte sich eine »Segeltour des Grauens«. Das kann man wohl sagen.

Hört sich ein Filmtitel im Original nicht albern genug an, wissen sich deutsche Filmtitelübersetzer wortgewandt zu helfen. »Protocol« schrieben sie zu »Alles tanzt nach meiner Pfeife« um, und aus »Heart Condition« ging mit Pappnase »Der Chaoten-Cop« hervor. Und wie ist »Somebody's Daughter« zu übersetzen? Genau: »Der Bulle und die Stripperin« – Schmuddel, Schmutz und Schund scheint immerhin der Titel versprechen zu müssen, auch wenn der Film dann nichts dergleichen hält.

Beliebt sind auch verfälschend ins Schrillgeile züngelnde Doppeltitel. Aus »Carrie« wurde »Carrie – Des Satans jüngste Tochter«, »Knight Moves« mutierte zu »Knight Moves – Ein mörderisches Spiel«, und aus dem Titel »Revenge of the Pink Panther« formten die verantwortlichen Bullen und Stripperinnen bedenkenlos einen »Inspector Clouseau – Der irre Flic mit dem heißen Blick«.

Noch etwas ruppiger geht es im Westerngenre zu. Hermann Peter Piwitt hat sich einmal mit gutem Recht ausbedungen, daß er von keinem Cineasten über die Ästhetik der Filme von John Ford belehrt zu werden wünsche, wenn er einen schön blöden Western sehen wolle, aber ein bißchen mehr als Wüstensand, Piff-Paff und Pokerface hat die Geschichte des Western doch zu bieten.

Allerdings nicht in Deutschland. Da wird jeder Western mit einem Titel versehen, der lautstark knallt. Aus »Canyon City« wurde »Schlucht des Grauens«, aus »Gun Glory« die »Schlucht des Verderbens«, aus »Dakota Incident« »Die Todesschlucht von Laramie«, und aus dem schlichten »Albuquerque« wurde »Der Rächer der Todesschlucht«, ein Unfug, der nur darauf abzuzielen scheint, Ernst Jüngers Theorie vom fellachoiden Stadium unserer Kultur zu bestätigen. »Oh Susanna«, verhalten und zart, explodierte zur »Apachenschlacht am Schwarzen Berg«, »Apache Drums« wummerten als »Trommeln des Todes«, und »Apache Woman« hieß auf einmal »Heiße Colts und schnelle Pferde«.

Und so weiter. »Cahill, United States Marshal« wurde zu »Geier kennen kein Erbarmen«, »Arrowhead« zu »Die Bestie der Wildnis«, »Fort Bowie« zu »Männer gegen Tod und Teufel«, »Bullwhip« zu »Das Teufelsweib von Texas«, »Frontier Woman« zu »Todespfeil am

Mississippi«, »Frontier Phantom« zu »Die Todespeitsche«, »Soldier Blue« zu »Das Wiegenlied vom Totschlag«, und »The Outrage« erreichte den deutschen Zuschauer als »Carrasco – Der Schänder«, während die »Gentlemen with Guns« unter der Überschrift »Fuzzy schreckt vor nichts zurück« verkauft wurden.

Am schlimmsten wüten die Übersetzer im komischen Genre. Was die Monty-Python-Komiker als »Monty Python and The Holy Grail« gedreht hatten, lief in Deutschland unter dem Titel »Die Ritter der Kokosnuß« so grauenhaft falsch und lächerlich synchronisiert, daß kein Geier Erbarmen kennen sollte, was die zuständigen Bestien und Schänder betrifft, um noch einmal in ihrem Jargon zu bleiben. Wo es etwas zu lachen gibt, das scheinen sie angenommen zu haben, muß in Deutschland, unabhängig von den Vorgaben des Originals, Narhallamarsch geblasen werden. Eike Harms alias Heiko Arntz hat im Rahmen der einzigen zuverlässigen, 1994 im Haffmans Verlag erschienenen Übersetzung des Drehbuchs ein schlagendes Beispiel angeführt. Im Original sagt der König: »It is I, Arthur, son of Uther Pendragon, from the Castle of Camelot, King of all Britons, defeater of the Saxons, Sovereign of all England.« Deutsche Kinobesucher hörten hier folgenden Text: »Ich habe den Sachsen das Angeln beigebracht. Seitdem heißen sie Angelsachsen. Ich bin der König aller Angler. Ich bin der Erfinder des Eukalyptusbonbons am Stiel.«

Nicht alle erwähnten Filme können sich einwandfrei sehen lassen, aber kein einziger hat es verdient, schief betitelt und idiotisch synchronisiert dem Mißverständnis preisgegeben zu werden, nichts als Klamauk, Klimbim und Knallerei zu sein.

g. h.

Postskript

Als Übersetzer von Woody Allens »Annie Hall« (Der Stadtneurotiker, 1981) muß ich es wissen: Wenig, fast nichts von dem, was von Allen-Fans und mithin insinuierten Intellektuellen und jedenfalls vermeintlich intelligenten Cineasten in den deutschen »Stadtneurotiker«-Kinovorstellungen als vermeintlich intelligente und also ungescheutes Lachen gestattende Allen-Späße begackert wurde, steht in Allens Drehbuch. Sondern hektisch belacht und begickert wurden akkurat jene Späße und Zoten, welche in der Synchronisationsübersetzung erst einmal freihand und offenbar ohne jede Gegenkontrolle ins Buch geschwindelt worden waren; etwa jener altbacken sexuelle Allerweltswitz von der bedrohlichen Zeltstange unter der Bettdecke. Das Grauen trägt manche Gesichter.

Und natürlich und naturgemäß ist auch schon der deutsche Filmtitel »Der Stadtneurotiker« (statt des in der Tat auch recht gehaltlosen, zudem unverhältnismäßig tolstoisch zaunpfahlwinkenden »Annie Hall«, der Name der Hauptprotagonistin) ein Mißverständnis bis hin zum flagranten Nonsens. Bedeutet doch »Stadtneurotiker« wie schon der bloße »Neurotiker« erst mal alles und rein gar nix. Und ist, nur zum Beispiel, der Spielort Manhattan gerade so wie Freilassing und Flensburg bloß »Stadt«? Und nicht vielmehr Großstadt, ja Weltstadt, singuläre Weltmetropole?

Sodann geht es selbstverständlich in Buch und Film auch weder um einen Neurotiker noch gar um den assoziativ mitgestreiften Stadtindianer als nämlich eine intellektuelle Wunschprojektion von Bürgerkindern der späten 70er Jahre. Sondern zufällig und mehr oder weniger dreht es sich um einen prototypischen New Yorker jüdischen Intellektuellen ohne allzu genaue zeitliche Terminierung.

Wenn's wahr ist.

e. h.

Scheibe, Kugel, Birne, Tisch

Aus der Enzyklopädie der Erdwissenschaften

»Du sollst auch einen Tisch machen von Akazienholz; zwei Ellen soll seine Länge sein und eine Elle seine Breite«, sagte Gott zu Moses (1. Mose 25,23). Jenen alttestamentarischen Tisch, auf welchen die Schaubrote gelegt werden sollten, betrachtete Kosmas Indikopleustes im 6. Jahrhundert n. Chr. als Symbol der Erde. Die nämlich sei rechteckig und vom Format des Schaubrottisches, 400 Tagereisen lang und 200 Tagereisen breit. Im Norden der bewohnten Welt aber rage ein gewaltiger, kegelförmiger, oben abgerundeter Berg auf, von Sonne und Mond umkreist. So entstünden Tag und Nacht. Im Sommer steige die Sonne höher und umkreise den Berg dort, wo sein Umfang geringer sei; deshalb seien im Sommer die Nächte kürzer.

Ob Kosmas, ein griechischer Mönch, der vermutlich in Alexandreia geboren wurde, tatsächlich ein Mönch war, und ob er zu Recht das Attribut »Indikopleustes«, Indienfahrer, trug, ist nicht geklärt.

Ungefähr zwischen 522 und 548 n. Chr. erstellte Kosmas seine »Christianike Topographia«, eine christliche Topographie, die der Bibel und dem Augenschein genügen und die heidnische Kosmologie der Griechen widerlegen sollte.

Die Kugelgestalt der Erde war den Griechen spätestens seit dem vierten vorchristlichen Jahrhundert bekannt. Kosmas wendete sich gegen solche »Märchen nach alter Weiber Art«, schlug den Globus wieder platt und versuchte, dabei größtmögliche Bibeltreue zu bewahren. Die Schaubrote seien die jährlichen Früchte der Erde, erklärte Kosmas, der Leuchter auf dem Tisch symbolisiere die Himmelsleuchten und der Tisch die Erde. Die viereckige Gestalt der Erde gehe auch aus Matthäus 24,31 hervor, wo die Engel die Auserwählten »von den vier Winden« sammeln, desgleichen aus Hiob 38,13, wo »die Ecken der Erde« Erwähnung finden, und aus der Offenbarung 20,8, wo von den »vier Enden der Erde« die Rede ist. Im übrigen, lehrte Kosmas, müsse eine kugelförmige, von Sphären umwölbte Erde erfahrungsgemäß nach unten fallen, im Gegensatz zum göttlich gestützten Erdrechteck.

Entstanden war mit jener christlichen Topographie eine »Enzyklopädie der Irrtümer und des Aberglaubens der damaligen Zeit«, ächzte Franz Strunz (Geschichte der Naturwissenschaften im Mittelalter, 1910). Vor dem Angesicht des christlichen Gottes und seines rabiaten Erdkundelehrers wurde das tausend Jahre alte Wissen der Griechen zuschanden.

Den Konflikt zwischen heidnischen Naturwissenschaftlern und christlichen Fundamentalisten im sechsten nachchristlichen Jahrhundert hat Arno Schmidt zum Thema einer furiosen Erzählung gemacht (Kosmas oder Vom Berge des Nordens, 1955). »Jeder, der sich z. B. nur mit antiker Geographie befaßt hat, kann ein Lied davon singen, wie es eben die büffelhafte Borniertheit der Mönche war, die über ihren christlich=topographischen Träumen fast sämtliche alten Geographen verloren gehen ließen«, schimpfte Schmidt in einer erst posthum veröffentlichten Einführung zu jener Erzählung. »Das griff man doch mit Händen, daß die Erde groß und fest und stillstehend und flach war, daß die Sonne eine helle Laterne war, und der Mond eine aparte düstere – während die Heiden längst über diese primitive Welt der Erscheinungen hinaus waren!«

Kosmas hatte die griechische Kosmologie verworfen und sich zahlreiche Bibelstellen gewaltsam zurechtgebogen, um sein absurdes, an allen vier Ecken und Enden einsturzgefährdetes Weltgebäude errichten zu können. Arno Schmidts Behauptung, daß dieses Weltbild »tatsächlich bis ins 14. Jahrhundert reicht, den gelehrten Theologen gehörte, also das ›Raumgefühl‹ fast eines ganzen Jahrtausends geformt hat«, hält allerdings keiner Überprüfung stand. In einem Handbuch zu Schmidts Erzählung (In christlicher Nacht, hrsg. von Lothar Meyer, 1989) führt Siegfried Michael Gatz Schmidts Einlassungen auf ein »grundlegendes Mißverständnis des 6. Jahrhunderts nach Christus« zurück. Damals habe es bereits keine lebendige naturwissenschaftliche Kultur der Antike mehr gegeben. Die Vorstellung, aufgeklärte Heiden seien von einem borniertem Christentum drangsaliert worden, sei »entschieden anachronistisch«; dem Christentum habe das Heidentum jener Zeit nicht mehr viel entgegenzusetzen gehabt: »Im 6. Jahrhundert n. Chr. stießen nur noch die letzten Reste des neuplatonischen Heidentums, das das Gegenteil eines naturwissenschaftlich orientierten Agnostizismus war, auf ein Christentum, das sich die Kultur der Antike – soweit sie überhaupt noch lebendig war – weitestgehend angeeignet hatte.«

Schmidt wies mehrfach darauf hin, daß das Weltbild des Kosmas bis ins 14. Jahrhundert bestimmend gewesen sei, stützte sich dabei aber auf längst überholte Literatur des 18. und 19. Jahrhunderts, beispielsweise auf Konrad Mannert (Geographie der Griechen und Römer, 1788ff.), der geschrieben hatte: »Doch erhielt sich die Meynung der erstern Christen, daß die Rotundität der Erde mit der Schrift nicht bestehen könne, noch unter den eifrigern Theologen bis in das 15de Jahrhundert, wie Montfaucon versichert.«

Jene Meynung der erstern Christen war jedoch nach neueren Forschungsergebnissen niemals mehrheitsfähig, sie war nicht einmal die Meynung der erstern Christen. Nach Rudolf Simek (Erde und Kosmos im Mittelalter, 1992) wurde die christliche Topographie des Kosmas Indikopleustes nie ins Lateinische übersetzt; gedruckt wurde sie auszugsweise erst 1663 in Paris, vollständig erstmals 1706. In Mittelalter und früher Neuzeit habe sie keine Rolle gespielt; sie sei »in Europa so gut wie unbekannt« gewesen.

Die Kugelgestalt der Erde »zählte bereits seit der karolingischen Renaissance des 8. Jahrhunderts zum Wissensgut der Gelehrten« (Simek). Die Ansicht, im Mittelalter habe man sich die Erde als Scheibe vorgestellt, sei irrig. Mittelalterliche Karten, die Europa, Asien und Afrika in einem flach erscheinenden Kreis zeigen, werden immer wieder als Beweis der Scheibentheorie herangezogen, sollten aber nur die Größenverhältnisse der bekannten Kontinente verdeutlichen. Hier liege »ein historisches Mißverständnis der neuzeitlichen Forschung« vor. Schließlich seien auch rechteckige Karten angefertigt worden, ohne daß mit ihnen eine rechteckige Erdgestalt veranschaulicht werden sollte.

Wie konnte es dann kommen, daß allgemein von einer mittelalterlichen Scheibentheorie ausgegangen wird? Hier spiele auch »das neuzeitliche Mißverständnis bei der Betrachtung der mittelalterlichen Antipodenfrage« eine Rolle. Die auf Augustinus zurückgehende Ablehnung der Existenz von Antipoden, Gegenfüßlern auf der anderen Hälfte der Erdkugel, sei aber keine generelle Ablehnung der irdischen Kugelgestalt gewesen. Hierzu habe sich die kirchliche Lehrmeinung immer neutral verhalten.

Unter den alten Kirchenlehrern hatte außer Kosmas nur Laktanz die Rotundität der Erde ausdrücklich bestritten, Lucius Caelius Firmianus Lactantius, der ungefähr von 260 bis 325 n. Chr. lebte. Doch er »prägte mitnichten das christliche Weltbild des Mittelalters«, stellt Anna-Dorothee von den Brincken fest (Fines Terrae, 1992). Dem Mittelalter habe er als apokryph, der modernen Theologie als Häretiker gegolten. Die Polemik gegen die scheinbar verbindliche Scheibentheorie des Mittelalters sei erst möglich geworden, »nachdem die Kartographiehistoriker des 19./20. Jahrhunderts die Kirchenväter dahin mißverstanden hatten, daß sie jeden verketzerten, der nicht die Welt als begrenzte Fläche deutete«.

Kurioserweise, schreibt Jeffrey Burton Russell (Inventing the Flat Earth, 1991), taten die modernen Historiker gerade das, was sie den Kirchenvätern zum Vorwurf machten – sie zitierten einander unermüdlich, statt Beweise zu ermitteln (»creating a body of false knowledge by consulting one another instead of the evidence«). Daß die Irrlehre von der mittelalterlichen Scheibentheorie immer noch Anhänger hat, zeigt der Blick in ein Buch von Oswald Dreyer-Eimbcke (Die Entdeckung der Erde, 1988). Er teilt, unbelesen und ahnungslos, mit: »Unter dem Einfluß des Christentums geriet die Erkenntnis von der Kugelgestalt der Erde annähernd anderthalb Jahrtausende in Vergessenheit. Solange die Erde als Scheibe angesehen wurde, war jede gegenteilige Lehre Ketzerei.«

Die Kugelgestalt der Erde war am Ende des 15. Jahrhunderts unumstritten; daß Christoph Kolumbus verspottet worden sei, weil er die Kugeltheorie vertreten habe, ist nur ein Märchen. Gerhard Prause (Niemand hat Kolumbus ausgelacht, 1986) weist darauf hin, daß sich dieses Mißverständnis mit großer Zähigkeit halte: »Immer wieder ist in populären Darstellungen dramatisch geschildert worden, wie Kolumbus seinen Plan gegen Unverstand und höhnische Abweisung verteidigen mußte. Der König von Portugal, Johann II., und seine Räte hätten ihn ausgelacht, als er sagte, die Erde sei eine Kugel, deswegen könne derjenige, der Indien auf dem Seeweg erreichen wolle, auch westwärts fahren statt um Afrika herum. ›Die Räte des Königs lachten‹, heißt es in einem kürzlich noch weitverbreiteten Schulbuch, ›die Erde eine Kugel? Die Räte des Königs glaubten, ein Narr stehe vor ihnen ...‹«

Strittig war nicht die Kugelgestalt der Erde, sondern nur der Erdumfang. Im 2. Jahrhundert n. Chr. hatte ihn der Astronom und Geograph Claudius Ptolemäus auf 28350 Kilometer berechnet und damit erheblich unterschätzt. »Diese fehlerhafte Berechnung des Ptolemäus, dessen Werk im Mittelalter eine beherrschende Rolle spielte, wurde für Kolumbus entscheidend« (Prause). Recht hatte keineswegs Kolumbus; recht hatten die Skeptiker, die von einer Seereise von Europa nach Asien alias Indien in westlicher Richtung abrieten, weil der Weg zu weit sei.

»Niemals hat ein großartigerer Irrtum eine großartigere Entdeckung hervorgebracht« (Leopold von Ranke). Am 14. Oktober 1492 erreichte Kolumbus eine Insel der Bahamas, von den Eingeborenen Guanahaní genannt und von Kolumbus auf den Namen San Salvador getauft. »Das Volk an Land stand stumm und zag, da sagt Kolumbus: ›Guten Tag! Ist hier vielleicht Amerika?‹ Da riefen alle Wilden: ›Ja!‹« So will es die »Mundorgel«. Kolumbus glaubte, Japan erreicht zu haben, das von Marco Polo beschriebene Cipangu oder Zipango.

Bei der Kommunikation mit den Eingeborenen häuften sich die großartigen Irrtümer und Mißverständnisse. In sein Bordbuch (hier zitiert nach der von Friedemann Berger herausgegebenen Fassung: Christoph Columbus, Dokumente seines Lebens und seiner Reisen, 1991) trug Kolumbus am 19. Oktober 1492 ein, daß er die Eingeborenen »nicht recht verstehe«. Einen von den vermeintlichen Indianern erwähnten kubanischen Häuptling namens »Camí« hielt er am 30. Oktober 1492 für den Großen Khan Asiens, von dem Marco Polo geschrieben hatte. »Die Eingeborenen gaben mir mit ihrer Zeichensprache zu verstehen, daß noch vor Ablauf von drei Tagen zahlreiche Kaufleute aus dem Innern des Landes eintreffen würden, um jene Erzeugnisse zu erstehen, die wir mit uns gebracht hätten, und daß sie vom Herrscher dieses Landes Kunde bringen würden (soviel man ihren Gebärden entnehmen konnte, wohnte jener König vier Tagreisen entfernt)«, notierte Kolumbus am 1. November, ohne zu erläutern, wie er solche komplizierten Einzelheiten der Zeichensprache der Eingeborenen hatte entnehmen können. Am 11. Dezember hielt er fest: »Von Tag zu Tag verstehen wir und die Indianer uns besser, auch wenn es hie und da vorkommt, daß wir uns in gewissen Dingen mißverstehen.«

Nicht nur in gewissen Dingen, sondern förmlich und praktisch in jeder Beziehung und Hinsicht ringelnatterten Mißverständnisse um sich, zwischen Kolumbus und den Eingeborenen, zwischen Kolumbus und Marco Polo, Oswald Dreyer-Eimbcke und Kolumbus, Arno Schmidt und Kosmas, Kosmas und Gott, dem Großen Khan und Hiob, Kolumbus und Laktanz, Konrad Mannert und Moses, aber auch zwischen Kolumbus und den Autoritäten, denen er vertraute.

Zu ihnen zählte auch John of Mandeville, der um 1360, obwohl er nie über Ägypten hinausgekommen war, den Bericht einer Weltreise verfaßt hatte. Dieser »mittelalterliche Karl May« (Simek) hatte aus allen ihm zugänglichen Quellen abgeschrieben. Weil seine Angaben von der vorliegenden Literatur bestätigt zu werden schienen, wurde ihm viel eher vertraut als dem Weltreisenden Marco Polo, dessen Erzählungen allzu phantastisch klangen und mit dem Althergebrachten nicht übereinstimmten. In der neuhochdeutschen, von Gerhard E. Sollbach herausgegebenen Übersetzung (Das Reisebuch des Ritters John Mandeville, 1989) heißt es: »An der Stelle, wo das Paradies ist, da ist die Erde höher als irgendwo anders in der Welt; und das ist am Anfang der Welt im Osten. Die Erde ist so hoch, daß sie nicht weit von der Sphäre ist, wo der Mond seine Bahn zieht. Als die ganze Welt zu Noahs Zeiten mit Wasser bedeckt war, da berührte das Wasser nirgends das Paradies.« Am 17. August 1498, im Orinoco-Delta, bei seiner dritten Amerikafahrt, glaubte Kolumbus, sich jenem Paradies zu nähern. Die starken Süßwasserströmungen im Mündungsgebiet des Orinoco könnten nur aus dem irdischen Paradies kommen. Tatsächlich hatte Kolumbus dort, ohne es zu ahnen, den amerikanischen Subkontinent entdeckt.

»Seine besondere Abwandlung der Kugelgestalt der Erde leitete er aus Mandeville ab: die Erde müsse birnenförmig sein, denn nur so könne sich zur Zeit Noahs das irdische Paradies aus der Sintflut erhoben haben«, schreibt Hans Walter Gabler (Alternative Welten, hrsg. von Manfred Pfister, 1982). Im Golf von Mexiko hätten für Kolumbus 1498 alle Navigationszeichen darauf hingedeutet, »daß der Schiffskurs den Stiel der Birne emporführe« (Gabler).

Was nicht gar!

Kolumbus glaubte an die Birnengestalt der Erde, unterschätzte ihren Umfang drastisch und verwechselte Kuba mit Japan, feierte jedoch im späten 20. Jahrhundert auf der Leinwand Triumphe als Mann der Klarsicht.

Und des Körperdursts. Pünktlich zum Kolumbus-Jubiläum kam 1992 der Spielfilm »Christopher Columbus – The Discovery« in die

Kinos. Er zeigt hochnäsige Mitglieder der königlichen Kommission in Spanien, die verkünden, daß die großen Lehrer der Kirche die Überquerung des Ozeans verboten hätten. Kolumbus wird angepöbelt, der Gotteslästerung bezichtigt und vom Inquisitor Marlon Brando verhört, geht dafür aber später siegreich aus allerlei unhistorischen Raufhändeln an Bord hervor. Ein weiterer, im selben Jahr uraufgeführter Spielfilm, »1492 – Conquest of Paradise« (Regie: Ridley Scott), gibt Gérard Depardieu als Kolumbus Gelegenheit, mit der Faust auf den Tisch zu dollern und auszurufen: »Sie haben gesagt, die Erde sei so flach wie dieser Tisch!« Weil er das bestreitet, wird Kolumbus hier – widewidewitt, bumbum – der Ketzerei geziehen.

In summa: Hartnäckiger als die Tischtheorie des Kosmas Indikopleustes hält sich die Tischtheorie der Neuzeit. Die büffelhafte Borniertheit liegt inzwischen gänzlich auf seiten der neuzeitlichen Klitterer, die über ihren scheiben- und tischtheoretischen Träumen fast sämtliche alten Quellen mutwillig in die Tonne getreten haben.

g. h.

Mars macht mobil

»channel« oder »canal«

In den 60er Jahren des 19. Jahrhunderts erkannte der italienische Astronom Angelo Secchi auf der Marsoberfläche Rinnen, Furchen oder Kanäle. Das Wort »canale«, das Secchi in seinen Aufzeichnungen verwendete, wurde mißverständlich übersetzt; im Englischen ist ein »channel« natürlichen Ursprungs, ein »canal« jedoch etwas künstlich Hergestelltes. 1877 entdeckte auch Giovanni Schiaparelli, der Direktor des Mailänder Observatoriums, jene Kanäle, dunkle, geradlinig verlaufende Streifen, die er als »canali« bezeichnete. »Er nannte sie ›canali‹ und meinte damit Rillen und Gräben«, schreibt Horst W. Köhler (Der Mars, 1978). »Selten hat eine verkehrte Übersetzung mehr Mißverständnis verursacht als in diesem Fall: das Wort wurde nämlich ohne Änderung in andere Sprachen übernommen und führte u. a. zu der weit verbreiteten Ansicht, daß intelligente Marswesen im

Kampf gegen chronischen Wassermangel begonnen hatten, zur Ableitung des Schmelzwassers der Pole ein weitverzweigtes künstliches Kanalsystem zu errichten.«

1879 sah es für Schiaparelli so aus, als hätten sich die feinen Linien verdoppelt, woraufhin sich auch die Anstrengungen begeisterter Astronomen, weitere Beweise für eine Marszivilisation ausfindig zu machen, verdoppelten und vervielfachten. Am eifrigsten verteidigte Percival Lowell, der bei Flagstaff in Arizona seit 1894 eine Privatsternwarte betrieb, die Marskanaltheorie. Er schrieb mehrere Bücher zum Thema, skizzierte unermüdlich neue Marskanäle und kam zu dem Schluß, daß die Kanäle zweifellos von intelligenten Lebewesen hergestellt worden seien: »In the canals of the planet we are looking at the work of local intelligence now dominant on Mars. Such is what the circumstantial evidence points to unmistakably« (Mars as the Abode of Life, 1908). Auf dem Mars lebe eine fortgeschrittene Zivilisation, triumphierte Lowell. Das den gesamten Planeten umspannende Kanalnetz könne nur von einer hochentwickelten, geeinten Gesellschaft geschaffen worden sein, die unter sich keine Kriege mehr führe.

Lowell kartographierte im Lauf der Jahre mehr als 800 Marskanäle. In Genf gelangte der Astronom Wilhelm Meyer (Bewohnte Welten, 1909) zu der Auffassung, das »imposante Verkehrsnetz der Kanäle« zeige den Mars »als Stern der Menschenliebe, der, leider noch von fern her, als ein Vorbild künftiger glücklicher Zeiten für uns entgegenleuchtet«, und es wurde fieberhaft überlegt, wie man mit den Marsmenschen in Kontakt treten könne. »Die Errichtung gewaltiger Spiegel zur Übermittlung von Lichtzeichen war ebenso im Gespräch wie die Verwendung der sibirischen Tundra oder der Sahara als weitflächige ›Schultafel‹, versehen mit gewaltigen (z. T. benzingefüllten und angezündeten) Gräben in Form mathematischer und anderer Symbole« (Köhler).

So hätte ein schlichter Übersetzungsfehler die entfesselten, vom Wunschdenken berauschten Astronomen fast noch zu größtmöglichen Freveltaten an der Ökologie des eigenen Planeten hingerissen. Zum interplanetarischen Austausch flammender Einmaleins-Symbole aus dem Benzingraben ist es zum Glück nicht gekommen. Erfolgreich beflügelt wurden vom Marskanalenthusiasmus hauptsächlich die Science-Fiction-Autoren H. G. Wells und Kurd Laßwitz, aber auch die Spinner: »Für einen Tiefenpsychologen ist es gewiß nicht verwunderlich, daß die euphorische Betrachtung vom Vorhandensein intelligenten Marslebens schon um 1900 zu einem Fall von Reisen im Trancezustand zum Mars führten. Eine Genfer Somnambule brachte von ihren Reisen in einer bemannten Kugel zum Mars ein sonderbares Alphabet mit, in dem sie dann unbewußt oder im Wachzustand automatisch zu schreiben imstande war«, berichtet Jürgen Blunck (Der rote Planet im Kartenbild, 1993). Wird schon sowas gewesen sein.

Noch in den 60er Jahren des 20. Jahrhunderts wurde über die Existenz der Marskanäle erbittert gestritten. Doch es handelte sich nur um eine Täuschung des Auges, »welches dazu neigt, an der Sichtbarkeitsgrenze liegenden Details geometrische Formen zuzuschreiben« (Köhler). Nur das menschliche, von ungenügend entwickelten Beobachtungsinstrumenten geschärfte Auge hatte die an der Grenze der Wahrnehmbarkeit liegenden Unebenheiten der Marsoberfläche als zusammenhängendes Kanalsystem auffassen können.

So ist der Mensch – optisch getäuscht und von falschen Übersetzungen genarrt. Wie wiederum der Marsmensch ist, muß noch ermittelt werden.

g. h.

Falsche Signale und benachbarte Irreführungen

Ein Querschnitt

Auf den Vorwurf, die Bundesregierung mache sich durch die Lieferung von Militärmaterial in die Türkei mitschuldig am Krieg gegen die Kurden, hier speziell durch einen 150-Millionen-Zuschuß zum Bau zweier Fregatten, antwortete der CSU-Abgeordnete Erich Riedl, eine Streichung des Zuschusses sei »das falscheste Signal, das wir geben könnten. Wenn wir nicht liefern, dann liefern eben andere« (zit. nach: Frankfurter Rundschau, 25. 3. 1995).

Seit über zehn Jahren dringen Objekte in schwedische Gewässer ein, die von der Marine per Tonbandaufzeichnungen als sowjetische U-Boote identifiziert wurden. Auch nach dem Ende der Sowjetunion gingen die Unterwasserbesuche weiter. Russische Fachleute akzeptierten die Spionageanschuldigung. Anfang 1995 erklärte überraschend der schwedische Premierminister, man habe sich bei der Enträtselung der Signale getäuscht. In Wahrheit stammten die Geräusche von wilden Nerzen. Ein diplomatischer Verhörer?

Das politisch »wahre« Signal ist jedenfalls hier wohl, getreu der Tatsache, daß Politiker in der ehrwürdigen Geschichte des Mißverständnisses besonders elastische Protagonisten sind, die Etikettierung des zunächst als richtig analysierten Signals zum falschen.

Verdrehteres aus dem Privatleben: Leute, die unter nicht vorhersehbaren, in der Regel deplacierten Lachanfällen leiden, die also, oft ihre wahre innere Verfassung nur verkehrt herum spiegelnd, das Generalzeichen größter Heiterkeit präsentieren zu möglichst unpassender, etwa feierlicher, tragischer Gelegenheit, von sich selbst geplagte Nervenbündel, hält man gewöhnlich für Ignoranten, Idioten oder ausgerechnet für Fühllose. Bernhard von Clairvaux (12. Jahrhundert), der sowieso den »lasterhaften Menschen« an sicheren Indizien ausmachte: er »zwinkert mit den Augen, schlurft, spricht mit den Fingern«, übt an den bis heute in ihrem Gefühlsleben verkannten Lachern erst recht keine Nachsicht. Ist so einer zudem Mönch und durch das Schweigegebot am erleichternden Schwätzen gehindert, wird es noch ärger: »Was in den Zeichen, die er gibt, widerscheint, das ist die Narretei, in seinem Antlitz die Fröhlichkeit, in seinem Gang die Eitelkeit ... er bricht in ein schallendes Gelächter aus, das aus der Enge seiner Kehle aufsteigt. Beschämt, versteckt er oft sein Gesicht und preßt die Zähne aufeinander, aber gegen seinen Willen muß er lachen und, einem Zwang gehorchend, losprusten. Wenn er dann mit seinen Fäusten seinen Mund verschließt, hört man ihn durch die Nase nießen« (Liber de gradibus humilitatis et superbiae). Thomas Müntzer soll sich auf der Folter in die Grimassen eines Lachenden gerettet haben.

Giovanni della Porta ging in dem 1586 erschienenen Werk »De Humana Physiognomia« die Charakteranalyse etwas anders an. Er veröffentlichte Porträts und ordnete ihnen diejenigen Tiere zu, die ihnen am ähnlichsten sahen, wobei den Tieren bestimmte Eigenschaften unterstellt und die Menschenköpfe denen der Tiere kräftig angeglichen wurden, und »kein aufrechter Mann wurde mit schmalen Augen wie denen des lügnerischen Cesare Borgia dargestellt; kein Schurke hatte die schönen Züge des jungen Pico della Mirandola« (Francis Haskell, Die Geschichte und ihre Bilder, München 1995). Magerkeit der Gesichtszüge und üppiges Haar waren della Porta bei Messalina und der Gattin Marc Aurels, Faustina, sichere Signale für deren Verkommenheit.

Von fern werden bereits Lavaters Versuche, die Physiognomik zu standardisieren, ahnbar. Er entdeckt etwa in den Gesichtszügen des Ignatius von Loyola, was er für typisch jesuitisch hält, den »Geist der Heuchelei und der Intrigue« (Physiognomische Fragmente, 1775–78). Das wird verschärft in den noch einmal hundert Jahre späteren Deutungen der typischen Gesichtssignale des Verbrechers durch Cesare Lombroso: »Im Allgemeinen sind bei Verbrechern von Geburt an die Ohren henkelförmig, das Haupthaar voll, der Bart spärlich« (Lombroso, Der Verbrecher in anthropologischer, ärztlicher und juristischer Beziehung, Hamburg 1887–96). Der Weg führt geradewegs zur Rassenlehre der Nazis.

Statt auf zufällige Signale hereinzufallen oder sie falsch einzuordnen, kann man sie auf der aktiven Seite, psychologisch gesehen die interessantere Variante, klug für eigene Zwecke in trügerischer Weise einsetzen. Wer z. B. bei anderen automatische Reaktionen vorhersieht, wird, sie provozierend, davon profitieren, sofern nur das Opfer die Situation als ungeplante mißversteht.

Als Odysseus auf der Insel Skyros den in Frauenkleidern versteckten Achilleus enttarnen will, zeigt er den Mädchen allerlei Geschenke, aber auch seine Waffen und läßt dann die Kriegstrompete erschallen. Das Mädchen Achilleus springt sogleich kampfbereit auf. Es reagiert richtig, sich als Mann verratend, auf das falsch gesetzte, wohlbekannte Signal.

Akontios liebt Kydippe. Er wirft ihr im Tempel der Artemis einen Apfel zu – Geste des scheinbar unbefangen neckischen Spiels also –, in den er den Satz geritzt hat: »Bei Artemis, ich werde den Akontios zum Mann nehmen.« Sie liest ihn, und vor Überraschung tut sie es laut! Damit hat sie, ohne es zu beabsichtigen, einen gültigen Schwur geleistet, den sie am Ende, da auch das delphische Orakel auf der Seite der Listigen steht, erfüllen muß.

Etwas grob lassen sich Ereignisse aufgrund von Mißinterpretation der Zeichen in zwei Gruppen einteilen: 1. Vom Auslöser unbeabsichtigt, rufen sie beim Opfer eine (Selbst-)Täuschung hervor. 2. Das Opfer wird, zu meist eigennützigen Zwecken des Täters, bewußt irregeführt.

Wie aber steht es hier? Als der tapfere Ajax im Streit um die Waffen des Achill diese trotz seiner Verdienste vor Troja nicht erhält, will er in rasendem Zorn die Führer des griechischen Heeres erschlagen. Die Wut macht ihn so blind, daß er, ironischerweise, die lockigen Griechenköpfe mit einer Schafherde verwechselt (Athene hat ein bißchen bei seiner Wirrnis mitgeholfen) und sie hinschlachtet. Ähnlich täuscht Dionysos den Thrakerkönig Lykurgos, als dieser mit seiner Axt etwas niederhaut, was alle Anzeichen eines Weinstocks trägt, aber sein eigener Sohn ist.

Berüchtigt wegen des verschleiernden, doppel- und vieldeutigen Spiels mit Signalen, Indizien, Symptomen und der zumindest bewußten Inkaufnahme von Mißdeutungen war das Orakel zu Delphi. Als

Hyllos, Sohn des Herkules, nachdem ihn und sein Volk die Pest vom eroberten Peloponnes vertrieben hat, das Orakel befragt, wann er zurückkommen könne, wird ihm geantwortet: Nach der dritten Frucht. Nach drei Jahren versucht Hyllos die Rückeroberung. Vergebens. Gemeint war nicht die Acker-, sondern die Leibesfruchtfolge, die dritte Generation nach Herkules. Erst dessen Urenkel nehmen den Peloponnes wieder in Besitz. Vermutlich amüsierten sich die Verantwortlichen in Delphi köstlich.

Bedenkt man aber, wie häufig die heiter-grausamen Göttinnen und Götter der Griechen, allen voran natürlich Zeus (als Schwan und goldener Regen, als Wolke, Satyr, Stier, nachgemachte Artemis) den von ihnen erkorenen Menschengeliebten und eifersüchtigen eigenen oder fremden Ehegatten durch falsche Gestalten (Kopien: Amphitryon), durch vertrauenerweckenden Mummenschanz ein X für ein U vormachten, gezielt, des privaten Ergötzens wegen, von Alkmene bis zu Tyro, die ahnungslos von Poseidon, der sich als Welle tarnte, beglückt wurde, dann fragt man sich, was die Mythen der Griechen und die abendländischen überhaupt anfingen ohne den Trick, ohne die Dramaturgie des falschen Signals.

Die in vielen Rollen schillernde römische Göttin Anna Perenna hintergeht Mars, indem sie zu ihm im Brautschleier der Minerva kommt. Im 1. Buch Mose ist es die häßliche Lea, die als Auftakt zu Jakobs Doppelehe mit ihr und der Schwester und dem jahrelangen Gebärwettstreit der beiden statt der schönen Rahel, für die Jakob sieben Jahre bei ihrem Vater gedient hat, unter dem Schleier der Braut die Hochzeitsnacht mit Jakob erschleicht. Dieser falsch informierte Jakob hat seinerseits, um den machtvollen Segen des Vaters Isaak auf sich zu lenken, einige Zeit vorher auf Rat seiner Mutter Rebecca seine Hände und den glatten Hals mit dem Fell eines Böckchens überzogen, um den blinden Vater zu übertölpeln, vor dem er sich als der zottige Erstgeborene Esau ausgibt. Prompt fällt Isaak auf die Finte herein. Ähnlich ging der Kyklop Polyphemos dem Odysseus (alias »Niemand«) auf den Leim, der sich und seine Gefährten unter den Bäuchen von Schafen, in Umkehrung des Mißverständnisses von Ajax ein rettendes Schmücken mit fremden Fellen, aus der Höhle des geblendeten Einäugigen schmuggelt.

Dem Mann Potiphar wird von seiner lüsternen Frau der angeblich bei seiner Flucht vor dem alarmierten Gesinde zurückgelassene Mantel Josefs als Beweis für dessen Vergewaltigungsversuch präsentiert, und schon wirft der Getäuschte den Verleumdeten in den Kerker. Dieser läßt später, als hätte man ihn bestohlen, in den Sack seines jüngsten

Bruders Benjamin einen silbernen Becher legen als Anzeichen und Beweisstück einer nicht begangenen Schandtat, die, wie er es sich wünscht, großes Entsetzen auslöst.

Viele alttestamentarische Winkelzüge weiter nimmt der kriegführende Josua eine Gruppe zerlumpter Wanderer auf, denen man ansieht, daß sie nicht aus der Region der Kampfhandlungen kommen können, und schließt mit ihnen einen Schutzbund. Diesmal ist er es, der sich von Gewändern hat bluffen lassen. Es sind Gibeoniter ganz aus der Nähe, die sich als Fremdlinge kostümiert haben, um zu überleben. Gerade vorher hat Josua die Stadt Ai erobert, indem er auf Anraten Gottes seinem Heer das Zeichen zum Fliehen erteilt, um die Krieger der Stadt auf die Fersen der die Flucht Markierenden zu locken, die leere Stadt durch Männer aus dem Hinterhalt mit leichter Hand einzunehmen und die Feinde in die Zange. Vorangegangen war das Täuschungsmanöver von Jericho, wo er eine Woche lang die Stadt von Posaunenprozessionen umrunden und im Schutz des Lärms vermutlich die Mauern angraben ließ, so daß sie wie durch unwiderstehlichen Zauber auf sein Signal hin einstürzten. Ein nicht nur gleisnerisches »Wunder«, sondern für die Attackierten auch ein besonders demoralisierendes Mißverständnis.

Inbegriff und Apotheose des falschen Signals aber bleibt der Kuß des Judas zu den Worten: »Gegrüßet seist du, Rabbi«, mit denen er Jesus an die Hohenpriester verrät. Alle vier Evangelisten berichten ziemlich übereinstimmend davon. Hoffte Judas bei seinem Mißbrauch der rituellen Geste, sie würde von der zahlenden Partei wie verabredet als Wink erkannt, aber von den bisherigen Freunden als Begrüßung ausgelegt? Glaubte er womöglich, mit dem pervertierten Freundschaftszeichen Jesus, die Nachwelt und sich selbst über die Schwärze seiner Tat hinwegtäuschen zu können, die jedoch dadurch, daß er ausgerechnet diese Geste wählt, juristisch nicht schlimmer ist, aber sehr viel verwerflicher wirkt, ja eigentlich künstlerisch gesteigert im Sinne von »Dichtung als symbolische Handlung« (Kenneth Burke) und eine zusätzliche Komprimierung der Falschheit dadurch erhält, daß sie nicht nur statt Liebe (das Küssen, wird vermutet, ist zurückzuführen auf das noch viel ursprünglichere Füttern von Mund zu Mund und steht hier in Parallelität und Kontrast zu dem Umstand des vorangegangenen Abendmahls, bei dem Jesus die Jünger symbolisch mit seinem Leib und Blut »füttert« und gerade den, dem er das Brot aus der Schüssel reicht, als seinen Verräter kennzeichnet) Haß, Kälte ausdrückt, sondern, in zweifacher Blasphemie, formal Zeichen des intimen »von gleich zu gleich«, inhaltlich und im Gegensatz zur Optik die absolute moralische Entfernung des einen vom anderen manifestiert? Judas verstößt mit seinem Kuß gegen das gesellschaftliche Zeichensystem. Er begeht Verrat auch an der kollektiven Gestensprache, die etwas Elementares und Künstliches, Urwüchsiges und höchst Empfindliches ist, etwas Internationales und Cliquenhaftes, ein Katechismus, der bereits in der Antike, dort bezogen vor allem auf die Rhetorik, installiert, diskutiert und zu schützen gesucht wurde.

Schon im antiken Griechenland galt die Geste sowohl als Ausdruck der Seele wie auch als Ritual, das gewissermaßen moralisierende Wirkung auf die seelische Konstitution ausüben kann. Unbeherrschte, unschöne Gestik ließe demnach auf einen ebensolchen Charakter schließen. Gleichmaß der Bewegungen erzöge umgekehrt zur inneren Ausgewogenheit. Der Redner soll weder seine eigenen Gefühle direkt in Gebärden übersetzen noch wie ein Schauspieler übertreiben noch, wie man zu finden beliebte, die unkontrollierte Bewegungsart von Greisen, Frauen, Kindern nachahmen. Das Mißtrauen gegen die im Mittelalter dann geradezu verteufelte Nachahmung als Element der Scharlatane, mit dem Makel der betrügerischen Vortäuschung, der Verwirrung von Sein und Schein, lebt möglicherweise in anderer Form in der Ächtung des Plagiats (dem Mittelalter selbst lag unsere Auffassung von geistigem Eigentum fern) weiter. Die »Frankfurter Rundschau« vom 18. 8. 1995 weist auf ein interessantes »kulturelles Mißverständnis« zwischen Europäern und Japanern hin. In Japan sei die »Nachahmung des Guten und Gelungenen nicht hoch genug zu veranschlagen«. Das Plagiat eine verkannte, falsch verstandene Geste also, nämlich eine »Verbeugung der asiatischen Art«? Und die andere, sehr verwandte Form der Doppelgängerei, die Fälschung? Auch nur ein Kultur-Mißverständnis?

Der von den Griechen begonnene Gestenkodex wird von Cicero und Quintilian systematisiert. Quintilian, überzeugt von der Universalität der Gebärdensprache, stellt ein Lexikon zur Typologie der Körperbewegungen zusammen, d. h. auch: das richtige Zeichengeben wird gegen das unwillkürliche und unschickliche abgegrenzt. »Alles in allem scheint die antike Kultur der Geste am besten dadurch charakterisiert, daß sie dazu befähigt, das Gestische zu ›objektivieren‹, eine Distanz zwischen den Menschen und seine Gesten zu legen, damit diese benannt, beschrieben und in Bildern dargestellt werden können« (Jean-Claude Schmitt, Die Logik der Gesten im europäischen Mittelalter, Stuttgart 1992).

Augustinus bezieht zudem die Gestensprache auf das Zeichengeben Christi, mit dem er vermutlich seine Wunder vollbrachte und Sakramente stiftete. Diese Gesten bedeuten nicht nur etwas, sondern schaffen eine neue, heilige Realität, so Augustinus. Hier hat die christliche Liturgie ihren Grundgedanken: Das Segnen und Berühren, Verbeugen, Austeilen, Erheben der Augen und Hände als heiliger Vollzug und, wie ein getreuer Schatten, wie die Lüge an die Wahrheit, das Richtige an das Falsche, an die Verständigung das Mißverständnis geheftet, der unsachgemäße, fehlerhafte, demnach sündhafte, lästerliche Umgang damit. Also: nachäffende Satansmessen, Beschwörungszauber, Schaffen einer dämonischen Wirklichkeit durch Schamanismus, Götzendienerei, Setzen teuflischer Zeichen wie das abergläubische Deuten von Symptomen der Hexer, Narren, Gaukler, Ketzer, auch religiöser Ekstatiker, von denen man sich immer wieder durch Anlegen von Listen, Konstruktionen des Rechtmäßigen, scharf abzugrenzen versucht. Die optische Nähe von Sakrament und Wunder zu Taschenspielertrick und Täuschungsmanöver erfordert ständige Achtsamkeit.

Vom Lesen in Vogelflug und Kaffeesatz, in Eingeweiden und Feuerfunken bis hin zu den brutaleren Methoden wie, in vorchristlicher Zeit, bei den Kelten, die aus der Haltung vorher in Brand gesetzter Gefangener die Zukunft lasen oder der Shang-Priester, die im Muster der Risse von Orakelknochen sahen, wie viele Gefangene zu opfern seien, vier oder vierhundert, bis, wieder zurück, zu den harmloseren Spielereien von Mädchen, die eine Stecknadel ins Wasser werfen und, wenn die schwimmt, noch im selben Jahr Hochzeit feiern werden, ist es, als Interpretationskunst, ja nicht weit bis zu den gebräuchlichen Gottesurteilen mit schwimmenden oder untergehenden Zauberern, Hexen, Meineidigen usf.

Um so wichtiger, daß man, von der Symbolkraft der Gesten überzeugt, für Eindeutigkeit sorgt. Was schwierig ist. Während sogar die einzelnen Mönchsorden ihre spezielle Signalsprache entwickeln und am Meßritual gestritten und gefeilt wird (z. B. Menge der Kreuzzeichen pro Messe), erkennt man zugleich eine spezielle Gefahr im Zeichensystem Abtrünniger, z. B. der Waldenser und ihrer Fingersprache, die kein anderer versteht. Das angeblich bombensicher jeglicher Mißdeutung vorbeugende Indiz einer »guten Geste«, daß sie nämlich die Wahrheit zum Vorschein bringt, und das der falschen, daß sie diese vortäuscht, ist auf trügerischem Boden angesiedelt. Bekümmert muß es Hrabanus Maurus 856 in seiner Beschreibung der sieben Haltungen und Stellungen des Menschen notieren. Denn das »Laufen« kann ja ein Hineilen zu Gott wie zum Teufel sein, der »Aufstieg« einer zur höchsten Tugend wie zur Hoffart! Unzweifelhaft schlecht ist immerhin das »Liegen«, weil es zeigt, wie man der Versuchung erliegt. Thomas Waley (14. Jahrhundert) warnt in seinem Werk »De modo componendi sermones« davor, »den Körper nicht in maßlosen Bewegungen umherzuwerfen ... als wolle er Ost und West umarmen«. Er habe Prediger gesehen, die sich aufführten »als kämpften sie mit jemandem oder als seien sie verrückt genug, sich und ihre Kanzel zu Boden zu werfen«.

Andererseits, sicherlich in Konkurrenz zu weniger trockenen Darbietungen, als sie die Kirche ihren Gläubigen bot, zu weltlichen oder sektiererischen, werden im »Mirror of the World« des 16. Jahrhunderts Prediger aufgefordert, das Geschauspielere doch nicht wie den Beelzebub zu fürchten. Jetzt gilt es: »Wenn Du von etwas Grausigem oder Zornerregendem sprichst, erhebe Deinen Arm und schüttle Deine Faust.« Und obwohl Kasperei, Exaltation, Unverständlichkeit und Verwechslung drohen, fordert schon Thomas von Aquin die Taubstummen auf (deren durchorganisierte, phantastische, für den Laien vollkommen geheimnishafte Gestensprache erst Ende des 18. Jahrhunderts entwickelt wurde), ihre jährliche Beichte mit Hilfe von Zeichen vor dem Priester abzulegen. Aber auch die Mönche bildeten, gezwungen von ihrem Schweigegebot, eine Fingersprache mit schließlich 359 signa aus, die häufig zu gewaltiger pantomimischer Geschwätzigkeit verleitete und eine gefährliche Annäherung an das wegen unanständiger Gestikulation so abscheuliche Gauklertum signalisierte.

Gerade bei der Fingersprache wird deutlich, daß die Universalität sogenannter »unmißverständlicher Gesten« eine beschränkte ist. Wenn auch das »Vogel-« oder Doofzeigen sicher überall als Beleidigung kapiert und erregten Autofahrern die Ausrede, sie hätten nachgedacht und sich dabei am Kopf gekratzt, nicht geglaubt wird, so erscheint die Sachlage beim berüchtigten Mittelfinger schon unklarer. Von den Römern und im Mittelalter »digitus obscenus« oder »impudicus« tituliert, bei den Amerikanern seit 1976 als »der Finger« oder »Rockefeller-Geste« berühmt, nachdem Nelson Rockefeller einem Kameramann seinen Mittelfinger vorführte, neuerdings bei uns mit dem Fußballspieler Effenberg in Verbindung gebracht, der bei der Fußballweltmeisterschaft in den USA 1994 das Publikum mit eben dieser Geste brüskierte, ist er, der Mittelfinger, laut Desmond Morris im Katholizismus »Christus und der Erlösung gewidmet, im Islam Ali, dem Gatten von Fatima, und in der Handlesekunst dem Saturn« (Körpersignale, München 1986).

John Bulwer, Arzt für Taubstumme, der sich in seiner »Chirologia of the Natural Language of Hand« und der »Chironomia of the Art of Manual Rhetorik« (beide 1644, London) mit der natürlichen und der rhetorischen Fingersprache beschäftigt, begründet die Gewohnheit, durch Schwenken des Mittelfingers »faule, verweichlichte und notorisch lasterhafte Menschen zu brandmarken und anzuklagen« mit dessen Länge, da »Länge und Faulheit gewöhnlich miteinander einhergehen«. Das leuchtet sofort ein! Denn auf diese Art kann man mit seiner Hilfe »die notorische Lasterhaftigkeit von Menschen zum Ausdruck bringen, die andere an Verworfenheit geradeso übertreffen, wie dieser nutzlose Finger die übrigen an Länge«.

Der Daumen, im Mittelalter mit Macht assoziiert, aber bereits in der römischen Arena, falls es sich um den kaiserlichen Daumen handelte, Zeichengeber für Begnadigung oder Tod, im 13. Jahrhundert vom Prediger Stephan von Bourbon Symbol der »widernatürlichen Sünde« genannt, besagt heute soviel wie »alles in Ordnung« (besonders in amerikanischen TV-Serien), hat aber zugleich, mit entsprechender Bewegung, phallische Bedeutung, ebenso, wenn er in den Mund gesteckt wird. Dieses Zeichen ist gelegentlich auf mittelalterlichen Verspottungen Christi zu sehen.

Die V-Geste, berichtet Morris, ist zur Verwirrung von Nicht-Briten in England die unanständigste Geste überhaupt, wenn der Gestikulierende dabei die Handinnenfläche sich selbst zuwendet. »Victory« und die Zahl Zwei gilt hier nur bei nach außen gekehrter Handfläche.

Die »Pistola«, eine Abart der im mediterranen Bereich beliebten »Feige«, die den Geschlechtsakt symbolisiert, wurde dagegen in ihrer Internationalität von einem chinesischen Graveur unterschätzt, als er unter japanischer Besatzung kurz vor dem Zweiten Weltkrieg auf einer zu druckenden Geldnote dem dort obligatorischen Gelehrten diese Geste verpaßte. Die Japaner schlugen dem Chinesen dafür den Kopf ab. Einsteins populäres Konterfei mit herausgestreckter Zunge wiederum zeigt den Wissenschaftler für den Tibetaner in einer Geste tiefster Ehrerbietung.

Die Kirche des Mittelalters, vermutet Schmitt, beschäftigte sich, je mehr ihre faktische Autorität verfiel, mit immer spitzfindigeren Fragen, Indices, Katalogen des Meßrituals, weil es ihr darum ging, »angesichts der immer zahlreicher werdenden Attacken auf ihre alte gesellschaftliche Vormachtstellung einen symbolischen Schutzwall aufzurichten, der es ihr erlaubte, zumindest das Monopol einer symboldefinierenden Macht zu wahren«. Alle ihre geheiligten Gesten seien dann von den Hussiten und der Reformation angefochten und zu falschen erklärt worden.

Signale sind fest vereinbarte Zeichen der Verständigung. Im Straßenverkehr sei das Entziffern nonverbaler Zeichen »überlebenswichtig geworden wie auf hoher See oder im Urwald«, meint Claudia Schmölders (Feines Auge, grobes Auge, in: Merkur 558/559, 1995).

Wie ambivalent auch diese Art der Kommunikation ist, schildert Johanna Romberg (Geo 2/1996) in einem Plädoyer für eine »fehlerverzeihende« Technik: »Warum wir alle Fehler machen«. Dabei geht es um den Hergang eines Flugzeugunglücks. Beim Landeanflug auf Miami gibt es Probleme mit dem Ausfahren des Bugrades, weil das zuständige Anzeigelämpchen erloschen ist. Während man sich bemüht, die Schwierigkeit zu beheben, verlieren Pilot und Copilot den Höhenmesser aus den Augen und überhören, fixiert auf das Lämpchen, weitere Warnsignale. Es kommt zum Absturz mit 100 Toten – bei tadellos ausgefahrenem Fahrwerk! Einziger Defekt: Das besagte Glühlämpchen war kaputt.

Von prähistorischen Signalfeuern über die gemorsten Lichtzeichen durch Sonnenreflexe auf den Schilden der Römer entlang ihrer Heerstraßen bis zum Silex-Projekt für den optischen Datenaustausch per Lichtsignal und zu den individuellen Verschlüsselungen beim Versand von elektronischer Post über Datennetze sind Signale angesiedelt zwischen Information und Codierung. Gewollt oder unbeabsichtigt werden Laien oder Feinde von der Mitteilung ausgeschlossen: Signale sind meist auch Verschleierungen, besonders gern von Geheimbünden oder Untergrundgruppen genutzt. Für Nicht-Eingeweihte bleiben sie hermetisch, so genannt nach Hermes, der von den Rednern als Wortverdreher verehrt wurde, von den Philologen für ihre Bezeichnung der Textauslegekunst bemüht, unter ägyptischem Einfluß Schutzpatron der Okkultisten und Astrologen. Teilweise wird ausdrücklich gehofft, die Zeichen mögen mißverstanden werden. Notorisches Beispiel: In der Offenbarung des Johannes (13,18) heißt es über den Antichrist: »Wer Verstand hat, der überlege die Zahl des Tieres; denn es ist eines Menschen Zahl, und seine Zahl ist sechshundertsechsundsechzig.« Diese Botschaft ging an die unter Domitian verfolgten Christen. Schon in der Mitte des 2. Jahrhunderts n. Chr. hat man das Kryptogramm nicht mehr zu entschlüsseln gewußt, das zurückgeht auf ein bei Juden und Griechen bekanntes Spiel, jeden Buchstaben eines Wortes durch den ihm entsprechenden Zahlwert auszudrücken und die Summe zu ziehen. Nach vielen Hypothesen ist man inzwischen sicher, daß die Lösung »Neron Qesar« oder »Kesar« lautet. Der Nero redivivus galt als der Antichrist, in Domitian wiedergeboren. (Hierzu u. a. ausführlich Robert Ranke-Graves, Die weiße Göttin, Reinbek 1985, und: Die Offenbarung des Johannes, übersetzt und erklärt von Eduard Lohse, 1976). Alter Nero oder Antichrist waren u. a. auch König Wenzel

(1378–1419) und der Staufer Friedrich II. (1212–50). Die Zahl 666 gehört übrigens nach wie vor zum festen Bestand schwarzer Zeremonien und Horrorcomics.

Parallel zum Streit um die Entscheidung des Bundesverfassungsgerichts zur Entfernung des Kreuzes aus staatlichen Schulen und dem Exodus von 85 Mitgliedern der Kirchengemeinde von Luttrum (Kreis Hildesheim) aus Protest gegen das Bild eines auf dem Kopf stehenden Gekreuzigten von Georg Baselitz, der es der Luttrumer Kirche kostenlos zumutete, erschien eine Reklame der Zigarettenfirma »West«, auf der ein Rocker in Ledermontur, mit nackter Brust, Ketten, Kopftuch ein kleines Kruzifix betrachtet, das er in der Hand hält. Widerfährt ihm die Botschaft wie einst Konstantin 312 n. Chr.: »In hoc signo vinces«? Wohl kaum. Man weiß nicht, ob er das sehr Wunderliche nur anstarren, zermalmen, in den Staub werfen will. Jedenfalls begegnet er einem ihm völlig unverständlichen »kultischen Gerät« (allenfalls) aus einer ganz und gar anderen Zeit und Welt. Das Kruzifix als verschollene Hieroglyphe. Schließlich war ja auch der greise Urgroßvater Gott in der Apokalypse ein feuriger »Hochbetagter« (Daniel 7,9), ein furchteinflößender Vorsitzender des obersten Gerichtshofes, dessen weißes Haar keineswegs Signal für Altersschwäche sein sollte. Johannes überträgt das Bild in seiner Offenbarung auf Christus: »Sein Haupt und seine Haare waren weiß wie Wolle, leuchtend weiß wie Schnee und seine Augen wie Feuerflammen« (1,14). Genauso ist er in den Teppich der Apokalypse von Angers gewirkt, mit einem Schwert im Mund. Und was ist mit der kleinen, schlanken Jesus-Christus-Echse, die übers Wasser laufen kann? Heißt sie etwa so, weil ein Mann dieses Namens sie entdeckt hat?

Die nach der Wiedervereinigung mit der westlichen Reklame konfrontierten Bürger der ehemaligen DDR sollen auf die Anspielungen, die ihnen wegen der für sie nicht zugänglichen Vorgeschichte der jeweiligen Warenanpreisung unnachvollziehbar waren, verstört oder empört reagiert haben. Modefotos exklusiver Firmen sind häufig so gestaltet, daß der Hauptgegenstand der Werbung (Kleid, Schuh, Schmuck, Parfüm) kaum zu sehen ist. Entscheidend für die angesprochene Clique ist das teure Indirekte, das Superzeichen: Anzeige, Zeitschrift, Fotograf. Dem Nichteingeweihten, der hier auch gar nicht zählt, bleibt das verschlossen. Was den speziellen Kick des ungeniert Blasierten ausmachen soll.

»Die aufkommenden bürgerlichen Führungsschichten waren nicht daran interessiert, die Aristokratie zu zerschlagen, sondern in ihre Reihen aufgenommen zu werden, und um das zu erreichen, blieb ihnen gar nichts anderes übrig, als die aristokratischen Konsumgewohnheiten nachzuäffen«, schreibt Marvin Harris (Menschen – wie wir wurden, was wir sind, Stuttgart 1991) und skizziert Yuppies als Menschentyp, der keineswegs blindlings zum Konsum verführt sei, sondern bitterernst seine »Loyalität gegenüber dem Konsumethos« beweisen müsse, um zu reüssieren. Luxuriöse Ausstattung nicht als Zeichen für Lebensgenuß, vielmehr – umgekehrt! – für Lebenskampf! »Demonstrativer Konsum« als Relikt und Ersatz für tierisches Imponieren mit Federn, Geweih, Gebrüll, erst recht, da die Konsumbeschränkung (bestimmte Farben, Juwelen usw. reserviert für die Oberschicht, die strengstens auf dem Privileg bestand) zur Kenntlichmachung der aristokratischen Klasse nicht mehr existiert.

Aber schon in der 1901 erschienenen, 1914 erweiterten Sammlung »The Defendent« beklagt andererseits G. K. Chesterton, wie sich die Adligen, auch als optisch herausgeputzte Einzelpersonen, zu einer gegenteiligen Strategie entschlossen haben: »In alten Zeiten suchten die Herren der Welt vor allem sich voneinander zu unterscheiden, mit diesem Ziel türmten sie monströse Bildzeichen auf ihren Helmen auf und malten lächerliche Farben auf ihre Schilde. Es war ihnen daran gelegen, unmißverständlich klarzustellen, daß ein Norfolk sich von, sagen wir, einem Argyll ebenso grundsätzlich unterschied wie ein weißer Löwe von einem schwarzen Schwein. Doch heutzutage ist ihr Ideal genau gegensätzlich, und wenn ein Norfolk und ein Argyll so einheitlich gekleidet wären, daß man sie miteinander verwechselte, dann würden beide in Freudensprüngen nach Hause ziehen.« Die Insignien des Individuellen, bis in die Sprache, den Slang hinein findet er inzwischen – d. h. vor fast 100 Jahren! – in einer anderen Schicht, bei denen, die zur Anonymität schicksalhaft verdonnert scheinen, bei den Proleten.

Bereits Mitte des 15. Jahrhunderts müßte jemand, der längere Zeit nicht in europäischen Städten gelebt hatte, verblüfft gewesen sein, bei seiner Wiederkehr auf den neuen Gemälden kaum noch das erlesene Blau und erst recht kein Gold mehr zu finden und die Menschen auf den ersten Blick in Armut und Düsternis verfallen. Pomp war passé mitsamt seiner spezifischen Symbolsprache, nur noch was für Hinterwäldler und Parvenüs. Selbst der König von Neapel ging, je vornehmer, desto schwärzer, im einfachen Burgunder Schwarz, aus verschiedenen Gründen, vorzugsweise dem, daß die besten niederländischen Stoffe schwarz waren, und wer ein fachmännisches Auge hatte, erkannte die differenzierten Effekte à la mode, z. B. die aufwendige Variante, die Fabrikate quer zur Faser zu schneiden. Die Signale waren komplizierter, und daher gerade für ambitionierte Neureiche mißverständlicher geworden. In einer Studie über Klassengepflogenheiten in den USA berichtet Paul Fussell, wie man heutzutage durch präzis plazierte Schlampigkeit/Nachlässigkeit in der Kleidung größten und ältesten Reichtum dokumentiert (Merkur 558/559, 1995).

Augenfällig wird dieser Kopfstand gängiger Zeichensprache auch in der Tatsache, daß in den Industrienationen die scheinbar gut Genährten, die Dicken, hauptsächlich unteren Schichten entstammen. Sie sind in Wirklichkeit die durch ungesunde, minderwertige Nahrung Aufgeschwemmten, während die besser Gestellten, für einen Menschen früherer Jahrhunderte unverständlich, schlank sind, weil sie »modern« essen, nur eben kein »junk food«. Sie sind nach der heute verbindlichen Schönheits- und Erfolgsnorm geformt.

Oberstes Gesetz der Mode aber ist nicht, gesetzten Werten von Schönheit und Stil zu gehorchen, sondern dem Bedürfnis nach Abwechslung. Und das durchaus mittels einer bis zur »Häßlichkeit« gehenden Verzerrung des bisher Gültigen, ein bewußtes Unverständlichmachen der Signale für Außenstehende, eine Irreführung, aus der die Insider für gewisse Zeit das Vergnügen des bestätigten Avantgardismus ziehen, entweder durch radikale Veränderung (lange Haare, kurze Röcke, kurze Haare, lange Röcke usw.) oder durch Finesse. Man denke an die (inzwischen natürlich verbrauchte) Wirkung von Frauen in Hosen, Hosenrollen als scheinbare Pervertierung sexueller Signale oder an den Brauch sibirischer und lateinamerikanischer Schamanen, sich durch Frauenkleider zweideutig, fremd, geheimnisvoll zu machen (»cross-dressing«).

Mode als z.T. lächerliches, aber auch die Augen erfrischendes, über die wahren körperlichen Verhältnisse täuschendes Manöver hat vielleicht am treffendsten Kleist, Montesquieu zitierend, beschrieben: »Zu Montesquieus Zeiten waren die Frisuren so hoch, daß es, wie er witzig bemerkt, aussah, als ob die Gesichter in der Mitte der menschlichen Gestalt ständen, bald nachher wurden die Hacken so hoch, daß es aussah, als ob die Füße diesen sonderbaren Platz einnähmen. Auf eine ähnliche Art waren, mit Montesquieu zu reden, vor einer Handvoll Jahren, die Taillen so dünn, daß es aussah, als ob die Frauen gar keine Leiber hätten. Jetzt im Gegenteil sind die Arme so dick, daß es aussieht, als ob sie deren drei hätten.«

Vorspiegeln falscher Tatsachen, Prahlen mit Körperumfang und Farbe, das Agieren mit täuschenden Signalen mag ja unseriös sein, unnatürlich ist es auf keinen Fall! Wie oben bereits angedeutet, haben das erst recht die Tiere kunst- und listenreich im Repertoire. Sie nehmen elektrische, chemische, mechanische, thermische und Lichtsignale auf und geben, zu diversen Zwecken, »wahre« und »falsche« ab. Das Agieren zwischen Verständigung und taktisch geplantem Mißverständnis in der Tierwelt zeigt unter der Kulturgeschichte der Menschen die zugrundeliegende Naturgeschichte und, von der anderen Seite betrachtet, die fast kulturelle Finesse seitens der Fauna. Einige Beispiele:

Fast schon ein Emblem des wechselseitigen, höheren Orts veranlaßten, daher schuldlosen Scheiterns bei der Aufnahme freundlicher Beziehungen ist die angeblich gegensätzliche Symbolik der hochgehobenen Vorderpfote beim Hund (Frieden!) und der Katze (Krieg!).

Wenn sich zwei Flugdrachen begegnen, sehen sie einander nicht direkt an, sondern verständigen sich durch einen weiß-gelben Kehllappen wie mit Signalflaggen. Ein von Menschen noch nicht entzifferter Code, bei dem es aber vermutlich noch mit rechten Dingen zugeht. So wohl auch beim Scharwenzeln der Männchen mit Federn, Farbenüppigkeit und rituellen Tänzen je nach Art zum Zweck der Fortpflanzung, falls man entschuldigt, daß es sich um bloß momentane Prachtentfaltung handelt, mit der den Weibchen bis zu deren Paarungsbereitschaft Sand in die Augen gestreut wird und danach Alltag herrscht.

Anders verhält es sich, wenn ein Revier verteidigt oder beim Vertreiben eines Rivalen durch Imponieren oder Drohgesten ein wesentlich größerer Körper durch Aufblähen, Hochstellen der Haare oder Kämme und seitliche Position dem Gegner gegenüber simuliert wird. Sogar das Rotkehlchen schreckt vor solchen Tricks – Katzen gehen dann gern auf Zehenspitzen – nicht zurück und pumpt sich, wie es meint, furchterregend auf. Eindrucksvoll blufft die Kragenechse, die sich mit hochgeschlagener Halskrause in eine Art Rochen verwandelt. Afrikanische und mittelamerikanische Baumfrösche strecken dem Angreifer, abweichend von Einstein und den Tibetanern, mit ähnlich ungeheuerlichem Effekt plötzlich die leuchtend gefärbte Zunge entgegen, als wären sie ein anderes Wesen geworden.

Am phantasievollsten ist die Natur wohl vorgegangen, wenn sie, um schwache Exemplare zu schützen, deren Feinde auf die falsche Fährte lockt. Die Blattheuschrecke ahmt mit ihrem gesamten Körper ein trockenes Blatt nach, allerdings ihr ganzes Leben lang, ebenso die vielen Falter, die, betrachtet man die Oberseite ihrer Flügel, ein starres Augenpaar oder Gesicht imitieren, oder die harmlosen Raupen, die eine giftige und nicht wohlschmeckende Art nachmachen. Das Teppichchamäleon, normalerweise schmutzig grau, nimmt bei Gefahr ein gestaltauflösendes Muster an. Reptilien greifen häufig zu Schutz- und Tarnungszwecken zur Mimikry, aber auch manchen Fischen gelingt es, um sich vor Feinden oder der Beute zu verbergen, völlig mit dem Untergrund zu verschwimmen. Der Tintenfisch stößt bekanntlich eine Sepiawolke aus, nach der sein Jäger schnappt, während er selbst sich in der Zwischenzeit, wenn alles klappt, aus dem Staube macht. Der Kaiserfisch täuscht seine Verfolger durch einen dunklen Augenfleck im Schwanzbereich, der Doktorfisch versteckt sein Auge durch Überfärbung und verhindert so einen Überblick über seine wirkliche Gestalt. Die Hakennatter stellt sich bei Bedrängnis einfach tot, entleert den Darm, auf dem Rücken liegend, öffnet das Maul und erschlafft. Die Maskenkrabben (»Dekorateure«) tragen zur Tarnung bunte Schwammstücke auf dem Rücken. Hochberühmt ist der Einsiedlerkrebs, der in Schneckengehäusen wohnt. Zur Irreführung von Feinden pflanzt er Seeanemonen darauf, die, symbiotisch, von den Knochenabfällen seiner Mahlzeiten ernährt werden. Wenn er, weil er gewachsen ist, das Haus wechseln muß, zieht die Tarnung mit um. Viele Altvögel stellen sich, um Räuber von ihren Jungvögeln wegzulocken, lahm (also als leichte Beute dar), sogenanntes »Verleiten«. Man behaupte nicht, Bauern und Gärtner hätten mit Vogelscheuchen ihre Saaten intelligenter gesichert!

Ein Sonderplatz gebührt den Salamandern, von denen viele einen autonomen Schwanz besitzen. Wenn der Räuber ihn gepackt hat, brechen sie ihn willentlich ab. Er windet sich noch eine Weile, den Angreifer ablenkend, hin und her, während der überlebensfähige Restsalamander entkommt.

Beim Narren von Beuteobjekten beschränken sich die jagenden Tiere auf der anderen Seite aber auch nicht darauf, sich nur im Schutz ihres der Umgebung angepaßten Fells (Großkatzen) oder Schuppenkleids (Anglerfisch in den Korallenriffs), bequemer an ihr Opfer heranzupirschen oder ihm aufzulauern, wie es schon vorzeitliche Jäger in Fellattrappen praktizierten. Räuberische Ameisen haben als tadellose Militärtaktiker die Angewohnheit, sich quasi als chemischen Tarnanzug mit Bestandteilen getöteter Einzeltiere einzureiben, um dann unerkannt im Schutz des vertrauten Geruchssignals in deren Bau einzudringen. Von schon menschlicher Tücke ist das Verfahren, mit dem die Todesotter zukünftige Leckerbissen zu einem letalen Mißverständnis veranlaßt. Sie verbirgt sich in abgefallenem Laub und läßt lediglich die grelle Schwanzspitze sehen und wie ein Insekt, für ihre Opfer unwiderstehlich, hin und her tanzen. Die Geierschildkröte liegt auf dem Flußboden und wendet bei geöffnetem Maul einen kleinen angewachsenen Zapfen als Köder auf und ab. Die Beute schwimmt darauf zu, die Schildkröte muß nur noch schlaraffenlandmäßig ihr Maul schließen. In 3590 Meter Tiefe hat man einen Anglerfisch entdeckt, dem man den Spitznamen »Lebende Mausefalle« gab, weil er hinter gebogenen, schnappbereiten Zähnen eine Köderangel, leuchtend in absoluter Finsternis, herunterhängen läßt. Auch er wartet bei geöffnetem Schlund auf hinters Licht geführte Passanten.

In Korallenriffs existiert eine Schnecke, die »Lastenträgerschnekke« genannt wird. Was sie treibt, hängt nicht direkt mit den »falschen Signalen« zusammen: Sie baut alle möglichen Fremdkörper zur Erhöhung der Stabilität ihres eigenen Gehäuses ein. Neuerdings findet man, in bedenkenloser Indifferenz gegenüber dem Unterschied von Natur und Unnatur, bzw. Zivilisationsmüll, auch Flaschenverschlüsse, rostige Kronenkorken, Glasscherben in ihr Kalkhaus eingearbeitet, so, wie in den synkretistischen Religionen Lateinamerikas Kostbarkeiten und vor allem Abfall westlicher Industrie »mißverstanden« (darauf läuft es hinaus: Wer sagt: »Vive la différence!« muß auch sagen: »Vive le malentendu!«) mit überlieferten Zauberingredienzien in sakralen Zeremonien zusammengemixt sind, das »Falsche«, »Künstliche« mit dem »Richtigen«, »Organischen«, das beides, wie bei der Lastenträgerschnecke, die ihm zugedachte alte Funktion erfüllt.

Mit falschen Zeichen neckt der Mensch zu Forschungszwecken (falsche Prägung, Pawlowscher Reflex, Zebraautos in der Savanne) und zu solchen des Gewinns (Kuhhaut auf Apparat zur Aufnahme von Stiersperma) das Tier und schämt sich nicht, da es der Anglerfisch ja auch nicht tut.

Hochstapelei, Talmi und falscher Alarm sind, wie Irrtum, Sinnestäuschung, Trugschluß – mit dem angeblichen Sonnenauf- und Sonnenuntergang fängt das Blendwerk ja schon an – gar nicht und nirgendwo wegzudenken, eine von falschen Signalen und Winken punktuell zu Nutzen oder Schaden herbeigewunkene parallele, reziproke, eine Doppel- oder Gegenwelt des Verhörens, Versprechens, Verlesens, offenbar nicht weniger elementar, zumindest nicht grundsätzlich, als das zum Rechtmäßigen Avancierte oder besser: als solches Etablierte. Sicher aber ist das falsche Signal nicht ohne das richtige denkbar, ist dessen Schmarotzer und protestierende Gegenstimme, permanent aktiv, von der Scheinschwangerschaft bis zum Scheintod. Simulanten wissen es genau und Hypochonder wenigstens zur Hälfte.

Seit altersher die Ärzte wohl ebenfalls. Noch immer ist bei eingeborenen Medizinmännern die Praxis üblich, mit der Hand am Leib des Kranken zu pressen oder mit dem Mund an ihm zu saugen und schließlich, nach dramatischer Prozedur, das angeblich krankheitserregende Objekt, das sie vorher schon zwischen den Fingern oder im Mund verborgen hielten, dem nun beruhigten, also doch wenigstens partiell wiederhergestellten und insofern auch nur halbwegs betrogenen Patienten vorzuweisen.

In ihrer »Geschichte unter der Haut« (1987) beschäftigt sich Barbara Duden mit den Praxisprotokollen eines Eisenacher Arztes, Johann Storch, aus dem 18. Jahrhundert. Es geht dabei vor allem um die Verständigungsmöglichkeit über die Krankheitssymptome zwischen Arzt und Patientinnen, die beide Parteien z. T. sehr unterschiedlich interpretieren. Oftmals irren, nach heutigen Gesichtspunkten, beide. »Die Zeichen des Leibes«, schreibt Duden, »sagen den Frauen eher von einem obstinaten, widerspenstigen und von Verhärtung bedrohten Inneren, für den Arzt erzählen sie von einem inneren Irrtum, davon, wie und wo der Leib sich müht, die Last loszuwerden.«

Der »innere Irrtum« spielt in der Medizin vielleicht heute, als erkannte Initialzündung für Erkrankungen, aber auch für Therapien eine Rolle wie nie zuvor.

Zellen teilen sich, wenn ein Bedarf an neuen Zellen besteht. Durch ein Teilungssignal werden die spiraligen DNS-Stränge, die sämtliche genetischen Informationen tragen, verdoppelt, um sie an die neue Zelle weiterzugeben. Da beim Kopieren der unzähligen Informationen sehr leicht Fehler auftreten können, wird im Teilungsvorgang ein DNS-Editor eingeschaltet, der die Kopie auf Richtigkeit prüft. Werden Ablesefehler entdeckt, so wird ein Reparaturenzym eingeschaltet, das die Fehlablesung, das »Verlesen«, korrigiert. Bleibt ein Ablesefehler trotzdem unerkannt oder findet ein unvollständiger oder überzähliger Kopiervorgang statt, so entsteht eine Mutante. Ist die Mutation sehr ausgeprägt, so wird die Zelle absterben oder zum Absterben gebracht, wenn sie von den Abwehrzellen des Körpers, z. B. den Lymphozyten, als abnorm identifiziert wird. Bewirkt die genetische Veränderung eine Störung der Bremsung im Zellteilungsvorgang (durch Kontaktsignale mit anderen Zellen werden Zellen normalerweise in ihrer Teilung gebremst, sobald das Ziel der Neubildung erreicht ist), so könnte theoretisch bereits eine Krebszelle entstehen. (Eine der wichtigsten Charakteristika des Krebses ist die ungebremste Zellteilung.) »Elementare Funktionen wie z. B. die Teilung und ihre Hemmung sind redundant abgesichert. So gibt es mehrere bis jetzt bekannte sog. Tumorsuppressor-Gene, die eine Teilung der Zelle bremsen. Es reicht somit in der Regel nicht, wenn nur ein Tumorsuppressor-Gen mutiert oder ausgelöscht ist, es prädestiniert jedoch. Wenn in einem weiteren Schritt eine zusätzliche, die Zellteilung betreffende genetische Veränderung hinzukommt, so kann jetzt die Summe der Veränderungen ausreichen, um eine Krebszelle entstehen zu lassen. Der Gesamtorganismus hat jetzt noch die Chance, die entstandenen abartigen Zellen mit dem Immunsystem zu erkennen und abzutöten. Wenn auch dieser Mechanismus versagt, entweder wegen einer Abwehrschwäche oder weil die Zellen sich in ihrer Oberflächenstruktur nicht als abnorme Zellen erkennen lassen, beginnt der Tumor größer zu werden. Ab einer gewissen Größe produziert der Tumor Abwehrstoffe, die das Immunsystem des Körpers unterdrücken« (Hans-Dietrich Herrmann, Hamburg, dem ich auch die Informationen zu den anderen Punkten dieses Abschnitts verdanke).

Bei den sogenannten Autoaggressionskrankheiten (z. B. Rheumatismus, bestimmte Hirn- oder Leberentzündungen) kann der Immunmechanismus des Körpers evtl. aufgrund einer genetischen Veranlagung die eigenen Oberflächenantigene, gegen die er keine Antikörper bildet, nicht als eigene erkennen. Es kommt zu einer Autosensibilisierung. Der Körper mißversteht die Zellen, die diese Antigene bilden, als Fremdzellen und baut sie in einem Entzündungsprozeß ab. Die Abwehrtruppe beginnt gegen den eigenen Körper zu kämpfen. Bei Multipler Sklerose wird das »Isoliermaterial« der reizweiterleitenden Nervenfortsätze regelrecht abgestreift. Anfang Oktober 1995 berichtete die »Frankfurter Rundschau« anläßlich einer Multiple-Sklerose-Tagung in Jerusalem unter dem Titel »Gelungene Täuschung mit dem ›guten Rivalen‹« über Therapieversuche: »Entweder soll bei den Patienten eine immunologische Toleranz gegen solche Antigene erzeugt und damit ein Fehlalarm verhindert werden. Oder aber das Immunsystem wird durch ein Gegentäuschungsmanöver überlistet: der Patient erhält Proteine, die den entzündungsauslösenden auf der Nervenhülle sehr ähnlich sind, aber die Abwehrzellen nicht stimulieren, sondern ihre Reaktionen unterdrücken, wenn sie sich an sie binden.« Als »guter Rivale« sind demnach die verabreichten Proteine, Doppelgänger der zerstörerischen, zu verstehen.

Bei der Schutzimpfung, der aktiven Immunisierung des Körpers, werden kleine Mengen toter oder abgeschwächter Erreger geimpft. Der Körper reagiert, als wären es lebende Bakterien, und bildet Abwehrstoffe gegen sie, d. h.: das körpereigene Abwehrsystem wird durch einen Fehlalarm getäuscht und löst Infektionsschutz aus.

Von gezielter Irreführung profitiert auch die Genforschung und Gentherapie. Die elementare Fähigkeit der Viren, sog. Oncogene, Proteinstrukturen, die in den Zellstoffwechsel, in die Zellteilung, eingreifen, zu produzieren, die identisch mit den zelleigenen Oncogenen sind, nutzt man, um genetische Informationen in Zellen zu übertragen.»Kennt man das genetische Charakteristikum, das eine bestimmte Substanz in der Zelle erzeugt, so kann man dieses in einen sog. viralen Vektor, d. h. einen Virenteil, dem man seine Vermehrungsfähigkeit entfernt hat, einsetzen. Wenn dieser Virenteil in die Zelle eindringt, dann liefert das neue genetische Material die gleichen Informationen wie das natürliche, nur unkontrolliert. Man kann die Zellen in zwei Richtungen täuschen: man kann die Produktion von Substanzen erhöhen, indem man die genetische Information in richtiger Richtung einbaut, oder man kann die Produktion vermindern oder blockieren, indem man sie in umgekehrter Richtung einbaut. Zellen erkennen somit fremde Nucleinsäureteile (DNS, RNS-Teile) oder auch nur die relevant aktiven Bruchteile als eigene und reagieren entsprechend« (Herrmann). Inzwischen, meldete die »Frankfurter Rundschau« vom 16. 12. 1995, ist es erstmals gelungen, das Immunsystem eines Fetus im vierten Monat erfolgreich zu täuschen. Es handelte sich bei dem Eingriff um die Injektion von Knochenmark des Vaters in die Bauchhöhle des Kindes, das eine Veranlagung zu kombinierter Immunschwäche geerbt hatte. In der 16. bis 18. Schwangerschaftswoche – das ist der Vorteil des intrauterinen Eingriffs – lernt das Immunsystem noch, welche molekularen Strukturen das körpereigene Gewebe hat. Alles, was ihm begegnet, interpretiert es als körpereigen und akzeptiert es als solches lebenslang, eben auch die hier als körpereigen mißdeuteten funktionsfähigen Stammzellen des Vaters.

Weg von den molekularen Fehldeutungen und Strategien zu den militärisch-wirtschaftlichen des Anfangs zurück: Am 31. 10. 1995 war im NDR 3 von einem Interview zu erfahren, das der wenige Wochen später verstorbene Heiner Müller den französischen Medien anläßlich seines Besuchs der Gedenkstätte von Verdun gegeben hatte. Auf die Frage, ob er beeindruckt sei, antwortete Müller: Nein, das sei er nicht, er halte die Anlage – etwa ein Beinhaus gefallener Soldaten in Granatenform und ähnlich pompöse Trauerzeichen – für eine »kitschige Inszenierung, die vom schlechten Gewissen gegenüber den Toten zeugt«. »Heiner Müller«, so Joachim Fritz-Vannahme am 3. 11. 1995 in der »Zeit«, »hat den Krieg verstanden. Die Franzosen und ihre und damit der Deutschen Geschichte hat er nicht verstanden.« Große Erregung besonders in Verdun, vor allem bei den »anciens combattants«, die Müller gleich in die Nähe der Nazibarbaren rückten: ein zweifellos absichtsvolles Mißdeuten und Falschauslegen seitens der militärischen Trauerästheten angesichts – in Abwandlung des Riedl-Satzes – des richtigen, wenn auch diplomatisch verkehrtesten Signals, das Müller geben konnte. Hätte er es nicht getan, wer weiß, ob es ein anderer täte.

Nicht nur das Leben, auch die große und die kleinere, die gelungene und die mißratene Kunst befördert eben Mißverständnisse. Hierzu noch einmal Haskell, weit unterhalb so komplexer Dinge wie Stil und Geschmacklosigkeit, eine Bemerkung Vasaris zitierend, »daß die Mitglieder der Signoria von Bologna sich unschlüssig waren, ob Michelangelos Statue Julius II., die sich in ihrer Stadt befand, den Segen spendenden oder den Flüche schleudernden Papst zeigte, und selbst«, fährt Haskell fort, »Lomazzo erkannte, daß es unmöglich sei, zwischen den Bewegungen eines Irren und denen eines Tänzers zu unterscheiden, wenn man zu weit entfernt sei, um noch die Musik zu hören.« Was hier wiederkehrt, ist das nicht auszumerzende Problem des Hrabanus Maurus bei seiner Symbolsprache des allzu vieldeutigen Laufens, Aufsteigens, Liegens. Als ergänzende Illustration des Dilemmas zitiert Haskell Jonathan Richardson zu Poussins Gemälde »Der Tod des Germanicus«. Der sterbende Germanicus weist, umringt von seinen Freunden, auf Frau Agrippina und Kinder, als sollten sich jene zur Fürsorge für diese aufgerufen fühlen, was »ein gemeiner Gedanke ist, der das Bild herabwürdigt«. Tatsächlich habe Poussin »jenen Augenblick ausgewählt, da Germanicus seine Freunde im Angesicht der Agrippina und der Kinder anfleht, das Volk zu Mitgefühl und Rache anzustacheln« (Jonathan Richardson, An Essay on the Theory of Painting, 1715). Das begreife leider nur der, der die Geschichte kenne, so Richardson.

Deutet man die Zeichen richtig, hält Richardson das militärische Motiv für das edlere. Was nochmals den Kreis zum Anfang hin schließt.

b. k.

Prähistorischer Budenzauber

Felsbilder und Fehlausdeutungen

Die europäischen Felsbilder seien eindrucksvolle Zeugnisse des Lebens unserer Vorfahren, stellte der Kunsthistoriker und Archäologe Herbert Kühn fest (Die Felsbilder Europas, 1952). »Sie führen uns hinein in ihr tägliches Leben, in ihren Alltag und in ihren Festtag, und sie enthüllen uns auf manchmal wunderbare Art ihr Denken, ihr Wollen, ihr Sehnen und ihren Traum.«

Mitunter verdanken sich die wunderbaren Enthüllungen allerdings auch nur ungenauen oder unvollständigen Reproduktionen, falschen Schlußfolgerungen, absurden Spekulationen oder optischen Täuschungen. Dann werden Tierarten verwechselt, irrtümlich Fabelwesen erblickt und Schwerter für Schwänze gehalten. Eine Reihe solcher Fälle hat Peter Kuhlemann gesammelt (Ethnologische und zoologische Irrtümer in der Archäologie, 1979).

Ein Bison mit eingravierten Jagdwaffen in der Höhle von Lascaux definiert Jan Jelínek (Das große Bilderlexikon des Menschen in der Vorzeit, 1973) als Nashorn. Bei zwei »phantastischen Tieren mit Stierhörnern und elchartigen Köpfen« (Jelínek) in der französischen Höhle Tuc d'Audoubert handelt es sich nach Kuhlemann keineswegs um Phantasiekreaturen, sondern um Saiga-Antilopen. In der Schnitzerei auf einer Speerschleuder aus der Trois-Frères-Höhle in Frankreich erkennt Hermann Müller-Karpe (Geschichte der Steinzeit, 1974) »sich umarmende Cerviden«, die sich aber durchaus nicht umarmen, sondern miteinander kämpfen; es sei unter Prähistorikern weitgehend unbekannt, »daß Hirsche auch durch Schlagen mit den Vorderläufen kämpfen« (Kuhlemann).

»Neben dem Tötungszauber, dem Hauptmotiv der skandinavischen Kunst, kommt auch, wie in der Eiszeit, immer wieder Fruchtbarkeitszauber vor, besonders in der späteren Zeit, in der der Reichtum der Tiere nachzulassen beginnt«, schreibt Herbert Kühn. »So gibt es in Fykanvatn«, einer norwegischen Höhle, »die Darstellung einer Paarung von Tieren.« In der entsprechenden Bildunterschrift werden sie als Rentiere vorgestellt. Kuhlemann weist jedoch darauf hin, daß es zwei männliche Elche seien, die sich nicht einmal berühren. Den Fruchtbarkeitszauber zauberte ganz allein der moderne Interpret herbei. Auf welchen geheimnisvollen Zuberzauber werden erst die Archäologen in 15 000 Jahren anhand der Motive unserer Tetra-Pak-Milchpackungen schließen? Schöne bunte Kuh, was sagst du dazu?

Das vielfach bestaunte Fabelwesen »Agnus Dei« aus der französischen Höhle Pair-non-Pair »erweist sich in Wirklichkeit als Kombination eines Steinbockes mit gesenktem Kopf und eines etwas höher gezeichneten, entgegengesetzt blickenden Pferdes« (Kuhlemann). Übereinander gravierte Figuren seien in der Eiszeitkunst nichts Ungewöhnliches. Ähnlich verhält es sich mit einem »sonderbaren mensch-tierischen Zwitterwesen« (Müller-Karpe) aus dem Jungpaläolithikum in der Trois-Frères-Höhle. Jelínek beschreibt es als »halb menschliches, halb bisonhaftes Wesen in aufrechter Haltung, das in der Hand einen an ein primitives Musikinstrument erinnernden Pfeilbogen hält«. Kühn erkennt in jenem Wesen einen »Zauberer«; er »hat ein Fell über die Schultern geschlagen und bläst die Flöte. Auch Musik hat also im Dienste des Kultes geschlagen, genau so wie das Bild, und sicherlich nicht minder die Sprache.«

Möglicherweise, spekulierte Kühn, banne der flötespielende Zauberer mit seiner Musik das Wild. Nach Kuhlemann kann die berühmte Flöte aber auch bloß ein Wurfholz oder ein Produkt aus Zufallslinien sein. Er vermutet, es handle sich bei der Figur um »einen verkleideten Jäger mit Wildrindgehörn und Schwanz«. Sieht man genauer hin, erweisen sich schließlich die Arme, mit denen der Jäger seine Pseudoflöte zu halten scheint, als Hinterläufe eines übergezeichneten Tieres – womit die Flötentheorie und mit ihr die vom musikalischen Kult und alle spekulativen Weiterungen sofort zusammenbrechen.

Die Karriere des Flötenspielers in Forschung und Literatur hat dadurch aber keinen Knick bekommen, denn Peter Kuhlemanns kleine Abhandlung ist gänzlich unbeachtet geblieben. Gerhard J. Bellinger (Im Himmel wie auf Erden. Sexualität in den Religionen der Welt, 1993) bildet den prähistorischen Hinterlaufmusikanten treuherzig wieder ab und erläutert dessen Treiben: »Der aufrecht gerichtete und tanzende Mann bläst auf einem Musikinstrument (Mundbogen?), während vor ihm zwei Tiere flüchten.«

Sogar eine ägyptische »Nasenflöte«, teilt Kuhlemann mit, sei in dem obskuren Instrument schon erkannt worden. So führen uns Nasenflöten, Mundbogen, Fruchtbarkeitszauber, Nashörner und Fabelwesen tief hinein in Alltag und Festtag der Höhlenmaler und enthüllen uns auf wunderbare Art gelegentlich leider nur das Sehnen und den Traum übermütiger Kunsthistoriker und Archäologen.

g. h.

Identität – ja oder contra

»Fragen, welche die kollektive Identität berühren, verlangen Antworten aus der Wir-Perspektive der ersten Person Plural«, sagte laut »Frankfurter Rundschau« im Mai 1994 vor der deutschen, was es alles gibt, Enquetekommission »Aufarbeitung von Geschichte und Folgen der SED-Diktatur in Deutschland« Jürgen Habermas, ich aber versteh' bei diesem polyvalentpluralen Großphilosophen eh immer nur Bahnhof – und halte mich also lieber an Frau Brigitte Seebacher-Brandt, die schon im April 1994 im Zusammenhang eines Vortrags in Washington D. C. »Die Lage der deutschen Einheit und Identität« erläutern wollte, der Vortrag fiel aber dann aus schweren politischen Hintergründen aus – es soll diese Lage jedoch, wie man hintenrum hört, eine trotz allem insgesamt ordentliche und zufriedenstellende sein oder jedenfalls damals gewesen sein, und nämlich keineswegs jenes »Identitätsphantasma«, das da Michael Rutschky noch im gleichen Monat erspäht, wobei er allerdings eine »Vorpommernsche Identität«, stellvertretend für die der ganzen alten DDR, irgendwie gelten und anscheinend durchgehen läßt.

»Ist die behauptete kollektive Identität ein Faktum oder eine Deutung von Fakten?« bohrt dem Prof. Habermas der Prof. Bazon Brock in einem »Frankfurter Rundschau«-Kommentar rücksichtslos nach, indessen schon 1981 der anscheinend Immernochnichtprofessor Botho Strauß irgendwo unzufrieden rummäkelt. Oder jedenfalls läßt: »Ihre Filme stellen für mich letztlich kein Identifikationsangebot dar«, so legt er's in »Paare, Passanten« einem jungen Filmdummbeutel wider einen alten Regisseur in den Vollmund – was Wunder, daß da schon 1975 der omnilateralmultiple Daniel Cohn-Bendit zusammenrafft, die »kapitalistischen Verhältnisse« seien es, die hätten »die Möglichkeit verbaut, eine Identität zu finden«. Nämlich im Sinne des alten alexandermitscherlichischen »Identifikationsmodells«, das aber schon Mitte der 60er Jahre für viele, fast allzu viele auf ein bloßes »Identifikationsmuster« hinsteuerte, ja fast hinauslief. Dies allerdings häufig durchaus im Zuge eines grenzüberschreitenden »Identitätsentwurfs« (Wobser), hin zu einer grenzübertretenden »Identitätsbildung« (Pilzer), ja einer schon grenzüberspringenden »Identitätsfindung« (Pelzer).

Trotzdem wurde es dann vor allem ab 1989 immer verwickelter, konnte man z. B. rinks und lechts immel reichtel velwechsern. »Während«, klagt belustigt Klaus Bittermann in seinem Klassiker »Identität und Wahn« (1994), »in der Inkubationszeit unter Identität Charakter, mitunter auch Charakterlosigkeit, oder selbstquälerische Ungewißheit verstanden werden konnte, diente Identität in der Folge zur Therapierung der Sinnkrise des linksliberalen Mittelstandes«, wie vorher der der nationalen Rechten und nachher der Grünen, so jetzt endlich auch der sog. theoretischen Linken und überhaupt praktisch aller Diskursteilnehmer als Ausweispapier für alle Lebensfragen. Und sogar der Germanistentag 1994 in Aachen stellte sich unter dem Motto »Germanistik – Disziplinäre und kulturelle Leistung« unter beider identitätsstiftende Disziplinierungskraft. Überhaupt »scheint Identität«, so Gustav Seibt im gleichen Jahr besorgt, »eine gänzlich moderne Sorge zu sein« (FAZ, 21.11.1994), der »Identitätspalaver« (Sonja Margolina im »Merkur«-Sonderheft »Unterschiede«, 1995) einer, der allmählich und besorgniserregend auch entnervt: »›Wenn ich Identität höre, entsichere ich meinen Browning‹ – so möchte man den berühmt-berüchtigten Spruch paraphrasieren, wenn man den Eifer beobachtet, mit dem ›Identität‹ zur Waffe in den Macht- und Umverteilungskämpfen, zum Legitimationsinstrument der Eliten und der Minderheiten gemacht wird« (ebd.).

Die Situation war deshalb da und selten noch so ernst. Abhilfe mußte her:

Mit einem alles in allem recht fadenscheinigen Identifikationsangebot rückte deshalb schon im März 1994 der vorhin genannte Berliner Verleger Bittermann heraus und mir mit einem Rundbrief auf den Pelz: Ich möchte doch um Gotteswillen und möglichst im Sinne des Prof. Habimaus pardon: Habermas im Hinblick auf eine möglichst gutgehende und insofern letztlich auch identitätsstiftende schon vorgenannte Anthologie »Identität und Wahn« und seine jetzt immer häufiger zu hörenden Mixtacomposita-Bomber mir möglichst schnell möglichst buchstiftende Gedanken machen, und da muß ich denn heute, wenn ich zurückschaue, in der ersten Bilanz sagen:

So wie der verstorbene bayerische Ministerpräsident Franz Josef Strauß irgendwie nicht »Atom« sagen konnte, sondern immer nur »Amtom«: so vermochte er auch trotz aller Anstrengung nicht »Identität« zu sagen, sondern trotz aller Mühe, die er sich gab, irgendwo immer nur »Indentität«. Wahrscheinlich ging ihm dabei die Sache mit der für ihn ja besonders wünschenswerten Indemnität durch den Kopf – jedenfalls immer nur: »Indentität«. Und jedenfalls diese Indentität, die leuchtet mir sehr wohl ein. Leuchtet mir voll ein, jawohl, die lasse ich mir gefallen. Sogar im neuen Gesamtdeutschland. Wie schon in der alten Kohlschen »Bummdesrepublik«.

e. h.

II

Wagner

Eine Bilanz

»Es gehört«, weiß Max Reger 1904, »zum Wahn der Nachlebenden, daß sich die Tragödie des Genius nicht wiederholen werde«. Tut sie aber, und eigentlich viel verheerender stellten sie und die Nachwelt sich dar z. B. ein knappes Jahrhundert nach den als Genien längst assimilierten Mozart, Beethoven, Schubert z. B. im Fall Richard Wagner (1813–83); die Tragödie oder immerhin Tragikomödie. Die zeitgenössischen Quellen, wie sie Franz Roh, der auch das Reger-Wort überliefert, zusammengetragen hat, sind in ihrer Vielzahl und Torheitsvielfalt heute noch beeindruckend, jetzt vor dem Spiegel der allgemeinen und universellen Wagner-Akzeptanz noch eindrucksvoller, ja ein bißchen schon erschütternd – außer, Roh nach zu urteilen, Johannes Brahms wurde wahrlich keiner wie Wagner von Beginn an und letztlich bis zu seinem Tod verkannt, verfehlt und rezeptiv maltraitiert; nicht einmal Bruckner, Mahler und Reger selber.

Mittlerweile, spätestens mit dem Tod, hatte freilich Erfolg im großen Stil sich eingestellt, zunächst leicht obskurer, dann schwer dubioser Erfolg unter politisch unheilvollsten Hintergrundskonstellationen; seit 1945 ein Megawelterfolg unter halbwegs geläuterten Bedingungen. Ob das Ganze auf Verstand und Verständnis beruht, ist allerdings weiterhin überaus dahingestellt. Rohs Mutmaßung zum »ewigen Verkennungsproblem« steuert im Fall Wagner dahin, er werde von einem Massenpublikum rezipiert, sei aber im Grunde für Kongenies geschrieben (S. 76) – doch nicht einmal das stimmt recht: noch der sehr junge Richard Strauss und baldige Wagnerianer oder Wagnerist und

Wagnerepigone glaubt gegen Wagners Lebensende hin spotten zu sollen, die seltsame Groteske Richard Wagner werde sich in ein paar Jahren für alle Ewigkeit erledigt haben. Das mehrfache »wunderliche Mißverständnis« zwischen ihm und Liszt, welches Wagner etwas nervös-humoristisch im Brief an diesen vom 7. 1. 1859 beklagt und das ihn »desperat-lustig« stimmt: es betrifft über den unmittelbaren und etwas »liederlichen« Briefanlaß hinaus auch das Verständnis des Kollegen, Mentors und späteren Schwiegervaters insgesamt. Es wurden dann die allseitigen Mißverständnisse vermehrt und potenziert ausgerechnet durch jene noch vor der Jahrhundertwende ins Leben gerufenen »Bayreuther Blätter«, die eigentlich dazu angetreten waren, den Verstand zu mehren und dem Unverstand zu wehren. Über diese frühen und späteren Zusammenhänge bis hin zum aktuellen Neubayreuth berichtet zuletzt ausgiebig und differenziert das empfehlenswerte Buch: Frederic Spotts, »Bayreuth. Eine Geschichte der Wagner-Festspiele«, München/Zürich 1994 – es hat dies heute hundertfünfzigjährige Meta- und Mega- und Dauermißverständnis Wagner die vielsträhnigsten Ursachen. Joachim C. Fest (Um einen Wagner von außen bittend, Bayreuther Vortrag 1994, FAZ vom 1. 10. 1994) vermutet, noch außer und vor den bekannten politischen Vereinnahmungen, die spezielle politisch-utopische Ästhetik Richard Wagners mit ihren »kühnen, aus Angelesenem und Eigenem originell gemischten Mixturen« – die heute wie ehedem gierig aufgesaugten und aus der Musik wie aus dem Prinzip Oper herausgelauschten und mitunter wenig bekömmlichen Tränklein aus Phantasmagorie und Chimäre und Mythos und profanierter »Sakralsphäre« hat nicht erst Adorno (Versuch über Wagner, 1952, Neuausg. 1974, z. B. S. 100) geltend gemacht und gründlich auseinandersortiert. Hier beginnen auch und streben auseinander die Mißverständnisse und Halbmißverständnisse, verfolgt man sie einigermaßen systematisch; in aller Regel nämlich schon bei den allbekannten Wagnerschen Zentralbegriffen; bei den von ihm selber (manchmal aber auch nicht von ihm) vorgegebenen Zentralkategorien seiner fertigen und oder auch mählich sich erst herausbildenden Musik- und Theaterästhetik, einer der vermeintlich revolutionären Art:

»Das Leitmotiv«: Früh schon, z. B. dem Kritiker der »Wiener Neuen Freien Presse«, Ludwig Speidel, dünkte es den Hörern »gleichsam die Hundemarke« der auftretenden Personen – Adorno (S. 42) gemahnte es an »Kinomusik«, die zur rascheren Orientierung den Helden oder bestimmte Situationen »anmeldet«; noch in Fred Zinnemanns »High Noon« von 1952 findet sich ein Reflex von dem. Das Leitmotiv ist scheint's ein nahezu beliebig einsetzbares Ticket, ein

Wiedererkennungsgong im Sinne und im Fortschreiten einer »Musik für Unmusikalische« (Adorno), für jene, welche dann im Zuge ihrer gleichfalls fortschreitenden Humanisierung bald ja wirklich nur noch auf Gongs und Sirenen und Pawlowsche Auslöserimpulse zu hören haben sollten. Es hat dies Leitmotiv Wagner früh ebenso berechtigten Hohn eingetragen wie die hingebende Zuneigung der Auswendiglern- und Abfragkünstler, der Wiedererkennästhetiker, der Systematiker bis hin zum Tabellariker – eben der eigentlich Unmusikalischen; Oper für den ewigen Faust-Adlatus Wagner, der Richard selber wahrlich am wenigsten war. Feststeht, daß es nicht allein den Barbaren unter den Zuhörern unerhört gefiel, immer wieder so ein gebrochenes C-Dur-Dreiklanggebilde namens »Schwertmotiv« oder »Walhallmotiv« zu hören; feststeht auch, daß das Leitmotiv vor Wagner oder neben ihm schon kursierte, bei César Franck und Berlioz, dort heißt es nur »idée fixe« – und in Spuren natürlich schon wiederum weit vorher, z. B. in der Komtur-Musik des »Don Giovanni« und im Wolfsschlucht-Umfeld des »Freischütz«; feststeht aber drittens, daß es in Wagners Schriften keine nennenswerte Rolle spielt. Wagner hat das »Leitmotiv« als musikalisches Symbol perfektioniert und verinnerlicht und verfeinert (s. Hans-Richard Bauer, Richard-Wagner-Lexikon, 1988, S. 234), als Begriff jedoch kaum je benutzt. Hans v. Wolzogen wird als Urheber des Worts oder doch als sein Popularisator genannt – Gottfried Federlein leistete 1871 zur feierlichen Reichsgründung eine festliche Ersterfassung dieser gesammelten Leitmotive, deren Perfektionierung als Stilprinzip wohl erst mit dem »Ring« von 1869ff. geschehen ist. Aus Wagners ästhetischen Schriften selber ist der Begriff offenbar nicht oder kaum nachweisbar. Das Leitmotiv aber meinte wohl Nietzsche, als er von »Miniaturisten«-Ästhetik redete – Carl Dahlhaus (in: Richard-Wagner-Handbuch, hrsg. von Ulrich Müller und Peter Wapnewski, 1986, S. 65) dagegen macht auf die »fatale Gewohnheit« aufmerksam, »Leitmotive mit starr etikettierenden Namen zu bezeichnen«, welche gerade Wagners Kunst der »entwickelnden Variation« (Arnold Schönberg) verdecken.

Anders als das »Leitmotiv« ist die »unendliche Melodie«, Zentralbegriff von Wagners Schrift »Zukunftsmusik« des Jahres 1860, von Wagner selbst geprägt, freilich nie definiert und mehr polemisch placiert. Die »unendliche Melodie« ist gleichsam des Leitmotivs Gegenstück, als wagnerische Lehr- und Reizformel läuft sie in der Praxis laut Eduard Hanslick auf »gesungenen und gegeigten Opiumrausch« hinaus – es liegt die Verwechslungsgefahr nah mit der gleichfalls häufig so genannten »unendlichen Melodie« Giacomo Puccinis, in dessen Oper sie mehr eine Pseudomelodie vorstellt, die Simulation einer Melodie durch mehrere und aneinandergereihte Motiv-Partikel oder musikalische Elementargesten. Abgesehen davon, daß der gemeinte Typ »unendliche Melodie« in Wagners Werk gar nicht so häufig vorkommt, im »Tristan«-Liebesgesang z. B. eigentlich gar nicht: Die sogenannte Karfreitagszauber-Musik des »Parsifal«, dieses auch als Orchesterpiece beliebte ca. zehnminütige sämige Streicher- und Holzbläsergewoge voll vorfrühlinghafter D-Dur-Atmosphäre, scheint zwar den Begriff als ästhetische Novität und Suggestion zu füllen; sie hat aber seltsamerweise strukturell tatsächlich mehr mit Puccinis vorgetäuschter Melodik (z. B. in der »Butterfly«-Zwischenaktmusik) zu tun, anderswo auch mit der säkularen Regression von Musik zu Sprechgesang und Sprechen, als mit einer Fortschreibung der Melodie Schubertschen Typs, sagen wir der Unvollendeten, 2. Satz, ins Unendliche.

»Der ewige Jude wird durch des Meisters unendliche Melodie erlöst. Himmlisch!« Fritz Mauthners Seh- und Hörweise (Der unbewußte Ahasverus, Wagner-Parodie von 1897) ist nur satirisch frappant und trifft allenfalls für den funktionell instrumentalisierten Fastjuden Fliegender Holländer zu. Ansonsten wird ja der ewige Jude bei Wagner gerade nicht erlöst. Sondern erlöst werden mit unendlichen Melodien allenfalls die nachmaligen Voll- und Volksdeutschen Isolde, Brünnhilde und Kundry.

Wagners aus der »Parsifal«-Vorbereitungszeit via Cosima überkommene Schlüsselworte vom »unsichtbaren Theater« und vom tendenziell eben auch »unhörbaren Orchester« (Spotts, S. 93; Gregor-Dellin, Cosima Wagner, S. 23) waren so suggestiv wie nachhaltig folgenreich als die Vision eines theatralisch Reformierten, ja Revolutionären vor der Kulisse des um 1880 noch immer Schlechten-Bestehenden: »Ach, es graut mir vor allem Kostüm- und Schminkewesen.« Realisiert war immerhin schon bald das damals wie heute gleichermaßen die Leute fesselnde unsichtbare Bayreuther Orchester – dieses im Zusammenhang des zentralen Wagnerschen Dreifachemblems des »Musikdramas«, des »Gesamtkunstwerks« und des »Kunstwerks der Zukunft«; des »Musikdramas« als des Dramas mit den »ersichtlich gewordenen Taten der Musik« (Wagners Aphorismus von 1872); des »Gesamtkunstwerks« (Roh, S. 79) als dessen gleichsam unendliche Weitung; und des »Kunstwerks der Zukunft«, welcher Titel der kunst- und revolutionstheoretischen Abhandlung von 1849/50 populär und redensartlich aber wohl erst geworden ist über die offenkundig mißverständlich daraus hervorgegangene »Zukunftsmusik« (Roh, S. 85) – welche nämlich zum erstenmal nachweisbar ist mit Robert

Schumanns Bemerkung aus dem Jahre 1833: »Eine Zeitschrift für zukünftige Musik fehlt noch«. Das präzise Wort »Zukunftsmusik« ist erstmals belegbar (Büchmann, Geflügelte Worte, 30. Aufl. 1961) mit einem Brief des Komponisten Louis Spohr aus dem Jahr 1853, es findet sich wieder bei Liszt 1856, erstmals gegen Wagner gemünzt erscheint es in einem Epigramm von Grillparzer 1856 – Wagner selbst aber weist das »tolle Wort« als Mißverständnis seines »Kunstwerks der Zukunft« glatt zurück.

Das teilweise wohlbedachte, aber fraglos auch schon pomphaft public-relationsträchtige und eklataffine Begriffstriptychon Musikdrama – Gesamtkunstwerk – Kunstwerk der Zukunft brachte Wagner offensichtlich bald und noch in der Spätfolge viel spektakuläres Interesse ein – »neu« und »Zukunft« hören die Menschen ja immer gerne. Jedoch auch: viel frühen Spott und wohl z. T. durchaus sogar erwünschten Widerstand:

Das »Kunstwerk der Zukunft« – wie das spätere, nicht allein synästhetischere, sondern letztlich welt- und kunstüberwindende, wesentlich eschatologische »Gesamtkunstwerk« – sei, so Friedrich Theodor Vischer, »ein Phantom, ein utopischer Wahn«. Gemeint von Wagner war laut Hans-Richard Bauer (a.a.O.) im 1849er Aufsatz immerhin eine Art nachromantische, spätnovalissche Wiederversöhnung von Wissenschaft, Leben, Kunst – ähnliches impliziert übrigens der ansonsten in der Tat sehr fatale Schwesteraufsatz »Das Judentum in der Musik« von 1850, aus dem z. B. Hartmut Zelinsky nicht so ganz zu Unrecht den Appell zum Völkermord herausliest, insofern Wagners weitgehend taktischer Antisemitismus den Juden folgenreich als den »plastischen Dämon des Verfalls der Menschheit« (was ein nonsensiger Wortunrat) darstellt; dessen wirkliches Interesse aber darin gründet und mündet, die Musik quasi gegen ihre depraviert-kunstferne Kapitalisierung bzw. Zivilisationszerstörung zu schützen und hochzuhalten – was genau eben auch das »Kunstwerk der Zukunft« vom bestehenden schlechten und immer schlechter werdenden abheben soll.

Daß eine irgendwann mal wieder zu reformierende Oper nicht abermals wie zu Glucks Zeiten Reformoper hieß, sondern jetzt eben »Musikdrama«, könnte zweifellos auch primär eine starke PR-Idee Wagners gewesen sein, das Wort wirkt nach bis auf den heutigen Tag, da ja Oper längst auch nicht mehr Oper, sondern Regietheateroper sein will, ja muß –

– die historische Wahrheit ist aber auch hier eine ganz andere: »Musikdrama«, erstmals als Vokabel vorfindbar wohl bei E. T. A. Hoffmann im Zusammenhang von Glucks »Iphigenie« (Büchmann,

S. 365), wird als Terminus technicus zumindest für sein eigenes Werk von Wagner vielmehr sogar scharf zurückgewiesen, als eins der »völlig unsinnigen Worte« der Zeitungsschreiber (in der Schrift »Über die Benennung ›Musikdrama‹« von 1872) – auch dies vielleicht sogar ein bißchen spekulativ werbewirksam: denn das mit »Musikdrama« (statt einfach: Oper) Gemeinte liegt ja durchaus auf der Linie von Wagners »Kunstwerk der Zukunft« und des »Gesamtkunstwerks« als einer symbiotischen Einheit von Dichtkunst und Tonkunst und Bild und Idee usw. –

– Nietzsches allzeit pejorative Nennung des »Gesamtkunstwerks« hat allerdings ihren Grund mehr in des ehemaligen Freundes ab ca. 1876 fortschreitend hartnäckiger Weigerung, Wagners Intentionen überhaupt noch recht verstehen zu wollen. So wie er aber auch schon 1872 und noch unter Wagners fördernder Fuchtel eine ganz andere Musik gründlich mißverstehen wollte, weil es ihm so paßte: »Die Geburt der Tragödie oder Griechentum und Pessimismus«.

Auch wenn er, Nietzsche, dann noch 1873, zu Beginn des unaufhaltsamen Dissenses, Wagner gegen das Pamphlet eines Münchner Irrenarztes öffentlich verteidigte, nämlich gegen eine sogenannte Ferndiagnose, die sich dazu aufwarf, Wagner als gefährlichen Pathologen und Volksverführer zu entlarven (und die damit um ein halbes Jahrhundert zeitversetzt so komplett falsch auch wieder nicht lag): den »Parsifal« und sein »weihrauch-düftelndes« Gewese von 1882 konnte der alte Atheist und Kritizismusstecher dann natürlich fast genauso wenig durchgehen lassen, wie er den dazu von Wagner – wieder ein neuer PR-Trick? – erfundenen neuen Gattungsnamen »Weihefestspiel« gleich noch viel weniger begrüßen konnte: »Was ihr hört, ist Rom – Roms Glaube ohne Worte.« Was gewiß nicht wahr ist – aber immerhin hatte Nietzsche doch einst (und durchaus auch pro domo) gerade von Wagners Kunst erhofft, sie möge den Deutschen endlich ihr »abgestandenes Christentum« (Nietzsche) verleiden; und keineswegs aber zu »Kunst-Religion« und »Erlösung« und gar »Gottesdienst« entarten – derart feiernd zitiert der Kritiker Wilhelm Tappert in der »Neuen Zeitschrift für Musik« einen beeindruckt zustimmenden Mann aus dem Publikum (s. Spotts, S. 100), und genau so verstand bzw. verkaufte Wagner seinen »Parsifal« dann auch und nannte ihn glatt »heilig«.

Mißverständnisballungen zuhauf auch hier. Nicht allein z. B. schon beim Titel »Parsifal« = »Parcival« bzw. »Parseh Fal« = »Der reine Tor« (1. Akt), was eine falsche etymgeschichtliche Herleitung ist. Und nicht allein Tor Parsifal war jetzt Heilsbringer in der Imitationachfolge Christi; sondern schlußendlich der Kompositeur Wagner selber. Für den König Ludwig II. (im Brief an Cosima vom 20. 10. 1866) schon lang zuvor. »Ein Gott, der von des Himmels Höhen herabstieg«, sei ihr Gatte, belehrt er die davon auch längst Überzeugte, »die Welt zu erlösen«. Was u. a. wohl Wagner selbst damals noch nicht so recht glaubte. Den König aber in seinem Mißverstand beließ.

Gerade diese Kunst-Religion sei »ein gottloser Schritt«, mahnte Nietzsche, und Adorno hörte 1952 aus ihr dann auch nur noch und allerdings fasziniert »die Geburt des Films aus dem Geiste der Musik heraus« (S. 100). Die Leute, das breite Volk, ließen's sich aber davon nicht verdrießen, sondern empfanden wie gewünscht »Verzückung«, einen »heiligen Charakter«, die Welt endlich nach der langjährigen Absicht Wagners via die »göttliche Musik« (Brief vom 17. 2. 1857) und überhaupt »durch Kunst geheilt« (Spotts, S. 64).

Dies der Hauptgehalt des damit definitiv geborenen Wagnerianismus, der sich dann nur noch gleich- und rechtzeitig möglichst viele deutschnational-völkische Interessen einverleibte. Daß er als Messianismus aber keineswegs neu, sondern lediglich eine entschlossene Neufassung der alten frühromantischen profaniert-säkularisierten Kunstreligion der Novalis und Wackenroder/Tieck und Schlegel war: das zeigt natürlich nur ein weiteres Mißverständnis.

Im Grunde das, daß überhaupt immer etwas so besonders neu ist.

Und daß Wagner, dem Zeugnis Elisabeth Förster-Nietzsches zu folgen, seinen »Parsifal« zuletzt viel schlichter auslegte: »Die Deutschen wollen jetzt nichts von heidnischen Göttern und Helden hören, die wollen was Christliches« – das wäre, bei aller Dubiosität der Zeugin, dann nochmals wieder was ganz anderes und Bedenkenswertes.

Kaum die Rede sei hier von seinerseits Wagners – wie später Thomas Manns emphatischem – Irrtum, Schopenhauers Erlösungsgedanken dramatisiert zu haben: »Die ›Erlösung durch das Weib‹ ist ein Gedanke, den Schopenhauer unter furchtbaren Beschimpfungen zurückgewiesen hätte« (Friedell, S. 1312) – was aber, nochmals, das »Gesamtkunstwerk« vor oder hinterm Weihespiel anbelangt, so erahnt Friedell (S. 1309) dahinter, Gott hin und Christus her, weniger auch das Zusammengehen der Künste von der Poesie zur Malerei, von der Mimik zur Musik; sondern im Gefolge des Operntheoretikers Bulthaupt mehr das besonders »unzertrennliche« von »Reich und Wagner«.

»Einem geradezu grotesk anmutenden Mißverhältnis zwischen Werkdeutung und politischer Wirkungsgeschichte« gibt Fest die

Hauptschuld an den bis heute – so oder so oder wieder andersherum – nachwirkenden Fehlrezeptionen und Fehlzugängen bei jenem, der einst Gutzkow als »Cagliostro der Tagesmusik« i. e. Riesenschwindler galt, früh als Scharlatan und Blender und Hexenmeister, als eine wahre »Affenschande« (Ludwig Speidel, 1876) – und bei dem, wie bei kaum einem anderen Großkünstler, ab ovo schon praktisch alles fehlausgelegt wurde; vom herausgehörten »Neubarock« über die erspähte »Immoralität« bis zum ganz genau erkannten »Wahnsinn« (alles nachzulesen bei Roh); dies alles immer pejorativ gemeint – nicht so das »Vaterländische« in Wagners Oper bzw. dann eben Musikdrama; worin auch Nietzsche partout keine Ausnahme machte, indem er zum »Parsifal« die vielleicht dümmste aller Fragen stellte: »Ist das noch deutsch?« (Roh, S. 91) –

– und ebenso konsequent wurde dann später genau dies prätendierte Deutsche und Vaterländische zur Last gelegt, nur weil es die »politische Wirkungsgeschichte« so wollte, die Völkischen und Patrioten waren es zunächst (und immerhin nicht verfehlter als z. B. bei Eichendorff), die Wagner für sich reklamierten; entschlossener noch die Nazis; speziell seit Winifred 1921 NSDAP-Mitglied wurde und »Wolf« bereits und bis 1933 praktisch Dauergast in Bayreuth war. In seinem folgenreichen Vortrag über »Leiden und Größe Richard Wagners« vom Februar bzw. April 1933 korrigierte Thomas Mann zwar, es sei »Wagners Kunst die sensationellste Selbstdarstellung *und* Selbstkritik deutschen Wesens«; aber es wurde ihm nicht recht zugehört, weder da noch später. Bezugspunkte waren und blieben fast immer zwei Momente: das angeblich Deutsch-Nationale in Wagners Werk – und das Antisemitische in und hinter ihm.

In ihr, in der Oper, ist aber kein Wort Antisemitismus, darin ist z. B. Joachim Kaiser (z. B. Frankfurter Vortrag 1995) zuzustimmen und z. B. gegen Zelinsky rechtzugeben. In keinem der Werke gibt es ein antisemitisches Wort, wohl aber leider genügend in der genannten Schrift von 1850. Wohl könnten speziell Mime und Beckmesser u. a. einem »jüdischen Typus« nachgebildet sein – aber sie sind ja doch eigentlich und unverkennbar Sympathieträger; wenn schon nicht im Sinne des dummen Publikums, so doch Wagners: er lieh ihnen einen Teil seiner besten, interessantesten Musik; das hörte nicht erst der Jude Adorno. Mit dem übermäßig Deutschen in Wagners Oper verhält es sich nicht viel anders. Nur harmloser noch – und zugleich tückischer. »Außerkünstlerische Momente« eines »mißverstandenen Deutschtums« sah und hörte schon 1921 Paul Bekker (Kritische Zeitbilder) am Wirken – nicht in Wagners Werken, sondern in deren beschlagnahmenden Ausdeutungen. Theoretisierenden und (soweit man davon sprechen kann) regielichen. Das sollte bald schlimm werden, so viel ist wahr.

Erst einmal aber ist es fast reiner Unfug. Ein allerdings sehr polykausaler:

Daß »ein Werk von grundtiefer Wärme, Freude und Menschlichkeit« (Spotts), daß eine Oper, die ausgerechnet der sogenannte große Spötter Shaw widerstandslos als »einen Schatz von allem Lieblichen und Glücklichen in der Musik« beschwärmte – daß Richard Wagners »Die Meistersinger von Nürnberg« also seit einem runden Dreivierteljahrhundert als »nationalistisch« (so u. v. a. Peter Viereck in: Richard Wagner – wie antisemitisch darf ein Künstler sein?, Musik-Konzepte 5, 1978) denunziert werden, als die deutscheste aller Wagner-Opern, als Vorwegnahme der Reichsparteitagsaufmärsche, insgesamt als »Glorifizierung des deutschen heldenhaften Willens« (so eine Bayreuth-Kritik 1937), als insgesamt höchst verdächtig mithin zumindest und auch noch heute, und dies vor allem anderen schon deshalb, weil Hitler (und, noch viel perverser und verlogener, Goebbels) sie als seine Lieblingsoper deklariert und, vornehmlich vor dem Texthintergrund des Sachs-Lutherschen »Wach auf«-Chors, zur alljährlichen festspieldeutschländischen Nationalerweckung instrumentalisiert hatte: Dies Gerücht wird, je leichter es eigentlich zu widerlegen ist, in einer Art selffulfilling prophecy als Lüge desto zäher und in der Folge doppelt närrischer. Und also vermutlich überlebenskräftiger.

In Wahrheit ist diese komische Oper Wagners (übrigens keineswegs seine einzige, auch der »Ring« gehört zu 51 Prozent der Hochkomik an) keinen Takt, keinen Satz, keine Sekunde lang »nationalistisch« noch chauvinistisch noch präfaschistisch noch auch nur besonders patriotisch – abgesehen von der seitens Wagner auf Cosimas Begehr hin etwas verdrossen hingeschlunzten Schlußansprache Hans Sachsens von wegen dem ins deutsche Reich gepflanzten »welschen Dunst und Tand« – aber auch das ist nicht nationalistisch, sofern man in Rechnung stellt, daß Sachs zwar auch partiell Wagners Sprachrohr vorstellt, aber immerhin ja wohl Rollenprosa redet und eben durch sie sich selber sinnig charakterisiert: Auch der historische Hans Sachs war ja wohl nicht unbedingt urbaner Kosmopolit, wie heute so mancher philosemitisch-multikulturelle Kulturdezernent und Wagner- und Hitlerentlarver auf einen Streich.

Interessanter als dieser sich selbst fortzeugende Unfug purer Ignoranz sind in Frederic Spotts »Bayreuth« Details wie z. B. das, daß der Musikkritiker Walter Abendroth, nachdem er 1934 die »unvergängliche Deutschheit« der Bayreuther »Meistersinger« meistbesungen hatte, noch 1956 angesichts der neuen Wieland Wagnerschen Lösungen die liberalen Leser der »Zeit« samt Richard Wagner vor diesem bösen Enkel zu schützen sich aufwarf. Immerhin, da blieb ein deutscher Mann sich treu. Andere Kritiker und Wortführer schwenkten zügig um.

War Wagner noch für Ludwig II. ein »Gottmensch« gewesen oder immerhin »der wahre Künstler von Gottes Gnaden« (in einem Brief nach der »Ring«-Beendigung am 12. 8. 1876), so hatte es der Boss der »Gesellschaft der Freunde von Bayreuth«, Moritz Klönne, im Jahr 1934 immerhin eine Nummer kleiner gemacht: »Bayreuth ist ein deutsches Kunstheiligtum«, und die »Meistersinger von Nürnberg« seien (was Goebbels sofort nachplapperte) das »deutscheste Werk« dessen, der sich freilich schon selbst 1876 auch als den »Deutschesten aller Deutschen« ausgerufen hatte; wahrscheinlich, um vorweg Nietzsche zu widerlegen, dem er dann 1888 der Kompositeur lediglich für die »deutschen Jünglinge« (Der Fall Wagner) war, für die »gehörnten Siegfriede«, die freilich auch die »Bildungs-Kretins, die kleinen Blasierten, die Ewig-Weiblichen, die Glücklich-Verdauenden«, kurz das Volk wohl doch in seiner Gänze seien. Während Julius Langbehn ein paar Jahre später, die Verwirrung weiterzuschüren, in seinem Erfolgsbuch »Der Rembrandtdeutsche« (1892) Wagner indirekt zu jenem schlug. »Was deutsch und ächt«, so Hans Sachs, »wüßt' keiner mehr«, spätestens jetzt nicht mehr.

Hatte schon der »Lohengrin« von 1850 sich gut zum Tümeln und überhaupt zur nachgeholten Lösung der deutschen Paulskirchenfragen gezeigt, so die »Meistersinger« von 1866/68 noch viel trefflicher. Und bei diesem häufig zum Weinen schönen, in gewisser Weise auch ganz von seinem treudeutschen Hintergrund losgelösten Werk noch sinnfreier. Längst ist heute von Dahlhaus bis Kaiser und Fest nachgewiesen, wie halbherzig deutsch das Riesenwerk kompositionell und motivgeschichtlich gedacht war. Noch das ominös hitlerbezügliche »Heil!«-Volksgerufe war mehr eine historisch unbegründete Verlegenheitslösung gewesen – »Hussahe!« hatte der Dichterkomponist halt schon im »Holländer« verbraucht – »Hojho!« war für den »Ring« aufgespart. Die überall nachzulesenden Berichte von zwangsverordnet nach Bayreuth oder Nürnberg geschickten SA-Barbaren, die dort besoffen in »Meistersinger«-Vorstellungen hineinplumpsten, um gleich wegzuschlafen, sind ein schon beinahe komisches Kainsmal der Oper. Fataler, daß Goebbels schon 1933 den »Wach auf«-Chor nach dem Text des historischen Hans Sachs und eigentlich über die wittenbergische Nachtigall im Radio als Deutschland-Erwache zu seinen Gunsten ausdeutete, nämlich als Ausgang aus der »tiefen politischen und seelischen Narkose des November 1918« – wahrlich, nichts ist undenkbar. Und der zuweilen als prototypischer Intellektueller schwerst fehlüberhöhte Goebbels: anders als sein partiell ja wirklich gläubiger Führer war er bloß ein rasch reagierender PR-Bauernschlau an allen Fronten.

Kein Wort aber, wie gesagt, in den »Meistersingern« ist nationalistisch – und natürlich keines antisemitisch. Eine musikalische Charakteristik des unheimlich »Jüdischen« läßt Wagner via Walter von Stolzing aparterweise ausgerechnet den nürnbergisch treudeutschen Meistern angedeihen: »Überall Meister / wie böse Geister ...«

»Die Nazis haben Wagner geliebt, sagt Lilo, und dadurch für immer versaut«, so legt es Christine Scherrmann 1995 einer Romanfigur in den Mund. Stimmt natürlich auch nicht; auch wenn, laut Speer und anderen Zeugen, es lebenslang Hitlers größter Wunsch gewesen sei, Bühnenbilder für Wagner zu entwerfen, in Bayreuth zu leben und am besten dort gleich Festspiel-Intendant unter Winifred (s. Spotts, S. 208) und mit ihr und Wagner derart vollends versippt zu werden. Wurde leider nichts draus: die »Rettung der Welt«, welche sich Hitler von sich selber in der Nachfolge Richard Wagners versprach (Fest) – sie hätte bei noch etwas mehr Wagner-Idolatrie aber ja dann insofern doch noch beinahe geklappt.

Im Ernst hatten die Nazis fast nichts mit Wagner am Hut. Hitler, unstreitig entflammt und entrückt, sah und hörte, was er grad aus ihm hören und sehen – und allerdings: lernen! – wollte. Für die tendenziell dauerbesoffenen Parteigenossen von Göring abwärts waren Wagner und »Hitler-Bayreuth« (Spotts) nicht mehr als ein Potpourri-Arrangement aus Freudenhaus-Walkürenritt und Bierzelt-Pilgerchor, mein lieber Schwan. Und bei den meisten Nazis natürlich nicht einmal das.

In einer Radio-Geburtstagssendung referiert der bekannte Bergführer-Filmer und frappante Erzähler Luis Trenker die Anekdote von zwei Professoren, die, beim Kraxeln von ihm begleitet, dauernd über »die Götterdämmerung« redeten, bis der Führer Trenker sie mit der Frage verblüfft, »ob sie die von Richard Wagner meinen«. Die Trenkersche Frage ist berechtigter, als der Frager damals wissen konnte. Denn inzwischen reden gewiß 95 Prozent Mitredner von diesem vierten und abschließenden Werk der »Ring«-Tetralogie aus den Jahren 1874/76, ohne auch nur auf den Hauch des Einfalls zu kommen, sich eventuell erkundigen zu wollen, was es mit Nam' und Art eben dieser

»Götterdämmerung« wohl auf sich haben möchte. Mit Titel und mit Thema. Weniger mit der Titel-Metapher als mit dem Schlußtableau der sozusagen gesamtheitlich in sich zusammenstürzenden Bühnenszene wurde die »Götterdämmerung« begriffen, mit weniger als einem knappen Viertelwissen erschnappt – via diese Schlußszene (bzw. eine halberinnerte Regie von ihr) in Kombination und Korrelation gebracht ebenso mit Hitlers »Nero-Befehl« bzw. der »Verbrannten Erde« wie mit einem reinigenden Feuer, das im Zweifelsfall halt die Juden verschlinge. Weder Hitlers Befehl vom 19. 3. 1945, vor der Aufgabe alle militärischen und kriegswichtigen Anlagen zu zerstören, hat irgendein Pendant in Wagners Oper, noch des Führers Erkenntnis vom August 1944: »Das deutsche Volk ist von der Geschichte zum Untergang bestimmt«, und es solle deshalb vorher dieses »Deutschland wieder Wüste werden«. Tatsächlich haben die Reichsparteitage und ähnliche Aufmärsche eine gewisse Ähnlichkeit mit gewissen volkstümlich-rituellen Massenaufläufen sowohl in »Meistersinger« als in »Götterdämmerung« – Genaueres dazu z. B. in Joachim C. Fests Hitler-Buch von 1973. Und vermutlich haben sie regielich-strategisch von beiden gelernt. Das ist aber schon der einzige gemeinsame Zähler. Mit dem Nürnberger Aufmarschgelände hat weder die Pegnitzwiese noch das mythische Rheinufer auch nur die mindeste Verwandtschaft. Allein das Gerücht, daß das mythische Worms 1874 Berlin 1945 vorwegnehme, ist zäh. Noch William L. Shirer benützt die Zitat-Metapher von der »Götterdämmerung« für sein Kapitel »Die letzten Tage des Dritten Reiches«. Hitler, erklärt William L. Shirer dem erstaunten Leser, habe ab Frühjahr 1945 beabsichtigt, »wie Wotan in Walhalla in einem Meer von Blut und Flammen unterzugehen« (Aufstieg und Fall des Dritten Reiches, S. 1005).

Frechheit siegt. Er weiß nicht, was er faselt, aber wabernd wawelt er's zu Papier. Es ist reiner Unsinn. Aber ein sich fortzeugender. Und allerdings: So ganz genau scheint auch Wagner nicht mehr gewußt zu haben, was ihm an bühnenstrategischer Realsymbolik für den sinnigen Beschluß seiner Tetralogie präzis vorschwebte. Auch des Musikerdichters Brief an Röckel vom 25. 1. 1854 verunklart eher, als daß er klärt. Der Wagnersche allfältige »Janus-Charakter« (Adorno, S. 62) ein letztes oder doch vorletztes Mal auch hier? War es Wagnern wirklich um die symbolische Verbrennung Europas zu tun? Des Kapitalismus? Zugunsten des Sozialismus bzw. einer dritten Kraft, der runderneuerten Liebe i.e. Natur? Um den Tod der Götter, will sagen, der Justiz infolge dauernder Vertragsbrüche? Den Tod – oder die mehr ambivalente »Dämmerung« – aller bisherigen Kunst = Religion?

Wollte er, weil's nun eh nicht mehr drauf ankam, Gott und Geld und Gunscht, potzelement, mit einem einzigen Streich erledigen?

Dabei, weil es eben niemand so genau weiß, empfiehlt es sich durchaus, Wagners Bildanweisungen und Brünnhildes Text nachzulesen. Beide, allerdings, sind wirklich reichlich unentschieden, schwebend, ausdeutbar. »Denn der Götter Ende dämmert nun auf«, weiß die Protagonistin und Witwe – die »starken Scheite« der »hell lodernden Glut« freilich haben offenbar und jedenfalls primär weder die verbrannte Erde der Gibichungenhalle noch gar die der Götterburg Walhall im Visier; sondern die intendierte mystische Liebesvermählung mit dem erschlagenen Siegfried als »Sinnbild der Anima« (Robert Donington, Richard Wagners »Ring des Nibelungen« und seine Symbole, Stuttgart 1976, S. 226). Erst im Lauf ihres in Wagners Maßstäben keineswegs besonders prägnanten, etwas oratorien- und potpourrihaften Monologs entschließt sich Brünnhilde gleichsam mehr zufällig dazu, »den Brand« – auch? – »in Walhalls prangende Burg« zu werfen. Nämlich in den sich so »schnell entzündenden Holzstoß« vor ihr – derart, so ein bei der Komposition nicht berücksichtigter Text, »verging wie Hauch der Götter Geschlecht«. Final rückt die Gran Scena dann allerdings wieder Brünnhildes Selbstverbrennung ins Zentrum – im Fortgang eines gänzlich megavalenten szenischen Symbol- und Motivgewoges rund um die mit dem Gold wiederbeschenkten Rheintöchter als die so spielerisch wiedergewonnene Erstnatur. Erst ganz zuletzt und bühnenmäßig sozusagen weit entfernt kommen die Götter noch einmal ins Bild: »Helle Flammen scheinen in dem Saale der Götter aufzuschlagen. Als die Götter von den Flammen gänzlich verhüllt sind, fällt der Vorhang.«

»Gott ist tot« (Nietzsche)? »Der Götter Ende« (Brünnhilde)? Meint »Götterdämmerung« abermals recht ambivalent und ambiguisch auch die dämmernde Heraufkunft eines Neuen? Den gereinigten jungen Tag? Oder doch mehr das götterlose Zeitalter der mystischen Liebe, auch der wiedergewonnenen mythischen? Jenseits des Geldes – wie der Götter?

Jedenfalls nichts Antisemitisches. Noch Hitler-Nero-Zündelndes.

Grob mißbraucht bis hin zur Vergewaltigung sah sich Richard Wagners Werk wie von der Rechten, so auch allzeit von der Linken. Hörten Konservative und Staatsfreunde und sonstige Preußen aus Wagner früh und je die bevorstehende Revolution, zumindest die »Revolution als Oper« heraus (ein Buchtitel Gregor-Dellins aus dem Jahr 1973), so hatte schon Karl Marx umgekehrt sich 1871 einigermaßen banausisch, ja offenbar kenntnislos über den »neudeutsch preußischen

Reichsmusikanten« lustig gemacht. Und da wollte wieder hundert Jahre später dann eben drittens der Wagner-Enkel und Erbe und Regisseur und einstige Führer-Protégé Wieland den Großvater speziell für die Linke i.e. Aufklärung retten, indem er nicht gerade diesen selbst, sondern die Bühnen-Figur Wotan für das sogenannte Neu-Bayreuth von 1955 ff. in der Bilanz von Frederic Spotts (S. 269) zum »Bösewicht« und »Proto-Hitler« machte; derart die (a.a.O.) »De-Germanisierung« Bayreuths wie der Werke Wagners so zügigst wie schleunigst weitertreibend, ja -peitschend: ins Symbolisch-Allegorische und Allgemeine, aber auch vom deutschen Heldenepos in die »griechische Tragödie«, als die Wieland in seinem Sinn konsequent die Tetralogie ausdeutete: Wotan war Zeus, Brünnhilde Antigone und also Wotan gleichzeitig Kreon (s. Spotts, S. 268).

Und, so wie seine, Wielands, Tochter jetzt Nike heißen mußte, so war Siegfried jetzt selbstverständlich: Herakles.

Obwohl das nicht einmal ganz an den Intentionen des Großvaters vorbeigemauschelt war, blieb da natürlich bald jeder Sinn genau so auf der Strecke wie fünf Lustren vorher bei jenem Münchner Parteivorsitzenden, der sich da in »geradezu hysterischer Erregung« in eine innerste unio mystica mit dem Bayreuther Meister hineingeträumt hatte. Hier wie dort: disturbatio enormissimo; in Bayreuth und weltweit ab ca. 1970 vor allem unter linken Signalen, in den antifaschistisch-antikapitalistischen Ausdeutungen und Regiebekundungen. Patrice Chéreau hatte sich offenbar dadurch für Bayreuther Aufgaben ausreichend bewährt und mediengerecht berühmt gemacht, daß er, als seine bis dahin einzige Begegnung mit Wagner, 1972 bei einer Pariser »Walküre« eingeschlafen war; obwohl laut Thomas Mann die doch »selbst einem Esel von Ausländer das Deutschtum interessant« (a.a.O.) machen sollte; es lief aber dann umgekehrt und Patrice zu großer Form auf; um endlich beim Centenar-»Ring« von 1976 ff. den Deutschen mit nur um so entwaffnenderen Analysen betreffs den frühkapitalistischen Unternehmer Hunding sowie den Vollkapitalisten und Waldschmied Mime aufzuwarten. Die »Götterdämmerung« mußte als Zwischenkriegszeit des proto-faschistischen Kapitalismus wieder am heftigsten und visionärsten dran glauben – seinen aufmerksamsten Schüler aber fand der welsche Regierebell Chéreau in seinem deutschen Kongenie, dem universellen SPD-Vordenker Peter Glotz, der noch 1995 in einem »Merian«-Essay diese Erinnerung an seinen Bayreuth-Besuch vom Juli 1976 uns in Erinnerung bringt:

»Dann kam der gewaltige Es-Dur-Akkord, der ›Rheingold‹ eröffnet. Chéreau und Boulez zeigten exemplarisch, wie Wagner auch

von links gesehen werden kann. Das Bayreuther Publikum hatte es begriffen; es brüllte Chéreau, als er schließlich in Jeans und einer Art Rüschenhemd vor den Vorhang trat, in die Kulissen zurück« –
– und daran ist jetzt definitiv absolut alles falsch und Kraut und Rüben. Erstens beginnt das »Rheingold«, da täuscht den Glotz wie so oft sein Gedächtnis, nicht mit einem gewaltigen Akkord, sondern zweitens mit überhaupt keinem; sondern mit einem einzelnen Ton, dem tiefen Kontra-Es (einmal, doch, hat sogar Glotz recht), aber der ist nicht gewaltig, sondern au contraire pianissimo; drittens kann er, der nicht vorhandene Akkord, auch unter der Gewalt Chéreaus nicht stante pede »links gesehen« werden, selbst wenn man unterstellt, daß der Dirigent Boulez, an dessen Partiturkenntnis sich seinerzeit unter Orchestermusikern Zweifel aufrichteten, ihn besonders richtig getroffen hat; viertens war da beim Glotz seinerzeit oder bei der Essayniederschrift der Wunsch der Vater des linken Gedankens, denn die Majorität brüllte Chéreau damals schon keineswegs in die Kulissen zurück, sondern brav und linkisch fühlte sie sich von den welschprogressistisch bildschönen Regieeseleien schwer geschmeichelt; fünftens trug der Chéreau, da muß einer unscharf geglotzt haben, keine Art Rüschenhemd, sondern ein Tüll-T-Shirt, Wagners neue linke Aktualität zu unterstreichen – –
»Seitdem aber scheint die Macht des nationalistischen Klüngels in Bayreuth gebrochen«, muß selbst Glotz ein wenig beleidigt (weil noch 1995 kommen in Bayreuth bei den Festspielen auf eine anwalzende Renate Schmidt/SPD zwanzig CSU-Minister sowie der wiedervereinigungsnationalistische Genscher) zugeben – nicht aber die Macht der selbstgebastelten Mythen und Mißverständnisballungen, über die speziellen Unsterntaten des globalen und seit ca. 1970 neubayreuthischen und auch zur Jahrtausendwende hin noch immer über Gebühr überbordenden Regietheaters weit hinaus. »Im übrigen«, schrieb Wagner am 3. 1. 1872, ein Jahr nach der Reichsgründung, an Emil Heckel, lebe er »jetzt der allerhand schönen Erwartungen auf den deutschen Nationalgeist, auf welchen ich angewiesen bin.« Das war übertrieben taktisch gedacht – wie boshaft als Selbstzweck. Wagner, dann auch via Hans v. Wolzogen und seine »Bayreuther Blätter«, deshalb bald darauf Hitler politisch oder aber künstlerisch zu verschweißeln, beifallspendend oder aber anklagend, ist zwar närrisch, aber am Ende auch kaum idiotischer als jetzt plötzlich post festum, »von links gesehen« Wagner vermeintlich vollreinigend, zu suggerieren, Idee und Finalszenario der »Götterdämmerung« hätten eben grad gar nichts mit Hitlers gegen Kriegsende geäußertem Schmollwunsch zu schaffen, es möge das Reich, wenn es

sich schon nicht halten könne, eben stracks restlos »verschwinden«. So eine Oper überhaupt etwas »will«, wollte diese ziemlich das Gegenteil. Aber die Widerlegung von Un- und Mißverstand mehrt vielleicht nur diesen, und im über hundert Jahre nachwirksamen Fall Wagner offenbar besonders nachhaltig. Am Ende affiziert der Torheitsvirus auch noch die, die ihn analysieren und dann ausmerzen wollen. Nicht nur Wieland Wagner und seine ziemlich plumpen »psychoanalytischen« Werkeleien. Sondern auch noch seinen und Bayreuths Monografen Frederic Spotts, wenn der (S. 268) bilanziert: »Wieland (wollte) das Werk entmystifizieren und entmythisieren.«

Ja, was denn nun?

Und heißt das nicht eher »entmythologisieren«?

Und: was ist das überhaupt für ein Unheilsplan, einem Werk akkurat das zu nehmen, was es konstituiert oder konstituieren sollte: Mythos und Mysterium?

Nike Wagner im FAZ-Rezensionsartikel vom 3. 9. 1996 ist auch recht ratlos. Weiß da überhaupt noch jemand, wer da was und offenbar ohne Fremdwörterlexikon zusammenunkt?

Wishful thinking lautersten Wassers scheint da auch z. T. am Werk, aus Wagner wider besseres Wissen, nach wie vor und um jeden Preis einen Wotan-Nero-Hitler machen zu wollen. Das macht doch gleich mehr her. Daß vieles bei Wagner entschieden planer und harmonischer und harmloser war, als die Gerüchte munkeln: es ist, als wolle nachgerade fearful thinking es mit Gewalt verhindern.

Mit dem Eintritt der Wagner-Regie und Werkausdeutung in die »postmoderne, fast strukturalistische Art« (Spotts, S. 335) überschreitet das Exegetik- und Begriffskuddelmuddel in den späten 80er Jahren sodann die tragische Klimax. Zum vorerst allerdings noch längst nicht negativ Kathartischen. Noch fehlen in Bayreuth Neuenfels, Zadek, Castorf.

Nur Berghaus, die droht nicht mehr. Schade fast.

»Jeder einzelne im Publikum ist ein Esel«, wußte Wagners Schwiegervater Liszt, »aber alle zusammen sind die Stimme Gottes.« Die aber wiederum möchte als Chorus gehört werden und auch separiert. Ein jeder aber, so Ludwig Thomas Abgeordneter Josef Filser, »redet, wie er's versteht«. Zum Beispiel »Was it not wonderful!« (eine »Parsifal«-Besucherin, laut Spotts, in Bayreuth 1931). »Ich weiß net, i kann net lachen« (ein westdeutscher »Parsifal«-Neubayreuthgast laut Legende um 1958). »Ein unerhörtes Wunder« war für Richard Wagner das zuwegegebrachte Bayreuther Festspielhaus. Von den später anwalzenden Horden aus Frack und Braunhemd, aus wagnerisierten Yankees und germanisierten Franzosentrotteln, aus CSU-Fuzzis und reiselustigen Yuppie-Fans konnte ihm, auch wenn er am 27. 3. 1879 den neu zutage getretenen Sommerpilgerstamm im Brief an Ludwig II. korrekt schon als »Scheusal« erkannte, insgesamt noch schwerlich schwanen, er hätte es sonst womöglich doch gelassen, den »leeren Wahn« (Bayreuthbesucher Alban Berg, 1909). »Angeber, Juden, Snobs, Heuchler, Amis, begriffsstutzige Engländer und abstoßende Deutsche, die so hoch stinken wie die Alpen«, gewahrte schon achtzehn Jahre vorher Romain Rolland (s. Spotts, S. 38). Dem Sozialgewürge entsprach ab ovo das der Auslegungen und ihrer jeweiligen Widerlegung. Wagner mit dem »Deutschen« oder aus klangmalerischen Gründen noch besser mit dem »Teutonischen« engzuführen, ist genauso sinnreich wie das Impromptu Alfred Rosenbergs, in Meister Eckhart erkenne man pfeilgrad und haarscharf »das schönste Bekenntnis des germanischen Persönlichkeitsbewußtseins« (Der Mythus des 20. Jahrhunderts, 1930, S. 233). Und daß deutsche Frauen, siehe Thomas Manns Wälsungenblutnovelle, sich einerseits gern bei Wagner-Musik gehenlassen, andererseits und zumal als sudetendeutsche 1938 im einziehenden Adolf Hitler willenlos ihren charismatischen Lohengrin ersahen, überführt beide, Wagner und Lohengrin, auch noch nicht – das kann sogar ein jetzt doppelt stirnrunzelnder, denn er ist Sudetendeutscher, und schwere Gedanken sinnender Peter Glotz nicht insinuieren. Noch auch widerlegen.

»Was Wagner zum Hauskomponisten des Dritten Reiches machte« (Fest), weiß nämlich im Grunde weder Fest noch Glotz. Weil er war ja auch gleichzeitig der Blochs und Thomas Manns. Und der aber sah und hörte 1933 in ihm z. B. »eines der großartig fragwürdigsten, vieldeutigsten und faszinierendsten Phänomene der schöpferischen Welt« (a. a. O.) – und was dergleichen bekannte Mannsche Schwadronismen und Gratis-Großfeuilletonismen und antizipierte Joachimkaiserismen mehr sind.

Ein Mißverständnis ist insgesamt der »Wagnerianer«, jedenfalls war und ist über ihn viel dreiviertelfalscher Unverstand mal Unkenntnis im Umlauf. Zum Beispiel dieser kuriose Gedankengang, daß von der »lärmenden, vulgarisierenden Unduldsamkeit« jener Wagnerianer sich »der deutsche Sinn für reine Musik an Johannes Brahms, Hugo Wolf, Anton Bruckner und später an Richard Strauss« (!!) »erholte« (Veit Valentin, Geschichte der Deutschen, S. 475). Was ein Humbug von sich selbst fortschleppender falscher fama fert. Falls es sich schon auch nicht mit Gewalt herumsprechen will, daß in Wagners Opern mindestens ebenso viel Zartestes, Feinstes, Leisestes steht wie bei Brahms und Bruckner: War schon der historische Wagnerianer schwerlich primär lärmig und vulgär, sondern nur dessen Karikatur, der idealtypische Wagnerrabauke und -protz, war es – dem heutigen, modernen Wagnerianer dürfte wohl weniger teutsche Tumbheit zur Last zu legen sein, als etwas allzu viel alerter Progressismus, z. T. beinahe noch über Glotz hinaus.

Alles scheint's bei Wagner läuft auf Mißverständnis hinaus. Noch die berühmte Akustik des Bayreuther Festspielhauses entsprang, so wie Kolumbus eigentlich ja Indien entdecken wollte, *optischen* Erwägungen, war Zufallsprodukt (s. Spotts, S. 61). Wie ähnlich für Nike Wagner (a. a. O.) ihres Vaters Wieland »Bilderstürmerei« kaum »Entmythisierung« gewesen sei; sondern germanische seien ja nur durch »tiefenpsychologische Mythen« ersetzt worden. Auch den letzteren wäre alsdann als einem denkbaren Großmißverständnis nachzugehen – und auch ob das, was Wieland wollte, »Bilderstürmerei« gewesen war, könnte einen neuen spätbyzantinischen und posttrientinischen Ikonoklasmusstreit auslösen. Muß aber besser nicht.

Im Grunde stimmt bei Wagner nichts, ist alles Mythos, Legende, populäres Vorurteil, begrifflicher Tohuwabohu und »wustvolle« (Richard Wagner) Weiterverbildung all dessen; heute, Dialektik der Aufklärung, werweiß mehr als immer. Noch die von der vox populi benörgelten Längen der Wagner-Opern sind Fama, Mißverstand. Der mit meist knapp zweistündigen die kürzesten Exempel der Gattung schrieb, Donizetti, hätte selbst bei seinen relativ geglücktesten Arbeiten gut und gerne 33 Prozent Umfang streichen dürfen. Der Inbegriff der lang-langatmig-schweratmigen Oper, der späte Wagner, lag, jedenfalls im »Ring« und vor allem in den »Meistersingern«, ganz gegen die landläufige Einschätzung auf die Sekunde richtig: kein Takt zuviel.

Höchstens die Waltraute-Erzählung der »Götterdämmerung« im 1. Aufzug (exakt zwei Stunden): Die hätte um 2,5 Minuten knapper sein dürfen – die Äpfel-Sache hat sich eigentlich schon mit dem »Rheingold« erledigt und bringt nichts mehr.

Mehrfaches und sehr folgenreiches Mißverstehen noch Minna Wagners Interpretation des von ihr 1858 in Zürich »abgefangenen« Briefs Richards an Mathilde Wesendonck. In Wahrheit war's ja kein profaner »Liebesbrief«; sondern eine allerdings leicht mißdeutbare Mystifikation aus Musenanruf und Avance. Wobei Wagner, wie sein betreffender Brief an Liszt beschwört, »nie das eigentliche Glück der Liebe genossen«, auch nicht bei Mathilde, sondern ihm nur im »Tristan« von 1865 »ein Denkmal gesetzt« hat, angeblich frei von Schuld war, und Minna also nur einer »gröblichen Mißverkennung« (so Wag-

ner – ein Freudscher Negationsverdoppler?) unterlag. Erst nach der räumlichen Trennung von Mathilde bei um so innigerer brieflich-spiritueller Nähe lichtet sich alles wieder stark und im Sinne von Wagners häufiger, ja idealtypischer Aktdramaturgie von fahldunkel zu hell: »Zwischen uns ist alles licht und rein, und kein Mißverständnis, kein Irrtum kann uns mehr beschweren.«
Taktik? Selbstbeschwörung? »Faust«-Topologie? »Zauberflöten«-Zitat? Minna jedenfalls ging dagegen an ihrem Mißverstehen bald zuschanden.

Noch gründlicher im Grunde hatte Wagner an all den sein Werk und Leben überlagernden Mißverständnissen freilich am Ende selber schuld, pflanzte er doch selbst den ersten und symbolischen und nachmals mächtig sprießenden Keim. Indem er nämlich die Keimzelle des »Ring«, die Eröffnungsszene des »Rheingold«, das naturselige Treiben der Rheintöchter am oder im Grunde des Stroms, keineswegs zu Worms oder am Loreleifelsen, keineswegs auf dem Schweizer Rheinwaldshorn, keineswegs auch in seiner Logis am Vierwaldstättersee imaginierte – sondern indem er sich das von Glotz so sehr geliebte tiefbrummende Kontra-Es und seine anschließende Wogen-Entfaltung im visionären Hotelzimmer der ligurischen Küstenstadt La Spezia einfallen hatte lassen.

So wie den deutsch-irischen »Tristan« in Venedig.
Und die germanischen »Meistersinger« vorzüglich in Marseille.
Und den teutonischen »Parsifal« natürlich in Palermo.
»Die Musik ist ein Weib«, schmäht und postuliert zugleich Wagner.
Speziell die italienische eine »Lustdirne« (Wagner), im Gegensatz zur französischen, die eine »Kokotte« (Wagner) ist. Und die deutsche: Kundry.

Ach, pflegte der bekannte Wagnerforscher Adorno am Ende seines Lebens immer häufiger und heftiger zu seufzen, die besten Gedanken seien halt doch jene, die sich schon selber kaum ja mehr verstehen.

Daß allerdings der bekannte Gastronom Michael Käfer im FAZ-Magazin vom 28. 6. 1996 als seinen Lieblingskomponisten »Richard Wagner (nicht alles) und Pink Floyd« vermeldete, dies versteht man schon wieder eher. Wir wollen es aber trotzdem hier als des Jahres 1996 schätzungsweise schönstes Lichtlein der Ewigkeit überantworten. Bedenkend nicht ohne das von Wagner fehlverstandene Schopenhauersche Mitleid, daß Käfer im Sinne von »nicht alles« besonders unter dem allzu lauten Glotzschen »Rheingold«-Es-Dur-Tusch gelitten haben dürfte.

e. h.

Freud

Die Psychoanalyse oder: Aus dem Zentrum der Begriffsverwirrung

Daß es bei einer heute noch prinzipiell als Eingeweihtenwissenschaft betriebenen Sache wie der Psychoanalyse, daß es bei einem Ding, angesiedelt zwischen Wissenschaft, hermetischem Glaubenskult vulgo Religion, Krankheitsheilung und Karrierebasis, schon ab ovo schwerst durcheinandergehen mußte, schon pur begriffstheoretisch stets hart an den Rand einer gewissen und mit der Zeit noch expandierenden Hysterie, in einem Maße, das noch weit selbst über die begriffsgeschichtlichen Schicksale z. B. des Darwinismus hinausragt, daß es da schon an den Grundlagen zu dramatischsten Zerwürfnissen kommen mußte, eben vor allem schon bei den Grundbegriffen: das leuchtet ohne weiteres ein. Der zuletzt etwas gar häufig ins Feld geführte Aphorismus von Karl Kraus aus dem Jahr 1913, fünf Jahre nach Krausens Bruch mit dem »Kurpfuscherwesen« (Die Fackel 668–675, S. 148) der Wiener Neu- und Sensationswissenschaft: »Psychoanalyse ist jene Geisteskrankheit, für deren Therapie sie sich hält« – es sollte sich erweisen, daß er auch langfristig im Sinne einer langen und hochverworrenen Rezeptionshistorie seine Triftigkeit behauptet.

Was wundert's bei einer Disziplin, an deren Beginn vor mehr als einhundert Jahren – 1995 feierte man in Zürich und anderswo kraftvoll das Hundertjährige Jubiläum – das steht, was die »Frankfurter Rundschau« einen »Gründungsmythos« (21. 5. 1996) nennt, was aber wohl akkurater als Grundmystifikation zu qualifizieren wäre: die allseits bekannte »Geschichte der Anna O.«, die aber in Wirklichkeit »Bertha P.« war, nämlich die Frauenrechtlerin und Sozialarbeiterin Bertha Pappenheim, eine vormals »höhere (Getreidehändler-)Tochter«, deren bürgerliche Identität erst 1953 enthüllt wurde, nachdem die Behandlung der angeblich hysterischen Symptome dieser »Anna O.« durch ihren Arzt Josef Breuer 1895 erst mal in die nachmals legendären und psychoanalytisch prototypischen »Studien zur Hysterie« von Breuer und Sigmund Freud einmündete – auf den natürlich ja auch sehr verwirrträchtigen Begriff der Hysterie im psychoanalytischen Kontext kommen wir zurück.

»100 Jahre Psychoanalyse – Festvortrag Prof. Dr. Otto F. Kernberg, New York: Beiträge der Psychoanalyse zur Massenpsychologie und Ideologiebildung«: so und ähnlich wie in Frankfurt zur Fest- und Galaveranstaltung mit Golddruckplakaten tönte es 1995 durch die ganze weite Welt; spätestens mit ihrem Hundertsten ist die Psychoanalyse (PA), allen Unkenrufen von ihrer ferneren staatlichen Repression zum Trotz, ungescheut sichtbar zur beinahe reinen Repräsentations- und bergfest kernigen Renommierwissenschaft geworden; zur praktisch »unkritisierbaren« (FAZ, 7. 8. 1996) Gralshüterei eines »innersten Kreises« (ebd.) eines hermetisch-hermeneutischen Montsalvat-Kernbergs; in Wien wie in dem angeblichen »psychoanalytischen Zentrum« Deutschlands, Frankfurt (Frankfurter Rundschau, ebd.), eine der wetter- und karrierefestesten Säulen des Wissenschafts- und Geistessimulationsbetriebs überhaupt; als einstmals und vor allem unter den Nazis Verfemte spätestens in der Nachkriegszeit zu einem Lieblingsschoßkind hochgewiegt dessen, was Thomas Mann einst in ganz anderem Zusammenhang als »machtgeschützte Innerlichkeit« benannte.

Unter aktualisierten Vorzeichen gilt, was Egon Friedell um 1927 und im Anschluß an Kraus über die Elaboratswissenschaft »aus Talmud und Junggesellenliteratur« wähnte: »Die Psychoanalyse hat einen katastrophalen Defekt: das sind die Psychoanalytiker« (Kulturgeschichte der Neuzeit, S. 1518).

Die Folgen sind merkwürdig bis verheerend. Denn natürlich findet das keinen rechten Anklang in PA-Kreisen mehr, ja im Zuge ihrer »sozialen Eingemeindung« (FAZ, 1. 10. 1996) praktisch überhaupt nicht mehr statt, was einst in Kreisen einer PA-affinen Philosophie und Gesellschaftswissenschaft das kritische Hinterfragen hieß. Und dabei wäre es, wäre es nicht aber wahrscheinlich schon zu spät, so äußerst angezeigt. Daß in einer allseitigen oder jedenfalls der sogenannten zivilisierten »Welt flottierender Kulturtrümmer« (Franz Borkenau, Ende und Anfang, 1984, S. 55) gerade das heikle und allzeit stark schwebende Begriffsinstrumentarium der klassischen und als solcher erstaunlich geringen Wandlungen unterworfenen Psychoanalyse zu solchen wurde, besonders rasch und besonders innig zu solchen besonders frei herumflottierenden Kulturgeschwätzbrocken und Kurpfuscherscharlatanien notwendig denaturieren mußte, liegt fast auf der Hand. Daß die Grundbegriffe und Grundbilder der PA von Anfang an schon wesentlich dazu neigten, ist freilich das andere: das war nur von Freuds weniger wissenschaftlich stringentem als rhetorisch suggestivem und partiell fast poetisch inspiriertem Vortragsduktus, von seiner autoritativen Rezitierpose und im Zuge seines fortschreitend autoritären Machtanspruchs allzeit und allzu lang allzu respektgebietend überdeckt worden. Im Sinne auch der eben nie so ganz geklärten Sonderstellung der Psychoanalyse als gleichzeitig Naturwissenschaft, Anthropologie, Therapie, Destruktion, Ethik, Magie und krankengeschichtlicher Roman. Das mittlerweile unendliche Begriffskuddelmuddel der Psychoanalyse betrifft größte Teile der sie repräsentierenden Hochzunft – schöner und manchmal fast genial offenbart es sich natürlich meist noch bei denen, die garantiert besser die Finger davon ließen. Wir bieten hier selbstverständlich nur eine schmale Auswahl aus beidem. Nicht viel anders als bei dito Richard Wagner aber schäumt es hier in dieser Grundbegrifflichkeit ja schon gewaltig:

Die vielleicht schillerndste Figur unter den Freudschen ist dabei der »Ödipus-Komplex«. Das »Psychologische Wörterbuch« (hrsg. von Friedrich Dorsch, Bern/Göttingen/Toronto/Seattle, 12. überarb. und erw. Aufl. 1994) faßt Freud und andere führende Experten wie folgt zusammen:

Die Ödipus-Sage »wurde von der Psa. aufgenommen zur Kennzeichnung bestimmter frühkindlicher Beziehungen zu den Eltern. Diese Beziehungen, die sich während der frühen genitalen Phase entwickeln, bestehen bei beiden Geschlechtern in einer Liebe zum gegengeschlechtlichen Elternteil. Es kommt zu dieser Situation dadurch, daß die Libido auf die genitale Zone verlagert wird. Der gleichgeschlechtliche Elternteil wird zum Konkurrenten und mit Abneigung und Eifersucht belegt. Aus den Versagungen in der Beziehung zum geliebten Elternteil, auch aus der Angst vor Strafe (beim Sohn Angst vor der Kastration) ist das Kind zur Verdrängung seiner Regungen gezwungen. Dabei benutzt es den Mechanismus der Identifikation mit den Eltern, d. h., es introjiziert die Wertungen (Gebote und Verbote) und Erwartungen der Eltern und formiert dadurch zugleich sein Über-Ich. Nach vollzogener Verdrängung ist die Ödipus- bzw. Elektra-Situation überwunden, es beginnt die Latenzperiode.«

Den Ödipus-Komplex, wie ihn Freud in der kleinen Schrift »Einige psychische Folgen des anatomischen Geschlechtsunterschieds« von 1925 (Gesammelte Werke XIV, S. 28) der »phallischen Phase des Knaben« zuordnet, in welcher »das Kind an demselben Objekt festhält, das es bereits in der vorhergehenden Säuglings- und Pflegeperiode mit seiner noch nicht genitalen Libido besetzt hatte«, gehört als »Ödipus-Einstellung des Knaben der phallischen Phase« an und geht dann, so spezifiziert es Freud, »an der Kastrationsangst, also am narzißtischen Interesse für das Genitale« zugrunde. Wie abenteuerlich das im einzelnen immer aussehen und vor sich gehen mag, gibt es dann eben auch den »Ödipus-Komplex des kleinen Mädchens«, der natürlich noch

»ein Problem mehr (birgt) als der des Knaben. Die Mutter war anfänglich beiden das erste Objekt«, und die Frage erhebt sich mithin: »Wie kommt das Mädchen dazu, es aufzugeben und dafür den Vater zum Objekt zu nehmen?« (a.a.O.). In der Konsequenz seiner thematischen Darlegungen ab 1910, z. B. in »Totem und Tabu« (1912/13), wird Freud dann noch subtiler und aber auch immer heikler und versponnener – und jedenfalls ist dieser Ödipus-Komplex der vorhin schon einmal kurz erwähnte »Elektra-Komplex«, nach der Bezeichnung des Freud-Antipoden C. G. Jung – und zumindest von der Nomenklatur her ist eben dieser Elektra-Komplex schon reichlich absurd und funest und daneben: denn, ganz anders als Ödipus, läßt Elektra ja ganz bewußt die kriminelle Mutter Klytämnestra, die Mitmörderin Agamemnons, umbringen, und es gibt selbstverständlich auch keinerlei sexuelle Komponente in der Beziehung Agamemnon–Elektra wie dort zwischen Ödipus und Jokasta – und es ist der Elektra-Komplex also über Freuds gewagte Spekulationen hinaus also fast purer Unfug und offenbar ausschließlich von Jung dazu ausgetüftelt, den Frauen paritätisch auch etwas mythologischen Dignitätszauber und Tamtam zu verpassen.

In Wahrheit geht es aber auch beim Ödipus-Mythos ja keineswegs primär um eine sexuelle Konkurrenzsituation mit dem Vater, samt dem Tabubruch, mit der Mutter zu kopulieren; noch gar (wir kommen darauf zurück) um einen Minderwertigkeitskomplex gegenüber dem rivalisierend superioren Vater; noch um die Geburt der Kultur durch Versagung wie z. B. Lévi-Strauss (Les structures élémentaires de la parenté, 1949) wähnt, um das Werden von »Kultur« aus »Natur«; sondern um einen Restbestand aus dem Urvater-Mythos (siehe z. B. bei Borkenau, S. 24), dem Urbild der urhordenmäßigen Ablösung des Vaters durch den Sohn, um ein Analogon zum Brüderzwistmotiv des Archetyps Kain–Abel –

– allerdings, um die Verwirrung zu schüren, gehört der aktuelle Berufssohn Abel Höhler seiner berühmten Mutter, der Frau Professor Dr. Gertrud Höhler, offenbar doch wieder mehr ödipal-jokastamäßig an; vor allem seit der lange Zeit mehr oder weniger verheimlichte Vater Prof. NN tot ist; und seither mit spürbar vermehrtem Leidensdruck als »Blutswalker« (Bunte) und damit Spezial-Ödipus seiner Mutter. Die deswegen logisch schon in der Zeit, als sie noch nicht als Unternehmensberaterin, sondern noch karg als Geisteswissenschaftlerin sich ernährte, im »Rheinischen Merkur« vom 12. 8. 1977 Freuds »präexistentes Schuldbewußtsein« als Heilslehre ebenso strikt verdammte wie den speziellen Ödipus-Komplex stark relativierte: insofern sie Hamlet zum »abendländischen Ödipus-Spätling« ernennt; der allerdings im Zuge »des Fortschreitens der Verdrängung im Gemütsleben der Menschheit« seinerseits zögere, »die Rache für den Vatermord zu vollziehen«, na, hoffentlich weiß sie noch, was sie da offenbar halbautobiografisch, aber immerhin mit dem richtigen Hamlet-Mutternamen Gertrud versehen, zusammenspintisiert.

Und wie der von Kain ja eigentlich schon gemordete Abel sich nach dem virtuellen Vatermord (s. die knallfarbige American-Expresscard-Anzeigenserie von 1993) dann zu verhalten hat.

Übersichtlicher im Sinne seines Landsmanns C. G. Jung liegt da schon wieder im österreichischen ORF-»Tatort« der Zollfahnder Kressin, der darum, weil eine Tochter ihre Mutter haßt und denunziert, über einen »Ödipus auf weiblich sozusagen« seufzt; aber eben doch noch akkurater von einem »Elektra-Komplex« salbadernd Schmäh geführt hätte.

Dagegen soll sich die merkwürdig haßliebend changierende Beziehung Karl Kraus' zu Sigmund Freud laut Martin Stingelin in der FAZ vom 2. 4. 1996 zum mythischen Urfight »Ödipus oder Pandora?« zugespitzt haben – vulgo »Fackel-Neurose« versus »Ödipus-Komplex« (laut Fritz Wittels', was es alles gibt, »Fernanalyse« Krausens am 12. 1. 1910 vor der Wiener Psychoanalytischen Vereinigung); wobei allerdings als Pandora irgendwie ein gewisses »Mizerl«, bürgerlich Irma Karczewska, figurierte und als tertium comparationis fungierte – ja, doch, Mikkel (und eben nicht Mizerl) Borch-Jacobsens »Kritik an den Ursprungsmythen der Psychoanalyse« (FAZ, 8. 5. 1996) sollte, sofern heute die Forscher da überhaupt noch mit der gleichen abendländischen Zunge reden, ad origines, zu den mythischen Namen zurückgehen, wäre nicht alles längst zu spät.

Freud selber spekulierte im Zusammenhang des Ödipus-Mythos nicht allein über diesen und den ihn in der »Latenzperiode« zugrunde richtenden »Kastrationskomplex« (Einige psychische Folgen des anatomischen Geschlechtsunterschiedes, S. 28); sondern offenbar durchaus auch mit dem für die Religion konstitutiven mythisch-phylogenetischen Gott-Vater-Mord; welcher eben dann »im Glauben an den Sühnetod des Sohnes« (Peter Schneider, Wahrheit und Verdrängung, 1995, S. 108) seinen erfreulichen Widerhall findet. Der Mord am Vater, so die Freudsche Spekulation über die Urhorde und die Kultur (GW XIII, S. 137ff.), begründe den Übergang dieser Ur-Masse zur Gesellschaft, als die Beseitigung des ranghöchsten Männchens und seine Ersetzung durch ein anderes stärkeres – mit großen Konsequenzen für die Freudsche Thanatos-Todestrieblehre, die wir hier beiseite lassen. In diesem Sinne bestimmt Freud schon in »Totem und Tabu« den Ödipus-Komplex als einen Akt des Ur-Vatermords, erst durch ihn nämlich werde das menschenähnliche Wesen ein menschliches Subjekt. In ähnlichem Sinn bietet, laut Dorschs Wörterbuch, die Fachwissenschaft heute überhaupt einen etwas erweiterten Begriff des Ödipus-Komplexes an: »In neuerer Zeit betrachtet die Psa. den Ö. auch unter sozial-ps. Aspekten: Infolge der Konkurrenz mit dem gleichgeschlechtlichen Elternteil tritt das Kind zu diesem Zeitpunkt aus der bisherigen dyadischen (= 2-Personen-Beziehung) in die 3-Personen-Beziehung über und wird damit erstmalig in seinem Leben integrierter Bestandteil einer Gruppe, nämlich der Primärgruppe Familie.«

Und, um mit Freud und Lévi-Strauss etwas flink zu arrondieren, eben erstmalig der Humanität und der Kultur. Allerdings, damit die Verklarung nicht gar zu zügig voranschreite, kriegt Ödipus nach Elektra, Pandora und dem Höhlerschen Hamlet – noch einen weiteren nahen und aber recht überraschenden Verwandten und Stiefbruder verpaßt: Schon in der »Legenda aurea« wird auch noch der Jesus-Jünger Judas mit dem Ödipus-Motiv verschweißelt, d. h. man erklärte sich Judas' tückischen Verrat bzw. seine erstrebte Jesus-Gefolgschaft mit einem früheren Vatermord samt Mutterehe (s. Reclams Lexikon der Heiligen und der biblischen Gestalten, 1991, S. 337), welche doppelte Verblendung der Jesus-Verrat für 30 Silberlinge ja nur plausibel verlängere: – da wird's dann natürlich noch komplexer mit den »psychoanalytischen Metaphern« und deren »unbewußten Wurzeln« (FAZ, 20. 9. 1993). Mit Sophokles' Tragödie hat der Ödipus-Komplex aber auch schon bei Freud nicht mehr arg viel zu tun: »Sigmund Freud las Sophokles, wie es ihm gefiel« (Martin Stingelin in der FAZ vom 27. 11. 1993); er, Freud, vermixte offenbar das Drama Sophokles' nach Belieben mit dem Mythos Ödipus und seiner auch ja recht autonomen Fabelauslegung als eines unbewußten Begehrens; dazu gesellen sich – Jean Bollack hat das in seiner Studie »Der Menschensohn. Freuds Ödipusmythos« (in: Psyche 47, 1993) in mehreren Details nachgewiesen – Verrührungen mit Dostojewskischen Vatermordmotiven und dem eigenen Monotheismuskonzept von »Der Mann Moses«, ja auch mit Christus im Sinne einer von der Psychoanalyse ja häufig gestreiften »Imitatio Christi«; grenzverrührt werden vor allem die Motive Vatermord (Freud) und Königsmord (Sophokles) – in der Folge dessen es zu einem »doppelten Mißverständnis« kommt, welches Jean Bollack in einer früheren Studie »Das Schicksal des Ödipus, ein Familienschicksal« (in: Poetica 19, 1987) so zusammenfaßt: »Weder Vatermord noch Inzest sind die Tragödie. Sie sind an sich keine tragischen Ereignisse, genausowenig bilden sie den Mythos, wenn dieser zuerst der einer Familie, der der Labdakiden, ist.«

Vladimir Nabokovs freudvoll unverhohlene Verachtung für den interessant verrührten Märchenbrei zugunsten ambitionierter und besonders durch Edelvokabular ansprechbarer Erwachsener, wie ihn seiner Überzeugung nach die Psychoanalyse entschieden vorstellt – sie wird immer wieder mal recht begreiflich. Es ist ein nicht erst heute kaum entwirrbares Knäuel von Begrifflichkeiten und Bildern und Symbolen – an Rettungslosigkeit hierin nur noch konkurrierend mit der Bibel und ihren Exegeten. Und das Schwindelgefühl dreht sich um eine Schraube weiter, geht es an den Endzweck, an die Katharsis, an die Heilung, an die Behandlungstechnik. Martin Stingelin faßt zusammen: »Wie die Freudsche Theorie auf dem Ödipusmythos scheint auch die Freudsche Therapie auf einem Mythos zu beruhen.«

Und deshalb schaut es am Ende für manche Psychoanalytiker mit ihrem Gründungsvater laut FAZ vom 7. 8. 1996 im Anschluß an »Psyche« 7/1996 so aus: »Er (Freud) ist Teiresias und Ödipus und Sophokles in ein und derselben Person.«

Wahrhaftig noch einmal ein starker »Untergang des Ödipuskomplexes« (GW XIII)!

Der oben schon gestreifte und dem Ödipus-Komplex kausal unlöslich verbundene »Kastrationskomplex« wird bei Dorsch (a.a.O.) so beschrieben: »Nach Freud entstehen in der Ödipusphase bei Knaben und Mädchen Kastrationsphantasien als eine Antwort auf das Rätsel, das der anatomische Geschlechtsunterschied diesen aufgibt: Vorhandensein des Penis oder Penislosigkeit. Dem Mädchen ist der Penis genommen, dem Knaben kann er genommen werden.«

Dorsch zitiert aus dem Standardwerk von Laplanche/Pontalis, das seinerseits vor allem auf Freuds »Über infantile Sexualtheorien« (GW VII, S. 178) rekurriert: »Der Knabe fürchtet die Kastration als Realisierung einer väterlichen Drohung und als Antwort auf seine sexuelle Aktivität; daraus entsteht bei ihm eine heftige Kastrationsangst. Beim Mädchen wird die Penislosigkeit als erlittener Nachteil empfunden, den es zu verleugnen, zu kompensieren oder zu reparieren sucht« (J. Laplanche / J. B. Pontalis, Das Vokabular der Psychoanalyse, 1967, dt. 1972).

Das kann man glauben oder für hanebüchenen Unsinn halten – bei Freud steht es etwas anders und differenzierter, wenn auch nur in einer Fußnote zu »Das Rätsel der Sphinx, Kastrationskomplex und Penisneid« in der Studie über »Infantile Sexualität«, Teil der berühmten »Drei Abhandlungen zur Sexualtheorie« von 1904/05. Freud sagt da, man »hat das Recht, auch von einem Kastrationskomplex bei Frauen zu sprechen«. Denn: »Männliche wie weibliche Kinder bilden die Theorie, daß auch das Weib ursprünglich einen Penis hatte, der durch Kastration verloren gegangen ist. Die endlich gewonnene Überzeugung, daß das Weib keinen Penis besitzt, hinterläßt beim männlichen Individuum oft eine dauernde Geringschätzung des anderen Geschlechts« – und bei diesem anderen dann eventuell eben Kastrationsangst dergestalt, daß die Männer nun, diese Geringschätzung aufzuheben, sich selber kastrieren? Daß die Weiber Angst vorm Wiederanwachsen eines Penis mit anschließendem neuerlichen Kastrationsschmerz haben?

Man weiß es nicht, Freud überläßt hier beinahe jeder abenteuernden Spekulationslust ziemlich jeden Spielraum und weicht andererseits unseren planeren Fragen aus – feststeht: Der Kastrationskomplex »hat enge Beziehungen zum Ödipuskomplex und dessen Normen und Verboten. Weitere Beziehung hat der K. zum Virilitätskomplex der Frau, mit der Angst, nicht oder nicht ausreichend ›reif‹ zu sein« (Dorsch) – – zum sogenannten und schon angeschnittenen »Penisneid« aber führt Dorsch aus, es sei dies, »nach Freud« (der Ausdruck ist schon vor ihm geläufig; s. Laplanche/Pontalis, S. 375) »ein Erlebnis bei Mädchen (ab der frühen genitalen Phase), die sich durch das Fehlen des männlichen Gliedes benachteiligt fühlen. P. mündet entweder in den ›Wunsch nach einem Penis in sich selbst (hauptsächlich in Form eines Kinderwunsches)‹ oder den ›Wunsch nach dem Genuß des Penis beim Koitus‹ (Laplanche)« – also kurzum der berühmte gottesanbeterische Bisexualitätsschneckenkomplex. Bzw. u.v.a. auch der Wunsch nach dem Mann als »Anhängsel des Penis« (Freud, GW X, S. 405), ja da rauscht an Alldeutigkeit jetzt natürlich schon wirklich ziemlich viel und sehr romantisch durcheinander.

»Die Allgewalt der Liebe zeigt sich vielleicht nirgends stärker als in diesen ihren Verirrungen«, subsumieren ahnungsvoll die genannten »Drei Abhandlungen zur Sexualtheorie«. Der dem Penis- reziprok überaus denkbare adäquate Gebärmutterneid fehlt trotzdem noch bei Freud wie bei Dorsch und Laplanche/Pontalis. Aber: Es gibt immerhin ein Äquivalent. Es wird Freud nicht nur seit fast hundert Jahren allseits forsch aufgeschnappt und fleißig fortgedacht, es wird Freud auch da und dort sogar genial-genital gekontert; so z. B. von der bekannten Dorothee Sölle, die in ihren Memoiren von 1995 nicht nur Freuds bekanntes »Wo Es war, soll Ich sein« souverän vorandenkt dergestalt, es gebe aber auch »ohne Es kein Ich-Du«, mit ihrem Mann und Ex-Pfarrer Fulbert Steffensky nämlich; tapfer stellt Sölle a.a.O.

auch fest, Männer litten allesamt (auch Fulbert?) unter: »Misogynie, Gebärneid und Angst«.

»Was will das Weib?« (S. Freud). Was meint es mit Gebärneid? Nun, es meint sicher den Penislosigkeits-, im Volksmund genannt Klitorisneid.

»All die Wirrnisse zwischen Ödipus-Komplex und Kastrationskomplex, zwischen Narzißmus und Objektbeziehung« lassen die Autoren Lisa Appignanesi und John Forrester (Die Frauen Sigmund Freuds, München 1994) vermuten, sogar Freud habe vermutet, daß seine »säkulare Kreation«, der Penisneid, »fixe Idee« sein könnte. Mithin: Zerebrale Latenzphase. Das wäre eine Lösung.

Der wie bekannt gleichfalls polyvalent einsetzbare »Minderwertigkeits-« bzw. »Inferioritätskomplex« stammt dagegen nicht von Freud; sondern von Alfred Adler, weiß der Geier, auf dessen Komplex kommen wir am Ende zurück –

– der sogenannte »Mutterkomplex« aber hat überhaupt nichts mit Abel und Gertrud zu tun; sondern mit dem Herrn Jesus und seinem dauernden Saugen an Maria, im Volksmund genannt »Mizerl«.

Ursprünglich wollte der Freudsche Terminus der intrapsychischen »Trauerarbeit« aus dem Jahr 1915 (in: Trauer und Melancholie, GW X, S. 442 ff.) ja wohl nur und übrigens begriffslogisch durchaus anfechtbar auf den dynamischen, aktiven, keineswegs nur kontemplativen, eben »psychisch verarbeitenden« Charakter von Trauer im Sinne einer »selbsttätigen Milderung des Schmerzes« (Laplanche/Pontalis, S. 512) aufmerksam machen. Über seine spätere traurige Karriere hatten wir uns teilweise schon im Einleitungskapitel dieser Kulturgeschichte über die spezifische und recht obskure doppelmitscherlichische »Unfähigkeit zu trauern« lustig machen müssen. Andere recht ursprungs- und sinnentrückte Exempel des hochmögenden und letztlich schon bei Freud ziemlich bastardischen Trauerarbeits-Doppelmoppels sind im »Dummdeutsch«-Wörterbuch von 1985 (Neuausg. 1993) zusammengetragen: Von Hermann Glaser über Hellmuth Karasek bis zu einem Buchhandlungs-Schaufenster in Frankfurt, das seine ausgestellten Mitscherlich- und Giordano-Schwarten mit einer schwarzen und weißbestickten Fahne »Trauerarbeit« schmückt, wälzt sich da die unübersehbar gewordene Schlange der Fehlbenutzer des Worts und der mählich daraus erwachsenen »Idee ›Trauerarbeit‹«, von der Michael Rutschky spöttisch spricht (Das Wörterbuch des Gutmenschen, hrsg. von Klaus Bittermann, 1994, S. 153 ff.). Von der »Grande dame der deutschen Trauerarbeit« (ein von Rutschky erfundenes Bundesadelsamt ebd.) Margarete Mitscherlich wird als Definition dieser »Trauerarbeit« (in ihrem Buch »Erinnerungsarbeit«, 1987) einerseits ein »Lernprozeß des Abschiednehmens« (S. 16) vorgeschlagen, andererseits ein »Lernprozeß im Abschiednehmen« (S. 23); von ihr und ihrem Abschiedgenommenen über die Evangelische Akademie in Tutzing bis zum theoretisch eh völlig unbedarften modernen Fernseh- und auch »Therapeutenpack« als einer »besonders aktiven Fraktion des Gutmenschentums« (ebd.) wälzt es sich und grunzt seit knapp drei Jahrzehnten vor sich hin aus dem Maule allzeit »korrekter Trauerarbeiter« im Zuge einer speziell deutsch-linken political correctness und Karrierequassligkeit – mit Freuds Begriff hat das alles meist nicht das mindeste mehr zu tun, kaum mit dem eh meist, wir haben es gesehen, komplett unverstandenen, ja ungelesenen Mitscherlichschen Trauerunfähigkeitsbuch von 1967 – nein, zum eigenen Stichwort im Duden und Volksbrockhaus hat es die Trauerunfähigkeit zwar noch nicht gebracht, dafür aber um so hemmungsloser zum Allzweck-Ticket für inzwischen alles und jedes: z. B. für ein Seminar für 1050 DM und unter dem Stichwort »Trauerarbeit bedeutet über die Schwelle gehen. Mit Imagination, Ausdruckstanz, Drama und Gestaltarbeit. Leitung Henry G. Titze, Autor, Psychotherapeut und Renate Fischer-Titze, Dipl.-Psychologin« (Süddeutsche Zeitung, 29. 1. 1994; s. Rutschky, S. 159).

Hier ist Polen natürlich komplett und restlos und allseitig offen – im allgemeinen hält sich die »Trauerarbeit« dann aber doch noch an den Polenüberfall 1939 und dessen inständiges Eingedenken durch Linda Reisch, Frankfurt 1989 ff. – und insgesamt an die »Bußpredigt« (Rutschky), als welche die – eher eingebildeten – Leser 1967 das obskurantisch volksseelenpsychologisierende Mitscherlichbuch errafften.

Die von Alexander und Margarete Mitscherlich dort bei den Deutschen von 1945 ff. vermißte Trauerarbeit könnte übrigens auch auf die durchaus intelligente Frage hinauslaufen, ob da »absichtliche Weigerung zu trauern« waltete oder vielleicht auch »Ausdruck einer echten Gefühlsunfähigkeit« (Hannah Arendt, 1951), also eigentlich eine besonders glaubwürdige Trauerarbeit des Sinns, »den Tod zu töten« (Daniel Lagache, Le travail de deuil, 1938), aber vergessen wir das. »Trauerarbeit«: Die physikalisch vielleicht schon bei Freud nicht ganz haltbare Akzentuierung des energetischen Gehalts von Trauer degenerierte zum Doppelungestirn seines gleichwohl fehlenden Gehalts.

»Trauerarbeit« bedeutete nach 1967 vor allem und mit einem gewissen »eigenen Machtanspruch« (Rutschky) den unverbrüchlichen und allerdings auch mit allerlei Nützlichkeits- und Karriereoptionen ausgestatteten Willen zur meist sozusagen blind gebuchten Trauer irgendwie als Wundertüte samt Erlesenheitsambition – bis hin zu dem nur noch schwer begreiflichen Weiterentwicklungsvorgang, daß schon um 1980 ff. auf einschlägigen Symposien Opern- und Konzertkritiker ihre eigene Arbeit wesentlich als »Trauerarbeit« neudefinierten – auf Nachfragen, wie denn das gemeint sei, war allerdings partout keinerlei plausible Auskunft zu erhören – dafür liefen damals und in der weiteren Folge auch noch gewisse alternative Reisen unter »Trauerarbeit«, und zwar keineswegs nur solche, welche Luise Rinser u.m.a. nach Auschwitz oder wenigstens bis Buchenwald führten, sondern auch jene in die Toscana und in die damals ohnehin von Björn Engholm u. ä. stark frequentierte Ägäis.

Jawohl, es war die Trauerarbeit seit damals peu à peu fortschreitend nicht nur »ein mehr als arg strapaziertes Wort« (Schneider, S. 102) geworden, praktisch schon identisch mit »Psychoanalyse« (ebd.); sondern der letzte Schlußstein im Wiedergutmachungsgebäude der einst von Hannah Arendt (cit. nach Schneider, S. 120) als »Inbegriff moralischer Verwirrung« bezeichneten In-, ja Perversion dergestalt, »daß sich im Deutschland der Nachkriegszeit diejenigen, die völlig frei von Schuld waren, gegenseitig und aller Welt versicherten, wie schuldig sie sich fühlten« (Nach Auschwitz, 1989) –

– ganz so paradox, mit protopsychoanalytischem Blick betrachtet, ist das freilich nicht.

Daß auch der Freudsche Zentralbegriff der »Verdrängung« häufig mit dem der »Verleugnung« konfusioniert wird, haben wir gleichfalls schon im Bucheinleitungskapitel über die begrifflichen Hitler-Folgen tangiert – leicht zu verwechseln ist diese von Freud weitschweifig beschriebene »Verdrängung« aber auch mit der komplementären »Abwehr«, deren beider Verhältnis und Unterschied Freud selbst vor allem in der Schrift »Hemmung, Symptom und Angst« aus dem Jahr 1926 (GW XIV, S. 196) ausleuchtete. Der »Abwehr« widmete sich forciert Freuds Tochter Anna, mit möglicherweise etwas kryptischen Darlegungen – aber auch vorher schon scheint die Lage recht unübersichtlich. In der Sigmund Freudschen »Zensur«-Schwellenmetapher vom Übertritt des Unbewußten ins Bewußte, dargestellt vor allem im Aufsatz »Das Unbewußte« von 1915 (GW X, S. 280 ff.), könnte die Abwehr gleichsam die Verdrängung schon vor dieser Barriere sein, als Einsatz der überichverpflichteten Kontroll-Wachpolizisten, während die Verdrängung dem schon Bewußten gilt; andererseits verwendet Freud »Sexualabwehr« und »Sexualverdrängung« z. B. im Leonardo-Aufsatz von 1910 offenbar völlig kongruent; und drittens sehen die Nachschlagewerke es ohnehin etwas anders:

»Abwehr«, kurzdefiniert der neue Brockhaus 1993, sind »Verhaltensweisen, durch die ein Mensch oder ein Tier Gefahren oder Bedrohungen von sich abzuwehren versucht.« Und: »Abwehrmechanismen« bezeichnen »in der Psychoanalyse Techniken des Ich, Konflikten infolge vom Über-Ich nicht gebilligter Triebregungen auszuweichen.«

»Verdrängung« dagegen hält der Brockhaus »in der Psychoanalyse für einen Abwehrmechanismus, bei dem nicht akzeptierbare bzw. unerträgliche Triebregungen, Erlebnisse und Erinnerungen vom Zugriff des Bewußtseins ausgeschlossen werden, aber im Unbewußten weiterwirken und sich in Träumen, Fehlhandlungen und Krankheitssymptomen äußern.«

Also auch die Verdrängung vorbewußt – und nur eine Abteilung des Dachverbands »Abwehr«, den Sigmund Freud wohl erstmals mit den »Studien über Hysterie« von 1895 unter dem Stichwort »Abwehrneuropsychose« angeht? Anna Freud (Das Ich und die Abwehrmechanismen) 1964 sieht es, Sigmund zitierend, ab 1936 so, daß die Abwehr »die allgemeine Bezeichnung für alle die Techniken sein soll, deren sich das Ich in seinen eventuell zur Neurose führenden Konflikten bedient«. An anderer Stelle: »Die Abwehrhaltungen, die sich unter dem Druck der Angst vor der Triebstärke ausbilden, sind dazu bestimmt, diese Scheidung zwischen Ich und Es aufrechtzuerhalten und den Bestand der neu aufgerichteten Ich-Organisation zu sichern.«

Haben wir das ganz genau verstanden? Oder andersherum: Glauben wir das auch alles? Wenn nicht, macht's auch nicht viel – in der schriftlichen Praxis, der wissenschaftlichen wie der populären, zischt und schwallt da heutzutage offenbar eh schon fast alles durcheinander bzw. ist es sich eh eher gleich und wurscht. Da ist vermutlich die Abwehr das Gehupfte und die Verdrängung das Gesprungene und die Verleugnung wird dann halt das Ei des Judas (s. oben) sein. Und die »Verwerfung« (Die Abwehr-Neurosen, 1894, GW I, S. 72 ff.) das Gelbe vom Ödipus, damals, als er rechtzeitig die unerträgliche Vorstellung »mitsamt ihrem Affekt« (a. a. O.) sausen läßt, nach Jokasta auch den Tiresias-Freud noch zu bespringen.

In seiner vorgenannten, ursprünglich 1915 in der »Zeitschrift für Psychologie« veröffentlichten Schrift »Das Unbewußte« (GW X, S. 292 ff.) redet Freud von der »Abwehr« als der »Prüfung« (Zensur), welche über die »Bewußtseinsfähigkeit« des bis dahin Unbewußten entscheidet; der Terminus des »Unbewußten« ist dabei von Carl Gustav Carus (1847) entlehnt. »Die Systeme Bw und Ubw« konkurrieren in diesem Modell sozusagen um den Realitätsprimat – im gleichen Aufsatz rätselt Freud auch davon, daß die »Verdrängung« als »verdrängte Vorstellung im Ubw aktionsfähig bleibt« – im Sinne einer »Dynamik«, welche Freud im Zuge seiner Neurosentheorie dann u. a. auch als »Verschiebung« (erstmals wohl im Brief an Josef Breuer vom 29. 6. 1892) bezeichnet, ein Viertes also offenbar neben jenem Trio »Verdrängung«, »Verwerfung« und »Verleugnung«, das nicht nur, wir haben es im Eingangsaufsatz gesehen, die Mitscherlichs ziemlich wahllos und nach Laune, Libido und libitum durcheinanderschütteln sollten. Auch beim Altmeister selbst, kaum ist die Katze Zensur aus dem Haus, tanzen ziemlich wild die Mäuse.

Im wohl zentralen Aufsatz »Verdrängung« (GW X) gleichfalls von 1915 führt Freud die Begriffssystematik von »Das Unbewußte« vielfältig aus und fort, unter anderem mit einer Differenzierung nach der »Urverdrängung« hie und der »eigentlichen Verdrängung« dort, nämlich »bei den Psychoneurosen«; mit der Kernaussage, daß derart der ursprüngliche und abgewehrte »Trieb in Angst verwandelt« (a.a.O.) wird. Während bei Schopenhauer, den man heute als Vater der Verdrängungstheorie favorisiert (s. Marcel Zentner, Die Flucht ins Vergessen, 1995), der Mensch »im Wahnsinn Erleichterung findet«. So oder so, und auch wenn Dorsch wie Laplanche/Pontalis die Begriffe als säuberlich getrennte Kategorien aufführen, allzu präzis und einleuchtend wird jedenfalls bei Freud auch schon nicht geschieden zwischen »Abwehr« und »Verdrängung« und »Verleugnung« – auch nicht bei den Folgetätern, bei Dorsch z. B. wird die »Verleugnung« von Realität als »Quasi-Abwehrmechanismus« vorgestellt – wobei man sich schon über den von Anna Freud 1936 eingeführten Terminus »Mechanismus« wundern darf, denn ihrer Beschreibung nach ist es ja mehr eine große Mechanik bzw. eine Technik.

Aber Anna Freud ist heute praktisch genauso sakrosankt und hagiografisch geschützt; kritisch tabu wie ihr inzwischen schon mehr als hundert Jahre lang autoritativ amtierender Herr Vater.

»Hunderttausend Köpfe und Mägen leben von dem Namen Plato«, weiß Egon Friedells »Kulturgeschichte der Neuzeit« schon 1927. Und inzwischen wahrscheinlich noch mehr von dem deshalb wahrlich hagiolatrisch entzogenen, ja entrückten Freud sowie seinen unmittel- und mittelbaren Folgen. Innerhalb der Psychologie und ihrer ca. 300 konkurrierenden Therapien formiert insbesondere die Psychoanalyse auch deshalb mehr oder weniger seit Anbeginn eine ziemlich exklusivhermetische Zunft, in welcher Kritiker und Skeptiker, wie man allseits liest, so traditionell wie verständlicherweise nur ungern, nein überhaupt nicht geduldet werden. Vornehmlich dann, wenn sie schon gar zu anmaßend von außen her sich Gedanken machen, nicht zur Zunft sich zählen. Kaum jemand hat das zuletzt langjähriger und leidgesättigter erfahren müssen als der hauptamtliche Literaturkritiker und Wissenschaftsjournalist Dieter E. Zimmer, insofern er in der »Zeit« und sodann gesammelt in dem Buch »Tiefenschwindel« (1986) über die etwas schamanische Wissenschaft von der Psychoanalyse und den ihr angeschlossenen Betrieb berichtet – und dabei nichts als Haß und Undank erntet. Obschon er, Zimmer, nicht mal so komplett zum Verächter und Feind des Gründer- und Übervaters rechnet. Wohl schon dadurch sich aber verdächtig macht, daß er darauf besteht, daß »so viele Gespräche über Bewußtes und Unbewußtes schnell in einem semantischen Irrgarten« (Zeitmagazin 11/1985) sich verlaufen. Es bleibt scheint's dabei: »Psychoanalyse ist mehr eine Leidenschaft als eine Wissenschaft« (Karl Kraus). Und eben deshalb so leidenschaftlich hermetisch-hermeneutisch. Die Dehnbarkeit und strukturell romantische Allbedeutung von Wörtern und Begriffen führt da ja nicht nur dazu, daß aus dem vorerörterten Ödipus »der Menschensohn« (also eigentlich Jesus, nicht Judas!), letztlich »der Mensch an sich« (Bollack) wird. Sondern irgendwie durch seinen Verzicht bzw. Nichtverzicht auf die Mutter resp. durch seine spätere Einsicht in die Notwendigkeit des Triebverzichts der Vater aller Sublimation = Kultur. Obwohl doch wohlweislich fehldeutende Nachfolger von Wilhelm Reich bis Herbert Marcuse aus Freud ja angenehmerweise lieber den freiheitlich-antibürgerlichen Affekt herausgelesen haben. Und vor allem den Apostel der sexuellen Befriedung und Befreiung von allen Restriktionen. Den Mißverständnisangeboten sind da seit spätestens Fritz Wittels' erster Freud-Biografie von 1927 offenbar keinerlei Zensurschranken gesetzt.

Alles begann wohl mit der Einführung des Begriffs »Abwehr« 1894 durch Sigmund (eigentlich: Sigismund) Freud selber. Gemeint war ursprünglich das Sich-Sträuben gegen peinliche oder unerträgliche Triebregungen, Affekte und Vorstellungen samt allen möglichen pathologischen Folgen: von der Verdrängung und Autoaggression bis zur Rationalisation und Sublimation – und damit war die »Abwehr« zweifellos überlastet. Denn damit wurde sie für gar zu viel, für praktisch alles zur Verantwortung gezogen. Und gleichzeitig mit einer ihrer Folgen – der Verdrängung – allzu verunklarend verheiratet.

Man braucht keineswegs so weit zu gehen wie 1975 Peter Medawar und in der psychoanalytischen Theorie die größte intellektuelle Betrügerei des Jahrhunderts erwittern: mildest gesprochen verwirrt und verärgert v. a. ihre entweder noch kinderkrankhafte oder schon vergreiste Begrifflichkeit. Eine jüngere Fachkraft, der Schriftsteller und praktizierende Psychoanalytiker Peter Schneider, verweist (S. 124) im Sinne der Begriffsentknäuelung auf einen Brief Sigmund Freuds an Fließ vom 6. 12. 1896, an dessen Ende die im übrigen bereits von Schelling im Sinn von Anamnese begrifflich verwendete »Verdrängung« als die »pathologische Abwehr« gefaßt wird, also im Unterschied zur offenbar gesunden, jener, die im Interesse des Über-Ichs und im Sinne Anna Freuds die Scheidung zwischen Ich und Es aufrechterhält – zu fürchten ist, daß auch hier auch Sigmund Freud nicht so ganz genau wußte, wovon genaugenommen er spekulierte und lehrte, und daß die terminologische Scheidung die Mißverständnisse nur so und so vermehrt.

Ausnahmsweise kaum mißverstanden wurde insgesamt die Freudsche Theorie von Komik als ein Pendant und Produkt sozusagen ausformulierter »verdrängter« Bilder und Ideen – und insbesondere allzeit recht gut begreiflich und plausibel erwies sich seit der Jahrhundertwende der Freudsche Versprecher vulgo bei den Alten lapsus linguae – als eine besondere und häufig recht dichte Mixtur aus Verdrängung, Verleugnung, Verneinung und vor allem (alb)traumhafter Verschiebung, welche allesamt laut Peter Schneider wieder auf »Abwehrstrategien des Subjekts« (S. 14) deuten. Allerdings mißverstand Freud insofern das Komische dann in gewisser Weise doch, als er stets recht infantile, regressive, insofern wiederum fast pathologische Prototypen als seine Lieblinge anführte, z. B. das Heinesche und eher schulmäßige »Famillionäre« der Rothschilds; und auch sein liebster lapsus linguae und nämlich animae, der vom »Vorschwein« (GW XI, S. 35), der als rednerische Fehlleistung das zum Vorschein Gebrachte als etwas offenbar recht Schweinisches und deshalb von den Abwehrmechanismen lang Verheimlichtes offenbart, ist unter den bekannteren Exemplaren nur das zweitschönste; König im Gesamtstaat dieser »bolschewistischen Schweinerei« (so die Goethepreis-Kuratoriumsverwahrung 1930, präventiv bei Freud allerlei Arges fürchtend) ist der sicherlich nicht erst von Axel Marquardt (Sämtliche Werke, Bd. 1, 1988) erfundene und zu Papier gebrachte »Heranwichsende«, welcher allerdings wie mühelos und nebenbei auch Freuds Herkunftsvermutung und Krankheitsbild transzendiert und überholt: Hier kommt nichts pathisch Verdrängtes mehr zum Vorschwein, sondern korrigiert wird ein Mißgriff der Wortgeschichte selber. Er hätte früher auffallen müssen. Ist doch dem Milchig-Halbdurchsichtigen des Wachs eine geradezu spermatologische Ähnlichkeit zum Wichs so unverkennbar wie längst überständig, weiß noch einmal der Geier – auf dies trübe Freudsche Geier-Kapitel kommen wir gleich zurück; die noch dunklere Sache mit dem »Wolfsmann« aber sparen wir, um uns etwas zu schonen und unsere »moderne Nervosität« (Freud) nicht noch mehr anzuheizen, hier lieber aus.

Am Beginn der Psychoanalyse stand, wir haben es gesehen, der Begriff der Hysterie – und er blieb, vom Start im Jahre 1895 weg, ein Spitzenreiter auch im Verwirrungsstiften. »100 Jahre Psychoanalyse – Hysterica als Mitbegründerin« betitelte am 25. 10. 1995 die »Neue Zürcher« nicht ohne Bosheit ihren Bericht über die stattgefundenen Feierlichkeiten zum Säkulartag jenes 24. Juli 1895, an dem Freud in der Wiener Vorort-Villa Bellevue durch den selbstgeträumten »Traum von Irmas Injektion« den Schlüssel zu seiner Traumdeutung gefunden zu haben glaubte – »100 Jahre Hysterie« nannte sich deshalb sehr zu Recht die Zürcher Feier- und Gedenktagung – nicht jeder Teilnehmer wußte wohl genau, wie gerade dieser Begriff von Beginn an für allerschwerste Verstörung als wortgenetische Mißverständlichkeit gesorgt hatte: Im Herbst 1896 hatte Freud vor dem Verein der Wiener Ärzte einen Vortrag über männliche Hysterie gehalten. Ein alter Chirurg, berichtet Freud selbst, habe höchste Bedenken gegen die Fusion Mann–Hysterie formuliert: »Wie können Sie einen solchen Unsinn reden«, habe er gerufen, »hýsteron heißt doch Uterus! Wie kann dann ein Mann hysterisch sein!« – und hier lag offenbar gleich wieder eine mehrfache Interferenz vor: Erstens der Kurzschluß, eine Krankheit, weil sie etymologisch mit Weiblichkeit und Uterus zusammenhängt, substantiell als etwas Feminines rückzudeuten; und zweitens macht Freud selbst darauf aufmerksam, daß das »hýsteron« (sic!) in Wahrheit als ein griechisches Wort für den Uterus »hystéra« heißen müsse. Sodann: Noch Plato hielt die Gebärmutter ja für ein Tier – noch bis ins 17. Jahrhundert hinein glaubte man, sie könne im Körper herumwandern. Typisch weiblich und hysterisch!

Leichte Protest-Hysterie aber drohte auch hundert Jahre später aus einem gänzlich gebärmutterfernen Grund nach einem Bericht der FAZ (15. 11. 1995) auszubrechen, als bei der Zürcher Zentenartagung über Hysterie der Wiener Philosoph Walter Seitter »unbeirrt vom Tagungsthema eine kunsthistorische Betrachtung der niederösterreichischen Pfarrkirche zu Schöngrabern aus dem dreizehnten Jahrhundert wagte, ohne auch nur einmal explizit auf die Hysterie Bezug zu nehmen«. Und das verletzt ja nun wahrhaft hysteriefeindlich jeden psychoanalytischen Minimalcodex!

Freuds Aufsatz »Eine Kindheitserinnerung des Leonardo da Vinci« von 1910 (GW VIII), ursprünglich abgedruckt in Heft 7 der »Schriften zur angewandten Seelenkunde«, erörtert, zurückgehend auf Giorgio Vasaris Erzählung, im Sinne von Freuds »infantiler Sexualforschung«

(auch dies ja ein nolens mißverständlicher, auch unfreiwillig selbstreferentieller Begriff) Leonardos frühes Interesse für den Flug des Geiers im Verbund seiner frühen Erinnerung: »Als ich noch in der Wiege lag, ist ein Geier zu mir herabgekommen, hat mir den Mund mit seinem Schwanz geöffnet und viele Male mit diesem seinem Schwanz gegen meine Lippen gestoßen« –

– versteht sich, daß Freud diese »Geierphantasie« als »Vorstellung einer Fellatio« im Sinne von Richard v. Krafft-Ebings schon älterer »Psychopathia sexualis« (1886) versteht; nämlich einerseits »als eine Reminiszenz an das Saugen – oder Gesäugtwerden – an der Mutterbrust«; andererseits als Leonardos Umarbeitung zu einer »passiven homosexuellen Phantasie«. Alles recht und schön, wäre es nicht zu einer (inzwischen ihrerseits von Kurt Robert Eissler angeblich widerlegten) Widerlegung von Freuds Leonardo-Studie durch Meyer Schapiro gekommen; nämlich zu einem offensichtlichen und Freud sogar vorab bekannten und »ziemlich peinlichen« (James Strachey) Übersetzungsmißverständnis rund um das Leonardosche »nib(b)io« als im Sprachgebrauch der Zeit »Hühnergeier«, heute geläufiger als »Gabelweihe« bzw. »Milan«. Wissentlich schob Freud entsprechende Falsifikationen beiseite, weil sie ihm nicht ins geiersexuelle Konzept paßten. Mit dem Geier ist es ja zudem so eine unklare Sache. Eben bei den von Freud reklamierten alten Echnaton-Ägyptern (s. Friedell, Kulturgeschichte Ägyptens und des alten Orients) ist er die Hieroglyphe ja nicht allein für die Mutter und die Mütterlichkeit (das hätte Freud natürlich sehr gepaßt). Sondern leider auch für die Göttin Mut. Der Falke steht dort für Herr – die Dohle aber noch keineswegs für Franz Kafka.

Freud selbst sieht es etwas andersrum: »In der heiligen Bilderschrift der alten Ägypter wird die Mutter allerdings mit dem Bilde des Geiers geschrieben« (a.a.O.). Und: »Die Ägypter verehrten auch eine mütterliche Gottheit, die geierköpfig gebildet wurde.« Und: »Der Name der Göttin wurde Mut ausgesprochen.« Zufall? Mutterbezug? Der Schwanz als transsexualisierte Brustwarze im Sinne der Fellatio? Bare Tüfteleien und Alles-Projektionen? Die Sache mit dem Geier scheint Freud selber nicht recht geglaubt zu haben. Auf eine Bemerkung von Havelock Ellis gibt er in einer Fußnote der Version von 1919 an, »der große Vogel brauchte ja gerade kein Geier gewesen zu sein.«

Allzu häufig operierte Freud insgesamt pro domo seiner Erfindung, genannt Psychoanalyse, sei's »wider besseres Wissen« (M. Stingelin), sei's im Schwung der nicht immer wissenschaftlich redlichen Begeisterung, seiner aber mehr theoriefixierten furor sanandi. Wohl entzauberte Freud, vorzüglich in »Die Zukunft einer Illusion« (GW

VIII), die (christliche) »Religion als eine individuelle Zwangsneurose«; daß aber seine eigenerschaffene Psychoanalyse rasch mehr als parareligiöse und insofern auch die Züge von »Zwang, Paranoia und Perversion« annahm, entging ihm offenbar. Neurotische, vor allem als zwanghaft apologetische: als Revierverteidigung der eigenen neuen Priesterkaste, bald schon möglichst verbunden mit der z. T. angemaßten, z. T. schwer widerlegbaren Opferlammrolle der Psychoanalyse spätestens mit dem Beginn der Naziherrschaft – als probates Komplement des von M. Mitscherlich so oft bemühten »Sündenbocks«. Die unbeabsichtigte oder auch beabsichtigte Verschleierung im Begriffsrepertoire stellte bei alledem von Beginn an ein wichtiges Strategem. Wie vagierend und fast flunkernd fluktuierend Freud die Begriffe »Abwehr«, »Verdrängung«, »Verleugnung«, auch »Verneinung«, »Verschiebung« einsetzt bzw. neu erfindet, haben wir mehrfach gesehen. Der Übervater der Disziplin redete seit 1923 vom »Über-Ich«, aber auch vom mehr oder weniger identischen »Ich-Ideal«. Unklar und leicht schwebend bis hin zum vollends Mißdeutbaren sind meist auch die z. T. recht eigenwilligen, ja neologistischen und als solche leicht inflationären Freudschen Begrifflichkeiten rund um die »Abirrung«, wie sie sich z. B. in »Drei Abhandlungen zur Sexualtheorie« bekunden: von der »Perversion« (Abweichung) zu der »Inversion« (nicht »Introversion« – diese nicht zu verwechseln mit »Internalisierung«!), von der »Regression« und der »Reaktionsbildung« – gewiß, jede Religion hat ihre autogene priester- und gläubigen- und magiebildende, nicht unbedingt rationale Eingeweihtensprache, wie die Theologie so die Medizin und die Juristerei (der universelle Faust muß förmlich in diesem Intimsprachen-Dschungel verlorengegangen sein) – bei Freud mystelt's und wabert's womöglich noch kabbalistischer und allfältiger, noch seine Definition des Wortes »Symptom« als »Erinnerungssymbol« (1896) mahnt ja überaus eigenwillig.

Es ist nicht zuletzt auch dieses kühn-spekulativ Sprachinnovative und gewissermaßen Neologismenfreudige, was »die Schriften Freuds so spannend zu lesen macht« (Neue Zürcher Zeitung, 25. 10. 1995) – andererseits haben diese stets an den Rändern der Wissenschaft und manchmal nahe an deren delirium tremens angesiedelten Schriften eine Inklination zum Redensartlichen, Sprichwörtlichen; und in diesem Fall selbstverständlich abermals Falschen und Verfälschenden. Ad usum delphini – wir hatten den Fall bereits spektakulär bei der doppelmitscherlichischen »Unfähigkeit zu trauern«, die, wenn überhaupt, ja mehr die Unwilligkeit bzw. die »Unmöglichkeit« (Caroline Neubauer in der FAZ vom 12. 4. 1996), die »Trauerphobie« (a. a. O.) im Sinn und in der Optik hat. Beliebigkeit der Verwendung ist vielen Freud-Termini und -Titeln eigen.

»Das Unbehagen in der Kultur« (GW XIV) nannte Freud seinen bedeutenden Aufsatz aus den Jahren 1929/30, und gemeint war damit unter anderem und vielem und vor allem, daß die »uns wohlbekannte Sublimierung«, nämlich die »Triebsublimierung als ein besonders hervorstechender Zug« (Freud läßt aber auch wirklich kaum einen lapsus animae als Metapher aus) »unserer Kulturentwicklung« eben diese Kultur trage; welche aber in der Folge dessen in einem Ausmaß auf Reglementierung, auf Repression, »auf Triebverzicht aufbaue«, daß dies der Sache selbst nicht mehr recht dienlich sei; daß diese auf »Unterdrückung und Verdrängung« gegründete »Kulturversagung« (auch nicht ganz eindeutig, was Freud hier sagen will: Versagt die Kultur? Versagt sie uns was? Ist der Doppelsinn gemeint?) den Interessen, den »sozialen Beziehungen der Menschen« nicht länger zustatten komme. Weil sie eben dem Trieb die naturhafte Befriedigung entziehe. Mit der Folge, daß solche Versagung die libidounterdrückende, auf Sublimationszwang gegründete Idee Kultur gewissermaßen eo ipso doch als solche widerlege. »In welchem Ausmaß die Kultur auf Triebverzicht aufgebaut ist, wie sehr sie gerade die Nichtbefriedigung von mächtigen Trieben zur Voraussetzung hat«, gehe eben aus »dieser Kulturversagung« hervor, die er, Freud, »Unbehagen« nennt. Zu viel Schuld- und Reuebewußtsein, zu große Spannung zwischen Ich und Über-Ich, zu einseitige Aggressionsbekämpfung im Sinne der kulturellen Sublimierung knüpfen gewissermaßen als vitale Sehnsucht an die Lateinerweisheit an, daß ja eigentlich von Haus auf in vorkultureller Zeit homo homini lupus sei.

Freud: »Der Preis für den Kulturfortschritt« werde bezahlt mit »der Glückseinbuße durch die Erhöhung der Schuldgefühle«. Speziell mit dem Christengebot der Nächstenliebe stelle »das Kultur-Über-Ich« schon gar zu »strenge Idealforderungen«; kassiert würden diese Kulturstrebungen »neurotisch«; in Form von Unruhe, Angst, Gewissensangst; eben dem, was hier als »Unbehagen« subsumiert wird. Das ficht aber die Zeitgenossen und vor allem die Nachgeborenen zumeist nicht weiter an, herausgehört wurde aus dem Freudschen Titeletikett auf schon recht verwahrloste Manier sofort alles und jedes: die Freudsche Abkehr von der revolutionär lustbezogenen Triebtheorie (die gab es streng genommen eigentlich nie) wie seine Statuierung des Prinzips Todestrieb-Thanatos (die steht aber nicht in dem Aufsatz, sondern erfolgte, wenn überhaupt, zehn Jahre früher); herausgehört wurde alles vom (dem ging es eh auch nicht besser) Untergang des Abendlands bis zum Anschauen besonders leidiger Fernsehsendungen oder dem dauernden Lesen des aufs unbehaglichste nicht und nicht aufhörenden »Zeit«-Kulturteils und wie schlecht einem davon auf Dauer dauernd wird – kurz, aus Freuds gedankenreich-stringentem Essay erfolgte wohl stante pede seine sinnzerstäubende Degradierung zum volljournalistischen Schmarren, der, wir haben es in diesem Buch ja immer wieder verfolgt, noch jeden präzisen Gehalt zum mehr oder weniger autonomen Quark einebnet; wenn diese unebene, ja geradezu gebirgige Metaphorik zum ohnehin schon dissoluten Schluß erlaubt ist.

Nur Erica Jong geht noch eins weiter. Sie speziell weiß noch genauer, was von Freud angesprochen war: Monogamie, die Zumutung auch, im Sinne ihres weltberühmten Spontanficks vom falschen Manne heimgesucht zu werden: »Das nennt man das Unbehagen in der Kultur«. Will sagen: die Verweigerung des allgemeinen und jederzeitigen Rammelrechts.

Und das hat Freud ja letztlich auch gemeint. Und sich nur noch nicht sagen dürfen traun.

Nach Prof. T. Gold benannt ist der sozio-anthropologische Trugschluß des »Gold-Effekts«, meint: »Ist ein Unfug erst mal in den Köpfen, wird er schwer ausrottbar.« Dafür sorgen in rascher Folge Gläubigenkult, Diskussionstabu, Fachjournale, Symposiengeschäftigkeit, Geheimniskrämerei usw. Similia similibus gaudent. Quod licet der div. Theologie, licet und behagt nicht minder der PA-Wissenschaft, die bald immer kühner und auch recht österreichisch ihren Vorteil darin wahrnimmt, Gold-Effekt als Aufwind zu verspüren. Ihre bisher stärkste Waffe ist neben der schieren schlamperten Betriebsamkeit ihrer selbst eine mehr oder weniger elitenhafte Exklusivität und Mystifikationstendenz ihrer Sprache. »Kryptomnesie« sagt die FAZ im Gefolge eines Worts von Walter Muschg (Freud als Schriftsteller, 1956) dem Vokabular und Symbolinstrumentarium der Psychoanalyse und speziell der Schriftkunst ihres stilistisch begabtesten Vertreters nach – und müßte damit eigentlich auf recht offene Ohren stoßen, denn Freud verwendete 1920 im Aufsatz »Zur Vorgeschichte der analytischen Technik« zustimmend gleichfalls den Begriff, der den Metaphern der Analyse selbst ein Unbewußtes nachsagt: Kryptik sozusagen als Geschichte und Endzweck – Kryptik und Kryptomnesie allerdings auch mit dem abermaligen Neben- oder Hauptprodukt von hoher Fehlverständlichkeit.

Fehlverstanden zugunsten eines geradezu magischen wishful thinking wurde nachweislich von Beginn an auch Freuds Name – als symbolisch selbstreferentielle und »gebieterische« (Brigitte Kronauer)

Botschaft von Freude, Lust, Befreiung. Anders als sonst in Österreich war aber dieser nomen ausnahmsweise gar nicht gutes omen. Sondern Trug. Freuds Gegengroßmeister und ehemaliger Protégé, der uns vom Elektra-Komplex her schon vertraute C. G. Jung, deckte ihn im Zuge seines vielbeunkten Zerwürfnistraumas und in der Subfolge seiner entsprechenden – Tod den Verrätern! – Persönlichkeitsdissoziation und jedenfalls im Brief an den ungarischen Schüler fast schon überkompensatorisch auf:

»Ich habe mich nicht beeilt, Freuds letzten Band zu lesen, weil mir sein freudloser Rationalismus immer auf die Nerven ging.«

e. h.

Einstein und Darwin

Ein nahezu naturnotwendiges doppeltes Scheitern

Jahrhundertelang, so unlängst in einer Kurzdarstellung Günter Paul, beruhte das Weltbild der Physiker auf der Newtonschen Mechanik. Deren Grundpfeiler waren die Stabilität und die Unveränderlichkeit von Raum, Zeitablauf und Materie im Kosmos. Mit seiner Speziellen Relativitätstheorie von 1905 gab Albert Einstein diesen Begriffen eine neue Bedeutung: »Raum und Zeit erwiesen sich als zusammengehörige Phänomene, die vom Zustand des Beobachters abhängig sind, und die Masse verlor ihre Universalität durch ihre Konvertierbarkeit in Energie« (Paul) – daraus hervorging die berühmte Formel E = M mal c im Quadrat.

Mit der Allgemeinen Relativitätstheorie von 1916 ging Einstein, so Paul, noch einen Schritt weiter: »Er verknüpfte Raum, Zeit und Materie zu einer untrennbaren Einheit, machte den Raum zu einem Medium mit eigener, von der Materie festgelegter Dynamik. Die Gravitationskraft entlarvte er als eine schlichte Folge der Raum-Zeit-Geometrie« (Paul, FAZ 28. 3. 1996) und legte alle diese Spekulationen und Erkenntnisse noch im gleichen Jahr in dem Grundlagenwerk »Über die spezielle und allgemeine Relativitätstheorie« nieder – die noch keineswegs zuendegedachten und erforschten Konsequenzen dieser säkularen Relativitätstheorie beschrieb zuletzt und gleichsam in der dritten oder vierten nacheinsteinischen Generation der Münchner Physiker und Physikschriftsteller Harald Fritzsch in seinem Buch »Die verbogene Raum-Zeit« (1996).

Zuzeiten hört man das respektberstend raunende Ondit, es gebe auf der Welt nur immer jeweils ein Dutzend Fachleute, welche die Einsteinsche Doppel-Theorie in all ihren Implikationen, Auffächerungen und Konsequenzen mehr oder weniger vollkommen kapierten.

Auch wenn ein damaliger Kollege, der Physiker Gerhard Kowalewski, im Gegenteil davon berichtet, mancher Hörer der Einsteinschen Antrittsvorlesung an der deutschen Karls-Universität in Prag »wird gestaunt haben, daß die Relativitätstheorie etwas so Einfaches ist« (Armin Hermann, Die Jahrhundertwissenschaft. Werner Heisenberg und die Geschichte der Atomphysik, 1977, Neuausg. 1993, S. 27): es versteht sich beinahe von selbst, daß die Geschichte der Relativitätstheorie seit achtzig Jahren in dem Maß Geschichte von Mißverstand und oft groteskem Unverstand und Unfug ist, in dem eben, wenn nicht schon seit Leonardo oder Humboldt und Goethe, so spätestens mit der modernen Physik, Wissenschaft und Popularwissen, die Hegelsche Entfaltung des Geistes und der bequeme Common Sense, hoffnungslos auseinanderklaffen. Es sind Einsteins Theorien nicht mehr oder weniger voraussetzungslos plausible und rezipierbare und noch in der Vereinfachung korrekt vermittelbare wie etwa die Galileis und Keplers und partiell noch Newtons; sondern sie sind so vielverästelt und buchstäblich vieldeutige, daß über und jenseits ihrer objektiven Komplexität und Kompliziertheit im Verbund mit dem neugierschürenden Welterklärungsversprechen ihrer Titelformel das subjektive Chaos eigentlich ja ausbrechen – mußte. Ob es so massiv ausbrechen, ob es allerdings so dick kommen mußte, das ist trotzdem sehr die Frage: an die Physik, an die vermittelnde Pädagogik, an die moderne Medienverwirrwelt, werweiß an Gott.

Es erlaubt die multispektrale Relativitätstheorie bekanntlich zahlreiche Rückschlüsse und daraus sich wiederum polykausalnektisch ableitbare Welterklärungsmodelle: Rückschlüsse auf die Lichtgeschwindigkeit als eine das Kausalitätsprinzip sichernde absolute Grenzgeschwindigkeit; auf die Licht- und Materiestruktur; auf die kosmischen Bewegungen; auf die Zeit-Raum-Relation; auf die umgekehrte Relation von Geschwindigkeit und Zeit; auf die daraus abgeleitete Krümmung des Weltraums; auf die Kosmogenese; vielleicht sogar auf den erwähnten »Gott«, der eben gewissermaßen die Krümmung, die zusätzliche Dimension ist. Objektiver Stand der Erkenntnis und subjektives Erkenntnisinteresse trotz zumindest europaweit steigender Abiturientenzahlen divergieren hoffnungslos und offenbar weit klaffender als im Maß der an Komplexität und permanenter Selbsterneuerung sonst vergleichbaren Nuklearphysik in der Linie der Max Planck und Werner Heisenberg. Wenig, so Armin Hermann, ist von der Einsteinschen Allgemeinen und Speziellen Relativitätstheorie geblieben als halt die Platitüde »Alles ist relativ« – und das trotz oder wohl eher wegen der überaus kommunikativen Reizwortformelhaftigkeit, die eben alles mit allem verquickte. Und das war offenbar schon von allem Anfang an so. Von Lion Feuchtwanger im Roman »Erfolg« von 1928 wird die Relativitätstheorie als »weltanschauliche« (Neuausg. 1989, S. 215) Novität wahrgenommen, gewissermaßen als Ansichtssache, die man wählen könne, wie zwischen Katholizismus und lutherischer Reformreligion. Nicht viel anders verhielt es sich aber auch mit der Relativitätstheorie bei Feuchtwangers Großkonkurrenten Thomas Mann, worüber Armin Hermann in seiner Biografie »Einstein – Der Weltweise und sein Jahrhundert« (1994, S. 234 u. a.) und ergänzend sehr amüsant in seinem Frankfurter Vortrag 1995 Erhellendes mitteilt: Ähnlich wie nach der Verkündigung der Allgemeinen Relativitätstheorie 1916 vor allem britische Journalisten schon per Headline-Balken ausposaunient und überaus szientifisch ihrem interessierten Publikum bekanntgemacht hatten, »die letzten Geheimnisse des Kosmos« seien jetzt »entschleiert«: so faselte der ja auch schon zum Nobelpreis präparierte Thomas Mann kaum weniger schleierhaft, wenn er am 25. 2. 1925 in den »Münchner Neuesten Nachrichten« und dann im kulturpolitisch kanonischen »Neuen Merkur« von Einsteins Patent lesend, sofort und natürlich pro domo mit eben ihm die eigene »seismographische Empfindlichkeit« des gerade fertiggewordenen »Zauberberg«-Romans und seiner Thematik einer speziellen Zeit-Struktur erkenntnistheoretisch bestätigt wähnt und hochgestimmt eine spirituelle Flasche Champagner aufmacht.

Und sich dabei aber kraftvoll täuscht. Nämlich nicht nur, wie Armin Hermann zurechtrückt, nicht im mindesten die mathematischen Voraussetzungen mitbringt, Einsteins Theorie auch nur ahnend zu begreifen. Sondern Thomas Manns Thematisierung der Zeit im »Zauberberg« ist selbstverständlich mitnichten von Einstein beeinflußt noch auch nur zeitseismographisch von der physikalischen Revolution inspiriert und mit dieser affin. Sondern lediglich mit der von Marcel Prousts »Recherche«-Roman, der ja seit 1914 zumindest einigen Eingeweihten sozusagen Thema war und jedenfalls zumindest über die Fama auch an Thomas Mann gelangt sein könnte. Wobei Prousts Thema (samt Romanstruktur) von bewußt und unbewußt wahrgenommener Zeit, also eines sozusagen relativen Zeitgefühls, natürlich auch nichts mit Einstein im Sinn hat, sondern wie bekannt vor allem auf Henri Bergson zurückgeht und seine verschiedenen »Formen« und Anschauungen der Zeit mit ihrem Extrem der »reinen Dauer« als einem außerhalb des menschlichen Verstandes Liegenden; auf Bergson, den Proust 1890 an der Sorbonne belegt hatte und dem er seine zwei »Gedächtnisarten« des Großromans von 1905 ff. verdankt, vor allem die berühmte »mémoire involontaire« als das unbewußte, aber erkennende Weltbegreifen durch die Zeit – und eben dieses Begreifen macht Proust zur künstlerischen Romanmethode selbst.

Und diese Zeit als »Erleben der Seele«: in gewisser Weise ist sie und ihre psychologische Deutung nichts anderes als eine moderne Fortentwicklung und Erfahrensweise der alten Dichotomie bzw. Dialektik von »vita activa« und »vita contemplativa« –

– und hat jedenfalls so wenig mit Einsteins Theorie zu tun wie Manns Roman. Biograf Hermann legt indes Wert auf die gewissermaßen ausgleichende Gerechtigkeit dergestalt, daß umgekehrt Albert Einstein (1879–1955) aber auch von Thomas Mann (1875–1955) und seiner Epik partout nichts erraffte, zu dessen stillgehegtem Schmerz. Und gewissermaßen erst im öffentlichen Kampf gegen den gemeinsamen Feind, den Nationalsozialismus, mit Thomas Mann d'accord ging – den Nazistaat und die Naziwissenschaft, welche als tertium comparationis dreiseitiger Ignoranz dann bekanntlich (siehe dazu auch unser Sammelkapitel über Hitlers Hirnschwurbel) die Einsteinsche Relativitätstheorie als falsch, weil »jüdisch«, disqualifizierten. Und aus dem Munde des Präsidenten der Physikalisch-Technischen Reichsanstalt Johannes Stark »Herrn Einstein« unsterblichkeitlich als »Relativitätsjuden«.

Wie ja aus einem wenn auch weniger barbarischen Mißverständnis heraus Albert Einstein 1921 auch schon der Nobelpreis keineswegs für die Relativitätstheorie zugefallen war, sondern für seine quantentheoretischen Arbeiten, besonders über den sogenannten Photoeffekt (Hermann, Die Jahrhundertwissenschaft, S. 146). Plausibel spottete Wolfgang Pauli 1933 anläßlich des Nobelpreises an den Kollegen und langjährigen Kombattanten Werner Heisenberg, der habe ihn sicher nicht der Quantenmechanik wegen gekriegt, sondern für seine Doktorarbeit beim gemeinsamen Lehrer Arnold Sommerfeld 1923.

Diesen Heisenberg kongenialen und aber erst 1945 mit dem Nobelpreis versehenen Wolfgang Pauli möge man, die Mißverständnisse in Grenzen zu halten, aber bitte nicht auch noch verwechseln mit dem gleichfalls nobelpreisdekorierten Experimentalphysiker Wolfgang Paul noch beide mit dem eingangs zitierten Günter Paul.

Wie um die ohnehinnige Konfusion seinerseits mutwillig zu schüren, hat nämlich schon Thomas Mann in der Gestalt des »Professor Kuckuck« = Einstein die Allgemeine Relativitätstheorie dann auch so erklärt, wie Einstein sie vielleicht dem naseweisen Thomas Mann erklärt hätte. Wobei dieser Prof. Moritz Kuckuck aus dem »Felix Krull« allerdings und wahrhaft zeitverschoben außer Einstein auch noch Schopenhauer, Nietzsche, Wagner, Goethe, Amphitryon, den Teufel, Haeckel und Thomas Mann birgt (s. Hans Wysling, Ausgewählte Aufsätze, 1996) und Einstein nur indirekt, über den Umweg eines populärwissenschaftlichen Schmarrens – genug, statt Einstein zu studieren und möglichst ein wenig zu begreifen, verlegte Mann sich halt lieber aufs Spekulieren und Spintisieren, auf eine erträumte und gar zu schöne Relationship der Relativitätstheorie mit Hans Castorps bergweltverzerrtem Zeit-Empfinden – und so verfahren sie bis heute ja mehr oder weniger alle mit der neuen Wissenschaft – und mit der immer noch revolutionären Einsteins zumal. Als ob sie eine des sympathetischen Gefühls oder eben des Glaubens wäre. »Es gehört zu den großen Mißverständnissen unserer Zeit«, wundert sich Armin Hermann, »daß sogenannte ›Gebildete‹ glauben, eine ›Maschine‹ als etwas Ungeistiges ansehen zu dürfen. Dabei ist eine Maschine ein geistiges Produkt wie eine wissenschaftliche Theorie oder wie ein Kunstwerk« (Die Jahrhundertwissenschaft, S. 247) – und ähnlich unverständig, als ob sie halt Glaubens- oder auch nur Geschmackssache wäre, verhalten sich selbst die Gebildeten bis zum heutigen Tag offenbar mehrheitlich auch hinsichtlich der Einsteinschen Doppeltheorie, gewissermaßen je nachdem sie in ihr etwas Mißfälliges wittern oder etwas Tolles. Blamieren kann sich mit ihr scheint's keiner; auch nicht, wenn er sie »ablehnt«, obschon sie doch schon früh »bewiesen« wurde, am 20. Februar 1920 im Experiment mit der verfinsterten Sonne.

Auch dies, der Ignorantismus, den sie statt Welterweiterung hervorruft, gehört von Anfang an zu den vielfältigen Mißverständnissen und Mißentwicklungen rund um die Relativitätstheorie des Albert Einstein.

Charles Darwin geht es kaum besser. Wie die naturwissenschaftliche Säkularentdeckung des 20. Jahrhunderts war auch die des 19. seither praktisch ununterbrochen der Fehldeutung und den irrtümlichsten Konsequenzbildungen ausgesetzt – möglicherweise eine Art Rache, welche die Menschheit an der Darwin-Spencerschen Evolutionstheorie als an einer der, laut Freud, ihr angetanen vier großen »Kränkungen« nahm: diese durch Begriffsstutzigkeit zurückzukränken. Seltsame Infantilität und Regression als irgendwie sogar recht sublimer Sadomasochismus: Feststeht, daß Darwins Fundamentalwerk »On the Origin of Species by Means of Natural Selection« von 1859, worin sein Autor ein wenn nicht erstes, so doch erstes wissenschaftliches Erklärungsmodell für die Entstehung der Tier- und Pflanzenarten entwickelt und in der Folge die bekannte Degradierung des Homo sapiens zum anscheinend eher kontingenten und jedenfalls der Tierwelt lediglich paritätisch zugehörigen Mitglied der Evolutionsleiter, fast mehr Verschwurbelung in die Hirne z. T. sogar der Fachleute gebracht hat denn Aufklärung, Aufklärung auf breiter Front. Kants lang vorher postulierter und scheint's teilverwirklichter Ausgang aus der selbstverschuldeten Unmündigkeit erzeigte sich hier als Irrweg; der Rückweg zur tierischen Kreatur gewissermaßen als Wiedereintritt in ein nun sogar besonders verwirrsüchtiges Labyrinth.

An unmittelbarem Verständnis wie an Folgerungen. Der Darwinismus – bzw. seine Stiefbrüder, die bald so genannten Sozialdarwinismus bzw. Vulgärdarwinismus – hatte schon bald wenig mit der im Grund von niemandem bestrittenen und nur immer mehr verfeinerten Deszendenz der Arten mehr zu tun; sondern seltsamerweise mehr mit der alten Lateinerfrage, ob der Mensch denn nun erst recht dem Menschen ein Wolf sei; und wenn ja, ob das mehr zu bekämpfen oder vielmehr – jetzt erst recht! – sehr gut sei. Hatten in der ersten Generation die mit Darwin Konfrontierten, die vermeintlich allesamt durch Darwins Lehre Degradierten und insofern Geschädigten, über den von der neuen Wissenschaft veranstalteten Raubbau am Menschen resp. an der hohen Humanität gejammert und schwadroniert: So geht der Streit später und bis zum heutigen Tag im Prinzip darum, ob die Darwinschen Zentralbegriffe der Mutation und Selektion einfach deskriptiv-wissenschaftliche seien oder mehr der wissenschaftlich bemäntelte Freibrief, ja gewissermaßen die evolutionsgeschichtlich begründete Aufforderung an den Stärkeren, den Schwächeren nun erst recht zu verhauen. Daß seit Anbeginn »die Katze die Maus frißt« und »ein Wesen das Blut des anderen trinkt«, las nicht nur A. Hitler aus seinem Volksdarwin (mal Volksgobineau) heraus und leitete daraus das Recht ab, ja den göttlichen Auftrag, die halbe (nichtarische) Welt abzumurksen. Die Hitlers wurden jetzt und in der späteren Folge und in dritter Mißverständnis-Instanz auch gleichsam Darwin zugeordnet und angelastet – Theorie und Volksverhetzung immer restloser zu vermantschen.

Im Kern war es – auch bzw. vermeintlich – wieder mal um das schlechte alte Problem der Theodizee zu tun, die jetzt wissenschaftlich-stammesgeschichtlich säkularisierte Frage nach der Rechtfertigung des Bösen und des Übels in der Gotteswelt. Eine teilweise, aber nicht komplett, sinnlose Inversion des Darwinschen Erkenntnisansatzes. Denn natürlich trat mit der evolutionären Selektionstheorie nicht allein Gott noch etwas weiter in den Hintergrund. Gleichsam als Ersatz für Gott wurde die theologisch-teleologische Frage an den sie abermals aufstöbernden Darwin als an den Verursacher des Übels weitergereicht. Der Bote des – vermeintlichen – Übels war einmal mehr der Übeltäter selber.

Daß der Homo erectus als direkter Vorläufer des Homo sapiens erst vor 1,5 Millionen Jahren von Afrika ausgehend nur eine besondere und keineswegs durchgehend ausgezeichnete Species innerhalb der Hominiden/Affen/Wirbeltiere/Säugetiere stellt, ist heute selbst in altkatholischen Kreisen keine Frage mehr. Wohl aber scheint die damit verbundene und definitive Liquidierung der Gottähnlichkeit oder jedenfalls privilegierten Stellung dieser Gattung ihr weiter zuzusetzen; die ehemals die Welt verstörende »Affenfrage« (Darwin) und eben aus ihr erwachsend der »Schock des Darwinismus« (Henning Ritter) insofern nachzuwirken. Als konsternierte Verwirrung eben schon im Terminologischen. »Der Begriff Darwinismus wird von Wissenschaftlern fast so fahrlässig gebraucht wie von Journalisten«, fassen zuletzt die Wissenschaftler William H. Calvin und George A. Ojemann (Einsicht ins Gehirn, München 1995) zusammen. Nämlich oftmals nicht als abgrenzender oder arbeitshypothetischer, sondern, wenn nicht umgekehrt und ebenso bedenklich als positiver und affirmativer, je nachdem: pejorativ, anklagend, als negativer Kampfbegriff. Das hat vermutbar wieder sehr psychologische Ursachen. So wie nach Rolf Peter Sieferle (Die Krise der menschlichen Natur, 1989) der Streit im Grunde bis heute nicht geklärt ist, ob die – sei's gottgewollte, sei's gottentäußerte – Natur eine gute oder aber eine böse bzw. gefallene (natura lapsa) ist (S. 18ff.); ob »homo homini lupus« wesentlich gleichsam quietistische Zustandsbeschreibung oder Moralappell, daß eben das zu ändern sei: so nach wie vor unentschieden bzw. ambivalent kursiert auch der Begriff »Darwinismus« und der spätestens 1944 eingeführte »Sozialdarwinismus« (S. 61 ff.); beide meist paritätisch verwendet (a) als wissenschaftliche Sehweise und (b) als polemische Invektive wider eine – aber auch da gehen die Begriffsabgrenzungen schwer auseinander – biologistische Ideologie; und (c) zum Dreizack erweitert auch als Apologie der einfachen Lebensphilosophie bzw. der Philosophie vom einfachen Leben. Die berühmten darwinischen Floskeln vom »struggle for life« und vom »survival of the fittest« (gemeint: der biologisch und sozial Angepaßtesten) wurden und werden rezeptiv verwurstelt mit einer in der Tierwelt fraglos zu beobachtenden Gesetzlichkeit bzw. Aporie sowohl als mit einem politischen Fitnessprogramm in Gestalt einer quasi atavistischen Regression in ein frühes Barbarisches.

Und keineswegs waren und sind aber diese Angepaßtesten ja, wie oft automatisch impliziert, die Besten; sondern als die Anpassungsfähigsten eben die »Charakterlosesten« – so noch fast unhistorisch erregt Egon Friedell in seiner »Kulturgeschichte der Neuzeit« (S. 75) 70 Jahre später.

Darwins Evolutionstheorie hatte bald und zügig auch noch ganz andere und partiell wiederum konträre Dienste zu leisten. Nicht nur als »naturwissenschaftliche Begründung der Ungleichheit« (der Zoologe Oskar Schmidt 1878, cit. nach Sieferle, S. 121), sondern vielmehr auch und simultan als »eine wichtige Stütze für den Sozialismus« (SPD-Blatt »Der Volksstaat« 1873), nämlich gleichsam als Warnung und Nachweis, daß die Einführung des betr. Socialismus nur um so notwendiger sei –

– wobei wiederum drittens Differenzierungen in einen (a) linken, (b) positivistisch status-quo-fixierten und (c) utopischen »Sozialdarwinismus« (Sieferle, S. 119) einerseits ein bißchen klären, andererseits à la longue natürlich noch energischer verunklaren. Noch nach dem Zweiten Weltkrieg macht Veit Valentin in seiner »Geschichte der Deutschen« (S. 418) Darwin bzw. »den Darwinismus« ziemlich ahnungslos für »Materialismus« und den »Sieg der rohen Gewalt« sogar über »vaterländische und menschliche Gesinnung« (!) verantwortlich, für das mithin »radikal Böse«, offenbar für den ja politisch rechten Sozialdarwinismus – wider das politisch rechte Vaterland! So wie auch die anhaltenden Diskurse und Dissense von vererbungs- und milieutheoretischen Schulen bis hin zum Glauben an die letzten Endes allesklärende Kraft der Schädelmessung (dazu: Stephen Jay Gould, Der falsch vermessene Mensch, Basel 1983) z. B. im Sinne eben dieses positivistischen Sozialdarwinismus natürlich seit hundert Jahren nur noch mehr Konfusion und keineswegs die so inkludent beschworene Verbesserung des Intelligenzquotienten gefördert und acceleriert haben; eine zuletzt noch einmal von Dieter E. Zimmer, u. a. in »Der Mythos der Gleichheit« (1980), zusammengeraffte Wirrsinns- und Leidensgeschichte von odysseeischen Ausmaßen und par hier besonders exzellierender excellence.

Schon ja aus Darwins Originaltext von 1859 ff. geht allerdings nicht so ganz eindeutig hervor, ob die vielleicht heraklitisch inspirierte – der Krieg als der Vater aller Dinge – Formel vom Überleben der oder des

Fittesten mehr Zustandsbeschreibung eines positiv Gesetzten oder mehr Postulat, nämlich Appell im Sinne einer Änderung, nämlich einer zu leistenden höheren Kulturstufe sei – im deutschen Kulturzusammenhang scheint das »survival of the fittest« ja auch tatsächlich und fast unvermerkt in die spätnietzscheisch-bennische Pose des »Überstehen ist alles« übergeflossen zu sein, sich fusioniert und konfusioniert zu haben viel weniger mit dem Nietzsche-Imago des heroischen zukünftigen Menschen als mit der gegenläufigen Kulturperspektive des dekadenten Menschen als eines ohnehin auslaufenden Modells. Ungeklärt bleibt bis zum heutigen Tag auch, ob Darwins Weltmodell tatsächlich und endgültig Gott als Schöpfer und Lenker abgeschafft hat. Es könnte der »struggle«-Daseinskampf im »dissipativen Nichtgleichgewichtssystem« (Stuart Kauffman, Der Öltropfen im Wasser, München 1996) von Energie und Materie, eben der irdischen Natur in ihrer vitalen Selbstorganisation, ja auch auf eine Emergenz, auf ein Mehr deuten: auf die alte, mittelalterliche Mystikerspekulation vom »Überfließen Gottes« – eben mit der Folge von Selektion und Zufallsmutation.

Auf breiter Front geblieben sind von Darwin der »Sozialdarwinismus«-Balg (in gewissem Sinn ist er eigentlich ein Pleonasmus; denn naturgemäß gehört auch das Menschlich-Soziale dem Selektions-Biologischen an) sowie der »Vulgärdarwinismus«-Prügel als Waffe derer, die vom »Neidkomplex« reden, wenn ihre sozialdemokratischen Feinde wenigstens das Gröbste von dem abschaffen wollen, was der bekannte und möglicherweise gegenwärtig noch einmal forcierte Ellenbogenkampf ums Überleben bis hin zum aktuellen Mobbing an Augen- und sozialer Seelenqual zumutet.

Recht fraglich scheint, ob künftige Wissenschaft begrifflich einiges mehr zu sortieren vermag, derart die Prämissen zu schaffen, Darwins »struggle for life« künftigen Abiturienten etwas präziser schmackhaft zu machen als mit der Verfälschung seines Erfinders zum ihm gewiß ganz wesensfremden Schulbuchsozialdarwinisten oder auch Sozialschulbuchdarwinisten (vgl. Stephen Jay Gould, Bravo, Brontosaurus, Hamburg 1994). Begrifflichkeit und Wissenschaft neigen zur ständigen Verzweigung, Dispersion; kaum je zur Vereinfachung. So wie es in der Sozial- und Kulturgeschichte nach heutigem Erkenntnisstand z. B. nicht nur den Citoyen und den Bourgeois gibt, sondern dieser hat sich weiter gespalten in das traditionelle »Stadtbürgertum«, in das seit 1800 hochgekommene »Bildungsbürgertum«, das »Besitzbürgertum« und die spezielle »Unternehmerbourgeoisie« (so etwa die Abgrenzungen in Hans-Ulrich Wehlers »Die deutsche Bourgeoisie«): so wird sich auch der Darwinismus erwartbar eher weiter diskursiv

»ausdifferenzieren« (N. Luhmann) – schon heute liest man z. B. vom »heroischen« und vom »tragischen Darwinismus«, die Übersicht weiter zu verbessern –

– relevanter könnte im großen und kleinen wieder werden, welche Münzen man aus ihm, Darwin, schlägt. »Man brauchte«, weiß Arno J. Mayer in »Adelsmacht und Bürgertum« (1984), »die Darwinschen und Nietzscheschen Texte nicht unbedingt genau zu lesen, um daraus Argumente zugunsten der an Virulenz gewinnenden aristokratischen Reaktion zu ziehen« – und ähnlich bedienten sich gleichfalls Faschismus, Hitlerismus und Kommunismus gleichermaßen und praktisch paritätisch bei ihnen. Sie konnten insgesamt ebenso wenig dafür wie Wagner für Hitler und Spengler für Rosenberg, immerhin: Darwin und Nietzsche »luden zum Mißbrauch... geradezu ein« (Mayer). Dagegen wehrte einer früh sich: »Gelehrtes Hornvieh hat mich des Darwinismus verdächtigt«, beklagt sich Nietzsche 1889 in »Ecce Homo«. Sehr zu Recht. Weil schon wieder aus diesem Satz mitnichten klar wird, was, wessen, wie oder warum das überhaupt wohl ist.

Später wird alles wieder etwas übersichtlicher: Für die katholische Kirche ist Darwin = der Affe = der Teufel selber. Und auch die Gebildeten blicken wieder durch. Sie sagen Darwin und meinen Tarzan. So geht's natürlich auch.

Franz Roh in seinem Grundlagenwerk über Geschichte und Phänomenologie von kulturellen Mißverständnissen macht eben Darwins »Kampf ums Dasein«-Gesetz reziprok selber als deren Quelle ausfindig (S. 380). Einen offensichtlich oberflächlich verstandenen Darwinismus – als Überdauernsfight der Künstler und Genies und ihrer konkurrierenden und insofern mißverständnisvorinfizierten Ideen. So rundet alles, wie bei Hyperion, beinahe sich in Frieden.

Am Ende selbst die Sache Einstein. Wenn auch über gewaltige Umwege, welche seine in der Tat wohl ja nicht so ganz simple Relativitätstheorie auch weiterhin zu gehen pflegt. »Das Mißverständnis zwischen dem, was man ist, und dem, was die anderen von einem glauben, ist gar zu groß«, klagte ihr Erfinder Einstein schon 1919 – möglicherweise ahnte er da schon voraus, daß die schachlichen Weltmeisterkünste seines zeitgenössischen Kongenies Emanuel Lasker dereinst als »Laskers Relativitätstheorie« (Schachmagazin 19/1995) sich niederschlagen würden, noch über alle Zauberbergverwandtschaften flott hinaus. Und dies nur deshalb, weil Lasker den Schachgesetzen seines Rivalen Dr. Tarrasch in der Spielpraxis lediglich »relativen Wert« zubilligte (a. a. O.). Die Eigenschaft des Genies, so Schopenhauer, sei es, die »Apprehensionsfähigkeit der anderen (zu) überschreiten« – das Nicht-

Genie, der Dummkopf, rächt sich gewissermaßen konträr-komplementär, indem er dieses Zusammengezogene wieder auseinanderzieht, verknäuelt und sinnlos verwirrt; das Festgewordene wieder verwässert, im Schwange dann auch des ohnehin alles überwölbenden »Schwachsinns der Zeit« (Karl Kraus, Die Fackel 640–648, S. 152 von 1924) und im Zuge der auch noch Thomas Mann erfassenden und aufsaugenden »vollkommenen Journalisierung des Lebens« (a. a. O., S. 30). Das gilt z. B. auch für jene Versionen, die dergestalt aus Kafka einen etwas verwirrt durch Prag eiernden Dorftrottel bzw. Pennälerlieblingsautor machen wollen wie für die durch Professor Unrat und Hitler okkupierten Goethe bzw. Schiller. Und das betrifft verständlicherweise mehr noch ein Abstraktionsmonster wie Einstein, aus dem sie 1995 den Schutzheiligen der »Dianetik« machen, eines Traktätchenquatsches, der einmal mehr die »Entdeckung Ihres wahren geistigen Potentials« befördert –

– 1996 aber, mit der bekannt herausgestreckten Zunge, schlagen sie dann Einstein auch zum Titelheiligen der auch sonst in jedem Betracht unermeßlichen Journalschrift »Fit for fun«; der Versuch schlug aber fehl, in den nächsten Monaten machte man dann wieder mit den gewohnten Cover-Titten weiter.

Dafür machte sich schon 1941 in seinem schwerlich je sterblichen Film »Arsen und Spitzenhäubchen« der Regisseur Capra wieder für die Relativitätstheorie so verdient wie bärenstark. Insofern er im Zusammenhang der landläufigen Transplantations-Gesichtsmasken-Motive rund um den Dr. Frankenstein einen ebensolchen schlüssig mit einem gewissen »Dr. Einstein« – »einer der größten Chirurgen unserer Zeit« – vermixte. Womit Frank (!) Capra ja nun wirklich auf eine geradezu kapriziöse, fast vulgärdarwinistische Weise einiges semantisch-phonetisch durcheinanderbringt und -wringt und -wirbelt.

Von den metaphischen Mißverständnissen hier fast nicht zu wähnen, welche offenbar schon die Physis der beiden Schauspieler auslöst und bewirkt und in die mythenfreudigen Köpfe pflanzt.

Daß nicht erst für Albert Einstein, sondern ja auch schon für Immanuel Kant Raum und Zeit pure Formen der Anschauung sind, vom Bewußtsein des Anschauenden nicht zu trennen, selbst das gestattet noch Mißverständnis und festigt dessen Theorie und Theologie. Laut Gerhard Staguhn (Das Lachen Gottes, 1990, S. 212) mündet beides in das Paradoxon, das da lautet: »Es gibt eine Welt, aber diese eine Welt setzt sich aus so vielen Welten zusammen wie es Bewußtseine gibt; dort, wo diese Bewußtseine übereinstimmen, hat man diejenige Welt vor sich, die von der Physik exakt beschrieben wird.«

Das wußte noch genauer, wenn auch erkenntnisspekulativer, der Quantenphysiker Erwin Schrödinger (1887–1961): »Der Grund dafür, daß unser fühlendes, wahrnehmendes und denkendes Ich in unserem naturwissenschaftlichen Weltbild nirgends auftritt, kann leicht in fünf Worten ausgedrückt werden: Es ist selbst dieses Weltbild« (cit. nach Staguhn, S. 211).

Denn siehe: »Unsere Welt ist sozusagen die einfachste aller Welten« (Werner Heisenberg, Brief an Wolfgang Pauli vom 14. 12. 1957).

Und deshalb und auch noch jenseits von Schrödingers simpler Vielweltentheorie, noch weit hinter Kant und Capra und Lasker zurück kann der Einsteinschen Relativitätstheorie doch noch geholfen, kann sie vom allzu schwindeligen Kopf auf die bodenständige Beinarbeit umgestellt werden. Es bedurfte dazu allerdings eines Größeren als Thomas Mann, es verlangte dazu schon nach der superieuren, ja genuinen und gentechnisch metagenialen Eigensinnigkeit und spirituellen Einstein-Nähe einer Luise Rinser, welche schon 1981, zum 70. Wiegenfeste, in ihrer Eigenschaft als Pitzlinger Landsmännin den nahen und gar nicht so schwer zu fassenden Ulmer derart auslegte, das mit ihrem realen Alter werde ihr immer mehr wurscht: »Ich ›weiß‹ mein Alter nicht. Die Relativität der Zeit ist mir existentielle Erfahrung« (Den Wolf umarmen).

»Denn Weiber denken groß«, so Sophokles' Ödipus in der Version des zeitweiligen Rinser-Gatten Orff.

»Fünf oder sieben Menschen«, vermutet Armin Hermann (Die Jahrhundertwissenschaft, S. 46), »können Einstein wirklich begreifen«. Rinser war und ist mit Sicherheit dabei. Auch wenn eine gewisse Norgard Kohlhagen dafür plädiert, vielmehr in Mileva Marić, der ersten Frau Einsteins, habe man »Die Mutter der Relativitätstheorie« (so der Titel ihrer Abhandlung von 1983) zu erspähen. Wenn nicht in Mutter Courage Hildebrandt-Meysel. Dann aber ist Luise sicher die Schwiegermutter. Und auch dann noch, wenn der berühmte Tübinger Theologe Karl-Josef Kuschel, 28, seinerseits in Rinser, damals 75, und den entsprechenden »religiösen Häutungen einer Schriftstellerin« (Kuschel 1986) weniger das existentiell erfahrene Einsteinsche Element als vielmehr glatt Heisenberg, nämlich eine gewisse vagierende Unschärfegetriebenheit, erwittert.

»Vieles Gewaltige lebt, doch nichts ist gewaltiger als der Mensch«, so noch über Ödipus hinaus Sophokles' Antigone. Er werde gewaltig mißverstanden, schwante Einstein früh und wie erwähnt; gewaltsam mißverstanden vor allem durch, was immer das sei, Vermenschlichung. Er, Einstein, richte sich, so unser Rat, an Georg Wilhelm

Friedrich Hegel auf und seinem bekannten Schlußwort auf dem Totenbette:

»Nur einer hat mich verstanden. Und der hat mich auch nicht verstanden.«

Jetzt ist es für ihn, Einstein, allerdings zu spät; leider schon zu spät.

e. h.

Satire und Begriffsverwirrung
Eine Kurzgeschichte

Bei den alten Lateinern hatte Satire, wie bekannt, irgendwie mit einer Fruchtschale, Opferschale (»satura«) zu tun; dann aber wurde es von Horaz, wo sie Sermon hieß, bis Lutz Rathenow, wo sie so viel wie Salmonellen bedeutet, noch viel konfuser. Satire bedeutete bald dieses, bald jenes; meist alles, nur nichts Gutes.

Obwohl es die meiste Zeit gut gemeint war. Für Ludwig Feuerbach ist, wie für manche Romantiker das Ironische, das »Satirische« praktisch identisch mit dem »Poetischen«, und das gilt scheint's auch für den Satirebegriff des frühen Jean Paul und für die Satirewirklichkeit Swifts – ist aber im übrigen offenbar damals schon, und ist es heute erst recht, eine pure Frage der schieren Nomenklatur. Die im Fall der Satire offensichtlich andauernd wechselte. Mit recht kuriosen Folgen vor allem in der akuten Gegenwart, samt einer letztlich nivellierenden Egalität, der irgendwie eh schon alles wurscht ist. Zwar ist es seltsam, wenn sagen wir Botho Strauß heute als »Dichter« durchgeht, sagen wir Hermann L. Gremliza aber als »Satiriker« kursiert; aber insofern man ja auch die integral dominante Polemik Karl Kraus' in der Regel als »Satire« versteht und bezeichnet, item die pointierte Beobachtungskunst Lichtenbergs: insofern ist auch dagegen wenig vorzubringen, im Rahmen der allgemeindumm »deutschen Literatenpest« (Die Fackel 577–582, S. 66) sagen wir F. W. Bernstein im Telefonbuch-Branchenverzeichnis unter Satire unterzubringen. Vorausgesetzt, man benennt dann auch Goethe korrekt als Universitätssatiriker, Kafka als Justizsatiriker und Celans »Todesfuge« als KZ-Satire.

Und Wolfram Siebeck und Gabriel Laub sind ebenso nominelle Satiriker wie Karl Kraus, auch wenn dieser vielleicht doch »nicht der gemütliche Haussatiriker« (Moses Gras über Karl Kraus, in: Die Fackel 657–667, S. 176) ist wie jene.

Meistens wird er heute, auch wenn er so gut wie nie Preise einfährt, sogar als Ehrentitel verstanden, der Beruf Satiriker, einer mit besonderer Ästimation. Allein, offenkundig ist er dann doch einer, der irgendwie was anderes, nicht so ganz dicht, nicht ganz sauber ist. Aber jedenfalls irgendwo doch toll.

Es herrscht hier inzwischen der vollkommene, der wahrscheinlich schon irreversible Begriffswirrwarr.

Friedrich Schiller, der die Satire neben der Elegie und der Idylle als eine der drei »sentimentalen« (!) Dichtungsarten verstand, schied im weiteren zwischen »scherzhafter« und »strafender (oder: pathetischer) Satire«. Was immer das nun wieder soll: Feststeht, Satiriker oder Satiretheoretiker zu sein, ist schon eine schwere Straf'.

e. h.

Maria wie Milch und Blut

Eine kleine Motivgeschichte

»Sein Haar hat die Farbe einer reifen Haselnuß. Es fällt bis zur Höhe der Ohren gerade; von da an fällt es in dichten Locken...«: Lentulus, Statthalter von Judäa, gibt in einem Brief an den römischen Senat eine Beschreibung Christi vom Scheitel bis zur Sohle. Wie zu erwarten, handelt es sich um einen fiktiven Lentulus, um eine Fälschung nämlich, die, im 15. Jahrhundert übersetzt, in Italien weit verbreitet und durchaus Anhaltspunkt für die Maler beim Darstellen der Gestalt Christi war, abgedruckt u. a. im ursprünglich für junge Mädchen bestimmten »Zardino de Oration« (Venedig 1494).

Die Jungfrau, die jenen Jesus gebar, wird im 16. Jahrhundert vom Dominikanermönch Gabriel de Barletta geschildert, wobei er sich in seiner Predigt nicht nur auf drei angebliche Porträts des Augenzeugen Lukas (Patron der Maler!) stützt: »Albertus Magnus sagt, sie war weder einfach dunkel, noch einfach rothaarig, noch schlicht blond. Denn jede dieser Farben verleiht einer Person an sich schon eine gewisse Unvollkommenheit. Darum sagt man: ›Gott bewahre mich vor einem rothaarigen Lombarden‹ oder ›Gott bewahre mich vor einem schwarzhaarigen Deutschen‹ oder ›vor einem blonden Spanier‹ oder ›vor einem Belgier jedweder Haarfarbe‹. Maria war eine Mischung von Farben, die von allen etwas hatte, denn ein Gesicht ist schön, wenn es an allen Farben teilhat. Aus diesem Grund erklären medizinische Autoritäten, daß eine Gesichtsfarbe, die aus Rot und Blond besteht, dann am besten ist, wenn noch eine dritte Farbe hinzukommt: Schwarz. Und genau das, sagt Albertus, müssen wir gelten lassen: Sie neigte ein wenig zum Schwarz« (Sermones, Bd. 1, Venedig 1571).

Ob diesseits, jenseits, östlich, westlich der Alpen: Auf Fahnen, Schreinen und Säulen, Andachts-, Altar-, Gnaden- und Reisebildern haben die Künstler Maria in allen Farben geschätzt, schwarz, brünett, vor allem blond, rotblond, rot. Jawohl, ganz besonders als Rothaarige, was erstaunen muß, denn wenn auch deren milchweißer Teint angenehm fürs Auge auf Marias Reinheit hinweist, so heißen die nun mal dazugehörenden, wenn auch von den Malern stets unterschlagenen Sommersprossen »Judaszeichen«, weil »Judas rothaarig war«. Und sind nicht nach alter Volksweisheit Frauen mit roten Haaren solche, »die ihre innere Balance verloren haben, die ohne inneres Gleichgewicht, ohne Gesetz leben. Sie besitzen alle Eigenschaften von unpäßlichen Frauen – aber auf Dauer ...«, und sind sie nicht die sinnlichsten von allen und Hexen obendrein? (Yvonne Verdier, Drei Frauen. Das Leben auf dem Dorf, Stuttgart 1982).

Man hat sie gemalt mit glattem und lockigem, gekräuseltem, gekämmtem, gescheiteltem und wehendem Haar, flatternd bis zum Ellenbogen, reizend verborgen unter durchsichtigen Schleiern oder nonnenhaft unter festsitzenden Hauben, ganz wie es den mächtigen Klienten, der wechselnden theologischen und Kleidermode und den Malern selbst ins Konzept paßte. Eine weit über tausend Jahre dauernde Leidenschaft, die Heinrich Heine einleuchtend begründet. Weil »die hochgebenedeite Königin des Himmels, die schöne Jungfrau, die noch zugleich von Mutterliebe und Schmerz verklärt, der poetisch köstlichste Stoff ist, den ein Künstler Herz verlangen kann.« Mit keinem religiösen Thema haben sich die Künstler häufiger und vielfältiger beschäftigt als mit der Virgo inter virgines, wobei die zahllosen Ergebnisse der Marienbegeisterung dem unersättlichen Novalis immer noch nicht reichen: »Ich sehe dich in tausend Bildern, / Maria, lieblich ausgedrückt, / Doch keins von allen kann dich schildern, / Wie meine Seele dich erblickt.«

Inbrunst, Phantasie, Spekulation der Malerseele mußten sich freilich in den ersten christlichen Jahrhunderten gedulden (das autonome Marienbild existiert etwa seit dem Konzil von Ephesus 431) und nach dem strengen Kanon der frühchristlich-byzantinischen, seit dem 6. Jahrhundert aus einigen starren Archetypen und diversen Untertypen bestehenden Ikonographie mit strikter Haltungs-, Kleidungs-, Farbvorschrift richten. Nur die Haupttypen (etwa die thronende Madonna, mit Kind auf Schoß, auf linkem Arm oder Knie, die betende, die stehende) besaßen erwiesene Gnadenkraft und wurden von der Hauptstadt gefördert.

Die Künstler des westlichen Kulturkreises nahmen alle Bildvorlagen auf, begannen aber sogleich, sie zu modifizieren und deren engen Rahmen zu sprengen, teils aufgrund des starken Bedürfnisses nach permanenter Wandlung, aber auch, weil sie platterdings einige ikonografische Details nicht richtig begriffen.

Neben die Ausweitung der Themen (vom mystischen Andachtsbild zu genrehaften Szenen des Marienlebens) traten Gesichtspunkte der Bildsprache, die auch in subtilsten Feinabstufungen einem gebildeten Publikum nicht unverständlich waren, z. B. die vertraglich genau mit Preisangabe festgelegte Verwendung verschieden kostbarer Blaufarben an unterschiedlichen Objekten – Maria, Engel – als hierarchische Ordnung zu lesen, was heute nur noch für Spezialisten nachvollziehbar sein dürfte.

Andererseits blieb die Gestensprache nicht mehr einheitlich und also nicht eindeutig. Die Hand auf der Brust kann Demut, aber auch Trauer, aber auch wohlige Empfindung ausdrücken. Das rote Gewand Mariä bedeutet Feuer und Triumph, ebenso aber Barmherzigkeit und Leiden. Ein Prediger der Frührenaissance teilt den Verkündigungsvorgang in fünf Stufen ein: 1. Conturbatio – Aufregung, 2. Cogitatio – Überlegung, 3. Interrogatio – Nachfragen, 4. Humiliatio – Unterwerfung, 5. Meritatio – Verdienst. »Die Prediger drillten ihr Publikum im Repertoire der Maler, und die Maler antworteten innerhalb der gängigen emotionalen Kategorisierung des Ereignisses« (Michael Baxandall, Die Wirklichkeit der Bilder, Frankfurt a. M. 1984). Das schützt, infolge der sich immer kräftiger entwickelnden künstlerischen Freiheiten, nicht vor Zweideutigkeit. Leonardo da Vinci zu einer »Verkündigung«: »Vor einigen Tagen sah ich das Bild eines Engels, der, die Verkündigung aussprechend, Maria aus ihrem Zimmer zu vertreiben schien, mit Bewegungen, die aussahen wie ein Angriff, den man gegen einen verhaßten Feind führen könnte; und Maria schien sich wie verzweifelt aus dem Fenster stürzen zu wollen. Verfalle nicht in solche

Irrtümer!« Gerade bei den Verkündigungsbildern hat man häufig das Gefühl, die Jungfrau vollführe einen graziösen Abwehrzauber gegenüber dem kränkenden, nichts als Unheil bringenden Himmelsboten (z. B. bei Simone Martini oder Botticelli).

Etwa vom 13. Jahrhundert an intensiviert sich die Beziehung zwischen Maria und dem Kind, beide sehen einander an, Jesus spielt mit Vögeln, Blumen, Früchten. In der Renaissance kommt auffällig die »ostentatio genitalium« hinzu, die Darstellung des Geschlechts Jesu. Während das Kind nach dem Kinn der Mutter greift, im Mittelalter Zeichen bräutlicher Liebe, betrachten Mutter Maria, Mutter Anna oder die Hirten die Blöße Jesu so interessiert, auch der beigegebene Cousin Johannes macht mit, als hätten sie aus den Augen verloren, daß es doch nur um die symbolische Veranschaulichung der Menschwerdung Christi gehen soll. Hans Baldung Grien, ohnehin mit einer Schwäche für – möglichst nackte – Zauberinnen, läßt die Heilige Anna eine Geste in Richtung der Männlichkeit Christi vollführen, die für den Zuschauer nahelegt, sie wolle den Penis Jesu verhexen.

Das Gegenstück, der Schoß der Mater inviolata, purissima, castissima, bleibt selbstverständlich stets verhüllt, spielt aber in den verbalen Erwähnungen eine wichtige Rolle. Maria als Behälter Gottes: »Tempel«, »Turm«, »Bundeslade«, »Tor«, »Pforte«, »Haus«. Dort, wo Maria nicht die, im unteren Primärbereich, biologisch gesehen, Empfangende wäre, sondern, in der oberen Sekundär-Zone, die Spendende ist, wird sie dagegen auch optisch früh entblößt: Maria lactans, in der byzantinischen Ikonographie der Typ der »Galaktotrophusa« (ab dem 10. Jahrhundert), die stillende Gottesmutter.

Als Fresko taucht sie bereits um 500 im Jeremiaskloster des ägyptischen Saqqara auf, Maria in dunklem Überwurf, dem Kind ihre rechte Brust geübt zwischen Zeige- und Mittelfinger reichend, als Bildmotiv hier eher noch an Verkörperungen der Isis angelehnt (bei den Hellenen der Aphrodite, der Demeter und der Io gleichgesetzt), die den vom zusammengeflickten Osiris empfangenen Horus auf dem Arm hält, als eine eigens erfundene Illustration der verbürgten Bibelstelle: »Selig ist der Leib, der dich getragen hat, und die Brüste, die du gesogen hast« (Lukas 11,27).

Die Beschäftigung der Maler mit Marias Brust war, nach zögernden Anfängen, nicht geringer als die mit ihrem Haar. Es sollte ja wiederum sinnbildlich die Menschwerdung Christi beglaubigt werden, diesmal durch sein Trinken an Marias rechter oder linker Brust. Ein guter Zweck also, den Malern war es recht!

Anders als beim Bildtyp der Pietà, Maestà, Sacra Conversatione, Schutzmantelmadonna kommt hier, selbst bei noch ikonennahen Werken (etwa Lorenzetti zu Beginn des 14. Jahrhunderts) und in den Psalter- und Stundenbüchern der Romanik und Gotik tatsächlich ein zärtlicher, ja indiskreter Zug in die Bilder, ein Ungleichgewicht der Fleischlichkeit, eine anziehende, aufsehenerregende Schwachstelle, zweifellos erotisch (und obendrein im Kontext fleckenloser Frömmigkeit) in Form kleiner, mädchenhafter, sehr hoher, sehr weißer Brüste, wenn nicht Brüstchen. Der elfische oder höfische Zierat eines Himmelsritterfräuleins, eher als mütterlich geschwollen und milchgefüllt, in asymmetrischer Nacktheit, als zweite Pointe neben der heiligen Virginität: die halbe, und wie nicht nur die Familie Tiepolo bei den Fresken der Villa Valmarana, sondern wie man auch in Tingeltangelkreisen weiß, gerade deshalb besonders pikante Verhüllung/Entblößung.

Manchmal äugelt ein alter Josef nachdenklich oder ein wenig neidisch nach dem zufrieden sich nährenden Kind, versucht (bei Adriaen van der Werff im 17. Jahrhundert), es mit Beerenbüscheln abzulenken vom schönen Busen, oft verschläft er, vielleicht um der eigenen Seelenruhe willen, das Schauspiel. Das Kind, wenn es nicht saugt oder mit der Brust spielt, deren alleiniger Eigentümer es ist, starrt entrückt ins Leere, vor allem vom 15. Jahrhundert an, auf diese Weise die Jungfrauenbrust vollständig den Blicken preisgebend. Weltzugewandt auf Goldgrund geht es bei Meister Bertram (14. Jahrhundert) zu, der Menschensohn trinkt an Marias Brust, Josef lutscht an einem Gegenstand, als sauge er an einer Ersatzbrust, seinen Pflegesohn also nachahmend. Die Mutter beobachtet, als einzige nicht mahlzeitend, wie hungrig trauernd und auf ihn weisend mit großer Hand, den ebenfalls fressenden Esel.

Ob aber Masolino, Bouts, Gerard David, Jan van Eyck, Campin, van der Weyden, Ghirlandaio, Isenbrant: Rührend, innig, unwiderstehlich korrespondiert in jungfräulicher Süße und sanft ahnender Melancholie das liebliche Gesicht ihrer thronenden, ruhenden, stehenden Madonnen mit der ebenso zierlichen Brust der Regina virginum, die in ernst-berückender Heiligkeit gar nicht wahrnimmt, was sich da unter der Hand anbahnt: daß die Maler, gewiß auch vom unbezweifelbar weiblichen, ins Nährend-Notwendige Versunkene des Stillvorgangs normaler Mütter fasziniert, über ihrem heiklen Auftrag vergessen haben, die Menschwerdung Christi zu verdeutlichen und statt dessen mit Hingabe die Laszivität der himmlischen Virgo entdecken. Während die irdischen Mütter wiederum alle profitierten von der jenseitigen Aura, die durch die Künstler, am Schnittpunkt von Hedonistisch-Säugetierhaftem – etwa Renoirs »Stillende Mutter« von 1886 – und Geheiligtem, ihrem diesseitigen Milchspenden verliehen wurde.

Selbst dort jedoch, wo, auf einem Tiroler Altar des 14. Jahrhunderts, Maria in der ziemlich einzigartigen Entblößung *beider* Brüste genoveva- und loreleihaft zwischen Ochs und träumendem Josef liegt, bleibt der, wenn auch kühn attackierte, Nimbus der Rosa mystica gewahrt. *Zwei* nackte Brüste sind sonst bei Allegorien der Caritas, Ecclesia, Erde, Natur, Poesie, Philosophie, Häresie und des Alten und Neuen Testaments üblich; Dürer, der eine kleine, irdisch-zufriedene »Maria mit dem Kind an der Brust« um 1503 und 1512 eine sehr überirdische »Maria mit dem liegenden Kind« malte, schuf 1517 als Allegorie der Vergänglichkeit ein »Altes Weib mit Geldsack«. Wie eine grausige Parodie der Marien hält hier die lederhäutige Frau einen Geldsack an die nur rechts nackte, welke Brust.

Der Anthropologe Marvin Harris: »Ihre Fähigkeit, das männliche Geschlecht sexuell zu erregen, erwarben üppige Busen beim Menschen deshalb, weil es zwischen ihnen und einer erfolgreichen Fortpflanzung einen Zusammenhang gibt ... Durch große Brüste wurde möglichen Geschlechtspartnern signalisiert, daß die Frauen in körperlich guter Verfassung und für die zusätzlichen Belastungen durch Schwangerschaft und Stillzeit gut gerüstet waren. Die natürliche Auslese begünstigte also gleichzeitig Frauen, die dauerhaft vergrößerte, voluminöse Brüste hatten, und Männer, die Frauen mit großen Brüsten anziehend fanden« (Menschen – wie wir wurden, was wir sind, Stuttgart 1991). So weit zur Biologie. Wenn auch Maria nach der Geburt Jesu keine erneute Fruchtbarkeit und Gebärkondition unter Beweis stellen mußte und durfte, so wird doch ihre blanke Brust in einer Entwicklung, die nicht unbedingt von der Brust aus-, aber doch mit deren Anschwellen einhergeht und die auch eine Entheiligung und Trivialisierung von beträchtlichem Ausmaß ist (Maria als weltliche Prachtkreatur!), eindeutig sexuell, und auch, ganz realistisch, die einer stillenden Mutter.

Bereits Robert Campin (14./15. Jahrhundert) hat außer einer im Vergleich stark stilisierten Maria lactans eine andere geschaffen (Salting-Madonna), eine junge wohlhabende Ehefrau, mit einem Heiligenschein, der zu einem Wandschirm umkonstruiert wurde, die dem Kind eine wohlproportionierte Brust anbietet. Ein Bild, vor dem Verehrer der Kunst und der weiblichen Schönheit in die Knie gehen können, Beter nicht mehr.

Bernaert van Orley läßt einem ungestümen Jesuskind die offenbar überaus weiche Brust der Mutter lockend aus duftigem Ausschnitt entgegengleiten, während Josef schwermütig im Hintergrund einen roten Apfel hält, dessen Blütenrest in der Mitte, also von oben gesehen, sehr an eine Brustwarze, genauer: an die der benachbarten Maria erinnert. Bei Crivelli umklammert das Kind selbst statt der Brust einen solchen Assoziationen stiftenden Apfel. Schelmisch weltherrscherlich.

Hans Baldungs Knabe führt den Saugvorgang an der drallen, wie weiß gepuderten Marienbrust so plastisch vor, daß er zum Hauptereignis des ganzen Bildes wird. Gentileschis großer Säugling labt sich auf der Flucht, unbesorgt um den am Ende seiner Kräfte auf den Rücken gefallenen Josef, an der strotzenden Brust – etwa vom Umfang des Babykopfes – einer unerschöpften Mutter. Einmischung von außen unerwünscht. Auch wenn das riesige Kleinkind sehr besitzerstolz zu uns heräugt. Unter den Blicken eines diesmal hingerissenen Josef hängt die Brust einer derb-diesseitigen Marie bei Rembrandt als opulente Frucht über der Stirn des – wie bei van Dycks »Ruhe auf der Flucht« – gesättigten, selig schlummernden Knaben. Für wen aber bleibt die Brust dann noch entkleidet? Rubens versieht seine Jungfrau mit rosig protzenden, äußerst funktionstüchtigen Brüsten und unkeuschen Brustwarzen im leuchtenden Rot ihres Kleides. Eine Madonna, die zweifellos unter den virgines nichts mehr zu suchen hat und die runzlige Elisabeth, die als Alibi einen kleinen Johannes beaufsichtigt, als Kupplerin für die junge, erfahrene Schöne erscheinen läßt. Der Hinweis, das kleinere Kind sei Gottes Sohn, würde beide Frauen vermutlich zu höllischem Gekicher veranlassen.

Maria als Fenster und Tor zum Himmel, als Personifizierung einer die Milch der Gnade spendenden Ecclesia? Die Dreiheit Mutter, Kind, Kirche hält offenbar alle Widersprüche aus. Fröhliche Fleischeslust unter dem Schutzmantel des biblischen Themas und noch immer verankert in der christlichen Ikonographie.

Die wohl provozierendste und berühmteste Darstellung von Marias nackter Brust, die insofern ganz frei von Scheinheiligkeit ist, als sie das Stillen überhaupt nicht mehr vortäuscht, stammt von Jean Fouquet aus der Mitte des 15. Jahrhunderts. Es handelt sich um eines seiner bedeutendsten Werke, die »Madonna von Melun« oder auch »Madonna Sorel« genannt, höchstwahrscheinlich ein Porträt der Geliebten Karls VII., Agnès Sorel, ihres noch kindlichen, sehr hellhäutigen Gesichts mit kleinem rotem Mund und ihrer Brust, »von der man damals im Volke ›singen und sagen‹ hörte« (Joachim Fernau).

Sehr abweichend von jener anderen Maria lactans aus der Hand des Fouquet, einer Buchillustration, die, ihrer frommen Rolle entsprechend, den Knaben an mütterlicher Brust großzügig nährt, weiß die von Melun alles über die Wirkung ihrer Brüste auf Männer, aber unter

Umständen gar nichts ahnt die als Maria verkleidete Agnès vom möglichen Zusammenhang ihres Körperattributs mit Säuglingen. Das Kind sitzt unbeteiligt und gewiß nicht von ihr geboren als kleiner Fremdling, ja, als abstruse Zumutung eigentlich (anders als bei Jan Gossaerts ebenfalls reichlich weltkindlicher Madonna, die, wie Jesus mit grellroten, geschminkt wirkenden Lippen, ihren halben Ausschnitt freimütig offeriert, doch dabei sehr liebend ihr Kind umfängt), in einer Faltenbeuge ihres Mantels, während sie selbst ihren atemberaubenden, im Stil der Zeit geformten Körper darbietet, sie »hat das Mieder aufgenestelt, und während die rechte Brust von diesem gehalten wird, quillt die linke frei und ungehindert, in reiner Kugelform mit winziger Brustwarze, hervor«, beschreibt der Kunstwissenschaftler Heinrich T. Musper fasziniert das Ereignis, bei dem sich unirdische Künstlichkeit einer schneeig-eisigen Maria, von roten und blauen Engeln umringt, mit auf die Spitze getriebener erotischer Offensichtlichkeit verbindet. Die Wespentaille verstärkt noch den Eindruck, die reißbrettartig exakten, nahezu unwirklich weit auseinanderstehenden Brüste entfalteten sich darüber als anatomisches Weltwunder, das nun – wie würde es der Eitelkeit jener zarten Agnès geschmeichelt haben! – alle Welt in alle Ewigkeit als Marienbild bestaunen kann. »Dekadente Gottlosigkeit« (Huizinga)?

Ein unvergleichliches Porträt zugleich aber doch der paradoxalen Maria, die ja himmlische Jungfrau und säugende Mutter, schlichte 14/15jährige und Gottesbraut sein muß. Andererseits gilt: »ein Schatzmeister, Günstling der Geliebten seines Herrn, widmete der Kirche von Melun eine Madonna, die des Herrn Geliebte ist« (E. G. Grimme). Ob eventuell posthum zu Ehren der Mätresse oder nicht, macht keinen großen Unterschied: Hier präsentiert sich jedwedem Betrachter, ungeniert sich selbst genügend, das geheiligte (durch die Neigung des Königs? den potentiellen Appetit des Jesuskindes? die allgemeine Symbolkraft des auch hier noch in Aussicht gestellten Stillens im ganzen Mittelalter?) sekundäre Geschlechtsmerkmal als Devotionalie in starrer, bloßgelegter Vollkommenheit. »Blasphemische Freizügigkeit« (Huizinga)?

Noch einmal Harris: »Wenn irgendein Teil des weiblichen Körpers dem Blick der Öffentlichkeit entzogen wird, so hat dies unter Umständen seine erotische Fetischisierung zur Folge. Chinesische Männer zum Beispiel wurden früher durch den Anblick der nackten Füße vornehmer Frauen erregt, weil diese ihre Füße normalerweise fest einbanden und dem Blick entzogen.« »Der Frauenfuß stellte – im Gegensatz zu den weiblichen Geschlechtsorganen – in China ein Tabu dar« (Die verlassenen Schuhe, Ausstellungskatalog, 1993).

Das unbewußte oder kalkulierte Raffinement der einerseits verhüllten, andererseits nackten Brust, eher zeichenhaft als Galaktotrophusa, in anmutiger Übereinstimmung mit den metaphysischen Gesichtchen der gotischen Madonnen, als amazonenhaft triumphierende Virgo potens eines flämischen Meisters, als kostbares Schaustück namens Agnès Sorel, dann in rosig fleischlicher Naturhaftigkeit, scheint, zwischen Tabuisierung und Tabuzerstörung präzise angesiedelt, gar nicht zu übertreffen. Und doch gelingt Parmigianino in der ersten Hälfte des 16. Jahrhunderts, bei seiner manieristischen, mondänen »Madonna mit dem langen Hals« mit deren bekleideter linker Brust, durch Formung (erkennbare Brustspitze unter dem Stoff), durch Beleuchtung, hinweisende Hand und Blicke – von Religiosität ist ohnehin nicht mehr die Rede, und das Stillen übernimmt gewiß die Amme, da es der Schönheit der Brust abträglich wäre – noch einmal eine Steigerung, eben durch Entzug! Das Grundmuster der Maria lactans ist nur noch als fernes Echo ahnbar, gerade genug, um die Phantasie des Zuschauers diesem eleganten Marienkörper gegenüber dementsprechend zu befeuern.

Ein »Meister der weiblichen Halbfiguren« (Notname) malte um 1530 eine kleine helle Madonna mit Kind, das sie vor dunklem Hintergrund an hoch schwellender Brust tändelnd säugt. Dabei äugt sie neckisch zur Brunnenfigur eines geflügelten Amors – der in bemerkenswert frivoler Analogie in ein Brunnenbecken hochstrahlig pinkelt!

Auf dem zur gleichen Zeit entstandenen Gemälde »Madonna mit der Rose« läßt Parmigianino deren Brüste durch ein dünnes Gewand schimmern. Ein sehr nacktes Knäblein mit Lockenkopf und rasantem Hüftschwung reicht ihr eine Rose, angeblich ein Hinweis auf seinen späteren Opfertod, aber ebenso Symbol der körperlichen Liebe. Man vermutet, daß es in Wahrheit – und Maria wie eine Göttin der Liebe zu malen ist gewagt, delikater aber noch, die Göttin der Liebe mit Jungfrau Maria anzureden! – um eine umgewidmete Venus mit Amor geht.

Ging es das etwa schon viel länger? Vielleicht um alles zusammen. Das Zeigen der Wunden Christi (»ostentatio vulnerum«) galt auch als demonstrative Fürsprache vor Gottvater für die Menschen. Ähnlich entblößt Maria ihre Brust nicht nur für das Kind und in erfreulicher Weise zur Meditation oder wenigstens zum Verweilen einladend für den frommen und unfrommen terrestrischen Betrachter, sondern, in Gestalt eines althergebrachten Klagerituals, vor Gott selbst. Die Milch der Jungfrau wurde gleichgesetzt mit dem Blut Christi. Beides sollte den Vatergott angesichts der sündigen Menschen gnädig stimmen.

Auch zeigt Maria manchmal ihre unbedeckten Brüste ausdrücklich ihrem zu Gericht sitzenden Sohn, und zwar ihm allein. Um seine männlichen Sinne zu erregen? Natürlich nicht. Sondern um seinen kindlichen Sinn mahnend zu erweichen, auf daß er sich der unseligen Menschheit erbarme.

Den Spieß umgedreht hat Max Ernst, nach eigener Auskunft Sohn eines streng katholischen Vaters und einer Mutter »weiß wie Schnee, rot wie Blut, schwarz wie das Schwarze Meer«. Er malte 1926 eine Maria mit korrektem Heiligenschein, vollständig und solide in ihre Traditionsfarben Rot und Blau gekleidet, die einem nackten Jesus, dem dabei der eigene Heiligenschein zu Boden gefallen ist, den Hintern klopft: »Die Jungfrau verhaut den Menschensohn vor drei Zeugen: André Breton, Paul Eluard, Max Ernst«. Hier verstand die Ecclesia keinen Spaß und vergalt dem Künstler seine Züchtigung mit einer anderen: Sie exkommunizierte ihn wegen Beleidigung Jesu und seiner Mutter, auch verehrt als »Causa nostrae laetitiae« (Ursache unserer Freude).

Das Interesse an den freigelegten Marienbrüsten als Instrument der Fürsprache bei Pest, Weltgericht und sonstiger Gefahr hat zu einer von der Maria lactans teilweise getrennt verlaufenden Tradition (ab dem 12./13. Jahrhundert) der »Interzessionsbilder« (z. B. bei Filippino Lippi, 1495) geführt, die im Bereich der religiösen Gebrauchskunst sehr verbreitet waren. In der Literatur entsprechen ihnen die sogenannten »Marienmilchlegenden«. Die Milch Mariä wurde hier als heilbringende Nahrung für alle Gläubigen glorifiziert und, nach mittelalterlicher Naturphilosophie, als verwandeltes Blut (!) der Mutter aufgefaßt. Jesus mußte dabei gar nicht unbedingt anwesend sein, weder als Säugling, noch als Mitfürsprecher, noch schließlich als Richter, d. h. Marias Rolle als Gnadenanwältin vor Gottvater und Mittlerin (Maria mediatrix) wuchs stetig, für manche beängstigend, an. Luther protestierte erbost: »Ich mag Mariens Brüste noch Milch nicht, denn sie hat mich nicht erlöset noch selig gemacht«. Dagegen (»auf dem Angesicht betend«) der Doctor Marianus am Ende des »Faust« II: »Jungfrau, Mutter, Königin, / Göttin, bleibe gnädig!«

Vom »ewig Weiblichen« allzu nackter Marienbrüste wich man nach dem Tridentinischen Konzil (1563), was die unmittelbare Kirchenkunst betrifft, zugunsten verhüllter ab. Ende des 16. Jahrhunderts kam es in Neapel sogar zu Inquisitionsprozessen, wenn nämlich das marianisch bildliche Milchspenden zu deutlich der Tendenz antiker Fruchtbarkeitsriten folgte und, doppelt gefährlich, die Jungfräulichkeit Marias für das Publikum unwahrscheinlich machte (vgl. hierzu

Susan Marti und Danieli Mondani, Marienbrüste und Marienmilch im Heilsgeschehen, in: Himmel, Hölle, Fegefeuer, Ausstellungskatalog, 1994).

Versteift man sich auf die symbolischen Deutungen, lassen sich freilich auch die Gemälde der großen Meister anders interpretieren. Dann kann man, gegen den offensichtlichen Augenschein, ein schlafendes Jesuskind grundsätzlich als Anspielung auf den zukünftigen Tod Christi verstehen und die ihn auf dem Schoß haltende Mutter als Schmerzensmadonna. Vor allem, wenn sie die Augen niederschlägt. Zeigt sie dem Frommen eine noch so verlockend plastische Brust, die vom Knäbchen gerade nicht in Anspruch genommen wird, ist es doch nur ein Hinweis auf die universelle Lactatio und Caritas. Bringt ein Engel eine Traube, deutet das nicht etwa auf Dionysisches hin, sondern unzweideutig, egal wie der kleine Bote aussieht, auf die Passion (vgl. Wilhelm H. Köhler, Hans Holbein der Ältere, »Die Madonna auf dem Altan«, in: Patrimonia 59, 1993), sogar, wenn es sich um eine Lactatio (die Grunewaldmadonna) von Hans Baldung handelt! Da der Fisch, wie Rebe und Rose, als Symbol der Passion gilt, erhält auch die italienische Version und Spielerei der Unterwasserkrippe fürs Aquarium kunsthistorische Dignität. Borniert begrifflich betrachtet, würde aus Parmigianinos frivoler Salondame dann tatsächlich eine Pietà! Und die schon beschriebene Wand- oder Ofenschirm-Madonna des Robert Campin ist aller lieblich-großbürgerlichen Behäbigkeit zum Trotz, da sie ihre Brust nach Sättigung des Kindes noch nicht weggepackt hat, »Heilsversprechen für den Betrachter und die Betrachterin« (Marti/Mondani).

Leichter sind Maria solche Aufgaben und Ansinnen zu glauben auf den Gnadenbildern, etwa bei der aufsehenerregenden Darstellung zweier aus dem Gewand hervorragender Brüste, aus denen jeweils sieben Strahlen Milch in die Münder der am Boden wartenden Armen Seelen schießen (Filotesio dell'Amatrice, »Madonna delle Grazie«, um 1508).

Andererseits entschlüsselt sich erst vor diesem Hintergrund, weshalb in der »Marienmirakel-Handschrift« aus der ersten Hälfte des 14. Jahrhunderts eine stehende Königin einem im Bett liegenden Mann ihre nackte Brust an die Lippen hält: Maria heilt in Anlehnung an diesbezügliche Visionen des Bernhard von Clairvaux (siehe auch Alonso Canos Gemälde »San Bernardo y la Virgin« aus dem 17. Jahrhundert) einen kranken Mönch durch ihre Milch. Ein spiegelverkehrtes ikonografisches Zitat hat Pierre Adam fünfhundert Jahre später nach einem Gemälde von Louis Hersent (1808) als Kupferstich angefertigt. Eine junge Frau mit nacktem Oberkörper reicht einem zu Bett liegenden Bärtigen ihre Brust. Hier ist es nun der kranke Las Casas, der von den Wilden träumt! Offenbar ist auch die indianische Milch heilsam, bzw. Maria lactans zur heidnischen Quelle zurückgekehrt.

Einige Jahrzehnte weiter schreibt dann Maupassant zur Abrundung des Komplexes eine kurze Erzählung, »Idylle« (1884): Eine junge, üppige Piemonteser Bäuerin fährt, als Amme in Marseille verpflichtet, an einem heißen Maitag allein im Zugabteil mit einem noch etwas jüngeren, mageren Landsmann, der in Frankreich Arbeit suchen will. Im Verlauf der Reise stellt sich heraus, daß die Frau, bereits Mutter von drei Kindern, von Minute zu Minute quälender unter der die Brüste zum Anschwellen bringenden Milch leidet, da sie ihr Kleinstes nicht zum Stillen dabeihat. Schließlich bietet sich der junge Arbeitslose an, sie zu erleichtern. Er trinkt von ihren Brüsten, lange, nacheinander, rechts und links. Zum Schluß bedankt sie sich höflich bei ihm für den fabelhaften Dienst, den er ihr geleistet hat. Nicht weniger formvollendet dankt der Mann: Er habe seit zwei Tagen nichts mehr zu essen gehabt.

PS: Dem unbefangenen Museumsbesucher wird plausibel sein, daß auf Marienbildern der Gotik und Frührenaissance häufig weiße Lilien, blaue Iris und Akelei und rote Nelken erscheinen, weil sie an Feingliedrigkeit und Farbe der blütengleichen Jungfrau entsprechen. Als Geschöpf, das auf den verwinkelten Wegen des Symbolverständnisses wandelt, hält wohl die vierte der Blumen am besten mit Maria Schritt: die Akelei (Aquilegia vulgaris, vollkommen geschützt). Ihr Name geht zurück auf das lateinische »Aquila« (Adler), aus dem im Französischen »ancolie« wurde. Die Assonanz »ancolie« – »mélancolie« veranlaßte ein Mißverständnis: Die Akelei wurde in der Folge traditionelles Symbol für Marias Sorgen, Kummer, Ahnungen zukünftigen Unheils. Ihren lateinischen Namen hatte die Blume erhalten, weil ihre Blüte – mit etwas gutem Willen – einem fliegenden Vogel ähnelt. Diese, man könnte sagen, optische Assonanz aber erhob die Akelei ursprünglich zum Symbol des Heiligen Geistes, des Gnadenbringers, weniger in Adler- als allerdings in Taubengestalt, der auf vielen Gemälden den Verkündigungsengel begleitet und aus der Höhe auf mauerndurchbohrendem Strahl die Empfängnis bewirkt.

Und damit schließlich doch, ob als Adler, Taube, Akelei von Anfang bis Ende des jungfräulichen Marienlebens für mélancolie sorgt, für Trübsal en masse.

Für die Jungfräulichkeit Marias garantiert, der Lilie assistierend, gelegentlich auch das Maiglöckchen. Es verdankt diese Auszeichnung nicht einer optischen Nähe oder einer Assonanz, sondern einer Namensähnlichkeit. Was die Braut des Hohenlieds (2,1) sagt: »ego flos campi et lilium convallium«, wurde auf die Gottesbraut Maria bezogen. Die »Lilie des Tals« aber ist im Lateinischen fast deckungsgleich mit den Maiglöckchen (convallaria maialis L.), so daß man diese irrtümlich in jenem biblischen Tal ansiedelte als »lilium convallium«. Für die Maler weniger ein Grund, sich zwischen Lilie (lilium candidum L.) und Maiglöckchen zu entscheiden, als vielmehr alle beide zu malen! Komplizierter und auf Entscheidung drängend liegt der Fall für die Angehörigen der Universität Passau, die im Wappen eine »Maria im Siege« führt, »eine besonders aggressiv für die Ziele eines Inquisitionskatholizismus gegen den teuflischen Drachen Aufklärung kämpfende Madonna« (Frankfurter Rundschau vom 15. 11. 1995). Hier sind die einen durchaus mit solcher Symbolik einverstanden, die anderen lehnen sie als »Logo der universitären Corporate Identity von Passau« energisch ab.

Weit jenseits solcher Skrupel und Streitereien um die alte Aufklärung wurde dagegen bereits 1993, wie die FAZ vom 27. 8. 1993 meldete, ein katholisches Buchversandhaus mit letztem modernen Schliff durch die Namenstaufe »Maria aktuell« versehen, von Petrus Canisius van Lierde, Generalvikar des heiligen Stuhls für die Vatikanstadt, geweiht.

Obligatorischer als die Blumen sind, sofern es sich um die Darstellung der Geburt Christi handelt, Ochse und Esel. Selbst Maria und Josef konnten auf frühen Sarkophagen fehlen oder später durch »arme Seelen« aus Ton, Gips, Marmorstaub in Flammennestern (Neapel) komplettiert werden, Kind in der Krippe, Ochse und Esel mußten unter allen Umständen sein! Wie Maria eine immer handfestere Frau mit Menschenbrüsten wurde, so wurden die Tiere im Laufe der Zeit naturgetreu. Doch kommt schon auf romanischen Malereien, trotz starker Stilisierung, ein warmer Stalldunst, eine realistisch irdische Komponente ins Bild, und als Kind hat man die Krippenbilder besonders wegen dieser gutmütigen beiden geschätzt. Sie waren die plausiblen Tiereltern des Kindes, Naturgeschöpfe, als Maria noch heilig war, und blieben fromm, als sie eine eitle Dame wurde. Nur: Um Ochse und Esel geht es streng genommen gar nicht! Die sind leider unwichtig. Unwichtig zwar, aber nicht ohne Bedeutung. Worum es sich dreht, das sind die Juden (Ochse) und die Heiden (Esel). Ob das den beteiligten Tieren und Menschengruppen gefällt oder nicht. Während die kluge Eselin Bileams, der Esel bei der Flucht nach und von Bethlehem und beim Einzug in Jerusalem einfache Tiere sein dürfen, Esel zusammen mit einer Leier auch gelegentlich die »Weltlust« darstellen, müssen der Esel und sein Kumpel im Weihnachtszusammenhang Gravierenderes verkörpern als sich selbst, darauf beharrt die patristische Deutung, die griechische wie die lateinische.

Ausgehend von Lukas 2,7: »Und sie (Maria) legte es (das Kind) in eine Krippe«, und Jesaja 1,3: »Der Ochse kennt seinen Besitzer und der Esel die Krippe«, wozu die lateinische Kirche noch Habakuk 3,2 (Septuaginta) ergänzte: »Inmitten zweier Lebewesen wirst Du erkannt werden« (vgl. Joseph Ziegler, Ochs und Esel an der Krippe, in: Münchener theologische Zeitschrift 3, 1952), stellen sich die Kirchenväter die Frage, ob die Tiere historisch (waren sie tatsächlich anwesend?) oder allegorisch aufgefaßt werden müssen; und wenn das zweite, ob als Gegensatz zum nicht erkennenden Israel und den Heiden (so Klemens, Chrysostomos und Kyrill von Alexandrien) oder als reines Tier (Ochse) dem reinen Volk Israel entsprechend und als unreines (der arme Esel, der immerhin in der Antike durchaus als edel galt) der unreinen Heidensippschaft (so Origenes). Gregor von Nazianz läßt den Unterschied »rein« und »unrein« nicht gelten. Beide Tiere (Völker) nähren sich vom logos in der Krippe, der Speise für die alogoi (so auch Theodotos von Ankyra, so im Prinzip auch Ambrosius, Hieronymus und andere), vom erlösenden Wort, das vom Joch des Gesetzes die Juden und von dem des Götzendienstes die Heiden befreit.

Und die Maler selbst? Die Menschengesichter von Ochse und Esel bei den gotischen Meistern sprechen tatsächlich dafür, daß diese allegorisch dachten, oder konnten sie vielleicht noch gar keine typischen Tiergesichter, Tierblicke malen? Überhaupt steht nicht ganz fest, ob die allegorische Idee zuerst existierte oder die visuelle Gestalt schlichter Stallgefährten.

Wie ließe sich denn auch die unerhörte Vertraulichkeit der Tiere erklären, wenn sie an Jesu Heiligenschein knabbern und ihren Atem über ihn hinpusten? Müssen sie ihm nicht näher stehen, auch ahnungsvoll im Geiste, als die anderen, Menschen und Engel, drumherum? Die englischen und französischen Buchmaler des 13. Jahrhunderts könnten die Heiden und Juden noch direkt im Sinn gehabt haben, immerhin. Ob das Kind von Maria gestillt wird und die beiden Tiere in der Krippe ihrerseits nach echtem (Heu) oder allegorischem (Wort Gottes) Futter Ausschau halten, oder ob das Kind Jesus unter wechselseitiger Beatmung der Tiernüstern bei ihnen weilt.

Doch auch sie sind schon stark übermannt von der traulich-verständigen Sinnlichkeit der Tierköpfe, die mit dem, was sie darstellen sollen, so gar nichts anfangen können. Der weiter oben erwähnte Tiroler Meister mit der schönen nacktbrüstigen Madonna legt die beiden sogar in ein Körbchen eingeschmiegt, kaum größer als der Säugling, wie Haus- oder Spieltiere. Konrad von Soest und Meister Francke, der Maler des Schottenstifts zu Wien und Martin Schongauer, Rogier van der Weyden auf dem Columba-Altar und Hugo van der Goes auf dem Portinari-Altar scheinen alle jedoch die symbolische Vorschrift von vornherein oder allmählich, ähnlich wie bei den stillenden Brüsten der Jungfrau Maria, mit Wonne mißzuverstehen einer sowohl genrehaft-stimmungsmäßigen Ausmalung wie der künstlerischen Unverzichtbarkeit auf die dekorativen Tierkörper und vor allem -häupter wegen (siehe auch Dürers riesiges Ochsenhaupt und den schreienden Esel nebenan). Wohl wegen seiner herrlichen Stirn und der schönen Hörner, nicht um die Heiden auszuschließen, haben Altdorfer und Robert Campin sich auf den Ochsen beschränkt, während es Correggio offenbar besser in die Bildvorstellung paßte, dessen grauen Partner allein ins Licht zu rücken, oder war es pure Sympathie für den Bruder Esel?

Kurzum: Die Maler haben sich den Fall auch hier nach ihren Bedürfnissen zurechtgelegt. Nicht anders als eine mir bekannte Linkshänderin (heute 83), die deshalb viel vom Christkind hielt, weil es in dem alten Weihnachtslied heißt: »daß es treu dich leite, an der *linken* Hand«. Deutlich zu hören: nicht »lieben«, sondern *linken*! Ebenso wie sie im Kinderreigenlied: »Geh in'n Kreis, du meine Rose, / Geh in'n Kreis, du meine Blume, / Geh in'n Kreis, du Allerletztes, getrost!« nicht die Aufforderung vernahm, das übriggebliebene Kind solle tapfer in die Mitte treten, sondern die namentliche Anrufung einer ihr lange Zeit geheimnisvollen Blumensorte: nicht Lilie, Maiglöckchen oder Akelei, vielmehr, noch mariennäher, »Allerletztesgetrost«.

Das letzte Wort aber soll hier der Dichter haben: »Und auf einmal wünschte ich, wünschte, oh wünschte mit aller Inbrunst, deren mein Herz je fähig war, wünschte, nicht einer der beiden kleinen Äpfel – im Bilde – zu sein«, gesteht Rilke zu Jan van Eycks »Madonna von Lucca«, die ihrem Kind die »zierlichste Brust« reiche, und deutet damit eine tollkühne Begierde an, um dann jedoch uns vorschnell Mißverstehende keusch-rührend zurechtzuweisen: »nicht einer dieser gemalten Äpfel auf der gemalten Fensterbank ... Nein: der sanfte, der geringe, der unscheinbare Schatten des einen dieser Äpfel zu werden –, das war der Wunsch.« (Das Testament)

b. k.

Sinnverwehungen

Die Politik und das uneigentliche Sprechen

Bitterlich unrecht tat man im Februar 1994 dem Kanzler Kohl: Ausgerechnet für seine bisher originellste Formulierung, ausgerechnet für jenes Diktum, das ihn erstmals wirklich in eine gewisse Nähe zum geliebten Tucholsky und zu Heinrich Heine rückte – ausgerechnet für seine Warnung vor dem drohenden »kollektiven Freizeitpark« Deutschland wurde Kohl mit der strafenden Ehrung des »Unworts« des Jahres 1993 behängt; nämlich von niemand anderem als der »Gesellschaft für deutsche Sprache« (GfdS) aus Wiesbaden.

Mag sein, daß da die Konkurrenz zum rechtsrheinisch gegenüberliegenden Mainz eine Rolle spielte, wo Kohl viele Jahre als Ministerpräsident wie er's brauchte schaltete und waltete, und zwar rheinlandpfälzisch und stur gegen die sozialdemokratisch hessischen und vor allem auch sprachlichen Rahmenrichtlinien; mag sein, daß, wie der Kanzleramtsminister Bohl sich beschwerte, die Auswahlkriterien bei gezählten 708 Zuschriften mit 515 verschiedenen Vorschlägen schon gar zu unseriös waren; mag gut sein, daß den Wiesbadener Anwaltschaftsanmaßern weniger Sprachkritik denn als kleinster gemeinsamer Nenner aller Gutgesinnten die allseitige und eben auch öffentlich-sprachliche »political correctness«, für die FAZ noch in der gleichen Woche die »Pest« unserer Zeit, als Zensurmeßlatte vorschwebte; mag auch sein, daß schon das Wort »Unwort« eins ist. Daß aber der Kanzler, einst oft und nicht ohne Grund als ein führender Repräsentant des Dummdeutschen taxiert, ausgerechnet da abgestraft wird, wo er sich erstmals sprachlich voll auf der Höhe zeigt und nun umgekehrt die Wiesbadener in jenes Fettnäpfchen stolpern läßt, in dem ihre scheint's idiotensichere Kür Kohl wähnte – das hat allerdings auch was für sich.

Sprechendes:

Mit dem uneigentlichen, dem ironischen Sprechen ist es nach wie vor ein Jammer, und in der Politik zumal, jedenfalls wenn es publik geschieht. Ironie, Satire, seitenverkehrte oder sonstwie gebrochene Rede ist nach wie vor sehr unerwünscht, ja tabu da, wo man andererseits allzeit nach »Streitkultur« oder auch nur nach etwas mehr Leben und Verve im Bonner Krähwinkel kräht. Das hatte schon Jenninger erfahren, als er 1988 anläßlich der feierlichen parlamentarischen Reichskristallnachtsmatinee, zugegeben etwas ungeschickt, mit der Stilfigur der rhetorischen Frage Versuche anstellte und daraufhin seinen Hut nehmen mußte. Das hatten schon Brandt und F. J. Strauß sel. gewußt, sobald sie bei ihren von beiden präferierten journalistisch-ironischen Formulierungen zur Sicherheit immer ironisch die Brauen hochzogen und betont verschmitzte Mienen aufsetzten, der Gefahr zu begegnen, vollends fehlgedeutet zu werden; Strauß faßte auch oft mit der etwas penetranten Klarstellung »um es ironisch zu sagen« nach; und auch Kohl selber, nach den Anlaufschwierigkeiten der ersten Kanzlerjahre, hatte zuletzt immer häufiger Ausflüge unternommen zum eleganteren uneigentlichen Sprechen, in die Ironie, ins Understatement, so, als er am 25. 3. 1993 den Linken »Jammern auf hohem Niveau« attestierte und für dieses beachtliche Niveau aber beklagenswert wenig Applaus noch Dank erntete – seitens der Wiesbadener Leimsieder am allerwenigsten.

Jener also, die den »Sozialabbau« zum »Wort des Jahres« 1993 küren, ohne wenigstens nachzufragen, was das heißt (denn er nämlich ist ein »Unwort«, gemeint ist vielleicht »Sozialstaatsabbau«, vielleicht aber auch »Sozialleistungsabbau«, vielleicht auch gar nichts; von der schieren Wortschönheit fast zu schweigen). Jener, die außer Kohls »kollektiven Freizeitpark« auch noch die »Überfremdung« an- und abmahnen, obschon die, jenseits jeder ideologischen Instrumentalisierung, ein sprachgeschichtlich manifester und zudem lupenrein konstruierter und aussagekräftiger Begriff ist. Jener, welchen offenkundig nicht im mindesten die Differenz deutlich ist zwischen einem politischen Programm bzw. einer (angesichts der Arbeitslosenzahlen von 1993/94) vielleicht politischen Instinktlosigkeit einerseits – und einer »witzig-ironisch zugespitzten Kritik an verdeckten Fehlentwicklungen in Deutschland« (FAZ) andererseits.

Nachher wollten sie's dann nicht gewesen sein, die Wiesbadener, und ließen ihren Sprachwissenschaftler und Professor Schlosser störrisch erläutern: »Herr Kohl wollte sicher auch einen Witz machen, aber der ist eben haarscharf danebengegangen, wie die Einsendungen zeigen.« Nein, ist er eben nicht; aber die Logik mit den Einsendungen ist auch sehr bedenkenswert und zitierwürdig. Was ein Schwurbel- und Heuchelverein von angemaßten Wortkustoden.

Die da zu allerletzt je auf den Gedanken kämen, etwa Kohls ehemaligen Widerpart, Björn Engholm, und seine jederzeit postulierte »politische Kultur« schon wegen eben dieser und ihrer uns jahrelang quälenden, ja sekkierenden Anmaßung und allgemeinen Verlogenheitsaura zu bemäkeln; auch nicht wegen z. B. der »Bombenlösung«, die der einstige schon allzu Hohe aus dem Norden noch im Februar

1993 im Zusammenhang des parteienübergreifenden sog. »Solidarpakts« (auch ein Kandidat für Wiesbaden) unbeanstandet und ungerügt von etwelchen Sprachgesellschaften und Goetheinstituten verspürte; geschweige denn wegen seines schwallvollen Leidensgetues und seiner auch verbal entschieden herz- und hirnzerreißenden »existentiellen Grenzsituation«, mit welcher Björn (»Ein Stück weit«) Engholm zum Amtsabschied aus Kiel noch im Mai 1993 seine Kantschen Notlügen aus dem Jahr 1987 begründete, ja fast legitimierte.

So lässig sie Kaliber dieser dummbrummenden Geworfenheit ungeahndet durchgehen lassen; so wenig ihnen bei »Sozialabbau«, »Sozialpakt«, »Sozialpaket« der Hut der Wut hochgeht, oder auch bei »sozialschwach«, letzteres ein noch heute nachhallendes Unwort und logisches Unding aus dem SPD-Vokabular der späten 60er Jahre, eingeführt womöglich und benutzt jedenfalls auch von Willy Brandt –: so unempfindlich, ja resistent sie sich jeder Betroffenheitsphraseologie gegenüber zeigen; so taub sind sie im Uneigentlichen, Komischen; jedenfalls sobald es die Kantinenwitzebene verläßt.

Nicht H. Kohls einstige und wuchernde sprachliche Schrecken straften sie ab, die prämierungswürdige »Hektigkeit« von 1983 oder die gemächlich splendide, schon über Tucholsky hinaus Karl Valentin einholende und jeglichen planen Sinns entraffte »Solidaritätsaufgabe der Tagesordnung der Zukunft«, die der Kanzler seinerzeit im horror vacui der soeben angebrochenen dritten Stunde einer Parteitagsrede 1985 vom Schlendrian seines Stapelfahrers ließ. Sondern, so wie Kohls demoskopische Akklamationswerte ausgerechnet mit seinen Wiedervereinigungsleistungen auf den Tiefstpunkt sackten, so der Undank des Vaterlands für sein zügiges sprachliches Werden und Wachsen jetzt getrost wahrlich ins paradoxal Nonsenszähe.

Verkehrte Welt. Sie liebt keine Negation, keine Kritik, keine Unterscheidung. Sondern das plumpe Positive. Und mißversteht es prompt.

Wieder etwas anders verhält es sich allerdings mit den in den letzten zwei Jahrzehnten seitens der Großpolitiker Geißler, Stoiber u. a. bekanntgewordenen Dikta vonwegen die Sozialdemokraten (wahlweise: die Grünen) seien im Kern Nationalsozialisten sowie das verderbliche fünfte Rad an der Kolonne Moskaus o.s.ä. Da handelt es sich nun wiederum weniger um Uneigentlichkeit und Ironie. Sondern um wirkliche und gar nicht geheuere Sinnverwehungen, vulgo Schwachsinn.

AP, 1. März 1994: »Sprachgesellschaft distanziert sich von ›Unwort‹«, nämlich von der Brandmarkung Kohls mit diesem. Anders als die Jury der Wiesbadener Gesellschaft, schließt sich der Hauptvorstand einen knappen Monat nach der Option für das Kanzlerwort dem Protest u. a. des Kanzleramtsministers Bohl an. Hatte noch die Jury erklärt, Kohls Formulierung sei eine »unangemessene Pauschalierung der sozialen Situation«, so befindet der Hauptvorstand diese Begründung als »zu knapp«. Denn damit habe der Eindruck entstehen müssen, der Freizeitmarkt sei auf die Arbeitsmarktsituation bezogen. »Diese Verbindung«, so der des sozialen Ernsts bedürftige Hauptvorstand, »ist jedoch dem Sachzusammenhang, in dem die Formulierung steht, nicht zu entnehmen.«

O Hauptvorstand, o Bürocratia. Menemenemene. Statt Kohl dafür zu tadeln oder wahlweise zu loben, der deutschen Sprache für einen deutschen Bundeskanzler allzu journalistisch-ironisch das Korsett gelockert zu haben, nun dieser nachkartende schwere Mindersinn. Sie tappen, die Sprachwächter, aber auch mit jedem Schritt ins nur allzu hallend Leere.

e. h.

Jäger des verlorenen Schatzes

Von der Insel Atlantis

Die Kunde von der sagenhaften Insel Atlantis, die im Meer versunken sein soll, hat Platon in seinen Dialogen »Timaios« und »Kritias« überliefert, die er um das Jahr 350 v. Chr. schrieb, gegen Ende seines Lebens. Alle Bemühungen, Atlantis zu lokalisieren, müssen sich auf Platons ebenso fragmentarische wie phantastische Angaben stützen.

Der griechische Staatsmann Solon, einer der Sieben Weisen, der zweihundert Jahre vor Platon lebte, sei in Ägypten durch die Priester von Sais über Atlantis unterrichtet worden. Die Insel habe »vor der Mündung, die ihr in eurer Sprache die Säulen des Herakles nennt«, gelegen und sei »größer als Libyen und Kleinasien zusammen« gewesen. Die Säulen des Herakles begrenzten die Meerenge von Gibraltar. Ein Königspalast, bronze- und zinnverkleidete Mauern, Mauern aus Gold, mit Elfenbein, Gold und Silber verzierte Tempel, Bäder, Gärten und Häfen seien auf Atlantis anzutreffen gewesen. Es sei »im ganzen neuntausend Jahre her«, daß sich »diese ganze Macht zu einer Heeresmasse vereinigte« und den gesamten Mittelmeerraum »mit einem Zuge zu unterjochen« versuchte. »Da wurde nun, mein Solon, die Macht eures Staates in ihrer vollen Trefflichkeit und Stärke vor allen Menschen offenbar. Denn vor allen andern an Mut und Kriegskünsten hervorragend, führte derselbe zuerst die Hellenen, dann aber ward er durch den Abfall der anderen gezwungen, sich auf sich allein zu verlassen, und als er so in die äußerste Gefahr gekommen, da überwand er die Andringenden und stellte Siegeszeichen auf und verhinderte so die Unterjochung der noch nicht Unterjochten und gab den andern von uns, die wir innerhalb der herakleischen Grenzen wohnen, mit edlem Sinn die Freiheit zurück. Späterhin aber entstanden gewaltige Erdbeben und Überschwemmungen, und da versank während eines schlimmen Tages und einer schicksalsschweren Nacht das ganze streitbare Geschlecht bei euch scharenweise unter die Erde, und ebenso verschwand die Insel Atlantis, indem sie im Meere unterging.«

Was die Priester von Sais rühmten, war nicht die Kultur von Atlantis, sondern die »Größe und Kühnheit« der Griechen: »Unsere Bücher erzählen nämlich, eine wie gewaltige Kriegsmacht einst euer Staat gebrochen hat, als sie übermütig gegen ganz Europa und Asien zugleich vom Atlantischen Meere heranzog.« Davon ist in der Atlantis-Literatur, die mit immer kühneren Strichen das Bild einer friedfertigen, vornehmen, edlen und in höchster kultureller Blüte stehenden Gesellschaft gezeichnet hat, so gut wie nie die Rede.

Entdeckt wurde Atlantis u. a. tief im Atlantik, östlich von Helgoland, auf der Mittelmeerinsel Thera, in Zentralasien, im Kaukasus, unter der Sahara, auf den Kanarischen Inseln, in Palästina, Schweden, Hinterindien, Nigeria, Sardinien, Mexiko, Persien, Preußen, Marokko, Irland und Neufundland. Was der jeweiligen, mehr oder weniger fanatisch vertretenen Theorie entgegenstand, wurde umstandslos auf Mißverständnisse bei der mündlichen Überlieferung zwischen Überlebenden von Atlantis und den Ägyptern, zwischen den Ägyptern und Solon oder zwischen Solon und dem Großvater jenes Kritias zurückgeführt, den Platon von Atlantis erzählen läßt.

Apokalyptiker und Phantasten mußte Atlantis, gerade wegen der dürftigen Quellenlage, faszinieren. Die Jäger des verlorenen Schatzes überbieten sich bereits gegenseitig, wenn sie angeben, wie viele Bücher zum Thema Atlantis inzwischen erschienen seien. John Victor Luce (Atlantis – Legende und Wirklichkeit, Bergisch Gladbach 1969) kommt auf 2000, Desmond Lee (Plato: Timaeus and Critias, 1965) hat 5000 gezählt, und Martin Roda Becher (Geschichten von Atlantis, 1986) nimmt an, es seien überschlägig 20 000 Stück. Otto Muck (Alles über Atlantis, 1976) bietet 25 000, während Barbara Pischel (Die atlantische Lehre – Übersetzung und Interpretation der Platon-Texte, 1982) als groben Schätzwert 50 000 Bücher angibt. Wer bietet mehr?

Schon in der Antike war die Authentizität dessen, was Platon von Atlantis überlieferte, umstritten. Sein Schüler Aristoteles betrachtete nach Strabon die Geschichte als Erfindung. Plinius der Ältere ließ es in seiner Beschreibung der Entstehung des Atlantischen Ozeans offen, ob Platon Glauben zu schenken sei. In seiner Biographie »Das Leben Solons« berichtete Plutarch, Solon habe mit einem Werk über »Die Geschichte oder Fabel von Atlantis« begonnen, ohne es zu vollenden. Verworfen, ob Geschichte oder Fabel, wurde Platons Bericht im 6. Jahrhundert n. Chr. von dem christlichen Topographen Kosmas Indikopleustes. »Er läßt den Leser aber schließlich an seinen kritischen Fähigkeiten zweifeln, da in seiner Version Timäus die Geschichte erzählt, Salomon Solon ersetzt, ein großer Teil der Geschichte von Moses stammt und Gott für den Untergang von Atlantis verantwortlich ist«, schreibt Edwin S. Ramage (Atlantis. Mythos, Rätsel, Wirklichkeit?, Frankfurt a. M. 1979).

Die Entdeckung Amerikas beflügelte die Atlantisforscher. 1553 identifizierte der Spanier Francisco López de Gómara Amerika mit Atlantis. Im 17. Jahrhundert entdeckte der Schwede Olof Rudbeck Atlantis jedoch in Schweden. Der französische Astronom Jean Bailly fand im 18. Jahrhundert allerdings heraus, daß Atlantis im Eismeer auf der Höhe von Spitzbergen untergegangen sein müsse.

Noch höher hinaus strebte 1882 der Amerikaner Ignatius Donnelly, als er sein Werk »Atlantis: The Antediluvian World« vorlegte (hier zitiert nach der deutschen Übersetzung: Atlantis, die vorsintflutliche Welt, Eßlingen 1911). Donnelly war zu dem Schluß gelangt, »daß Atlantis nichts anderes war, als die vorsintflutliche Welt mit dem Garten Eden oder dem Paradies; mit den Gärten der Hesperiden; den Eleusischen Feldern; dem Garten des Alkinous, des Mesomphalos; mit dem Olymp; dem Asgard aus den Traditionen der alten Völker – die allesamt die Erinnerung an ein großes Land bilden, in dem die Menschen seit unvordenklichen Zeiten in Glück und Frieden lebten ...«

Daß Atlantis im Atlantik versunken sei, betrachtete Donnelly als »geologische Gewißheit«, und er prognostizierte, daß hundert Jahre nach ihm »unsere Bibliotheken die Uebersetzungen atlantischer Inschriften enthalten werden, welche die ganze Vergangenheit der Welt und des Menschengeschlechts mit jenem Licht der Erkenntnis umstrahlen, das einst alle jene Rätsel lösen wird, deren Lösung die Denker und Forscher heute noch vergeblich suchen« – in der Aussicht, alle großen Menschheitsfragen würden über kurz oder lang schlüssig beantwortet, könne man nur endlich Atlantis ausfindig machen und archäologisch ausbeuten, verschlingt sich alles, auch Platons Dialogwerk, das keine einzige der Ungeheuerlichkeiten versprochen hatte, von denen Donnelly annahm, daß Atlantis sie halten werde. Er schwelgte im Vollrausch der Erwartung und ließ keinen Superlativ aus. Eines Tages, das malen sich Kinder aus, müsse sich ihre königliche Abkunft offenbaren, wie es Jim Knopf geschehen ist, und dann taucht Neu-Lummerland bzw. Atlantis wieder aus den Fluten auf, alles findet seine Erklärung, Jim Knopf wird gekrönt, und alles ist gut. Auf diesen Eventualfall bereitete sich auch Ignatius Donnelly vor, als er, noch etwas weiter ausgreifend, gleich den Stammbaum der ganzen Menschheit auf die stolzen Ahnen von Atlantis zurückführte: »Sie waren die Urcltern aller unserer grundlegenden Welt- und Lebensanschauungen, die ersten Civilisatoren, die ersten Seefahrer, die ersten Kaufleute, die ersten Kolonisatoren und Kolonisten der Erde; ihre Kultur war schon da, als Egypten noch jung war, ihr Reich bestand schon Tausende von Jahren, ehe man sich von einem Babylon, einem Rom oder London etwas träumen ließ. Dieses untergegangene Volk waren unsere Vorfahren, ihr Blut fließt in unser aller Adern; die Wörter, die wir gebrauchen, wurden in ihrer Stammform in den Städten und Höfen und Tempeln von Atlantis gehört. Jedwede Eigentümlichkeit der Rassen, des Blutes, des Glaubens, jedweder Lichtstrahl des Gedankens führt in letzter Linie zurück auf Atlantis!«

Jedweder Lichtstrahl des Gedankens funkelte nun in alle möglichen Richtungen. »Sollte nicht die Mär von der plötzlich vom Meere verschlungenen Atlantis die poetische Form sein, in der sich die Griechen das jähe Verschwinden von Tartessos und jeder Kunde von ihm zurechtlegten?« Das fragte sich Adolf Schulten (Tartessos. Ein Beitrag zur ältesten Geschichte des Westens, 1922). Wenn nicht alles täusche, sei »in Platons schöner Dichtung von der Insel Atlantis« vor allem »eine dunkle Kunde von Tartessos enthalten«, behauptete Schulten, der in der Dunkelheit der Kunde alle Widersprüche zwischen ihr und seiner Entdeckung zum Verschwinden zu bringen hoffte.

Lewis Spence (The Problem of Atlantis, 1924) vermutete, den größten Teil des Nordatlantiks habe ein gewaltiger, dem Untergang geweihter Kontinent eingenommen. Vor 25 000 Jahren seien davon nur noch die Inseln Atlantis und Antillia übriggeblieben. Atlantis sei im Jahre 10 000 v. Chr. zerstört worden; die Überlebenden hätten sich über die Landreste von Antillia, die Westindischen Inseln, in die Neue Welt gerettet. Nichts davon hat sich in Jahrzehnten archäologischer

Forschung bestätigt. Landmassen lassen sich auf dem Papier leichter verschieben als von der Kontinentaldrift. Mit Zahlen, Daten und Namen nahm es Lewis Spence lieber nicht so genau: »Man wird feststellen, daß die Inspiration die Methode der Archäologie in der Zukunft sein wird. Die Meßlatten-Schule, stumpfsinnig und voll von der Leichtgläubigkeit des Unglaubens, ist zum Untergang verdammt.«

Ebenso frei aus der Luft griff Joseph Karst (Atlantis und der libyäthiopische Kulturkreis, 1931) seine rassebiologischen Erkenntnisse: »Auf dem Untergrunde derselben liby-äthiopischen Rasse bildete sich eine Reihe von Urvölkern aus, die die alte ägyptisch-ägäische Überlieferung als Atlanten oder Atlantiden kannte. Wir unterscheiden in unsern voraufgegangenen Schriften eine westliche, liby-hesperische, und eine östliche, orientalisch-erythräische bzw. puntisch-iranische Atlantis.«

In seiner voraufgegangenen Schrift (Origines Mediterraneae. Die vorgeschichtlichen Mittelmeervölker, 1931) glaubte Karst, »des Rätsels Lösung, dessen sind wir sicher, in seinem Grundkerne gefunden und ein für allemal richtiggestellt« zu haben: »Durch Blutmischung und Kreuzung zwischen Cromagnonrasse und Liby-Äthiopien (Subäthiopien) scheint die mediterrane Edelrasse hervorgegangen zu sein.«

Zwischen Schein und Sein, zwischen Urvolk und Edelrasse, zwischen dunkler Kunde und harten Daten tappt die Forschung bis heute umher. Den Scheitel des Forschungsstands legt zielsicher der Geist der Zeit. Konjunktur hat die Weltanschauung, der es gelingt, Atlantis für sich zu vereinnahmen. »Alle Kultur haben die übrigen Rassen von den Ariern erhalten«, entschied der Nazi Karl Georg Zschaetsch (Die Arier. Herkunft und Geschichte des arischen Stammes, 1938), und er wußte genau, was er anstellen mußte, um seiner Stammesgeschichte die geeignete Aura zu verleihen: »Aus diesen Überlieferungen geht aber vor allem hervor, daß die Arier seit 30 000 Jahren, wenn nicht länger, eine Zeitrechnung kannten und somit in Zucht und Ordnung lebten. In der Überlieferung deutet nichts darauf hin, daß sie von außerhalb nach Atlantis gekommen seien; man muß sie deshalb als dort urgeboren betrachten.«

Nicht einmal Zschaetsch war indessen entgangen, daß Platons Angaben rechnerische Probleme aufwarfen, doch er zog sich lässig aus der Affäre: »Die Größe von Atlantis, wie sie die ägyptischen Priester Solon angaben, stimmt zwar nicht, doch muß man berücksichtigen, daß seit dem Untergange der Insel viele Jahrtausende verflossen waren, und daß den Auswanderern, die sich in Ägypten niederließen, die Insel wohl größer in Erinnerung geblieben sein wird, als sie in Wirklichkeit war. Außerdem war Atlantis so fruchtbar und bevölkert und barg solche Schätze, daß sie auch dadurch einen viel größeren und mächtigeren Eindruck hervorrufen mußte. Ferner ist damit zu rechnen, daß bei manchen der Angaben, welche die ägyptischen Priester dem Solon machten, Mißverständnisse vorkamen, oder daß Solon bei der Wiedergabe der Aussagen Irrtümer unterlaufen sein können.«

Freiheiten, wo er sie brauchte, nahm sich noch jeder Interpret Platons heraus. Am frechsten ging dabei Alexander Braghine vor (Atlantis, 1946), der seine Quellen am liebsten im Zwielicht ließ. »Alten Berichten zufolge kannten die Atlanter keinen Winter«, behauptete er und lehnte sich noch weiter aus dem Fenster: »Gewisse alte Überlieferungen erwähnen, daß die Atlanter eine Art Flugmaschinen benutzten.« Ferner ist damit zu rechnen, daß Braghine auch alle weiteren Thesen gewissen, also völlig ungewissen, Überlieferungen verdankte: »Sehr wahrscheinlich lag der Garten Eden irgendwo auf Platos Erdteil ...«

Nach Braghine wurde Atlantis durch einen Meteoriteneinschlag zerstört. »Bald donnerten die tiefen Stimmen aller Vulkane auf der Erde und grüßten den mächtigen Besucher aus den Tiefen des interplanetaren Raumes. Schlechte Nachrichten erreichten die atlantische Hauptstadt aus allen Richtungen. Mit Hilfe eines optischen Telegraphen berichteten verschiedene Statthalter, daß Vulkane, die lange als erloschen galten, wieder begonnen hatten, Rauch, Feuer und Lava zu speien.«

Von einer Zivilisation, die bereits in der jüngeren Altsteinzeit mit optischen Telegraphen kommuniziert haben soll, müßte doch noch etwas mehr auf uns gekommen sein als das, was Platon von ihr mitteilt. Wo die Spezialeffekte fehlten, half Braghine nach: »Und im gleichen Augenblick, als die Wogen die Türme und goldenen Kuppeln des Poseidontempels erreichten, als die Schreie der Ertrinkenden überall erklangen und Mütter mit ihren Kindern im Arm die steilen Hänge des dreizackigen Poseidonberges hinaufhasteten, flog das Schiff Noahs, mit tausend verängstigten Vögeln bedeckt, vor dem tosenden Sturm und Schrecken dahin, unter vollen Segeln ostwärts jagend nach den fernen und halbwilden atlantischen Ländern in Europa«, um 11500 Jahre später in Alexander Braghines Schulfunkprosa zu kentern.

Eine Überraschung bereitete der norddeutsche Pastor Jürgen Spanuth (Das enträtselte Atlantis, 1953) den Deutschen, als er ausgerechnet Helgoland als letzten Landzipfel des versunkenen Atlantis beschrieb. Spanuth erklärte, daß der Atlantische Ozean nicht mit dem Atlantischen Meer der antiken Geographen verwechselt werden dürfe.

Griechische Autoren hätten damit nicht den heutigen Atlantik, sondern ein Meer im Norden bezeichnet, wo sie den Himmelsträger Atlas vermuteten.

»Der Schutt vieler Mißverständnisse, Torheiten und Phantastereien, das tote Gestein vorschneller Urteile und öder Skepsis, die Trümmer falscher Datierungen und Identifizierungen, die sich über diesem Bericht in mehr als zweieinhalb Jahrtausenden, seit Solon ihn aus Ägypten mitgebracht hat, aufgehäuft haben, überdecken die Schatzkammer dieses Berichtes so sehr, daß jeder sich dem Spott der Fachleute aussetzt, der sich mit dem Atlantisbericht befaßt«, schrieb er. Damit seien »alle bisherigen Datierungs- und Lokalisierungsversuche von Atlantis überholt«. Ihm sei klar geworden, »daß der Atlantisbericht eine im wesentlichen zuverlässige historische Quelle sei und Basileia, die Königsinsel der Atlanter, 50 Stadien ostwärts von Helgoland gesucht werden müsse«.

Der Bericht sei »allen möglichen Fehldeutungen und Mißverständnissen ausgesetzt« gewesen. »Auch eine andere Stelle des Atlantisberichtes kann leicht zu Mißverständnissen führen. Platon behauptet (Krit. 108), daß Atlantis ›meizon‹ d. h. ›größer‹, ›gewaltiger‹ als Libyen und Kleinasien gewesen sei. Nun kann das griechische Wort ›meizon‹ ›größer an Fläche‹, also ›umfangreicher‹, aber auch ›größer an Macht‹, also ›gewaltiger, mächtiger‹ usw., bedeuten. Da die Größe des atlantischen Reiches mit 2000 mal 3000 Stadien richtig angegeben ist, aber schon Kleinasien seiner Flächenausdehnung nach wesentlich größer ist, darf an dieser Stelle das Wort ›meizon‹ nicht mit ›größer an Fläche‹, sondern mit ›größer an Macht‹, ›gewaltiger‹, ›mächtiger‹, ›stärker‹ übersetzt werden, denn nur das entspricht den tatsächlichen Verhältnissen.«

Zweifelsfrei gesicherte Beweise führte Spanuth am liebsten an: »Abschließend können wir feststellen, daß die Angabe des Atlantisberichtes, die Bewohner von Basileia hätten Kupfer in gediegener und schmelzbarer Form auf ihrer Insel gebrochen und großen Reichtum an diesem Metall auf ihrer Insel gehabt, auf Tatsachen beruht. Da nun nirgend anderswo auf der Welt gediegenes Kupfer, Kupfererze und Bernstein zusammen vorkommen, ist allein durch diese beiden Angaben die genaue Lokalisierung von Basileia-Atlantis in unmittelbarer Nähe von Helgoland zweifelsfrei gesichert.«

Spanuths zweifelsfreier Beweisführung zum Trotz kam Otto Muck, der Erfinder des U-Boot-Schnorchels, zu einem anderen Schluß (Alles über Atlantis, 1976). Muck vertrat die Ansicht, ein exakt am 5. Juni 8498 v. Chr. um 13 Uhr Erdzeit östlich der heutigen nordamerikanischen Südostküste eingeschlagener Planetoid sei für den Untergang von Atlantis verantwortlich; Erdbeben, Klimaschwankungen und Sintflut hätten damals eine globale Katastrophe bewirkt. Die Inseloberfläche berechnete Muck auf 400 000 Quadratkilometer. Und er war sich seiner Sache sicher: »Was trotz 25 000 Büchern über Atlantis bisher ungelöst blieb, ist von der Sonde exakter Forschung aufgespürt worden.«

Bei aller rechnerischen Exaktheit stützte sich aber auch Otto Muck auf vage Mutmaßungen: »Eine unbeirrbare Ahnung, daß all dies wirklich war, lebt irgendwie in den Nachkommen von Menschen aus den von der Sintflut betroffenen Gebieten.« Aus der Beweisnot half er sich im Konjunktiv: »Fände man ägyptische Belege, so ergäben sie einen unbezweifelbaren Beweis für die Echtheit der Atlantis-Überlieferung, wie sie Platon selbst betont.« Die nächsten Nachbarn von Atlantis auf europäischem Boden, »von denen noch völkische Bestände vorhanden sind«, seien die Basken: »Sie haben noch eine klare, ausgeprägte Erinnerung – an Atlantis.«

Und er neigte zum Raunen: »Nicht alle Urvölker haben die anscheinend von Atlantis ausgegangene Unsitte geteilt, den Feuergott des Himmels und der Erde durch Brand- und Menschenopfer gnädig zu stimmen. War es ein Ahnen des eigenen Endes im Feuer, das sie anscheinend zwang, tausendfach ihr eigenes, unentrinnbares Schicksal vorwegzunehmen?«

Unbeirrbare Ahnungen sind wissenschaftlich nicht zu entkräften. Die Narretei, sie überhaupt ins Feld zu führen, zog Muck der Leichtgläubigkeit des Unglaubens und öder Skepsis vor. Wo die Wissenschaft zu versagen scheint, treten verwegene Amateure auf den Plan wie der Meisterdetektiv Kalle Blomquist und spüren den Stein der Weisen auf, den Heiligen Gral oder eben Atlantis. Der Tollkühnheit des Unterfangens angemessen ist die Grandezza, mit der sie die Meßtischblätter vom Tisch wischen: »Ich persönlich denke mir die Fläche der Atlantis-Insel zwischen den ungefähren Grenzwerten 30 000 qkm (etwa Belgien + Luxemburg) und 200 000 qkm (etwa zweimal Island oder dreimal Irland)«, dozierte Karl A. Frank (Sturm aus Atlantis. Das Abenteuer einer neuen Urgeschichte, 1975). Doch auch die handgemalten Amazonen-Skizzen des Verfassers verhalfen seiner Theorie nicht zum Durchbruch.

Im reizvollen Bermuda-Dreieck aus Atlantis, Abenteuer und Geschichte mit Ur- vornedran tat sich auch Charles Berlitz um (Das Atlantis Rätsel, Wien/Hamburg 1976), doch was er beizutragen hatte, war, höflich formuliert, nur Makulatur: »Das neuerwachte Interesse der Öffentlichkeit spiegelt auch ein Song von Donovan wider, der den Rückgriff auf das Wissen unserer fernen Vergangenheit und das Goldene Zeitalter der Menschheit zum Thema hat.«

Die Öffentlichkeit liest natürlich gerne, daß sie wißbegierig sei, und die auf dem Kaufhauswühltisch präsentierten Wissenshäppchen aus der Urgeschichte sind allemal attraktiver als die binomischen Formeln auf Videotext. Wer die frohe Botschaft bringt, daß Atlantis entdeckt sei, muß sich bei krassen Widersprüchen nicht lange aufhalten. Ungebärdig ist der Ehrgeiz, und die abenteuerlustige Öffentlichkeit nimmt schließlich auch die gröbsten Verdrehungen bereitwillig hin.

Nach der Theorie des Philologen Luce ist Atlantis mit dem minoischen Reich identisch, das von Kreta aus die Seeherrschaft im Mittelmeer gewann und um 1470 v. Chr. nach dem verheerenden Ausbruch eines Vulkans auf der Insel Thera untergegangen sein soll. Um die Angaben Platons dieser Theorie gefügig zu machen, mußte Luce tüchtig tricksen. Mißverständnisse bei der Überlieferung hätten die Atlantis-Sage entstellt: »Was diese Sage betrifft, schließt der Verfasser sich der Ansicht an, daß in Ägypten eine authentische Tradition vom plötzlichen Niedergang minoischer Herrlichkeit vorlag, die um 590 v. Chr. Solon (ca. 640–560 v. Chr.) nach Griechenland zurückbrachte, allerdings nun durch Mißverständnisse entstellt. Etwa zwei Jahrhunderte später verewigte Plato das Mißverständnis durch die kunstvolle literarische Form, die er Solons Bericht gab.«

Zum Mißverstandenen rechnete Luce vorzüglich alle Daten, die seiner Version im Wege standen. Größer als Libyen und das den Ägyptern bekannte Gebiet Asiens war das minoische Reich durchaus nicht. Luce vermutete, Platon habe »eine schriftliche Notiz Solons über die geographische Lage von Atlantis als Größenangabe mißverstanden und das betreffende Mißverständnis in seiner Darstellung weitergegeben.« Nicht μεῖζον (»meízon«, größer), sondern μέσον (»méson«, inmitten) habe es heißen müssen – inmitten von Libyen und Asien läßt sich das minoische Reich zur Not lokalisieren.

»Möglicherweise verzehnfachten Solon oder seine priesterlichen Gewährsmänner echte Zeit- und Entfernungsangaben. Teilt man beispielsweise die Zahlenangaben, welche sich in Platons ›Kritias‹ (118a) auf jene langgestreckte Ebene beziehen, die Atlantis' Hauptstadt umgab (3000 zu 2000 Stadien), durch zehn, so kommt man auf 300 zu 200 Stadien, und dies entspricht recht gut den Größenverhältnissen der Messara-Ebene bei Phaistos (Südkreta).« Zum Schrumpfen mußte Luce auch die Zeitangaben bringen: »Und hätten jene Priester zu Sais, denen Solon sein Wissen verdankte, statt von 9000 von nur 900 Jahren gesprochen, so wäre der Untergang von Atlantis demnach in die Zeit um 1490 v. Chr. zu weisen, was dem zeitlichen Ansatz der Thera-Katastrophe um 1470 v. Chr. recht nahe käme.« Bei den Säulen des Herakles habe es sich nicht um Gibraltar gehandelt, sondern um die Südspitze der Peloponnes, Cap Matapan und Cap Maleas.

James W. Mavor (Reise nach Atlantis. Wissenschaftler lösen das Rätsel einer Weltkatastrophe, Wien/München 1969) schloß sich Luce an und steuerte noch eine weitere vage Vermutung bei, um die Zahlendiskrepanz zu erklären: »Ist also der Irrtum schon entstanden, bevor die Ägypter ihren Bericht niederschrieben? Möglicherweise haben sie die Atlantisgeschichte von einem Flüchtling aus Kreta gehört. War dieser ein gebildeter Mann, so müßte er die minoische Schrift jener Zeit beherrscht haben, also entweder die Linear A oder die Linear B. Die minoischen Zeichen für 1000 und 10000, vielleicht auch für 100, könnte man tatsächlich verwechseln!«

Immer waren es die anderen, die irgend etwas mißverstanden hatten; wahlweise Solon, Platon oder aber alle Entdecker, die mit der Sonde exakter Forschung bereits im trüben gefischt hatten. Oder waren doch schon die Ägypter schief gewickelt? »Ganz im Gegenteil: Ich werde zeigen, wie genau sich Platons Beschreibung mit der Wirklichkeit deckt, wie berechtigt daher – und ganz im Sinne Platons – die Bezeichnung ›atlantisch‹ für die voriberische Hochkultur steht«, frohlockte wiederum Uwe Topper (Das Erbe der Giganten. Untergang und Rückkehr der Atlanter, 1977). Er glaubte, herausgefunden zu haben, »warum nur Cádiz Atlantis gewesen sein kann«, und er schwelgte in frischen Gewißheiten: »Wir leben gewiß in einer Zeit der Wiedergeburt. Diesmal müssen wir jedoch weiter zurückgreifen, um den Anschluß zu finden. Unsere Antike liegt vor der Sintflut! In uns wird Atlantis wiedererweckt.«

Überall feiern die zur Wiedergeburt bereiten Forscher ihre Entdeckung von Atlantis, in Cádiz, in Tartessos, auf Helgoland, auf den Azoren, auf Thera und im Garten Eden; sie schwenken die geborstenen Meßlatten aus der ungeliebten Meßlatten-Schule und sehen sich bereits als warme Helden wie der Prinz Pipi die Welt durchziehen, die Meßlatten als blinkendes Geschoß Drachen durch den Bauch werfen und zu guter Letzt die Prinzessin Fisch befreien.

Harrison Ford tritt als Indiana Jones in Steven Spielbergs Filmen immer wieder aus seiner bürgerlichen Existenz als Archäologiedozent heraus und verwandelt sich auf der Suche nach mythischen Ikonen in einen peitschenschwingenden, Meuchelmörder bezwingenden, alle Rätsel knackenden, im Giftpfeilregen flüchtenden, am Ende aber siegreich heimkehrenden Abenteurer und Menschheitsretter, der die Jahrtausende in die Schranken zu fordern vermag. Selbstironisch wird im letzten Teil der Trilogie auf die Grenze zwischen der Realität und der Ideologie des Genres verwiesen: Indiana Jones ermahnt die Studenten, sie sollten alles vergessen, was sie über verschwundene Städte und exotische Reisen gehört hätten; es werde keinen Schatzkarten gefolgt; siebzig Prozent der archäologischen Arbeit seien in der Bibliothek zu erledigen. Doch kaum hat er seinen löblichen Vortrag beendet, springt er aus dem Fenster und begibt sich auf die haarsträubend gefährliche Suche nach dem Heiligen Gral. Virtuos führt der Abenteuerfilm ein Heldenleben vor, das sich demonstrativ jenseits des Gewöhnlichen vollzieht.

Was jedes Kind im Kino begreift, scheint sich den reifen, nach Atlantis strebenden Enthusiasten nicht mehr zu erschließen. Sie glauben, sich auch ohne Peitsche, Hut und Tricktechnik in Indiana Jones verwandeln zu können. Wer das Spektakuläre schätzt, schreckt auch vor kosmischen Katastrophen nicht zurück. Uwe Topper zufolge ist die atlantische Hauptstadt untergegangen, als »ein Planetoid oder ein Teilstück davon in die Mündung des Anas-Flusses gestürzt« sei. »Wie sehr die weisen Bücher von dem Wissen der Atlanter und der Urerfahrung der Katastrophe geprägt sind, tritt immer klarer zutage.« Vor der Erfahrung liegt die Urerfahrung, weihevoll beraunt. Von der iberischen Halbinsel aus sah Topper die Atlanter nach Amerika, Nordeuropa, Kleinasien, Afrika und Australien ausschwärmen und stellte fest: »Fast alle Kulturbringermythen, besonders die Gestalt des Weihnachtsmannes, beziehen sich auf die atlantische Mission.«

Doch wo der eine Forscher, fehlgeleitet von seiner privaten Atlantis-Eschatologie, in der sogar dem Weihnachtsmann ein Platz gebührt, bereits die Wiedererweckung nahen spürte, verfolgte die Konkurrenz noch heißere Spuren. »Der Gedanke, allein auf eine mögliche Spur von Atlantis gestoßen zu sein, erschien mir anfangs so unwirklich. Aber einmal gefunden, waren die Indizien nicht mehr aus der Welt zu schaffen«, erklärte Helmut Tributsch (Die gläsernen Türme von Atlantis, 1986). Tributsch, Professor für Physikalische Chemie, legte sich darauf fest, daß Atlantis mit der westeuropäischen Megalithkultur identisch sei. Das Reich sei um 4500 v. Chr. entstanden, mit der Metropole an der Atlantikküste in der südlichen Bretagne: »Der große Krieg gegen das atlantische Reich ereignete sich demnach zwischen 2200 und 2000 v. Chr., also genau zur selben Zeit, als indoeuropäische Einwanderer unter dem Zeichen der Glockenbecher-Kultur das lockere Staatsgefüge des Megalithreiches zum Zusammenbruch brachten.«

Tributschs Atlantis mußte um 2200 v. Chr. untergehen; durch einen »Rechenfehler der Griechen« sei das Datum verfälscht worden: »Sie kalkulierten für drei Pharaonen-Generationen 100 Jahre. In Wirklichkeit regierten die Pharaonen jedoch viel kürzere Zeit. Eine Korrektur läßt den Untergang des Atlantisreiches auf ca. 2200 v. Chr. fallen – die Zeit des Untergangs des Megalithreiches.« Ein mißverstandenes Naturschauspiel habe den Mythos begründet, denn im Meer versunken sei nur eine Fata Morgana, eine Luftspiegelung vor der irischen, zu Atlantis gehörigen Küste. Die Seefahrer hätten die Fata Morgana für eine Insel mit gläsernem Turm gehalten. »Sie war, der irischen Mythologie zufolge, Nervenzentrum einer von Fata-Morgana-Gespenstern genährten Macht, der Foimore. Ihnen galt ein verwegener Sturmangriff der Eroberer. Getreu nach der Atlantis-Erzählung ist im folgenden Orkan die Insel samt der Expeditionsmacht untergegangen. Eine einzelne Schiffsbesatzung hat untätig beiseite gestanden und den Katastrophenbericht auch schließlich ins Heimatland zurückgebracht. Ihre Geschichte war tragisch genug für ein Heldenepos und die Sage vom Untergang einer Tochter des Atlas, Atlantis.« Unterstellt man immer dort, wo sie gerade ins Konzept passen, Mißverständnisse, läßt sich Atlantis schließlich überall entdecken.

Mit dieser Methode gelangte auch der Geoarchäologe Eberhard Zangger (Atlantis. Eine Legende wird entziffert, 1992) zu radikal neuen Ergebnissen. 1987 zog er in Tiryns einen Bohrkern, »der unter Umständen eines Tages als der wichtigste der archäologischen Forschung im Mittelmeerraum betrachtet werden könnte.« Falsche Bescheidenheit war Zanggers Sache nicht. »Mit Hilfe einer ›Brainstorming‹-Technik« notierte er, was ihm durch den Kopf ging. »Und dann, gerade als ich dabei war, diese Idee niederzuschreiben, wurde mir klar, daß ich vielleicht soeben, ohne es zu wollen, begonnen hatte, die Legende um Atlantis zu enträtseln.«

Atlantis, das hatte sich Eberhard Zangger offenbart, mußte Troia gewesen sein. Mut machte er auch Kollegen, die philologischen Studien nichts abzugewinnen vermögen: »Wie sich erweisen wird, kann die Enträtselung der Legende möglicherweise auf Platon als Urheber gänzlich verzichten. Sehr allgemeine Kenntnisse der mediterranen Vorgeschichte, verbunden mit einer Portion gesundem Menschenverstand, können ausreichen, um das Rätsel zu lösen.« Zangger löste das Rätsel, indem er Platons Datenangaben so lange umrechnete, bis er die atlantische Hochkultur auf das Ende der Bronzezeit (1400–1150 v. Chr.) datieren konnte. Und mit den Säulen des Herakles, noch ein kleines Mißverständnis, sei nicht Gibraltar gemeint gewesen, sondern der Bosporus. Mit dem Erdbeben von Tiryns, zwischen 1250 und 1200 v. Chr., sei der Untergang gekommen: »Teile der Unterstadt von Tiryns wurden sehr schnell, während der plötzlichen Überschwemmung, verschüttet, ebenso wie offenbar viele troianische Gebäude in der Ebene nach dem Krieg unter Schwemmland begraben wurden.«

Was Solon falsch verstanden hatte, stellte Zangger wieder richtig: »Falls die von Platon vorgeschlagene Übertragung zutreffend ist, könnte es sein, daß die über 2500 Jahre alte Verwirrung um Atlantis auf einem einfachen Mißverständnis zwischen zwei sehr alten Männern beruhte, nämlich Solon und dem Priester in Sais, die über Geschichte plauderten, ohne die Bedeutung ihrer Quellen so recht zu begreifen.« So recht begriff erst Eberhard Zangger die Bedeutung.

Harald Braem (Das magische Dreieck. Neue Geheimnisse aus dem Reich der Pyramiden, 1992), ein freihändig für sein Wiesbadener »Kult-Ur-Institut« und das Fernsehen aktiver Forscher, variierte wiederum Tributschs Thesen. Im 5. Jahrtausend v. Chr. habe ein Reich der atlantischen Westkultur, »dessen Zentrum in Westfrankreich war«, halb Europa beherrscht, von England, Schottland, lrland, Dänemark, Norddeutschland bis Portugal, Sizilien, Malta und den Kanarischen Inseln. »Dieses Reich war das sagenhafte Atlantis des Platon-Berichts«, beteuerte Braem und setzte sich souverän über alle Unstimmigkeiten im Zeitplan hinweg: »Atlantis, d. h. die atlantische Westkultur, geht unter, aber nicht in einer neuerlichen Sintflut, sondern im Sturm der auf der Bühne auftauchenden Indoeuropäer. Der uralte Mythos der Sintflut, mit dem Platons Atlantis-Bericht inhaltlich gekoppelt ist, gerät so zum poetischen Bild, ganz gleich, ob nun durch das Ansteigen des Meeresspiegels der Golf von Morbihan gebildet wurde, Helgoland und Teile Schleswig-Holsteins in den Fluten versanken, die Häfen Kretas durch den Ausbruch des Vulkans Thera auf Santorin vernichtet wurden oder nicht.«

Was kostet die Welt? Die Beschäftigung mit Atlantis scheint den Größenwahn zu begünstigen. Wenn schon ordentliche Professoren Wiedergeburt und Pyramidenmagie ins Gespräch bringen, tun sich Spökenkieker erst recht keinen Zwang an. Immer wieder wird in der Atlantis-Literatur der Hellseher Edgar Cayce zitiert, der sich somnambul auf der versunkenen Insel umsah. Seine Nachlaßverwalter Edgar Cayce Evans, Gail Cayce-Schwartzer und D. G. Richards haben die einschlägigen Traumgesichte zusammengestellt und herausgegeben (Das Atlantis-Geheimnis, München 1990). Im Jahre 50772 v. Chr., das offenbarte sich Edgar Cayce, sei Atlantis zum ersten Mal zerstört worden. Damals sei bereits Telekommunikation gebräuchlich gewesen. »Die Entität hatte damals die Funktion, Schiffe zu lenken, die sowohl in der Luft als auch unter Wasser dahinglitten, sie arbeitete auch an der Erzeugung der Verbindungsrohre, die durch komprimierte Luft, Dampf und metallische Emanationen betrieben wurden.« Die Zivilisation von Atlantis sei »der heutigen durchaus überlegen« gewesen. Als höchste Kuppen des überfluteten Atlantis seien Inseln in der »Gegend Bimini im Atlantischen Ozean« anzusehen.

Karl Georg Zschaetsch reklamierte Atlantis für die Nazis; die von Cayces Visionen inspirierte Murry Hope (Atlantis. Mythos oder Wirklichkeit, Frankfurt a. M. 1994) bereitete den Mythos für Esoteriker auf. »Meine eigenen Auffassungen zu Atlantis beruhen nicht nur auf einer über vierzig Jahre langen, intensiven Auseinandersetzung mit dieser Frage«, versicherte Murry Hope. »Sie gehen auch auf persönliche Erkenntnisse zurück, die ich der Tatsache verdanke, daß ich (wahrscheinlich wegen meiner früheren Sünden!) mit sogenannten ›medialen Fähigkeiten‹ geboren wurde.«

Pleonasmen, Tautologien und Platitüden sind alles, was die Autorin mit ihren medialen Fähigkeiten in Erfahrung brachte: »Wenn wir davon ausgehen, daß damals Freundschaft und Kameradschaft auf Atlantis einen höheren Wert als alle weltlichen Reichtümer besaßen, hieße das, daß es dort eine Art Sozialismus gegeben haben muß, in dem der Konkurrenzdruck entweder nicht vorhanden war oder nicht ermutigt wurde.« Atlantis war eine Art Schlaraffenland: »Die Religion der AtlanterInnen war in ihrer ursprünglichen Form wahrscheinlich friedlich, sanft und ohne Opferrituale.«

Edel waren die Menschen, hilfreich und gut. »Es gab dort keinesfalls Affen-Menschen, SklavInnen, umfassende gentechnische Experimente – ganz im Gegenteil. Das Land wurde in der Form einer Theokratie regiert, und der Hohepriester oder die Hohepriesterin trafen die wesentlichen Entscheidungen.« Durch innere Schau konnte Murry Hope überdies ermitteln, daß damals noch keine Menschen minderer Güte und Erbgüte nach Atlantis eingedrungen waren: »Das Erbgut der AtlanterInnen war noch nicht durch den Zustrom von EinwanderInnen aus anderen Ländern verwässert, und die Menschen lebten spirituell bewußt.«

Doch das Erbgut wurde verwässert, »eine allgemeine Verrottung und Dekadenz« griff um sich, Friedlichkeit und Sanftmut waren dahin, und es kam knüppeldick: »Schon sehr früh benutzten die AtlanterInnen Sprengstoff, und in kriegerischen Auseinandersetzungen setzten sie auch Giftgas ein.«

Nicht erst in Murry Hopes konfusen Schriften vollendete sich die Atlantis-Forschung in höherem Blödsinn. Rudolf Steiner (Aus der Akasha-Chronik, ⁵1973), dessen magischem Auge auch Atlantis nicht entgangen war, hatte bereits energisch vorgearbeitet. Als Quellenangabe für die Informationen, die er über Atlantis bezogen hatte, gab er die okkulte »Akasha-Chronik« an, deren Lektüre nur spirituell bis ins Innerste durchwirkte Eingeweihte obliegen dürften. Nicht einmal die amerikanische Kongreßbibliothek besitzt ein Exemplar.

Steiner jedoch konnte einige Brosamen seines Geheimwissens unter die Leute bringen: »Jetzt denken die Menschen in Begriffen; der Atlantier dachte in Bildern. Und wenn ein Bild vor seiner Seele auftauchte, dann erinnerte er sich an so und so viele ähnliche Bilder, die er bereits erlebt hatte. Danach richtete er sein Urteil ein.« Und brachte dennoch, ohne abstraktes Denkvermögen, Ingenieursleistungen zuwege, die selbst das Intelligenzbrötchen und den Regenbogenspanner aus der Werkstatt Daniel Düsentriebs in den Schatten stellen: »Wie wir Vorrichtungen haben, um die in den Steinkohlen schlummernde Kraft in unseren Lokomotiven in Bewegungskraft umzubilden, so hatten die Atlantier Vorrichtungen, die sie – sozusagen – mit Pflanzensamen heizten, und in denen sich die Lebenskraft in technisch verwertbare Kraft umwandelte. So wurden die in geringer Höhe über dem Boden schwebenden Fahrzeuge der Atlantier fortbewegt. Diese Fahrzeuge fuhren in einer Höhe, die geringer war als die Höhe der Gebirge der atlantischen Zeit, und sie hatten Steuervorrichtungen, durch die sie sich über diese Gebirge erheben konnten.«

Das Atlantis umspülende Wasser sei »dünner« gewesen als das heutige. Lemurier, Atlantier und Arier hätten, »nach der Benennung der Geheimwissenschaft«, die »Wurzelrassen der Menschheit« gebildet. Wilde Tiere, recherchierte Steiner, seien durch heilige Worte besänftigt worden, und »Götterboten« tummelten sich auf Atlantis. »Die großen Erfinder unserer Rasse sind Inkarnationen von ›Sehern‹ der atlantischen Rasse.«

Der feierlich vorgetragene Nonsens hat Steiners Reputation nicht beeinträchtigt, und was die Wissenschaft dagegen vorzubringen hätte, focht ihn und ficht seine Fans nicht an: »Diese Tatsachen sind durch rein übersinnliche Beobachtung gewonnen; und es muß sogar gesagt werden, daß der Geistesforscher am besten tut, wenn er sich aller Schlußfolgerungen aus seinen naturwissenschaftlichen Erkenntnissen peinlich genau entäußert; denn durch solche Schlußfolgerungen wird ihm leicht der unbefangene innere Sinn der Geistesforschung in die Irre geführt.«

Spuren auf Erden haben die rein übersinnlich beobachteten Erscheinungen nicht hinterlassen. Überhaupt sieht es, nach zweitausenddreihundertfünfzig Jahren Recherche, nicht danach aus, als werde sich Atlantis orten lassen; weder mit der Sonde exakter Forschung noch durch Inspiration. Keines der Hirngespinste hat Gestalt annehmen wollen, keine Ahnung oder Vermutung hat sich bestätigt, aber viele Phantasten hatten ihren Spaß und werden sich ihn auch weiterhin nicht nehmen lassen. Am besten wäre es wohl, wenn Steven Spielberg und Indiana Jones in dieser Frage ein überzeugendes Schlußwort sprächen.

g. h.

Trauerunfähigkeit II

Eine fast kuriose psychoanalytische Sommergeschichte

Am 12. 6. 1993 veröffentlichte ich in der FAZ einen längeren Besinnungsaufsatz, der sich unter dem Titel »Die Unfähigkeit zu trauern oder so ähnlich – Ein Spezialkapitel zur Kulturgeschichte der Mißverständnisse« (in diesem Buch S. 17 ff.) ziemlich kritisch mit dem vor einem Vierteljahrhundert erschienenen einschlägigen Buch von A. und M. Mitscherlich beschäftigte und u. a. mit vielen Belegbeispielen nachwies, daß diese fast sprichwörtlich gewordene Buchtitelformel nicht nur ad usum Delphini verheerend viele besinnungsfreie Nachplapperer gezeitigt habe; sondern ganz offenbar hätten auch die beiden ehelichen Autoren nicht immer so ganz genau gewußt, was in ihrem berühmten Hitler-Bewältigungsbuch von 1967 genaugenommen alles drinsteht; nämlich mindestens Ambivalentes: Daß die im Buch entfaltete bzw. unterstellte »Trauerunfähigkeit« gleichsam den traumatischen Entzug des geliebten »narzißtischen Objekts« Hitler (per Tod) meinte; als auch, die kurios paradoxale und populare Version, »die Abwehr der Trauer um die zahllosen Opfer der Hitlerschen Aggression«; und drittens unterm Strich: »Derealisation der Naziperiode« (!). Mein herbes Fazit:
»Trauerunfähigkeit als Grund und Folge, als Henne und Ei zugleich. Viel- und auch Wirrsinnigkeit ... bis hin zum blanken und

kompromißlosen Nonsens ... ad infinitesimalum ... ad usum Infantili, ad usum vollends Quatschi.«

Unter den so erwartbar betroffen wie wirklich getroffen aufjapsenden mannigfaltigen Leserbriefen der ja auch tatsächlich mitgemeinten Psychoclique und -claque und Machtverteilungsmafia, von Horst-Eberhard Richter (Frankfurt) bis Hans-Martin Lohmann (Heidelberg), welche mir widerspenstig genug prompt den trotz Solingen mangelnden Trauerwillen und vor allem mangelhaftes Latein anlasteten und die ansonsten mit argumentlos purer »professioneller Verleumdungsarbeit« (Dieter E. Zimmer) operierten, ragt der leserbriefliche Diskurs (FAZ 17. 6.) des bis dahin als zurechnungsfähig geführten, ja da und dort noch immer hoch geschätzten Chefstatthalters der Kritischen Theorie und letzten Überlebenden der alten Frankfurter Schule J. Habermas als ein besonders beispielhafter hervor:

Witwenverbrennung

Zum Artikel von Eckhard Henscheid »Die Unfähigkeit zu trauern oder so ähnlich« (F.A.Z.-Beilage vom 12. Juni): Wenn die F.A.Z. etwas gegen die Praxis der »Vergangenheitsbewältigung« – und deren problematische Züge – sagen wollte, hätte sie das heikle Thema mit spitzen Fingern analysieren können. Statt dessen instrumentalisiert sie die bösartigen Tiraden eines Wirrkopfes, der seinem unglücklichen Hang zur Satire nachgibt, ohne die deutsche Sprache zu beherrschen: das einzig Verständliche sind die Zitate aus dem Buch »Die Unfähigkeit zu trauern«, die Henscheid vergeblich demontieren möchte. Es geht nicht um Eckhard Henscheid. Zu beklagen ist der Mißbrauch eines derangierten Geistes durch eine Redaktion, der jedes Mittel – auch das der symbolischen Witwenverbrennung – recht ist, um den Weg zu planieren, auf dem Deutschland deutscher wird. Nach Böll, Grass, Jens nun also die Mitscherlichs. Wer ist der nächste?

Jürgen Habermas, Frankfurt/Main

Auf diesen Brief des damals 64jährigen Adorno-Preisträgers und Witwenschützers und Praeceptors der ganzen einschlägigen Quatsch-Corona replizierte ich bereits am 20. 6. im privaten Brief wie folgt:

Sehr geehrter Herr Prof. Habermas,

irgendwo freut, je befriedigt es einen doch, bestätigt zu finden, was allerdings schon seit geraumer Zeit zu wittern ist: Daß man in Ihnen und in Ihrer heutigen Form weniger den Großen Zampano Germaniae als vielmehr, mit Ihrer gütigen Erlaubnis, einen ziemlich schweren Schwall-, ja Schmarrkopf zu erkennen hat.

Denn natürlich wurde hier niemand und schon gleich gar kein »Wirrkopf« von der FAZ »instrumentalisiert«; sondern solche Allzweckvokabeln purzeln Ihnen immer dann aus dem besagten Kopf, wenn sonst nichts mehr in ihm drin ist. Geschweige denn ein plausibler Gedanke. Und Sie deshalb, beweislich durch Ihren sehr törichten Leserbrief, nicht einmal das eher simple Thema meines Besinnungsaufsatzes, mit Verlaub, zu verstehen imstande sind.

Oder vielleicht doch andersherum: So töricht kann ein deutscher Spitzenphilosoph eigentlich gar nicht sein, wie es Ihr Brief immerhin vermuten läßt. Woraus man wohl ableiten darf, daß Sie meinen Text nicht einmal gelesen haben. Aber zu einem schäbig denunziatorischen Leserbrief reicht's ja trotzdem immer noch.

Und dazu, linkspopulistische Ressentiments zu ventilieren.

Daß aber ausgerechnet Sie ausgerechnet mir nichtbeherrschtes Deutsch nachreden zu müssen meinen: das dagegen ist, halten zu Gnaden, nur noch drollig.

Natürlich hat mein Text auch nichts mit »Satire« zu tun. Sondern ist purer sog. Klartext. Sie bringen aber auch wirklich in fast schon beängstigender Weise alles durcheinander, Herr Prof. Habermas.

So wie Sie natürlich auch nicht die ausgelatschteste aller rhetorischen Phrasen scheuen, es gehe nicht um diesen blöden Autor, sondern um die Zeitung. Haberma's wirklich nicht noch einfältiger und alberner?

»Derangiert«? »Wirrkopf«? Ist da nicht Ihr kleiner Faschist mit Ihnen durchgegangen?

Eigenartig reimt sich Ihnen in Ihrer heutigen Verfassung die Welt zusammen.

»Wer ist der nächste?« Natürlich der Prof. Habermas. Sowie selbstverständlich fünf von mir persönlich erschossene Türken, sowieso. Erstaunlich erstaunlich, Sie sind ja ein richtiger kleiner Demagoge. Und schon deshalb so deutsch wie nur grad möglich.

Und selbstverständlich: Keine einzige Silbe zur Widerlegung meiner allerdings ziemlich unwiderleglichen Funde und Belege. Dafür blindgebuchte üble Nachrede. Dafür sollten Sie sich eigentlich schämen. Und entschuldigen.

In Wahrheit handelt es sich im übrigen bei meinem Text um den komplett unabhängig vom unterstellten FAZ-Tendenz- und Planiergeist erfolgten Vorabdruck aus einem seit Jahren entstehenden Buch: Kann ein Kopf wie der Ihre sich denn gar nicht mehr außerhalb irgendwelcher zusammengeträumter Kollektivstrategien und Verschwörungsverdächte ernähren?

Herr Habermas, Herr Habermas – ob das alles gutgeht?

Schließlich und endlich sollte auch der bekannte deutsche Öffentlichkeitstheoretiker nicht so tun, als sei er ein kompetenter und erinnerungsstarker Zeitungsleser: Gleich ob die FAZ nun mich instrumentalisiert oder – noch tückischer – eher ich die FAZ: Das Blatt führt die Witwe Mitscherlich schon seit m. W. gut zehn Jahren serienmäßig und im Rahmen seiner allg. Witwenverbrennungen als begnadete Knallköpfin und Schwindelfirma auf und vor – Sie, Herr Prof. Habermas, haben es nur noch nicht gemerkt.

Mit freundlichen Grüßen
Eckhard Henscheid, Frankfurt

Im November folgte noch eine auf jedes Argument so souverän wie kriminell verzichtende Denunziation meines Texts durch den einschlägigen T. Moser, und es ist »dies auch gar nicht zu verwundern, solche Leute gehen im Irrtum fort, weil sie ihm ihre Existenz verdanken« (Goethe zu Eckermann); wie der Papst, so Moser.

Und damit war auch dieser Vorgang erst mal wieder abgeschlossen.

Am Tag des lumpigen Habermasschen Briefs zugunsten des »hinreißenden Charmes« (J. Habermas im »Frankfurter Rundschau«-Geburtstagsartikel) der Witwe Margarete allerdings war ganz in der Nähe sein alter ethischer Diskurspartner Alfred Edel an einem Herzinfarkt verstorben. R.I.P.

e. h.

Tucholsky und die Spätfolgen

Ein fatales Kraftwort

Ziemlich gleich, ob nun Satire wirklich alles darf oder eben vielmehr nicht: Mit seinem berühmten Diktum hat Tucholsky nolens, kaum volens unverhofftes und schon unglaubliches Unheil angerichtet; nicht zum wenigsten zum Nachteil der Satiriker.

Denn, auch unabhängig vom historisch-politischen Kontext des deutschen Revolutionsjahrs, in den der Satz im Zuge der »Weltbühnen«-Glosse »Was darf die Satire?« von 1919 fiel, fast unabhängig von seinem offenbar recht ambivalenten Gehalt als übermütige Utopie oder als belustigter Appell oder als allzu tollkühne Zustandsbeschreibung, vielleicht als alle drei zusammen und ihre komische Negation dazu: So gut wie immer wird er, der Satz, bzw. die Antwortvokabel »Alles«, zitiert und hervorgekramt, akklamatorisch oder im Gegenteil, ewig und einen Tag akkurat da, wo es ausgerechnet garantiert *nicht* um Satire geht; es ist, als verifizierte oder falsifizierte einer Albert Einsteins Relativitätstheorie und Weltenformel ausgerechnet und aparterweise mit der Frage, ob denn Satire wirklich alles dürfe.

Ein in Wissenschaft, Feuilletonistik, aber scheint's auch in der juristischen Praxis so zähes wie geläufiges Großmißverständnis; eins nach der Art des bekannten Deutschaufsatzes, den der Lehrer, und sei er sonst noch so schön, jeweils mit dem unbarmherzigen Krakel »Thema verfehlt« unterfertigt.

Das Unheil hängt zusammen einerseits mit der allgemeinen und ohnehinnigen Besinnungslosigkeit; andererseits mit der in diesem Buch anderswo schon skizzierten hochwirren Begriffsgeschichte der Satire und des Satirischen; dritterseits aber eskaliert die Wirrnis bzw. Unbedarftheit nochmals durch den ja fast allseitigen guten Willen: Weil jeder irgendwie irgendwo Bedarf an Satire (oder Komik oder Kabarett oder wie oder was, da schwirrt es natürlich nochmals durcheinander) in sich zu verspüren vermeint, weil die Zeit z. Z. offenbar besonders ununterbrochen »nach Satire schreit« (auch so ein, nicht ganz so famoser, Tucholsky-Button), deshalb möchte à tout prix jeder, aber auch wirklich jeder Unbefugte auch hemmungslos mitreden, im Sinne seiner Bonität und der öffentlichen Moral; und, insofern derart sogar außer dem üblichen Malus so etwas wie ein Satirebonus vorab entsteht, wird es aber auch schon ganz arg.

Beinahe zu schweigen davon, daß Satire heute zwar – aber nicht etwa wegen eines eventuell gereinigten öffentlichen Klimas und einer verbesserten Sozialhygiene, sondern wegen ihrer schieren Unerheblichkeit und der entsprechenden Verfolgungsträgheit (siehe einst Strauß, siehe heute Kohl) der Betroffenen – meist unbehelligt durchrutscht, im Ernst- und Zweifelsfall jedoch gar nichts darf, womöglich fast so wenig wie in der Kaiser- und weniger als in der Adenauer-Zeit, nach höchstrichterlich Karlsruher Rechtsprechung nicht einmal die barschelmäßige Bildzitatanspielung eines spitzbübisch und derart ausnahmsweise fast sympathieerweckend aus einer gefüllten Badewanne herausschmunzelnden Björn Engholm (SPD), welche mit einem erheblichen juristischen und einem noch gewaltigeren Verwahrungsaufwand verfolgt und mit sage und glaub's nicht 40 000 DM in Engholms Frührentnerbörslein geahndet wurde: Diese Betreuung und Interessenvertretung durch sehr viele Wohlmeinende und deshalb in aller Regel genuin Ignorante und Unterscheidungsunfähige und sonstige unverbrüchliche Oberstudiensatireräte und Schwerhumanisten – die hat ihr, der Satire, gerade noch gefehlt.

Und die mittels des Tucholsky-Worts bzw. seiner rhetorischen Fragefigur am ehrnsten.

Der Satiretheoretiker und Praktiker Robert Gernhardt hat dies inzwischen 77jährige »Kraftwort« eher als »Holzhammer« denn als »Holzschnitt« beargwöhnt: »Landauf, landab ist mittlerweile keine Diskussion über einen satirischen Text oder die Satire als solche mehr denkbar, ohne daß er mit ›Was darf die Satire? Alles‹ eingeleitet, unterbrochen oder ausgeleitet wird. Hinter irgendeiner Schulmauer, einer Universitätswand, einer Funkfassade oder einem Gerichtsportal in diesem unserem Lande wird Tucholsky wohl tagtäglich zitiert, und bisher ist kein Fall bekannt geworden, daß ein Lehrer, ein Professor, ein Intendant oder ein Richter aufgestanden wäre und ›Gar nichts darf sie, die Satire!‹ gerufen hätte oder doch wenigstens ›Wissen Sie, was die Satire mich kann? Alles!‹«

Gernhardt hat, über die obskurantische Zweischneidigkeit des Tucholsky-Worts hinaus, in seiner sehr grundlegenden Studie »Warum ich nicht gern Satiriker bin und mich nur ungern als solchen bezeichnet sehe« (1984) auch überaus ungescheut und scheuklappenlos mit der eigenen Branche Tacheles geredet, mit ihr in mancherlei Weise abgerechnet, fast Gericht gehalten: Mit diesem »schillernden Haufen« der derzeit lebenden Satiriker, den eine ziemlich finstere Bagage zu nennen sicherlich noch korrekter wäre; diesem Auflauf aus »verhinderten Künstlern, verhinderten Lehrern und verhinderten Heiligen«

als immerzu »jesusmäßigen Opfern« mit deshalb ganz besonderem Schutz- und Betreuungsanspruch; diesen Demikünstlern, so da mit »seit Jahrhunderten gleichen Methoden« ihre meist gußeisern dünnen Meriten als Kunst und zugleich Moral reklamieren und im gleichen Atemzug mit möglichst fetter, möglichst staatlich subventionierter Kohle abzugreifen trachten, und dies mit dem insgesamt größtmöglichen Erfolg; vorgestellt hat ihr Kritiker den gleichfalls schon altgewohnten Kausalkonnex dieser Heroen- und Opfersippschaft und eines blindlings all jene Tickets abkaufenden Stammpublikums, dem sie in beidseits optimaler Distinktionsunwilligkeit ihre meist altbackenen und mehr oder weniger unterschiedslosen Späße andient zu beider Ichstärkung, einmal mit, einmal ohne Knete – um derart und dafür praktisch Märtyrerstatus, mindestens aber früher oder später staatlichen Ordensrang für sich und spätestens ihr Lebenswerk zu erheischen.

Und all dies, vieles jedenfalls, nicht zum wenigsten unterm Panier der Tucholsky-Rune als eines Heldenausweis-Blankoschecks. Satire darf und traut sich alles – was müssen diese Satiriker für Kerle sein.

Doch, es hat was Verwegenes. Sie traun sich wirklich alles.

Magie eines Klassikerworts: Es blendet, wie einst Goethe- und Schillersprüche geblendet haben mögen. Und läßt die ohnehin nicht allzu stabilen Neuronen tanzen. Satire? Was war damit noch mal? Richtig: Darf alles. Es ist, als würden sie Christi Heilslehre nicht mehr nach den Parametern wahr – falsch, göttlich – menschlich usw. abfackeln, sondern mit der Erörterung, ob Satire, und wenn ja auch gegen den Kaiser Augustus und Herodes (s. unser Spezial-Kapitel), alles darf; wirklich und wahrhaftig alles darf.

»Satire darf alles?« Franz Josef Strauß, im Gespräch mit dem Satiriker Volker Kühn (1979), hat ausnahmsweise recht: »Das nehme ich ihm nicht ab.« Gerechte Ironie will es, daß es im Zweifelsfall dann doch auch tatsächlich nicht funktioniert. Daß der Unfug, die allgemeine Kopfvernebelung, ausgerechnet und unverdientest dem Verfasser dieser kenntnisreichen Zeilen, nämlich im tatsächlich komplett unsatirischen Fall der Heinrich-Böll-Beleidigungssache aus dem Jahr 1991 – *nicht* zugute kam. Hätte er in den anwaltlichen Schriftsätzen und vor Gericht stur darauf gepocht, sein kleiner Text sei als »Satire« und keineswegs, so war's korrekt, als polemische Kurzkritik (»Invektive«) gemeint gewesen: Mit einiger Gewißheit hätte er wohl unterm Dach des besonderen gesetzlichen Kunstfreiheits- und Satireschutzes vorm Bundesverfassungsgericht Recht bekommen – und Bölls armer Sohn René hätte die Kosten auf sich laden müssen. Gleichwohl glückte es ihm, dem

Beklagten bzw. Klageerzwinger, damals und auch im nachhinein nicht, aus dem allgemeinen und öffentlichen Geschwätz der meist ungebetenen Kommentatoren jenen wie unter Zauberbann, unter Suspension jeglichen Sinns, dauerreklamierten alten Tucholsky rauszuhalten. Darf, so wurde unentwegt besorgt gefragt, Satire denn wirklich alles? Auch gegen einen so guten Menschen, gar einen Nobelpreisträger? Auch gegen Bölls per Tod ja besonders schutzlos gewordenen Heinrich?

Ausnahmsweise jedoch vermochte diesmal selbst Tucholskys Passepartout keine Deckung zu bieten. Sondern verwirrte, wie gehabt, nur restlos alles.

Es hat was Hirnvernagelndes.

Und geht immer weiter. Nochmals Gernhardt: »Den Satirikern sollte Tucholskys Kalenderspruch Ansporn und Mahnung sein.« Aber es lief komplett andersrum: »Seine Unausgewogenheit macht ihn nicht nur zu einem derart vielfältig verwendbaren Prügel wider Verächter und Feinde der Satire, seine jeglichen Widerspruch niederwalzende Eindeutigkeit verrät zugleich alle Tugenden der Satire und des Satirikers: den Witz, den Zweifel, den Hohn.«

Difficile est, bei derartigen Satirefreunden und Satireindolenzen non baldigst satirae finem vorausscribere. Wer hat das nochmal gesagt? Horaz? Der (wirkliche) Satiriker Volker Kühn (in: die horen 1/1995) tippt auf Juvenal.

Nein, Karl Kraus war's eben nicht. Der hat nämlich umgekehrt mit gutem Grund das »non« weggelassen.

Seltsam, ja fast satirisch aber ist es schon: Daß dem Tucholsky ausgerechnet seine durchaus anfechtbarsten Gedanken und Schnellschüsse – »Der Satiriker ist ein gekränkter Idealist« in der gleichen 1919er-Glosse, auch etwa der »Linksdenker« Karl Valentin und das »Soldaten sind Mörder«-Ticket gehören hierher – zu den nachwirkendsten, zutodgequatschtesten gerieten. Ein – verkannter Künstler eben; ein Satiriker.

PS: Und noch während – nicht geschwindelt – dies zu Papier gebracht wird, kommentiert das »Schwäbische Tagblatt« vom 11. 5. 1995 die bundesweiten und speziell Tübinger Reibereien des Kritikers und Polemikers und Gesellschaftsaufklärers Wiglaf Droste mit den ihm des Vergewaltigungs-Schwindels verdächtigen Interessengruppen »Wildwasser«, »Zartbitter« und »Tübinger Initiative für Mädchenarbeit« so unbehelligt wie ungerührt: »Was darf Satire? – Was muß Satire dürfen können?«

Da kann man halt nix machen.

PS 2: Und deshalb hatten wir's schon ein halbes Jahr später und nochmals erneut da, diesmal ereilte es akklamativ im Doppel Wiglaf Droste und den Mißverständnisexperten Gerhard Henschel anläßlich ihres Duo-Romans »Der Barbier von Bebra« und seitens der sich für sie einsetzenden Verena Joos in der »Hessisch-Niedersächsischen Allgemeinen« vom 8.10.1996:

»Möge sie (die Satire) auch in Zukunft, kein Geringerer als Tucholsky hat dies gefordert, alles dürfen!«

Konrad Weiß und Vera Lengsfeld ins Stammbuch!

PS 3: Dabei hatte allerdings schon dritterseits kein Geringerer als Björn Engholm im Frühjahr 1993 kurz vor seiner Kieler Amtsenthebung und vor dem Hintergrund seiner ihm angetanen Menschenrechtsverletzung kraft der vorerwähnten und damals recht bekannt gewordenen Badewannen-Fotomontage in einem säkularen TV-Gespräch mit dem Journalisten Roger Willemsen eins klargestellt:

»W: Muß Satire so nah an dem sein, wie Sie leben?

E: Darf Satire Menschen, die so etwas sehen, dazu verführen, sich möglicherweise das Leben zu nehmen?

W: Würden Sie sagen, dieses Titelblatt hat eine anstiftende Wirkung?

E: Stellen Sie sich vor, Sie haben jüngere Kinder als ich. Und Sie sehen so ein Ding am Kiosk. Ist das das Ziel von Satire, von satirischem Journalismus, Opfer zu produzieren?

W: War es das, was Sie inkriminiert haben?

E: Nein, ich finde, das müßten Sie empfinden. Darüber kann man nicht diskutieren. Man hat's oder man hat's nicht.

W: Tucholsky hat gesagt: Satire darf alles.

E: Nein, das darf Satire zweifelsfrei nicht. Und Tucholsky ist dafür ein gutes Beispiel. Tucholsky war intellektuell, spitz, sarkastisch, kaustisch gelegentlich, aber nicht so.«

Das Unschöne an dieser Klarstellung von politischer Kultur und Satire zugleich: Mit diesem unglaublichen Gerede kriegte Engholm, wie gesagt, abwegigerweise durchaus im Kern recht und vom Gericht seufze oder schreie 40000 Mäuse Schmerzensgeld zuergattert. O iustitia.

e. h.

Das Mißverständnis als Muse

Ein Inventar

»Wenn Sie es durchaus wissen wollen: es war ein Mißverständnis. Und wenn Sie die Welt nur ein bißchen kennen, wird Sie das nicht verwundern«, erklärt man mit kaltschnäuzigem Tiefsinn in Albert Camus' Drama »Le malentendu« (Das Mißverständnis, geschrieben 1941 im besetzten Frankreich, uraufgeführt 1944) der zur Witwe gemachten Maria, Ehefrau des inkognito heimgekehrten Jan. Er ist von Mutter und Schwester, die sich während seiner langen Abwesenheit in mordende Räuberinnen verwandelt haben und die nicht ahnen, daß es sich bei ihrem neuen und letzten Opfer um Sohn und Bruder handelt, soeben seines Geldes wegen ermordet worden.

Der Clou des Stücks allerdings besteht im Falschverstehen aller Personen untereinander von Anfang an, was dann auch (anders als etwa im Grimmschen Märchen »Die drei Sprachen«, wo der heimkehrende Grafensohn, der nichts gelernt hat als die Sprache der Hunde, der Frösche und der Vögel und daraufhin wegen seiner Dummheit auf Befehl des Vaters umgebracht werden soll, aber schließlich mit Hilfe eben dieser Kunstfertigkeit sogar Papst wird) zügig ins Desaster führt. Jeder meint mit dem, was er sagt, etwas anderes als das, was der andere hört, fast als handelte es sich um ein nach persönlichem Bedarf zu interpretierendes Lallen in Gestalt von Aussagesätzen. Nur die so entstehende, in sich keineswegs zwangsläufige, vag-düstere Doppel- oder Vieldeutigkeit bringt, etwas überstrapaziert, die Dialoge voran. Wenn Martha zunächst die dem Zuschauer plausible Freundlichkeit des unerkannten Bruders unfreiwillig ironisch, in einleuchtender Selbsttäuschung, als übliche Zudringlichkeit eines Durchreisenden einschätzt: »Sie sind nicht der erste, der es versucht. Aber ich habe mich immer so klar ausgedrückt, daß kein Mißverständnis aufkommen konnte«, so treibt sie am Schluß, stellvertretend für den Verfasser, der Frau des Ermordeten gegenüber ihre Weltanschauung resümierend auf die Spitze, indem sie in trotziger Befriedigung verkündet, jetzt seien sie in die Ordnung der Dinge eingetreten: »Die Ordnung, in der keiner je erkannt wird.« Das sehr hinweishafte Antworten des alten, offenbar tauben Knechts auf das Wort »Gott« am Schluß des Stücks kommentiert Camus, etwas verschämt, selbst so: »Das ist vielleicht nur ein zusätzliches Mißverständnis«, also nicht unbedingt metaphysische

Aufschlüsselung. Gott sei Dank, es kommt auch so schon dicke genug.

Zacharias Werner hat den eigentlichen Stoff bereits 1810 auf Anregung Goethes zur Schicksalstragödie »Der vierundzwanzigste Februar« gestaltet. Außerdem findet sich die Geschichte – der »Jux« (Camus) der Verkleidung und ihre schrecklichen Folgen –, in Form einer Zeitungsnotiz auf ihre Fakten reduziert, an zentraler Stelle im 1953 erschienenen Roman »L'étranger« (Der Fremde). Der Ich-Erzähler (im Roman wegen Ermordung eines Algeriers inhaftiert) entdeckt den Zeitungsausschnitt in seiner Zelle. Hier beleuchtet der Vorgang das Romangeschehen auf eine dem Stück partiell reziproke Weise. In diesem Fall nämlich (im Roman) ist der »Fremde« der Mörder – an einem ihm Fremden – und entfernt sich schrittweise, ein zwischen ihm und der Gesellschaft, wie er meint, bereits existierendes, existentielles Grundmißverständnis exemplifizierend, aus der Menschenfamilie bis hin zum Schluß, wo ihm die Welt in ihrer »zärtlichen Gleichgültigkeit« als brüderlich und die Menschen als solche erscheinen, von denen er wünscht, sie mögen ihn am Tage seiner Hinrichtung »mit Schreien des Hasses empfangen«. Sein spöttisch moralisierendes Urteil über die Zeitungsmeldung aber lautet: »Jedenfalls war ich der Meinung, daß der Reisende sein Los in gewisser Weise verdient hatte, denn solche Scherze macht man nicht.«

Freilich machte und macht man gerade solche! Schon vor Zacharias Werner gab es literarische Berichte über heimkehrende Söhne, die, absichtlich als Fremdlinge getarnt und – mit anderem Schicksal als Orest, der fremde Ankömmling, der die eigene Mutter samt Liebhaber tötet und selbst, wiederum als Fremdling, später um ein Haar von seiner Schwester Iphigenie geopfert wird –, zu Reichtum gekommen, auf die daheimgebliebenen Verwandten treffen und in frivoler Neugier deren Reaktion auf den unerkannten Gast in ungestörter Spionierlust prüfen wollen. Ein Risiko, das sie mit dem Leben bezahlen, was die Verfasser zur seelischen Aufrüstung ihrer Leser nutzten. 1618 erschienen gleichzeitig in England die »News from Perin in Cornwall« und in französischer Version die »Histoire admirable et prodigieuse«. Bei unterschiedlicher Verteilung der Tugenden und Laster wird der nicht rechtzeitig identifizierte Sohn Beute der Mordeltern. Es folgten 1621 das »Exemplum« des belgischen Jesuiten Antoine de Balinghem und, davon beeinflußt, das Werk des deutschen Jesuiten Georg Stengel, »De judiciis divinis« (1651). George Lillo läßt 1736 in seinem Drama »The Fatal Curiosity« Vater und Mutter, die aufgrund der Verstellung des Sohnes sich auch hier gewissermaßen beim Morden vertan haben, die

Tat durch Selbstauslöschung sühnen. In seiner Nachfolge stehen u. a. Henry Mackenzie: »The Shipwreck or Fatal Curiosity« von 1784 und von Karl Philipp Moritz: »Blunt oder der Gast« (1781), »The Home-Coming« von G. Robins (1813), von Rupert Brooke »Lithuania« (1915) und von Karol H. Rostworowski »Die Überraschung« (1929). Aber bereits im 5. Jahrhundert v. Chr. hinderte Euripides in drei Dramen die jeweiligen Mütter erst im letzten Moment, die unerkannten Söhne aus unterschiedlichen Motiven zu töten. Camus übrigens soll von all seinen Vorläufern nichts gewußt haben.

Während in seinem Stück das Unterhaltsame des Mißverständnisses, das literarisch Wirksame und Wirkungsvolle, vor allem in der permanenten Doppelbödigkeit der Wechselrede besteht, der Zuschauer aber schließlich in aufgezwungener Askese um die erhoffte spektakuläre Aufklärung, um die theatralisch so effektvolle Seite solcher Irrtümer gebracht wird – die Schwester antwortet auf die Enthüllung mit »unbewegtem« Lesen, die Mutter mit »unbeteiligter Stimme« –, schenkt Wilhelm Hauff in seiner Rahmenerzählung »Der Scheik von Allessandria und seine Sklaven« (1827), bei durchweg konträrer Handhabung des Themas, dem Leser das volle Glück der hier sehr rührenden Auflösung.

Dem reichen Ali Banu, der an keinem Genuß der Erde Freude hat, so erfahren vier junge Leute zu Beginn, ist vor mehr als zehn Jahren von den Franken sein kleiner Sohn geraubt und in die Sklaverei verschleppt worden. An jedem Jahrestag seines Unglücks läßt er Sklaven frei und hofft, einer Weissagung gemäß, sein Sohn käme zu ihm zurück. Bereits an dieser Stelle haben zwei rätselhafte Phänomene zu Mißinterpretationen geführt und werden gleich aufgeklärt: 1. Der für die jungen Männer töricht in seinem Glanz trauernde Scheik hat für sein Verhalten ein gewichtiges Motiv. 2. Ausgerechnet den Tag der Wiederkehr des Raubes mit einem Fest zu feiern, ist nicht Zeichen seiner endgültigen Verrücktheit, sondern einer begründeten Hoffnung. Nachdem drei Sklaven ihre Geschichte erzählt haben, gibt sich mit der letzten der verlorengegangene Sohn dem geliebten Vater zu erkennen, alle Schritte von Verschleierung und Entdeckung bis zur Neige auskostend, unter Tränen, die man zumindest als Kind aus vollem Herzen mitweinte. Wohlgemerkt: keine Sekunde vorher verrät er sich, obschon er den Vater sogar einige Tage früher, als dieser ihn ahnungslos als vermeintlichen fränkischen Sklaven kaufte, entdeckt hatte. Warum erst jetzt? Weil sich anders nicht der sorgfältig angelegte Spannungsbogen zu voller Pracht entfalten konnte!

In den vier Erzählungen der Sklaven geht es nun nicht allein um das kolportierte Vorurteil, das Nicht-Verstehen des Fremden, vielmehr, in einer zwiebelartigen, immer moderner, »gesellschaftlicher« werdenden Entwicklung vom Märchen zur Geschichte, um Veranschaulichung von Modellen des Mißverständnisses.

Zunächst »Zwerg Nase«: Kurzgefaßt, wird hier die Heimkehr des unerkannten, nämlich in einen Zwerg verzauberten Sohnes – ob als Parabel für die Pubertät gesehen oder nicht –, in zunächst unglücklich verlaufender Variante angespielt. Die eigenen Eltern erkennen ihr ehemals wohlgestaltes Kind nicht und jagen das verunstaltete Wesen, dessen Beteuerungen als Täuschung auslegend, unter Schimpfen und Prügel aus dem Haus.

»Abner, der Jude, der nichts gesehen hat«: Die Herkunft des Wissens, mit dem Abner prahlt und das in Wahrheit im detektivisch scharfsinnigen Entschlüsseln von Signalen besteht, wird fälschlich als Arglist oder Hexerei begriffen. Ein Mißverständnis, das den Juden bis an sein Lebensende, in Verkennung seiner demonstrierten Begabung, immer wieder schmerzhaft einholen wird.

»Der junge Engländer«: Das Urteil der Einwohner des Städtchens Grünwiesel über einen Fremden, sein abweichendes Verhalten sei das eines Verrückten, Juden oder Zauberers, alles gleich schlimm, bestraft sich selbst durch sein eigenes Klischee. Das nämlich führt ihnen jener Fremde vor mittels eines Orang Utans, der als eleganter Neuankömmling gekleidet ist und deshalb ein »junger Engländer« sein muß, denn »so sind sie alle« (die Engländer). Ähnlich wie in Andersens Märchen »Des Kaisers neue Kleider« wird jede Lächerlichkeit des äffischen Protagonisten durch die seiner verblendeten Bewunderer übertroffen.

»Die Geschichte Almansors«: Scheinbar unschuldig die Verzögerung, den Umweg genießend, erzählt ein auffallend schöner Sklave, der letzte natürlich, seine eigene Geschichte als die eines Freundes, Spannung erzeugend für den Leser, da sein autobiografischer Bericht, zu Mutmaßungen anregend, von wesentlichen Fakten, die man anfangs über das Schicksal des Sohnes erfuhr, durchschimmert ist. Almansor »reißt Wunden auf« in seinem gebannt lauschenden Vater, die zugleich den grausamen Schmerz der Erinnerung und die Tröstung der Hoffnung bringen. In deutlicher Spiegelung der Affen-Geschichte schildert er das seltsame Verhalten der Bewohner Frankistans, den die Sitten des Orients läppisch nachahmenden Morgenlandklamauk eines ihm wohlgesonnenen Professors, der die ihm übermittelte Kultur des fernen Landes keineswegs begriffen hat, bis schließlich Almansor den Vorgang seiner eigenen, überaus freundlichen Irreführung durch den

»Petit-Caporal« erzählt, jenen kleinen, bescheiden gekleideten Feldherrn, der als einziger im Kaisersaal den Hut auf dem Kopf behält, weil er selbst – inzwischen – der Kaiser ist. Möglicherweise hat Almansor bei ihm gelernt, welches Vergnügen solche Verwirrungen und Winkelzüge und ihr Aufdecken bereiten!

Ausdrücklich, wieder in Umkehrung zu Camus, löst sich alles auf in die weise unausgesprochene Einsicht, daß alle der einen großen Menschenfamilie angehören. Auch die vier jungen Männer werden flugs als Freunde adoptiert. Alle Mißverständnisse sind geklärt, nur fällt den vielfach belehrten jungen Männern mit leisem Schaudern ein, wie leicht durch ein einziges Mißverständnis alle Vorgänge für sie nichtexistent geblieben wären. Beinahe hätten sie ja doch den unscheinbaren Alten, den, wie sie jetzt wissen, hochgeachteten Mustapha, den engsten und Almansor identifizierenden Vertrauten des Scheichs, der ihnen den Eintritt in dessen Haus ermöglichte, gleich zu Beginn wegen seines ärmlichen Aussehens für einen schwätzenden, nicht zu beachtenden Strolch gehalten!

Zurück zum vielschichtigen Exempel des irrtümlichen Mordes oder Totschlags an Familienmitgliedern. Die berühmteste Katastrophe eines solchen Mißgriffs ist wohl die, die dem »Schwellfuß« Ödipus widerfährt, der im Streit um die Freigabe eines Weges seinen unerkannten Vater Laios erschlägt – was er aufgrund des delphischen Orakels gerade zu vermeiden sucht (als ginge es dabei um Rat oder Warnung und nicht stets um ein Verdikt) –, in der Folge mit seiner, nicht als das entdeckten, Mutter Iokaste Kinder zeugt und nach einer ahnungslos von ihm selbst initiierten Aufklärung des Falls seine Tat grauenvoll büßt (u. a. Homer, Sophokles, Euripides, Seneca, Corneille, Voltaire, Hugo von Hofmannsthal, Gide, Cocteau, Loriots Filmsatire zum Freudschen Ödipuskomplex, als Oper von Strawinsky, Orff, Rihm): nicht auszudenken, wenn Ödipus seinen Vater durch Göttereinwirkung oder eindeutigen bzw. aufklärenden Orakelspruch (ein Paradox), der ja nie handlungsverhindernd, sondern -auslösend sein will, erkannt hätte! Wie gut für ihn, wie schlecht für die ihn überlebende Kunst!

Orakel, Weissagung, Traum, spannungsfördernd eingesetzt auch in der ältesten, europäischen und außereuropäischen, Literatur, bieten sich in ihrer Zweideutigkeit, d. h. boshaft mißverständlichen Prophetie, geradezu an, den Helden auf seinen zielbewußten Irrweg zu schikken, in die »Vergeblichkeit der Flucht vor dem eigenen mörderischen Ich«, wie Elisabeth Frenzel (Motive der Weltliteratur, 1976) über Flauberts »La Légende de Saint-Julien l'Hospitalier« (1877) schreibt, einer Neubearbeitung der »Legenda aurea« des 13. Jahrhunderts, in der es Julianus Hospitator nicht gelingt, der Weissagung, er werde seine Eltern ermorden, zu entkommen. Ebensowenig schaffen es die Eltern von Don Cesar und Don Manuel in Schillers »Die Braut von Messina« (1803), die ihnen verkündeten, scheinbar gegensätzlichen Prophetien an der doppelten Erfüllung zu hindern.

Odysseus wird verkündet, er werde vom eigenen Sohn getötet. Er bezieht den Spruch auf seinen mit Penelope gezeugten Sohn Telemach, wird aber vom zu spät erkannten, aus seiner Verbindung mit Kirke stammenden Sohn Telegonos im Streit umgebracht. Erst die Weissagungen der drei Hexen bringen den zunächst ungläubigen, jedoch immer willfährigeren Macbeth (Shakespeare, um 1606) auf den Weg des Verbrechens und wiegen ihn in schändlicher Sicherheit, der das, was er wörtlich hätte nehmen sollen, für eine Umschreibung des Unmöglichen hält, denn wie soll jemand nicht »vom Weibe geboren sein« (um hexengemäß sein Überwinder zu werden), wie soll der Wald von Birnam (um seinen Untergang zu besiegeln) sich auf sein Schloß zubewegen?

Um einen Augenblick von den allzu blutrünstigen Geschehnissen abzuweichen, sei auf Rabelais verwiesen, der ausschließlich auf die Unterhaltsamkeit des enigmatischen Orakelspruchs setzt, genauer, auf dessen amüsante Enträtselung. Ein ganzes Kapitel lang bemühen sich Pantagruel und Panurg im »Tiers Livre« seiner Gargantua/Pantagruel-Pentalogie (1532–64), jeder auf seine Art, d. h. beide derb, aber konträr, den Merkspruch der »Sibylle von Panzoust« auszulegen, denn selbst die Klugen irren oft im Ausdeuten solcher Worte »aus Ursach' der Vieldeutigkeit und Dunkelheit der Weisheitssprüche nicht minder als ihrer Kürze«. Im übernächsten Kapitel, um diesmal sicherzugehen, stellt Panurz nun über allerlei Zeichen dem taubstummen Nasemäck seine Fragen, die Zukunft betreffend, und dieser, die Kasperei und Beliebigkeit der Interpretation multiplizierend, antwortet seinerseits mit angeblich ausdeutenden Zeichen, die wiederum Pantagruel, die Konfusion perfekt machend, dem Panurg in sprachliche Auskünfte übersetzt.

Im Stil einer Kalendergeschichte läßt Gottfried August Bürger in seinem Gedicht »Die Schatzgräber« (1787) einen orakelnden Vater sterbend seine Kinder und Erben zu deren Vorteil überlisten. Zweifellos in tiefer Kenntnis der Geldgier seiner begriffsstutzigen Söhne annonciert er ihnen, im Weinberg sei ein Schatz verborgen. Sie graben, den Vater durchaus und wie gewünscht falsch verstehend, prompt die gesamte Anlage suchend um und um, am Ende noch immer ohne Goldschatz, aber mit einem kultivierten, ertragreichen Weinberg ausgestattet.

Ein drittes Beispiel: In tragikomischer Weise fällt die alte Jungfer Mädi, eine der Nebenfiguren des Romans »Anne Bäbi Jowäger« von Jeremias Gotthelf (1844), auf den Traum des von ihr als Ehemann ins Auge gefaßten reichen Bauernsohns sowie auf die Prophezeiung einer Wahrsagerin herein. Im engen Horizont ihrer Gedanken bezieht sie siegesgewiß, alle Symptome mißdeutend, Traumgestalten und Vorhersagen, die einer Jüngeren, Hübscheren gelten, blindlings auf sich und ist endlich hilflos dem Spott der Umgebung preisgegeben – und schon ein bißchen länger dem des wissenden Lesers, der animiert dem Spektakel der Aufklärung entgegenbangt.

Um aber den Faden der tödlichen Konflikte zwischen einander nicht erkennenden Vätern und Söhnen wieder aufzunehmen, sei hier noch an das althochdeutsche »Hildebrandslied« (um 780) erinnert, dessen besondere Tragik ausmacht, daß der Vater Hildebrand seinen Sohn Hadubrand, der ihm im Kampf gegenübersteht, identifiziert und ihn durch »Kaisergoldwerk« und »gewundene Ringe« von seiner Huld zu überzeugen sucht, der Sohn aber, verblendet, das Angebot als Zeichen feiger Schläue mißversteht. Du »umspinnst mich mit Deinen Worten«, unterstellt er dem nicht erkannten Vater. Aus dem Fragment läßt sich entnehmen, daß die Tötung des Sohnes wegen angezweifelter Ehre nun unvermeidbar ist. Im »Jüngeren Hildebrandslied« aus dem 16. Jahrhundert, mit glücklichem Ausgang, kostet Hadubrand, der mit dem Vater zur Mutter heimkehrt, an der festlichen Tafel deren anfängliche Blindheit gegenüber dem scheinbar von ihm gefangenen Fremden aus. Dann aber: »es ist Hiltebrant der alte, der liebste Vater mein«.

Den »Parzival« des Wolfram von Eschenbach (um 1200–10) jedoch, der dreimal im Kampf auf unerkannte Blutsverwandte trifft, führen die kriegerischen Auseinandersetzungen schrittweise zum Erkennen, Verstehen, zur Reife, getreu der seit der Antike und noch im Mittelalter geltenden Annahme vom »sündigen« Irrtum: das Nicht-Erkennen des Verwandten wird nicht als in der Tiefe schuldlos, sondern als, und sei es unbewußtes, Vergehen, als Abweichen von der menschlichen Ordnung (was Camus in pathetischer Bitterkeit umdreht) betrachtet und verurteilt.

Es leuchtet ein, daß ein Motiv wie der Kampf von einander fremd gewordenen Angehörigen gegeneinander außer der metaphysischen Komponente auch Elemente des Schauerromans enthält bzw. sich dorthin entwickeln mußte. In Verdis »Il Trovatore« (1853, Text – nach dramatischer Vorlage von Gutiérrez – von Cammarano und Bardare) erfährt – ein Beispiel von vielen – Graf Luna am Schluß der Oper durch die alte Zigeunerin nach der Hinrichtung ihres angeblichen Sohnes, daß er seinen eigenen, von ihr als Kind geraubten Bruder getötet hat, den er ja gerade rächen wollte, während die Zigeunerin mit dieser Intrige endlich die verbrannte Mutter gerächt hat (es war nicht einfacher zu erzählen).

Bevor es gleich um eine noch grausigere literarische Variante des Traktierens eigener Verwandter, nämlich den unfreiwilligen Kannibalismus, geht, sei noch ein um 1500 entstandenes Gemälde des Piero di Cosimo (National Gallery, London) erwähnt, das durch die sanft klagende Schwermut der Vordergrundszene auffällt, wo ein Faun und ein Hund den Tod der zwischen ihnen hingestreckten Prokris betrauern. Der von Eos entführte und wieder freigegebene Kephalos umwarb, als er zu seiner Ehefrau Prokris zurückkehrte, diese in von Eos veränderter Gestalt mit Geschenken, um ihre Treue zu prüfen. Als es dem »Fremden« schließlich gelingt, Prokris zu erweichen, entflieht sie, nach der Entdeckung, beschämt in den Wald zu Artemis, die ihr einen unfehlbaren Speer und einen Hund schenkt, der jedes Wild aufspürt. Ein hinterhältiges Geschenk! Nach Aussöhnung des Paares gibt Prokris die Jagdausrüstung dem Ehemann, der leidenschaftlicher Jäger ist. Ihrerseits eifersüchtig geworden, schleicht sie ihm eines Tages nach. In einem Gebüsch versteckt, hört sie seine Worte: »Kühle, so komm doch!« Da ihre Befürchtung nun bestätigt scheint, macht sie eine erschreckte Bewegung, von der Kephalos glaubt, sie verrate ihm eine Beute. Er wirft den Speer und trifft. Sterbend bittet ihn Prokris, die »Kühle« nicht zu heiraten. In der Blindheit ihrer Eifersucht hatte sie nicht bedacht, daß das griechische »nephele« nicht nur ein Mädchenname, sondern auch das Wort für »Wolke« ist, mit dem der keineswegs untreue Kephalos um Schatten bat. Um eine entsprechende Doppeldeutigkeit im Lateinischen herzustellen, setzte Ovid in den »Metamorphosen« das Wort »aura« ein, was etwa »kühles Lüftchen« heißt. Ist der präzise Fehlschluß und -schuß des Kephalos Strafe für eine geheime Schuld, nämlich die, Prokris in täuschender Gestalt versucht zu haben? Denn was sich die Unsterblichen jederzeit herausnehmen, allen voran Jupiter, das ist bei den Menschen (besonders bei Männern, siehe etwas später auch dann »Così fan tutte«) eine Gemeinheit! Was aber das hier waltende dreifache Mißverständnis betrifft – der scheinbare Geliebte ist der Ehemann, die angebliche Geliebte eine Wolke, das vermutete Wild die Ehefrau –, so reichte das, wären die Folgen nicht tragisch, schon für eine Verwechslungskomödie.

Unter den in der Literatur so zahlreichen, familiäre Irrtümer, Vater-, Sohn-, Gattenmord und Inzest auslösenden Motiven wie: Heimkehr nach langer Abwesenheit, Väter suchende Söhne, vertauschte Kinder, Kinder mit unbekannter Herkunft (z. B. auch in Grillparzers »Die Ahnfrau«, 1817) ist das der ahnungslos gegessenen Nachkommen oder Liebhaber das Grauenvollste und steigert den Verstoß gegen das Naturgesetz ins Perverse oder aber auch: ins Archetypen Bestätigende.

Kronos frißt seine Kinder mit Absicht, da ihm seine Eltern Uranus und Gaia weissagten, einer seiner Söhne werde ihn stürzen. Sein folgenreiches Pech besteht darin, auf einen Trick seiner Schwester/Gattin Rheia hereinzufallen. Statt des jüngsten Sohnes Zeus gibt sie ihm einen in Windeln gewickelten Stein, den er, ihr auf den Leim gehend, verschlingt (Hesiod).

Während Tantalos wohl nur zusah, als er seinen Sohn Pelops den Göttern, um sie auf die Probe zu stellen, als Mahlzeit vorsetzte und allein Demeter, um ihre geraubte Tochter trauernd, eine Schulter probierte, servierte sein Enkel Atreus seinem Bruder Thyestes ein Essen aus dessen drei Söhnen, an dem dieser sich, ohne Verdacht zu schöpfen, sättigte (Apollodor).

Prokne (»Metamorphosen« des Ovid) erfährt von ihrer Schwester Philomele, daß ihr eigener Mann Tereus die Schwester vergewaltigte und ihr die Zunge herausschnitt. Die beiden Frauen geben dem Übeltäter daraufhin dessen mit Prokne gezeugten Sohn Itys zu essen und werfen ihm, nachdem sie ihn aufgeklärt haben, auch noch den Kopf des Knaben ins Gesicht. In älteren griechischen Fassungen wird Prokne nicht wie bei Ovid eine Schwalbe, sondern selbst zur Nachtigall, die nun für alle Zeit lautmalerisch auf griechisch: »Ach, mein Itys« singt. Bei Ezra Pound heißt es, mit doppeltem Effekt: »It's Itys, it's Itys«. Christoph Ransmayr bringt in »Die letzte Welt« (1988) eine ausführliche Version, die trotz Tereus als Schlächter vergleichsweise zahm ist. Er läßt nämlich das brisante und grausige Mißverständnis um den zur Speise gemachten Knaben weg.

»Darauf wurde das Gericht der edlen Frau vorgestellt, und ihr roter Mund aß das Herz, das ihr treuer Dienstmann im Leibe getragen hatte. Da sprach der Herr: ›Frau, könnt ihr mich bescheiden, was ihr jetzund gegessen habt?‹ Die Frau antwortete: ›Nein, ich weiß es nicht; aber ich möcht es wissen, denn es schmeckt mir schön.‹« (Der Brennberger. Fliegendes Blatt, in: Deutschen Sagen, hrsg. von den Brüdern Grimm). »›War isses, dat ik gegeten hebb / dat mi so wol geschmecket heft?‹ / ›Dat is Brunnenbergers Herte / dat dede dem Helde grote Schmerte‹« (Volksballade »Der Bremberger«, um 1600): Die Geschichte des 1276 in Regensburg ermordeten Minnesängers Reinmar von Brennenberg, die Uhland später noch einmal in seiner Ballade

»Der Kastellan von Coucy« aufgegriffen hat, gehört zum »Herzmäre«-Stoff (berühmteste Fassung hierzulande von Konrad von Würzburg, Ende des 13. Jahrhunderts). Sie geht auf ein altindisches Vorbild vom eifersüchtigen Gatten zurück, der seiner Ehefrau das Herz ihres Geliebten (oder unschuldigen Verehrers) vorsetzt, das sie ahnungslos verzehrt. Nach französischen Variationen haben u. a. Boccaccio und Hans Sachs den Stoff bearbeitet. Im Mittelalter existierten ca. vierzig Versionen der Ballade von der edlen Frau, die unwissentlich das Herz des Liebhabers oder minniglichen Sängers ißt und mit der schrecklichen Entdeckung zugleich stirbt oder sich durch Fasten oder Sprung von der Zinne tötet und so den Irrtum heiligt, nämlich zu einer Art Kommunion erhöht und sich in einem Aufwasch für den Betrug des Gatten rächt.

Das Grimmsche Märchen »Von dem Machandelboom« läßt das kleine Marleenken mit ansehen, wie die Mutter den Stiefbruder zu »Swartsuhr« verarbeitet (ein sehr fettes, winterliches Bauernessen, das es in Norddeutschland noch immer gibt und bei dem Schweinepfoten, -schnauzen, -schwarten und viel -blut Verwendung finden; wegen der schwarzen Farbe in »Schwarzsauer« abgewandelt). Dem arglosen Vater schmeckt sein eigen Fleisch und Blut so gut, daß er alles aufißt und nur die Knochen unter den Tisch wirft. Das Märchenende spricht in punkto Schuldfrage eine klare Sprache. Dem betrogenen Vater wird, als er den im Vogel auferstandenen Sohn singen hört, ganz leicht ums Herz, der Mutter hingegen, als stände die Welt in Flammen. Hier gibt es keine »geheime Schuld«. Der »blinde« Esser bekommt eine goldene Kette, die greuliche Serviererin aber gerät unter einen Mühlstein, »dat se ganß tomatscht wurr«.

Das Mißverständnis funktioniert zum Glück, wie schon im Fall Kronos vorgegeben, auch andersherum. Yvonne Verdier (Drei Frauen. Das Leben auf dem Land, Stuttgart 1982) weist auf eine französische Fassung von Dornröschen hin, in der die Königinmutter sich »Leber und Herz ihrer Enkelkinder als Frikassee mit Zwiebeln in einer Sauce Robert« zubereiten läßt. Der mitleidige Koch täuscht – auch das ein altes Modell – sie mit den Innereien von Lamm und Ziege. Ganz ähnlich macht es die Stiefmutter Schneewittchens. Sie verlangt Lunge und Leber des schönen Mädchens in Salz, bekommt sie aber aus dem Körper eines Frischlings und merkt nichts.

Aristoteles räumt in seiner »Poetik« (4. Jahrhundert v. Chr.) dem Anagnorismus, der (Wieder-)Erkennungsszene, die der dramatisch strukturbildenden Verkennung folgt und sich der Katastrophe anschließt oder ihr, sie im letzten Moment verhindernd, vorausgeht, in beiden Fällen mit kathartischer Wirkung, einen besonderen Platz ein. Das Mißverstehen der wahren Verhältnisse (»hamartia«) wird also in der Tiefenschicht, wie schon erwähnt, als Vergehen betrachtet, was aber zugleich bedeutet, daß Personen, die durch Ursachen der Realität, die zum Irrtum führen (lange Feldzüge, im Mittelalter Kreuzzüge, aus gesellschaftlichen Gründen verborgen gehaltene Kinder usw.), unschuldig »sündigen«, aber auf der symbolischen Ebene dennoch schuldig gesprochen werden. Die effektvolle metaphysische Verdichtung zum Blutsverwandtenmord setzt eigentlich ein höchst unchristliches Bild: Jeder Mensch müßte dem anderen verwandt genug sein, um ihn nicht totzuschlagen. Das Symbol des Verwandtenmords, das diese Idee vielleicht schon früh mitmeinte, demonstriert zwar in seiner Pointierung, aber verdeckt auch zugleich diese Grundbotschaft! Das Märchen dagegen, heidnischer und christlicher zugleich, belohnt/bestraft sogar den guten/schlechten Umgang mit unseren weiteren Verwandten, den Tieren, oft auch dann, wenn gar kein verzauberter Prinz in ihrem Fell steckt.

Martin Opitz hat in seinem »Buch von der deutschen Poeterey« (1624) die Morde an Vätern und Söhnen schnöde und generell wegen dramatischer Spitzenwirkung empfohlen. Was dem Handelnden, im günstigsten Fall, verbrecherischer Irrtum ist, dem Dramatiker sei es Pflicht!

In der »Palaestra eloquentiae ligatae« (1654) führt der Jesuit Jacob Masen den aristotelischen Gedanken in seiner Forderung nach »error ex alienatione«, der Demonstration des falschen Verhaltens aufgrund einer Täuschung (Intrige oder Falschwahrnehmung), fort. Möglich sind tragische wie komische Konsequenzen und beide hier ausdrücklich in Erwägung gezogen.

Tarnung, berechnende, übermütige oder aufgezwungene Annahme einer Rolle, die andere täuschen soll über die wahre Identität einer Person, müssen ja nicht unbedingt blutige (Siegfried!) Folgen zeitigen, wie etwa die zahlreichen Geschichten über Götter auf Besuch bei den Menschen (z. B. Jupiter/Zeus bei Philemon und Baucis, als Amphitryon bei Alkmene) dokumentieren oder über Könige, die in Märchen (Harun al Raschid) ihr Volk in Bettlergestalt belauschen oder kontrollieren, wie der dann allerdings seinerseits geprüfte und als zu leicht befundene Nebukadnezar in Dürrenmatts Komödie »Ein Engel kommt nach Babylon« (1954). Das Mißverständnis wird hier als Mittel zur Wahrheitsfindung eingesetzt, so auch, wenn der heimgekehrte Odysseus, typisch »listenreich«, als Bettler die Situation seines Hauses erkundet, einschließlich der Tugend seiner Gattin Penelope.

»Brava, la mia Penelope«, preist Guglielmo voreilig seine Braut, als er von seinem Freund und Mitintriganten die Bestätigung der Treue Fiordiligis erhält (Così fan tutte, Mozart/Da Ponte, 1790) und bedankt sich bei ihm als seinem »fido Mercurio«. Hermes/Merkur ist jedoch auch der Gott der Wortverdreher und der Diebe, und ausgerechnet er war es, der Jupiter bei seinem Amphitryon-Doppelgängerspiel (Fremder/Gott in Gestalt des Vertrauten/Gatten) die Begleitung gab! Wenig später erfolgt der Widerruf des Hintergangenen: »Fu quella Fiordiligi, la Penelope, l'Artemisia del secolo! Briccone, assassina, furfante, ladra, cagna!« Zunächst noch antik, dann vulgär.

Die Odyssee, von der die beiden »soldati d'onore« heimkehren, führte sie räumlich nur um die nächste Ecke, psychologisch dagegen in die Existenz zweier zwischen Türke und Chinese angesiedelter »Albanier« und Verführer (Vertraute/Verlobte in fremder Gestalt). Das Kammermädchen Despina, eine charmante, zugleich hoffnungslose Funktionärin der Liebe (die Frauen, meint sie u. a., liebten nur »aus Bequemlichkeit, aus Eitelkeit«) hält die zwei für ein »wahres Gegenmittel gegen die Liebe«, aber die Schwestern erliegen ihnen, und zwar zunächst einmal wegen handfester, bühnenwirksamer Täuschungen:
1. Abschied der angeblich aufs Schlachtfeld gerufenen Verlobten. 2. Verkleidung ihrer Liebhaber in neue, fremde, von denen der zynische Don Alfredo behauptet, sie seien seine Freunde. 3. Deren fingiertes Sterben durch Einnahme von Gift wegen Liebeskummer. 4. Die Verwandlung Despinas in Arzt und Notar beschleunigt den Fall.

Soviel zum Klamauk, der scharf absticht vom Liebesgetue der Frauen am Beginn bzw. dieses als jenen entlarvt. Die beiden Damen ergehen sich anfangs – später bei der Aufteilung der Galane mit erstaunlichem Pragmatismus ausgestattet – exaltiert in dem, was sie über die Liebe haben läuten hören. Aufrichtig begeistert wirken sie da, wo sie lakonisch sind, als sie nämlich endlich ihrerseits – ahnten sie nicht schon mitten im Amore-Theater bereits »etwas Neues«? – das, von dem sie sich bisher vormachten, es sei Leidenschaft, den neuen Verlobten vorzuspielen beschließen, wie umgekehrt die verkleideten Männer ihnen, so daß sich allen vieren für einen Augenblick fast, auf verdrehte Weise, ein Augenblick der »Wahrheit« auftut: Alle machen das wissentlich, was sie vorher auch nur – aber unwissentlich – taten! Was sie nicht wissen ist, daß das eine ziemlich deckungsgleich dem anderen ist. Imitat des Imitats. Liebe, so die Richtigstellung der Falschmeldung, ist sentimentales Gerücht und Sexualität. Das Seelische der Liebe ist Schmalz und Phantasterei, das Körperliche sind »Schnurrbärte«, »schöne Nasen, Füße, Augen«.

Die eher psychologischen als physischen Irrtümer, die hier verhandelt werden? Es sind vor allem zwei. Die Männer wiegen sich in der törichten Sicherheit, sie seien die Handelnden und im Recht, sie trieben nur ein Spiel, und es werde gut ausgehen. Außerdem glauben alle hier »Liebenden«, Treue und Liebe seien selbstverständlich existierende Fakten. Despina und der illusionslose Regisseur des Mummenschanzes Don Alfredo immerhin bestreiten es. Ihr Fazit, und das des Librettos mit seinem höflichen und höhnischen Ende, wird von der Musik unterstützt in der Argumentation, gelegentlich aber, wenn jene zu vergessen scheint, daß sie Wesen aus »Haut und Knochen« und nicht doch »Göttern« entsteigt (Sehnsucht nach dem unirdischen Idealfall und von ihm sehr wohl sichere Ahnung gebend), als verfrühtes und möglicherweise als Hauptmißverständnis widerlegt.

Insgesamt jedoch bleibt es dabei, die Aussichten für beide Ehen sind bedenklich wie die von Donna Anna mit Ottavio in »Don Giovanni« und Gräfin und Graf in »Figaros Hochzeit«. In allen drei Mozart-Opern sind Kostümierung und Rollentausch wichtig. Zentral und Motor ist die Täuschung allerdings nur in »Così fan tutte«. Das vorläufige Resümee im ersten Akt dieses tückischen Werks gilt für das Ganze: Dorabella und Fiordiligi: »Ein traurigeres Ereignis könnte es nicht geben.« Guglielmo und Ferrando: »Ein schöneres Lustspiel könnte es nicht geben.«

Wie die Handlungsschemata der Commedia dell'arte, der Komödien Shakespeares und Molières beweisen, führen Betrug, Täuschung, Intrige, Verwechslung, Verkleidung, Vertauschung, Doppelgängertum, Heuchelei, Hochstapelei ja keineswegs zwangsläufig zu tragischen Ausgängen. Im Gegenteil: Gerade wenn das Mißverständnis von blutigem Ernst und existentieller Düsternis befreit ist, leichtfertig sein darf, kann es um so virtuoser, artistischer walten, balanciert spielerisch und erhellend an gegen eine mögliche Absturzgefahr, entfaltet sich selbstvergnügt vom derben Ulk bis zur Spitzfindigkeit, statt Problemproduzent sein zu müssen, brilliert es als *der* Formenschöpfer des Komischen!

Wenn schon in der Welt die Mißverständnisse oft traurig, verhängnisvoll, unvermeidlich sind, kann in der Kunst, sofern man wenigstens fünf von ihnen aufeinanderstapelt, Gelächter daraus werden. »Wir sähen kriegerisch und prahlend drein, / Wie manche andre Männermemmen auch, / Die mit dem Ansehn es zu zwingen wissen«, sagt Rosalinde zu Celia in »Wie es euch gefällt« (Shakespeare, um 1599). Hier verkleiden sich nicht zwei Verlobte in freche Liebhaber, sondern zwei Frauen in Männer, und was daraus folgt, ist ungleich komplizierter als das Libretto von »Così fan tutte«. U. a. wird von einer wirklich Verliebten das Nicht-Verliebtsein gespielt, die dem, der sie liebt, den sie liebt, das Verliebtsein in ihrer Kostümierung abgewöhnen will, indem sie, die als Mann verkleidete Rosalinde, Orlando befiehlt, sie, die er nicht erkennt, als seine geliebte Rosalinde, die sich unerträglich launisch aufführt, anzureden und zu verehren, wobei als zusätzlicher Reiz hinzukommt, daß die Verkleidete in der Praxis des elisabethanischen Theaters ein zum Mädchen ausstaffierter Mann war. Jan Kott weist in seinem Aufsatz »Das Geschlecht Rosalindes« (Merkur 4/1996) darauf hin, daß »die Rollen von Mädchen und sogar der reifen Frauen von vierzehnjährigen, manchmal auch ein oder zwei Jahre älteren Knaben« gespielt wurden. Die Kombination mit anderen Liebespaaren sorgt überdies für ein zunächst unauflösbares und schließlich zu starren Gleichungen sich beruhigendes Durcheinander, nachdem sich das Mißverständnis zuvor und ausgiebig selbst gefeiert hat. Die Spur, die zu Billy Wilders Hollywoodkomödie »Some like it hot« (1958) führt, ist unübersehbar, samt der cool registrierten Entdeckung des alten Millionärs, daß die endlich eroberte Frau ein Mann ist: »Nobody is perfect.«

Noch mathematischer geht es zu in der Konstruktion der etwa 1591 uraufgeführten wortverdreherischen »Komödie der Irrungen«, in der Shakespeare auch den Zuschauer unvorbereitet und also mitverwirrt mit den halsbrecherischen Verwechslungen zweier Doppelzwillingspaare nebst deren Familienanhang konfrontiert, in Anlehnung an die »Menaechmi« des Plautus wie seines »Amphitryo«, dessen Muster später Kleist übernahm, einschließlich der Verwechslungsmechanismen von Diener und Herr.

Auch im »Sommernachtstraum« (etwa 1594) ist, wie in den erwähnten beiden Komödien, der Ausgangspunkt aller Wirrnisse eine drohende Verbannung oder Todesstrafe durch eine gegen die Natur handelnde staatliche Macht, die Auflösung aber das Eingehen in die bürgerliche Ordnung der Ehe (immer gleich mit drei bis vier Paaren). Was nur irgend kann, begibt sich in diesen reglementierenden Hafen. Dazwischen die alle Gefühlssicherheiten verspottenden Mißverständnisse, ihr Hexentanz und ihre Maschinerie. Sie aber, sagt Puck, sind nur »Eures eigenen Hirnes Dichten«, geschaut in »Nachtgesichten«, die tagsüber von der Vernunft verdrängt werden. Auf der Ebene des Augenscheinlichen jedoch ist er es, Puck, der die Sinneswahrnehmungen äfft und die Gefühle karikiert durch Zauber – und sie durch dasselbe Mittel auch wieder zurechtrückt –, dabei allerdings offenläßt, ob die Liebe die Instinkte täuscht oder erleuchtet.

»Gehn die Sachen kraus und bunt, / Freu ich mich aus Herzensgrund«, bekennt er, wesentlich souveräner als Despina, die am Schluß gedroht hatte: »Wenn sie mich jetzt auch hereingelegt haben, führ' ich doch wieder andere hinters Licht.« Puck ist ja nicht involviert in die Konfusionen, er inszeniert sie, als Elfe, als Personifizierung des Mißverständnisses schlechthin, immer dann in seinem Element, wenn sich keiner mehr mit dem anderen versteht, wenn alles verkehrt, auf den Kopf gestellt ist: unsterblich, verantwortungslos, blitzschnell an jedem Ort, frei von staatlicher oder Gefühlsbindung. Ambulantes und ambivalentes Instrument, Geist und Irrlicht der Komödie.

Kleines Zwischenmißverständnis: Bereits in Shakespeares früher »Komödie der Irrungen« werden »Alp und Kauz und Elfengeister« als Urheber von Verwechslungen vermutet. Die persönlich haftbar zu machenden Elfen des »Sommernachtstraums« sind eine harmlose Version der dem Vernunft- und Zivilisationswesen und Eroberer Mensch böse gesonnenen »Kleinen« oder auch »Guten Leute«, unter der Erde wohnende Elfen der Kelten, die beispielsweise im Werk des Walisers Arthur Machen ihre Ränke schmieden. Während die Herkunft Oberons, des Elfenkönigs (Nebenform zu Alberich, dem germanischen Zwergenkönig, ist das altfranzösische Auberon und Alberon) ins 12. und 14. Jahrhundert verweist, erscheint seine Gemahlin Titania erst Ende des 16. Jahrhunderts in Spensers »Fairy Queen« und dann im »Sommernachtstraum«. Die mythologische und ganz andere Titania war Pyrrha, eine Tochter des Titanen Epimetheus. Wie man weiß, wurden die Titanen in den Tartaros verbannt. Titanentochter ist auch Hekate (Trivia), die dreiköpfige Göttin der Hexen und Giftmischerinnen, mit der die Hexen in »Macbeth« sprechen: »Why, how now, Hecate! You look angerly.« Wenn nun Puck/Droll sagt: »Ich eil', ich eil'! Sieh, wie ich eil': / So fliegt vom Bogen des Tartaren Pfeil« (Übers.: August Wilhelm Schlegel), im Original: »I go, I go; look how I go, – / Swifter than arrow from the Tartar's bow«; ebenso bei »Macbeth«: »Nose of Turk and Tartar's lips«, in Verdis gleichnamiger Oper ebenfalls: »Tu labbro d'un Tartaro«, was meint er dann?

Was meint Puck mit dem »Tartaren«? Natürlich nicht einen angeketteten Titanen, der aus dem Tartaros einen Pfeil hochschießt, sondern jemanden aus demjenigen Volksstamm, den Dschingis Khan im 13. Jahrhundert – nein, nicht anführte, vielmehr besiegen mußte, bevor er zu seinen großen Kriegszügen aufbrechen konnte, die Tataren (ohne das erste »r«) in der nördlichen Mongolei, nicht zu verwechseln mit den Bewohnern der heutigen Tatarischen Republik: »All das, was unsere Vorfahren vor siebenhundert und mehr Jahren an Angst vor den kurzbeinigen Reitern auf struppigen kleinen Pferden empfanden, die sie ›ex tartaro‹ – ›aus der Hölle entsprungen‹ dachten – weshalb sie den Namen Tatar in Tartaren verwandelten –, lebt unterschwellig noch in uns weiter«, schreibt Walther Heissig in »Die Mongolen« (1978).

Schnelle, wilde Reiterhorden aus Asien brachen schon im 5. Jahrhundert über Europa herein, die Hunnen unter Attila (germanisch »Etzel«), was gelegentlich gern mit den Tataren, noch dazu unter Dschingis Khan, verwechselt wird. Über den Ursprung der Hunnen berichtet die Sage (Brüder Grimm, a.a.O.): »Filimer, Gandarichs Sohn, der fünfte König der Goten seit ihrer Auswanderung aus Schanzien, fand unter seinem Volke gewisse wahrsagende Weiber, die in gotischer Sprache Alirunen hießen. Diese wollte er nicht länger dulden, sondern verjagte sie aus der Mitte des Volks weit weg in die Wildnis. Als die Alirunen eine Zeitlang in der Wüste herumirrten, wurden sie von den Waldleuten, die man Faune und Feigenblattmänner nennt, gesehen, und sie vermischten sich zusammen. Das Geschlecht, welches von den Waldleuten und Alirunen ausging, war klein, häßlich und wild.«

Hier nun stellt sich eine eigentümliche Verbindung über allerlei kleine Trugschlüsse her. Die so beschriebenen Hunnen (Pseudo-Tataren) nähern sich denkbaren Bewohnern tartarischer, jedenfalls unterirdischer Gefilde an, wo ja Titanias antike Namensvettern hausen, aber auch den Elfen der keltisch/walisischen Sage: »cipenaper« (»kidnapper«), wie Shakespeares Oberon, wie Goethes Erlkönig (den Herder vom »elverkonge« der dänischen Volksballade ableitete), jenen also, die der »Sommernachtstraum« ins Lieblich-Poetische abwandelt; und damit sogar den elfenliebenden Deutschen (Tieck), die von den Engländern in Krisenzeiten (Krieg, Fußball, Rinderwahnsinn) als »Hunnen« bezeichnet werden, womit sie also ins Barbarisch-Östliche heimkehren.

Und die sogenannte Tatarennachricht? Tartarennachricht? Die Botschaft, die Kunde von vermeintlichen Schreckensvorfällen gibt? Sie existiert namentlich erst seit 1854, als Falschmeldung vom Fall Sebastopols, die ein tatarischer Postreiter überbracht haben soll. Aber das bewußte »r« würde ihr auch gut stehen, der Tatarenente!

Eine Falschmeldung in Gestalt eines Gegenstandes, falsches Signal gebend, verursacht den Tod der Liebenden Pyramus und Thisbe, von denen Ovid in seinen »Metamorphosen« berichtet und die Shakespeare im »Sommernachtstraum« zur komischen Aufführung durch Handwerker benutzte. Eine »spaßhafte Tragödie«: Pyramus findet am verabredeten Ort des Stelldicheins Thisbes Schleier, der vom blutigen Maul eines Löwen befleckt ist, was aber weiter nichts zu sagen hat.

Pyramus jedoch, in der Annahme, es sei das Blut seiner Geliebten, tötet sich. Sie wiederum, aus dem Versteck hervorgekrochen, stirbt angesichts des toten Freundes. Ähnlich fatale Folgen zeugt das irreführende Signal, das Romeo von der in tiefen Schlaf versenkten, scheintoten Julia in Shakespeares etwas früher entstandener Tragödie »Romeo und Julia« empfängt. Er vergiftet sich, die erwachende Julia ersticht sich daraufhin. Dies als die tragische Version dessen, was dann im »Sommernachtstraum« zum Lachen ist.

Spöttisch berichtet Rosalinde in »Wie es euch gefällt« von einem ursprünglich wohl auf Kallimachos zurückgehenden Liebespaar, Hero und Leander: »Der arme Junge, er ging nur hin, um sich im Hellespont zu baden, bekam einen Krampf und ertrank«, ein Paar, das unzählige Male als heroisches gefeiert wurde. Bei Ovid (Heroides) verbieten die Eltern die Heirat des Leander (am asiatischen Ufer des Hellespont) mit Hero (aus Sestos, am europäischen Ufer), bei Musaios (5. Jahrhundert n. Chr.) ist Hero Aphrodite-Priesterin. Er schwimmt nachts zu ihr hinüber, vom Turm weist ihm Heros Fackel den Weg. Als die in einer Sturmnacht erlischt, ertrinkt Leander. Hero stürzt sich vom Turm oder stirbt, in anderen Versionen, an gebrochenem Herzen. Im Volkslied »Es waren zwei Königskinder« ist es ein »falsches Nönnchen«, das die Kerzen auslöscht, in Grillparzers Stück »Des Meeres und der Liebe Wellen« (1831) ein Priester, der Heros Keuschheit bewacht. Annette von Droste-Hülshoff hat die Geschichte in westfälische Mundart übertragen: »Dat horde ne falske Nunne / up ere Slopkammer, o we! / Se dey de Keskes utdöppen: / leef Herte bleff in de See.« Auch im Gedicht »Der Zauberleuchtturm« von Mörike (1837) klingt das irreführende Hantieren mit dem Leuchtfeuer an: »Da löscht die Zauberin ihr Licht«, die hier allerdings von vornherein und in böser Absicht und lockender Verkleidung als spinnendes Mägdlein zum Untergang der Schiffer und Schiffe angetreten ist. Es scheint ihr gut zu tun.

»Der Gefahr leuchte das Licht / nur heute, heut / die Fackel dort lösche nicht« warnt hingegen Brangäne in Wagners »Tristan und Isolde« (Uraufführung 1865) ihre Herrin, die es aber, nach der Vertauschung von Todes- und Liebestrank, nicht abwarten kann, Tristan zu empfangen, und, mit letztlich tödlichen Folgen, die Fackel vorzeitig löscht, hier als günstiges Zeichen für den Geliebten gedacht, doch gerade das ist sein Verderben! Als sie ihn später in seiner Burg besucht, erinnert sich der Todkranke, ihren Anblick ersehnend: »Wie, hör ich das Licht? / Die Leuchte, ha! / Die Leuchte verlischt! / Zu ihr! Zu ihr!«

Shakespeares Pyramus, auf seine Art sinnesverwirrt: »Ein' Stimm' ich sehen tu; ich will zur Spalt' und schauen, / Ob ich nicht hören kann meiner Thisbe Antlitz klar. / Thisbe!«

Zu einem antiken Mißverständnis (Theseus, nach Tötung des Minotaurus und durch Dionysos gezwungen, auf Ariadne zu verzichten, vergißt aus Trauer darüber, bei seiner Ankunft statt der schwarzen die weißen Segel zu setzen. Der Vater deutet es als Zeichen für den Tod des Sohnes und stürzt sich ins Meer) kommt es in einer Tristan-Fassung aus dem 12. Jahrhundert, also noch vor Gottfried von Straßburg. Als Isolde zum mittlerweile mit Isolde Weißhand verheirateten, schwer verwundeten Tristan eilt, um an ihm ihre Heilkräfte noch einmal zu versuchen, behauptet die Ehefrau, ein schwarzes Segel sei auf dem Meer erschienen, nicht das erhoffte und tatsächliche weiße. Damit ist Tristans Kraft erschöpft. Er stirbt, Isolde stirbt ihm nach. Bei Wagner: »Der Freude Flagge / am Wimpel lustig hell«: in der Schlußszene zwischen Tristan und dem treuen Kurwenal liegt keine Täuschung vor, schon gar keine arglistige. Und doch handelt es sich um eine – subtile – Falschmeldung, um ein trügerisches Glückssignal. Außer sich vor Erregung über ihre Ankunft, fällt Tristan Isolde sterbend in die Arme. Die aber, die Isolde nachjagten, kamen nicht mehr als Feinde, wie vermutet, sondern, wenn auch zu spät, als Friedensboten.

Auch in Puccinis Einakter »Il Tabarro« (1918) gibt es einen verhängnisvollen Irrtum durch eine »piccola fiammella«. Zwischen Giorgetta und ihrem Liebhaber Luigi ist es das verabredete Zeichen. Wird ein Streichholz auf dem dunklen Schiffsdeck entzündet (also umgekehrt zum Nachrichtensystem von Isolde und Tristan), kann Luigi kommen, auf sehr viel kürzerem und ungefährlicherem Weg als Leander zur Fackel Heros. Unglücklicherweise ist der Ehemann Michele aber, mißtrauisch, lauernd, diesmal noch an Deck und macht sich, sorgenvoll, aber nicht ahnend, was er damit auslöst, sein Pfeifchen an. Worauf der seinerseits ahnungslose Luigi in die zufällige Falle tappt und von Gattenhand sterben muß. Auch der titelspendende Mantel (des Ehemannes), in besseren Tagen zärtlich um Frau und Kind gelegt als Symbol familiären Glücks, wird bedeutungsmäßig verfälscht. Unter ihm verbirgt Michele jetzt den Ermordeten, um ihn schockartig, ihr Verbrechen (des Ehebruchs) und seins (der Ermordung) in eins drehend, seiner Frau zu präsentieren.

Eine Fackel benutzt auch die leichtfertige Ginevra in der Oper »La Cena delle Beffe« von Umberto Giordano (1924, Text von Benelli), als gewohntes Liebeszeichen für ihren Buhlen Neri. Nachdem sie ihn mit seinem Feind Gianetto (selbst getäuscht vom grünen Mantel Neris, mit dem sich Gianetto bei ihr eingeschlichen hat, aber nachträglich sehr einverstanden mit dem Liebesraub) hintergangen hat, zwingt Neri sie, ihn mit dieser Fackel wiederum herzulocken. Als nun der eifersüchtige Betrogene den Nebenbuhler in seinem – gestohlenen – Mantel ersticht, muß er feststellen, daß er sich fatal täuschte. Es ist diesmal sein eigener, ebenfalls an seiner schönen Geliebten interessierter Bruder gewesen, von Gianetto als Opfer vorausgesehen und ausersehen.

Hierzu noch einmal das Märchen: Schlimm irrt sich Schneewittchen, als sie sich von der roten, vergifteten Apfelhälfte täuschen läßt, und ins Bockshorn gejagt werden die Räuber von falschen Symptomen durch die altersschwachen »Bremer Stadtmusikanten«. Im ebenfalls Grimmschen Märchen »Der alte Sultan« geht es dem wilden Wolf und Schwein nicht anders mit dem in Wahrheit maroden Hund und der nur noch dreibeinigen Katze. Der »Doktor Allwissend«, alias Bauer Krebs, verdankt Geld und Ruhm dem für ihn günstigen Umstand, daß diebische Diener seine dummen Bemerkungen aus schlechtem Gewissen heraus für den Beweis ihrer Identifizierung halten. Die »Sieben Schwaben« (Herr Schulz, Jackli, Marli ...), ein Paradebeispiel, geraten in Furcht und eingebildete Not und schließlich ans Sterben allesamt, weil sie, gemäß ihrer aufgestachelten Schwabenbundphantasie, das Harmlose als Monströses deuten und – nicht zu vergleichen mit des hochgemuten Don Quichotte hochfahrendem Windmühlenabenteuer, etwas ähnlicher Kleists »Kampf der Blinden mit dem Schweine« – am Ende die menschliche Sprache nicht mehr verstehen, d. h. ein simples »*Wat?*« für die Aufforderung halten, in die *Mosel* zu *waten,* die ein »*moosiges,* stilles und tiefes Wasser« ist.

Ein Exempel, lustig und schäbig zugleich, für das Hereinlegen eines arglosen Wesens mittels eines Signals, zu dem es Vertrauen gefaßt hat, erzählt der Baron von Münchhausen (Gottfried August Bürger, 1788). Eines Tages sieht er ein weibliches Wildschwein, das, von seinem Frischling geleitet, indem es sein Schwänzchen im Rachen hält, durch den Wald spaziert. Er schießt, trifft aber nicht, die Kugel zerreißt statt dessen den »Leitzaun«, das Schwänzchen. Die Bache bleibt stehen, und er stellt fest, daß sie blind ist, das Schwanzende des geflohenen Kleinen indessen unverdrossen im Maul behält. Was der Frischling »aus kindlicher Pflicht« tat, führt er schmunzelnd mit menschlicher Schläue zum anderen Ende: er zieht das blinde Mutterschwein, das »ohne Widerstand« folgt, am kleinen Schwanzrest zu sich nach Hause.

Ein weiteres Abenteuer, mit dem sich der »Lügenbaron« brüstet, verläuft noch grotesker. Auf der Fahrt nach St. Petersburg fällt ein Wolf das Pferd seiner Kutsche an, von hinten, und frißt sich, während das Pferd in seinem Schmerz immer schneller rennt, immer tiefer in das Tier hinein, bis er vollständig »hübsch hineingezwängt« ist. In seinem »Futteral«, von der Peitsche des Barons angetrieben, steckt nun der Wolf im Geschirr und zieht das Gefährt zum Zielort. Ein Wolf im Pferdefell, ein Bild, das von dem sprichwörtlichen Wolf im Schafspelz kaum übertroffen wird. Ihm verwandt sind die, ihrer spektakulären Aufklärung harrenden, literarischen Mißverständnisinkarnationen und notorischen Motive des falschen Scheins: gerechter Räuber, selbstlose Kurtisane, edler Wilder, falscher Ratgeber, weiser Narr usw.

Das »Lalebuch« (1597), in den folgenden Fassungen auch »Schiltbürgerbuch« (1598), Buch der »Witzenburger« (1603), beschäftigt sich mit den Nachfahren jener Fürstenberater (Lalen = Schwätzer = redegewandte Berater), die sich als weise Bauern aufs Land zurückgezogen haben, gegen die natürliche und offizielle Ordnung der Dinge, als unersetzliche Ratgeber aber doch wieder an den Hof müssen. Da ihre Landwirtschaft in ihrer Abwesenheit verkommt, werden sie erneut Bauern, beschließen jedoch diesmal, um nicht wieder wegen ihrer Weisheit von den Fürsten bedrängt zu werden, ihre Klugheit hinter Närrischkeit, ihr Licht unter dem Scheffel zu verbergen. Diese mißverständliche Lebenskonstruktion führt schließlich dazu (in Umkehrung des Wolfs, der das Pferd frißt), daß die Maske zu ihrem Wesen wird. Von nun an bringen sie selbst alles durcheinander. Aus ist es mit dem interessanten Winkelzug. Der ehrwürdige Topos »weiser Narr« wird zur Platitüde »närrischer Narr«, die Irreführung verarmt zur Eindeutigkeit: »Und wie sie am ersten auß zeitigem und wolbedachtem Rhat die Thorheit angefangen hatten, also schlug sie jhn hernach in jr Natur und Art.«

Als »Wolf, der sich einen Schafspelz zurechtschneiderte« steht am Ende der arme Schneider Strapinski in Gottfried Kellers »Kleider machen Leute« (Erstdruck 1873) da, nachdem er, aufgrund seines einzigen Reichtums, eines Radmantels und einer Pelzmütze, zunächst unschuldig in allerlei Scharlatanerie und Talmi verwickelt, so lange als polnischer Graf verwöhnt wurde und jedes kummervolle Lächeln, sogar mangelnde Tischmanieren, als Indiz für sein melancholisch zerstreutes, adliges Gemüt galten. Allein diese Falschdeutung seiner Person macht ihn »zum Helden eines artigen Romanes, an welchem er gemeinsam mit der Stadt und liebevoll arbeitete, dessen Hauptbestandteil aber immer noch das Geheimnis war.« Kein Wunder, daß für vollblütige Erzähler wie Leo Perutz (etwa in »Der schwedische Reiter«, 1936) und Tania Blixen (z. B. in »Die Sintflut von Norderney«, 1934) derlei Hochstapelei und Doppelgängertum als eigentliche »Romanschöpfer« unerläßlich waren. Nicht anders als ihre Helden ist auch Strapinski unter dem angemaßten Kostüm, das Mißverständnis noch einmal – wider das Urteil der vorschnellen Welt – wendend, eben doch in seinem Kern halbwegs so nobel, wie er wegen seiner Kleidung eingeschätzt wurde, was sowohl dem Herzen des Lesers wie den für die Spannung zuständigen Nerven ergötzlich ist. Und jener verführerische Ritter, der in Heines Gedicht »Donna Clara« die Tochter des Alkalden, die so sehr, alle Ressentiments rekapitulierend, die Juden haßt, mit Lautenspiel betört, stellt sich, nach getaner Liebesarbeit, pointenbewußt im letzten der 22 Vierzeiler als das vor, was er keinesfalls sein durfte: »Ich, Señora, Eur Geliebter, / Bin der Sohn des vielbelobten, / Großen, schriftgelehrten Rabbi / Israel von Saragossa.« Was die dergestalt doppelt gestrafte Señora erwidert, ist nicht berichtet.

Absoluter Großmeister des Übertölpelns – Luther mochte ihn nicht – freilich ist in seiner Urform Till Eulenspiegel (Ein kurzweilig Lesen von Dil Ulenspiegel, 1515). Ähnlich dem »Lalebuch« (dort mit bewußter Verrätselung seitens des unbekannten Autors) und »Münchhausen«, beginnt die Konfusion mit seiner Herkunft. Auch die seine ist (als Verfassername des Volksbuchs) widersprüchlich oder in Halbdunkel gehüllt.

Ulenspiegel, von klein auf ein »Schalck«, sieht, wie der andere Genius der Irreführung, Puck, seinen Lebenssinn, ja seine Sendung darin, Leute zu foppen, Mißverständnisse zu inszenieren, vor allem über die Sprache. Falschverstehen, Verhören, Verwechseln, Wörtlichnehmen! Allseits bekanntes Beispiel: als ein Bäcker, bei dem er so tut, als arbeite er, ihm gereizt vorschlägt, er solle »Eulen und Meerkatzen« backen, spielt er lammfromm den Gehorsamen und backt sie tatsächlich, während Karl Valentin, ein weiterer und großer Sympathisant des Mißverstehens, Liesl Karlstadt als genervten Bäcker eine Brezel in Form eines »b« backen läßt, aber es ist eben, wie sich nach und nach herausstellt, die Frage, ob groß oder klein, deutsch oder lateinisch. Als im dritten Anlauf das kostbare Ding fertig ist, ißt er es krachend vor den Augen des erbosten Herstellers auf. Ein anderer Bäcker gibt Ulenspiegel den Auftrag, das Mehl »in dem Mondschein« zu reinigen, er reinigt, d. h. schüttet es »in den Mondschein«, in den Hof, wo der Mond hinscheint. Getreu der Belehrung, er solle stets in den Hennep (Hanf) auf dem Feld, weil man damit die Räuber henke, sein Bedürfnis erledigen, erledigt er es in den Sennep (Senf), weil das so ähnlich klingt und schon recht sein wird, und serviert ihn auch noch! Kindern und kindlichen Gemütern gefällt so was. Was Ulenspiegel vom Dummstellen hat? Statt sich zu langweilen im Normalen, schlägt er, dreimal getauft, dreimal zur ewigen Ruhe gebettet, dazwischen sich kurzweilig durchs Leben und die menschliche Gesellschaft, indem er Schleifen, Schlaufen und was nicht alles darein macht.

Auf die Verschlingungen durch das Mißverständnis, auf seine: Tragik, Komik, Spannung, Unterhaltung, Störung, Verrätselung schaffende Wirkung hat auf Dauer kein Epiker, noch weniger ein Dramatiker von Geblüt verzichten können. Kleist, selbstverständlich, gab ihm in seinen Dramen eine herausragende Bedeutung, und zwar in allen: »Die Familie Schroffenstein« (»Wenn ihr euch totschlagt, ist es ein Versehen«), »Der zerbrochene Krug« (»O unerhört-arglistiger Betrug! – Der Brief ist falsch«), »Amphitryon« (»Ist heute alles rasend toll?«), »Penthesilea« (»So war es ein Versehen. Küsse, Bisse, / Das reimt sich, und wer recht von Herzen liebt, / Kann schon das eine für das andre greifen. ... Ich habe mich, bei Diana, bloß versprochen«), »Das Käthchen von Heilbronn« (»Daß sie ein Wahn betört, ist klar, wenn euer Sinn auch gleich, wie meiner, noch nicht einsieht, welcher?«), »Die Hermannsschlacht« (»Er wähnte doch, mich durch den Schuß zu retten, / Und wir verhöhnen ihn!«), »Prinz Friedrich von Homburg« (»Bei meinem Eid! Ich weiß nicht, liebster Heinrich, wo ich bin«).

Neben der verwandten Intrige ist das Mißverständnis – als Irreführung des Lesers/Zuschauers und des Helden – *das* Mittel, die großen Gefühle, Haß, Liebe, Machtgier, zum Funkeln und zu Profil zu bringen. Ohne das Mißverständnis gäbe es nur schnurgerade Linien, keinen Widerstand, keinen Konflikt, keine Reibung, nichts Neues, keine Auflösung. Auch: Keine Erlösung!

Auch keine sich am Ende herausstellende Wahrheit. Für die strenggläubige Moderne existiert sie nicht mehr. Allenfalls Kriminalroman und Filmkomödie tun noch so, als wären sie von der Richtigkeit einiger Sachverhalte, und somit auch von der Existenz handfester Mißverständnisse, überzeugt. Anscheinend ist inzwischen *alles* mißverständlich und undeutlich geworden. Inflationär? Infektiös? Das Mißverständnis kann sich nicht mehr von dem Hintergrund einer eigentlichen Ordnung oder Wahrheit oder Verständlichkeit abheben, eine Situation, der allerdings etwa Kafka oder Beckett ausreichend Komisches abgewonnen haben. An die alte Stelle ist vielleicht vorerst, allerdings viel weniger Handlung schaffend, eine undramatische, nicht nur partielle, sondern allumfassende Ambiguität getreten, ein Element, das die »Vieldeutigkeit der Wirklichkeit ins Wort umsetzt und durch Verschleierung der Realbezüge die Spannung erhöht« (Gero von Wilpert, Sachwörterbuch der Literatur, 1979).

Titania zu Oberon: »Der Lenz, der Sommer, / Der zeitigende Herbst, der zorn'ge Winter, / Sie alle tauschen die gewohnte Tracht, / Und die erstaunte Welt erkennt nicht mehr / An ihrer Frucht und Art, wer jeder ist. / Und diese ganze Brut von Plagen kommt / Von unserm Streit, von unserm Zwiespalt her; / Wir sind davon die Stifter und Erzeuger.« – Solide-pathetisches Mißverständnis oder laszive Vieldeutigkeit: Ob das Schicksal, die Elfen – vieles spricht für sie – oder die Menschen die Erzeuger im wirklichen Leben sind, wer von jeher Nutzen daraus zog, war und ist die Kunst, zu Schrecken und Gelächter ihrer Kunden. Zu ihrer Läuterung? Jedenfalls zu ihrer Lust; metaphysisch gesehen als Spielform der unveralteten Angst, vor allem aber Hoffnung, es könnte alles, das Einzelne und das Totale, Einzelexistenz und Gesamthistorie, ganz anders sein, als wir dachten, und liefe, der Camusschen Trübsal zuwider, wie in einem »artigen Roman« hinaus auf eine spektakuläre Überraschung und Auflösung.

b. k.

Schöne Hör- und Lesefehler

Ein Kapitel zur Erholung

»Wos? Sappramento! Schrei'n da zwoa ›Hier!‹ – da san wieder zwoa Maier, Josef, glaub i, dabei. Des is scho saudumm!«
»Hier!«
»Wos ›Hier‹? Wos schrei'n denn Sie ›Hier‹? Wie hoaß'n Sie?«
»Peter! Hindelang!«
»Ja, ja, wer hot denn jetzt von ei'm Peter Hindelang was g'redt?! Ich hab g'sagt, des is saudumm, daß zwei Maier Josef dabei san!«
»Und i hob verstanden, Sie ham g'sagt: Peter Hindelang.«
Der berühmte Verhörer in Karl Valentins Kurzhörspiel »Sonderbarer Appell« stellt nur den fulminanten, den superieuren, den begnadeten Höhepunkt in einer kurzen Kolonne, ja Kolonie seltsamer Exemplare seinesgleichen; sein Geniales gründet in der sensationellen Unverwandtheit von »Saudumm« und »Peter Hindelang«. In aller Regel funktioniert der Hör- und Lesefehler wie der Verständnisfehler nach

Maßgabe der Hebelschen »Kannitverstan«-Anekdote auf Ähnlichkeit, auf Buchstabenassonanz, auf Binnen- oder Endreim, auf wortrhythmischen Parallelen; in meist eher künstlichen Fällen auch auf Schüttelreim, so wenn Robert Gernhardt die Metapher »auf Sand gebaut« vom Hörfehler »auf Band gesaut« (Welt im Spiegel 12/1974) herleitet.

In Nürnberger Kreisen wird derart der theologische »Erzbischof« zum mehr metaphysischen »Erdbeerschorsch«; schon im »Nesthäkchen«-Roman hörte das Kind nach dem gleichen Muster die Lehrer-»Konferenz« als »Zirkus Renz«. In der ersten Nachkriegszeit sollen in Bayern nicht wenige alte Weiblein »Kommunistische Partei« gewählt haben, weil sie »Kommunionpartei« hörten oder entzifferten, worauf man schließlich die Kommunisten verbot: – eine schiere Ungerechtigkeit, nicht nur nämlich erfüllte auch dieser Lesefehler in Analogie zur Freudschen »Verdichtungsarbeit« des Witzes und des Traumes das Kriterium der erkenntnistheoretisch fruchtbaren Fortzeugung: zweitausend Jahre vorher war die katholisch-kommunistische Interferenz noch gar keine, da war das ja wirklich noch das gleiche.

»Das Leben ... *will* Täuschung, es lebt von Täuschung«, und dies nicht allein im Hinblick auf die von Friedrich Nietzsche (Menschliches, Allzumenschliches, Vorrede) hier primär gemeinte Moral. Auch im platteren auf Verleser und Verhörer. Möglicherweise nicht »Mehr Licht!«, sondern im Gegenteil »Mehr (Licht) nicht!« erbat sich der sterbende Goethe, vielleicht auch klagte er nur: »Mer lischt hier so schlecht« (Quelle unbekannt; vgl. auch weitere Versionen am Ende dieses Buchs). Nicht ganz eindeutig, ob die bekannte Karl Carstenssche Fehlleistung (1980) der Verwechslung des berüchtigten Terroristen Heinrich Böhm mit der unter dem Pseudonym Böll schreibenden Dichterin und Arbeitsministerin Anna Katharina Blüm mehr einem Hör- oder mehr einem Lesefehler entsprang – insgesamt handelt es sich da ohnehin mehr um den Typus der im Zuge der »modernen Nervosität« (Freud) hochgekommenen allgemeinen und allseitigen Verdenkerei, entweder aus allfälliger Ahnungslosigkeit oder aus allzuvieler »Überstudiertheit« (Anna Hubmeier) im Geiste und in der hohen Tradition des Professor Galletti: »Das größte Insekt ist der Elefant«. Das schönste Beispiel ist hier allerdings trotz Professor Carl Karstens oder jedenfalls Präsident Karl Carstens jener Besoffene, der das Schillerdenkmal rempelt und dann hinauffröhrt: »Ah! Stehst wieder droben, du alter Goethe, mit deiner Kleinen Nachtmusik: tätätä – tääh!« – ein wahrhaft rauschkugelrunder Quadratverdenker.

Während der von Johann Peter Hebels Anekdote vorgestellte dergestalt, daß Grenzgänger (»Wer da?«) und Zollposten (»Gut Freund!«)

gleichsam zeitverschoben ihre Rollen tauschen, weniger in Rausch und nervöser Moderne, sondern in schon transzendentaler Amtsmüdigkeit der späteren Kafka-Manier seinen Quell haben dürfte.

Die wohl erstmals von Sigmund Freud systematischer untersuchte deshalb sog. Freudsche Fehlleistung der die unbewußten Wünsche freilegenden Art fand eine schöne Frühausprägung im Zuge von Luthers Bibelübersetzung. Daß körperliche Enthaltsamkeit den Glauben »fördere« (»promovet«), wollte die Hand schreiben; und mußte dabei ein zunächst unterlaufenes »hindere« (»impedit«) wieder korrigieren« (FAZ, 22. 11. 1995). Populär geworden ist Freuds eigenes Lieblingsbeispiel des zum »Vorschein« gekommenen »Vorschweins«. Sehen und hören lassen kann sich in diesem Zusammenhang aber auch der weniger kathartische als immerhin katachretische lapsus animae, wie er 1994 einer TV-Ansagerin widerfuhr, als sie ein bißchen zu hingerissen mitteilte, dieses und jenes Opernhaus sei ein »Rauch der Flammen« geworden; und dabei wohl nur ihre eigene inflammierte und womöglich whiskyrauchzart entfesselte Berauschtheit ausplauderte. Dichter und konzentrierter noch die motivverwandt unbewußte Witz- und Verdichtungsarbeit im gänzlich unfreiwillig passierten Sportinformationsdienst-Satz aus dem Jahr 1987: »Schon lag der Rauch der Revanche über dem Seilgeviert«, in welchem, abgesehen von der baren Boxerbesinnungslosigkeit und Blödheit, so ziemlich alle klassischen Assoziations- und Verschlüsselungs- und Palimpsest-Techniken der modernen Poesie noch jenseits von Freud enthalten sind (vgl. E. Henscheid, Sudelblätter, 1987, S. 332): Die auch schon etwas sinnlose »Revanche« brachte ihn, den Zeitungshansel, über die Bildphrase des »Seilgeviertes« auf die Western-»Ranch«, diese aber stracks auf den komplett närrischen »Rauch« für den ursprünglich vorgesehenen und allerdings auch nicht viel schlaueren »Hauch« – all dies kommt bei auch nur geringfügiger Dechiffrierarbeit hier rasch zum mehr keusch dämlichen Vorschwein – Respekt vor diesem sportlichen Poeten!

Dem aber genaugenommen auch jener Unfug kaum nachsteht, der sich hinter sprichwörtlich gewordenen und deshalb scheint's, meist aber nur scheinbar, sinnerfüllten Titel-Tickets verbirgt, welche da als »Untergang des Abendlands«, »Der Prozeß«, »Der eindimensionale Mensch«, »Der Stadtneurotiker« oder eben, wir lasen's, »Der diskrete Charme der Bourgeoisie« nebst der »Unfähigkeit zu trauern« einer nach verläßlicher »Sinngebung des Sinnlosen« (Camus? Konst. Wecker? Gottfried Theodor Lessing?) lechzenden Menschheit aber auch jede denkbar danebene gestatten. Auch sie gehören zum weiteren

Großfamilienverband der Verdenker als der gleichsam zerebralstrukturell degenerativen Verleser.

»Es ist merkwürdig, daß so wenig gelesen wird auf der Welt und so viel geschrieben« (James Boswell, The Life of Samuel Johnson, 1791–99). Und das wenige auch noch oft verlesen. Viel las noch Johann Heinrich Voss d. Ä. Allein er war bekanntlich derart mit Homer verheiratet, daß er immer »Agamemnon« statt »angenommen« las. Der den Fall zitierende Robert Gernhardt liest nicht allzu viel, kann aber immerhin den Verleser »Colgate« statt »Golgatha« beisteuern (in »Lug und Trug« – eben). Regina Henscheid erwähnt schon am 26. 6. 1995 »Tierfrage« statt »Tiefgarage« (oder umgekehrt, sie weiß es nicht mehr, und das wenige immer weniger). Schon zwölf Jahre vorher aber las ihr Gatte in diesem Sinn den Hegelschen Begriff »Fürsichsein« immer als »Führerschein« (Wie Max Horkheimer einmal sogar Adorno hereinlegte, 1983).

»Traiano Boccalini« schreibt sich ein Theoretiker des Fußballs der italienischen Renaissance (s. Horst Bredekamp, Florentiner Fußball, 1993) – sinnig fehlliest man hier »Trainer« oder im Sinne von Loddamaddäus eben »Traina«. So populär wie häufig und selbstverständlich wiederum auf geheime Wunscherfüllung aus ist der legasthenische lapsus oculi »Nacktbadeverbot« anstatt »Nachtbackverbot« (und »Nacktbackverbot« als tertium comparationis tönt allerdings als Hausfrauen-Report Folge 19 noch tabuisch libidinesker, ja hinterschweinöser). Um ein Haar auf ein Anagramm hinausläuft »Belletristisch« für den »Beistelltisch« (E. H. 18. 2. 1994) – der beliebte »Beischlaftisch« dagegen hat sein Dechiffrat im »Bleifischschaft«.

Manche Wörter und Wortverständnisse leiden unter der Fron falscher bzw. irrtümlicher Augentrennung: »Urinsekten« sind keine Sekten, die sich besonders fetischistisch mit Urin beschäftigen, sondern werweiß etwas verfälscht aufgeschnappte urige Champagnerfreunde. Oder was. Wir kommen auf das Kapitel zurück – ein besonders eigenwilliger Fall von Falschtrennung aber passierte den fünf Herausgebern der FAZ noch kurz vor Redaktionsschluß am 10. 10. 1996: »Elektronenzephalographie«. Gemeint ist ja vielmehr bei dieser neumodischen Gehirn-Ultraschall-Aufzeichnung die »Elektron-enzephalographie«. Oder doch die »Elektronen-zephalographie«, -zefix? Oder war da gar auch noch ein Druckfehler am zusätzlichen Wirrwarrstiften, und es muß vielmehr heißen »Elektronen-enzephalographie«?

Ersetzen wir also das Ganze besser gleich durch die noch modernere Computertomographie, getrennt am besten Computerto-mophograf-ie.

Der noch modernerisierte Duden aber täte, so oder so, gut daran, dem zuletzt etwas verachteten alten Bindestrich wieder mehr entgegenzukommen.

Das Falschlesen vornehmlich von Walters Preislied durch den diebischen Rivalen Beckmesser ist Teil einer durchgehenden Motivik, ja Thematik in Wagners »Meistersingern«. Wobei schlüssig gerade aus dem derart entfesselten Unfug und Humbug das künstlerisch Neue und Regenerierte noch über Stolzings Sturm- und Drang-Rebellik hinaus aufschimmert: »Die Hand wies blinkend – der Hund blies winkend« – wieder der gute und offenbar noch immer furchtbar fruchtbare Schüttelreim.

Daß man es auch beim Verlesen, gleich Sixtus Beckmesser, zu frappanten Leistungen bringen kann, das bezeugen die Prachtexemplare, wie sie mir zuletzt nicht zuletzt aus Leserbriefmund zugekommen sind: »Papst irrtümlich an Krebs erkrankt« anstatt »Patienten irrtümlich wegen Krebs behandelt«, so lautet eine vielleicht erneut schon allzu lüsterne Libidolegasthenie fast ad libitum. Wer hätte nicht schon mal, wie Leser Achim, Siegfried Kracauers »Von Caligari bis Hitler« als »Hitlers Callgirl« sinnverlesen? Noch kürzer und abermals ins Nürnbergerische zurückgreifend: statt »Autobahnausfahrt Frauenaurach« las einer offenbar völlig verblendet im gramentbunden freudvoll ubiquitären Sexwahn »Frauenarsch«. Eins drauf setzt, wird mir gemeldet, noch ein pensionierter Bierfahrer aus Kucha (bei Nürnberg), der im Spätherbst 1995 den Inhalt einer Hans Meiser-RTL-Talksendung aus der Programmzeitung statt korrekt als »Sex mit Pannen« als »Sex mit Bananen« entziffert.

Freud und Luther kompilierend pflanzte ich da nur noch ein Pflaumenbäumchen drauf mit der Entschlüsselung der »Frankfurter Rundschau«-Überschrift »Stellensparer wollen Image pudern« mit »Steile Paare wollen immer pudern«.

Außerhalb der engeren Sexualität gelangen im letzten Dezennium die Lichter »Schlaumeier« statt »Schleiermacher« (meine Deutung: der Schleier der Maja als Schlaumacher); sowie, m. E. noch viel mysteriöser, statt »Die Steuerung des Vogelzugs« (Plakat eines Vortrags, Frankfurt 1995) ungelogen: »Viel Lust auf Steuerhinterzug«.

Noch in der gleichen Woche vollzog ich ihn und sie.

Denn, jawohl, was sein muß, muß sein, es haben diese verspäteten Dinge und Phänomene ja tatsächlich etwas von – aber mindestens! – benjaminisch profanierten Erleuchtungen und delphischen Orakeln zugleich, ohne akkurat diesen aus dem Munde von Hans Sachs in der Wagner-Oper hochgelobten »Wahn« gelänge ja in dieser seiner bedürftigen metaphysikfreien Welt noch weniger und ginge noch viel weniger vorwärts, ohne den Segen von Seh-, Hör-, Schreib- und Denkschwächen im Geiste des Peter Hindelang sel. wäre die ja noch viel schäbiger und ärmer dran. Ein banges Restgefühl indessen – negativistische Dialektik oder immerhin Diaeklektik – bleibt. F. W. Karfunzel alias Bernstein kleidet es in eine historische oder jedenfalls histologische Anekdote:

»Dschingis Khan gab seine Befehle in Gedichtform – Reimt Euch! –, damit sie unvergeßlich würden. Seine Gedichte haben die Welt verändert. Gut, ein stehendes Heer von fünfhunderttausend Mongolen kam dazu; gut, es unterliefen Mißverständnisse; so wurde oft gemeuchelt statt geheuchelt.«

Und daß sich eben das aber nicht wiederhole, diese Dschingis Khan, Stalin und nicht zu vergessen Hitler, dieser böse Faschismus als neonationalistische Wiederauferstehung noch im scheinhaft und heuchlerisch feschen Gewand heuristisch »jungkonservativer« (Jürgen Habermas am 7. 5. 1995 in der Paulskirche) FAZ-Feuilletonisten und sonstiger obskurant militanter Ausländerhasser – da nun wiederum sei Claudia Schiffer (stern, 9. 6. 1994) selber vor:

»Es gibt viele Mißverständnisse über die Minderheiten, die in Deutschland Häuser von Türken und anderen Ausländern angesteckt haben. Das muß ich immer richtigstellen und sagen: ›Moment mal, hallo, das sind nur Randgruppen, wie es sie in vielen Ländern gibt. Damit habe ich nichts zu tun. Wir Deutsche sind gegen Rassismus.‹«

Genau.

Und deshalb mißverstehen wir des Flandern »Kannitverstan« künftig nicht mehr als »kein Verstand«; und lesen auch nicht mehr des Negers schönen »Kilimandscharo« als (Frankfurt, 3. 10. 1996) sein »Killerkommando«.

e. h.

Mißverstand

Von Gastautor Johann Peter Hebel

Im 90er Krieg, als der Rhein auf jener Seite von französischen Schildwachen, auf dieser Seite von schwäbischen Kreis-Soldaten besetzt war, rief ein Franzos zum Zeitvertreib zu der deutschen Schildwache hinüber: »Filu! Filu!« Das heißt auf gut deutsch: Spitzbube. Allein der ehrliche Schwabe dachte an nichts so Arges, sondern meinte, der Franzose frage: »Wieviel Uhr?« und gab gutmütig zur Antwort: »Halber vieri.«

Grammatik u. ä.

Ein Querschnitt

»Seit die Menschen reden können«, faßt der Soziolinguist Robert Gernhardt schon früh seine Lebenserfahrungen zusammen, »reden sie aneinander vorbei. Das wäre nicht weiter schlimm, wenn es dabei nicht dauernd zu Mißverständnissen käme«, und tatsächlich, sofern man die Kulturgeschichte sinnig auf jene 4004 Jahre v. Chr. zurückrechnet, auf die der anglikanische Erzbischof James Usher (1580–1656) nach seiner Auslegung der Genesis kam; oder unseretwegen auch auf das Jahr 4484 vor der Gründung Roms, auf das man sich im 14. Jahrhundert laut Barbara Tuchman (Der ferne Spiegel, Düsseldorf 1980, S. 61) kirchlicherseits versteifte; und dann so oder so die 1997 Jahre dazuzählt, die seit Christi Geburt nun auch schon wieder vergangen sind, auf 6–7000 Jahre rundgerechnet also: so stellt, »nehmt nur alles in allem« (Willi Wüllenweber), eine besonders stete Quelle der stetigen Aneinandervorbeirederei die Grammatik selber, im internationalen wie im intern nationalen Verband, und dies aber insbesondere die Flexions- bzw. Genus-Vielfalt mit in der Folge gar nicht selten semantischer Mehrdeutigkeit und in der ferneren Folge Verwirrträchtigkeit. Oder, gehört und nicht einmal gelesen, passiert es ja auch schon wegen der Homonyme: »The Sun Also Rises« wird nur den »Fiesta«-Fan nicht durcheinanderbringen – der Nicht-Hemingwaykundige wird sich aber immerhin freuen, daß der Sohn, nachdem ihm die Stunde bellt, endlich von seiner Siesta aufsteht.

Oft beginnt es auch schon mit der ambiguischen Wörterstellung (»Menschen essen Tiere«); zuweilen liegt es, siehe eines unserer letzten Buchkapitel, an der falschen bzw. fehlgelesenen Trennung; ganz unklar und konfus (vgl. Frederick Bodmer, Die Sprachen der Welt, Köln 1955, S. 94 ff.) wird es aber erst bei den sprachgeschichtlichen Differenzen zwischen der »synthetischen« Grammatik und Syntaxbildung z. B. des Deutschen hie und der »analytischen« dort z. B. des Englischen, die den nämlichen Sachverhalt scheint's kontrovers oder jedenfalls doch reichlich doppelt unklar ausdrückten:

1. »Fate gave him to her in her hour of need.« Klar.
2. »Das Schicksal gab ihn ihr (ihm sie?) in der Stunde ihrer (beider?) Not« (Bodmer, S. 107). Unklar.

Wem ist da also mit wem geholfen? Nun, beides ist eh vermutlich gehupft wie gesprungen – wichtig dagegen ist, daß bei dem »Bild«-Zeitungssatz »Diese schöne Frau hat Telly Savalas (52) verlassen« Telly Savalas den Nominativ (Subjekt) und diese schöne Frau (Sally) den Akkusativ (Objekt) stellt – und nicht umgekehrt, Baby! Dies allerdings nicht geklärt durch Grammatik, sondern ausschließlich durch ein Foto zum Artikel, das zeigt, daß Tellys Pokerface es ist, das Sallys verweintes gerade verläßt – indessen der mißverständnisaffizierte Unterschied zwischen den Sätzen »Das hat mir ihn sympathisch gemacht« und »Das hat mich ihm sympathisch gemacht« in der richtigen Koordination von je dicken (»ch«, »m«) und mehr dünnen (»r«, »n«) Buchstaben zu klären ist (s. E. Henscheid, Über die Wibblinger, 1993, S. 155).

Bei Bodmer wiederum erfährt man aber z. B. auch, wie das Chinesische durch Wortstellung klug Mißverständnisse vermeidet (S. 237) – ein schönes Beispiel für die Wichtigkeit bzw. Mißdeutbarkeitskraft diverser bzw. falscher Wortstellung im deutschen Sprachgroßraum liefert ein dpa-Bericht vom 22. 5. 1996, aus dem der Überschriftenredakteur der Zeitung dies zuwegebastelt:

»In der Telekom-Kasse klingelte es 1995 angeblich wie noch nie.«

Man ahnt, was gemeint ist, aber so geht es ganz genau genommen grad nicht. Allerdings treffen es die zahllosen denkbaren Wortstellungsmutationen seltsamerweise auch nicht recht: Weder »In der T-Kasse klingelt es angeblich« noch »Angeblich klingelte es 1995 in der Kasse wie noch nie« noch »In der Kasse klingelte es 1995 wie angeblich noch nie« treffen es ganz – sondern ganz paßt das »angeblich« irgendwie nirgendwo so recht hin. Ursache: Mit nicht ganz ausreichenden Mitteln wollte der Redakteur gleich zwei Sachverhalte als mehrere Fliegen mit einem Schlag zerquetschen und ausdrücken: 1. In der Kasse hat es 1995 angeblich geklingelt. 2. Und das wie noch nie. Wobei das »angeblich« 3. zum Beispiel auch noch Zweifel aus- aber keineswegs zerdrücken könnte, ob es in den modernen Kassen (Bankauszug, Sparkassen-Internet usw.) überhaupt klingelt – und wenn ja, wirklich noch heftiger als in den Vorjahren. Segen der Faktizität gegenüber der Syntax: Im Prinzip ist die Wortstellung dann eben doch nicht mißverständlich. Sondern wurscht. Nämlich »irrelevant« (Peter Glotz). Und wahrscheinlich sowieso gelogen. Wer schmeißt schon freiwillig viel in die Kassen ausgerechnet der Telekom. Und sollte es doch wahr sein, dann eben auch so wie so.

Wichtig ist heute nur und ganz primär, daß auch bei Grammatik- und Syntaxversagern, ja Analphabeten allzeit wie nie die Kasse klingelt.

»Doch ohne große Sprachenkenntnis«, gilt für Ernst Kahl und uns gleichwohl noch immer, »ergibt sich oft ein Mißverständnis«, ein mitunter sogar karriereschädliches. Auf einen apart krummen Fall macht diesbezüglich Hermann L. Gremliza in »konkret« bzw. im Buch »Frau Schwarzer ihr Haus seine Lieblingswurst« (ein grammatikalisch um so geraderer Titel, Hamburg 1990) aufmerksam: Otto Köhler habe in der »Zeit« dem Würzburger Professor Lothar Bossle deutschnationale und antisemitische Tendenzen vorgeworfen. In einem offenen (!) Brief an den Verleger (!) Helmut Schmidt (wie kommt denn der eigentlich dazu?) weise Bossle diese Vorwürfe zurück; der Brief beginnt – obwohl der das längst nicht mehr ist – mit:

»Sehr geehrter Herr Bundeskanzler, da ich keinerlei Hoffnung hege, daß die Chefredaktion der ›Zeit‹ den mir zugefügten Schaden durch einen Versuch des Rufmords wiedergutzumachen bereit ist« –

– ein merkwürdiges und etwas verstörendes Exempel; Gremliza kommentiert es so:

»Armer Kerl! Er scheint einer jener Deutschstämmigen zu sein, denen bei der Vertreibung außer drei Flügeln und zwei Fremdsprachen auch die Grammatik abhanden gekommen ist. Vermutlich spielen jetzt irgendwelche Bolschewiken und Juden damit« –

– schon recht, aber eigentlich ist die Grammatik nicht mal richtig falsch. Und die Wortstellung zwar ungeschickt und deshalb hochzweideutig und unwillentlich komisch; aber auch nicht eigentlich falsch. Falsch ist nämlich auf den genaueren zweiten Blick nur die Logik.

Einerseits die Sprachlogik: »den Versuch eines Rufmords« wäre etwas besser. Oder jedenfalls günstiger. Und vor allem die gehaltliche Logik: Ein möglichst wiedergutzumachender Schaden entsteht durch Rufmord; nicht aber durch den Versuch. Es sei denn ein seelischer – oder eben: ein Dachschaden, der könnte davon zurückbleiben. W.z.b.w. Neuerdings, liest man (FAZ 3. 7. 1996), »zeigen Computer Sprachgefühl« und »Verständnis auch bei doppeldeutigen Formulierungen«. Waren sie bisher bei einer »Formulierung, die bereits bei menschlichen Gesprächspartnern mit unterschiedlichen Erfahrungen und Denkweisen für Mißverständnisse sorgt, überfordert«, so zeigt sich das umfangreiche Projekt mit dem Namen »Verbmobil« selbst »Äußerungen von unentschlossenen und verwirrten Gesprächspartnern« verständnisvoll gewachsen und vermag im Auftrag des Deutschen Forschungszentrums für Künstliche Intelligenz (DFKI) und mithilfe eines sog. Prosodiemoduls, welches auch Tonhöhenverlauf und Pausen zwischen den Wörtern so erkenntnistheoretisch wie kriminalpolizeilich registriert, sogar den Sinn doppeldeutiger Sätze zu ermitteln. Die tonbandlich gerichtsrelevant gemachte Aussage »Ja-zur-Not-geht-es-auch Samstag« konnte bisher interpretiert werden als »Ja, zur Not geht es auch Samstag« oder »Ja, zur Not! Geht es auch Samstag?« Für Verbmobil heute kein Problem mehr.

»Daß deutsche Literarhistoriker einen der gewaltigsten Verse der ›Pandora‹ für einen Schreibfehler Goethes gehalten und darum sich entschlossen haben, ihn in einen ihrem Verständnis erreichbaren Stumpfsinn zu verwandeln«: diese Karl Kraussche Klage und Anklage (Die Fackel 640–648, S. 60) über einen berühmten interpunktionellen Differenzfall wird dank Verbmobil wohl auch nicht mehr lange lamentieren; vermutlich zum Schmerze Karl Krausens und seiner Metaphysik, ja Theologie und Theodizee des rechten deutschen Worts und gutgedeutet festen Buchstabens, der da in der falschen »Pandora«-Version

»Auf, rasch! Vergnügte, schnellen Strichs!«

statt richtig:

»Auf! rasch Vergnügte, schnellen Strichs!«

aus der Aufforderung des Prometheus an die Krieger eine an die Kulturnation herausliest, die Segel jetzt doch möglichst schnell zu streichen und den Laden wenigstens rasch dicht zu machen (s. Karl Kraus, Die Sprache, 1954, S. 54 ff.).

Mag Verbmobil künftig alte Klassiker wie »Der gefangene Floh« resp. »Der Gefangene floh« mündlich unschädlich machen und schriftlich im Verein mit einem noch reformierteren Duden gegenstandslos; so scheitern doch beide bzw. spätestens der zulernwillige Ausländer vor der Bedeutungswandelhaftigkeit mancher hiesiger Wörter und Begriffe, etwa dem des »Kontrahenten«, der im Volksmund der Gegner ist, laut Duden aber immer noch der »Vertragschließende«, also der Partner (s. Günter Barudio, Politik als Kultur, 1994, S. VIII). Und der Landesfremde verzagt vollends an der spezifisch deutschen Sprachinfamie dergestalt, daß etliche, nicht wenige Wörter leider genau das gleiche bedeuten wie ihr formales Gegenteil. Möge der hellere Exilhellene noch raffen, daß bei »Gewitter« ebenso viele Leute in seinem Demestika-Schuppen Unterschlupf suchen wie bei »Ungewitter«; so ist ihm doch überhaupt nicht mehr deutbar, daß die Gäste am Ende des Abends sein Getränk ebenso gern als »verrucht« beschimpfen wie als »ruchlos«.

Über die stupide bzw. stupende Verwirrkraft des Setz- und Druckfehlers haben Karl Kraus, Robert Gernhardt und zuletzt Ulrich Holbein (Sprachlupe, 1996) schon fast gleichermaßen inständig und dreckfühlend refelktiert und jedenfalls refäkiert – Kraus vor allem hat auch ihm den Rang von Theodizee und negativer Theophanie zuvermutet, werweiß ist es gerade seine göttliche Stupendität, die den »uralten Bau des babylonischen Turms mit seiner ungeheueren Sprachenverwirrung« (Eichendorff, Der Adel und die Revolution) weiterhin und notfalls eigenhändig und mit Gewalt aufrecht und avantgardistisch weiterhin am Köcheln hält. Kraus hilft deshalb nach und erfindet im Zweifelsfall selber Druckfehler, so die »Wortspielhöhle« (Die Fackel 172, S. 6), die der Setzer Kraus' angeblich aus der »Wortspielhölle« schlimmbessert hat – und damit ganz gegen die Intention des Karl Kraus (so ist es doch am besten, biblischsten, ehernsten) jenem noch nolens positive Würde und Aura verleiht, welches es ganz bestimmt nicht verdient: dem Wortspiel mit seinem gußeisernen Doppel- und Tripelsinn. Aber dieses Glatteis von gegenwärtig immer noch zunehmendem gesellschaftlichen Mindersinn wollen wir hier und heute, bei aller Verneigung vor Verbmobils erkenntnisdienstlichen Leistungen, nicht betreten; sondern es lieber sofort wieder verlassen.

Und auch die bekannten Divergenz-Differenzen zwischen »Männersprache« (Luise F. Pusch u. a.) und Frauensprache, zwischen Pusch einerseits und Pascha Goethe andererseits, die mögen für dieses Buch ausnahmsweise unberücksichtigt bleiben.

Daß aber der vorerwähnte Soziolinguist und Dichter Robert Gernhardt in Presse, Funk und Fernsehen und trotz allem mählich doch spürbar zunehmendem Glück, Glanz, Ruhm schon als Robert Gernhard, Robert Gerhard, Ronald Gebhard, Robert Gerland, Rudolf Gernhardt, F. K. Waechter und Norbert Gamsbart beziffert wurde, das steht (a) auf einem anderen Bier und ist (b) seine eigene Schuld, hätte er halt anständig geheiratet, und gehört also (c) praktisch gar fast nicht hier her.

Zumal der Verleger Gerd Haffmans da noch mit ganz anderen Erfolgen aufwarten kann. Der hat es nicht allein auch schon zum Gerd Haffman, Gerd Haffmann, Gerd Hoffmann, Bernd Hoffmann und Campe, Gerd Hofmann und Gerhard Gernhardt gebracht; sondern privatarchivlich nachweislich in einem Fall auch schon zum Gert Haffimaus.

Und das legt natürlich die ebenso gemeine wie inhaltlich völlig unsinnige Verwechslung mit dem bekannten Philosophen Prof. Jürgen Habimaus wiederum schon gar zu nahe.

Jaja, lieber Leser, ich find's ja auch albern.

e. h.

Etymologie auf dem Holzweg
Ein Aufriß

In Platons Dialog »Kratylos« bemühen sich Sokrates und Hermogenes, die »natürliche Richtigkeit der Benennungen« zu ergründen. »Nun ist aber durch unsere Untersuchung dir und mir soviel schon klar gegen das vorige, daß das Wort von Natur eine gewisse Richtigkeit hat«, sagt Sokrates und führt mehrere Beispiele an; in der deutschen Übersetzung: »Die Luft aber, Hermogenes, sollte die etwa deshalb so heißen, weil sie Dinge von der Erde lüpft? Oder weil sie immer läuft? Oder weil aus ihrer Bewegung der Wind entsteht? Den Wind nämlich nennt man auch wohl dichterisch Hauch, und sagt von ihm, daß er weht. Vielleicht also ist sie, als ob man sagen wollte Laufhauch oder Laufweht, daher Luft genannt worden. Den Äther aber stelle ich mir so vor, weil er die Luft selbst umfließt und sich immer dreht, konnte er sehr leicht der sich um Allesdreher genannt werden. Was aber Erde sagen will, das versteht man besser, wenn man Welt dazunimmt, wofür die Alten World sagen, wodurch sich beides verwandt zeigt und offenbar wird, daß Erde eigentlich Werde heißt, und mit Recht die Erzeugerin so genannt wird.«

Hermogenes, etwas einfältig, erwidert: »Gut.«

Je näher man ein Wort ansieht, heißt es, desto ferner sieht es zurück. Die antiken Etymologen, schreibt der Linguist Fedor M. Berésin (Geschichte der sprachwissenschaftlichen Theorien, Leipzig 1980), hätten haltlos über die Bedeutungen der Wörter spekuliert und nur Mißverständnisse in die Welt gesetzt: »Die Stoiker begründeten auch die Etymologie – die Lehre von den wahren Bedeutungen der Wörter. Mit Hilfe ihrer Theorie vom ›naturgegebenen‹ Charakter der Sprache suchten sie die eigentliche Bedeutung der Wörter zu ergründen. Da sie aber für das Etymologisieren keine festen Grundsätze hatten, deuteten sie die ursprünglichen Bedeutungen der Wörter willkürlich. So meinte Augustin, daß der Wald deshalb ›lucus‹ heißt, weil er eben nicht hell (›lucet‹), der Krieg – ›bellum‹, weil er eben nichts Hübsches (›bellum‹) ist, und das Bündnis – ›foedus‹, weil es nicht ›foeda‹ (häßlich) sei. Diese willkürlichen und unbewiesenen Deutungen brachten der Etymologie als sprachwissenschaftlicher Disziplin einen zweifelhaften Ruhm ein.«

Großes Mutmaßen, Silbenraten und Tappen auf Holzwegen zeichnet aber auch die moderne Hausetymologie aus, eine Nachbardisziplin der Hausmusik, von Laien zelebriert. »Wie die Natur die Wesen überläßt / dem Wagnis ihrer dumpfen Lust und keins / besonders schützt in Scholle und Geäst, / so sind auch wir dem Urgrund unsres Seins // nicht weiter lieb«, dichtete Rainer Maria Rilke. Anläßlich des zwanzigsten Todestages des Dichters hielt Martin Heidegger 1946 »in engstem Kreis« eine mit gewagten etymologischen Betrachtungen garnierte, später in den Band »Holzwege« aufgenommene Rede und raunte: »Bliebe das Losgeworfene außer Gefahr, dann wäre es nicht gewagt. Außer der Gefahr bliebe das Seiende aber, wenn es geschützt wäre. Schutz, Schütze, schützen gehört zu schießen; wie Buck, bücken zu biegen. Schießen bedeutet schieben: einen Riegel vorschieben. Das Dach schießt über die Mauer vor. Wir sagen noch auf dem Lande: die Bäuerin schießt ein; sie schiebt den geformten Teig zum Backen in den Ofen. Der Schutz ist das Vor- und Davor-Geschobene.« In Scholle und Geäst war nun für Heidegger kein Halten mehr: »Als die Gewagten sind die Nichtgeschützten dennoch nicht preisgegeben. Wären sie dies, dann wären sie gleichwenig gewagt, wie wenn sie geschützt wären. Der Vernichtung nur ausgeliefert, wären sie nicht mehr in der Wage. Das Wort ›Wage‹ bedeutet im Mittelalter noch soviel wie Gefahr. Das ist die Lage, in der etwas so oder so ausschlagen kann. Darum heißt das Gerät, das sich in der Weise bewegt, daß es so oder so sich neigt, die Wage. Sie spielt und spielt sich ein. Das Wort Wage in der Bedeutung von Gefahr und als Name des Gerätes kommt von wägen, wegen, einen Weg machen, d. h. gehen, im Gang sein. Be-wägen heißt auf den Weg und so in den Gang bringen: wiegen.«

Das ist etymologisch ebenso gründlich fundiert wie Otto Waalkes' »Wort zum Montag«, in dem er, bewußt alles mißverstehend, aus dem Schlagertitel »Theo, wir fahr'n nach Lodz« herauslas, daß es »vier« seien, die da nach Lodz führen; vielleicht die »vier Jahreszeiten« oder die »vier Musketiere« oder »vier alle« – keineswegs in die Irre scheint Heidegger jedoch gegangen zu sein, als er in seiner Schrift über »Das Wesen der Wahrheit« erklärte: »Der Mensch irrt. Der Mensch geht nicht erst in die Irre. Er geht nur immer in der Irre.«

Fritz J. Raddatz nahm irrtümlich an, daß selbst Goethe von der Materie nur Bahnhof verstand. Tatsächlich ließ Goethe dem jungen Werther böhmische Dörfer spanisch vorkommen: »Das waren dem Gehirne spanische Dörfer, und ich empfahl mich, um nicht über ein weiteres Deraisonnement noch mehr Galle zu schlucken.« Christoph Gutknecht (Lauter böhmische Dörfer. Wie die Wörter zu ihrer Bedeutung kamen, 1995) zitiert diese Stelle als Beleg für seine These, daß »auch große Geister gelegentlich von sprachlicher Verwirrung nicht ganz frei sind« – auch Goethe (»Jedem Worte klingt / Der Ursprung nach, wo es sich herbedingt«, Faust II,2) ging nur immer in der Irre. Wie sehr sich der Etymologe täuschen kann, der den Wörtern selbst ihre Herkunft abzulauschen versucht, zeigt Gutknecht am Beispiel der »Hängematte« – die spanischen Eroberer lernten sie bei den Eingeborenen in Mittelamerika kennen, wo sie »hamaca« hieß. Daraus wurde in Portugal »maca«, in Frankreich »hamac«, in England »hammock«, in Holland »hangmat« und in Deutschland, langwierig umgenuschelt, die »Hängematte«.

In seinem »Grammatisch-kritischen Wörterbuch der hochdeutschen Mundart« erklärte der Sprachforscher Johann Christoph Adelung im 18. Jahrhundert, der Landauer Wagen, ein Reisewagen mit geteiltem Verdeck, trage seinen Namen, weil er zuerst in Landau gefertigt worden sei. Dieser Lesart folgte auch Goethe in »Hermann und Dorothea«: »Und so kam auch zurück mit seinen Töchtern gefahren / Rasch, an die andere Seite des Markts, / der begüterte Nachbar, /

An sein erneuertes Haus, der erste Kaufmann des Ortes, / Im geöffneten Wagen (er war in Landau verfertigt).« Nabil Osman (Kleines Lexikon deutscher Wörter arabischer Herkunft, 1993) weist jedoch darauf hin, daß das Wort aus dem Arabischen stamme: »Aus sanskritischem ›hindola‹ entstand durch persische Vermittlung arabisch ›andul‹, mit Artikel ›alandul‹, das die Spanier von den Mauren als ›lado‹ (›leichter, mit Maultier bespannter viersitziger Wagen‹) übernahmen; daraus französisch ›landau‹, engl. ›landau‹, dt. ›Landau‹, das volksetymologisch zu Landauer umgestellt wurde.« Gutknecht schließt daraus: »Es wurde also – mit Verlaub gesagt – viel Käse geschrieben im Bereich etymologischer Herleitungen.«

Der Etymologe, das macht ihn so unangenehm, muß eine Besserwisserwissenschaft betreiben; aber Wortklauberei und Spitzfindigkeit sind geboten, wenn jemand Käse schreibt. Helmut Hiller (Lexikon des Aberglaubens, 1986) behauptet: »Das Berufen, Bereden oder Beschreien eines Glücksumstandes gilt für Abergläubische auch heute noch als gefährlich, weil daraufhin das Glück zerbrechen und die Gesundheit entfliehen würde, wie man teils scherzhaft, teils ernst meint. Die Flieger wünschen sich gegenseitig ›Hals- und Beinbruch‹, um nicht durch einen förmlichen Glückwunsch das Glück zu beschreien und damit zu vertreiben.« Läge Helmut Hiller richtig, sollten sich seine desinformierten Flieger lieber in die Etymologie vertiefen, denn die Redewendung »Hals- und Beinbruch« ist weder chirurgischen noch abergläubischen Ursprungs; sie geht auf die jiddische Wunschformel »hazloche und broche« zurück, und das bedeutet »Glück und Segen«.

Zu guter Letzt hat der Linguist Harald Haarmann (Universalgeschichte der Schrift, 1991) das Reich der Mitte als Paradies für Morphem- und Silbenstecher erschlossen. Er weist auf eine bizarre, etymologische Großmißverständnisse erzwingende Kuriosität des Chinesischen hin. Fremden Namen werden lautähnliche chinesische Morpheme zugeordnet: »Das Ergebnis ist zwar eine lautliche Annäherung der chinesischen Aussprache, die Aneinanderreihung einzelner Silben schafft aber eine geradezu ›verrückte‹ Bedeutungskette«, schreibt er und präsentiert drei Beispiele der chinesischen Schreibung ausländischer Namen – Tschaikowsky wird im Chinesischen zu »Feuerholz-plötzlich-anfangen-dieses-Grundlage«, Léopoldville zu »Gewinn-geheimnisvoll-Welle-Tugend-anbinden-du« und Rio de Janeiro zu »Dorf-zustimmen-heiß-drinnen-Kohlenpfanne«.

Der Ursprung, wo es sich herbedingt, klingt dem Wort »Dorf-zustimmen-heiß-drinnen-Kohlenpfanne« nur noch sehr bedingt nach. Wir merken uns: »Wenn es erlaubt ist, allen Worten einen andern Verstand zu geben, als sie in der üblichen Sprache der Weltweisen haben, so kann man leicht etwas Neues vorbringen. Nur muß man mir auch erlauben, dieses Neue nicht immer für wahr zu halten« (Lessing, Briefe, die neueste Literatur betreffend, 111. Brief).

g. h.

Schopenhauers »Ding an sich«

So wie bei Arthur Schopenhauer der Begriff der »Erscheinung« in einem durchaus ambivalenten oder jedenfalls recht schwebenden Sinn verwendet wird: so der ebenso zentrale des »Ding an sich« in einem gleichfalls mindestens zwiefachen:

Dies »Ding an sich« hatte auch schon bei Kant, auf den Schopenhauers Hauptwerk »Die Welt als Wille und Vorstellung« (1819) sich entscheidend beruft und bezieht, eine etwas fluktuierende und eigentlich doppelte Bedeutung. Nämlich es meinte die Ursache der Dinge einerseits, das Ding hinter den Dingen (»noumenon«) andererseits, mit abstrakteren Worten: das Gegenteil der von uns in den apriorischen Formen unserer Sinnlichkeit wahrgenommenen und erkannten Erscheinungen in Raum und Zeit; beide Bedeutungen schimmern durch im Kapitel »Transzendentale Analytik« der »Kritik der reinen Vernunft« (1781).

In gewisser Weise betreibt Kant dabei nur eine Wiederaufnahme und Elaboration des Parmenides oder auch des Platonschen Höhlengleichnisses. Nach Schopenhauers wiederholt vorgetragener Meinung ist diese Unterscheidung aber Kants größtes Verdienst und die Eingangspforte zu seiner, Schopenhauers, eigener Philosophie.

Allerdings, weit über die Kantsche Doppeldeutigkeit des Dings an sich hinaus meint eben dieser Begriff bei Schopenhauer offenbar etwas ganz anderes, nämlich zunächst und durchgängig den »Willen«; den Willen als »Radikal der Seele«, als vorfreudische Elementartriebkraft im oberflächlich vitalistischen Sinn wie in dem des unerforscht Unbewußten, letztlich auch als schieren und evolutionsgesteuerten (Über-)Lebenstrieb – den Willen aber auch als jene begriffszentrale Kategorie, die zusammen mit der »Vorstellung« (der Dinge) Welt erst konstituiert und gleichzeitig als »Objekt« und Gegenpart ihrer Erscheinungen fungiert (Welt als Wille u. Vorst., v. a. Bd. 1).

So sehr er ihn in die Mitte rückt, ihn neben dem »principium individuationis« von Raum und Zeit immer wieder als zentrifugale Lebensenergie exploriert, so scheint sich Schopenhauer im Lauf seines schriftlichen Werks und Lebens doch nicht immer so ganz klar über ihn gewesen zu sein. Denn einerseits ist das »Ding an sich allein der Wille« (a.a.O., 2. Buch, § 21); ist eben dieser Wille für ihn »erstlich das Ding an sich« (Über den Willen in der Natur) und »ens realissimum«; aber auch und nicht ganz nachvollziehbar andererseits: »Der Wille selbst ist Kants Ding an sich« (Frühe Manuskripte; siehe z. B. bei Volker Spierling, Arthur Schopenhauer, 1994, S. 46) – und als eben dieser alles durchdringende Seinswille mahnt er, hier empfindet Schopenhauer ganz goethisch im Sinne von Dämonie, als der »Ursprung des Bösen«, des naturhaften und durchaus prästabiliert prähumanen Weltübels, das nur durch Verneinung seiner und damit des Willens selbst zum »bessren Bewußtseyn« gelangen, durch das »Nirwana der Buddhaisten« (Welt als Wille u. Vorst., Bd. 1, S. 240) überwunden werden kann. Und insofern und in der Folge definieren sich für Schopenhauer umgekehrt Raum und Zeit dahin, eben »nicht Ding an sich zu sein« –
– dritterseits gestattet, wie schon halbwegs aufmerksames Lesen lehrt, sich Schopenhauer auch immer wieder recht andersartige und ziemlich inkompatible Bestimmungen dieses »Dings an sich«: etwa durch dessen Gleichsetzung mit der »Realität«, der »Welt« schlechthin (vor allem im 2. Band des Hauptwerks), dann wieder ist andersrum der »Wille« praktisch identisch mit der »Musik«, obschon diese wiederum auch das alte Kantsche »Interesselose Wohlgefallen« vorstellt – das Ganze wird immer polyphoner bis hin zur schließlichen und reichlich verwirrenden Umkehrung: »Der Wille, so wie wir ihn in uns finden und wahrnehmen, ist nicht eigentlich das *Ding an sich*« (Philosophische Vorlesungen; s. Spierling, S. 126).

Wille und Vorstellung, so Schopenhauers Zentral- und Zauberformel, konstituieren zusammen die Welt – aber dann enthüllt sich plötzlich für ihn wieder ganz kantisch das Wesen der Dinge als »das ganze Ding an sich, nur unter der Form der Vorstellung« (W. a. W. u. V., Bd. 1, S. 240). »Das ganze«? Es scheint, hier zeigen sich die Grenzen des Schopenhauerschen Begriffssystems überdeutlich. Zumindest erweist sich jetzt der eigenwillige Begriff des »Willens« als überstrapaziert, als Bumerang an Vieldeutigkeit: eine ferne Nähe zur gehaltlich gleichfalls doppelt belasteten Trauerunfähigkeit der Familie Mitscherlich wird spürbar.

Die Ungereimtheiten mehren sich aber wahrscheinlich durch das erkenntnistheoretische Paradox resp. den Circulus vitiosus, in dem eben Schopenhauer entscheidend von Kants »Ding an sich« abweicht. Hans Joachim Störig (Kleine Weltgeschichte der Philosophie, S. 512) faßt das vertrackte Geschehen so zusammen:

»Schopenhauer macht sich ... den Einwand G. E. Schulzes zu eigen, daß Kant zum Ding an sich durch einen Kausalschluß komme, also durch Anwendung einer Kategorie, die nach ihm selbst – und auch nach Schopenhauer – nur innerhalb des Bereichs der Erscheinungen gilt. Hier gilt sie allerdings unbedingt, auch für Schopenhauer. Kausalität ist neben den Formen des Raumes und der Zeit für ihn sogar diejenige Grundform, auf die sich alle anderen ›Kategorien‹ Kants zurückführen lassen. Aber von der Welt als Vorstellung aus führt kein Weg über die Vorstellung hinaus zu einem Ding an sich.«

Was wunder, daß Schopenhauers »Ding an sich« deshalb auch nichts mit Hegels »Ding überhaupt« (Die Phänomenologie des Geistes, 1807) noch gar mit dessen »Fürsichsein« (ebd.) zu tun und zu schaffen hat. Er, Hegel, dieser »plumpe, geistlose Scharlatan« (Über die Grundlage der Moral), wäre ja sonst kaum sein, Schopenhauers, Leibfeind geworden.

Sondern »Ding überhaupt« ist bei Hegel das »absolute Wissen« in Verbindung mit dem »unmittelbaren Bewußtsein«; und »Fürsichsein«, wie schon dargestellt, nichts anderes als eine frühe Seinsform vom modernen Führerschein.

e. h.

Falsche Wörter

Eine Vergeblichkeitsbilanz

Von der grotesk allbedeutend-allmißverwendeten »Romantik«, unter der schließlich die Franzosen, wie man liest, ausgerechnet Beethoven verstehen, einmal abgesehen, unter Verweis auf das spezielle Fachkapitel in diesem Buch: Die im Zuge der allgemeinen »Anarchie der Wörter« (Frederick Bodmer, Die Sprachen der Welt, Köln 1955, S. 122) flagrant falschest gebrauchten – dabei gar nicht einmal so sehr mehrdeutigsten – Wörter der letzten fünfundzwanzig Jahre sind die Paradefälle »Zynismus«, »tragisch«, »faschistisch«, »symbolisch«, »Snob« und »Mythos/Mythik«.

»Zynismus« wird heute so gut wie nie in seiner klassischen historisch-philologischen Bedeutung, nämlich im Sinne der altgriechisch-spätsokratischen »Kyniker«-Schule unter der Leitung des Diogenes von Sinope (412–323 v. Chr.) verwendet, also in dem von heiterer Bedürfnislosigkeit, auch Berufslosigkeit, eines gleichsam positivistischen Realismus oder gar mit Bezug auf den etymologisch verantwortlichen Hund; noch auch, daraus durchaus hergeleitet, in dem etwas bedeutungserweiterten von Peter Sloterdijk, als approximatives Synonym für kritisch, wach, skeptisch, vorurteilsfrei, und also im sloterdijkischen Verstand von »Erheiterungsarbeit« (Kritik der zynischen Vernunft, 1983), einer inzwischen verschüttet gegangenen durchaus menschenrechtsfördernden Frechheit. Sondern – und auch der neueste Duden schließt sich dem wieder oder noch immer an – das Zynische wird fast allzeit eingleisig pejorativ verwendet, als: frech, gemein, spöttisch, schamlos, schließlich als »Menschenverachtung«; meist dann eben in dem Dummdoppelmoppel »zynisch und menschenverachtend«; siehe dazu Eckhard Henscheids große Dokumentation dieses nachkriegsdeutschen Unfalls als Zwischenbilanz von 1989 in dem Sammelband »Wie man eine Dame verräumt« (1990); schrecklich.

Obwohl Unfall eigentlich »tragisch« ist. Bzw. »tragisch« ist im altneuen Zeitungs- und Todesanzeigendeutsch stets und immerdar der tödliche Verkehrsunfall. Gemeint ist dabei natürlich immer nur »traurig« oder etwa auch »bedrückend« oder vielleicht auch bloß »unverhofft« – niemals Sophokles und Euripides, von Aischylos schon ganz zu schweigen. Bei welchen dreien das Tragische bekanntlich irgendwas mit unauflösbarem Konflikt, mit dem Zusammenstoß zweier unvereinbarer Wertsysteme usw. zu tun hat – aber eben gerade nicht mit dem Zusammenstoß eines Lasters mit einem Moped, das da in der Kirchweihnacht mit 150 Sachen die Sau durchs Dorf jagt und dabei zu einem unauflöslichen Knäuel wird. Des Verschiedenen Mopedfreunde sollten in diesem Fall nicht von Tragik reden; sondern sind nur traurig sowieso.

»Tragisch«, »einen ganz tragischen Unglücksfall«, nannte aber noch am 17. 8. 1996 der Kölner Staatsanwalt Hans Bernhard Jansen die versehentliche Selbsttötung einer Polizistin restlos verkehrt. Nein, nicht nur die Krausschen »Jourkoryphäen« (Die Fackel 426–430, S. 38) machen die Welt immer fahler anstatt heller. Die genauso zentralberuflich mit Wörtern befaßten Justizkorporäle verfinstern auch nicht schlecht.

Bei »Satire«, anders als bei »tragisch« und »z(k)ynisch«, spielt die antike, hier lateinische Urbedeutung von »Frucht- und Opferschale« seit Jahrhunderten nicht die mindeste Rolle mehr; wie übrigens auch seltsamerweise »Cabaret« vor 1881 ausschließlich mit Essen zu tun hatte, nämlich nur eine fächerförmig angelegte Speiseplatte besagte, und diese Herkunft inzwischen komplett abgeschüttelt hat. Dafür herrscht um so gewaltsamer die allerdings naheliegende Fehlorientierung, »Satire« stehe mit »Satyr« in ursächlicher Koalition. In Wahrheit haben die beiden als die deshalb womöglich »launenhaftesten Wörter« (Bodmer) nun ausgerechnet gar nichts miteinander zu schaffen. Sondern der Satyr als ein »derb-lüsterner, bocksgestaltiger Waldgeist u. Begleiter des Dionysos« (Duden) zeichnet vielmehr verantwortlich für jene Bocksgesänge, die – seit Botho Straußens unvergessener Einlassung von 1992 ist es uns wieder bewußt – ein Ur-Sinn von ausgerechnet »Tragödie« sind; wahrlich mutatis mutandis; aber auch das stimmt leider nicht ganz, und auch Strauß hat nicht so besonders recht: Hans-Martin Gauger, Professor für romanische Philologie an der Universität Freiburg, korrigiert ihn dahin, eine Tragödie sei und war niemals Bocksgesang; sondern dieser, der Bocksgesang (laut Kluge, Etymologisches Wörterbuch der deutschen Sprache), nur »zunächst wohl ein Lied beim Opfer eines Bockes am Dionysos-Fest; dann übertragen auf größere Werke mit Chor usw.«

Usf. Und Gauger, einmal im Schwung, belehrt uns auch gleich noch dahin, daß, wie die Tragödie kein Bocksgesang, z. B. natürlich auch die »Utopie« kein Unort oder Nichtort oder Nirgendwo sei; sondern nur etymologisch allerdings damit zu tun habe.

Beim »Tragischen« aber kommt ein semantisch Fluides, schwer Schwankendes hinzu: »Die Tragödie ist gerade der Beweis dafür, daß die Griechen keine Pessimisten waren« (Nietzsche, Ecce homo) – und deshalb verlassen wir dies Kapitel eilig.

Mit dem Griechischen ist es allerdings überhaupt so eine Sache. Schon verwirrend z. B. auch, daß »Theorie« im Urwort »Anschauung« heißt – das Gegenteil also mehr oder weniger dessen, was wir gedacht hätten.

»Faschistisch«: Bedeutete bei den alten Römern und dann bei den Italienern dies und jenes, dann freilich vor allem in der Folge der Bewegung von 1968 ff. richtig ausverkaufsmäßig beinahe alles; vor allem: »böse«. Aber auch heute noch sind sich da die Noltes und Habermase ja alles andere als d'accord.

»Snob« ist vielleicht das am verkehrtesten und sinnlosesten benutzte aller Wörter. Anwendung findet es nämlich so gut wie immer im

Sinn von »reich«, »neureich«, in der Folge von »protzig« und »fashionabel« und auch insofern »konformistisch« – gemeint ist oder war im Englischen aber akkurat das Gegenteil: der Nonkonformist, der Exzentriker, der Neuheitsfetischist (s. Franz Roh, S. 355), der Dekadent, der partiell kongruente Dandy, der ursprünglich ja keineswegs Modegeck war, sondern den Herausragenden bezeichnete, den Avantgardisten; wie eben der Snob auch einer ist, einer, der gleichsam toujours à rebours mit weißem Seidenschal und im Abendanzug am Meeresstrand sitzt und nebeneinander Hegels »Phänomenologie« und den »Playboy« liest. Allerdings dreht sich die Sache als eine Art innere contradictio in adiecto et verbo stark im Kreis: Denn ursprünglich war der Snob ja wirklich Kürzel für »sine nobilitate« (nicht zum Adel gehörig), also für vulgär und tölpelhaft; und gelangte quasi direttissima via negatione zu seiner modernen und aktuellen Bedeutung.

Ähnlich Kontradiktionäres per Bedeutungswandel, schon -verkehrung, widerfuhr im übrigen dem auch innerlich dem Snob recht verwandten »Idioten«: Noch bei Dostojewski wird ja, anders als im heutigen Jargon, die ursprüngliche griechische Bedeutung des vornehmen und deshalb nicht mit öffentlichen Ämtern belasteten Privatmanns spürbar – als der Eigenbrödler, Einzelgänger, ein bißchen also auch Snob und Dandy.

»Mythos« bedeutet, wo das Duden-Fremdwörterbuch nur drei Bedeutungen aufführt, mindestens sechserlei, nämlich (a) Götter- und Heldensage, (b) Vorwelt und vorgeschichtliches Dunkel, (c) Ruf, Legende, Gerücht, (d) Aura, Dunst, Stimmung usw., (e) Ammenmärchen, Trugbild wie das sinnverwandte »Phantasma«, (f) in Verbindung mit der wabernden und nebelnden Vorgeschichtsfinsternis soviel wie Voraufklärung, dies z. B. emphatisch 1947 bei Horkheimer/Adorno: im Sinne auch des bekannten Kant-Worts von der Vor-Mündigkeit. Kein Wunder, daß bei einer derartigen Angebotspalette dann im modernen Sprachgebrauch erst recht so ziemlich alles durcheinanderdampft; zumal dann, wenn der Mytho(u)s und die Mythik zu allem ungetümen Überfluß auch noch häufig mit der »Mystik« verwechselt und verwurstelt werden; die ihrerseits und zum nochmals redundanten Überfluß, z. B. bei Meister Eckhart, indessen keineswegs immerzu als zweite Hauptströmung des mittelalterlichen Denkens und Weltempfindens den Widerpart zur Scholastik anzeigt (s. Kurt Flasch, Einführung in die Philosophie des Mittelalters, 1987, S. 166f.); sondern zur endgültigen Überschwemmung und Überbeladung auch wirklich manchmal – gens una sumus letzten Endes eben doch nur aus einem einzigen Ur-Phonem? – fast das gleiche meint wie »Mythik«. Nämlich

u. a.: vorbegriffliches Dunkel. Jawohl, nach dem siebten Biere, wie der Dichter (Bernstein? Bernhardt? Gamsbart? Morgenstein? Gernhardt, er war es) weiß, ähneln sich letztlich alle Tiere und zuweilen eben auch noch diese beiden Reviere.

Manche v. a. wissenschaftliche Begriffe leiden, Fluch der Spätzeit, unter semantischer Mehrfachbesetzung: »Rationalisierung« bedeutet in der Betriebswirtschaftslehre etwas völlig anderes als in der Psychologie – und diese führt wiederum die »Sublimation« ganz divergent zur Physik. Da bedeutet sie den direkten Übergang vom flüssigen in den gasförmigen Zustand.

Nicht ähneln sich semantisch (oder: semasiologisch, wie es heute genauer heißt) eigentlich zwei weitere klanglich recht ähnliche Wörter; in der Sprache der Sportreporter aber schon: »Dresden wird für Bayern München zum Trauma« (ARD-Sport 11. 12. 1993). Er meinte, hörbar, einfach den »Alb(p)traum«. Aber der wird, tragisch-traurig, ja auch von der Witwe Margarete, wie gesehen, im Fall Hitler häufig mit jenem Trauma vermitscht; welches der Dichter Gerhard Zwerenz seinerseits zuverlässig mit dem »Soma« verwechselt und wie in schwerer Zwerenzie dabei wahrscheinlich sogar mit dem Sperma verwichselt; für welche summarische Sema-Soma-Wissenschaft nun allerdings wieder mehr der jedoch zu seinem Heil schon verwichene Alexander zuständig ist; wenn auch nicht für jenes Karma, das der Zwerenz von Haus auf meinte; wir kommen auf den Fall noch kurz zurück.

»Traumatisiert« aber wird jetzt, zwanzig Jahre nach Zwerenz, in seinen Memoiren »Halbzeit – eine Bilanz ohne Deckung« (1993) auch von Torwart Uli Stein und seinem philosophischen Berater Broka Herrmann (Vorwort: Klaus v. Dohnanyi) nur sehr eigenwillig beherrscht: Der Trainer Csernai sei von seiner deutschen Meisterschaft mit Bayern München her »traumatisiert« (S. 196) gewesen. Gemeint ist offenbar: größenwahnsinnig. Oder verträumt. Oder was oder wer.

Das »Preßungeziefer« (Die Fackel 457–461, S. 40) schreibt eh, was es will; knapp hundert Jahre nach Kraus verfressener denn je sich bedienend. »All der Haß, von dem wir in den Zeitungen zu lesen bekommen, all das ist nur auf Mißverständnisse zurückzuführen« (Graham Greene, The Confidential Agent, 1939). Mehr noch: Zeitung selber ist ein haßschürendes Mißverständnis.

Wiederum die umsichtige Frauenrechtlerin Margarete möge deshalb vor allem die Münchner »Abendzeitung« endlich mal drauf aufmerksam machen und beschwören, daß Marilyn Monroe, Elke Sommer, Judy Winter, Sharon Tate und Sharon Stone bei aller journalistisch wünschenswerten Stabreimseligkeit keineswegs »Sex-Symbol«

(Abendzeitung, 15. 1. 1994 u. v. a.) sind. Sondern Sex-Symbole sind vielmehr Bleistifte, Raketen, Fußballtore, Röhren und notfalls sogar erigierende Schwänze. Monroe, Tate, Stone aber sind z. B. Sex-Vertreterinnen, Sex-Darstellerinnen, Sex-Gebietsrepräsentantinnen, bestenfalls Sex-Inbilder, wenn's sein muß: Sex-Ikonen. Aber genaugenommen sind sie das wieder auch nicht. Sondern tragische Sex-Träume. Kurzum: Traumata von Tropennächten.

Zumindest einen starken Bedeutungsumschwung erlitten hat das Wort »Zombie«: die heutige Popularbedeutung des Halbtoten, Lebendig-Begrabenen, Absterbenden hat eigentlich die konträre Sache zum Hintergrund: Zombie, laut Brockhaus von 1994, meint, herrührend aus der afrikanischen Voodoo-Religion, eine der Schlangengottheit sich verdankende Kraft, die vielmehr Tote wieder lebendig macht, sowie wiederbelebte Tote selber. Wie beim Satyr, Snob, Mythos und Zyniker: mithin eine Art Kreisbewegung des je alt-neuen Sinns.

»Vieles Gewaltige lebt, doch nichts ist gewaltiger als der Mensch.« Genau. Vor allem, wenn er Theo Sommer heißt und nicht und nicht hören will, auch wenn's ihm sein Spezialfreund, der Hermann L. Gremliza, hundertmal erklärt, daß die von ihm, Sommer, wie von seinesgleichen so oft und gern rezitierte Hamlet-Shakespearesche Wendung vonwegen der »gewitterten Morgenluft« nämlich etwas ganz anderes besagt und in der Folge einen wahren Gewalt- und Kriminalfall mißverstandener bzw. mißbrauchter Journalistenmetaphorik vorstellt; im Verein mit, wiederum nicht allein bei Sommer, häufig und wiederholt der Gretchenfrage, dem Pyrrhussieg und der Nibelungentreue. Noch nie hat es was geholfen, daß Gremliza es dem »Zeit«-Chefredakteur und -Herausgeber immer wieder beteuert bzw. verbietet; nämlich bei der Morgen- die hier bei Shakespeare rechtmäßig zuständige Moder- statt der vermeintlichen Frühlingsluft geltend macht: Theo hält dagegen ungerührt das Prinzip Hoffnung hoch. Und Nochdümmere wachsen im Koryphäenjournalismus ständig nach, die allgemeine und phylogenetisch ohnehin unvermeidliche »Wortgemeinheit« (Karl Valentin) weiter zu expandieren; noch über den nibelungentreuen Rubikon des Saulus-Paulus-Morgendüftchens weit hinaus; Basismaterial derart täglich anliefernd für eine weitere Kulturgeschichte, die der allgemeinen Vernutzung, Verhunzung und Verklebrigung der Welt.

Weniger ihr als der kardinalen Bosheit von Natur selbst allerdings dankt sich der Zu- und Unfall, daß mit »Ethik«, »Ethologie« und »Ethnologie« komplett und kontingent divergente Gegenstände (allerdings eines identischen Wortstammkeils) verheerend ähnlich bezeich-

net sind. Als hehr erachten wir andererseits schon wieder den synkretinistischen Sonderfall, daß (bei gänzlich heterogenem Wortstamm) »Tropen« und »Topen« manchmal nahezu das nämliche benennen. Jedenfalls, wenn schon nicht in der Sahelzone, so im Deutschen.
Tja.

e. h.

Herodes

Falsch verstanden und fehlerhaft korrigiert

Mißverständnissen, Fälschungen und Legenden in der Weltgeschichte hat der Historiker Gerhard Prause seine Bücher »Tratschkes Lexikon für Besserwisser« (1984) und »Niemand hat Kolumbus ausgelacht« (1986) gewidmet, aber auch seine kaum noch als unterhaltsame Reiselektüre konzipierte, umfangreiche Studie »Herodes der Große – Die Korrektur einer Legende« (1990). Als selbstironisch-altkluger »Zeit«-Kolumnist »Tratschke« schied Prause Dichtung und Wahrheit, wies nach, daß es bereits bei den Olympischen Spielen in der Antike um Geld ging, daß der Sturm auf die Bastille in der Französischen Revolution nur eine Legende ist und daß das Dogma von der unbefleckten Empfängnis Marias nichts mit Jesus zu tun hat. Im Gegensatz zur jungfräulichen Empfängnis Jesu, mit der sie im allgemeinen Sprachgebrauch, aber auch von beflissenen Kirchenkritikern immer wieder verwechselt wird, bezieht sich die unbefleckte Empfängnis auf einen speziellen, 1854 von Papst Pius IX. entdeckten und als Dogma verkündeten Gnadenerweis Gottes, wonach Maria erschaffen worden sei, ohne von der Erbsünde befleckt zu sein. »Im Laufe der Jahrhunderte wurde sich die Kirche bewußt, daß Maria, von Gott ›mit Gnade erfüllt‹ (Lk 1,28), schon bei ihrer Empfängnis erlöst worden ist«, heißt es dazu im Katechismus der katholischen Kirche von 1993. Deshalb sei 1854 offiziell festgestellt worden, »daß die seligste Jungfrau Maria im ersten Augenblick ihrer Empfängnis durch die einzigartige Gnade und Bevorzugung des allmächtigen Gottes im Hinblick auf die Verdienste Christi Jesu, des Erlösers des Menschengeschlechtes, von jeglichem Makel der Urschuld unversehrt bewahrt wurde.« Mit den allgemein assoziierten Sportsflecken hat die unbefleckte Empfängnis also nichts zu tun.

So gut, wie es Maria hat, wird es Herodes der Große (73–4 v. Chr.) niemals haben können; Christen gelten Kain, Judas und Herodes als jene drei Sünder, welchen die ewige Verdammnis gewiß ist, ohne Aussicht auf Erlösung. Der nur in der Bibel und sonst nirgendwo in der antiken Literatur belegte, angeblich von Herodes befohlene bethlehemitische Kindermord ist bloße Greuelpropaganda des Evangelisten Matthäus. »Hinzu kommt, daß auf das Konto Herodes I. nicht selten noch – zwar nicht in der Forschung, aber doch im allgemeinen Bewußtsein – die Enthauptung Johannes des Täufers kommt« (Prause).

Die Verwandtschaftsverhältnisse Herodes des Großen sind auch für Fachhistoriker nicht immer leicht zu überblicken. Antipatros heißt sein Vater, heißen aber auch zwei seiner Söhne sowie einer seiner Enkel, der zugleich sein Großneffe ist. Antipatros heißt auch ein Sohn seiner Schwester Salome, der wiederum seine Tochter Kypros zur Frau nimmt. Zweimal nimmt er selber eine Mariamme zur Frau; Mariamme heißen auch zwei seiner Enkelinnen und die Frau seines Enkels Herodes, des Königs von Chalkis, die sowohl seine Großnichte als auch seine Enkelin ist. Durcheinander garantieren auch seine Söhne Herodes, Herodes, Herodes Archelaos und Herodes Antipas, der zweite Mann seiner Enkelin Herodias und der Stiefvater jener Salome, von der es heißt, daß sie den Kopf Johannes des Täufers gefordert habe.

Herodias wiederum hat, nach Oswald A. Erichs und Richard Beitls »Wörterbuch der deutschen Volkskunde«, in mittelalterlichen Sagen mit oder auch als Frau Holle und verschiedenen Hexen »mit dem wütenden Heer nächtlich fahren« müssen. »Herodes« – unklar bleibt, welcher – »erscheint in der Sage als wilder Jäger.« Übles drohte allenthalben: »Man glaubte von Frauen, daß sie zu gewissen Zeiten zum Dienste der Diana und Herodias in die Schar ihrer Gespenster gerufen würden. Zahlreiche gespenstische Unholdinnen, auf Tieren reitend, fuhren in deren Gefolge nächtlicher Weile weithin durch die Lande« (Wolfgang Golther, Handbuch der germanischen Mythologie, 1908).

In mittelalterlichen Mysterienspielen, aber auch in der dramatischen Hochkunst fungierte Herodes als exemplarischer Bösewicht. 1637 erscheint er in Calderóns Drama »El mayor monstruo, los zelos« als Inbegriff »des fürchterlichsten Scheusals hier auf Erden«, und seine Frau Mariamme – in der Literatur auch Mariamne – beschimpft ihn darin als »blut'gen / Wilden, grausamen Barbaren, / Der die reinste Sonn' umdunkelt«. Bei Friedrich Hebbel, in »Herodes und Mariamne« (1849), zeigt sich Herodes als heuchlerischer, tückischer Tyrann, der »Blutbefehle« erteilt, seine nächsten Angehörigen »zum Ding herabgesetzt« hat und unmittelbar nach der Hinrichtung seiner Frau Mariamne (29 v. Chr.) den bethlehemitischen Kindermord ins Werk setzen läßt.

»Du aber«, ruft Herodias in Oscar Wildes Drama »Salome« (1896) dem Tetrarchen Herodes Antipas zu, »weißt du, dein Vater war Kameltreiber! Dein Vater war ein Dieb und Räuber obendrein!« Und Richard Strauss, in seiner Bearbeitung des Dramas für das Musiktheater, läßt Herodes Antipas als jämmerlich quäkenden Lüstling auftreten.

Noch einmal auf dem Niveau der populären Schauerliteratur bewegt sich, was Herodes, Herodes Antipas, Herodias und Salome betrifft, der Film. In William Dieterles »Salome« (1953) schickt Herodias Salome in ihren jungen Jahren nach Rom, »um sie dem verderblichen Einfluß des Herodes und seines Hofes zu entziehen«. Charles Laughton spielt Herodes Antipas. Der Himmel ist aus Bonbonpapier. Herodes Antipas ist versoffen, verlogen, geil, faul, fett, jähzornig und entscheidungsschwach. Daß Herodes der Große die Kinder von Bethlehem habe schlachten lassen und daß Gott ihn mit einer schrecklichen Krankheit bestraft habe (»Sein Verstand und sein Körper wurden seine eigene Folterkammer«), wird Herodes Antipas warnend vorgehalten, als er sich an Johannes dem Täufer vergreifen will. Rita Hayworth sieht als Salome wie Rita Hayworth als Salome aus. Das Luder ist diesmal allein ihre Mutter Herodias; Salome, da sie von Rita Hayworth verkörpert wird, hat ein gutes Herz.

Nicholas Ray, in »King of Kings« (1961), hat die Geschichte noch gefälliger verdreht. Herodes schaut blasiert aus seiner Sänfte, und aus dem Off hören wir: »Jedoch der Kaiser konnte keinen Juden finden, der bereit war, seinem gequälten Land Roms Gesetze aufzuzwingen. So geschah es, daß der Kaiser, der einen gefügigen Landesfürsten suchte, den idumäischen Heerführer Herodes in Jerusalem auf den Thron setzte, als König der Juden. Aber aus dem Staub unter den Füßen des Herodes wuchs die Auflehnung der Juden empor, und Herodes, den man den Großen nannte, ließ als Vergeltung Wälder von römischen Kreuzen auf den Bergen um Jerusalem wachsen. Der Anblick der Kreuze stimmte ihn froh, und er bat die Wälder: Vermehret euch.« Kaum ist der Heiland geboren, schickt Herodes auch schon römische Soldaten zum Kindermord aus. Pauken und Zimbeln schaufeln dramatische Stimmung in die Geräuschkulisse, während Herodes in seinem

Palast zusammenbricht, keuchend umherkriecht und stirbt. Den Thron nimmt Herodes Antipas schmierenkomödiantisch feixend ein. Seine Gattin Herodias zeigt sich als reifer Ehedrachen, und Salome tut sich als frühreif und blutrünstig hervor. Johannes den Täufer wollen sie auf glühenden Kohlen tanzen lassen und ihm die Zunge herausschneiden.

In Norman Jewisons »Jesus Christ Superstar« (1973) ist Herodes Antipas nur noch eine Witzfigur, ein fetter Hippie mit gelblich getönter Sonnenbrille, der sich mit Bikinischönheiten tummelt und Jesus mit Steinen bewirft. Nichts stimmt mehr; jeder Quatsch ist möglich.

»Fast zweitausend Jahre lang ist Herodes verleumdet worden«, schreibt Gerhard Prause, der belegt, daß Herodes den Juden nach jahrhundertelangen Kriegen und Bürgerkriegen einen dreißig Jahre währenden, von Rom geschützten Frieden brachte, den Jerusalemer Tempel prachtvoll ausbauen ließ, Häfen anlegte, Städte gründete, mit diplomatischem Geschick die Grenzen sicherte »und für einen nie dagewesenen wirtschaftlichen Wohlstand sorgte«.

Für das bizarre Herodesbild ist neben Matthäus der antike Geschichtsschreiber Flavius Josephus (37–100 n. Chr.) verantwortlich. Aus den von ihm vorgenommenen Quellenkompilationen »Jüdische Altertümer« und »Geschichte des Jüdischen Krieges« haben sich jahrhundertelang die Historiker, Kitschiers und Künstler bedient, was die Schilderung der Grausamkeiten betrifft. Ausgeblendet bleibt Herodes als Diplomat und umsichtiger Staatsmann. Im Jahr 25 v. Chr. gab es in Palästina eine Dürre und infolgedessen eine Mißernte, Hungersnot und Seuchen. »Gleichwohl«, berichtet Flavius Josephus, »sann Herodes in dieser traurigen Lage auf Mittel, um die Not zu lindern. Das war indes schwierig, weil die Nachbarvölker selbst am Notwendigsten Mangel litten, teils weil ihm, auch wenn er imstande gewesen wäre, für so viele Menschen nur eine Kleinigkeit Lebensmittel anzuschaffen, das Geld dazu fehlte. Da er es aber für billig hielt, nichts unversucht zu lassen, um dem Elend abzuhelfen, ließ er alles, was sich an Gold- und Silbergerät im Königspalast vorfand, zusammenschmelzen und verschonte selbst die kostbarsten und kunstvollsten Erzeugnisse nicht.«

Josephus rühmt auch den Bauherrn Herodes, den Förderer der olympischen Spiele und den Stadtgründer. »Auch in kindlicher Liebe ließ er sich von niemandem übertreffen.« Aber die Krankheit, an der Herodes starb, stellt Flavius Josephus wieder als göttliche Züchtigung für Freveltaten dar, worin ihm u. a. der Bischof und Geschichtsschreiber Gregor von Tours (538/539–594) in seiner »Fränkischen Geschichte« ferndiagnostisch und fehlgehend folgte: »So wurde auch König Herodes, als er gegen die Apostel des Herrn wütete, wegen solcher Freveltaten von Gott geschlagen, denn er schwoll auf, und die Würmer brachen hervor aus seinem Leibe. Da ließ er sich ein Messer reichen, um einen Apfel zu schälen, und gab sich mit eigener Hand den tödlichen Stich.« Die Herausgeber der 1988 neu bearbeiteten Ausgabe im Phaidon Verlag merken an, daß Gregor von Tours hier vermischt habe, was bei Eusebius vom Tod Herodes des Großen und dem Tod Herodes Agrippa I. erzählt wird. Aus Flüchtigkeitsfehlern und niedriger Absicht ist so ein immer böser endendes Märchen entstanden.

Was es mit der tödlichen Krankheit Herodes des Großen auf sich hatte, ist schwer zu sagen. »Wenn der Kranke sich aufrichtete, litt er an quälender Atemnot«, heißt es in den »Jüdischen Altertümern«, während die »Geschichte des Jüdischen Krieges« eine schwerlich damit zu vereinbarende Diagnose stellt: »Außerdem quälten ihn Atembeschwerden, die ihm das Liegen unmöglich machten« – so widersprüchlich, unzuverlässig und Mißverständnisse begünstigend wie Herodes des Großen erster Biograph scheint aber auch sein vorläufig letzter zu sein, Gerhard Prause, der bei der Korrektur der Legende gleich eine neue in die Welt gesetzt hat.

»Weil Herodes Antipas als Herrscher nur den Namen Herodes führte, ist zwar durchaus zu Recht, aber eben verwirrend in den weitverbreiteten dichterischen Darstellungen dieser Geschichte – zum Beispiel von Stéphan Mallarmé, Gustave Flaubert, Oscar Wilde, Hugo von Hofmannsthal / Richard Strauss – stets von Herodes statt von Herodes Antipas die Rede, und so glauben viele Leute, es handle sich auch hier um den bekannten ›Kindermörder‹«, schreibt Prause. In den Fragmenten der »Hérodiade« von Stéphane – nicht Stéphan – Mallarmé wird Herodes jedoch kein einziges Mal erwähnt, bei Flaubert heißt Herodes Antipas durchaus nicht Herodes, sondern Herodes Antipas, und mit Richard Strauss' Bearbeitung der »Salome« hat der herodesunkundige Hugo von Hofmannsthal nichts zu tun gehabt. Das sind dreieinhalb Fehler in einem einzigen Satz, die Gerhard Prauses Qualitäten als Besserwisser ziemlich ungut beleuchten. Womit dieses ohnehin eher ins Legendäre als ins originär Mißverständliche im Sinne des nachgeholten Vorworts spielende Kapitel auch sein Bewenden haben soll.

g. h.

Namenskongruenzen

Barbra Streisand und Liza Minelli kann man, auch wenn gar keine Haar-, Gesichts-, Stimmähnlichkeiten vorliegen, schon mal verwechseln, sofern man an der ganzen Branche halt recht uninteressiert ist. Andererseits und um so mehr beginnen manchmal die falschesten Konsequenzen schon bei den falschen Prämissen, bei den (und es ist dies ja auch ein beliebtes Agatha Christie-Krimimotiv) ähnlichen oder kongruierenden Namen. Entsprechend kann man die beiden Hollywood-Feen Audrey und Katharine Hepburn natürlich noch leichter durcheinanderbringen als die vorerwähnten beiden. Der Basler Historiker Jacob Burckhardt wird mit dem Basler Historiker Carl Jacob Burckhardt wohl noch die nächsten hundertfünfzig Jahre verwechselt werden, und würde es dann noch erst recht und viel mehr, wenn da überhaupt noch wer sich an die beiden erinnern könnte; darum letztmals zur Klärung: der eine ist das mit der Renaissance (1860), der andere der, der das mit der »faustischen Leistung der Reichsautobahn und des Arbeitsdienstes« (ca. 1935) gesagt hat.

So wie Ernst Haeckel Zoologe und Naturphilosoph (1834–1919), Theodor Haecker (1879–1945) aber im allerschärfsten Gegensatz dazu gegenrassenbiologischer Kulturphilosoph war.

Zwei der führenden deutschsprachigen Mittelalter-Forscher heißen ausgerechnet beide Borst, Arno und Otto. Pech. Sowohl der solide Physiker Dürr (geb. 1929) als auch der relativ unsolide postmoderne Philosophensimulant Duerr (geb. 1943) heißen beidesamt Hans-Peter. Oder jedenfalls Hans Peter. Und die Physikerkoinzidenzen Pauli/Paul/Paul hatten wir schon vorne im Einstein-Kapitel.

Ludwig Marcuse litt die späten Jahre seines Lebens heftig unter dem ständigen Gemengsel mit Herbert Marcuse, der ihn, bei fatalerweise beidemal linker Beheimatung, jetzt plötzlich an Bedeutung oder zumindest Popularität ausstach – vorher war es umgekehrt, die Studentenbewegung in all ihrer Wirrsinnsanfälligkeit hatte es möglich gemacht. Ähnlich die Sache Siegfried/Hermann Lenz. Zuerst war jener ästimierter, dann dieser.

Noch fataler nur der Fall Friedrich Nietzsche: »Es ist der Humor meiner Lage, daß ich *verwechselt* werde – mit dem ehemaligen Basler Professor Herrn Dr. Friedrich Nietzsche. Zum Teufel auch! Was geht mich dieser Herr an!« (Brief an Malvida v. Meysenbug vom 13. 3. 1885).

Der Hürdenläufer Harald Schmid und der TV-Kasper Harald Schmidt unterscheiden sich immerhin durch das einmal fehlende Bärtchen im sonst essentiell identischen Konfektionsgesicht – aber selbst ein in aller Regel unterscheidungsstarker Hermann L. Gremliza mußte einsehen, daß er in der Vergangenheit offensichtlich zwei verschiedene Thomas Schmid beidesamt als vermeintlich einen beleidigt hatte – mit einem gewissen höheren Recht des letzthinnig Ewiggleichen, wie Gremliza, den Fall glossierend, einigermaßen elegant sich aus der Affaire zog.

Adolf Hitler wird eine künftige und noch aufgeklärtere Generation spätestens im Jahr 2200 mit einem Daviscupspieler ähnlichen Namens durcheinanderbringen, der im Jahr 2180 herummachte – wieder anders ist es im Fall Kai Uwe v. Hassel. Der frühere Verteidigungsminister und schleswigholsteinische CDU-Vorsitzende wurde einst, es könnte 1970 gewesen sein, in seiner Eigenschaft als Bundestagspräsident o. ä. zu irgendwelchen Trauerfeierlichkeiten nach Persien geschickt, von der dortigen Presse aber als »Herr Feuheusel« begrüßt.

Wie wir heute meinen, abermals zu Recht.

Theo Sommer, jawohl, ihmselber, dem schon vorhin intensiv gestreiften und bekannten »Zeit«-Plutarchen und berühmten Privathistoriker, aber blieb es vorbehalten, im Silvester-Leitartikel 1994 nicht allein Jacob Burckhardt und Carl Jacob Burckhardt zu verwechseln. Sondern diese beiden, immerhin ja beide Historiker, auch noch mit einem dritten, dem Schweizer Bildhauer Carl Burckhardt. Und dies mitnichten durch einen Druck- oder aber Kabelfehler. Sondern dreimal im Text. Und kein »Zeit«-Leser hat protestiert, keine Berichtigung fand sich verschämt ins Blatt gerückt. So soll's sein.

Wie sagt doch, in seinen »Weltgeschichtlichen Betrachtungen«, Jacob Burckhardt: »Der große Mann ist ein solcher, ohne den die Welt uns unvollständig schiene, weil bestimmte große Leistungen nur durch ihn ... möglich waren und sonst undenkbar sind.«

Und das gilt naturgemäß vor allem für Theo Sommer.

e. h.

Tertium datur

Goya und Jean Paul

»Der Schlaf der Vernunft gebiert Ungeheuer«, so lautet die berühmte Beischrift des Francisco José de Goya y Lucientes zu seiner gleichermaßen berühmten Capricho-Radierung aus dem Jahre 1797 (oder 1799), und Nochbesserinformierte bestehen darauf, daß es aber korrekt »Der Traum der Vernunft gebiert Ungeheuer« heißen müsse. Das ist aber nicht so ganz klar, denn »sueño« bedeutet sowohl »Traum« als auch »Schlaf«, und so zeigt sich denn auch Gustav René Hocke (Die Welt als Labyrinth, 1957) hin- und hergerissen und bietet einerseits den »Schlaf« (S. 92) an, andererseits eine dritte Version: »Die schlafende Vernunft gebiert Monstren« (S. 176).

»Man streitet sich darüber« (FAZ, 30. 10. 1996) auch weiterhin und vermutlich solange das Lämpchen noch glüht – Jean Paul als der Klügere aber gibt schon mal nach und beiden Lagern und beiden Bedeutungen recht: »Die schlimmen Begierden sind Nachtwandler und wachen auf, wenn die Vernunft schläft im Traume« (Ideen-Gewimmel, 1996).

e. h.

Hitler

Von Schicklgruber bis zur Auschwitz-Lüge

Achim Greser gewidmet

Soweit wir Adolf Hitler (1889–1945) und die Seinen zur Kultur und Kulturgeschichte zählen, zur Kultur noch in ihrer verworfensten Gestalt, nämlich als deren äußerste Widerlegung, nämlich als ihre erstaunlich simple und fast kampflose Rückführung in eine Formation, für die der Name Barbarei eigentlich glatter Euphemismus ist; soweit wir Hitler und den Nationalsozialismus eben deshalb gleichwohl der

Kultur – einer offenbar sehr spätzeitlichen Kultur – zuschlagen, so war er, wie seine Bewegung, auch der bemerkenswerte Fall einer gewissen Logik und Systematik von Mißverständnis; ein Exempel auch für die gleichsam Murphysche Gesetzlichkeit, mit der diese eintraten und eintrafen: als fast immer die denkbar dümmste und schlimmste aller Möglichkeiten.

»Die Ökonomie der Weltgeschichte im Großen bleibt uns dunkel«, so verzagte schon vor hundert Jahren Jacob Burckhardt (Über das Studium der Geschichte), und wie innerhalb dieser Dunkelheit sei's im Sinne der christlich-leibnizischen Theodizee, sei's in dem von Hegels weltgeistlicher List der Vernunft »das Böse auf Erden als Teil der großen weltgeschichtlichen Ökonomie« (Burckhardt, Das »Böse« auf Erden) zu verstehen ist, bleibt uns wohl für alle Zeit erst recht verborgen, hat aber augenscheinlich wenig mit einem durchgehenden Heilsnoch auch Unheilsplan zu tun; sondern mit einer Ballung und Kette von Mißverständnissen und in der Folge Mythen und Legenden durchaus in unserem hier lang und breit schon vorgetragenen Sinne; jetzt aber, der insgesamt sehr viel seltenere Fall, Mißverständnisse nicht in einem durchaus produktiv fortzeugenden Geist; sondern in einem positiv verheerenden, voll und ganz geistverlassenen; gänzlich dem der »Nihilität« (Karl Kraus).

»Das Wunder von Mensch« besang mit vollständiger Geistverlassenheit Joseph Goebbels' »wahndurchflutetes Hirn« (Peter Carstens in seiner Rezension der Tagebücher) an Hitler – Wilhelm Reich in seiner »Massenpsychologie des Faschismus« kam im Gegenteil schon 1933 zu dem Befund, daß Hitler an sich ein einziger »Irrtum«, eine »Geisteskrankheit« sei und schon immer gewesen sei, daß Hitler aber der Ausbruch einer Geisteskrankheit eben deshalb nicht vergönnt gewesen sei, weil er gesehen habe, wie seine evidenten Wahnvorstellungen auf breitestes Echo stießen – eine Art Umkehrung des Mitscherlichschen Trauerunfähigkeitsmodells also und seine tiefere Begründung zugleich: das Volk wollte gleichsam 1945 ff. den Untergang seiner eigenen Wahnideen betrauern, konnte aber nicht –

– neben Goebbels und dem deutschen Volk mißverstanden hatte Hitler dritterseits aber auch Charles Chaplin oder wollte ihn grob mißverstehen, indem er den »Großen Diktator« noch 1940 als lediglich schwer albernen Clown vorführte, als Farce und Groteske, wie sie sich die Geschichte halt immer wieder mal und in der Regel recht gefahrlos als typisches Späßchen erlaubt; und in der Tat standen ja etliche amerikanische Präsidenten der Nachkriegszeit zerebral-moralisch keineswegs über Hitler, sondern waren auch die gleichen Kaspern; nur hielten da – und halten in der Regel – die staatlichen Sicherungen besser stand.

Die Mißverständnisse um Adolf Hitler begannen wahrlich ab ovo und ex origine, mit seiner Geburt im deutsch-österreichischen Grenzort Braunau und der sich erst daran anschließenden Namensgebung. Joachim C. Fest (Hitler. Eine Biographie, 1973) berichtet über Hitlers Eifer, noch 1930 diesen familiären Familiennamenshintergrund zu vertuschen: »Diese Leute dürfen nicht wissen, wer ich bin. Sie dürfen nicht wissen, woher ich komme und aus welcher Familie ich stamme« (S. 31). Dabei ging es um scheinbar höchst Harmloses. Hitlers Vater hieß bis 1877 Alois Schicklgruber nach dem Namen von Hitlers Großmutter Maria Anna, welche 1837 ihr Kind Alois erst einmal ohne Kindesvaternamen registrieren ließ. In Frage als Vater aber kamen z. B. laut Fest (S. 31) zwei Brüder, der Müllergesell Johann Georg Hiedler und der Bauer Johann Nepomuk Hüttler – den ersteren heiratete die Magd Maria Anna 1842, zum anderen gab, wie um die Verwirrung früh zu schüren, sie im gleichen Jahr ihren Sohn: dieser Bruder war nicht ganz so entsetzlich arm.

Alois Schicklgruber könnte (s. Fest, S. 31) aber auch noch von einem dritten Vater abstammen, dem Grazer Juden Frankenberger. 1930 fand Hans Frank, Hitlers langjähriger Anwalt und späterer polnischer Generalgouverneur, bei seinen geheimen Recherchen für diesen dritten Hitler-Großvater einige Anhaltspunkte, die aber später wieder erschüttert wurden, so daß die These von Hitlers jüdischen Vorfahren von daher »der ernsthaften Erörterung kaum noch standhält« (Fest, S. 32).

Erst eine nachträgliche und wohl eher reichlich unbekümmerte Pfarramtbuchkorrektur machte aus Alois (und in der Folge dann Adolf) Schicklgruber Hiedler-Hüttler – ab 1877 hieß Alois Schicklgruber definitiv Alois Hitler, und zwölf Jahre später wurde deshalb auch Adolf als Hitler geboren – mit mächtigem, ja wahrhaft weltbewegendem Effekt: »Es hat in Adolf Hitlers Leben viele seltsame Schicksalsverflechtungen gegeben«, gibt William L. Shirer (Aufstieg und Fall des Dritten Reiches, Köln 1961, S. 8) zu bedenken, »aber keine ist so seltsam wie diese, die sich dreizehn Jahre vor seiner Geburt ereignete«: Daß Johann Hiedler als 84jähriger in der Stadt Weitra wiederaufgetaucht sei, um vor drei Zeugen zu bekunden, daß er (a) der Vater Alois Schicklgrubers sei und sich (b) jetzt »Hitler« schreibe. Zum Schaden von möglicherweise 60 Millionen Weltkriegstoten. Shirer: »Wäre der 84jährige Müllergeselle nicht unerwartet wiederaufgetaucht, um seinen 39 Jahre alten Sohn fast dreißig Jahre nach dem Tod der Mutter anzuerkennen, wäre Adolf Hitler als Adolf Schicklgruber zur Welt gekommen. An dem Wort ›nomen est omen‹ mag nicht viel dran sein, aber ich habe gehört, wie Deutsche Betrachtungen darüber anstellten, ob Hitler jemals Herr über Deutschland geworden wäre, wenn er Schicklgruber geheißen hätte. Dieser Name wirkt im deutschen Sprachraum leicht komisch. Kann man sich etwa vorstellen, daß die fanatisierten deutschen Massen ›Heil Schicklgruber!‹ geschrien hätten? Das wagnerisch klingende, ans Germanische erinnernde ›Heil Hitler!‹ wurde nicht nur bei den Festaufmärschen und riesigen Kundgebungen der Partei gerufen, es wurde im Dritten Reich auch der obligatorische Gruß unter den Deutschen und ersetzte sogar am Telefon das herkömmliche ›Hallo!‹ ›Heil Schicklgruber?‹ Nein, es läßt sich kaum vorstellen.«

Nomen, jawohl, war hier durchaus omen oder sollte es mit mächtigem Erfolg sein; der Name Hitler, wenn auch, hier irrt Shirer, mitnichten wagnerischen und kaum germanischen Klangs, erwies sich als klanglicher Hit – und Hitler scheint das selbst gewußt und empfunden zu haben. Seinem einzigen Jugendfreund, so Shirer (S. 1046), vertraute er einmal an, daß er über nichts froher sei als über die Namensänderung seines Vaters. »Schicklgruber«, meint August Kubizek (Adolf Hitler, mein Jugendfreund, 1953, S. 59), »war ihm zu langweilig, zu weich. Aber ›Hitler‹ hörte sich gut an und ließ sich leicht einprägen.«

Es half dem Klaus Mann (Der Wendepunkt, 1952) da wenig, wie beschwörend, wie in einer Teufelsaustreibung a posteriori immer wieder statt von Hitler vom »dummen Schicklgruber« und seiner »widrigen Fresse« (S. 228) zu schimpfen, vom »österreichischen Operettenhabitué«, von der »Vulgarität seiner Züge« und von der »Nase« dieser »Kreatur«, wie sie sich für die Ohren der blasierten Mannschen Zauberersphäre besonders inacceptable im unschicklichen Namen Schicklgruber semantosymbolisch manifestierte: Der Name Hitler war wohl mindestens ebenso Medium des nachmaligen Führermythos wie die »Herstellung des Adolf Hitler« (FAZ) durch die einstudierten und genau auskalkulierten Posen der Propagandafotos von Heinrich Hoffmann mit der Verwandlung eines fast unerträglich »häßlichen« (Albert Speer) Mannes in einen Charismatiker insonderheit durch jenen etwas leidenden Messias-Blick, dem 50 Millionen Deutsche und zuletzt auch noch der Österreicher Herr Karl verfielen, in zumeist jener negativen Faszination, welche dem Volk das Böse ausmacht, erklärt und – erhöhend exkulpiert. Frauenheld und Märchenprinz war der »häßlichste Mann der Welt« (Klaus Mann), »dieses Gesicht« der »Meduse« (Joseph Roth), schon in München weit vor seiner großen Parteikarriere

– die Frauen blieben ihm treu und mit seinem Einmarsch in die Tschechoslowakei 1938 filmgeschichtlich nachprüfbar noch hingegossener – werweiß empfanden sie auch den stechschrittartigen Namen früh schon als schiere Magie. Auch wenn ein Unstetes, Changierendes, Chamäleonhaftes daran haften blieb. So wenn Hitler immer wieder unabsichtlich als »Hittler« seinen Niederschlag findet; ausgerechnet auch seitens der ergebenen Fans von der Schützengesellschaft Lambrecht; oder wenn der Führer wohl mehr absichtsvoll von einem amtlichen Blatt versehentlich als »Adof« apostrophiert wird (s. Die Rückseite des Hakenkreuzes, hrsg. von Beatrice und Helmut Heiber, 1993).

Noch weniger zufällig soll Karl Valentin Hitlers Vornamen mit »Heil« vermutet haben. Aber da war es schon zu spät. Da richtete selbst die Entlarvung dieses martialischen Klangs keinen Schaden mehr an.

Jedenfalls: Weder mit dem albernen Schicklgruber noch mit dem allzu weichen Hiedler noch mit dem gar zu kleinhäuslerisch hütterldenkenverhafteten Hüttler hätte es eine Weltkarriere gegeben.

Ob nun großväterlicherseits vielleicht tatsächlich Vierteljude und insofern zum alten »jüdischen Selbsthaß« gleichsam autogenetisch verpflichtet: Schwerst mißverstanden mußte Hitler sich seinerseits vorkommen, als die ersten öffentlichen Reden des im November 1919 als Mitglied Nr. 7 der »Deutschen Arbeiterpartei« – Keim der späteren NSDAP – agierenden Führungsmanns zu seinem großen Schmerz ausgerechnet als »jüdisch« empfunden worden waren (s. Shirer, S. 44). »Und wie führt er den Kampf?« frug damals ein auf Veranlassung des Parteigründers Anton Drexler formuliertes Anklageschrift-Flugblatt hinsichtlich des »Herrn« Adolf Hitler: »Echt jüdisch. Er verdreht alle Tatsachen. Nationalsozialisten, urteilt selbst über solche Charaktere! Laßt euch nicht irreführen, Hitler ist ein Demagoge ...«

Verständlich, daß Hitler sofort Klage gegen die Verfasser des Flugblatts einleitete. Hatte er sich doch längst hinlänglich als zuverlässiger Antisemit und Arierpropagandist in statu nascendi ausgewiesen. Und das von Hannah Arendt (Elemente und Ursprünge totaler Herrschaft, 1951, I,2) übermittelte, damals und später »oft gehörte Argument, daß die Juden ebenso leicht ... Nazis geworden wären wie ihre Mitbürger, wenn man es ihnen nur erlaubt hätte«, das war doch glatter Unsinn, »trifft nicht den Kern der Sache« (Arendt). Und schon gar nicht das Denkzentrum Hitlers.

Es ging aber damals und in der Folge in den Köpfen überhaupt das meiste durcheinander. So wie Hitler 1939/41 nicht so sehr die Polen und Russen, sondern vor allem die »Kommunisten« und mithin die »Juden« überfiel, weil nämlich Deutschland laut Dietrich Eckart ein »verjudetes« und »verblendetes« Volk war, so soll es sodann im Zuge von Hitlers antisemitischer Paranoia bzw. als Konter dazu im August 1939 auch zu einer »Kriegserklärung der Juden an Hitler« gekommen sein und in der Folge eben dieser neuen »Fratze des Marxismus« (Hitler) dann tatsächlich zu »einer der Ursachen von Hitlers Feindschaft gegen die Juden« – das Ganze aber rund um den Essay »Das Ende der Illusion« des französischen Historikers François Furet von 1995 gründet laut Replik von Ernst Nolte auf einem »Mißverständnis« der besagten Kriegserklärung durch Chaim Weizmann, dem Präsidenten der Zionistischen Weltorganisation von 1935 bis 1946. »Die Juden, suggeriert Nolte aber doch«, faßt Jürg Altwegg in der den hochverwickelten Vorgang penibel dokumentierenden FAZ im April 1996 zusammen, »seien am Bolschewismus schuld und der Nationalsozialismus eine Reaktion auf ihn.«

Dafür machte Houston Stewart Chamberlain den Nationalsozialisten rechtzeitig zu Beginn ihrer Bewegung in seinen »Grundlagen des 19. Jahrhunderts« von 1897/98 u. v. a. klar, daß Christus kein Jude gewesen sei, ja »daß er keinen Tropfen echt jüdischen Blutes in den Adern hatte« (cit. nach Shirer, S. 105). Sondern, so faßt Shirer Richard Wagners kulturphilosophischen Schwiegersohn zusammen, er war »wahrscheinlich ein Arier. Wenn er auch blutsmäßig vielleicht kein Vollarier gewesen sei, so doch unverkennbar Arier in seiner ethischen und religiösen Lehre, die dem ›Materialismus und abstrakten Formalismus‹ der jüdischen Religion so entgegengesetzt sei. Daher sei es nur natürlich gewesen, daß Christus zum Gott der jungen lebensstrotzenden indogermanischen Völker wurde, vor allem zum Gott der Germanen, da sie wie kein anderes Volk die Voraussetzungen besessen hätten, diese göttliche Stimme zu vernehmen.«

Nicht ungerne vernahm, auch wenn ihm zeitlebens die ganze Richtung nicht paßte und er in seinen legendären Monologen im Führerhauptquartier und anderswo die katholischen Pfaffen noch unter die Neger stellte, die Botschaft, wenn er sie auch kaum genauer nachgeprüft hatte, der nachmalige Führer. Und machte in »Mein Kampf« (1924 ff.) davon ehrende und werbende Erwähnung. Und bedauerte nur, daß man bisher staatlicherseits so gleichgültig an Chamberlains Erfahrungen vorbeigegangen sei. Und Chamberlain, nachdem man sich endlich 1923 in Bayreuth kennengelernt hatte, dankte es dem jungen Österreicher seinerseits mitgerissen: »Sie haben große Dinge zu vollbringen«, schrieb er Hitler (cit. nach Shirer, S. 107), »ich war in meinem Glauben an das deutsche Volk nicht einen Augenblick wankend geworden, doch meine Hoffnung, das muß ich bekennen, war tief gesunken. Mit einem Schlage haben Sie meinen Gemütszustand verwandelt. Daß Deutschland in seiner höchsten Not einen Hitler gebiert, das bezeugt seine Lebendigkeit ... Gott schütze Sie!«

Abermals revanchierte der arische Christus Hitler sich, indem er keine 22 Jahre später dem längst verewigten Wagnerianer Chamberlain das »Götterdämmerungs«-Finale als »Nerobefehl verbrannte Erde« neuinszenierte; nachdem er als inzwischen längst »gefallener Kaiser-Heiland« (Veit Valentin) schon sieben Jahre vorher, um die Tarnhelmverwechslungsgefahren zu schüren, in seiner Verkleidung als »letzter und größter aller deutschen Michel« (V. Valentin) den Arthur Neville Chamberlain in München wotan- bzw. alberichgleich getäuscht hatte – zum vielseitigen Mißverständniskomplex Wagner–Hitler: siehe unser Spezial-Wagnerkapitel.

Der Reichstagsbrand vom 27. 2. 1933 dagegen hatte wiederum weniger mit dem wahnsinnigen römischen Kaiser und seiner Verfolgung der ersten Christenarier zu schaffen. Sondern war – und ist es zum Teil heute noch – ein derartig universell-allgemeines Allround-Mißverständnis, daß der holländische Kommunist Marinus van der Lubbe zeitweilig offenbar selber an seine Tat glaubte, obwohl sie doch in Wirklichkeit von der SA vollbracht worden war. Bzw. Göring im schenkelklopfenden Spaß einmal die Sache auf sich nahm (s. Shirer, S. 190). Was er bei der Vernehmung in Nürnberg allerdings heftig bestritt.

So wie auch das SA-Röhm-Blutbad vom 30. 6. 1934 sich augenscheinlich aus einer Salve von Mißverständnissen konstituierte, bis hin zur Namensverwechslung Willi Schmidt / Dr. Willi Schmid. Dieser war gänzlich unbeteiligter Münchner Musikkritiker, jener Münchner SA-Führer; und war als solcher allerdings gleichzeitig auch verhaftet und auf Vorrat erschossen worden.

Wenig half in diesen Tagen der Glaube an aufzuklärende Mißverständnisse: »Die SA-Führer, die Hitler in Wiessee bzw. in München festnehmen ließ, glaubten allesamt, das offensichtliche Mißverständnis rasch klären zu können. Ehe sie recht begriffen, was gespielt wurde – einige schrien sogar am Richtplatz noch ›Heil Hitler!‹ –, waren sie bereits tot« (Albert Wucher über den sog. Röhm-Putsch am 30. 6. 1964 in der »Süddeutschen Zeitung«).

Als Georg Wilhelm Friedrich Hegel ein reichliches Jahrhundert vorher an der Berliner Universität über »weltgeschichtliche Individuen« las, dachte er an Alexander, Cäsar und Napoleon, an »Heroen«, die die »Wahrheit ihrer Zeit und ihrer Welt« dachten bzw. ergriffen –

prospektiv nicht im mindesten an den Typus Hitler, in dem weder ein »Wille des Weltgeists« noch seine »List« in einem Hegelschen Engführungssinn von Wirklichkeit, Wahrheit und Staat sich dartut. Allerdings, Hitler führt Hegel entfernt verwandte Gedanken in »Mein Kampf« auf (s. Shirer, S. 108f.). Sein, Hitlers, Wesen bestand im assimilierenden Aufschnappen von diesem und jenem, darin eben brachte er es als durchaus moderner eklektischer Typus zum folgenreichen Genie. Und mitunter gelangen ihm dabei originelle, alle zeitlich-räumlichen Dämme niederreißende, fast geniale Gedanken, z. B. dann, wenn er seinem Intellektuellen-Trauma als Haß auf den »deutschen Professor« eben des Typus Hegel, diesen »Kretin«, ungezügelten Lauf ließ (s. Henry Picker, Hitlers Tischgespräche im Führerhauptquartier 1941–1942, 1976, S. 107).

»Ein Genie, wenn nämlich Genie etwas ist, das mit Moral nichts zu tun hat« (Golo Mann im Vorwort zur deutschen Shirer-Ausgabe, S. XVII) war Hitler aber vor allem im Durcheinanderbringen, auch noch in der ranschmeißerischen, raffenden, an sich reißenden Simulation von Geistigkeit, von Kunstverstand; auch diese selbstverständlich angesiedelt jenseits jeder Konsistenz sowohl als Moralität. Adolf Hitler war ein geradezu trickreich planvoller Mißversteher. Man dächte, Richard Wagners »Meistersinger« könne eins gar nicht falsch hören, könne eins als etwas überaus Liebliches nur verstehen und in seiner komplexesten Kunstgestalt Anrührendes, nachgerade Ergreifendes. Freilich ist es auch ein weit jenseits des Horizonts eines »Meldehunds« (Robert Gernhardt) aus dem Ersten Weltkrieg Angesiedeltes, selbst wenn der den Wagnerianer noch so inständig beteuert. Und es dabei im Verein mit seinem noch kunst- und moralferneren Goebbels und dessen allseitiger Rotzbüberei fertigbringt, aus dem wunderbar thematischen und wie seraphisch, paradiesgärtlich strömenden »Wach auf«-Chor deutschnationale Appelle herauszuhören (siehe auch den Wagner-Aufsatz in diesem Buch); Dietrich Eckarts »Deutschland erwache!«-Geblök im Sinne der Novemberverbrechensrevision ausgerechnet da, wo die von Wagner auf Sachs wie von Sachs auf Luther projizierte über alles Sagen »wonnigliche (wittenbergische) Nachtigall« eine allerdings stark zeitübergreifende Klammer Mittelalter – Neuzeit – Reformation meint im Bündnis mit der ästhetisch sie animierenden Alt-Neu-Grundthematik dieser fast ätherisch verästeltsten aller Opern.

Ein sonderbar primitiv-taktisches Denken im Zuge seiner ureigenen Welterrettungsidee prägte offenbar früh den Führer wie seinen Propagandaminister, sich die Dinge »eiskalt« (Hitler, 12. 11. 1941) mißverstehend nutzbar zu machen; beim Braunauer kamen Kunst-

und Künstlerversagungsträume älterer Provenienz hinzu, die ihn wenn schon nicht zu Wagner, so doch am liebsten zum Bayreuther Bühnenbildner und noch lieber gleich zum Festspielchef gemacht haben wollten, zum relativen Segen der Menschheit – leider hat es nicht geklappt, Hitler brachte es nur zum Berater für Winifred und die Söhne Wolfgang und Wieland, und auch die brachte er restlos durcheinander: Wolfgang sei der wahre musikalische Erbe seines Großvaters, Bruder Wieland mehr für technische Parts begabt (s. Harry Mulisch, Die Zukunft von gestern, Berlin 1995, S. 102) – exakt das Gegenteil dürfte schon eher stimmen.

»Das Originelle«, Sebastian Haffners Anmerkungen zu Hitler (1978, S. 98) haben recht, »von Hitlers Denken ist fast durchweg (das) als Irrtum Nachweisbare«.

Wie Wagner mißverstand er auch seinen Darwin, der ihn ohnehin gewiß nur in der Vulgärausgabe erreichte, gründlich, nämlich die tatsächlich recht vieldeutige Formel vom Überleben der »Fittesten« als unverrückbares Weltnaturgesetz, daß die Katze nun mal die Maus frißt und Deutschland, Lebensraum zu gewinnen, deshalb nun mal den Osten überfallen müsse (s. Picker, Hitlers Tischgespräche, u. a.): »Ein Wesen trinkt das Blut des andern«, denn siehe: »Die Kröte weiß nicht, was sie vorher war, und wir wissen es nicht von uns« (ebd., S. 79). Wenn schon nicht Affen, so doch wenigstens blutrünstige Tiger oder eben Eber. Die Vermixungen Darwinismus – Sozialismus – Nationalsozialismus waren schon um 1930 die unentwirrbarsten (s. Rolf Peter Sieferle, Die Krise der menschlichen Natur, 1989, v. a. S. 120–122) – und Hitlers schon vorher fix und fertige Rassenlehre aufgrund eines »unverdauten Darwinismus« (Shirer) und eines ihm wohl auch nur vom Hörensagen bekannten Graf Joseph Arthur de Gobineau (Über die Ungleichheit der Menschenrassen, 1853–55) war dem nachmaligen Despoten wieder mehr in der antisemitischen Kleinausgabe des Georg Ritter von Schönerer und des Dr. Karl Lueger, des »gewaltigsten deutschen Bürgermeisters aller Zeiten« (Hitler, Mein Kampf) und speziell aus Wien, vermittelt und für den Hausgebrauch mundfertig gemacht worden (s. Fest, S. 65 ff.).

Schon ohne größere Mißverständnisse, so er ihn denn je gelesen hätte, verstand Hitler seinen späten Nietzsche. Die zukünftigen »Herren der Erde« aus und mit dem »Willen zur Macht« (dubios veröffentlicht 1906): die schnappte er durchaus korrekt auf, die leuchteten ihm zwecks Beherrschung »dieses Hühnervolks« (Hitler am 8. 11. 1938) von »neuen Menschen« (Hermann Rauschning, Gespräche mit Hitler, 1940, S. 232) sehr ein.

Nicht allerdings Nietzsches von Kant übernommener Kritik-Begriff in seiner Hauptbedeutung des »Unterscheidens«. Nein, Kritik war vielmehr gleich »jüdisch«, »bolschewistisch« und »zersetzend«, wie in den meisten Köpfen seiner Landsleute noch heute, zumal auch in sozialdemokratischen von Kiel und Lübeck 1990 ff. Und gegen dieses obstruktiv Destruktive war eben das große »Wir« ins Feld zu führen, wie es Joseph Paul Goebbels in seiner bekannten Sportpalastrede durchaus virtuos, polyvalent schillernd, oszillierend, ja künstlerisch ins Feld führte. Im Zuge eines ständigen dreifach semantischen Changierens dieses »Wir« als Zuhörer, Partei und Volk. Sie wurden einfach besoffen geredet, zum Mißverstehen von allem und jedem durchtrainiert.

Es waren Demagogen und Rattenfänger, und der Chef der wohl talentierteste, weil er seiner Rattenfängerei nicht einmal immer inne ward und gewärtig war. »Ich werde dem deutschen Volk keine Träne nachweinen«, protzte er am 27. 11. 1941 während der Moskau-Offensive – und wollte mit seinem Selbstvernichtungsbefehl von 1945 aber »wenigstens der Architekt der größten Katastrophe werden« (Haffner, S. 153). Ein Chamäleon, ein Nichtexistent, ein Gaukler. Hin und wieder kam es zur Epiphanie der Wahrheit. Reichlich verfänglich stickt da 1934 die »hiesige große Teppichfabrik« in Hameln »unter Aufbietung all ihres Könnens und Eifers« ein Prunkstück, das zum Erntedankfest auf dem Bückeberg dem Führer übergeben werden soll und »in den sie die altbekannte Rattenfängersage hineingewebt hat« (Die Rückseite des Hakenkreuzes, S. 142) –: weniger vielleicht ein Fall von Blindheit mal Mißverständnis, sondern einer Art selffulfilling exegesis o.s.ä., im Sinne von: die klare Sonne bringt es doch noch an den Tag.

Vielleicht aber war er, Hitler, doch auch nur die ontisch-entische Identität aller Spießer-Gauner dieses Kontinents. Im Sinne der Helmut Qualtingerschen Begegnung des Herrn Karl mit seinem Führer in Wien 1938: »Mir ham uns verstand'n ...«

Wieder andersherum war es ein fast fugenloser hermetischer Zirkel, der da ein rundes Vierteljahrhundert waltete: Sein Volk mißverstand ihn, der Führer verstand aber auch alles verkehrt. Und als tertium dementionis ließ sich auch der Reichspräsident Feldmarschall Paul v. Hindenburg nicht lumpen und nämlich im Mai 1932 gewissermaßen aus einem Mißverständnis heraus seinen Kanzler Heinrich Brüning fallen. Brüning: »Sein Geist war nicht klar am Morgen des 30. Mai 1932.« Und war es wohl noch immer nicht am 30. Januar 1933, bei Hitlers Kanzlervereidigung. Der daran anschließende Erdrutsch von tausend oder jedenfalls zwölf Nazijahren war wohl in toto Mißverständnis aller gegen alle. Hitler, wir haben es gehört, wollte ja eigentlich nur Herr Winifred Wagner werden. Oder wenigstens akademischer Kunstmaler.

Noch die verbliebene inner- und außerdeutsche Opposition, man weiß es und erfährt es immer genauer, stand unterm Bann von Mißverständnissen. Die Geschichte des deutschen »Widerstands« – laut Fest eine »irreführende«, »spätere Wortprägung« (FAZ, 16. 7. 1994) – ist eine vielspektral schillernde und spezialwissenschaftliche; in dieser Geschichte von v. Stauffenberg bis v. Stülpnagel wirkt das bis heute als eher gemütlicher Historikerdiskurs oder als Streit um schulische Büstendenkmäler nach. Und auch die Geschichte der Friedensnobelpreisverleihung an Carl v. Ossietzky im Jahr 1935 war eine von sich geradezu rasend dynamisierenden Fehldeutungen, ja des allseitigen Unverstands. Insgesamt zum Schaden Ossietzkys, immerhin aber auch pro bono der angemaßten Moralität der sich gehörig spreizenden Ossietzky-Retter.

Hitlers politische Initialzündungen waren bekanntlich die »Novemberverbrecher« und die von Hindenburg ins Gespräch gebrachte »Dolchstoßlegende« von 1919: auch sie natürlich Worthorte von großer Wirrkraft. In Sebastian Haffners Studie »Der Verrat« (1969/79, Neuausg. 1994) wird dargetan, wie mehrdeutig und gänzlich unterschiedlich und inkompatibel schon der Begriff der »Dolchstoßlegende« schillert und benutzt wurde und wird (S. 197) – so wie auch die meisten anderen damals zentralen und beherrschenden und leidenschaftsauslösenden Begriffe, die »Revolution« (S. 97) sowie der »Verrat« an eben der Revolution (S. 96 und 199) – welcher von links nach rechts gänzlich divergent, ja heteronom benutzt wurde und von Historikern noch wird – war Hitler selber, seine Folgen beiseite, typologisch »Reaktionär«? »Revolutionär«? »In den nächsten tausend Jahren findet in Deutschland keine Revolution mehr statt«, rief der Führer 1936 laut aus und deutete damit, wenn auch wiederum nicht ganz unmißverständlich, sich selbst und seine Machtergreifung als eine solche, welche Goebbels immerhin schon pünktlich am 30. 1. 1933 nachts um 3 Uhr im Tagebuch gewürdigt hatte: »Es ist fast wie ein Traum – die deutsche Revolution beginnt!« Wenn auch kaum als eine, die nach einem Diktum Hugo v. Hofmannsthals aus dem Jahr 1927 in der späteren Sammel- und Gattungsbezeichnung Armin Mohlers »Konservative Revolution« heißen sollte; für die Feinde dieses Begriffs ein elementares Mißverständnis in sich, in Mohlers Selbsteinschätzung seines gleichna-

migen Werks (1949 ff.) eine »coincidentia oppositorum« (II,9). Rätselhaft, wie der »Faschismus«-Begriff mit seinen futuristisch-neobarbarischen Implikationen mit solcher konservativer Revolution konvergieren soll – die alte Frage bleibt auch und doppelt, ob »Deutschland« und »Revolution« überhaupt zusammengehen können (s. Haffner, Der Verrat, S. 200), es sei denn nach dem alten Tucholskyschen Bonmot in der Musik, wo sie dann mit dem schlechten Wetter nicht mehr kollidiert. Oder in Form eines volkstümlichen Getränks: »Die nationale Revolution ist ausgebrochen!« schrie Hitler am 8. November 1923 im Münchner Bürgerbräukeller den 3000 vor ihren Seideln brütenden politisch Interessierten zu, sprang auf einen der Holztische und schoß aus seiner Pistole in die Decke (s. Shirer, S. 67). Nach größeren Turbulenzen und allgemein begeisternden Beunruhigungen über diesen Bluff stieg Göring aufs Podium und stellte klar: »Keine Angst, wir haben die besten Absichten. Sie haben deshalb keinen Grund zu murren. Sie haben ja Ihr Bier!«
Und er teilte ihnen mit, im Nebenraum würde soeben eine neue Regierung gebildet.
Wenn auch noch keine sehr bleibende.
Bier ist Revolution, noch heute empfinden es die politisch progressiven Bölkstoff-Aficionados so – Hitler aber war zwar weiterhin »überzeugt von der Kraft meines Gehirns« (OKW-Akte, 1939), ansonsten jedoch offenbar weder Revolutionär noch Sozialist, sondern z. B. vom Kommunisten Ernst Niekisch als »Liberaler« verachtet.
Ein neuerer Denker, Rainer Zitelmann, stellt ihn in seiner »Nation Europa« (1991) wenn auch nicht schon als Kommunisten, so doch wie Hitler sich manchmal selbst als »Sozialrevolutionär« vor und glasklar als einen, dem es vor allem um »Chancengleichheit« gegangen war. Gegen Ende seines Lebens – im Sommer 1944, der Krieg war längst verloren – empfand er, der Führer, sich vielleicht doch gegen die Interessen der ihn tragenden Industriellen als frühkindlich geprägter Sozialist und frühvergreister Marxist. Und dachte überhaupt schon in anderen, höheren Sphären: Er wollte nach dem Kriegsende gegen 18 Uhr den »Papst in Tiara und vollem Ornat auf dem Petersplatz aufgehängt« wissen und dann eins gleich forcieren: »Das Skifahren müssen wir kolossal fördern wegen dem Sau-Osten da« (Tischgespräche im Führerhauptquartier).
Nämlich um so den Untergang des Abendlands aufzuhalten. Welchen Oswald Spengler sowie dessen Kampf gegen »das innere England« (Fest, S. 141) der Führer natürlich auch gründlich fehlverstand. Und den Angriff auf England viel zu lange scheute. Und deshalb das

Attentat vom 20. 7. 1944 zuerst für einen Angriff feindlicher Jagdbomber hielt und dann sein Scheitern im Verein mit Mussolini für »ein Zeichen des Himmels«, später für »Vorsehung« (31. 8. 1944).

»Sie alle leben vom Hass gegen Hitler«, weiß Carl Schmitt, der ehemalige Reichskronjurist, im Brief an Mohler 1952, und es schwant ihm dabei schon früh insbesondere von wissenschaftlichen Nachkriegskarrieren rund um den Verewigten. Sie blieben nicht aus, vermochten aber zur allgemeinen Verklarung rund um Hitler nicht gar viel beizutragen, eher im Gegenteil. Als ob er noch lang post mortem seine Ver- und Zerstörkraft demonstrieren wolle, schlug der Führer scientifisch-publizistischen Lärm kraft des sattsam ausdiskutierten, rund zehn Jahre lang uns unterhaltenden »Historikerstreits«; und etwa seit der gleichen Zeit und bis heute und noch nachhaltiger via die »Auschwitz-Lüge«: Es geht laut FAZ vom 18. 5. 1996 der Begriff auf die 70er Jahre und nämlich eine Broschüre des Ex-SS-Manns Thies Christophersen zurück – er hieß ehedem auch »Auschwitz-Mythos« und er wird, der FAZ zu folgen, jetzt allmählich aus dem Verkehr gezogen, vor allem deshalb: »Ohne Gänsefüßchen oder ein vorangestelltes ›sogenannte‹ führt er leicht zu Mißverständnissen« (Hermann Kurzke, a.a.O.). Mit anderen Worten: es waltete um den unglücklichen Begriff von Anfang an eine Verwechslungsgefahr dergestalt, daß in der einen Ausdeutung die Millionen ermordeter Juden usw. eine »Lüge«, sich selbst reproduzierender »Mythos«, seien – oder umgekehrt: diese aus etwelchen dumpfen Gründen oder wissenschaftlichen Reserven zu leugnen, sei die strafbare Lüge. Die Sache wurde in Deutschland einige wenige Male gerichtsrelevant – apartere, nämlich schon im Übermaß konfuse Folgen zeitigt sie im Frühjahr 1996 in Frankreich, wo wochenlang ein gewaltiges Getöse darüber entfacht wird, daß der 83jährige Abbé Pierre, der derzeit »beliebteste Franzose« (FAZ, 30. 4. 1996), die Sache mit der »Auschwitz-Lüge« aufgreift; indem er die Zahl der vier Millionen Judentoten (der früheren Birkenauer Gedenktafel) auf eine Million reduzieren will; obschon selbst Rudolf Höß drei Millionen jüdische Auschwitz-Tote schätzte; und obschon er, der Abbé, dann zugeben muß, jenes Buch seines Freundes und Oberwirrkopfs Roger Garaudy, welches den Endsieg der Wahrheit über die »Auschwitz-Lüge« vorantreibt, gar nicht zu kennen. Noch die genaueren Implikationen des politischen Gesamtzusammenhangs. Noch die statistische Lage. Bei der manche Historiker, wie man liest, allerdings tatsächlich heute von »nur« 1,2 bis 1,5 Millionen getöteten Juden ausgehen. Andere im Mai 1996 von mindestens 5,29.

Noch legerer zeigte sich da genau zehn Jahre vorher allerdings schon eine noch zuständigere Kraft, Petra Hanf von der Bonner Pressestelle der Grünen, welche in einem Brief an einen »Bernd Hans oder Hans Bernd«, der aber genaugenommen Bernd Fritz heißt, mitteilt, sie, Hanf, habe ihm, Fritz bzw. Hans, statt einer Parteidrucksache »zu Drogen« versehentlich den »Gesetzentwurf zur ›Auschwitz-Lüge‹ geschickt« – »in der Scheiß-Hektik hier« gehe eben viel durcheinander – den Auschwitz-Gesetzentwurf »hätte ich gern – wenns geht – zurück. Wenn nicht, ist auch egal. Petra Hanf – Pressestelle«.

Petra Hanf ist nicht konkurrenzlos. Daß ausgerechnet von zwei idealtypischen Wirrköpfen unserer Zeit, von der grünen Petra Kelly und dem Waffenfreundexgeneral Bastian, die endgültige Loslösung von Militarismus und Faschismus inklusive die Erneuerung des Menschenbilds ausgehen soll, gehört zu den Rätseln der posthitlerischen Posthistoire ebenso wie die tiefe Erkenntnis Henryk M. Broders, daß noch jenseits der planen Auschwitz-Lüge die Deutschen den Juden Auschwitz nie verzeihen. Sehr Seltsames ereignet sich. Daß die Nazis mit der Göring-Heydrichschen »Endlösung« (1941) und der Himmlerschen »Judenevakuierung« (1943) wie absichtslos schwer mißverständliche Formeln kreierten, ist das eine und im Verschleierungshohn sehr absichtsvolle. Das andere konnten sie schwerlich voraussehen und prospektiv fördern: daß 1996 mit Daniel Jonah Goldhagens 622-Seiten-Studie »Hitler's Willing Executioners. Ordinary Germans and the Holocaust« neben erwägenswerteren Daten und Überlegungen unterm Strich auch diese ins zentralkausale Rennen geschickt wird: Wenn die Judenmörder gewöhnliche Deutsche waren, so waren die übrigen gewöhnlichen Deutschen ebenfalls potentielle Judenmörder.

Auf daß immerhin neue und 622 Seiten dicke Bücher randvoll werden; und Talkshows mit interessanten Gästen gespickt.

Allzu viel Genaues weiß man gleichwohl noch immer nicht, ja vielleicht immer weniger über den Führer und »Verwirrungsstifter« (Hans Blumenberg) und seit spätestens 1944 »Erzfeind der Welt« (General Henning v. Tresckow). »Das Dritte Reich, das mit Betrug angefangen hatte, endete auch mit Betrug« (Shirer, S. 1039) – der Radiomitteilung, die aus Hitler am 1. 5. 1945 knapp post mortem einen »kämpfend gegen den Bolschewismus Gefallenen« drechselt. Obwohl er doch nur wirr in der Reichskanzlei von einem Wutanfall zum anderen herumgetobt war (s. Fest, S. 1008) und noch schnell geheiratet hatte. »Denn Hitler täuscht alle, und alle täuschen sich in ihm«, so das bedenkliche Fazit einer sechsteiligen ZDF-Dokumentation. »Klingt nach Dialektik«, läßt sich aber Matthias Arning in der »Frankfurter

Rundschau« vom 12.12.1995 nicht täuschen, »und ist doch nur ein Wortspiel«.

Aus dieser Ecke ist noch viel und noch viel Drohenderes zu befürchten. Von Auschwitz als Museumsdorf und filmischer Originalkulisse kaum weniger, vor allem seit Amerika nach wie vor im unverschleiert immerwährenden Holocaust-Rausch sich wälzt. Und dabei selbst England noch aussticht. Zur »Bestie Hitler« (Bild-Zeitung) und seinen Folgen im engeren Sinne nimmt das Wissen eher ab. Obwohl die Schwimmerin Franziska v. Almsick ihn im August 1995 zu ihrer »Lieblingsfigur aus der Geschichte« erklärt. Allerdings: »Das soll nicht heißen, daß ich Fan bin. Mich interessiert das Phänomen.«

Der Führer muß und wird damit zufrieden sein. Zumal wenn er aus der »Süddeutschen Zeitung« vom 8. Mai 1995 erfährt, daß gut 60 Prozent der befragten Deutschen vergessen haben, daß sie fünfzig Jahre vorher einen Weltkrieg verloren haben. Und aus einer gleichzeitigen Emnid-Umfrage, daß eigentlich Polen diesen Krieg vom Zaun gebrochen hat. Und auch das wird ihm zusagen, daß für 54 Prozent der über 65jährigen Diktatur und Nationalsozialismus auch ihre »guten Seiten« gehabt hätten. Weniger gern wird er bei Walter Krämer und Götz Trenkler (Lexikon der populären Irrtümer, 1996) lesen, daß er gar nicht der Erfinder der Autobahn war. Gerade auf dieses Mißverständnis war er immer besonders stolz. Auch wenn er nie genau wußte, ob Goebbels oder er selbst es gesät und gezündelt hatte.

»Und wenn eines Tages jede genauere Kunde von Goethe verschwunden sein sollte«, schwant Egon Friedell (Kulturgeschichte der Neuzeit, S. 981) in Anknüpfung an Karl Lachmanns Homer- und Nibelungenlieddichter-Spekulationen, »werden sich wahrscheinlich scharfsinnige Gelehrte finden, die behaupten, daß sein Name die Personifikation eines untergegangenen Volksstamms bedeute und der Faust, wie schon aus seinen zahlreichen Widersprüchen und der Uneinheitlichkeit der Titelfigur hervorgehe, aus Bruchstücken dieser ›gothischen‹ Volkspoesien zusammengesetzt sei, die man irrtümlich goethisch nannte.«

In diesem Fall hat Hitler gute Chancen, als Gegenpart des Doctor Jekyll einigermaßen unbeschädigt zu überdauern. Oder jedenfalls als Erfinder der Auschwitz-Lüge. Oder zumindest, wie gesagt, als damals berühmter Daviscup-Spieler der späten Adenauerzeit.

e. h.

Shakespeare

Kandidaten, Komplott, Konjunktive

Der Philologen-Witz ist alt und bewährt: Daß nicht William Shakespeare Shakespeares Werke geschrieben hat, sondern ein Mann gleichen Namens. Es gibt aber bekanntlich auch noch ganz andere Varianten: 57 Kandidaten zählt Ina Schaberts deutsches »Shakespeare-Handbuch« (1992), verstreut mehr oder weniger ufer- und orientierungslos zwischen den Fronten der »Stratfordians«, der »Anti-Stratfordians« und jener »Oxfordians«, die seit 1920 und John Thomas Looneys Publikation »›Shakespeare‹ Identified« eindeutig Edward de Vere, den siebzehnten Grafen von Oxford, favorisieren – und auch unsereins als Nichteingeweihter, als nicht in den Shakespeare-Mysterien Versierter, möchte in ihm, dem Geheimagenten der Königin, den aussichtsreichsten Kandidaten vor z. B. Francis Bacon, Marlowe und eben dem am 23. 4. 1564 in Stratford-upon-Avon geborenen Kaufmann Shakespeare oder auch »Shakespeare« zu erkennen wähnen: Die von Bismarck wie von Charles Chaplin gleich bewunderte Intimkenntnis des Höfischen und Hochpolitischen, wie sie aus vielen Werken redet, ist der eine starke Grund; das Aggregat aus Testaments-, Anonymitäts- und Pseudonymitätsgründen bzw. -vermutungen der andere.

Ob »der göttliche William der größte und erfolgreichste Betrug ist, der je an einer geduldigen Welt begangen wurde«, wie Henry James es brieflich argwöhnte, sei dahingestellt. »Das Shakespeare-Komplott«, so faßt ein gleichnamiges Büchlein von Walter Klier (Göttingen 1994) den Fall und die Sachlage zusammen, letztendlich zumeist auch ohne zu profunden Befunden und Entscheidungen zu kommen – dieses Komplott, weniger geschmiedet von Menschen als vom Zufall, von einer Laune der Natur, von einer gewissen Bosheit des Schicksals und der Unwahrscheinlichkeit: es enthält natürlich auch Mißverständnisse in Serie, Mißverständnisse auch im Sinne unseres Begriffs und unseres Buchs.

Das exemplarische Integralmißverständnis fast aller haupt- und nebenamtlich Beteiligten in der 400jährigen Sache Shakespeare gründet wahrscheinlich im Glauben daran, daß der Sinn zum Vorschein kommen muß, wenn nur ausreichend inständig geforscht wird. In Wahrheit, wie jeder Klippgymnasiast vom Mathematikunterricht her weiß, ergibt die Kombination zweier halber, vermutlicher, ahnungsweiser

Wahrheiten noch keineswegs eine ganze; sondern nur noch mehr halbe, unsichere. Bei Shakespeare rangiert über allem und jedem eine scheint's allesverschlingende Fluidität und Fluktuation. Zum Beispiel der Person. »Die Person des Dichters erweist sich als ziemlich flüchtig, um es vorsichtig auszudrücken«, faßt Klier (S. 47) leicht entnervt zusammen – man könnte auch von einer Doppel- und Dreifachexistenz aus Schauspieler, Manager und Schriftsteller reden, zusammengehalten manchmal nur von einer schon recht rätselhaften, werweiß telekinetischen Ubiquität (S. 46) – andererseits fehlt dieser Shakespeare wieder wie mala fide überall, z. B. in den zeitgenössischen Literaturlexika (»Autographs«), die da getrost alle möglichen Siebtrangigkeiten aufbieten – Shakespeare aber nicht.

»Das liebenswürdige Orthographie-Chaos der Epoche« (Klier, S. 48), das z. B. aus Marlowe Merlin, Merling, Marlin, Marley und Morley macht, sorgt natürlich auch im Fall Shakespeare für weitere und manchmal lästige Mißverständnisressourcen, ausgerechnet seine heutige »korrekte« Schreibweise »Shakespeare« hat der Namensbesitzer nämlich bei aller Variationsbreite nie gewählt – erheblicher im gesamtheitlichen »philologischen Krautacker« (Klier, S. 25) zählen gewiß die Mißverständnisse, die sich etwa aus der empirisch beflissenen Zählung von Shakespeares Wortschatz (ca. 18 000) ergeben: ein unleugbar großer Bildungsfundus, wie er den eines Stratforder Kaufmanns und die anderen spärlichen Lebenszeugnisse Shakespeares weit hinter sich läßt; der Kliers u. a. Hauptthese zu stützen scheint, bei William Shakespeare handle es sich um einen »abgehalfterten Schauspieler«, von Oxford »aus politischen Rücksichten als Strohmann« (Dietrich Schwanitz im »Zeitmagazin«, 26. 1. 1996) eingesetzt; der aber andererseits für sich genommen positiv auch noch wenig besagt, wenn z. B. die Schauspiel-Texttradierungspraxis der Epoche völlig ungesichert und verworren ist.

Auch logische Kapriolen verdunkeln die Sache, zum Teil geht das ins Chimärische, ins »Pathographische« (Freud) und zuweilen auch in die vierte Dimension: so wenn als Fazit diverser Einzelforschungen ein gewisser zeitgenössischer Dramatiker Robert Greene »den Schreiber Shakespeare vor dem Schauspieler Shakespeare warnt« (Klier, S. 30), in einem insgesamtlich nebulosen und schwer nachvollziehbaren Verleumdungs- und Verwirrnisvorgang. Klier: »Irgend etwas stimmt da nicht; irgendwer drückt sich nicht recht klar aus.« Wie fast immerzu im Verlauf und Detail der Shakespeare-Forschung ist da wenig mißzuverstehen, sondern vielmehr überhaupt nichts mehr zu verstehen.

»Die Komödie einer Wissenschaft« (Klier, S. 17) führt da dann nur noch zur Annahme bzw. Konstruktion eines »anonymen Ur-Shakespeare« als einem zweiten Dichter neben dem »eigentlichen Shakespeare« (S. 28). Oder innerhalb der Anti-Stratfordians zur Bildung einer »Untersekte von Kryptographen« (Schwanitz), die Shakespeares Werke lediglich als zu entziffernden Codetext lesen. Oder aber z. B. zu der Theorie der positivistisch sammelfleißigen Jahrhundertwende, »Shakespeare könne nur das Pseudonym einer ganzen Gruppe von Leuten gewesen sein« (Klier, S. 23). Homer erging es da ja ganz ähnlich, er hat lt. Flauberts Gemeinplatz-Wörterbuch »nie gelebt, war ein anderer Autor gleichen Namens«, nur Dante und Goethe halten sich vergleichsweise stabil als Einzelentelechien – bewiesen ist bei Shakespeare nach wie vor weder das eine noch das andere oder ein drittes, und nicht einmal die Legendenbildung verschafft ihm deutlichere und stabilere Kontur, ja selbst die übliche Populärvermixung von Leben und Werk führt seltsamerweise zu nichts (s. Klier, S. 68), und nichts verhilft offenbar dazu, »aus Konjunktiven Indikative zu machen; und jedes Jahr erscheinen neue Titel, der Wein, der da umgefüllt wird, muß längst im finalen Essigstadium angelangt sein« (S. 86).

Aber letztlich immer noch bzw. immer wieder scheint der alte Friedrich Bodenstedt Recht zu kriegen, wo er 1866 seinerseits den »trefflichen Steevens« zitiert: »Alles, was wir mit Bestimmtheit über Shakespeare wissen, ist dieses: er ward geboren in Stratford am Avon – heiratete dort und hatte Kinder – ging nach London, wo er Schauspieler wurde und Gedichte und Dramen schrieb – kehrte nach Stratford zurück, machte sein Testament, starb und wurde begraben.«

Nämlich, immerhin das scheint klar, am 23. 4. 1616 – am Geburtstag. Wenn das nicht wieder was bedeutet.

Das kulturelle Mißverständnis nämlich begehrt, ja giert Sinn, nichtendenwollende »Sinnvorräte« (F. W. Bernstein), das führt bei Shakespeare dazu, auch das höchst Zweifelhafte, das auch nur mit einem Anflug von Stringenz Ausgerüstete ängstlich zu retten, um am Ende nicht gar nichts zu haben. Und es führt zu logischen Zirkelschlüssen, welche z. B. in Datierungsfragen aus Hypothesen Statuierungen und daraus neue Hypothesen basteln (Klier, S. 73). Und nicht schlecht ist auch der psychologische Zirkelschluß, daß all das, das Werk wie das Spintisieren darüber, »gerade dem Bildungshuber solche Freude macht« (S. 21), als den eben dieser seinen Shakespeare aber am wenigsten sehen möchte. Wie der ihn wahrscheinlich auch nicht.

Und der Widerspruch setzt sich natürlich noch weiter und allzeit fort und forciert sich in der »denaturierten Welt des heutigen Theaters« (Karl Kraus, Die Fackel 676–678, S. 33) mit seinen heute mehr und erigierender noch als 1925 ragenden regietheaterlich querdeuterischen Quadratmißverständnissen. Ganz zu Recht hat Kraus-Schüler Hermann L. Gremliza dazu und insbesondere zu einem Peter Zadekschen Hamburger »Wintermärchen« empfehlend angemerkt, man solle »nichts übertreiben« und sich dergleichen Quatsch nur alle ca. zehn Jahre antun. Eigentlich klärt sich derart ja auch irgendwie noch das ganze Problemfeld Shakespeare ganz von selber.

e. h.

Christentum

Jesus, Bibel, Theologie, Kirchengeschichte

Es ist wie eine frappante, aber viel zu wenig bekannte Symbolik, wie eines der in der Jesusgeschichte so sehr beliebten Gleichnisse: Was ist schon von einer Religion zu halten, deren von Gott eingesetztes Oberhaupt Petrus als Jesus-Stellvertreter bei seiner Antrittsrede in Jerusalem betonen muß, daß »diese meine Worte nicht betrunken sind« (Apostelgeschichte 2,14), wider den Anschein; sondern prophetisch. Indessen wenig später und zu Beginn der allgemeinen christlichen Missionierung der Neuapostel Paulus von den Lykaoniern gänzlich fehlausgelegt und nämlich für den Griechengott Hermes erachtet wird; was ihn seinerseits so verwirrt, daß er verzweifelt »seine Kleider zerreißt« und »unter das Volk springt« (14,14).

Goethe schrieb der Bibel, in den Gesprächen mit Eckermann, ebenso ärgerliche Ungenießbarkeit zu, wie er ihrer Inkommensurabilität im Zweiten Teil des »Faust« in Form einer ziemlich frei weitergesponnenen Hierarchetypik von Gnadenlehre getrost seine Huldigung bezeugte. Wahrscheinlich gibt es in und auf der bekannten Welt, ja im gesamten soweit bekannten Kosmos, nichts Inkommensurableres als Christus und seine Folgen samt Vorgängern und Verwandtschaft. Das fiel auch Christenmenschen immer wieder auf und auf die Seele. Novalis deklarierte Jesus' Vita gleich zum romantischen »Gedicht« – laut Jacob Burckhardt (Die Kultur der Renaissance in Italien, 3,3) hat der

Christus von 1500 n. Chr. zwar Wunder vollbracht, aber »nicht aus göttlicher Kraft, sondern sie seien durch Einfluß der Himmelskörper geschehen« – Goethe statuiert im Brief an Herder vom 12. 5. 1775 Christentum und Bibel frank als »Scheißding«. Einmal abgesehen von der nicht nur den Laien, sondern auch jeden Papst überfordernden Irritationskraft der sog. Heiligen Schrift selber, diesem Wust an »Synoptikern« und »Vulgatas« und »Italas« und extrem »kryptischen Evangelien«, reichen eben diesen die Unklarheiten und Differenzen von biblischem und historischem Jesus kraftvoll und immer kraftvoller die Hand, und miteinschlagen als dritte und vierte und tausendste die nichtendenwollenden Ungereimtheiten rund um diese zugehörigen Apostel und Jünger und Märtyrer und Heilige und Päpste – all diese Verwirrung ist natürlich teuflische Absicht oder je nach Gusto göttlicher Humor – schon daß man die div. biblisch-frühchristlichen Johannes (Täufer, Lieblingsjünger, Evangelist = Apokalyptiker, Chrysostomus, vom Kreuz, von Gott, etliche Päpste) kaum auseinanderzuhalten vermag, mag ja schwächere Charaktere in den Wahnsinn treiben; wir aber halten vorerst durch und schaffen wo nicht Ordnung, so doch einen Aufsatz wie ein flehentliches Gebet um sie.

Daß vorerwähnter Petrus anläßlich eines mit 153 Stück symbolisch »reichen Fischfangs« (s. Johannes 21,1–19) den Auftrag »Weide meine Lämmer!« erhält, ist mehr ein Theo Sommer vorwegnehmendes katachretisch-katechetisches Mißgeschick – aber auch sein Chef selber, von dem er post eius mortem ein nachfassendes »Quo vadis?« (Theo Sommer erweitert noch vor 1990 zu »Quo vadis, Germania?«) zu hören kriegt, steht auch schon ante mortem im Zentrum von Mißverstand und Fehlauslegung. »Des Höchsten Sohn, der Syrier« (Friedrich Hölderlin, »Brot und Wein«) war nämlich in noch nicht dürftiger Zeit auch Jude und wird von Hölderlin selber gleichfalls gern, wie von den Lykaoniern Paulus, mit einem Griechengott verwechselt, mit Bacchus nämlich als dessen erfüllende Wiederkunft, und mit dem weit vorchristlichen (geb. um 483) griechischen Arzt und Seherdichter Empedokles dazu in nimmermüder hymnischer Verschwägerung. So daß schon wenig später Friedrich Nietzsche (Der Antichrist, 1888) entnervt zusammenfaßt, das Wort »Christentum« schon sei ein »Mißverständnis«, denn »im Grunde gab es nur einen Christen, und der starb am Kreuz« – allerdings ist es, en passant, auch ein Mißverständnis, zu meinen, das damit nur indirekt korrelierende und gern zitierte Schlagwort »Gott ist tot« sei von Nietzsche geküßt. Praktisch hat das schon Nikolaus von Kues mit seiner alles, auch Gott umgreifenden Metaphysik der Coincidentia oppositorum um 1450 besorgt; indessen das cusanische Wissen um das Nichtwissen (»De docta ignorantia«) von 1440 nur wieder aufgewärmter Plato-Sokrates (s. unser Fach-Kapitel vorne) ist; und im Gesamtkonzept »mehr Ähnlichkeit mit Hegels ›Logik‹ als mit mystischer Erfahrung« (Kurt Flasch) hat – sehr plausibel, schließlich hat Karl Marx an Hegels »Logik« vor allem deren »Mystizismus« kritisiert; indessen, den Kreis zu ründen, bei Ratzinger, dem Leiter der obersten Glaubenskongregation von Johannes Paul II., nicht Bacchus noch Empedokles, sondern seinerseits Sokrates zum »Propheten Jesu Christi« (Joseph Kardinal Ratzinger, Wahrheit, Werte, Macht, Freiburg i. Br. 1993) wiederaufbereitet wird.

Denn auch die innerste Fachwissenschaft hat Mühen mit dem göttlichen wie dem mystischen wie vor allem mit dem historischen Jesus (geb. ca. 7 v. Chr.); und wer das eigentlich genaugesagt war – das haben weder David Friedrich Strauss' »Das Leben Jesu« (1835) noch Rudolf Bultmanns »Jesus« (1926) noch auch Rudolf Augsteins »Jesus Menschensohn« (1972) halbwegs geklärt. War er: Gott? Gottessohn? Bäuerlicher Sozialrevolutionär? Zivilisationskritiker? Egalitärer Zyniker? Magier? Antiautoritärer Weisheitslehrer? Apokalyptiker? Menschensohn? Dies alles war er z. B. laut John Dominic Crossan (Der historische Jesus, München 1994) gleichzeitig, fehlt eigentlich nur der Agnostiker und Atheist. Ein zeitgenössischer Theologe und Theologiekritiker, Klaus Berger, teilt dagegen korrigierend und ernüchternd mit, das Christentum sei für Paulus nichts anderes als »messianisch vollendetes Judentum« – und weil aber in Jesus Christus seit genau 2000 Jahren allzeit ganz andere Hoffnungen, Erwartungen und Berufsbilder in- und projiziert werden, ist wohl das Christentum ab ovo (und wann war das wieder?) ein einziges unauflöslich polylaterales Mißverständnis weit jenseits der Lateranverträge von 1929; auch wenn man jetzt einmal die zuletzt wissenschaftlich sehr modisch und publizistisch überaus schick gewordenen Qumran-Texte und ihre Funde und Spezialproblematiken möglichst fast außer acht läßt. Klaus Berger (Qumran und Jesus, 1993) zu ihren Fehlinterpretationen: »Man sah in den damaligen Besitzern der Qumrantexte eine von den bereits bekannten anderen Gruppen und setzte die in ihnen genannten Einzelfiguren mit bekannten Größen aus dem 1. Jh. n. Chr. gleich. Wie wenn man im Jahre 2900 n. Chr. Ausgrabungen in Weimar machte und jeden alten Zettel für ein Relikt Goethes hielte, weil das einzige, was man über Weimar weiß, eben ist, daß Goethe dort lebte.«

Als ging' uns ein Mühlrad im Kopf herum, aber noch weit gottferner als dem zulernfreudigen Faustschen Schüler – immerhin, wie bei Goethe, und anders als bei Shakespeare und Homer, glaubt man recht gut zu wissen, daß ein Individuum namens Jesus wirklich um die Zeitenwende herum dort drunten irgendwo in Galiläa lebte und für seine Taten gekreuzigt wurde; allein, wie der Theologe Hans Conzelmann sogleich einschränkt: »Die Kirchen leben davon, daß die Ergebnisse der historischen Jesusforschung unbekannt bleiben«, nämlich möglichst abgeschottet, wie der Vatikan selber. Allzu viel Intimkenntnis stiftet nur noch mehr Verwirrung, wäre Hybris. Leuchtet ein.

Historisch-wissenschaftlich wird nämlich über allem Forscherfleiß alles nur immer unschärfer. Der Göttinger Theologe Gerd Lüdemann (Die Auferstehung Jesu, Göttingen 1994) meint zu wissen, daß Jesus am »dritten Tage« um Ostern herum sehr wohl im Grabe geblieben sei (Kardinal König: »Unsinn«); daß nämlich die Jünger geträumt hätten; was allerdings ein Dreivierteljahrhundert vorher schon der evangelische Spitzentheologe Rudolf Bultmann mitgeteilt hatte, was alles dann keine fünfzig Jahre später der Hamburger Spitzenpublizist Rudolf Augstein weitgehend nacherzählte; denn selbstverständlich stellen die redundanten Bücher über Jesus selbst die über Shakespeare und Goethe globalnumerisch in den Schatten. Wenn freilich Bult- und Lüdemann Recht haben, geht es an jene Substanz, wie sie Paulus im 1. Brief an die Korinther (15,14) festnagelte: »Ist aber Christus nicht auferstanden, so ist unsere Predigt vergeblich, so ist auch euer Glaube vergeblich.«

Es geht aber universalirrtümlich nicht allein um die laut Paulus und Franz Borkenau (Ende und Anfang, 1984, S. 108 ff.) das Christentum zentral definierende Tatsache respektive Idee der todüberwindenden Resurrexion; endlose Unklarheiten hat es auch um des nachmaligen Erlösers Sterben. »Ist Jesus einem Justizirrtum zum Opfer gefallen?« frug vor Jahresfrist im daran sehr interessierten FAZ-Magazin (4. 4. 1996) als einer der neuesten Fragesteller Wolfgang Stegemann und verwies auf die merkwürdige Exkulpationswilligkeit sämtlicher vier Evangelien hinsichtlich der Person des verurteilenden Prokurators und Statthalters Pontius Pilatus; der, zudem er laut Kirchenvater Tertullian ja auch noch heimlicher Christ gewesen sei, doch nicht so zufällig und für die Katz' ins Credo geraten wäre; während umgekehrt die Juden um so mehr an »allem schuld« und bis hin zu Daniel Jonah Goldhagens antisemitischen Nazis »unser Unglück« geworden seien. Die Folgen von Pilatus' Frage »Was soll ich denn mit Jesus tun, der Messias genannt wird?« betrafen weniger die Sehnsucht nach dem ewigen Leben, als die planere nach einem auskömmlichen irdischen und sozialen. »Sein Blut komme über uns und über unsere Kinder! Er werde gekreuzigt!« habe laut Matthäus-Evangelium (27,23) das Volk zurückgeschrien – worauf Pilatus »Ich bin schuldlos an dem Blut dieses Gerechten« gesagt und vor aller Augen seine Hände gewaschen habe – laut Claude Montefiore, einem jüdischen Gelehrten, mit verheerenden Folgen: »Dies ist einer jener Sätze, die schuldig sind an Meeren von Menschenblut, und an einem ununterbrochenen Strom von Elend und Verzweiflung.«

Und die dabei eben gleichfalls in einem obskuren Lichte schimmern, nämlich in einem höchst gesamtmißverständlichen Umfeld schillern. Laut Stegemann wurde nämlich Jesus von Pilatus als »antirömischer Rebell« hingerichtet, »standrechtlich gekreuzigt« (so der Jurist Wedding Fricke), von den Römern aber als »jüdischer Terrorist« – was indirekt die quasisymbolische Metapher des Lukas erklärt, daß Jesus in einem merkwürdigen Instanzenirrweg »von Pontius zu Pilatus« geschickt worden sei, dazwischen nämlich an den jüdischen »Hohenrat« und zu dem zufällig in Jerusalem aufhältigen Landesherrn Herodes Antipas. Dieser ist um Gotteswillen nicht zu verwechseln mit dem geilen Stiefvater der tanzenden Salome, indem er nämlich wirklich der ist – eine wirkliche Verwechslung aber als Zufälligkeit, ja als schon fast inspirierte Unvernunft wird von Stegemann u.m.a. Seltsamkeiten dergestalt ausgeführt: Daß die klassische und die Juden belastende Gerichtsszene vor dem Hohenrat »historisch nicht authentisch sein kann«, kurzum »nicht stattgefunden haben kann«, das könnte seinen sehr seltsamlichen Beweis darin finden, daß in jener Zeit im Jahre 62 n. Chr. in Jerusalem ein auch vom Historiker Flavius Josephus berichteter Prophet auftrat, welcher aber zufällig auch »Jesus« hieß. Dieser Jesus ben Ananias trat als Unheilsprophet hervor und wurde durch monotone Weherufe über die Stadt Jerusalem auffällig, »ging in den Gassen umher und schrie Tag und Nacht« (Josephus), nämlich zum Beispiel dies: »Eine Stimme vom Aufgang, eine Stimme vom Niedergang, eine Stimme von den vier Winden, eine Stimme über Jerusalem und den Tempel, eine Stimme über Bräutigam und Braut, eine Stimme für das ganze Volk!« –

– usf., jedenfalls wurden nicht nur etliche Jerusalemer Bürger über dieses täglich und nächtlich krakeelende Gezeter verärgert – nicht nur kam es in der Folge zwischen den beiden Scherereien machenden und auch sonst mit einigen charismatischen Parallelen ausgestatteten Jesusen zu mancherlei Verwechslungen ihrer beider so katastrophenfrohen wie wenig erwünschten Untergangsweissagereien: aus der Duplizität läßt sich laut Stegemann indirekt abermals auf eine jüdische Nichtbeteiligung am Todesurteil rückschließen. Wobei die Ungereimtheiten dann aber auch bei Pilatus nicht enden: Jesus' zweideutige Antwort

»Du sagst es« auf dessen Frage »Bist du der König der Juden?« (Matthäus 27,11) könnte ja u. U. auf einen der wenigen, vielleicht sogar den einzigen Fall uneigentlichen Sprechens in der Bibel hinauslaufen; von jesusmäßiger Ironie; als jener rhetorischen Figur, wie sie einst (1988) auch den Christenpräsidenten Philipp Jenninger im gleichfalls jüdischen Zusammenhang Amt und Kragen kostete.

»Alles ist zauberisch-verworren« (Jean Paul, Titan). Zauberisch meist weniger, weder in der Bibel noch der Kirchengeschichte. Sondern mehrheitlich mehr: verwahrlost; verwahrlost, verkommen, verratzt. Nur die Vielzahl und Abfolge der katholischen Marienfeste von Mariä Verkündigung über Mariä Heimsuchung und Mariä Geburt bis zu Mariä Empfängnis – die hat – die hat wieder etwas Zaubrisches und Verzauberndes; etwas Verzaubertes auch wie der verzückte Gesichtsausdruck der beiden Frauen in dem von Sigmund Freud so inständig ausgedeuteten Leonardo-Gemälde namens »Heilige Anna selbdritt«. Und daß diese Mutter Anna nicht nur am monalisamäßig verzaubertsten lächelt, sondern, wie auch Freud auffällt, fast ja noch schöner ist als die Gottesmutter, das könnte seinen Grund darin haben, daß zwar nur die Tochter seit 1950 leiblich und excathedral am 15. August in den Himmel aufgefahren ist; sie aber, die Gottesgroßmutter, am 8. Dezember die Tochter verblüffenderweise ebenso »unbefleckt« empfangen hat wie diese am 25. März durch die Verkündigung des Engels des Herrn »jungfräulich« den Herrn Jesus.

Jawohl, zwischen dieser Engelsverkündigung und des Heilands Geburt am 24. Dezember geht es nicht zauberisch, sondern vollkommen ordentlich zu. Die Austragszeit beträgt, da hat wer mitgerechnet, genau neun Monate. Da lassen die Christenkatholiken nichts anbrennen.

Und vorher nur spirituell.

Zurück zum Verwahrlosten, wäre geltend zu machen, daß der Tübinger Theologe Hans Küng zwar vollkommen ordentlich genau zur Centenarfeier 1970 sein Buch »Unfehlbar?« wider das Infallibilitätsdogma von 1870 – der Papst ist unfehlbar, wenn er ex cathedra, d. h. in Glaubensdingen, redet, also über gerechte Kriege, Pille etc. – veröffentlicht hat; daß derselbe Küng jedoch 1954 grob versagt hat, als es darum gegangen wäre, gegen das am 8. Dezember 1854 von Papst Pius IX. verkündete »Immaculata«-Dogma Sturm zu laufen, das da seither lautet: Maria sei »im ersten Augenblick ihrer Empfängnis durch eine besondere Gnade mit Blick auf die Verdienste Jesu, des Erlösers des Menschengeschlechts, vor jedem Schaden der Erbsünde bewahrt« worden.

Was ein logisches und Wortgeschmadder. Nicht gegen dieses freilich hätte Küng vorgehen sollen, denn darauf setzt er mutatis mutandis selber. Sondern gegen die damit in die katholische Welt gekommene zusätzliche Unordentlichkeit. Denn »Bei dem Stichwort ›Unbefleckte Empfängnis‹«, so befürchtet Thomas Lackemann pünktlich am 8. 12. 1995 im »Tagesspiegel«, »denken die meisten Menschen, wenn überhaupt an irgendetwas Stubenreines (sic!), dann an die jungfräuliche Empfängnis Jesus, seine das männliche Geschlechtswerkzeug entbehrende Zeugung durch den Heiligen Geist.«

Und Lackemann liefert aber auch schon stantepede dann selber den Beweis für die neue Unordentlichkeit, die ausgerechnet mit diesem päpstlichen Ordnungssatz zusätzlich in die Welt gekommen ist, indem er (oder war's der Redakteur?) seinen Artikel unter die Überschrift »1560 Jahre Maria Schnee« stellt. Denn das römische Schneewunder vom August 435 hat mit dem Immaculata-Komplex überhaupt nichts zu tun. Sondern vielmehr wenn schon nichts mit dem dadurch erfolgten Bau der römischen Kirche Santa Maria Maggiore, so doch damit, daß der berühmte Real-Madrid-Stopper Santamaria damals 1960 in Glasgow den damaligen Wundersturm der Frankfurter Eintracht souverän und fast fleckenlos (7:3) zu stoppen verstand.

Unterdessen »das früheste Christentum«, noch vor der Maria-Schnee-Zeit, ja weißgott »nicht nur aus Christologie und Naherwartung (besteht), sondern ebenso aus Pneumatologie und Weisheitstheologie; damit tritt es in eine Beziehung zur antiken Philosophie, die nicht nur negativ ist«.

So Kurt Flasch in seiner Rezension des Buchs von Klaus Berger: »Theologiegeschichte des Urchristentums«, Tübingen/Basel 1994, in der FAZ vom 4. 10. 1996.

Ja dann.

Der Geschichtsmorphologe Franz Borkenau erkennt, abweichend von Spengler und Toynbee, Kulturentwicklung und insbesondere die hochkulturelle Entstehung des Abendlands ähnlich Nietzsche in Form »zyklischer Prozesse« (a.a.O., S. 51), hier speziell als »Pendelbewegungen«, wie sie in den diversen Zeiten und Kulturen das Denken und die Vorstellung von Tod und Unsterblichkeit in Bewegung setzen; dessen, was Borkenau die »Antinomie des Todes« (S. 24) nennt, will sagen: den Wechsel von Hinnahme – Verweigerung – Transzendierung des Todes in je aufeinanderfolgenden Generationen bzw. Kulturen mit der im Wechsel beharrlichen Essenz: »Der Tod ist, und ist zugleich nicht« (S. 88). Im Christentum glaubt Borkenau unter diesem perennialen Signum eine Kultur der Todüberwindung sehen zu dürfen, genauer: einen »Doppelzyklus« von Todhinnahme und Todüberwindung: Paulus glaubte an die Himmelfahrt aller Gläubigen im Zusammenhang des »unmittelbaren Bevorstehens des ›Reiches‹« (S. 110). Allerdings mehrt auch der Blick auf den christlichen Himmel als Replik auf den heidnischen »Todeskult« (S. 112) nicht gerade die Klarheit. In kulturmorphologischer Optik sei, so Borkenau, gerade das Neue Testament wider Jesus' eigene Deutung alt, nämlich im Unsterblichkeitsglauben auf Altägypten zurückgehend, als dessen »affiliated civilisation« (S. 96), also einer Nachfolgekultur in der Begriffssystematik Borkenaus, die ihn wiederum in mehr als Nuancen von Arnold Toynbee trennt; der Himmel selbst ist dabei mehr als unklar.

Zum Beispiel seine Koinzidenz mit Jerusalem. Wie man sich so ein »himmlisches Jerusalem« vorzustellen habe, materiell, spirituell, mehr wie Bellinzona, eher wie Verona (mit Opernfestspielen): das wußte und weiß von Jesus über Paulus bis Küng und Wojtyla natürlich überhaupt genaugenommen niemand. Diese Himmelsbilder (s. etwa Bernhard Lang / Colleen McDannell, Der Himmel, Frankfurt a. M. 1990) in ihrer ständig wechselnden und konfusen Ambivalenz zwischen Materialität und Spiritualität, zwischen chiliastischer Zukunft und eschatologisch-apokalyptischer Präsenz, sie konstituieren seit fast zweitausend Jahren natürlich ein nachgerades Kontinuens von Mißverständnis in unendlicher Kette. Ob man den Himmel erst im trüben Drüben erfährt oder ob man »hier auf Erden schon das Himmelreich errichten« (Heinrich Heine, nicht Marx!, Frau Heinepreisträgerin Marion Gräfin Dönhoff!) könne: So wie Jesus Christus' Prophezeiungen in dieser Hinsicht überaus dunkel sind, so noch finsterer die der Väter des Alten Testaments, die er zitiert – und am Ende bleibt am 28. 10. 1995 als Binsenweisheit jenseits des ja auch längst toten Borkenau der Befund des Baseler Theologen Jan Milič Lochman in der »Neuen Zürcher Zeitung«: »Memento mori! – Der Tod als Geheimnis des Lebens«, und man solle sich halt deshalb vor der »Gefahr der Verflachung« durch den »eindimensionalen Menschen« des »Kultbuch«-Autors Herbert Marcuse hüten; den der Professor Lochman nicht einmal mißverstanden, sondern besser gar nicht gelesen, aber so immerhin auch nicht mit dem Heine-Himmels-Kenner Ludwig Marcuse verwechselt hat.

Wieder anders ist es z. B. mit dem »Syllabus« als Problem des weniger frühen als späten Christentums. Er stammt zentral aus dem Feld der päpstlichen Enzykliken, die da vor allem in den letzten hundertfünfzig Jahren immer wieder Ärgernis erregten, weil sie sich ihrerseits bevorzugt über »Irrtümer des Modernismus« ärgerten und Klage führten. So erregte sich Pius IX. über die Neuzeit 1864 in seiner Enzyklika »Quanta cura« – deren angehängter sog. »Syllabus« erregt seither und angeblich bis heute unter sonst Gläubigen »Kontroversen über Kontroversen und Mißverständnisse über Mißverständnisse« (Albert Wucher, Von Petrus zu Paul. Eine Weltgeschichte der Päpste bis Johannes Paul II., 1991, S. 203) – und dies doppelte Erregen passiert ausschließlich deshalb, weil der Pontifex darin so gut wie alle thematischen Begriffe falsch auffaßt und in seiner Angst vor diesen dreien hinter jedem »Pluralismus« und »Liberalismus« und »Rationalismus« den Teufel persönlich am Wirken sieht.

Ähnlich erging es den meisten seiner Vorgänger und Nachfolger. Aber auch die von keinem Papstamt belasteten Theologen stifteten mit ihren Ismen ja nur Unfrieden. Daß der sog. Nominalismus des sog. Scholastikers Wilhelm von Occam das praktikable Schulwissen um unsere christlichen Glaubensbelange eher verfinsterte, weil und indem er sich der lichtvollen Vernunft bedienen wollte, ist ein zwiefaches Paradox oder zumindest Scheinparadox und liegt insofern ganz auf der Linie der aposteriorischen Liberalismuskritik von Pius IX. – was Wunder, daß sich die Ecclesia darüber und über ähnlichen Unfug mehrfach spaltete und selbst bekriegte und ab 996 n. Chr. »Gegenpäpste« installieren mußte, die Kopfklarheit der Gläubigen zu schüren und en passant die »römische Kloake« zu säubern. Zeit des Konstanzer Konzils von 1414–18 gab es sogar drei Päpste (Avignon, Rom, Pisa), dagegen war das mehr zufällige preußische Dreikaiserjahr 1888 ein halbes Jahrtausend später natürlich gar nichts, wollten die Preußen doch ohnehin nur mit ihrem Modernismussüppchen die heiligen Kaspar, Melchior und Balthasar durch die Hintertür reinbringen bzw. ausstechen; was Pius IX. wohl durchschaute, leider aber aus Mortalitätsgründen nicht auch noch in einer Enzyklika oder gar in einem Dogma zu Papier brachte.

Daß aber dann sechs Jahre später, 1870, das Dogma von der excathedralen Unfehlbarkeit (Infallibilität) des Papstes schon nominell und ex definitione die Mißverständnisse fast aller Beteiligten auf die Spitze trieb: das liegt fraglos, ja apriorisch auf der Hand. Implicite, aber eigentlich ganz offen wollte der neunte Pius damit die »Modernismus«-Ablehnung fortschreiben und festnageln und theologisch-autokratisch verankern – und trieb damit, über monatelang tobende Kämpfe und Leidenschaften hinweg, ihm selber wohl etwas unerwartet, wenn nicht den Teufel mit Beelzebub aus, so doch beide über die Hintertür zu sich in den Vatikan hinein. Nicht zuletzt aufgrund erheblichster Kannitverstan-Kommunikationsschwierigkeiten innerhalb der vielvölkerischen und meist ältlichen zum Ersten Vaticanum zusammengeeilten Exzellenzen und Eminenzen kam es schon bald zur Negativepiphanie dergestalt, daß der Widerstand des kroatischen Bischofs Strossmayer gegen das Unfehlbarkeitsschema von den sog. Majoritätsbischöfen glatt als Protestantismus fehlgedeutet wurde: »Er ist Luzifer, Anathema, Anathema. Ein zweiter Luther ist er, heraus mit ihm!!« (Klaus Schatz, Vaticanum I, 1993) – in einer Mischung offenbar aus freiwilligem und unfreiwilligem Unverstand zankte man sich, bis die Fetzen flogen und die Sache endlich mit Hängen und Würgen durchgepaukt war und möglichst Gras über den Terror wuchs, was aber nur zum Teil glückte, immer wieder gab in den folgenden 125 Jahren irgend so ein Hans Küng keine Ruhe und rumorte rebellisch herum –

– eigentlich törichterweise, insofern die Infallibilitätsdefinition (was ein irrtümlichkeitsschimmernder, ja richtiggehend phosphoreszierender Begriff) der Konstitution »Pastor aeternus« vom 16. 7. 1872 des Inhalts, »daß die Ausübung der Unfehlbarkeit an eine organische Reihe von Bedingungen gebunden ist« und »dogmatische Erklärungen des Papstes einer Nachprüfung hinsichtlich des Glaubensbewußtseins der Kirche als ganzer« zu unterziehen sind (vgl. Georg Denzler in seiner FAZ-Rezension von Giuseppe Alberigos »Geschichte der Konzilien«, Düsseldorf 1993), weniger Mißverständnis als phärisäisch-kasuistische Sophistik ist, und nicht einmal das: sondern reiner, selig in sich selber schlummernder Unfug. Aber: eine nachdenkliche Adventskranzstunde wär's wert: Was das wohl alles heißen mag.

Küng und Kons. tun aber unrecht, daran zu krittel. So wie das Christentum seit 2000 Jahren gerade von den Ketzern in Bewegung gehalten, ihm von den Häretikern bei Bedarf Dampf gemacht wurde; so nicht weniger auch von dem allerlei Widerstand herauskitzelnden Oberunfug seiner Päpste und sonstigen Stellvertreter –

– was aber den vorgenannten Renegaten und sog. Reformator und Gottseibeiuns D. Martin Luther angeht, so hatte ja auch der nicht hinterm Berg gehalten und den römischen Papst weit vorab als »des Teufels Sau« kenntlich gemacht und in einem 350 Jahre vorauseilenden Konter in ihm sogar seinerseits den wahren »Antichrist« verdächtigt; nun, während Goethe allein diesen Luther gelten ließ und im Rest jener ganzen Reformation nur »verworrenen Quark« erahnte, schätzte Egon Friedell (Kulturgeschichte der Neuzeit, S. 287) in Luthers Bibelübersetzung zwar »das deutscheste Buch der deutschen Literatur«, er wähnte in dem dicken Wittenberger aber mehr und primär einen der von ihm so genannten Epochen-»Repräsentationstypen« eher des Mittelalters denn der Neuzeit und der Reformation! Allerdings ist dies

Mittelalter, der Legende zuwider, laut Friedell auch nicht unbedingt »finster«, sondern »in vielfacher Weise hell« (S. 94).

»Nach Egon Friedell war Luthers Reformation« (also doch) »im Vergleich mit der intellektuellen Revolution Meister Eckharts nur Mönchsgezänk« (Kurt Flasch, Das philosophische Denken im Mittelalter, 1986, S. 599) – wobei allerdings andererseits und erschwerend hinzukommt, daß seinerseits der Nazi-Chefphilosoph Alfred Rosenberg seinerzeit aus Eckharts Schriften »das schönste Bekenntnis des germanischen Persönlichkeitsbewußtseins« (Flasch, S. 406) herausgelesen hat. Wahrscheinlich aber Jakob Böhme im Sinn gehabt hat beim Lügen. Wo doch Eckhart sehr leicht mißdeutbar und vor allem dem Papst hochverdächtig »Gott« und »Gerechtigkeit« zuerst trennt und dann wiedervereint (Flasch, S. 424). Während Joseph Goebbels via Wagner nun wiederum grad in Luthers Wittenbergischer Nachtigall als »Wach auf«-Chor des und für Hans Sachs das schönste Bekenntnis wo nicht zur Germanengesamtpersönlichkeit, so doch wieder mehr immerhin zum Deutschtum heraushört. Und der Papst Wojtyla aber offenbar vollends wirr geworden laut »Frankfurter Rundschau« vom 22. 5. 1995 bei den Nichtkatholiken um »Verzeihung für das Unrechte« geschehener »stürmischer Geschichte« bittet und im Zuge seiner neu entfesselten Energie den böhmischen »Gegenreformator« Jan Sarkander würdigt und heiligspricht. Na immerhin nicht den thüringischen Reformator. Da sei wiederum seine Infallibilität vor.

Sowie vor der apostolischen Fallsucht. Und vor der Gefallsucht des uns längst hochbekannten Tübinger Gegengegenreformators Küng. Der prompt Wojtylas »römische Machtdemonstration« samt dem »anachronistischen Brimborium« (a.a.O.) dieser Heiligsprechung geißelt. Und so wahrscheinlich aber den schlangenschlauen Papst als Anaconda mit den verdienten Dornen krönt.

»Gott ist ein Nichts« (Meister Eckhart). Hinter dem Gewürge seiner Leute ganz besonders.

Und deshalb wurde Eckhart 1326 per Inquisitionsprozeß und Bannschrift vom Kölner Erzbischof Heinrich von Vorneburg des »finsteren und häßlichen Dunkels der Sinne« sowie der »übelklingenden Häresie« verdächtigt.

»Übelriechend« wäre genauer gewesen. Und hätte auch die Kluft zu Gottes »süßem Geruch« (Epheser 5,2) resp. »lieblichem Wohlgeruch« (1. Mose 8,21) besser ausgedrückt und festgehalten.

Eine Weltreligion, die so bilderfreudig ist, daß sie auch vor so exzeptionellen, hypertrophen, sadistischen, fast schon perversen Metaphern nicht zurückschreckt wie der vom löffelweise auszutrinkenden

Weltmeer oder dem im Gebirge emsig pickenden Vögelchen (beides steht für fürchterliche Ewigkeit) – sie mahnt zwar in vielen Spätexpressionen ziemlich singulär, ist es aber nicht ex origine und per se. Darüber gibt es seit dem 19. Jahrhundert Tausendschaften Bücher und Doktorarbeiten. Daß z. B. der Glaube an die alleinseligmachende Einzigartigkeit Christi und christlicher Wunder Aberglaube und Mißverständnis ist, indem es nämlich z. B. bei Buddhas Geburt recht ähnlich zuging wie bei der von Bethlehem (s. Helmuth v. Glasenapp, Die fünf Weltreligionen, 1963, S. 65), damit hat sich der aufklärungskompatible neuere Christ ebenso abzufinden wie der Muselman damit, daß sein Mohammed die Kerngedanken seiner Gerichts- und Paradiesmetaphorik (a.a.O., S. 307) ca. 630 n. Chr. über eine in Mekka oder anderswo gehörte christliche Predigt empfangen haben dürfte. Freilich zeichnet sich auch die Lehre Mohammeds ihrerseits durch »zahllose Mißverständnisse« (S. 308) aus und gründet auf ihnen und belastet die Karriere Allahs: etwa in Gestalt der – wohlwollend gesprochen – Ambivalenz, daß Gott keine Töchter gezeugt haben könne. Aber eben doch wie der katholische Gott immerhin einen Sohn. Wer aber ist – wie heißt der?

Laut Walter Beltz (Die Engel des Islam, in: Mythologie des Korans, 1979) haben offensichtlich aber auch die Engel ihren Auftrag von ihrem jeweiligen Gott nicht gleich richtig verstanden. Laut Jesus sollten sie die Menschen schützen – laut Mohammed bestimmte Allah sie dazu, das Höllenfeuer für die Ungläubigen zu schüren. Im katholischen Bereich besorgen das biblisch und theologisch nicht so ganz säuberlich ausgewiesene Dämonen. Oder eben die aber auch äußerst unklar strukturierten Teufel selber.

Der Buddhismus gründet – anders, als ihn seine frühen deutschen Adepten Schopenhauer und Wagner (dies ein weiteres Folge-Mißverständnis) ausdeuten – vor allem in der Vernichtung der drei Grundübel: Sinnenlust, Werdelust und Nichtwissen. Bei Wagner ist dann mehr und mehr und umgekehrt und mit dem Fortschreiten seiner inneropernhaften Zeitkritik Wissen das Grundübel, das möglichst vernichtet werden muß (Mime: »Hier hilft kein Kluger, hier hilft dem Dummen Dummheit allein«) – das alte und vorzüglich das neuere Christentum verhält sich da ziemlich unentschieden und zwischen Modernismusskepsis und Regressionsverdächtigkeit ängstlich bedeckt und verweigert dem von Küng schon lang vor seiner Pensionierung beharrlich geforderten Thomas S. Kuhnschen »Paradigmenwechsel« vorerst noch beharrlicher die versöhnliche Hand. Wie schlimm werden diese Küngschen Energien in einem »Schweizer Krachschädel« (Wolfgang Steuhl) jetzt erst während der Pensionierung als neues »Projekt Weltethos« (Küng) wüten und hin und wider branden und dies nicht bloß im ordnungspolitischen Sinne von 1. Korinther 12,28 und der »Großen christlichen Denker« (1994) alias »Väter neuer Paradigmen« (H. Küng): Derzeit denkt Küng sogar weit über die christliche Doktrin hinaus in ganz andere Religionsbezirke hinein: es sollten und werden ihm, Küng, da dann schwerlich entgehen die Verschwisterungen und Paradigmenaffinitäten der Christen mit den Konfuzionisten o. s. ä. – die symbiotische Ähnlichkeit Christi mit dem germanischen Wotan aber hat ihm außer Richard Wagner die FAZ vom 5. 10. 1993 mit einem Foto der Grabplatte aus Grésin schon bereitgestellt. Die zwischen Christus und Bacchus Hölderlin, die zwischen Christus und Sokrates dito Ratzinger – und wie eng es auch zwischen Christus und Plato herging, wie schwerstverworren multikulturell nicht allein zwischen Katholiken und Katharern es allzeit auch ums Christentum in toto stand, dies noch besser zu begreifen soll Küng eine Notiz Flaschs (S. 523) helfen; ein fast beliebiges Detail aus dem Spätmittelalter und rund um den christlichen Philosophen Leonardo Bruni:

»Bruni mochte glauben, durch eine neue, adäquate und elegante Übersetzung des ›Phaidon‹ (Platons) der angeschlagenen Seelenunsterblichkeit zu Hilfe zu kommen.«

Mancher versuchte es dann später mit James Joyces »Ulysses«, ein schweres Mißverständnis auch dies, und ein drittes wieder ganz anders gelagertes wird gleichfalls von Kurt Flasch (Einführung in die Philosophie des Mittelalters, 1987, S. 29 ff.) vorgestellt:

Im Hochmittelalter geriet eins der Zentralaxiome des christlichen Glaubens, die Prädestinations- und Freiheitslehre, in eine bedrohliche Krise insofern, als das Theologem des sächsischen Mönchs Gottschalk (»De praedestinatione«) wider den vorher dominierenden Fuldaer Abt Hrabanus Maurus und im Sinne des späten Augustinus, Gott bestimme zu ewigem Heil oder ewigem Untergang, von seinen Gegnern leicht, aber entscheidend verfälscht bzw. absichtsvoll mißdeutet wurde dahin: Gott bestimme ergo den Menschen zur »Sünde« – im eben kleinen, feinen und entscheidenden Unterschied zu Gottschalks »doppelter Prädestination« (»gemina praedestinatio«); was alles heute Karol Wojtyla vielleicht gar nicht mehr so genau weiß. Noch wissen will.

Denn die Kirche hat einen, Goethe wußte es, sehr großen Magen. Voll Unkenntnis, Denkfaulheit und Behagen. »Ora et labora«? Nicht einmal die Frage »Arbeit – Fluch oder Segen« konnte und wollte die Christenheit jemals ganz verbindlich beantworten. Die Rehabilitierung der Arbeit erfolgte erst mit dem benediktinischen Bete-undarbeite-Gebot im Gefolge des biblischen Motivs der zu bestrafenden Erbsünde (s. Aaron J. Gurjewitsch, Das Weltbild des mittelalterlichen Menschen, München 1980, S. 293 ff.). Diese Ambivalenz belastet allerdings nicht nur schwer die Christen, sondern auch Karl Marx und seine Leute, mit denen die Christen nach gewissen Amouren in den vergangenen Jahrzehnten heute wieder entschieden weniger verwechselt und verschweißelt werden wollen, Qumran hin und frühchristliche Agape her – ihnen fehlt einfach was: Das entscheidend und unterscheidend Christliche. »Das unterscheidend Christliche« aber, wie mehrfach vorgenannter Hans Küng keineswegs genervt, sondern im Gegenteil und auch im Altenteil noch gefestigter zusammenfaßt, »ist Jesus Christus selber« (a.a.O.). Den man freilich wiederum, wie kein geringerer als Küng nicht müde wird zu akzentuieren, weder mit seinem späteren Christentum, noch mit dem insbesondere katholischen, noch gar mit seiner Kirche velwechsern darf. Neinnein. Sondern was speziell diese betrifft, so ist es so, daß es offenbar Menschen gibt, »die in zwei Worten sagen können, was sie trotz allem bei ihrer Kirche hält: Hans Küng« (Michael Moxter nicht ganz ohne Neid in seiner FAZ-Rezension von Küngs opus maximum »Das Christentum«, 1994, vom 17. 11. 1994). Denn, mit Küng zu reden: »Jede Ortskirche vergegenwärtigt voll die Gesamtkirche.« Mit anderen Worten: »Des Christentums wirkliches Wesen ereignet sich im Unwesen.«

Eben.

Und womit auch die alte Ora-et-labora-Ambiguität aufgelöst, aufgefasert und aufgefaselt wird. Oder jedenfalls volle Pulle negativer Theologie in sich zusammensackt. Und deshalb ist nach der Auffassung von im Auftrag der Zeitschrift »Eltern« 2023 befragten Schülern und Schülerinnen um 15 Jahre der »stockkonservative« Papst Johannes Paul II. tagsüber schwer am Beten, denn »er ist total heilig« und will deshalb auch, abermals echt negativtheologisch, »den Katholizismus auf Teufel komm raus ausbreiten«; abends aber, wenn die Schatten lilaer werden und die Sonne wie ein riesiger Vollmond hinterm Petersdom untergeht und bei Capri im Meer versinkt, »geht der Papst mit seinen Kardinälen kegeln« (cit. nach: Frankfurter Rundschau, 20. 12. 1995).

Während die Gemeingläubigen bloß am Sonntag nicht arbeiten müssen. Oder jedenfalls auch nicht dürfen. Sondern sich beim Ehren Gottes im Eingedenken an den siebenten Schöpfungstag relaxen sollen. Obwohl natürlich auch das, milde gesagt, ein biblisches Mißverständnis ist. Denn, wie jedermann weiß, nicht nur der Alleinstehende und der Nichtkirchgänger, es ist der Sonntagmorgen ja keineswegs der

Höhe-, sondern vielmehr »der Tiefpunkt der Woche« (Mihaly Csikszentmihalyi, Flow, Stuttgart 1992) – diesen Ostblockmenschen sollte Woityla aber auch schon wegen seines teuflischen Namens sofort exkommunizieren; und darum entschieden krankheitsfördernd (Sándor Ferenczi, Sonntagsneurosen, 1919); dergestalt nochmals Nietzsches Diagnose bestätigend, es müßten diese Christen ihm eigentlich getrösteter aussehen bei soviel Heilserwartung, ja Heilsgegenwart.

Aber, mit Ferenczis Lehrerkollegen Sigmund Freud zu seufzen: »Es ist gewiß ein unsinniges Beginnen, die Religion gewaltsam und mit einem Schlage aufheben zu wollen. Vor allem darum, weil es aussichtslos ist« (1927).

Weil es ist auch ein Mißverständnis, zu wähnen, daß die Menschen daran dächten, ihre ganzen Großmißverständnisse alias »Lebenslügen« (Nietzsche) aufheben und aushebeln zu wollen. Da spricht schon Freuds noch immer nicht widerlegtes Thanatos-Trieberbe darwider.

Und: Je größer ihre immanent-inhärenten Wirrungen und Widersprüche, desto offenbarlich »sauglücklicher« (Margarethe nicht Mitscherlich, sondern Schreinemakers) oder wenigstens -gemütlicher fühlen sich die Mitarbeiter in dieser Religion.

Die assoziierte Theologie merkt es auch und hat was dagegen oder spielt voll mit, ist schon ganz egal. »Alle dogmatischen Kirchen«, bringt der fast wie Küng so beliebte Theologe Eugen Drewermann das Megamißverständnis auf den ihn scheint's beunruhigenden Punkt, »sind das Gegenteil von dem, was Jesus gewollt hat«. Das ist das Gesetz der fluidischen Postmoderne und des flagranten Paradigmenwechsels, nach dem nicht zuletzt auch diese flausenhafte Theologie angetreten – und deshalb setzt Drewermann (Glaube in Freiheit, Solothurn 1993) konsequent auf Liebe, Gefühl und Zweierbeziehung – läßt sich aber das wieder von allesmißverstehenden Neuchristen getrost in Form von hohen Auflagen honorieren. Freiwillige und unfreiwillige Mißverständnisse, wohin das aber garantiert nicht von Gott geblendete Auge schweift. Den »katholischen Meisterdenker« (Eberhard Jüngel) Karl Rahner leitete alles andere als »eine sich selbst mißverstehende religiöse Modernität«, als er schon Jahrzehnte vor seinem Tod am 30. 3. 1984 »den kategorialen Unterschied zwischen Kirche und Welt aufzuheben« (FAZ, 5. 12. 1995) gedachte – und doch wurde er schon ein paar Jahre post mortem von Luise (»Wuschel«) Rinser als ihr ebenbürtig rebellischer Lover und allerdings auch »Fisch« enttarnt, geoutet und entsprechend gefeiert. »Eine der spannenden Fragen dieser praktischen Theologie« (FAZ, ebd.) war nicht so sehr, ob es denn im Spätgefolge von Gottschalk (der Mönch, nicht der andere, der hält sich da vorerst noch raus) stimmt, daß »jeder sich selbst das Urteil spricht« (Rahner); sondern warum Rinser nicht auch gleich noch den ihr gleichfalls bekannten Karl Barth gepackt und als »geborene Rebellin« (Rinser) vernascht hat; um derart endlich des alten abgefallenen Priesters und Theologen Hubertus Mynarek neuesten Befund »Jesus und die Frauen, das Liebesleben des Nazareners« (1995) zu verifizieren oder jedenfalls etwas aufzubessern; nachdem Küng sich offenbar allzeit verweigerte und vielmehr neuerdings in »Große christliche Denker« (1994) im Vormarsch seiner Männerreihe »Väter neuer Paradigmen« es zwar mit den Kirchenvätern Augustin, Gregor, Hieronymus und Ambrosius im wesentlichen doch beim alten ließ, vorgestreiften Karl Barth aber jetzt neuesterdings gern nicht als seinen, sondern als »Vater der Postmoderne« (FAZ vom 15. 3. 1994) installieren, ja inthronisieren und werweiß mitten auf dem Neckarufer kanonisieren möchte. Laut Buchrezensent Klaus Berger gelingt es dem Tübinger Statthalter dabei aber auch nebenbei, aus Origenes einen »kleinen Küng« zu machen (Origenes? Aber war das nicht der, der die Ehe ganz unmodern als »etwas Unheiliges und Unreines« verdammte?); wo doch Küng andererseits in seiner fast gleichzeitig aufgetauchten 1057-Seiten-Schrift (erstaunlich schon, was diese schwäbisch-schweizerischen Gottesmänner wegschaffen) »Das Christentum. Wesen und Geschichte« (München 1994, 88,– DM) vielmehr auf eine »Christologie von unten statt von oben« aufmerksam macht, will sagen: »biblisch-konkret statt seinshaft-ontologisch«, »personal statt naturhaft« und selbstverständlich mit dem Akzent auf »Orthopraxie statt Orthodoxie«.

Allerdings: nicht aufgepaßt hat unlängst Küngs Tübinger Lieblingsschüler Karl-Josef Kuschel. Ist Vater geworden keineswegs der theosophischen Posthistoire, sondern eines leibhaftig eingeborenen Kindes (Tübingen); und wurde deshalb in Bernd Balzers (Hrsg.) Buch »Heinrich Böll, 1917–1985. Zum 75. Geburtstag« (nicht Tübingen, sondern Bern u. a. (!) 1992, S. 354) in einer typisch orthodox-orthopraktischen Vertauschung im Autorenregister als »Privatdozent für Ökonomische Theologie und Theologische Ästhetik an der Universität Tübingen« vorgestellt. Die »theologische Ästhetik«, die hat weißgott noch gefehlt, die wahrlich war lang schon überfällig, während das mit dem »Ökonomischen« kaum eine scheinhaft plane Druckfehleraffaire sein dürfte, sondern eine seinshaft-ontologisch synästhetische Engführungskonvergenz mit der gemeinten anderen Theologie; im Sinne jener Ökumene sowie überhaupt des altgriechisch-neuchristlichen hen kai pan. Noch schwerer wiegt allerdings die Tatsache, daß nach den Beobachtungen des Laientheologen Botho Strauß der schon mehrfach gestreifte »Kardinal Ratzinger der Nietzsche des ausgehenden 20. Jahrhunderts« ist (Brief an Heimo Schwilk vom 20. 10. 1994; abgedruckt schon exakt eine Woche später in der FAZ) – was nur noch durch die Analyse von Patrick Bahners etwa gleichzeitig und gleichfalls in der FAZ aufgebessert und akutisiert wird, Ratzinger habe auch »mit Habermas mehr gemein«, als unsere Schulweisheit sich sonst schon alles mögliche weismachen läßt.

Heißt doch »Habermas« auch eigentlich »Habermus« und ist etwas sehr, sehr Gesundes und durchaus Wohlschmeckendes.

»Kann denn«, frägt Natanael anläßlich der Berufung der ersten Jünger (Johannes 1,46), »kann denn aus Nazareth etwas Gutes kommen?« Langfristig sicher:

Über Drewermann und seine uns für gutes Geld ans Herz gelegte Zweierbeziehung führt andererseits im ökonomisch-orthopraktischen Kontext der neuesten und gewechselten Paradigmata und spätestzeitlichen Paradoxa hinaus der Fernsehleiter und Buchautor und Menschheitserneuerer Franz (»Jesusnachfolger«) Alt; insofern er seinem zumindest vom Piper Verlag gefeierten Bestseller »Liebe ist möglich« auch noch das Preisschild mit der Aufschrift »Hier kriegt man noch was für die Knete« beigemischt kriegt wie den liturgischen Wein zum allzu reinen Wasser.

Zum paradigmenwechselresistenten Zweck der Knete gleichfalls »in A. N. Wilsons Jesus-Schmarren geht es drunter und drüber« (Klaus Berger in seiner FAZ-Rezension von Andrew N. Wilsons Buch »Der geteilte Jesus. Gotteskind oder Menschensohn«, München 1993). Allerdings auch schon im Originaltext, in den entschiedenen Wirren und schließlich entwaffnenden Mißdeutbarkeiten rund um die div. kanonisierten und nichtkanonisierten Bibel-Formationen, Bibelübersetzungen und nichtanerkannten Randtexte (Die Apokryphen. Verborgene Bücher der Bibel, Augsburg 1990), von den sog. Pseudepigraphen hier nicht einmal mehr entgeistert zu stöhnen. Daß z. B. Ochs und Esel an der bethlehemischen Krippe wie die Namen der heiligen drei Könige nur apokryph belegt sind und nämlich aus dem sog. Pseudo-Matthäusevangelium stammen, mag dem Gutwilligen noch wenn auch widerwillig demütig einleuchten; weil Ochs und Esel sind ja wohl das Beste an der Sache. Entschieden heikler, und ja wohl trotzdem auch gravierender, nochmals die bibelmanifeste Nachfolgerfrage. Denn andererseits setzte wohl, wie man sich erinnert, Jesus den Simon Petrus ausgerechnet nach einem symbolischen »Fischzug« (Rahner!) dazu ein, seine »Lämmer zu weiden« und ernannte ihn mit dieser »Schlüsselübergabe« zum Oberhirten des »Felsens« als »Fels«. Andererseits hatte er, Jesus, ja eigentlich auch bereits den Apostel Philippus, wenn auch nicht ganz unmißverständlich, zu seiner Nachfolge aufgefordert (Johannes 1,43–46). Und eben dieser nachmalige Heilige Philippus aber war einer der zwölf Apostel und darf jedoch wiederum nicht, darf keinesfalls verwechselt und verschwiemelt werden mit jenem sodann von eben den Aposteln zu einem der sieben Diakone (Almosenpfleger) bestellten gleichfalls Heiligen Philippus (Apostelgeschichte 6,1–6), der alsdann in Samaria den Zauberer Simon (nicht: Simon Petrus!) tauft, welcher seinerseits jedoch von dem schon rechtmäßig wirksamen Oberhirten Simon Petrus zurückgewiesen werden muß (s. Reclams Lexikon der Heiligen und der biblischen Gestalten, 1991, S. 479).

Weniger drunter und drüber zugeht es schon wieder im Marien-Fach. Denn nicht allein zwischen Verkündigung und Jesus' Geburt liegen im katholischen Kirchenjahr genau neun Monate. Sondern auch zwischen Mariä (unbefleckter) Empfängnis durch Anna am 8. Dezember und Mariä Geburt am (darauffolgenden) 8. September. Beidemale: genau neun Monate. Da hat tatsächlich wer aufgepaßt.

Ob alles besser würde, wenn man noch über die Jungfrau Maria hinaus die Frauen mehr machen ließe? Wenn man im Sinne von Elga Sorge (Gesamthochschule Kassel, 1985ff.) endlich so wie aus der Helga eine Elga ebendeshalb aus dem Vater-»Gott« eine »Göttin« machte? Ein zartest tiefer Kleistscher Seufzer »Ach!« aus Alkmenens Weibermund erteile erste Auskunft. Und eine zweite dann im Klartext aber doch George Orwell: »Man kann nicht zugleich katholisch und erwachsen sein.«

e. h.

Gott und die Bibel

»Mißverständnisse von Jahrtausenden« – eine Ergänzung

Auch Gott ist Mißverständnissen ausgesetzt. In dem Band »Begegnungen. Autobiographische Fragmente« (1960) gelangt Martin Buber zu dem Schluß, »daß die Menschen und die Menschengeschlechter dazu neigen, Gott mißzuverstehen. Der Mensch ist so erschaffen, daß er verstehen kann, aber nicht verstehen muß, was Gott ihm sagt. Gott gibt den erschaffenen Menschen den Nöten und Ängsten nicht preis, er leiht ihm den Beistand seines Worts, er spricht zu ihm, er spricht sein Wort ihm zu. Der Mensch aber horcht nicht getreuen Ohrs auf das ihm Zugesprochene, er vermengt schon im Hören Himmelsgebot und Erdensatzung miteinander, Offenbarung des Seienden und die Orientierungen, die er sich selber zurechtmacht. Von diesem Tatbestand sind auch die heiligen Schriften der Menschen nicht ausgenommen, auch die Bibel ist es nicht. Es geht letztlich nicht darum, daß diese oder jene Person der biblischen Geschichtserzählung Gott mißverstanden hat; es geht darum, daß in dem Werk der Kehlen und der Griffel, aus dem der Text des ›Alten Testaments‹ entstanden ist, sich wieder und wieder Mißverstehen ans Verstehen heftete, Hergestelltes sich mit Empfangenem verquickte. Wir haben kein objektives Kriterium für die Scheidung; wir haben einzig den Glauben, – wenn wir ihn haben.«

Die Korrektur von Buchstabenverwechslungen, mutmaßlichen Hörfehlern, Flüchtigkeitsfehlern, Irrtümern, Verniedlichungen, Entstellungen, Vergröberungen und Fälschungen in der Überlieferungsgeschichte der Bibel ist eine philologische Herausforderung, die der jüdische Theologe Pinchas Lapide in den beiden Bänden seiner Untersuchung »Ist die Bibel richtig übersetzt?« (1986/94) angenommen hat. In der Fülle der Übersetzungsfehler, vorsätzlich oder fahrlässig ungetreuen Ohrs begangen, finden sich knollige Details, aber auch Klitterungen, die seit Jahrhunderten das antisemitische Ressentiment nähren.

Es führe zwar »zu wesentlichen Umdeutungen, Mißverständnissen und Sinnverzerrungen«, wenn die Bibel »kalt gelesen, zerebral ausgelegt und wissenschaftlich entmythologisiert« werde, schreibt Lapide, aber ihre kritische Lektüre sei unumgänglich: »›Ein gemeines, niederträchtiges Frauenzimmer‹ bedeutete noch vor 200 Jahren in deutschen Landen eine Dame aus der besseren Gesellschaft, die sich leutselig mit den niedrigen Volksschichten befaßte. Was es heute besagt, bedarf keiner Erklärung. Wenn also ein hohes Kompliment sich binnen zwei Jahrhunderten auf Neuhochdeutsch in eine einklagbare Verleumdung verwandeln kann, wie kann man dann von griechischen Vokabeln und hebräischen Aussprüchen, die Jahrtausende alt sind, auf anderen Erdteilen und unter denkbar andersartigen Umständen geschrieben wurden, erwarten, sie sollen uns heute dasselbe besagen, was sie anno dazumal zum Ausdruck brachten?«

Vor allem gelte das für Begriffe wie »Gnade«, »Glaube«, »Sünde« und »Buße«, »die die Mißverständnisse von Jahrtausenden mit sich schleppen« und sich aus dem vorderen Orient der Antike überhaupt nicht in die westliche Moderne übersetzen ließen. In einem anderen Fall gründe sich eine ehrwürdige ikonographische Tradition des Westens auf einen Lesefehler in der lateinischen Vulgata, dem der Apfel seine Rolle in der Geschichte vom Sündenfall verdanke. »Dort heißt es nämlich aus Schlangenmund: ›Eritis sicut Deus, scientes bonum et malum‹, auf deutsch: ›Ihr werdet sein wie Gott, wissend das Gute und Böse‹, wobei das letzte Wort ›malum‹ auf lateinisch sowohl ›böse‹ als auch ›Apfel‹ bedeuten kann. Eben dieser ›böse Apfel‹ wurde dann vier Zeilen zurückprojiziert in die Hände der Eva, die ihr Leben lang nie einen Apfel gesehen, geschweige denn gegessen hat.« Tatsächlich seien Äpfel erst im 19. Jahrhundert in den Orient exportiert worden.

Auch das Kirchenlied »Es ist ein Ros' entsprungen« beruhe »auf einem Mißverständnis, dem die Adventsblume ihren Ursprung verdankt. In Jes 11,1–2 heißt es: ›Es wird ein Reis hervorgehen aus dem Stamme Isais und ein Zweig aus seiner Wurzel wird Frucht bringen.‹ Wie aus dem ›Reis‹ eine ›Rose‹ wurde, ist unbekannt, mag aber auf einem Lesefehler beruhen oder der üppigen Phantasie des alten Dichters entsprungen sein.«

In biblischer Zeit habe das Rote Meer »Jam-Suff« geheißen, das »Schilfmeer«, wegen seiner Schilfrohr-Gestade. 1375 habe John Wyclif, bei der ersten vollständigen Übersetzung der Bibel ins Englische, das »Schilfmeer« korrekt mit »Rede Sea« übersetzt, eine Bezeichnung, die Luther in Vorbereitung seiner eigenen Übersetzung als »Red Sea« mißverstand und übernahm. So sei aus dem antiken Schilfmeer das Rote Meer entstanden.

Den medizinhistorisch unglaubwürdigen Besuch Jesu »zu Bethanien im Hause Simons des Aussätzigen« (Matthäus 26,6, aber auch Markus 14,1) führt Lapide auf eine Buchstabenverwechslung zurück: »Eine Rückhebraisierung ermöglicht die Annahme, daß die Urschrift von einem ›Schim'on ha-Zanua‹ sprach, was nur allzu leicht als ›Schim'on ha-Zarua‹ verschrieben oder fälschlich entziffert werden konnte – um so mehr, als sich die Buchstaben Nun und Resch in der qumranischen Paläographie ähneln.« Schim'on ha-Zarua sei Simon der Aussätzige, aber Schim'on ha-Zanua sei Simon der Essener – »ein gewisser Simon indes, der zum Orden der Essener gehörte«, wird auch von Flavius Josephus erwähnt (Geschichte des Jüdischen Krieges II,7,3).

Jesu Aufforderung an den Kranken am Teich Bethesda (»Steh auf, nimm dein Bett und geh hin!«) beruht nach Lapide auf einer möglichen »Fehllesung des hebräischen Corpus delicti. Das beanstandete

Bett (›mitta‹ auf hebräisch) mag ursprünglich ein Stock (›matte‹) gewesen sein, der in der vokallosen hebräischen Orthographie mit denselben drei Konsonanten (m-t-h) buchstabiert wird. Genau dieselbe Fehllesung finden wir in der Septuaginta-Übersetzung von Gen 47,31, wo das Kopfende des Sterbebettes Jakobs zum griechischen ›Stock‹ fehlübersetzt worden ist. Zu guter Letzt leuchtet es wohl auch ein, daß ein Gelähmter sich eines Stockes bedient, aber kaum imstande sein dürfte, sein Bett mit sich herumzutragen – auch nicht Minuten nach seiner Heilung.«

Dem Jesuswort, wonach ein Kamel leichter durch ein Nadelöhr gehe, als ein Reicher ins Reich Gottes komme (Matthäus 19,24), liegt laut Lapide »ein entstellender Übersetzungsfehler« zugrunde. »Auf aramäisch bedient Jesus sich nämlich eines geflügelten Wortes: ›Eher geht ein Schiffstau durch ein Nadelöhr, als ein Reicher in den Himmel kommt.‹ Wegen eines falschen Buchstabens im Originaltext wurde das Tau (›gamta‹) aus dem Gleichnis zum Kamel (›gamal‹) – und das Wortspiel erlitt eine arge Entstellung.«

Die Bemerkung, daß ein Schiffstau zum Kamel geworden sei, berührt keine Glaubensfrage. Ins Zentrum der religiösen Gefühle zielt jedoch Lapides Mitteilung, daß sich Gegner der Todesstrafe und Kriegsdienstverweigerer keineswegs mit göttlichem Segen auf das Gebot berufen könnten, welches das Töten verbietet: »Nun steht aber in der Hebräischen Bibel das Verbum ›razach‹, das nicht jede beliebige Art zu töten meint, sondern ausschließlich ein Töten, das außerhalb des Gesetzes geschieht. Es kann je nach dem Zusammenhang ›ermorden‹, ›unabsichtlich töten‹ oder ›in Leidenschaft töten‹ bedeuten. Nie aber wird das Verbum gebraucht für Töten im Krieg oder für die gesetzliche Hinrichtung von Verbrechern. Es bietet daher keine Handhabe für die Abschaffung noch gegen die Ableistung des Wehrdienstes.«

Und wenn Umweltschützer dem Gott des Alten Testaments wegen seiner Aufforderung an die Menschen, sich die Erde untertan zu machen, zürnten, beruhe auch das nur auf einem Mißverständnis: »Kein anderes Wort aus dem Schöpfungsbericht wurde so arg verzerrt, so selbstherrlich mißverstanden und fehlgedeutet wie diese Übersetzung Luthers, der noch in einer Randbemerkung hinzugefügt ist: ›Untertan, d. h. die Erde soll Euch hierin dienen, tragen und geben‹, was nur als eine bibelwidrige Entwürdigung der Schöpfung erachtet werden kann, die als willenloser Untertan ausgebeutet und ausgenutzt werden darf. Im hebräischen Urtext hingegen ergeht der Auftrag an den Menschen, Gottes Welt zu betreuen, nicht zu unterjochen; zu regieren, icht zu usurpieren; weise und umsichtig zu verwalten, zu erhalten und zu entfalten als Treuhänder Gottes, der diese gute Schöpfung seinen Kindern anvertraut hat.«

Immer wieder seien in der Überlieferungsgeschichte alttestamentarische Gütebeweise zu Zeichen der Gewalt und der Rache umgedeutet worden, wie jenes Zeichen, welches Kain verliehen worden war, »daß ihn niemand erschlüge, wer ihn fände«. Im Christentum sei es nicht als Zeichen des Schutzes, sondern der Schande verstanden worden: »Die landläufige Vorstellung vom Kainszeichen als Schandmal, die im Hochmittelalter der Kirche vorschwebte, als sie die Juden zwang, einen absondernden Judenfleck zu tragen (›als Brudermörder Christi‹), hat Hitler als gelben Judenstern nicht erfunden, sondern von der Kirche plagiiert. So wurde aus Gottes Schutzzeichen gegen weiteres Blutvergießen, dem Anzeichen Kains anfänglicher Buße und dem Lichtzeichen göttlicher Langmut – ein Strafzeichen menschlicher Gehässigkeit, als Brandmarkung für ein Verbrechen, das keiner der leiblichen Brüder Jesu begangen hat. Und all dies noch dazu im Namen Gottes und Seiner Heiligen Schrift!«

Lapides Empörung gilt denen, die aus dem Gott des Alten Testaments einen furchtbaren Rachegott konstruiert hätten. »Ich, der Herr, dein Gott, bin ein eifriger Gott, der da heimsucht der Väter Missetat an den Kindern bis in das dritte Glied, die mich hassen«, heißt es in 2. Mose 20,5 – für Lapide ein Mißverständnis: »Denn hier geht es, wie der Kontext klarstellt, um ein ›Überprüfen; einer Sache nachgehen‹; um die Sünder im Falle von Rückfall oder Reuelosigkeit ›zur Rechenschaft zu ziehen‹. So hieß es denn auch im Probedruck der Einheitsübersetzung: ›Er geht der Schuld der Väter nach bei Kindern und Kindeskindern.‹ Das besagt dann, daß Gott keineswegs kollektive Vergeltung an den Nachkommen eines Sünders übt, sondern daß er lange wartet – ist er doch ›barmherzig, langmütig und von großer Gnade‹ (Ex 34,7) – und beobachtet, ob die Sünde der Väter auch noch bei ihren Kindern und Enkeln nachwirkt, indem sie im Sinn des bösen Beispiels Nachahmer findet oder ob sich die Nachkommen von den Sünden ihrer Väter distanzieren. Erst dann, und nur dann, wenn die Nachkommen ebenso sündigen wie ihre Väter es getan haben, greift Gott strafend ein. Leider kam es bei der endgültigen Revision der Einheitsübersetzung nach langer Debatte zu einer absichtlich zweideutigen Kompromißlösung: ›Er verfolgt die Schuld der Väter an den Söhnen in der dritten und vierten Generation‹ (Ex 20,5). ›Verfolgen‹ kann nun entweder im Sinn von strafrechtlicher Verfolgung wie im Sinn einer aufmerksamen Weiterverfolgung einer sittlichen Handlung in den späteren Generationen verstanden werden. Was aber hier vor allem auf Anhieb mitschwingt für unsere heutige Nachkriegsgeneration, ist der rachsüchtige Nachhall eines Nachjagens zwecks Bestrafung, Unterdrückung oder gar Tötung; ein Mißklang, der dem Urtext keineswegs entspricht, sondern bedauerlicherweise dem hebräischen Gottesbild Gewalt antut.«

Denn das berüchtigte Talionsgesetz – »Auge um Auge, Zahn um Zahn« – sei immer als eins der Grausamkeit und der Blutrache mißverstanden worden, während es tatsächlich einen wesentlichen Fortschritt gegenüber der Wüstenethik der vorbiblischen Zeit bedeutet habe, den ersten Schritt »zu einer allmählichen Verfeinerung der menschlichen Moralität, wie sie später bei den Propheten Israels zum beredten Ausdruck kam« und auch in dem scheinbar eindeutigen Zitat Gesetzeskraft erhalten habe. Lapide tritt »dem zählebigen Mißverständnis, das mit dem Rumpfzitat ›Auge um Auge, Zahn um Zahn‹ weiter wuchert«, entgegen. Es sei damit nur gemeint, daß ein Schädiger den Geschädigten gerecht zu entschädigen habe: »Folglich mußte jemand, der seinem Mitmenschen eine Verletzung schlug, nicht selbst eine erhalten, sondern ihm den Gegenwert einer Verletzung, das ist gemäß richterlichem Urteil die entsprechende Ersatzzahlung, leisten.« Martin Buber habe die entsprechende Bibelstelle genauer übersetzt: »Geschieht das Ärgste aber, so gib Lebensersatz für Leben; Augersatz für Auge; Zahnersatz für Zahn.«

Das sind erstaunliche Korrekturen geläufiger Bibelstellen, wo vorher Himmelsgebot und Erdensatzung ununterscheidbar eng vermengt geschrieben standen. Wer sich alles gemerkt hat und sich zum theologischen Disput gerüstet glaubt, sollte trotzdem lieber auch das nächste Mal darauf verzichten, die Zeugen Jehovas hereinzulassen. Denn letzten Endes zählt ja leider Gottes auch der zähe Streit um seine Worte, neben »Sterben, Wiedergeburt und Fleischessen«, zu den »Flachgeist-Themen der Zeit«, von denen der Trendforscher Richard Kähler 1986 schrieb, es seien »Dinge, über die man sich stundenlang unterhalten kann, aber nicht muß«.

g. h.

Philosophie und Wissenschaft

Von Heidegger über Sartre zu Edel und Hegel

Nach dem verlorenen Hitlerkrieg wollte Heidegger sich mit Sartre zusammentun, und das muß absolut furchtbar gewesen sein. In einer »kleinen Skihütte können wir zusammen philosophieren und von dort aus Skitouren im Schwarzwald unternehmen«, schrieb der leidenschaftliche Skifahrer Martin Heidegger am 28. 10. 1945 an den leidenschaftlichen Kettenraucher (damals: ca. 80 Gauloises pro Tag) Jean-Paul Sartre nach Paris, denn »es gilt, mit dem höchsten Ernst den Weltaugenblick zu erfassen und ins Wort zu bringen, über alle bloßen Parteiungen, Modeströmungen, Schulrichtungen hinweg, daß endlich die entscheidende Erfahrung erwacht, wie abgründig im wesenhaften Nichts der Reichtum des Seins sich verbirgt. Ich grüße Sie als Weggenossen und Wegbereiter. Ihr Martin Heidegger. Ihr Hauptwerk muß unbedingt ins Deutsche übersetzt werden« (cit. nach: FAZ).

Die Wahrheit sah natürlich etwas anders aus. Heidegger stand zwar nicht gerade abgründig im wesenhaften Nichts, aber auch nicht gerade im Reichtum des Seins. Sondern wegen seiner langjährigen und nur kurz zurückliegenden Naziaffiziertheit ganz schön im Schatten wenn nicht in der Scheiße, und nachdem es mit dem Nationalgermanischen und Völkischwesenhaften nicht recht geklappt hatte, sollte es nun also schlauerweise die mehr europäisch-internationale Raun- und Murmelbühne sein. Aufgefallen war Heidegger unmittelbar nach Beendigung des Zweiten Weltkriegs nach Vermittlung durch einen gewissen Towarnicki, daß Sartres bis dahin als »Hauptwerk« geltender Koloß »Das Sein und das Nichts« von 1943 irgendwie seinem, Heideggers, eigenen bis dahinnigen Hauptwerkbrummer »Sein und Zeit« (1927) glich oder jedenfalls ähnelte, auch wenn sein Verfasser dies »Sein« kurz darauf reichlich nochunfranzösischer in »Seyn« umgedeutet hatte – es wollte aber jener Frédéric de Towarnicki in seiner Eigenschaft als Kulturbeauftragter der französischen Armee nach einem ersten Besuch bei Heidegger partout eine leibhaftige Begegnung zwischen ihm, Heidegger, und dem französischen Philosophen herstellen, ja ein Treffen über den »Existentialismus« organisieren, also über »das neue Pariser Zauberwort, das aus dem Schwarzwald kam« (Dieter Thomä in der FAZ vom 30. 11. 1993) – Towarnicki lieh ihm dazu auch Sartres ja tatsächlich von Heidegger (und Hegel) mehr oder weniger beeinflußtes

»Das Sein und das Nichts«, Heidegger im Wiedergutmachungs- und wechselseitigen Proselytenmachereifer muß sogar ein bißchen darin gelesen haben – und in der Folge dann also der erwähnte, lange unbekannte, zuerst Ende 1993 in Französischübersetzung (»A la rencontre de Heidegger«) von Towarnicki publizierte, inzwischen auch im Original bzw. als dessen Fotokopie aufgefundene und vorgestellte Brief. »Heidegger hatte lange gezögert«, so Hugo Ott, der das offenbar weiß, in der FAZ, »diesen Brief zu schreiben, nachdem das von Towarnicki angeregte Treffen mit Sartre nicht zustande kam.« Und, auch nicht unapart: »Auch weil er mit einem Brief an den Sorbonne-Philosophieprofessor Emile Bréhier (1876 bis 1952) ins Leere gelaufen war und ohne Antwort blieb.«

Der Brief an Sartre war für Heidegger »in diesen schweren Wochen« der Griff »nach dem letzten Strohhalm« (Ott), denn, wie er seinem Vertrauten Rudolf Stadelmann – auch dieser goethische Zufall half offenbar erst mal wenig – am 30. 11. 1945 nach Tübingen schrieb: die Franzosen wüßten zwar, daß seine, Heideggers, Arbeit in Frankreich »das Denken und vor allem die Haltung der Jugend in geistigen Dingen bestimmt und erregt« (man muß sich das, nebenbei, einmal vorstellen: diese Haltung der in ihren kleinen esprithaften Autos toujours voll l'amour und grâce et charme den petites Französinnen nachschwirrenden Jeunesse-Männlein) –

– Towarnicki übrigens, so Ott, »war nicht der einzige, der an Heideggers Pforte angeklopft hatte«. Aber, so vorsichtig wiederum Heidegger: »Solche Einflußnahme unseres Denkens in Frankreich wage ich erst dann, wenn gleichzeitig mir die Möglichkeit gegeben wird, für die Deutschen meine Arbeit zugänglich zu machen.«

Dazu aber kam es nicht, jedenfalls nicht direkt, Heideggers Brief blieb ebenso unbeantwortet, wie der Besuch Sartres (unseres Wissens turtelte er damals grad lieber um Juliette Gréco rum) in der »Hütte« in Todtnauberg unterblieb – der »notorische Café-Hocker« (Dieter Thomä) blieb trotz der lukrativen Übersetzungs-Zaunpfahlwinke lieber im Bistro chez Simone de Moulin-rouge am Place de l'existentialisme hocken und festigte so die Huis-clos der französischen Prépondérance im Sinne der allg. Résistance – Heidegger aber fiel anschließend in die »tiefste Krise Heideggers«, so Thomä, »es war persönlich wie philosophisch eine Zeit der Verlassenheit. Der Tiefpunkt dieser Krise war im Frühjahr 1946 erreicht, als er sich zur psychosomatischen Behandlung ins Sanatorium Viktor v. Gebsattels begab – ein Besuch, dessen Umstände noch im dunkeln liegen. Manche pathetische Wendung in Heideggers Brief an Sartre ist sicher als ein Versuch zu verstehen, in der Gemeinsamkeit großer Geister seine politische Verstrickung vergessen zu machen und sich zum ersten Deuter der Zeit zu berufen. Durch diese Kombination von Motiven ließ sich Sartre, der bei sich selbst und bei anderen voller Leidenschaft das bürgerliche Bewußtsein zu sezieren pflegte, wohl kaum irreführen.«

Sondern wandte sich jetzt lieber doch in der Not wieder Edith Piaf zu. Während Heidegger ab sofort ebenso taktisch wie vergrätzt umdachte und ab sofort vom »Existentialismus« nichts mehr hielt.

»Einer verbreiteten Auffassung zufolge«, so ergänzend Joseph Hanimann in der FAZ vom 22. 12. 1993, »trennte Sartre und Heidegger ein Mißverständnis«, weit über Schwarzwald, Hitler und französische Jugend hinaus. »Daran«, so berichtet Hanimann uns weiter, glaube aber nun in seinem Buch »Sartre, le dernier philosophe« (1993) ein gewisser Alain Renault, »keinen Augenblick«. Vielmehr, referiert uns Staunenden Hanimann den Renault, »hätten die beiden in einem offenen, von Sartre klar erkannten Gegensatz gestanden. Sartre habe die Phänomenologie in einer der Auffassung Heideggers genau entgegengesetzten Richtung ausgelegt: nicht auf ein das Subjekt auslöschendes Dasein hin, sondern im Sinne einer Rettung des autonomen Subjekts.«

Und davon sollte Heidegger nichts mitgekriegt haben? Und Renault, allerdings auch wegen anderweitiger Reibungen zwischen Sartre, Marx, Freud, Emmanuel Lévinas, Paul Ricœur, Claude Lefort, Rousseau, Kant und Fichte, »befürchtet neue Mißverständnisse« (Hanimann)? Wie auch immer, jedenfalls ist schon der Heideggersche Plan die beste Skihüttengeschichte sogar vor Siegfried Unselds noch immer leider nur als Privatdruck zugänglicher Vorarlberg-Schneesturm-Novelle »Abfahrt« aus dem Jahr 1968.

»Die glühende Lavamasse eines Mißverstehens«, welche laut Franz Roh (S. 310) immerzu bei der künstlerisch-antagonistischen Neugestaltung der Welt zu entstehen pflegt, als zerebrale Konfusion im Verein mit dem »Trägheitsgesetz menschlichen Aufnehmens« (S. 329): selbstverständlich überschwemmt sie auch die gesamte Philosophiegeschichte. »Der Welt melden Weise nichts mehr«, meldeten götterdämmerungsthematisch Richard Wagners drei Schicksalsnornen 1876; genaugenommen hatten sie schon vorher wenig zu vermelden; bzw. sie meldeten vielleicht das Rechte und Richtige, aber die Welt schnappte es halt beharrlich unrichtig auf. Und auch die Rückverbesserer machen die Sache ja oft entschieden nicht klarer. Rousseaus »Retournons à la nature« von 1762 beinhaltet zwar tatsächlich keineswegs, wie das Gerücht es will, die Aufforderung, wir hätten jetzt alle schleunigst auf die

Bäume zurückzumachen; aber auch keineswegs, wie Roh (S. 35) es will, das Programm des Musikschriftstellers und Singspielkomponisten Rousseau, »thematische Mehrstimmigkeit feierlich in Bann zu legen«. So wie Roh auch keineswegs recht hat, wenn er (S. 39 ff.) Mozart gegen Wilhelm v. Kügelgen (Jugenderinnerungen eines alten Mannes, 1870) und seinen Vorwurf, Mozart habe automatenhaft, »wie ein Leierkasten«, komponiert, in Schutz nimmt und sich in die Bresche wirft: Partiell war Mozart, wie Bach, wirklich einer, er konnte gar nicht anders als sein wesentlich mechanistisches Zeitalter.

Und wie der angebliche Zivilisationskritiker Rousseau hat auch sein später Nachfahr, der angebliche Zivilisationskritiker Claude Gustave Lévi-Strauss, nicht so sehr unter dem Etikett des »Vaters des Strukturalismus« zu leiden, sondern gleichfalls unter den Wirren, die offenbar die Begriffe des »Wilden« und »Fremden« auslösen. Worin Lévi-Strauss' Essentielles wie des zu Ende gehenden Jahrhunderts »Authentisches« bestehen dürfte, frägt sich Henning Ritter (FAZ, 27. 11. 1993) und vermutet: »Am wenigsten in dem, wozu es sich lautstark bekannt hat und worin es seine Unverwechselbarkeit sehen wollte. Ins Auge springt vielmehr der Verbrauch an Authentizität, der es in Gestalt des Primitiven, des Exotischen bis in die entlegensten Winkel nachgejagt ist ... Das Reservoir des Authentischen, im Eigenen wie im Fremden, scheint ausgeschöpft. Das lehrt eine Betrachtungsweise, die sich, statt der die Normen durchbrechenden Authentizität zu huldigen, die Naivität der Zeitlosigkeit erlaubt. Die Kategorie des ›Fremden‹, die zu Beginn der Laufbahn des Ethnologen Lévi-Strauss noch einen realen Gegenwert versprach, eine Würde, die der des Europäers überlegen wäre, ist seither zu einer Spielmarke in moralischen Transaktionen geworden, bei denen es um nichts anderes geht, als den eigenen Wert durch einen zusätzlichen Wert zu erhöhen.«

Eine berühmte Mißverständnisballung (um es vorsichtig zu sagen, andere, wie Derek Freeman 1983, vermuten frank Betrugsabsicht) im Raum der ethisch-ethnologischen Wilden-Börse stellen auch die bekannten Südseesexualforschungsgegenstände der Margaret Mead von 1935 ff. über die Geschlechterrollen bei den aber dann doch gar nicht so paradiesischen Urvölkern von Samoa. Bei Lévi-Strauss aber gesellten sich noch ganz andere Falschverständnisse rund um »Das wilde Denken« (1962) und seinen besonderen Strukturalismusbegriff hinzu. Zum Beispiel, so Ritter, der methodologisch obskure Umgang von Linguisten und Sozialwissenschaftlern mit dem Begriff; seine Inanspruchnahme durch die Pariser Jugendbewegung von 1968; die ihm, Lévi-Strauss, peinliche Vermengelung mit Roland Barthes, Louis

Althusser, Jacques Lacan und dem kaum je vermeidlichen Michel Foucault »in einem Atemzug« (Ritter).

Meistens behält der Künstler/Wissenschaftler bzw. sein Werk gegen die Fehldeuter und Legendenbildner recht und wirkt auf Dauer doch als verläßliche Bastion wider alles falschmünzende Unheil. In seltenen Fällen kann wohl auch der Deuter dem Schöpfer gewisse Fehlperspektiven nachkorrigieren – Johann Peter Eckermann wußte oder ahnte bestimmt nicht, daß seine »Gespräche mit Goethe in den letzten Jahren seines Lebens« von 1836–48 primär und genuin und ganz integral ein komisch-humoristisches Buch über eine doppelte Abhängigkeit war und ist, im Sinne genau jenes tiefsinnig Halbscherzigen, als das der späte »Faust«-II-Goethe selber das Humoristisch-Poetische verstand. Ganz verwirrend ist die diesbezügliche Lage bei einem noch etwas älteren Herrn, einer immer auch ein wenig brüchigen angeblichen Säule der abendländischen Geistesgeschichte: Gottfried Wilhelm Leibniz' nicht unberühmte, ja sprichwörtlich und zeitweise sogar schulaufsatzfähig gewordene »prästabilierte Harmonie« in der »besten aller möglichen Welten« wurde zwar nachweislich schon deshalb seitens Voltaire im Zuge des »Candide« von 1759 wider besseres Wissen verspottet, weil es der Autor so wollte, weil es nämlich Effekt machte. Leibnizens vielbesagte »Theodizee« von 1710 machte sich ja umgekehrt keineswegs über das Böse und das Leid in der Welt lustig und billig; sondern spekulierte nur stellvertretend für den Schöpfergott über ein dialektisch, wenn auch kaum moralisch ausbalanciertes Universum in unvollkommener Vollkommenheit – »als Theorie über das Verhältnis Gottes zu seiner Schöpfung« (Lothar Müller in der FAZ vom 4. 10. 1994). Allein, »der Polemiker Voltaire, vom Erdbeben von Lissabon sehr erschüttert, hat«, weiß ergänzend Peter Körte in seinem Artikel zu Leibnizens 350. Geburtstag (Frankfurter Rundschau, 1. 7. 1996), »das Mißverständnis vorgezogen«.

Mehr schon selber schuld an der definitiv infiniten Kette von Fehlverständnis durch Vielauslegbarkeit war Leibniz dagegen wohl im Fall seiner »Monadologie« von 1714: Denn die dort vorgestellte und wohl von Giordano Bruno entliehene Idee der »Monade« als der kleinsten Einheit innerhalb der lex continui von der unendlichen Vielheit bis zur unendlichen Kleinheit kollidiert nicht nur schon in Paragraf 3 mit der der altgriechisch-demokritischen »Atome« – »Monaden sind also die wahren Atome der Natur« (»les véritables Atomes de la Nature«), schreibt Leibniz vollends rätselhaft, und das ist wohl nicht viel sinnvoller als zu vermelden, Rembremerdeng sei der wahre Wrdlbrmpfd Karl Valentins. Auch die ferneren Leibnizschen Entfaltungen vergeheimnissen und verschwurbeln nur weiter: daß jede dieser »fensterlosen« Monaden, die aber trotz dieser Fensterlosigkeit einer stetigen »Veränderung unterworfen sind« (Paragraf 10) als Organismus, als »lebendiger, der inneren Tätigkeit fähiger Spiegel des Universums« zu deuten sei, gleichzeitig aber besonders als Individuum; daß Monaden aber außerdem, anders als die Materie »Atom«, auch Form, Kräfte, Punkte bezeichnen; daß dritterseits ihren Lebensgrund die unendliche Zentralmonade der Welt, die Gottheit, bilde usw.: Kein Wunder, daß selbst Goethe in seinem berühmten und sehr bewegenden Spaziergangsgespräch mit Johannes Daniel Falk an Wielands Begräbnistag, dem 25. 1. 1813, im Zusammenhang der Leibnizschen Monadenlehre wohl einiges durcheinanderbrachte bzw. goethisch frei verfügte, vorzüglich im Sinne seiner eigenen Seelensalvierung; und z.B. die »Monaden« eben mit den alten »Seelen« gleichsetzte sowie die Großmonaden bzw. die »Hauptmonas« sich als sozusagen spirituelle Planeten resp. als »unverwüstliche« Sonne zurechtlegte; zu welcher – »ein humoristischer Einfall«, notiert Falk – das »niedrige Weltgesindel« als ein »wahres Monadenpack, womit wir in diesem Planetenwinkel zusammengeraten sind« aber offenbar nie vorangelange; und, schweift Großmonade Goethe gänzlich von Mittelmonade Leibniz ab und ins Blaue hinein, es »möchte wenig Ehre von dieser Gesellschaft, wenn sie auf andern Planeten davon hörten, für uns zu erwarten sein«.

»Hintergründig und widerspruchsvoll ist der Gang der menschlichen Geistesgeschichte«, bilanziert binsenweisheitsnah Egon Friedell zumindest für die »Kulturgeschichte der Neuzeit« (S. 1193) und jedenfalls des Okzidents; und, noch eins weitergedreht: »Geschichte wird erfunden« (S. 948); denn, im Gefolge von Benedetto Croce oder auch Nietzsche: »Alle Historiker erzählen von Dingen, die nie existiert haben, außer in der Vorstellung.« Ähnlich sieht es Theodor Lessing in seiner »Geschichte als Sinngebung des Sinnlosen« von 1919, wo er von »der dichterischen Gewalt der Geschichte« redet, in einem etwas schillernden Mehrfachsinn. Geistes- und Kulturgeschichte dünken uns durch Text und Notenschrift zum Flötenlied in einem besonderen Maße konsistent und erhärtet und in der Folge »unverlierbar«, aber auch sie reifen und verschimmeln rasch zu Poesie und Humbug. Zu einem Mehrfachfiktionalen. Werweiß ist diese Kultur – siehe Freuds »Unbehagen« und vergleiche den Passus vorne über Lévi-Strauss – ja doch selber lediglich ein folgenreiches, aber vorübergehendes Mißverständnis der Evolution, ein Fehlgriff in der sonst geplant oder ungeplant elanvolleren Vitalität des Lebens der eigentlich Wilden – mit der ordnungschaotisierenden, aber erdgeschichtlich eher marginalen Seitenfolge, daß diese unsere Gegenwart von Borkenau (Ende und Anfang, 1984, S. 72) im Einvernehmen mit Toynbee als ein »Zeitalter des moralischen Zerfalls« geahnt, gespürt und gedeutet wird, über die von Nietzsche wie auch schon Goethe, von Spengler bis Borkenau (S. 51) beobachteten Pendelbewegungen »zyklischer Prozesse« nochmals hinaus. Hinein in einen mythisch-geometrischen Ort vollkommenen Tiefenzeit-Nebels, in welchem letztmals alle »Weisheit schwindet« (Wagners »Siegfried«-Brünnhilde) und sich endet. »Wahn, Wahn, überall Wahn« wittert Wagners wehmütig gestimmter »Meistersinger«-Sachs wieder mehr aktuell bei der morgendlichen Lektüre von offenbar Schedels Weltchronik und beim Überdenken der wirren, konvulsivischen, ein bißchen schon massenpsychotisch infernalischen Vorgänge der Vornacht – und greift dann am Ende seines Wahn-Monologs zu der ihm wohl schon länger vertrauten Einsicht, daß Kultur – im sozialen wie im spezifisch schöpferischen Sinn – eben »nie ohn' ein'gen Wahn gelingen« kann. Das wußte wahrscheinlich auch schon der goethische Gottvater im Faustschen Himmelsvorspiel – hierin war sich Wagner auch mit seinem dazumal noch als Freund hausierenden Nietzsche einig und mit seiner fast allzu wiederholt formulierten Erkenntnis, »daß das Unlogische für den Menschen nötig ist« (Menschliches, Allzumenschliches, 1878), weil aus dem Unlogischen wieder das Gute = das Leben entspringe. Wo aber endet hier die Binsenwahrheit, wo beginnt im Gegenteil das durchaus nicht Gute, der Frevel, wo nisten die doch wirklich realen Gefahren für die stets schwachen, der Aufklärung bedürftigen Köpfe?

Die Nichtidentität des scheinhaft Identischen beginnt häufig schon mit der falschen Clubzugehörigkeit. Für Karl Kraus (Die Fackel 474– 483, S. 155f.) haben die Kantianer nicht viel mit Kant zu tun. Sondern »um Mißverständnissen vorzubeugen«, läßt er durch Kraus erklären, »daß ich ›Habt acht!‹, ›Marsch marsch!‹, ›Immer feste druff!‹ und ›Durchhalten!‹ nicht als Beispiele für meinen kategorischen Imperativ vorgesehen habe.« Noch diesen für die Straßenverkehrsordnung 1945ff. Friedell (S. 1204) pointiert, »ein Marxist sei ein Mensch, der Marx nicht gelesen hat«. Anders wieder der Fall bei Marion Gräfin Dönhoff, die garantiert keine Marxistin ist noch Ansprüche darauf erhebt, aber trotzdem voll mit von der Diskurspartie ist. Für sie hat dann allerdings Karl Marx bzw. der Marxismus nicht die Vergesellschaftung der Produktionsmittel im Sinn noch den Klassenkampf in Permanenz, mitnichten analysiert er die Kapitalakkumulierung und keineswegs postuliert er die Abschaffung des Mehrwerts, der Mehrwertsteuer und sogar des Staates – sondern, so Dönhoff nirgends anders als in der angesehenen Wochenzeitung »Die Zeit«:

»Das hatte Karl Marx vor 150 Jahren – wie seine Adepten seither und bisher – wirklich geglaubt, wenn die Menschheit seinen Ideen nachlebe, werde sie einen Endzustand paradiesischer Harmonie erreichen.«

So daß Hermann L. Gremliza (Frau Schwarzer ihr Haus seine Lieblingswurst, 1990, S. 138) zu Recht zusammenfaßt: »Seither und bisher und die Jahreszahl: alles falsch und dumm. Aber von Hand.«

Schreibt sie nämlich. Der Fall mag extrem und als einer von Altersweltheit im Verein mit unverbrüchlicher Zeitungsverfügungsmacht relativ selten sein, die »Ethik des freien Marktes« (Nicholas Rescher, Philosophie am Ende des Jahrhunderts, in: Deutsche Zeitschrift für Philosophie 43, 1995) läßt derlei Generosität eben ebenso zu wie nach wie vor der Gräfin ihren Literaturprofessor Fritz J. Raddatz, der über Adornos luxurierendes »Grandhotel Abgrund« so launig und autark und jenseits von Georg Lukács daherplaudert, daß Gremliza abermals so nachsichtig wie christlich zusammenraffen muß: »Ganz wie Raddatz sagt, nur umgekehrt. Der Herr Professor weiß wirklich gar nichts« (Wie Hannelore Kohl die Russen bezauberte, 1986, S. 152). Wahrscheinlich zu seinem Glücke wie seine Gräfin zu ihrer Seelenausbalanciertheit und Zufriedenstellung, mit Hilfe derer sie Marx halt mit Marcuses Herbert, diesen mit Theo Cusanus und beide mit Breughels oder jedenfalls Boschens Schlaraffenland vertauscht. Aber immerhin, auch Marx selber brachte ja so einiges durcheinander, für ihn war »Moral ein Reflex von Klasseninteressen« (Borkenau, S. 68), wo ihn doch eigentlich Oswald Spengler zeitvertauschelt gelehrt haben müßte, daß sie einer von »Ursymbolen« (ebd.) sei. Laut Borkenau schwelt aber nicht nur die geschichtsphilosophische Kategorie der Moral höchst obskur und mißverstehensträchtig, sondern auch die konträre der »Barbarei«: Allem aufrechten Gerede von der Nazi- und Hitlerbarbarei zum Trotz falle ja keineswegs der »Gangster« Hitler unter diese wilde und für Rousseau ja eben fast edle Barbarei. Sondern zuständig sind hier laut Borkenau (S. 75) Figuren wie Karl der Große und William the Conqueror.

Daß Horkheimer und Adorno entgegen den Verdächten der langjährig bewährten Staatsdenkerin Prof. Dr. Elisabeth Noelle-Neumann-Maier-Leibnitz-Allensbach nicht gar zu viel mit Sozialismus und noch weniger mit antiautoritärer Erziehung nebst Verachtung von Eliten am Hut hatten, wurde schon an anderer Stelle dieses Buchs genauer dargetan; neu ist neuerdings Adornos emphatisch essayistischer

Einsatz für die Wehrpsychologie des Kalten Kriegs in den antitotalitaristischen Grabenkämpfen der 50er Jahre, wie er 1995 erst öffentlich wurde; und von Sibylle Tönnies (Die Feier des Konkreten, 1996) erfahren wir nicht nur, daß Adorno ein »linker Salonatavist« war, daß sein »depressives Babygesicht« eine Obsession für »Blutopfer« und »Schweinereien« (S. 48f.) verschleiern sollte und daß sein »Stil« (S. 56ff.) mehr mit Nazi-Jargon zu tun hatte, als diesem nachmaligen Heidegger-Entlarver recht sein konnte. Glaubt man der Enkelin, dann brachte Adorno im Vorfeld der Soziologenstreitigkeiten 1952 das Werk ihres Großvaters Ferdinand nicht nur aus taktischen Gründen, sondern überhaupt derart durcheinander, daß er eigentlich in die »Gemeinschaft und Gesellschaft« von 1887 überhaupt nicht hineingeschaut haben kann.

Das Mißverständnis, daß ausgerechnet die Oberautoritärs Adorno und Horkheimer die Studentenrebellion ausgelöst haben, wurde schon gewürdigt. Daß sie beide die Verfasser des Drehbuchs von »Viva Maria« (1965) sind, fehlt noch. Adorno: »Philosophie, die einmal überholt schien, erhält sich am Leben, weil der Augenblick ihrer Verwirklichung versäumt ward!« Kaum. Aber vielleicht als imaginäres Filmdrehbuch zu einem tatsächlich verwirklichten.

Daß unabhängig davon Sartre und Camus noch jenseits der Heidegger-Spezialproblematik und lang vor Louis Malle als Exponenten der Existenzphilosophie galten und noch gelten, obwohl sie doch nur als zähe Gauloises-Raucher den Montmartre rund um die St. Buffet-Chapelle Sacrecœur unsicher machten, wurde in einem der Einleitungskapitel schon skizziert. Die meisten, die über Albert Einstein mitquatschen, halten, wir haben es vorne gelesen, seine Relativität irgendwie für einen philosophischen Einspruch gegen Hegels hybrides Absolutes, wenn überhaupt, und was immer das nun wieder genau sei, was da so »absolut total« (Stefanie Graf 1995 und ff.) uncool unverständlich seit zweihundert Jahren auf uns einteufelt – es geht aber nicht bloß um S. Graf und E. Noelle-Neumann und M. G. Dönhoff; sondern z. B. auch und nicht zuletzt ebenso um Nike Wagner, die da in ihrer Monografie über Karl Kraus behauptet, dieser lege in seinem Werk »jüdisch-talmudistische Denktradition« an den Tag; was aber Steven Beller in »Wien und die Juden« (Wien/Köln/Weimar 1993, S. 98) seinerseits kaum durchgehen lassen kann: »Es ist mehr als zweifelhaft, ob Kraus überhaupt je ein Exemplar des Talmud gesehen hat, geschweige denn in der Lage gewesen wäre, es zu lesen.«

Usw., usf.

»O Weltenwahns Umnachten!« hatte Niken warnend der Urgroßvater Richard schon 1882 im »Parsifal« aufgestöhnt und so Hans Sachsens Befund erweitert – gewiß aber wird darum die Urenkelin nicht »aus Schaden dumm« (Karl Kraus), sondern vielleicht ja doch noch wie ersehnt Festspielleiterin zu Bayreuth nach Onkel Wolfgang; Wolfgang, den der als Barbar getarnte Gangster Adolf (»Wolf«) einst als Richards Kongenie erachtet hatte, wieschon er doch, wie alle Welt heute zu wissen meint, nur und bestenfalls ein dröger und nonkreativer Handwerker ist. Obwohl, auch da geht es natürlich heute querbeet drunter und drüber: Was unsereins heutzutage im modernen Opernbzw. Opernregietheater für erträglich oder sogar gut hält, empfinden Wagners wahre Werkwalter als langweilig und uninteressant. Was sie Dolles machen oder als doll empfinden, erachtet unsereins halt für haltlos, regressiv und unerträglich.

Charles Baudelaire war einer der frühen Adoranten und Jünger Wagners – auch ihm soll es nicht allzu gut gehen. Denn nicht einmal auf den seit einem Vierteljahrhundert allseits als musterhaft erachteten Walter Benjamin ist mehr Verlaß. »Das Mißverständnis Benjamins gegenüber Baudelaires Zeit war fruchtbar«, wehklagt furchtbar und allerdings etwas dialektisch Karl Heinz Bohrer (Merkur 2/1994): »Mochte dieser die individuelle Unmöglichkeit, die verlorene Zeit imaginativ wieder zu erstellen zum Thema seiner späten Gedichte machen, so war Benjamin doch dadurch gerade auf das Projekt verwiesen, die kollektive Vergangenheit der Stadt zu restituieren; das ist die Absicht des ›Passagen-Werks‹.«

Auch anderes in diesem Benjaminschen Passagen-Werk laufe, wittert Bohrer, auf eine Art »materialistische Fehllektüre« vor allem von Baudelaire hinaus – materiell fehlgelesen hatte, nebenbei, gestern auch ich, der Artikelverfasser, aus einer eigenen Erzählung bei einer Lesung, nämlich statt »verdeckte Strategien der Mutter« fälschlich »verdreckte Strategien der Mutter« (Die Wurstzurückgehlassenerin, 1985) – nun, hier stimmt wieder wundersamerweise beides, es hinkt oft eben nur das »Bewußtsein den Hirnpotentialen hinterher« (FAZ, 14. 7. 1993); denn siehe, so etwas schmähführend Robert Musil: »Der freie Wille der Menschen besteht in ihrer Fähigkeit, freiwillig das zu tun, was sie unfreiwillig wollen«, und das koinzidiert ja nicht nur aufs schönste mit dem dem Musil sonst mehr verdächtigen Sigmund Freud, sondern noch über ihn hinaus mit dem Modell des Vielweltenparadoxons seines Landsmanns und Mathematikerkollegen Erwin Schrödinger sowie mit den Beobachtungen des niederösterreichischen Psychiaters, Neurologen und Schizophrenietheoretikers Leo Navratil, der

(u. a. in: Schizophrenie und Religion, 1992) aus den Reden seiner Patienten »staunend« mindestens zwei Wirklichkeiten heraushörte, als nämlich »die schizophrene Natur des Menschen«.

Die Sache ist aber wohl nicht exklusiv österreichbeheimatet. Sondern der »Hippocampus als Dirigent« (FAZ) der Großhirnrinde und ihrer systematisch limbisch festschreibenden Gedächtnisspuren versagt immer wieder auch anderswo bzw. verrennt sich typisch seepferdchenhaft hakenschlagend in den Tiefen des Schläfenlappens und anderswie wohinausauchimmer. Vor allem im Norden der zivilisierten Welt weiß man da gleichfalls bestens Bescheid: »Wie, wenn alles in der Welt ein Mißverständnis wäre, wie, wenn Lachen eigentlich Weinen wäre«, zitiert der uns schon sehr bekannte Österreicher Kraus (Unsterblicher Witz, München 1961, S. 338) den ihm offenbar gemütsstrukturell als möglicherweise eben doch verwandt einleuchtenden Dänen Kierkegaard, und wer einmal im Kopenhagener Tivoli war, der weiß, was Sören meinte, denn das, das dort stattfindende Tränenkichern, führt ja noch weit über Goethes thematisches Gedicht in der Vertonung des (es führt jeder Weg eben dahin zurück) Österreichers Franz Peter Schubert hinaus, die er, Goethe, allerdings nicht miß-, sondern überhaupt nicht verstand –

– man hört ja bis heute auch immer wieder, zuletzt aus dem Mund der englischen Schriftstellerin Fay Weldon, daß die österreichentsprungenen Psychoanalytiker, diese in der Spätfolge Freuds noch immer unermüdlich werkelnden »Geisterheiler« und Therapeuten und Ratgeber, »ganz einfach verhinderte Schriftsteller waren. Sie waren tatsächlich – und das gaben sie nach und nach zu – als Romanautoren gescheitert. Aber sie hatten einfach weitergemacht« (Die Woche, 7. 4. 1996).

Ganz im Sinne Freuds, der ja auch seinerseits die Psychoanalyse als Epik verstanden hatte. Wenn auch mehr als Zuhören. Auf die Romane der Patienten.

Nicht vergessen wollen wir in diesem Post-Freud-Kontext aber auch den speziellen Roman seines Adepten und Herausgebers Alexander Mitscherlich. Ausgerechnet da, wo er 1970 über die »vaterlose Gesellschaft« las und diese halb wissenschaftlich statuierte, halb suggestiv einforderte – ausgerechnet da, wie das Foto von Barbara Klemm beweist, scharten sich die Frankfurter Studenten um ihn herum wie die Küken um die Gansmutter.

Und daß, so wie Tönnies seitens Adorno, Adornos zeitweiliger soziologischer Antipode Arnold Gehlen sehr dunklen »Mißverständnissen« seitens des neu eröffneten Warner-»Filmthemenparks« Bottrop-

Feldhausen ausgesetzt ist, das entnimmt man spätestens Klaus Barheiers Leserbrief an die FAZ vom 7. 8. 1996. Wahrscheinlich war auch Gehlens »Hypermoral« von 1969 für die damalige Super-Generation noch einfach zu mega.

Verstehe es, wer es wolle.

Kierkegaard hatte bekanntlich zuerst bei und von Hegel gelernt, ex negativo, aber vielleicht da auch schon falsch und unscharf übersetzt; wie ja durchaus nicht undenkbar der Brief Heideggers an Sartre schon daran gescheitert sein mag; so wie, wir haben es erlebt, an der Falschübersetzung im Fall Freud–Leonardo die gewünschte geiersymbolische Mutterbindungstheorie; oder auch schon Luther jedenfalls in der Goethe-Version an der Unübersetzbarkeit des Logos-Begriffs. Nun, Luther revanchierte sich mit einem um so unmißverständlicheren Antisemitismus und hielt sich mit der alle späteren ökumenischen Brückenschläge verhindernden glasklaren Verbalbeleidigung des römischen Papstes als »des Teufels Sau« schadlos, während die Vernunft im präzisen Gegensatz dazu »Teufelshure« sei; Freud aber muß sich gefallen lassen, daß Barbara Sichtermann (Weiblichkeit. Zur Politik des Privaten, 1983, S. 89) den schon traktierten und überaus polyvalenten Ödipus-Komplex mit einer weiteren und äußerst privaten Kapriole eindeckt: »Vielleicht ist der Ödipuskomplex nur eine Reaktion auf die bürgerliche Domestikation der Sexualität? (Dies nebenbei.)«

Und was immer das nun wieder genau heißen mag. Und die mysteriöse Klammerparenthese, nebenbei, dazu. Denn zwar möchte man eigentlich meinen, wenn schon, dann allenfalls Ödipus und seine Tat seien eine Reaktion auf das bürgerliche Dingsbums da, nimmermehr aber sein ja vorwiegend einen Schuld- oder pathischen Zusammenhang bezeichnender Komplex. Aber Reaktion, bürgerlich und Domestikation klingt immer gut, und auch das mit der domestizierten Sexualität läßt sich hören – »kasernierte« wäre vielleicht noch eine Idee privatistischer.

Vieles scheiterte andererseits bei Hegel, Kierkegaard und Sartre vermutlich schon vor der Übersetzung, an Hegels eigenwilligem und vielleicht auch etwas weinseligem Deutsch, und das seiner Erben konnte ja nur noch nochmals absinken: »Die verruchtesten aller Deutsch-Verderber, die Hegelianer«, geißelte scharf Altschopenhaueraner Friedrich Nietzsche in den »Unzeitgemäßen Betrachtungen« von 1873 ff. und sollte es darin, weniger durch Überabstraktion als durch allzu pathetisch-pathisches Gemurmel und Geraune und Gefasel, allerdings auch recht weit bringen. Kein Wunder aber, daß Marx deshalb mit Hegel erst mal tüchtig aufräumen und ihn und seinen Idealismus vom Kopf auf die Beine stellen mußte, nebenbei auch noch

Zeit fand, z. B. Moses Mendelssohn von Jude zu Jude einen philosophischen »Seichtbeutel« zu schimpfen – aber überhaupt ging es ja auch im denkerischen Idealismus selber schon keineswegs ideell noch idealisch zu, sondern sogar der mehr sanfte Jean Paul verdammte bereits 1797 diese »ganze verfluchte Philosophenhorde« dieses deutschen Idealismus – und schlüssig werfen sich im Rahmen der damals allgemeinen und z. T. ganz offenen Mißgunst und Intriganz zwei seiner Zentralgestirne, Fichte und Schelling, brieflich (!) und insofern ökonomisch vorbildlich kurzgeschlossen serien- und wechselweise Mißverständnisse, ja Verstehensunfähigkeit vor. Zum Beispiel Schelling an Fichte am 3. 10. 1801: »Sie müssen mir verzeihen, wenn ich sage, daß durch Ihr ganzes Schreiben ein völliges Mißverständnis meiner Ideen geht.« Und Fichte an Schelling noch im gleichen Monat viceversa: Er, Schelling, befinde sich »in erheblichen Irrtümern und Vorurteilen« (cit. nach: Philosophen beschimpfen Philosophen, 1995).

Habermas, wie man weiß, operiert heute weniger direkt, sondern mehr hintenrum oder in Form nimmersatter Leserbriefe gottweißwohin – der ganze idealistische Kokolores samt Richtigstellung mündete allerdings nicht in der endlichen und schon von Herder nur halbherzig visionierten allmählichen Beförderung und Hebung des Menschengeschlechts, sondern in seiner forcierten Konfusionierung. Dergestalt etwa, daß sich Carl Schmitts Formel vom »totalen Staat« (Brief an den französischen Essayisten Jean-Pierre Faye) aus dem Jahr 1931 einerseits auf Hegel bezog, andererseits laut Schmitt als »reine Wirklichkeitsanalyse« (!) auch auf Ernst Jünger zurückgehen sollte; der davon aber wahrscheinlich gar nichts wußte; indessen Schmitt selber sich gleichzeitig und wohl zur Verwunderung der Nazis als »christlicher Epimetheus« einschätzte; nicht weiter verwunderlich, daß ebendieser Schmitt bald selber Mühe hatte, den ihn betreffenden und nicht nur daraus entspringenden und epidemisch sich massierenden weniger epimetheischen noch gar prometheischen, sondern »barbarischen Verfälschungen entgegenzutreten« (Deutsche Tagespost, Würzburg, 6. 4. 1996). Indessen seinerseits Schleiermacher sich heute schleierhafterweise vor die recht neue und neuartige Lage gestellt sieht, mit seiner fast zweihundert Jahre alten Lehre vom »sinnlichen Selbstbewußtsein« der neuesten Germanistik mal spätfichteischen Wissenschaftslehre zur prominenten und imposanten Drapierung zu dienen (s. FAZ, 3. 7. 1996); nämlich der allerneuesten Theorie der »Selbstreferenz« der Literatur im Sinne des fast ebenso nagelneuen philologischen Spontaneismus; und selbstverständlich auch und vor allem in der Spätfolge Walter Benjamins nicht allein als Methode für Michael Köhler, die

»Mahlzeitenmotivik in der Prosa Thomas Manns und Genealogie des alimentären Opfers« (so der Untertitel zu »Götterspeise«, 1996) als das goethisch Geradenocherkennbare gründlichst zu erforschen; sondern darüberhinaus und sic rebus suumquoque subaquaque stantibus eben auch im Sinne der ja gar nicht so alten Friedrich Schleiermacherschen Wissenschaftslehre mit neuer Theologie und alter Magie zur wahren »Götterspeise« (Köhler) aufbereitet äh: wiederzuverheiraten und weiterzuverwursten.

»Anything goes« nämlich, weiß seit einem runden Vierteljahrhundert unsere Zeit von dem »antiautoritären« (Wochenpost), ja »anarchistischen« (FAZ) Philosophen Paul K. Feyerabend, der damit seit genau so vielen Jahren der letzten Endes dadurch ausgelösten, ja damit identischen Postmoderne was zum Plappern gab. Zwar ist die Wendung, wie uns fast erwartbar Thomas Schmid erklärt, natürlich gleichfalls und »selten beharrlich mißverstanden« worden, denn keineswegs sei der seit 1994 nun auch schon wieder tote Feyerabend ein Bruder Leichtfuß gewesen, sondern: »›Anything goes‹ meinte bei ihm dies: gegenüber Überraschungen offen sein, möglichst keine Möglichkeit ausschließen. Diese Haltung gibt seinen Büchern etwas Heiteres, Elegantes, Spielerisches« –

– und gab eben dies auch in erheblichem Umfang seinen zahllosen Schülern mit auf den heiteren Weg, noch über die Tübinger Mahlzeitmotivforscher hinaus und noch energischer mitten hinein in die »neue Unübersichtlichkeit« (Habermas) der »offenen Welt« (Niklas Luhmann) mit ihrer jede »Menge von Kausalfaktoren« (ebd.) und damit gottseidank kausalnektisch zwingend verbundenen Vermehrung der neckisch ubiquitär omnilateralen Mißverständnisquellen im Zuge des »Aufstiegs des Partikularismus« und überhaupt der »Ethik des freien Marktes« (Die Philosophie am Ende des Jahrhunderts, FAZ, 15. 11. 1995), in welcher auch noch »auf dringenden Wunsch von Adorno« (FAZ, 5. 7. 1994) und weil es nämlich »sich verlohnte« (Adorno, angeblich im Todesjahr 1969) Karlheinz Barck im Einvernehmen mit dem J. B. Metzler Verlag Stuttgart und (!) Weimar 1993 eine »Geistesgeschichte der Phantasie« niederschreibt (Karlheinz Barck, »Poesie und Imagination. Studien zu ihrer Reflexionsgeschichte zwischen Aufklärung und – na was schon? klar doch: – Moderne«, Stuttgart/Weimar 1993, 292 S., 68,– DM) – und die Gustav Seibtsche kurz zuvor (FAZ vom 15. 6. 1993) geäußerte und präzisest ausformulierte Doppelfrage stellte sich da natürlich um so dringlicher, ja noch über Benjamin-Baudelaire klafterweise hinaus bohrerischer: »In welcher Zeit leben wir eigentlich? Und in welcher eigentlich Habermas?«

»Wo bleibt Duve?« erweitert Hermann L. Gremliza in eben diesen Jahren mehrfach zur Tripelfrage, und gemeint ist kein Geringerer als Freimut, Freimut Duve (SPD) – indessen sein langjähriger Vorsitzender (Scharping) nämlich allerdings abermals und gleichzeitig laut FAZ »das übliche Mißverständnis von Kultur als einer etwas anderen Form von Sozialarbeit bietet«. Nicht durchgehen lassen können wir trotz allem »Anything goes«, daß Frau Professor Dr. Gertrud Höhler nach wie vor als Wissenschaftlerin, als Literaturgeschichtlerin (man glaub's oder glaub's nicht: ihr Spezialgebiet war einstmals ausgerechnet das mucksmäuschenstille Romanwerk Wilhelm Raabes), als Unternehmensberaterin und überhaupt als Leitbild für irgendwelche neue Leistungsjugend einsteht, obwohl sie doch nur ein routinierter Allzweck-Talkgast und, um das mindeste zu sagen, ein pastoral verwirrtes blindes Huhn aus Paderborn-Klosters (CH) ist. Und nicht wahr ist natürlich auch, was eine im Juni 1993 von zwei Freunden in die Welt und FAZ gepflanzte Todesanzeige offenbar wirklich glaubt: daß der kurz vorher verstorbene Alfred Edel ein Nachfahr und Geistesbruder des Sartrefeinds Albert Camus war – nämlich im Sinne des der Todesanzeige mitaufgepfropften Mottos: »Der Kampf gegen Gipfel vermag ein Menschenherz auszufüllen. Wir müssen uns Sisyphos als einen glücklichen Menschen vorstellen.« Das Ganze ist schon grob unsternhafter Unfug. In Wahrheit war Alfred Edel, was jeder wissen könnte, selbstverständlich weder Camus-Mann noch überhaupt Philosoph. Sondern die kunstreiche Mimesis eines solchen, seine surrealistische Simulation, zuweilen seine gußeiserne Parodie. Insofern dann tatsächlich der beste Schüler seines alten Lehrers und Kombattanten Habermas, seine einzig sinnhaltige Zuendeführung; eines ziemlich zeitlosen Typus.

Aber wie Edel erging es ja auch schon seinerzeit Hegel, schon die Alt-, spätestens die Neuhegelianer um Marx hatten meist keine Ahnung mehr – Marx selber ging es dann, wie gestreift, nicht besser – und nicht allein er, sondern wie Kant und Buddha und Schleiermacher hatte er sodann ja zuletzt auch noch Mühe mit der eigenen Lehre, nämlich, ob er wohl Marxist sei. »War Darwin ein Darwinist?« rätselte ähnlich schon 1956 im Hessischen Rundfunk eine Raterunde rund um den Tierprofessor Bernhard Grzimek herum und kam aber auch zu keinem rechten Ergebnis – immerhin wußte Grzimek dann später mal bei anderer Gelegenheit den nicht unerheblichen Seelentrost zu spenden: »Und nun überlegen Sie mal, wie schlimm es geworden wäre, wenn Sie als Flamingo auf die Welt gekommen wären, dann würde es Ihnen noch schlimmer gehen« (ARD, ca. 1980).

Hegel seinerseits aber wußte sich in diesem Meer von Wirrnis und evolutionsspekulativer Trübsal gleichfalls zu helfen und sogar eigenhändig zu trösten. »Nur einer«, äußerte er, wie vorne schon gewürdigt, auf dem Totenbette in Bezug auf Fichte, »hat mich verstanden.« Und, gleich darauf: »Und der hat mich auch nicht verstanden« (nach Heinrich Heine, Zur Geschichte der Religion und Philosophie in Deutschland, 1834).

Allein, auch dazu und dagegen wußte sich Hegel schon vorher Rat: »Wir haben allerhand Rumor im Kopfe und auf dem Kopfe.«

Vor allem auf. Der berühmte Hegelsche Tirolerhut.

e. h.

Das Bewußtsein von Nöten

Adorno mißdeutet Hegel

»Wenn der Kunst die unmittelbare Selbstgewißheit unbefragt hingenommener Stoffe und Formen zergangen ist, dann ist ihr im ›Bewußtseyn von Nöthen‹, im grenzenlosen Leid, das über die Menschen hereinbrach, und in dessen Spuren im Subjekt selber ein Dunkles zugewachsen, das nicht als Episode die vollendete Aufklärung unterbricht, sondern ihre jüngste Phase überschattet und freilich durch seine reale Gewalt die Darstellung im Bilde fast ausschließt«, schrieb Theodor W. Adorno (Philosophie der neuen Musik, 1966). Erst einer befriedeten Gesellschaft werde die Kunst absterben; das Bewußtsein von Nöten, das in ihr zum Ausdruck gelange, rechtfertige die Existenz der Kunst nach dem Ende der vermeintlichen Gewißheiten.

Das zitierte, für seine ästhetische Theorie integrale Motiv der Kunst als Bewußtsein von Nöten hatte Adorno Hegel entlehnt. Bei Hegel (Vorlesungen über die Ästhetik, 1842) hatte es geheißen: »Die Musik z. B., welche es sich nur mit der ganz unbestimmten Bewegung des geistigen Innern, mit dem Tönen gleichsam der gedankenlosen Empfindung zu thun macht, hat wenigen oder keinen geistigen Stoff im Bewußtseyn von Nöthen. Das musikalische Talent kündigt sich darum auch am meisten in sehr früher Jugend, bei noch leerem Kopfe und wenig bewegtem Gemüthe an ...«

In Friedrich Bassenges modernisierter Fassung (Vorlesungen über die Ästhetik, 1955) liest sich die Textstelle anders. Hier heißt es, die Musik habe »wenigen oder keinen geistigen Stoff im Bewußtsein vonnöten« – wenn diese Lesart die richtige ist, beruht Adornos Lesart auf einem krassen Mißverständnis.

»Es handelt sich eindeutig bloß um eine altertümliche Graphie der Wendung ›etwas vonnöten haben‹ und nicht um ein Bewußtsein von Nöten«, stellte Jürgen Trabant fest, der den Irrtum in dem Adorno gewidmeten »Text+Kritik«-Band korrigierte (Theodor W. Adorno, 1983). Hegel sei das unversöhnt Schmerzhafte und unaufgelöst Dissonante in der Kunst zuwider gewesen, doch Adorno, als er Hegel an dieser entscheidenden Stelle mißverstand, habe ihn nachträglich als Ahnherrn der ästhetischen Theorie der Moderne einzusetzen und zu retten versucht – irrtümlich zwar, aber um so mehr bleibe es Adornos Verdienst, »das Bewußtsein von Nöten als Bedingung der Notwendigkeit von Kunst heute« erkannt und emphatisch gegen Kulturpessimisten und Kulturrevolutionäre verteidigt zu haben.

Also verstand Adorno Hegel falsch, behielt aber gerade deswegen, mit und gegen Hegel, recht. Der Geist ist ein Wühler. Ob aber die Kunst nicht vielleicht auch weit jenseits von Hegels oder Adornos Ästhetik gelegentlich wieder einmal als Bewußtsein von Lüsten und splitternacktem Vergnügen in ihr Recht treten darf, das steht auf einem anderen Blatt.

g. h.

Und abermals: H. Böll

Adorno mißversteht erneut

Was ein mir lieber Freund in einer recht bekannt gewordenen literarisch-juristischen Affaire vor Jahren festgehalten hat, gilt, auch wenn er es mit dem damaligen Wortlaut lt. Bundesverfassungsgericht nicht wiederholen darf, im Kern natürlich immer noch. Es ist schon schlechterdings phantastisch und atemraubend, daß und wie unter so vielen Mittelmäßigen der Nachkriegsliteratur ausgerechnet der Allermittelmäßigste nicht nur ihr gelesenster, angesehenster und wohlhabendster Vertreter wurde, sondern auch gleich noch, wie in einer Art Albtraum der Weltvernunft, aber auch mit großer Folgerichtigkeit, den Nobelpreis einsacken durfte.

Ich selber habe das jetzt durch die Wiederlektüre eines der populärsten und gefeiertsten und schullektüre-notorischsten Böll-Romane, »Ansichten eines Clowns« von 1963, nachgeprüft; doch, jawohl, es bleibt dabei und wird durch erneutes Lesen immer klarer und ärger und ärgerlicher und aber auch strahlender: Er, Böll, versteht wirklich von nichts was, von gar nichts, weder von Sprache und Stil noch von Werkstruktur und Dialogtechnik noch auch nur etwas von den Themen und Motiven, von denen er versuchsweise handelt. Weder von Bonn noch von Köln, noch vom dortigen Bahnhofsleben noch auch vom Alkohol, von dem Hans Schnier – wie offenbar sein Dichter – allzu reichlich und immer erstaunlicherweise dramaturgisch folgenlos und immerzu Schnaps für »Groschen« den ganzen Tag lang kostet. Noch letztendlich von der sog. »katholischen Luft« profaniert-christlicher Lobbykreise, nach welchen seine Braut Marie Derkum immerfort giert; eine verquere Spinatwachtel, über deren »Sache, die Männer mit Frauen tun«, also Schnier mit ihr, angeblich am nächsten Tag ganz Bonn (300 000 Einw.) redet; und so wie Schnier eigentlich kaum recht verstehen dürfte, warum er um Himmelswillen grad auf diese immens bigotte Eule und Heulsuse scharf ist. Und ebenso verstehen er, Böll, Bonn und jetzt auch der Leser nicht, weshalb Schnier ausgerechnet als »Clown« firmiert, wo er offenbar doch mehr eine allerdings vollends chimärische Mixtur aus Pantomime, Jongleur (!), Einmann-Kabarettist, Gitarrist und Witzeerzähler ist, der da restlos unglaubwürdig ausgerechnet auch z. B. die Nummer »Aufsichtsrat« draufhaben will. Und daß also bereits der Romantitel bescheuert ist, ist auch schon das Komischste, das fast Clowneskeste am Schamott und dem ganzen Schmarren und seiner Wiederaufwärmung des steinalten Lache-Bajazzo-Schmähs in nun freilich »erzählerischer Meisterschaft« (Manfred Durzak, 1994).

»Heinrich Bölls schwer erträgliche Gewissensparabel« (die FAZ immerhin 1994, nachdem sie ursprünglich dafür war) ist nicht nur das, sondern von einer selbst bei diesem seltsamen Nobelpreisträger selten kompletten Welt-, Sprach- und Sinnlosigkeit. Ungerührt, ja souverän faßt deshalb schon 1963 der damalige Groß- und Starkritiker J. Kaiser zusammen: »Nie hat Böll sich seiner Mittel souveräner bedient.«

Doch, so kann man es auch sagen.

Verwunderlich deshalb auch nicht mehr, daß des mir lieben Freundes seinerzeitige Invektive-Polemik erbarmungslos mißverstanden und jüngst von Harald Wieser in der wie Böll unermeßlichen Zeitschrift »Max« nochmals als unnötige »Tirade« gebrandmarkt ward. Wo sie doch nur genau 27 schmale Zeilen lang war.

Und niemals vorher oder nachher lag auch Adorno so unglaublich daneben bzw. gab sich so ungescheut opportunistisch der Verlogenheit hin wie in seiner Böll-Festgabe »Keine Würdigung« zum 50. Geburtstag 1967: »Mit einer in Deutschland beispiellosen Freiheit hat er (Böll) den Stand des Ungedeckten und Einsamen dem jubelnden Einverständnis vorgezogen, das schmähliches Mißverständnis wäre.«

Das ist nicht nur selber ein profundes Mißverständnis; sondern mindestens und gleichzeitig pure Ahnungslosigkeit, Wort für Wort Unsinn. Seit spätestens 1958, mit dem »Murke«, war Böll der sicherste Tip überhaupt. Auch für ihn selbst.

Richtiger als der Denker liegt da 27 Jahre später schon der Dichter, Robert Gernhardt:

»Der *Böll* war als Typ wirklich Klasse.
Da stimmten Gesinnung und Kasse.
Er wär' überhaupt erste Sahne,
wären da nicht die Romane.«

e. h.

Nostradamus total verrückt

Hunderte vieldeutiger Vierzeiler, in denen er sich als Prophet betätigte, legte der französische Arzt und Astrologe Michel Nostradamus (1503–66) nieder. In den Versen geht es um Raubvögel, die zum Fenster hinausfliegen, um Feuer, Blut und Schreie, um Unternehmen, aus welchen große Verwirrung resultiert, um sterbende Könige, fallende Festungen und göttliches Mißgeschick. Verklausuliert und dunkel ist zumeist der Sinn oder aber sowieso abwesend, ohne daß er sich erst verflüchtigen mußte.

Dem Seher folgten die Deuter, immer mehr, durch mehrere Jahrhunderte; inzwischen wird das Geheimwissen des Visionärs, garniert mit tolldreisten Kommentaren, millionenfach in Bahnhofsbuchhandlungen verkauft. Das Markenzeichen Nostradamus garantiert hohe

Auflagen und gläubige Käufer. Umständlich den Beweis zu führen, daß hier Scharlatane am Werk seien, werden Zweifler nicht für nötig halten. Bei der vergleichenden Lektüre der zahlreichen Interpretationen, vergessener und gängiger, erschließt sich dem Leser allerdings ein bunter und verwilderter Gedankenpark von überraschend hohem Unterhaltungswert. Was der eine Exeget als Beschreibung der Kriegspolitik Ludwig XIV. deutet, liest der nächste als Vorhersage der Ermordung Mussolinis, und der dritte erkennt im selben Vers eine Prophezeiung für die ferne Zukunft. Orakelt Nostradamus von Unheil und Blutverlust, ist für den einen von der Schreckensherrschaft der französischen Revolutionäre und für den anderen vom Tod der Zarenfamilie die Rede. Heißt es, daß jemand im Bett erdrosselt werde, ist es wahlweise ein Sohn des spanischen Königs Philipp II. (1527–98) oder Ludwig Heinrich Joseph, Herzog von Bourbon (1756–1830); oder aber Wallenstein. Ein Hang zur Skepsis ist den meisten Übersetzern und Deutern ebensowenig nachzusagen wie Einfallslosigkeit. Viele mißverstehen bestimmte Formulierungen auch absichtlich, um sie den Interpretationen gewaltsam anzupassen, und fast alle Exegeten sind sich sicher, daß sie die ersten seien, die entdeckt hätten, was Nostradamus wirklich meinte, als er seine gereimten Unkenrufe ausstieß.

Im 17. Jahrhundert legte Théophile de Garencières die Verse aus; seine Interpretationen wurden auch ins Englische übersetzt (The true Prophecies of Michael Nostradamus, 1672). Von Mussolini und Wallenstein ahnte de Garencières noch nichts, und er blieb etwas gewissenhafter bei der Sache als seine Nachfolger Charles A. Ward (Oracles of Nostradamus, 1940), Alexander Centurio (Nostradamus. Prophetische Weltgeschichte, 1977), Jean-Charles de Fontbrune (Nostradamus, Historiker und Prophet, Wien 1991), James H. Brennan (Nostradamus. Visionen der Zukunft, München 1994) und Manfred Dimde (Nostradamus total, 1994). Es gibt noch viele andere, aber jene genügen vollauf.

Wenn sie Urteile fällen, dann am liebsten kategorische. Es sei zu einer »fast orthodoxen Lehre« geworden, daß Nostradamus der Menschheit ihren Untergang in einem Nuklearkrieg prophezeit habe, der um das Jahr 2000 herum stattfinden solle, schreibt James H. Brennan und versichert »ganz kategorisch«, daß Nostradamus nichts dergleichen vorhergesagt habe. Aus seinen Werken, das beteuert Alexander Centurio, spreche »Gottes Geist zu uns«, wenn auch in Rätseln. Der Versuch, sie zu lösen, sei jedoch erst Jean-Charles de Fontbrune geglückt, erklärt Jean-Charles de Fontbrune und moniert, daß sich niemand außer Jean-Charles de Fontbrune »die Mühe gemacht hatte, die Textvorlage des Nostradamus genau zu studieren«. Erneut revolutioniert wurde die Nostradamus-Philologie anschließend von Manfred Dimde, einem Manager und Feierabendesoteriker, der »als erster und einziger den geheimen Schlüssel zur Zeitbestimmung und Textdeutung« entdeckt zu haben behauptet. Dimde übersetzt Nostradamus »nach der Methode Dimde, die davon ausgeht, daß jede Zeile der vierzeiligen Verse eine ›Buchstabenkette‹ mit darin enthaltenen Worten bildet, in der Nostradamus seine tatsächlich beabsichtigten Prophezeiungen niedergelegt hat. Diese halten sich nicht unbedingt an Anfang und Ende der Wörter, sondern können über sie hinausgehen, sich aus dem Ende des einen und dem Anfang des nächsten Wortes ergeben oder in einem Wort enthalten sein.«

Dem Blühen der Phantasie sind nach der Methode Dimde keine Grenzen gesetzt, doch auch die Konkurrenten nehmen sich die größte Ellenbogenfreiheit beim Übersetzen und Interpretieren. »La loy Moricque« ist für de Fontbrune »das islamische Gesetz«, für Centurio »das Gesetz des (Thomas) More«. In einem gewissen »chef rouge« erblickt Fontbrune Robespierre, Centurio jedoch den Kardinal Mazarin. »Le divin mal surprendra le grand Prince«, kündigt Nostradamus an. »Göttliches Mißgeschick wird den großen Prinzen überwältigen«, übersetzt Brennan und erklärt, gemeint sei Charles I. (1600–49), König von Großbritannien und Irland. »Der göttliche Fluch wird den Großen Fürsten treffen«, übersetzt de Fontbrune und merkt an, es handele sich um Napoleon Bonaparte.

Und so fortan: Der Mond, von seinem Engel begleitet, ist für de Fontbrune das »Symbol der Republik« und für Centurio »das weibliche Prinzip, das im 18. Jahrhundert dominierte«; erwähnt Nostradamus eine Rose, ist sie de Fontbrune zufolge ein »Sinnbild des Sozialismus« und für Centurio »Roosevelt«; »le chemin des montagnes cavées« ist nach de Fontbrune »der durch die ausgehöhlten Berge führende Weg«, d. h. ein Gebirgstunnel in der Schweiz, während Brennan die Frage stellt, »ob nicht die ›Straße der hohlen Gebirge‹ eine Straße in New York City sein könnte, wobei die ›hohlen Gebirge‹ die beste Beschreibung wäre, die Nostradamus für Wolkenkratzer finden konnte«. Sie spekulieren um die Wette, und je schwammiger Nostradamus einen Vers formuliert hat, desto besser kann er als exakte Prophezeiung historischer Ereignisse ausgelegt werden. »Combien de fois prinse Cité solaire, / Seras changeant les loix barbares et vaines«, heißt es bei Nostradamus. »Wie viele Male wirst du eingenommen werden, Stadt Kairo, wo man die wertlosen moslemischen Gesetze verändern wird«, übersetzt de Fontbrune und ergänzt, hier sei Napoleons Ägyptenfeldzug gemeint, wohingegen Centurio die Ansicht vertritt, es gehe um die »Sonnenstadt Paris, von Hitler im Juni 1940 erobert ...«

Was nach de Fontbrune eine Prognose für die ferne Zukunft ist, in welcher die Schiffe mit Gefangenen jeden Alters voll sein werden (»Trirems pleines tout aage captifs«), muß nach der Methode Dimde wieder völlig anders übersetzt werden: »Dreifach nachgemessen worden ist alles – das Alter gefangengenommen.« Damit werde »eine der ganz großen Zukunftsperspektiven« eröffnet, wonach im 21. Jahrhundert der Alterungsprozeß »erstmals angehalten« werden könne und »das Altern selbst besiegt« sein werde.

Dafür hatte man auch Gelb geben können.

Mit »Roy Reb« sind nach de Garencières der englische König und das Commonwealth gemeint; »Reb« sei die Abkürzung für »Respublica«. Eine andere Abkürzung hat de Fontbrune erkannt. Das Wort »Reb« komme »vom lat. rubeus: rot«, daher seien hier »die roten Führer (die Regierungen der kommunistischen Länder)« einzusetzen. Für Brennan ist es jedoch der schottische Freibeuter Rob Roy alias Robert MacGregor (1671–1734). Üblicherweise, schreibt Brennan, werde diese Stelle mit »König Reb« wiedergegeben, was »auf die ›Wir hatten's noch nie so gut‹-Periode des britischen Premierministers Harold Macmillan bezogen wird. Da dies in sich nicht besonders sinnvoll ist, ließ ich mich zu der Vermutung hinreißen, daß Nostradamus den schottischen Namen falsch hörte oder buchstabierte.« Alles falsch! Nach der Methode Dimde muß auch das folgende Wort (»auront«) herangezogen werden, so daß »Roy Rebauront« herauskommt, was Manfred Dimde recht frei mit »König der Wiedertäufer« übersetzt, womit wiederum die USA gemeint seien, die im Jahr 2066 »bei einem Angriff auf das islamisch gewordene Rom eine neuentwickelte Klimawaffe« einzusetzen planten.

Wo es um Kriegsgeschrei und Blutvergießen geht, schwärmen die Deuter am dichtesten umeinander. »Avant conflit le grand mur tombera, / Le Grand à mort, mort trop subite et plainte. / Nef imparfait la plus part nagera, / Auprès du fleuve de sang la terre teinte«, prophezeite Nostradamus. »Vor dem Krieg«, übersetzt de Fontbrune, »wird die große Mauer einstürzen, der König wird hingerichtet werden; sein Tod wird zu plötzlich sein und beklagt werden. Bevor er seine Herrschaft abgeschlossen hat, werden die meisten (Wachen) im Blut schwimmen; nahe dem Fluß (der Seine) wird der Boden von Blut befleckt sein.« Es handele sich um eine Vorhersage des Sturms auf die Bastille und der Hinrichtung Ludwig XVI. Centurio übersetzt jedoch: »Vor dem Konflikt wird der Große stürzen, / Der Große kommt zu

Tode und erleidet einen plötzlichen und beklagenswerten Tod: / Die Flottenausrüstung ist unfertig, der größte Teil wird ertrinken, / Die Ufer am Strom sind mit Blut gefärbt.« Gemeint seien das Attentat von Sarajewo, der Erste Weltkrieg, die Unvollständigkeit der deutschen Flotte bei Kriegsausbruch, der Tod russischer Soldaten in den Masurischen Seen nach der Schlacht von Tannenberg Ende August 1914 und »blutige Kämpfe« am Rhein. Brennan plädiert dafür, daß in jenem Vierzeiler die Kubakrise und das Attentat auf John F. Kennedy beschrieben würden, fügt jedoch konziliant hinzu: »Vielleicht gibt es aber auch zwei ›Große‹ in diesem Vers, denn dieser Ausdruck wird ja zweimal genannt. Und der zweite, der hauptsächlich wegen seiner Fehlkalkulationen dieser Krise stürzte, war der sowjetische Premierminister Nikita Chruschtschow. Von beiden könnte man sagen, daß sie einen großen Teil des Weges zum Krieg beschritten, der mit Sicherheit zu einem Blutstrom geworden wäre, der die Erde für Generationen geschädigt hätte.«

Die Unfähigkeit, sich verständlich auszudrücken, macht die Gabe des zweiten Gesichts zunichte. Weder vor noch nach den angekündigten Ereignissen ist Einigkeit darüber zu erzielen, was Nostradamus sagen wollte. »La déchassée au regne tournera, / Ses ennemis trouvez des conjurés: / Plus que jamais son temps triomphera / Trois et septante à mort trop asseurés«, sagte er voraus. Nach de Fontbrune bezieht sich dieser Vers auf die Zeit des dritten Weltkriegs: »Die Linke wird an die Macht kommen. Man wird entdecken, daß ihre Feinde Verschwörer sind. Mehr denn je wird ihre Zeit triumphieren, doch nach drei Jahren und siebzig Tagen steht ihr der sichere Tod bevor.« Wie kommt er auf die Linke? »La déchassée«, teilt er mit, sei ein »Tanzschritt, der nach links ausgeführt wird, im Gegensatz zum ›chassé‹, der mit einer Rechtswendung verbunden ist.« Es ist derselbe Vers, in welchem de Garencières eine klare und eindeutige Vorhersage der glücklichen Wiedereinsetzung des Königs Charles II. (1630–85) erkannte. Die Richter und Mörder seines Vaters seien die erwähnten plusminus siebzig, die man damals zum Tode verurteilt habe. Für Charles A. Ward beschreibt Nostradamus in jenem Vers jedoch die Inthronisation, die Regentschaft und den Heimgang Queen Elizabeth I. (1533–1603). Brennan hat wieder etwas anderes im Sinn und übersetzt: »Sie, die abgesetzt wurde, wird wieder zur Herrschaft zurückkehren / Ihre Feinde wurden unter den Verschwörern gefunden / Mehr als jemals zuvor wird ihre Zeit voller Triumph sein / Dreiundsiebzig bis zum Tod mit großer Gewißheit.« Dieser Vers, erläutert er, werde im allgemeinen Elizabeth I. zugewiesen, »obwohl sie mit siebzig, und nicht, wie der

Vers konstatiert, mit dreiundsiebzig starb. Ich glaube, eine viel bessere Kandidatin wäre Benazir Bhutto, die Geschichte machte, als sie Pakistans erste weibliche Premierministerin wurde, dann aber durch Präsidentenerlaß aus dem Amt entfernt wurde. Wenn meine Interpretation des Nostradamus richtig ist, dann werden wir noch ihre Rückkehr zur Macht erleben, zusammen mit der Verheißung eines reifen hohen Alters.«

Man weiß es nicht, man steckt nicht drin. Ob Nostradamus über die Linke geschrieben hat oder aber über Charles II., ob über Elizabeth I. oder über Benazir Bhutto oder aber über Unterammergau, ist nicht gewiß. Guillotine muß, Kubakrise kann, Tannenberg braucht nicht zu sein, wird aber auch gerne genommen. Außerdem sind die Oktoberrevolution, der Ägyptenfeldzug und die Feldherrnhalle im Angebot. Was läßt sich nicht alles aus dem folgenden Vers machen: »Le tiers premier pis que ne fit Néron, / Vuider vaillant que sang humain répandre: / Rédifier fera le forneron / Siècle d'or mort, nouveau Roy grand esclandre.« Centurio übersetzt: »Der dritte Stand wird zum ersten, aber er wird schlimmere Taten vollbringen als Nero. / Seht nur, wieviel Blut von tapferen Menschen er vergießt! / Er wird die Öfen (das Tuilerienschloß) neu erbauen lassen, / Das goldene Zeitalter ist tot, eine neue Dynastie kommt, die in einem großen Skandal endet.« Hier habe Nostradamus die Französische Revolution beschrieben und die Errichtung der Guillotinen »im Angesicht der Tuilerien«, dort, »wo einst die Ziegelöfen lagen. Mit der französischen Revolution schließt das goldene Zeitalter. Die Dynastie Napoleons kommt, die in einem großen Weltskandal endet.« Diese Prophezeiung, heißt es freilich bei de Garencières, deute unmittelbar auf den französischen König Charles IX. (1550–74), während sie Manfred Dimde an die »Machtübernahme der Bolschewisten in der Oktoberrevolution von 1917 und die Folgen dieser Entwicklung in Rußland« erinnert. Am weitesten geht Jean-Charles de Fontbrune in seiner Übersetzung: »Der Erste des Dritten (Reichs) wird noch Schlimmeres tun als Nero. Er wird besonders tapfer sein, wenn es darum geht, Menschenblut zu vergießen. Er wird Öfen (Krematorien) errichten lassen. Das Goldene Zeitalter wird ein Ende haben, und der neue König (Führer) wird einen großen Skandal verursachen.« Auch das Entsetzlichste legen sich die Jünger noch so zurecht, daß es zur höheren Ehre ihres Gurus gereicht.

Sehr beliebt sind auch Seuchen. »L'horrible guerre qu'en Occident s'appreste, / L'an ensuyvant viendra la pestilence / Si fort terrible que jeune, vieil et beste, / Sang, feu, Mercur, Mars, Jupiter, en France«, dichtete Nostradamus. Bei den Römern sei Jupiter als »Beherrscher der Lüfte« verehrt worden, erklärt de Fontbrune und begründet damit, daß in seiner Übersetzung Flugzeuge vorkommen: »Es ist ein fürchterlicher Krieg, zu dem der Westen sich bereitet; das Jahr darauf wird eine Epidemie kommen, so schrecklich, daß sie Junge, Alte und Tiere treffen wird, und zwar dann, wenn Feuer, Blut, Plünderung, Krieg und Flugzeuge über Frankreich sein werden.« Gemeint seien hier der Erste Weltkrieg und die Epidemie der Spanischen Grippe im Jahr 1918. Nach der Methode Dimde liegt hier jedoch eine »Ankündigung des zweiten Vietnamkrieges unter Führung der USA (1957–1975)« vor. Diese Theorien wischt James H. Brennan mit der Bemerkung vom Tisch: »In diesem Vierzeiler datiert Nostradamus die überaus dramatische Verbreitung von Aids in Zusammenhang mit einem ›schrecklichen Krieg‹, der vom Westen vorbereitet wird. Man fragt sich, ob dieser Krieg die Operation Wüstensturm gewesen sein könnte ...«

Natürlich haben Aids und der Golfkrieg herzlich wenig miteinander zu tun, aber wer nach Apokalyptischem lechzt, ist auch für konfuse Verschwörungstheorien empfänglich, verwechselt in der Eile Götter mit Flugzeugen, Thomas Morus mit dem Koran und den Erzherzog Franz Ferdinand mit John F. Kennedy; Hauptsache, es spricht Gottes Geist zu uns, und zwar von Blut und Pestilenz und Krieg. Von Hans-Hermann Tiedje ist ein solcher Gott nur noch mit Mühe zu unterscheiden.

Was die Prognosen aus dem 16. Jahrhundert im einzelnen bedeuten, ist strittig; felsenfest steht nur, daß sie sensationell sind. »Iupiter ioinct plus Venus qu'à la Lune, / Apparoissant de plenitude blanche: / Venus cachée sous la blancheur Neptune, / De Mars frappée par la gravée branche«, meldete der Prophet. Damit, verkündet Alexander Centurio, habe Nostradamus die Entdeckung des Planeten Neptun vorhergesagt, doch Jean-Charles de Fontbrune hat eine andere Deutung ausgearbeitet: »Die Welt wird mehr unter dem Einfluß der Ausschweifung und der Lüge als unter dem der republikanischen Prinzipien stehen, die sich im Schein der Lauterkeit präsentieren werden. In England wird sich die Ausschweifung unter (dem Deckmantel) der Lauterkeit verbergen, und das Land wird von der Ausweitung (wörtlich: Verästelung) der schweren kriegerischen Konflikte getroffen werden.« Gemeint sei die Ausweitung des dritten Weltkriegs auf das moralisch verkommene Großbritannien. Manfred Dimde, dem ein Weltkrieg nicht genügt, greift bei der Übersetzung nach den Sternen und weit voraus bis an das Ende aller Zeiten: »Jupiter schließt sich den zwei Lichtern an. Venus ist nicht mehr als ein Mond. Zum Vorschein kommt zuvor die Fülle des Weißen. Venus ist versteckt hinter dem Weißen des Neptun. Mars ist verwundet durch das folgenschwere Weiße.« Hier, doziert Dimde, werde der Untergang des Sonnensystems beschrieben, die Endzeit: »Das Ende oder, positiver ausgedrückt, die Umgestaltung unseres Sonnensystems, wird von der Venus ausgelöst.«

Davon geht die Welt nicht unter, denn die Prophezeiungen des Nostradamus sind jahrhundertelang von allen Forschern, auch von de Garencières, Ward, Centurio, de Fontbrune, Brennan und Dimde gänzlich mißverstanden worden. Des Pudels Kern hat sich erstmals der Autorin V. J. Hewitt enthüllt: »Ich stand am Beginn eines Weges, der mich zum Kern der Weissagungen führen sollte – ein bis dahin unbekannter Weg, davon war ich überzeugt. Falls vor mir jemand diesen Weg entdeckt hätte, wäre das sicher publik geworden«, führt sie aus (Die unglaublichen Weissagungen des Nostradamus, München 1994). Hewitts Weg ist noch kurioser als die Methode Dimde. Nach V. J. Hewitt müssen sämtliche Verse als Anagramme gelesen werden. Bei der Umstellung der Buchstaben dürfen auch manche aussortiert und durch neue ersetzt werden. Die Ergebnisse sind beachtlich. Nostradamus schrieb: »Quand le plus grand emportera le pris / De Nuremberg, d'Ausbourg et ceux de Basle, / Par Agrippine chef Frankfort repris, / Traverseront par Flamant jusqu'en Gale.« Daraus formt de Fontbrune die Übersetzung: »Wenn der Größte (Hitler) das besetzte Land (Polen) an sich genommen haben wird, werden die von Nürnberg, Augsburg und Basel (die Deutschen) Flandern (Holland und Belgien) bis nach Frankreich durchqueren, nachdem die wichtigste Bestimmung des Friedensvertrags von Frankfurt (die Abtretung von Elsaß-Lothringen an Deutschland) von der Republik zunichte gemacht worden sein wird.« V. J. Hewitt aber stellt die Buchstaben um, läßt ein paar weg, fügt ein paar ein und übersetzt: »Ab 1995: Boris Becker aus Deutschland – eine Rolle in einem guten Film über die Berliner Mauer, da Tennis nicht mehr interessiert. Ein falscher Schritt. Er zieht sich zurück.«

Aus anderen Versen liest sie heraus, daß die Popsängerin Cher sich für Obdachlose einsetzen werde, daß Michael Douglas ein Regierungsamt übernehmen wolle und daß Gary Lineker sich Gedanken darüber machen werde, als Nachwuchstrainer zu arbeiten. Nur die Lottozahlen scheint Nostradamus nicht vorhergesagt zu haben.

Dennoch läßt sich mit ihm Geld verdienen. 1994 war der Prophet auch im Kino zu bewundern, in einer englisch-deutschen Koproduktion unter der Regie von Roger Christian, mit einem Nostradamus, der ominöserweise aussieht wie Matthias Sammer, glutäugig, bleich und getackert, und dabei Erscheinungen hat wie andere Leute Herpes. Er sieht Panzer, Helicopter, sauren Regen, Hakenkreuze und Atompilze, und einem Trupp Wehrmachtssoldaten ruft er durchs Kutschenkuckloch niedlicherweise zu: »Bitte, hört auf!«

Das könnte aber auch seinen Exegeten gegolten haben.

g. h.

Fabel

Gleich nach dem 1866er Krieg suchten die Franzosen wieder Streit mit den Deutschen, und um einen Krieg zu provozieren, forderten sie also mit großem Geschrei »revanche pour Sadowa«, weil sie den Namen Königgrätz nicht aussprechen konnten. Die Deutschen verstanden aber nun, sei's in der Hast, sei's zu Recht, sei's auch mit einiger Arglist, »Sodom«, waren in der Folge beleidigt, taten also den Franzosen den Gefallen und eröffneten den 1870/71er Krieg. Den sie, um das Kraut fett zu machen, auch noch haushoch gewannen.

e. h.

Romantik
Eine Begriffskatastrophe

Das Romantische, belehrte Goethe Eckermann, sei das Kranke, Schwächliche, Lazaretthafte, Kirchhofwiderwärtige, Weinerliche, Weibliche. Tieck wie die Schlegel vermeinten darin als dem rückwärtsgewandten Traum vom Mittelalter das Poetische schlechthin zu erkennen. Friedrich Schlegel, um nur im deutschen Theorieraum zu bleiben, hielt im »Brief über den Roman« dafür, romantisch sei, »was uns einen sentimentalen Stoff in einer phantastischen Form darstellt ... was uns anspricht, wo das Gefühl herrscht, und zwar nicht ein sinnliches, sondern das geistige«. Schlegels »Lucinde« ihrerseits versteht als romantisch »die reizende Verwirrung«, aber auch den »Immoralismus«. Novalis und andere Frühromantiker witterten im bzw. erhofften vom Romantischen ein utopisches Moment, gleichzeitig aber die mystische Liebe. Brentano und Eichendorff waren nahe dran, im Romantischen ein Substitut für verlorengegangene Religion zu erkennen. Marx und Gefolge schmähten in ihm das Lager und die Machenschaften der Reaktion. Generell wurde späterhin das Romantische, für Madame de Staël noch die »moderne« Fortsetzung des Troubadour- und Ritterwesens, als das unendlich Reflektierte verstanden und definiert, im besonderen in der Gestalt der romantischen Ironie und in weitgehender Konkordanz mit dem Schillerschen »Sentimentalen« als dem Un-Naiven.

Davon sind nicht einmal der Mond und die Schumann-Eichendorffsche Wünschelrutenzauberei geblieben. Sondern für Broch meint Romantik probate Flucht in den Garten; für Brecht privilegiertes Glotzen der Bourgeoisie; durchaus analog ist im Common sense des Schwachsinns und der Reklame das Romantische das Heimelige, Gemütliche, Kuschelige, gewissermaßen Nichtganzdichte – und in der Sozialpsychologie nicht einmal das. Nach Zick Rubin (Measurement of Romantic Love, 1970) ist mit Romantik das »Gefühl des Füreinanderseins« gemeint, also etwa: christliche Nächstenliebe, Agape.

Womit der Kreis allen denkbaren Unfugs ja wohl fugenlos ausgeschritten wäre.

Soweit Eckhard Henscheid in den »Sudelblättern« (S. 226) von 1987.

Und es ist allerdings nicht so, daß mit diesem Querbeetweg durchs Romantische der Kreis nicht noch weiterzuzirkeln gewesen wäre. Denn mit der Vorliebe für Romantik ging es ja auch seither munter vorwärts. Allein schon in den Heiratsgesuchen der »Zeit«.

Aber auch historisch ging es ja noch viel bunter zu als so mancher ahnen möchte. Zum Beispiel in und mit der Musik. »Die Tonkunst ist geoffenbarte Religion«, bestimmen die Programmromantiker Wackenroder und Tieck (Phantasien über die Kunst), und deshalb ist Musik laut E. T. A. Hoffmann (Kreisleriana) »die romantischste aller Künste«, denn, setzt Rahel Varnhagen (Ein Buch des Andenkens für ihre Freunde) eins drauf: »die Musik ist Gott« – weil, weiß Jean Paul (Vorschule der Ästhetik): »Romantik ist die Sphärenmusik«.

Allerdings auch gleich drauf die »Dreifaltigkeit« keineswegs von Vater, Sohn und Geist, sondern vielmehr von Vergangenheit, Gegenwart und Zukunft. Die nächst Gott höchste aller Personen andererseits auch wieder nicht zu vergessen: »Die einzige Maria adelt alle Weiber romantisch« (Vorschule). Denn: »In spätern Jahren ist gar keine solche Andacht mehr im Ehestande« (Novalis, Heinrich von Ofterdingen). Weil: Es »steht eine dichtende Frau allerdings schon an den äußersten Grenzen ihres natürlichen Berufes« (Eichendorff, Die deutsche Salon-Poesie der Frauen).

Eine Gegend wiederum heißt nach Jean Pauls »Vorschule« dann romantisch, wenn sie uns »mit dem Hintergrund einer ins Schöne frei gelaßnen Phantasie« umspielt. Anders Eichendorff, der die Romantik in seine Lubowitzer Heimat placiert, genauer: in seinem sehnsüchtigen Blick »nach den Karpaten wie in Ahnung der neuen Zeit« (Bilderbuch aus meiner Jugend); während wiederum Tieck (im Brief an Wackenroder vom 12. 6. 1792) speziell in der »Gegend bei Giebichenstein« über der Saale sah, »wie alles romantisch vor mir lag«. Tieck erschaut das Romantische allerdings mehr in der »guten alten Zeit« (Franz Sternbalds Wanderungen) – freilich tut dies mitunter recht überraschend auch Eichendorff:

»Was wisset Ihr, dunkele Wipfeln
Von der alten schönen Zeit?«

Diese nämliche »gute alte Zeit« wird allerdings wieder (Der Adel und die Revolution) auch als »eine Karikatur des alten Guten« erkannt: »Sie war weder gut noch alt« – und die Romantik bestünde also mehr in dem Eichendorffschen Dreischritt der Erinnerung an die alte schöne Jugendzeit des Ahnens der neuen Zeit – in einem reichlich Metaspirituellen also, das »von hier so weit liegt« (Taugenichts).

Stellt man ferner in Rechnung, daß Eichendorffs »Bilderbuch aus meiner Jugend« 1843–49 entstand, seine Jugend aber ziemlich genau um 1800 stattfand; daß aber andererseits Peter Lahnstein jene »gute alte Zeit« in seinem gleichnamigen Text-Sammelband von 1970 mehr im Wortsinne von Gustav Freytags »Bilder aus der deutschen Vergangenheit« einigermaßen verbindlich auf die Zeit von 1750 bis 1805 (Austerlitz) datiert: dann wird, auch wenn man außerdeutsch-europäische Maßstäbe hier mal ganz vergißt, es auch schon rein zeitlich gleich noch romantischer.

Egon Friedell (Kulturgeschichte der Neuzeit, S. 953 f.): »Wenn man die Romantik als eine einheitliche lineare Bewegung von etwa 1790 bis

1830 faßt, so gelangt man zu der Ungereimtheit, die erste Schule, die etwas sehr Spätes, nämlich die letzte, überreife und schon etwas wurmstichige Frucht der Aufklärung war, als ›Blütezeit‹ und die zweite Schule, die etwas ganz Neues, eine Geburt war, als ›Verfall‹ zu bezeichnen, wie dies Ricarda Huch in ihrem zweibändigen Werk ... getan hat.«

Genanntes Werk »Die Romantik« von 1899/1902 (Neuausg. 1985) faßt fußend vor allem in den Spuren von Friedrich Schlegel und Novalis das Romantische vorzüglich als »romantisierende« (S. 104) »Ironie« (S. 253 ff.), desgleichen als »Schwelgerei« und »Faselei« (S. 358) und sowohl als »Bewußtwerden« wie auch als »Unbewußtwerden« (S. 104) von Welt – auch dies wohl eine der »zahlreichen Paradoxien der Kulturgeschichte« (Friedell, S. 691).

Die dauerhaften und wohl noch zunehmenden Polyvalenzen und Absurditäten rund um den formalen, zeitlichen und gehaltlichen Begriff der Romantik subsumiert schon recht gut, wenn auch selber ziemlich absurd anmahnend, Veit Valentins »Geschichte der Deutschen« von 1946: »Aus der Romantik konnten jede Thesis und Antithesis erwachsen – eine völlig unpolitische, von der Welt und ihrem Getriebe abgekehrte, dem Besinnlichen und Metaphysischen gewidmete Haltung; und ihr genaues Gegenteil: ein scharfer volklich verwurzelter, geschichtlich beschwingter Nationalismus« (S. 290).

Die in der volklichen Verwurzelung gewidmete Haltung hier mal fast beiseite: es ist also um die alte Eichendorffsche Zwiefältigkeit zu tun, um den eben deshalb romantischen Zwitter aus Ahnung und Gegenwart, ihre Koinzidenz und gleichzeitig permanente Interferenz von je alt und neu; um ein Zwischenreich und Interregnum zwischen zwei Befindlichkeiten, die meist metaphorisch als »Schwüle« und »Gewitter« (Dichter und ihre Gesellen, 1834, Kap. 10; Novelle in Versen, 1831/32) benannt werden, im Klartext etwa: Reaktion und künftige (deutsche) Revolution; mit dem zukunftsfroh Vermittelnden des Wetterleuchtens (Halle und Heidelberg, 1857; mit Rückblick auf die Zeit kurz nach der Jahrhundertwende) als dem dichterischen Symbol und Emblem der Zeit von Revolution zu Reaktion zu Revolution, gewissermaßen von 1789 zu 1815/19 zu 1848.

Mithin wäre die Romantik freilich exaktemente zur Hälfte ihr vermeintliches Gegenteil: das Biedermeier.

Allerdings ist die Romantik für Joseph v. Eichendorff ohnehin auch immer Frühling, in der Engführung mit Poesie und Jugend, meist in der unauflöslichen Dreiheit: »Die Jugend ist die Poesie des Lebens« (Halle und Heidelberg), und der Erstimpuls des Romantischen eben der wider »das abgestandene Leben« – hier nahm es der schlesische Freiherr und preußische Beamte nie so ganz genau und ließ bei seinen Metaphern fünf schon mal gerade sein – in der so verstandenen Bestimmung des romantischen Prinzips traf er sich da vollkommen mit der sonst wenig affinen Bettine v. Arnim, die von »Begeisterung, Frühling, Zukunftsbegeisterung« (Die Günderode) lärmte, wo Eichendorff sich viel später an einen »Frühlingshauch, eine schöne Zeit des Erwachens, der Erwartung und der Verheißung« (Halle und Heidelberg) erinnerte.

Nun, um sich zwischen den div. Metaphern zurechtzufinden und so gerade noch zu salvieren: Es gibt ja auch ein Morgen- und sogar ein Frühlingsgewitter.

Im strengeren Sinn begrifflich kaum mehr zu vermitteln ist zwischen den scheinbar verwandten Kategorien »romantisch« und dito »sentimental(isch)« z. B. im Schillerschen Sinn als dem Gegensatz des »Naiven«, das aber das Romantische ja manchmal auch sein will. Leichter schon zu scheiden ist die romantisch-sentimentale »Wehmut« von der gänzlich unromantisch beheimateten »Melancholie«, die in ihren moderneren Formationen (s. Wolf Lepenies, Melancholie und Gesellschaft, 1969) keineswegs aus naturbezüglicher Todes- und Abschiedsverfallenheit keimt, sondern ihren historisch-genetischen Grund in der Leblosigkeit, Langeweile und fortschreitenden Nutzlosigkeit eines ehedem adelig gebundenen élan vital hat. Hoffnungslos vermantscht wird das Romantische häufig auch mit dem Idyllischen, obschon beides doch eigentlich eine Polarität, ein rechtes Gegensatzpärchen meint: Das Romantische das Ferne und nämlich unendlich Reflektierte – die Idylle das eng und nahe Beieinanderwohnende; auch das Jean Paulsche Vollglück in der Beschränkung – wo die Romantik ja mehr auf Unglück per Schrankenlosigkeit aus ist –

– nein, hier ist längst nichts mehr zu retten und begrifflich zu entwirren, wenn der Kaufhof und das Amtliche Deutsche Reisebüro es so wollen und gefügt haben, daß »romantisch« und »idyllisch« der gleiche Tran seien, dann sollen auch die Germanisten, Kunstgeschichtler und Mißverständnishistoriker nicht frech trennen wollen, was der Weltgeist des »Wortunfugs« (Karl Valentin) für alle Zeit und ein für allemal zusammengeschweißt hat. Denn siehe: »Das Mißverständnis der Welt ist der wahre Verleumder, sein Lügennetz verwickelt alle Hin- und Widerreden, alle sich aus gegenseitiger Opposition bildenden Meinungen« – und wenn so im Verein mit ihrem (auch recht talentierten) Bruder Clemens ausgerechnet die romantische Ober- und Allesmißversteherin Bettine im »Frühlingskranz« von 1801/04 klagt, dann dreht sich die Schraube eindeutig eins weiter, und im »Taugenichts«-Eichendorffschen Sinne wird doch noch oder ist schon alles, alles gut.

Allerdings, vorerst verlängern und verdichten die Mißdeutungen und Mißalliancen sich auch übers Stil- und Epochenbegriffliche und über die »Zeit«-Heiratsannoncen und die Neckermann-Romantikreisen weit hinaus erst mal noch ins Poetologisch-Pathologische, auch strikt Handwerkliche hinein. Zum Beispiel wenn wir in Betracht ziehen, daß mit Brentano und Eichendorff zwei sozusagen idealtypische Repräsentanzen deutsch-romantischer Poesie dem popularen Verständnis nach wie vor und trotz allen entschiedenen germanistischen Korrekturen mehr als Vertreter einer quasi intuitiv-impulsiven Erlebnisdichtung und eben deshalb halt als »romantisch« gelten. Und es doch beide in diesem Sinn am allerwenigsten sind. Sondern beide beinahe schon Prototypen des nachmaligen symbolistischen oder Paul Valéryschen Poesiekonzepts eines Ingenieursmäßigen, Versuchslaboratorischen, Wortsynthetischen – ja darüber hinaus fast der aktuellen Computerologie. Eichendorffs romantisch-lyrisches Werk scheint mitunter gearbeitet, als hätte sein Verfasser immer wieder dieselben ca. 35 Lieblingswörter-Symbole-Metaphern einer Textverarbeitungsmaschine zum endlosen Variieren und Permutieren anvertraut – und deren 15 beste Resultate dann eben den Anthologien; als Eichendorffs Unverwesliches und Allerbestes.

Bei Brentano ist die analoge Sache seit »Der Spinnerin Wiegenlied« und Enzensbergers Doktorarbeit ja praktisch Allgemeinplatz. Allein, der Allgemeinverstand richtet sich ja nicht einmal nach diesem. Sondern weiter walkt der Unsinn und »hält den Sinn gefangen« anders als Tieck sich das ausgemalt hat. Vor allem nach wie vor der Unflat, ausgerechnet das Romantische sei ausgerechnet das Naturburschenhafte, ja Natürliche. Dabei hatte doch schon Goethe die »modernen romantischen« Genies von 1795 als »auffallend verrückte Menschen« (Tag- und Jahreshefte, 1830) gebrandmarkt. Doch schon bald wendet sich die romantische Sache gegen ihre Erfinder selber. Denn siehe: »Auf hundert Komödienzetteln wird der Name ›romantisch‹ an rohe und verfehlte Erzeugnisse verschwendet und entweiht« (August Wilhelm Schlegel 1809 über »abgeschmackte Zauberopern«).

So daß bereits am 18. 8. 1820 Heinrich Heine im »Rheinisch-Westfälischen Anzeiger« einigermaßen entnervt zusammenfaßt:

»Es ist wahr, die Bilder der Romantik sollten mehr erwecken als bezeichnen. Aber nie und nimmermehr ist dasjenige die wahre Romantik, was so viele dafür ausgeben; nämlich: ein Gemengsel von spanischem Schmelz, schottischen Nebeln und italienischem Gekling, verworrene und verschwommene Bilder, die gleichsam aus einer Zauberlaterne ausgegossen werden, und durch buntes Farbenspiel und frappante Beleuchtung seltsam das Gemüt erregen und ergötzen. Wahrlich, die Bilder, wodurch jene romantischen Gefühle erregt werden sollen, dürfen eben so klar und mit eben so bestimmten Umrissen gezeichnet sein, als die Bilder der plastischen Poesie ...«

Und um dieser klaren und plastischen Umrisse willen nennt eben Eichendorff neben Weber und Beethoven auch noch Mozart einen »echten Romantiker« (Halle und Heidelberg). Und, wie die Brüder Schlegel, »romantisch« nennt Eichendorff freilich Kunstwerke aller Epochen, den Dante wie den Shakespeare wie den Cervantes. Denn um 1800 ist nicht nur Schlesien, sondern begrifflich auch Polen offen: »Das Christentum«, teilt am 17.11.1799 Dorothea Veit Friedrich Schleiermacher mit, »ist hier à l'ordre du jour; die Herren sind etwas toll. Tieck treibt die Religion wie Schiller das Schicksal; Hardenberg glaubt, Tieck ist ganz und gar seiner Meinung; ich will aber wetten, was einer will, sie verstehen sich selbst nicht, und einander nicht.«

So daß Friedrich Schlegel (Ideen) schon etwa zur gleichen Zeit bilanzieren kann: »Wer Religion hat, wird Poesie reden. Aber um sie zu suchen und zu entdecken, ist Philosophie das Werkzeug.«

Wir aber verlassen hier wohl definitiv das Kapitel der »Mißverständnisse« im strengeren Sinne. Und bewegen uns vollends auf der fragilen Decke der post-kleistisch neo-cusanischen Theologie der coincidentia concludentia hen kai pan namens Hekuba, genannt Peter Hindelang.

e. h.

Kolumbus in der Medizin

Fortschritt auf Schleichwegen und falschen Fährten

Die Sache mit Kolumbus, der eigentlich, bestärkt durch den Florentiner Astronomen Toscanelli, im Jahr 1492 n. Chr. einen neuen Seeweg nach Indien entdecken wollte (siehe unser eigenständiges Kapitel über diesen Komplex) und dabei versehentlich aber San Salvador fand, hat sich auch in der Naturwissenschaft, insbesondere in der Medizin, hinreichend oft zugetragen, und sofern wir diese Medizin als im weitesten Sinn der Zivilisation, ja der Kultur zugehörig erachten und hier also auch noch berücksichtigen wollen, sei etlicher solcher Fälle Erwähnung getan. Es gibt sogar prominente darunter. Zwar scheinen Emil v. Behring im Jahr 1900 sein Diphtherieserum und Robert Koch 1882 seinen choleraerregenden tuberkulosebakteriellen »Kochschen Bazillus« je einigermaßen ordentlich entwickelt respektive zutage gefördert zu haben; allein bei Sir Alexander Flemings Entdeckung des Penicillin-Antibiotikums 1928 könnte es, wie man aus gewohnt geheimnistuerischen Medizinerkreisen nicht ohne Ranküne unken hört, auch so gewesen sein, daß er, Fleming, auf den präparierten Schimmelbakterien eigentlich was ganz anderes zu erspähen und zu erwirken wähnte. Und dann allerdings gern und dankbar des Zufalls Laune folgte.

»Die Welt«, heißt es in der Weise des Karl Millöckerschen Bettelstudenten Symon Rymanowicz, »die Welt hat das genialste Streben nur miserabel stets gelohnt.« Dagegen, gegen all das »Chaos«, helfe siegreich »der Humor, der Götterhumor«. In der Naturwissenschaft vielleicht noch häufiger das Schnappen nach der Zufallschance. In Sonderheit in der Medizin stellt sich das auch für unser Buch stark thematische Wort vom miserabel gelohnten Streben als das bekannte Genieverkennungsproblem zwar etwas anders dar als in den geisteswissenschaftlichen Disziplinen; denn die Leute brauchen durch die »Iphigenie« an der Seele nicht gebessert, wollen aber partout am Leib geheilt werden; so daß geniale medizinische Erfindungen in der Regel schon bedankt und stantepede mit dem Nobelpreis eingedeckt werden. Im Zuge der allgemeinen nachsokratisch-spätcusanischen »docta ignorantia« kann es gleichwohl eben schon auch dazu kommen, daß sich die genialen Mediziner erst einmal selber nicht verstehen; daß z. B. vor einem halben Jahrhundert der Wiener Orthopäde und Chirurg Chiari die von ihm entwickelte Chiari-Beckenosteotomie (Beckendurchtrennung) erst einmal durch einen Zufall fand und erfand; als er nämlich, wie man abermals aus den Zentren der Geheimnisse munkeln hört, so ein Becken erst einmal mehr versehentlich durchmeißelte.

Petr Skrabaneks und James McCormicks Buch »Torheiten und Trugschlüsse in der Medizin« (Mainz 1995) befaßt sich mehr mit dem Aberglauben an Placebos und Homöopathie – 35 bis 45 Prozent aller heutigen Rezepte gelten Placebos (S. 11); es spürt (S. 35) z. B. der scheint's paradoxen Korrelation von Kindersterblichkeit und Ärztehäufigkeit nach – man würde ja das Reziproke erwarten; es entlarvt häufige wissenschaftliche Trugschlüsse und es entschlüsselt speziell die

»Mißverständnisse über die Beziehung der Placebo-Reaktion und dem Schmerz« (S. 23). Leider erhärtet es aber nicht z. B. das gleichfalls bemunkelte, uns von Dr. Franz Rahm zugetragene Mediziner-Ondit, wie dem berühmten Chirurgen Theodor Billroth Ende des 19. Jahrhunderts bei einer Blinddarmoperation derart viel schief ging, daß er dabei die Blinddarmoperation entdeckte.

Daß ausgerechnet Isaac Newton sich für sein naturwissenschaftlich revolutionäres Weltgebäude ausgerechnet aus der schlesischen Seelen- und Gottesmystik des Jakob Böhme inspiriert haben lassen soll (s. Hans Joachim Störig, Kleine Weltgeschichte der Philosophie, S. 311), dünkt uns doch ziemlich unwahrscheinlich. Aber auch sonst geht Gott, das Heil der Menschen wenigstens zu retardieren, tatsächlich oft arg krumme und kuriose, ja kynische und sogar zynisch-menschenverachtende Wege – und die Medizin im Sinne der Beseitigung der Francis Baconschen menschlichen Trugbilder (»idola tribus«) entsprechend erst mal in der verkehrten Richtung zwischen Falsifikation und Verifikation. Und zuweilen hilft beim Fortschritt, wie bekannt, sogar der ganz besonders zynische Krieg mit. Reaktionslos liegengebliebenes und eingeheiltes Metall im Körper amerikanischer Pearl Harbor-Soldaten brachte ab 1942 amerikanische und Schweizer Therapeuten auf die Idee, bei Brüchen mit Metall im Körper zu arbeiten – in Deutschland entwickelte daraus der Professor Küntscher in den 50er Jahren den »Küntscher-Nagel«. Und auch bei der Entwicklung des Herzkathederverfahrens durch den Berliner Chirurgen Werner Forßmann ein paar Jahrzehnte vorher scheint es zunächst nicht ganz mit rechten Dingen zugegangen zu sein: Vorher mit Hunden experimentierend, entdeckte Forßmann den Trick dann im Selbstversuch eher akzidentiell – bekam dann gleichwohl 1956 den Nobelpreis; wie man sogar aus feindlichen Medizinerkreisen unkeln hört, doch ganz zu Recht.

Der – angeblich – um 1700 das weiße Porzellan erfunden hat, Johann Friedrich Böttger (auch: Böttiger): eigentlich war er hinter dem Gold her und wollte als Goldmacher wenn nicht in die Geschichte so doch in ein abgesichertes Alter eintreten. Unterm sächsisch unerbittlichen Gewahrsam August des Starken wurde er aber dem neuen Ziel verpflichtet und entdeckte das Porzellan sozusagen widerwillig – aber »Schwamm drüber!« (Oberst Ollendorf): zu Recht brachte es in der Folge auch Böttger zu was; nach dem Tode seines Compagnons 1710 immerhin zum Leiter der Meißener Porzellanmanufaktur.

e. h.

Erbsen um die Augen

Sexuelle Abweichungen

Kinder, die sich eigenhändig den Geburtsvorgang zu erklären versuchen, schreiben manchmal Nabel oder Anus die entscheidende Funktion zu. Auch in der kindlichen Zeugungstheorie spielt der Bauchnabel, diesmal als Samenkelch, eine ungebührlich große Rolle. Darüber, was beim Menschen untenherum vorgeht, wenn es Frühling wird, haben allerdings auch die Erwachsenen immer wieder krause und absurde Theorien aufgestellt. Eine 1710 in England anonym veröffentlichte Studie warnte vor der Selbstbefriedigung, weil sie zu Niedergeschlagenheit, Abzehrung des Leibes, Entkräftung und nicht selten zum Tod führe. Sie beraube den Leib »seiner balsamischen Lebensfeuchtigkeit«, hieß es in der deutschen Übersetzung (Onania oder die erschreckliche Sünde der Selbst-Befleckung, 1751). Zitiert wurden auch vom Masturbieren geschwächte Patienten: »In meiner Nase klingt es bisweilen wie in einer Taschenuhr«, schrieb einer, »ich habe eine Schwachheit in meinem Auge, die ich schon vor einigen Jahren verspürt habe, da mir ist, als ob mir Erbsen um die Augen herumflattern.«

Ebenfalls im 18. Jahrhundert trat der Schweizer Arzt Samuel A. Tissot auf den Plan (Von der Onanie oder Abhandlung über die Krankheiten, die von der Selbstbefleckung herrühren, 1776). Tissots Werk hatte bedeutenden Einfluß auf die medizinische Literatur in Europa. Als Folgen der Selbstbefleckung zählte Tissot eiternde Geschwüre, Impotenz und Muskelkrämpfe auf, aber auch Rückenmarkzehrung, Sehschwäche, Fallsucht, Trägheit, »Vertrocknung der Säfte, Schmerzen in den Häutchen des Gehirns«, des weiteren »eine gänzliche Unordnung im Magen«, »eine Schwächung der Werkzeuge des Atemholens«, »eine gänzliche Erschlaffung des Nervensystems«, Aufgedunsenheit und frühen Tod.

Um erklären zu können, weshalb den Menschen zwar die Selbstbefriedigung verkrüppele und töte, nicht aber der Geschlechtsverkehr, knobelte Tissot eine erstaunliche Theorie aus. Es gebe »unsichtbare Ströme«, welche »aus unserm Körper herausgehen und in ihn eintreten«. Ein lebender Körper dünste permanent »eine erstaunliche dünne Feuchtigkeit« aus, gleichzeitig aber »nehmen eine andere Art Schweißlöcher einen Teil der uns umgebenden Flüssigkeiten auf und bringen selbige unsern Gefäßen zu«. Bei gesunden Menschen enthielten jene Ausdünstungen »etwas Nährendes und Stärkendes«, zumal beim Geschlechtsverkehr. Dabei ziehe »eines die Ausdünstungen des andern in sich« und lebe auf. »Der Selbstbeflecker aber verliert nur und bekommt nichts dagegen ...«

Bei dem Versuch, eine rigorose Sexualmoral medizinisch zu rechtfertigen, verstieg sich Tissot zu immer höherem Blödsinn, der vielfach und langanhaltend Schule machte. Karl Heinz Bloch (Masturbation und Sexualerziehung in Vergangenheit und Gegenwart, 1989) verweist auf den Artikel »Onanie« im Großen Brockhaus von 1832; dort heißt es über jenen »Lüstling«, welcher sich selbst beflecke: »Sein blau geringeltes Augenpaar rötet, trübt und stumpft sich, verliert allen Jugendglanz, alles Feuer, sein Blick wird unstet, schüchtern, sein Antlitz fällt ein, sein Wangenrot erbleicht oder wechselt oft, seine Physiognomie wird unkenntlich, verzerrt, affenähnlich, seine Gesichtszüge haben einen eigentümlichen Charakter, etwas Verstörtes, Zerrissenes. Sein Haar wird struppig, trocken, fällt am Kopfe aus. Seine Nase glänzt, wie überfirnißt, seine Hohlhand schwitzt immer und riecht gleich seinem fast stets kalten Hautschweiße, säuerlich, wie der von Säuglingen. Die Arme hängen an ihm schlaff herab, Schenkel und Waden schlottern ...«

Hier spricht in ehernem Ernst der Große Brockhaus und keineswegs Ror Wolf. Wie überfirnißt glänzt die Nase, in der es wie eine Taschenuhr klingt, und es flattern einem Erbsen um die Augen: »Von den Zuständen der Kopfkissen wollen wir gar nicht erst reden« (Ror Wolf). Diese dunkelsten Ausspritzungen des aufstrebenden Bildungsbürgertums unterscheiden sich qualitativ kaum von der primitiven Wahnvorstellung, daß der Anblick der Vulva die Sehkraft schwäche oder sofort zur Erblindung führe.

Nach der Theorie von Norbert Elias hat erst der Zivilisationsprozeß den Menschen seiner Sexualität entfremdet. Im Mittelalter hätten die Menschen in Mitteleuropa sich nicht geschämt, »in größerer Anzahl nackt zu baden und zwar oft genug beide Geschlechter zusammen« (Über den Prozeß der Zivilisation, 1939). Die spätmittelalterlichen Miniaturen, auf die Elias sich stütze, stellten aber gerade keine gewöhnlichen Badestuben dar, sondern Bordelle, erklärte Hans Peter Duerr (Nacktheit und Scham, 1988). Damit lasse sich die These vom vergleichsweise geringen Schamstandard des Mittelalters nicht belegen. Elias und seine Schüler hätten Bordellszenen und Jungbrunnendarstellungen herangezogen, als seien es Schnappschüsse aus dem Alltagsleben.

Größere Vorsicht sei auch bei literarischen Quellen geboten. Wenn die Weltreisenden der frühen Neuzeit berichteten, die Eingeborenen liefen nackt umher, war fast nie Nacktheit gemeint, sondern nur eine für europäische Begriffe ungewöhnlich spärliche Kleidung. Am 6. 11. 1492 trug Kolumbus in sein Bordbuch ein: »Männer und Frauen gehen nackt umher, wie sie Gott erschaffen hat. Allerdings tragen die Frauen ein Baumwolltuch um ihre Lenden; aber das ist auch alles.«

Nacktheit ist nicht immer Nacktheit, und die vermeintliche Schamlosigkeit des scheinbar nackt umhergehenden Eingeborenen ist mitunter nur auf die Unverschämtheit des Ethnologen zurückzuführen, der die Nacktheit seiner Studienobjekte mit Entdeckerstolz herausstreicht. Auf einem von Duerr dokumentierten Foto ist zu sehen, wie der fröhlich strahlende Ethnologe Lidio Cipriani auf den Andamanen eine halb entblößte, sichtlich beschämte Onge-Frau zum Blick in die Kamera zwingt. »None of the Onges have any sense of modesty«, schreibt Cipriani dazu (The Andaman Islanders, 1966), und Duerr stellt fest, »daß die Dummheit dieses Gelehrten offenbar seine Schamlosigkeit noch übertrifft«.

Begriffsstutzige Entdecker, die in der Wildnis die Witterung der ursprünglichen Schönheit und Reinheit einer unkultivierten, unverfälschten Sexualität aufzunehmen glaubten, sind zuerst mit Glasperlen erschienen, anschließend mit Schwert und Kreuz und zuletzt mit Kamera und Tonbandgerät. Das durchweg reißerisch dargestellte Triebleben der Wilden, das es zur höheren Ehre Gottes zu unterdrücken galt, reifte allmählich zur ethnologisch interessanten Buschferkelei. »Ich überlege, ob hier der mit dem längsten Lümmel Häuptling wird. Raja hat 'nen Mordsapparat«, meldet die »Naturvolk-Forscherin Susanne Voegel (32)« am 26. 6. 1996 in der Zeitschrift »Blitz-Illu«. Für ihr rassistisches Käseblatt berichtet die Forscherin regelmäßig über die »Sex-Bräuche fremder Völker« (»Brandaktuell per Satelliten-Ticker!«). Der mit dem längsten Lümmel wird nach ihrer Auskunft Häuptling bei »den Hill-Maria in Indien«; dort gebe es einmal wöchentlich »Opayah-Bum«, das sei »so eine Art Sex-Altersversorgung«. So stellt sich der deutsche Lkw-Fahrer, für den die »Blitz-Illu« geschrieben wird, am Ende des 20. Jahrhunderts die Bevölkerung der Dritten Welt vor: dauergeil, verworfen und mit Mordsapparaten versehen. Und wenn er seinen Nächsten, der ihm die Vorfahrt nimmt, mit dem schlimmsten verfügbaren Schimpfwort belegen möchte, nennt er ihn »Wichser«. Im Grunde scheint sich seit Tissots verhangenen Tagen nicht sehr viel getan und bewegt zu haben.

g. h.

Das Reiten der Geister im Gebiete der Naturerkenntnis

Nazis zwischen Relativitätstheorie und Welteislehre

Einem lebensgefährlichen Mißverständnis wollte der Physiker Werner Heisenberg mit einem Artikel abhelfen, den er am 28. 2. 1936 im »Völkischen Beobachter« veröffentlichte. Darin hieß es: »In einem Aufsatz ›Deutsche Physik und jüdische Physik‹ von W. Menzel (›Völkischer Beobachter‹ vom 29. Januar 1936) wird unter Berufung auf zwei der ältesten und verdientesten deutschen Physiker, Ph. Lenard und J. Stark, in einer Weise gegen die theoretische Physik Stellung genommen, die den meisten jüngeren Wissenschaftlern unrichtig und auf Mißverständnissen zu beruhen scheint.«

Ausgerechnet im Zentralorgan des Irrsinns wehrte sich Heisenberg gegen die Auffassung, Quantentheorie und Relativitätstheorie seien genuin jüdischen Geistes, von Nationalsozialisten abzulehnen und unvereinbar mit dem, was die Nobelpreisträger und glühenden Nazis Philipp Lenard und Johannes Stark im Dritten Reich als reinrassig »Deutsche Physik« zu etablieren versuchten. Die Lage war prekär. Lenard und Stark hatten die Relativitätstheorie als Angriff auf den »deutschen Volksgeist« verstanden, Hitler und Himmler verstanden überhaupt nichts, und die fachlich zurechnungsfähigen Physiker, die in Deutschland geblieben waren, mußten die Verbrecher und Banausen, von denen sie regiert wurden, davon überzeugen, daß nationalsozialistische Weltanschauung und Relativitätstheorie nicht im Widerspruch zueinander stünden.

Eigentümliche Bedenken hatte Albert Einsteins Spezielle Relativitätstheorie schon vor dem Ersten Weltkrieg hervorgerufen. Am 26. 12. 1907 schrieb der Physiker Johannes Stark an Hendrik Antoon Lorentz: »Jetzt aber warten wir alle sehnlichst, daß Sie sich einmal zu dem ganzen Complex der Einsteinschen Abhandlungen äußern. So genial sie sind, so scheint mir doch in dieser unkonstruierbaren und anschauungslosen Dogmatik fast etwas Ungesundes zu liegen.« Vielleicht, schrieb Stark, spreche sich in Einsteins Theorie »die abstraktbegriffliche Art des Semiten aus. Hoffentlich gelingt es Ihnen, dies geniale Begriffs-Skelett mit wirklichem physikalischen Leben zu erfüllen« (zit. nach: Armin Hermann, Einstein. Der Weltweise und sein Jahrhundert, 1994).

Das Anschauungslose, gewöhnlicher Einbildungskraft sich Entziehende an Einsteins Theorie mißbehagte Stark, wenn er auch in leidlich freundlich gehaltenem Briefwechsel mit Einstein stand. »Es hat mich etwas befremdet, daß Sie bezüglich des Zusammenhanges von träger Masse und Energie meine Priorität nicht anerkennen«, schrieb Einstein am 17. 2. 1908 an Stark (zit. nach Albrecht Fölsing, Einstein. Eine Biographie, 1993). Der antwortete am 19. 2. 1908, bei der Niederschrift der betreffenden Arbeit sei ihm die Plancksche Herleitung der Formel $E = mc^2$ »in ihrer radikalen Auffassung« als »wesentlich neu« erschienen; aber »nachdem ich Ihren Jahrbuchbericht gelesen habe, sehe ich freilich ein, daß die Deduktionen Plancks Ihre damalige Abhandlung zur Wurzel haben«. Darauf entgegnete Einstein am 22. 2. 1908: »Wenn es mir schon vor Empfang Ihres Briefes leid tat, daß ich mir durch eine kleinliche Regung jene Äußerung über Priorität in der bewußten Sache diktieren ließ, zeigte mir Ihr ausführlicher Brief erst recht, daß meine Empfindlichkeit übel angebracht war. Die Leute, denen es vergönnt ist, zum Fortschritt der Wissenschaft etwas beizutragen, sollten sich die Freude über die Früchte gemeinsamer Arbeit nicht durch solche Dinge trüben lassen.«

Den naturwissenschaftlichen Fortschritt interpretierten Johannes Stark und Philipp Lenard jedoch von Jahr zu Jahr stärker als Angriff auf ihr politisches Weltbild. Carl Seelig (Albert Einstein. Leben und Werk eines Genies unserer Zeit, 1960) schreibt: »Der um die Entdeckung des Doppeleffektes in Kanalstrahlen und des Effektes der Spaltung der Spektrallinien im elektrischen Feld verdiente Experimentalphysiker Stark galt weiterum als streitsüchtiger Charakter, während der vielseitigere Lenard, der im Glauben an die Teilbarkeit der Atome schon früh die Kernphysik vorauswitterte, seine sonderlingshafte und rachedurstige Veranlagung erst nach dem Ersten Weltkrieg dazu mißbraucht hat, den Juden die Schuld an dem für die Deutschen ungünstigen Ausgang aufzuhalsen.« Nach Lewis Pyenson (The young Einstein. The advent of relativity, 1985) urteilte Einstein schon 1910 über Lenard, er bestehe »gänzlich aus Galle und Intrige«, und in einem Brief vom 22. 7. 1913 riet er Lenards Assistenten Laub: »Ertragen Sie Lenards Schrullen, soviel er nur haben mag! Er ist ein großer Meister, ein origineller Kopf. Vielleicht ist er ganz gut umgänglich einem Mann gegenüber, den er achten gelernt hat.«

Nach Andreas Kleinert (Nationalistische und antisemitische Ressentiments von Wissenschaftlern gegen Einstein, in: Einstein-Symposion Berlin, hrsg. von Horst Nelkowski u. a., 1979) spielte Lenard noch 1913 »mit dem Gedanken, Einstein auf eine Professur für theoretische Physik nach Heidelberg zu berufen«; und auch 1918 habe Lenard die Bedeutung der Relativitätstheorie noch ausdrücklich hervorgehoben und sie »in ihrer Tragweite mit dem Satz von der Erhaltung der Energie« verglichen.

Doch 1920 kam es zum Bruch. Ihr nationalistisches Ressentiment brachte Lenard und Stark mit Scharlatanen in Verbindung, die von der Relativitätstheorie nur wußten, daß ihr Erfinder Pazifist und Jude sei. Paul Weyland, nach Albrecht Fölsing »ein Ingenieur mit journalistischen und politischen Ambitionen, zunächst verkappter und später offener Antisemit«, nach Armin Hermann »ein Hochstapler und Betrüger, der in seinem armseligen Leben immer wieder mit dem Gefängnis Bekanntschaft gemacht hat, dazu ein primitiver Antisemit und Antidemokrat«, gründete die »Arbeitsgemeinschaft zur Erhaltung reiner Wissenschaft e. V.«, bezeichnete am 6. 8. 1920 in der »Täglichen Rundschau« die Relativitätstheorie als »wissenschaftliche Massensuggestion« und »großen Schwindel« und organisierte am 24. 8. 1920 im großen Saal der Berliner Philharmonie eine Kundgebung, die sich gegen die Relativitätstheorie richtete. Sie sei wissenschaftlicher Dadaismus, erklärte Weyland und wetterte gegen die »Professorenclique«, die Einstein um sich geschart habe. Danach sprach der Physiker Ernst Gehrcke. »Obwohl er den alten Kohl wieder aufwärmte«, notierte Max von Laue, »war seine ruhige, sachliche Art zu reden eine Erholung nach Weyland, der sich mit dem gewissenlosesten Demagogen messen kann.« Weitere Großkundgebungen, u. a. mit Philipp Lenard, dem Astronomen Max Wolf und dem Philosophen Melchior Palágyi, wurden angekündigt. Max von Laue schrieb am 27. 8. 1920 an den Physiker Arnold Sommerfeld, er komme sich manchmal vor, als lebe er »in einem Tollhaus«.

In diesem Tollhaus ließen sich selbst Nobelpreisträger von der Hoffnung beschleichen, ihnen unkommod und undurchdringlich erscheinende physikalische Theorien seien mit Unterschriftenlisten, Massenkundgebungen und Demonstrationen zu widerlegen. Albert Einstein setzte sich am 27. 8. 1920 auf der ersten Seite des »Berliner Tageblatts« gegen »die antirelativitätstheoretische G.m.b.H.« zur Wehr und teilte zwei Tage später in einem Interview mit: »Ich komme mir vor wie jemand, der in einem guten Bett liegt, aber von Wanzen geplagt wird.«

Die Kontroverse sorgte immerhin für klare Verhältnisse, wenn Philipp Lenard seinen guten Ruf auch noch nicht gründlich genug ruiniert hatte, um von der akademischen Elite geächtet zu werden. Paul Weyland fungierte nur als Frühstücksdirektor der von Einstein apostrophierten G.m.b.H.; daß Lenard ihr inoffizieller Geschäftsführer war, mochte kaum jemand glauben. »Mit wahrer Wut habe ich, als Mensch und als Vorsitzender der Phys. Ges., die Berliner Hetze gegen Sie verfolgt«, schrieb Arnold Sommerfeld am 3. 9. 1920 an Einstein. »Eine warnende Bitte an Wolf-Heidelberg, er möchte die Finger davon lassen, war überflüssig. Sein Name ist, wie er Ihnen inzwischen geschrieben hat, einfach mißbraucht worden. Ebenso wird es gewiß mit Lenard stehen. Eine feine Sorte, die Weyland-Gehrcke!«

Ronald W. Clark (Albert Einstein. Leben und Werk, Esslingen 1974) nimmt an, daß gekränkter Stolz die entscheidende Rolle spielte. Daß Einstein die von Lenard energisch vertretene Hypothese von der Existenz des Äthers im Weltraum verworfen hatte, habe Lenard nicht verwinden können: »Die Tatsache, daß Einstein die Vorstellung von einem vorhandenen Äther als unnötige Komplikation aufgab, hatte ihn – so unwesentlich die Sache war – dazu gebracht, die Relativitätstheorie zu verunglimpfen. Seine Ansichten verhärteten sich während des Krieges. 1920 trat Lenard wieder in Erscheinung, und zwar als Nobelpreisträger, der begeistert dafür sorgte, daß die Weyland-Organisation wissenschaftlich respektabel wurde; eine Organisation, die die Relativitätstheorie als Teil einer großen semitischen Verschwörung hinstellte, die es sich zum Ziel gesetzt hatte, die Welt im allgemeinen und Deutschland im besonderen zu verderben. Sie vermied bei ihren Attacken wissenschaftliche Argumente und konzentrierte sich statt dessen auf die ›jüdische Natur‹ der Relativitätstheorie und den persönlichen Charakter Einsteins.«

Zur direkten Konfrontation zwischen Einstein und Lenard kam es im September 1920 bei einer Tagung in Bad Nauheim. Lenard warf Einstein vor, daß sich »der einfache Verstand eines Naturforschers« an der Relativitätstheorie stoße; ein Argument, das schwerlich zu entkräften war. Auf welchem Niveau sich die Diskussion inzwischen bewegte, zeigt ein Auszug aus der Rede des ungarischen Philosophen Melchior Palágyi: »Lassen Sie mich biologisch denken. Dann trägt jeder Mensch sein Koordinatensystem in sich. In der Verfolgung dieses Gedankens ist eine Widerlegung der Relativitätstheorie enthalten.«

Damit waren die Fronten endgültig geklärt. »Erst nach der Nauheimer Veranstaltung garnierte Lenard seine Kritik an der Relativitätstheorie mit widerwärtigsten Auswüchsen des Antisemitismus«, schreibt Albrecht Fölsing. Wissenschaftlich war ihr nicht beizukommen, und Lenards Einfluß reichte nicht aus, um ihre Verbreitung an den Universitäten zu verhindern. Was ihm fehlte, war Macht; doch es gab einen Politiker, von dem anzunehmen war, daß er sie ihm und seinesgleichen eines Tages verleihen könne. Am 3. 1. 1921 schrieb Adolf Hitler im »Völkischen Beobachter«: »Wissenschaft, einst unser Volkes größter Stolz, wird heute gelehrt von Hebräern, denen diese Wissenschaft nur Mittel ist zu ihrem eigenen Zweck, zum häufigsten aber Mittel zur bewußten planmäßigen Vergiftung unserer Volksseele und dadurch zur Herbeiführung des inneren Zusammenbruches unseres Volkes.« Hitler, hoffnungslos verbohrt und vernagelt, machte noch aus seiner Dummheit einen Triumph der Demagogie. Die Nachricht von der »anschauungslosen Dogmatik« der Relativitätstheorie, in der Johannes Stark 1907 »fast etwas Ungesundes« zu erwittern glaubte, hatte endlich auch den ungebildeten Nazi erreicht, der nun glücklich überhaupt nicht mehr ahnte oder auch nur schattenhaft sich schwanen lassen konnte, worum es ging, sondern nur wußte, daß er dagegen war.

Strikt und stramm.

Wie die Nazis die Relativitätstheorie auffaßten, geht aus einem Artikel mit dem Titel »Bolschewistenphysik« in der nationalsozialistischen Monatszeitschrift »Der Türmer« hervor: »Man kann es schließlich Arbeitern nicht übelnehmen, daß sie Marx auf den Leim gingen, wenn deutsche Professoren es fertigbrachten, sich von Einstein irreführen zu lassen.«

Stark und Lenard mußten sich vorläufig darauf beschränken, in ihren Schriften gegen die Relativitätstheorie und ihren Schöpfer zu wüten. »Lebt gesunder deutscher Geist – der freilich Pflege und Schutz nötig hätte – wieder auf, so wird von selbst der Fremdgeist weichen müssen, der als dunkle Macht überall auftaucht und der auch in allem, was zur ›Relativitätstheorie‹ gehört, so deutlich sich ausprägt«, weissagte Lenard (Über Äther und Uräther, 1922); und Stark (Die gegenwärtige Krisis in der deutschen Physik, 1922) tat kund, er sei »über die Leichtfertigkeit empört, mit welcher Herr Einstein, der von gewisser Seite als der größte Physiker in mehreren Jahrhunderten vor dem breiten Publikum herausgestellt wird, eine Auffassung verbreitet, welche auf die Dauer großen Schaden stiften muß.« Dabei habe sich längst gezeigt, »daß die allgemeine Relativitätstheorie weder in ihrem Grundgedanken noch in ihrer Entwicklung den Anforderungen genügt, welche von physikalischer Seite an eine physikalische Theorie zu stellen sind.« Was Stark betraf, handelte es sich aber nur um eine Anforderung von politischer Seite. Ihm gegenüber hatte ein Physiker für die Stichhaltigkeit seiner Theorien schlicht mit der rechten nationalen Gesinnung einzustehen. Einstein habe sich jedoch »zu internationaler Gesinnung bekannt« und »ohne Rücksicht auf die furchtbare Bedrückung des deutschen Volkes durch die Franzosen einer französischen Einladung zu einem Vortrag in Paris in diesem Frühjahre Folge geleistet« – ein Vorgang, der die Krisis in der deutschen Physik auf einen neuen Höhepunkt führen mußte und mit einer weiteren Unterschriftensammlung beantwortet wurde.

Auf der Jahresversammlung der Gesellschaft Deutscher Naturforscher und Ärzte wurde 1922 ein Flugblatt verteilt, von dem Werner Heisenberg zunächst annahm, daß es »wohl das Werk eines Verrückten« sei. »Die Leitung der ›Gesellschaft Deutscher Naturforscher und Ärzte‹ hat es für richtig gehalten, unter den wissenschaftlichen Darbietungen der Leipziger Jahrhundertfeier Vorträge über Relativitätstheorie auf die Tagesordnung einer großen, allgemeinen Sitzung aufzunehmen«, hieß es in dem Flugblatt. »Hiergegen legen die unterzeichneten Physiker, Mathematiker und Philosophen entschiedene Verwahrung ein. Sie beklagen aufs tiefste die Irreführung der öffentlichen Meinung, welcher die Relativitätstheorie als Lösung des Welträtsels angepriesen wird, und welche man über die Tatsache im Unklaren läßt, daß viele und auch sehr angesehene Gelehrte der drei genannten Forschungsgebiete die Relativitätstheorie nicht nur als eine unbewiesene Hypothese ansehen, sondern sie sogar als eine im Grunde verfehlte und logisch unhaltbare Fiktion ablehnen.« Zu den Unterzeichnern gehörten Melchior Palágyi, Dr. Kühn-Frobenius, Philipp Lenard und Ernst Gehrcke. Einstein selbst hatte die Teilnahme an der Versammlung wegen Morddrohungen abgesagt.

Die Lösung des Welträtsels, was immer das sei, hatte er niemals angekündigt, aber weil er Pazifist und Jude war, redeten Nationalisten und Antisemiten ihm übel nach, bedrohten sein Leben, polemisierten gegen seine physikalischen Theorien und machten ihnen zum Vorwurf, daß sie nicht hielten, was sich allenfalls Phantasten von ihnen versprochen haben konnten, nämlich jene obskure Lösung des Welträtsels.

Doch auch klügere, ideologischer Vorurteile unverdächtige Zeitgenossen reagierten auf die neuen Theorien mit haarsträubend banausischen Einwänden. Alfred Döblin schrieb am 24. 11. 1923 im »Berliner Tageblatt«, er habe erstmals 1917 ein Buch über die Relativitätstheorie in die Hand bekommen: »Dieses kleine Buch hat mir keine Anregung, aber viel Verwirrung und Ärger gebracht. Es begann scheinbar populär; nach einigen Seiten brachen die Formeln los, die infamen kabbalistischen Zeichen der Mathematik. Man glaubt, ich scherze? Ich scherze ganz und gar nicht. Ich hörte von allen Seiten, hier würden Dinge verhandelt, die zu den allerwichtigsten für einen denkenden Menschen gehören. Vorstellungen würden hier evident gemacht, die eine Umwälzung des gesamten Weltbildes nach sich zögen. Sagte man. In einem Dutzend Aufsätzen las ich: Was hier, in der Relativitätslehre, vorgebracht würde, sei den Entdeckungen des Kopernikus, Galilei, gleichzustellen. Aber Galilei und Kopernikus verstehe ich. Diese neue Lehre aber schließt mich und die ungeheure Menge der Menschen, auch der denkenden, auch der gebildeten, von ihrer Erkenntnis aus!«

Vom wissenschaftlichen Dadaismus, den der grobschlächtige Paul Weyland ersonnen hatte, sind die infamen kabbalistischen Zeichen Döblins nicht allzu weit entfernt. Erscheint dem gesunden Menschenverstand eine Sache zu hoch, muß er sie niederziehen. Der Kurzschluß, was nicht unmittelbar verständlich sei, könne nichts taugen, kennzeichnet den Ignoranten. Im schlimmsten Fall verbindet er sein Banausentum mit Rassismus, wie Philipp Lenard, der 1924 in der »Großdeutschen Zeitung« von Galilei, Kepler, Newton und Faraday schwärmte: »Diese Geister finden sich erfahrungsgemäß nur mit arisch-germanischem Blute verkörpert, wie denn auch die genannten Großen der Naturforschung dieses Blutes waren«; anders als der tückische, infam kompliziert theoretisierende Albert Einstein und seine fremdrassigen Geistes- und Blutsverwandten. Von ihnen gehe höchste Gefahr aus: »Man täusche sich nicht darüber, daß arisch-germanisches Blut als Träger des ihm eigenen Geistes schon schwer im Schwinden begriffen ist; fremdrassiger Geist arbeitet schon mehr als 2000 Jahre dahin.«

Das arisch-germanische Blut war in Wallung, doch es sollte noch einige Jahre dauern, bis der Fremdgeist weichen mußte. Johannes Stark, dessen akademischer Karriere vor allem der einflußreiche Arnold Sommerfeld im Wege stand – 1929 verhinderte er Starks Berufung nach München –, trat 1930 in die NSDAP ein und verherrlichte Hitler in einer Monographie (Adolf Hitlers Ziele und Persönlichkeit, 1932): »Hitler wird dem deutschen Volke eine neue politische Weltanschauung geben, durch ihn und seine Bewegung wird das germanische Führertum den jüdisch-westischen Parlamentarismus besiegen, der nordische Idealismus den jüdischen Mammonismus überwinden.« Hitler, »eine Persönlichkeit von so vertiefter Sittlichkeit, von so großem opfer- und kampfbereitem Idealismus«, werde »sich und seinen Zielen immer treu bleiben« und machtvoll »gegen die Parlamentswanzen, gegen die Parlamentslumpen« einschreiten.

Am 21. 3. 1933 diente sich auch Philipp Lenard dem germanischen Führertum an und forderte Hitler auf, er »möge die Unterrichts-Minister der deutschen Länder beauftragen, in allen Hochschul-Personalfragen, Naturwissenschaften und Mathematik betreffend, vor Entscheidung meinen Rat einzuholen«, den er »nach dem obersten Gesichtspunkt Deutscher Erneuerung geben« werde.

Johannes Stark wurde am 1. 5. 1933 zum Präsidenten der Physikalisch-Technischen Reichsanstalt ernannt. Jetzt, so schien es, konnte die arische an die Stelle der entarteten Physik treten. Im Mai 1933 schrieb Lenard im »Völkischen Beobachter«: »Das wichtigste Beispiel für den gefährlichen Einfluß jüdischer Kreise auf das Studium der Naturwissenschaften bietet Herr Einstein mit seinen von der Mathematik her zusammengestümperten Theorien, die auf einigen wissenschaftlichen Überlieferungen und einigen willkürlich eingestreuten Zusätzen fußen. Diese Theorie fällt nun Stück um Stück in sich zusammen, wie dies ja bei allen Arbeiten der Fall ist, die sich der Natur entfremden.«

Einstein, den Lenard einen »Relativitätsjuden« nannte, war bereits vertrieben. In Deutschland erschien die Broschüre »Juden sehen dich an«, eine »Galerie von Volksverderbern«. Darin figurierte Konrad Adenauer als »Großprotz von Köln«, und über Einstein war zu lesen: »Erfand eine stark bestrittene Relativitätstheorie. Wurde von der Judenpresse und dem ahnungslosen deutschen Volk hoch gefeiert, dankte dies durch verlogene Greuelhetze gegen Adolf Hitler im Auslande. (Ungehängt.)«

Doch das letzte Wort über die Relativitätstheorie war noch nicht gesprochen. Viele Physiker mußten fliehen, aber von denen, die blieben, schwörten längst nicht alle ab. In akademischen Kreisen war die »Deutsche Physik«, an der Stark und Lenard verbissen tüftelten, nach wie vor indiskutabel. David Nachmansohn und Roswitha Schmid (Die große Ära der Wissenschaft in Deutschland 1900 bis 1930. Jüdische und nichtjüdische Pioniere in der Atomphysik, Chemie und Biochemie, 1988) merken an: »Die Deutsche Physikalische Gesellschaft war eine der wenigen Organisationen, die es wagten, die Gleichschaltung mit den Nationalsozialisten abzulehnen.« In einem Band, den er zusammen mit Bartel Leendert van der Waerden herausgegeben hat (Werner Heisenberg, 1977), beschreibt Carl Friedrich von Weizsäcker die Stimmung nach der Machtergreifung: »Die Betroffenen machten damals noch Witze und sagten: ›deutsch‹ ist ein neues Wort für ›unecht‹, siehe deutsches Beefsteak, deutscher Tee, deutsche Christen, deutsche Physik.«

Max Planck sprach am 16. 5. 1933 bei Hitler vor, um an höchster Stelle zugunsten jüdischer Wissenschaftler zu intervenieren. Nach Kriegsende hat Planck ein Gedächtnisprotokoll der grotesken Unterredung angefertigt; John L. Heilbron (Max Planck. Ein Leben für die

Wissenschaft, Stuttgart 1988) hat es dokumentiert. Planck wies Hitler zunächst darauf hin, »daß es doch verschiedenartige Juden« gebe, »darunter alte Familien mit bester deutscher Kultur, und daß man doch Unterschiede machen müsse«, worauf Hitler erwidert habe: »Das ist nicht richtig. Jud ist Jud; alle Juden hängen wie Kletten zusammen. Wo ein Jude ist, sammeln sich sofort andere Juden aller Art an.« Auf Plancks Bemerkung, »daß es aber geradezu eine Selbstverstümmelung wäre, wenn man wertvolle Juden nötigen würde auszuwandern, weil wir ihre wissenschaftliche Arbeit nötig brauchen und diese sonst in erster Linie dem Ausland zugute komme, ließ er sich nicht weiter ein, erging sich in allgemeinen Redensarten und endete schließlich: ›Man sagt, ich leide gelegentlich an Nervenschwäche. Das ist eine Verleumdung. Ich habe Nerven wie Stahl.‹ Dabei schlug er sich kräftig auf das Knie, sprach immer schneller und schaukelte sich in eine solche Wut hinauf, daß mir nichts übrig blieb, als zu verstummen und mich zu verabschieden.«

Von diesem Führer, der sich wie ein Kastenteufel aufführte, nicht weiter als von heute bis mittag dachte und rationalen Argumenten unzugänglich blieb, hatte Planck nichts zu erwarten. Daß auch Stark mit den neuen Machthabern nicht durchweg einverstanden war, zeigt ein Brief, den Andreas Kleinert aufgespürt und 1980 in den »Physikalischen Blättern« publiziert hat. Stark schrieb am 20. 4. 1933 an Lenard: »Nicht die Juden und unsere sonstigen Gegner fürchte ich, sondern die Anmaßung, den Neid und die Intrige in den führenden nationalsozialistischen Kreisen. Wir müssen auch hier die Dinge sehen, wie sie wirklich sind. Leute wie ich und Sie sind im nationalsozialistischen Führerkreis nicht geschätzt. Erstens sind wir alt und allein schon darum minderwertig; zweitens haben wir etwas geleistet und dies empfinden viele in der Umgebung Hitlers als einen Vorwurf für sich; drittens sind wir Männer der Wissenschaft, denen nicht große Worte, sondern nur klare Erkenntnisse imponieren und Wissenschaft ist Hitler grundsätzlich unsympathisch.« Das Mißtrauen war berechtigt. Klaus Scheel (Die Wissenschaftspolitik des deutschen Faschismus auf dem Weg in den Zweiten Weltkrieg, in: Wissenschaft unter dem NS-Regime, hrsg. von Burchard Brentjes, 1992) gibt ein Zitat aus einer von Hitler am 10. 11. 1938 vor einem Kreis ausgewählter Journalisten gehaltenen Rede wieder, das nicht nur Antipathie, sondern Mordlust bezeugt: »Wenn ich so die intellektuellen Schichten bei uns ansehe, leider, man braucht sie ja; sonst könnte man sie eines Tages, ja – ich weiß nicht, ausrotten oder so was – aber man braucht sie leider.«

Wer nicht fliehen wollte oder konnte, mußte sich mit den Nazis arrangieren; wer in der Forschung nicht auf die Theorien jüdischer Physiker verzichten wollte, mußte taktieren und lavieren, um sich nicht der Vaterlandslosigkeit verdächtig zu machen; wer aus Stolz das Risiko einging, sich bei den Nazis unbeliebt zu machen, konnte nur mit List und Glück den Konsequenzen entgehen, wie Werner Heisenberg, der mit einem geschickten Täuschungsmanöver Ende 1933 eine brenzlige Situation entschärfte. Er hatte sich geweigert, mit der Annahme des Nobelpreises eine öffentliche Solidaritätsadresse an Hitler zu verbinden. Nach Elisabeth Heisenberg (Das politische Leben eines Unpolitischen. Erinnerungen an Werner Heisenberg, 1980) gingen daraufhin im November 1933 Gerüchte um, wonach ein Schlägertrupp der Nazis Heisenbergs nächste Vorlesung sprengen wolle. Vor Beginn der Vorlesung stieg ein Mann auf eine Bank »und sagte etwa folgendes: Er kenne ja Heisenberg – er sei, so habe er immer gefunden, ein anständiger patriotischer Mensch, aber diese Absage zum Lehrertag sei ganz und gar unbegreiflich. Wenn es wahr sein sollte, daß er dies nur aus Rücksicht auf seine jüdischen Kollegen im Ausland getan habe – das allerdings sei empörend –, dann sei Heisenberg für ihn erledigt. Ehe aber dies nicht geklärt sei, dürfe keine Demonstration gegen Heisenberg stattfinden. Er hätte gerade von der Parteileitung ein Telegramm erhalten, daß einstweilen nichts gegen Heisenberg unternommen werden dürfe; dies sei ein strikter Befehl und bei Zuwiderhandlung hätten die Delinquenten mit dem Ausschluß aus der Fachschaft zu rechnen. So könne man nichts anderes tun, als Heisenberg mit eisigem Schweigen zu empfangen. Diejenigen aber, die ihr Mißfallen noch stärker bekunden wollten, sollten jetzt mit ihm demonstrativ den Hörsaal verlassen« – und der Agitator verließ »mit einem Häufchen Radikaler den Saal. Während sie oben zur Türe hinausgingen, trat Heisenberg durch die untere Tür ein. Totenstille empfing ihn. Er ging mit beklommenem Herzen zum Podium – da plötzlich hörte man das erste Trampeln, es schwoll an wie ein Sturm, und Begeisterung brach hervor.« Der Redner hatte seine Aktion mit Heisenberg abgesprochen, um die übelsten Rädelsführer einzuschüchtern und fortzulocken; ein kunstvoll inszenierter Trick. Das zitierte Telegramm hatte es nie gegeben.

An Doppel-, Tripel- und Quadrupelzüngigkeiten herrschte kein Mangel. Heisenberg, Sommerfeld und Planck betonten die weltanschauliche Unbedenklichkeit ihrer Forschungen, während Lenard und Stark den sittlich vertieften Hitler zu immer drastischeren Maßnahmen gegen die Anhänger der Relativitätstheorie aufzustacheln versuchten.

Stark, seit 1934 Präsident der »Notgemeinschaft der Deutschen Wissenschaft«, bekundete ein ums andere Mal »die freudige Bereitschaft aller deutschen Forscher zur Mitarbeit im nationalsozialistischen Staat unter Führung Adolf Hitlers« (Adolf Hitler und die deutsche Forschung, 1934) und rühmte am 11. 11. 1934 bei einer Kundgebung der Deutschen Forschungsgemeinschaft und der NSDAP in Hannover »die Genialität, mit der unser großer Führer Adolf Hitler die Bedeutung sowohl der naturwissenschaftlichen wie der geisteswissenschaftlichen Forschung erkannt hat.« Und er wurde nicht müde, haßerfüllte Streitschriften gegen die Relativitätstheorie vorzulegen, in denen es weniger um Physik als um rassistischen Nonsens ging. »Zwar ist der jüdische Geist dank der Beweglichkeit seines Intellekts befähigt, in der Nachahmung der germanischen Vorbilder beachtenswerte Leistungen hervorzubringen; aber zu eigentlich schöpferischen Leistungen, zu großen Entdeckungen in der Naturwissenschaft vermag er sich nicht zu erheben«, verfügte Stark (Nationalsozialismus und Wissenschaft, 1934). »Wenn darum die Maßnahmen der nationalsozialistischen Regierung den beherrschenden Einfluß der Konzerne judengeistiger Wissenschafter zurückgedrängt und einige judengeistige Wissenschafter zum Verlassen Deutschlands veranlaßt haben, so ist dies nicht eine Vergewaltigung der Freiheit der Wissenschaft, wie die betroffenen Kreise lügen, sondern ein Akt der Notwehr gegen die bisherige Vergewaltigung durch den jüdischen Geist und somit in Wirklichkeit eine Wiederherstellung der Freiheit des germanischen Geistes in der deutschen Wissenschaft.«

Mit Stark wetteiferte Lenard. 1935, bei der Eröffnung eines neuen physikalischen Instituts, verkündete er: »Wir müssen uns sagen, daß es eines Deutschen unwürdig ist, auf geistigem Gebiet einem Juden zu folgen. Die Naturwissenschaft, die zu Recht diesen Namen tragen will, ist rein arischen Ursprungs. Die Deutschen müssen auch heute ihren eigenen Weg ins Ungewisse suchen. Heil Hitler.« Nach David Nachmansohn und Roswitha Schmid befand sich an Lenards Bürotür in Heidelberg ein Zettel mit der Aufschrift: »Eintritt für Juden und Mitarbeiter der Deutschen Physikalischen Gesellschaft nicht gestattet.«

Viele Jahre zuvor war es noch um rein wissenschaftliche Fragen gegangen, die von Albert Einstein und anderen Physikern aufgeworfen worden waren. In der Zwischenzeit hatten sich Lenard und Stark, immerhin zwei Nobelpreisträger, von schrulligen Außenseitern in brutale Nazis verwandelt, die auf möglichst blutige Rache sannen, ihre internationale Reputation in den Wind schießen ließen und eine Theorie, die sie nicht verstanden, mit hirnverbrannten Pamphleten bekämpften.

Die 1935 entstandene Lage schildern Nachmansohn und Schmid: »Die Gruppen um Stark und Lenard wurden immer einflußreicher und aggressiver. Heisenberg und Sommerfeld waren ihre Hauptangriffsziele und wurden besonders heftig attackiert. Sommerfeld, der wohl die größte Anzahl von Studenten in Deutschland in der Quanten- und Relativitätstheorie unterrichtet hat, setzte seine Lehrtätigkeit in der Hitlerzeit unverändert fort. Er war einer der größten Bewunderer Einsteins, und in seinem Briefwechsel mit ihm versicherte er Einstein, daß seine Studenten auch während der Hitlerzeit weiterhin über ihn und sein Werk informiert würden. Selbst nach seiner Emeritierung lehrte er noch ›jüdische Physik‹, bis ein Nachfolger gefunden wurde, der sich als Katastrophe herausstellte. Als Heisenberg als Sommerfelds Nachfolger vorgeschlagen wurde, begannen die ›arischen‹ Physiker einen heftigen Kampf voller persönlicher Attacken, Verunglimpfungen und Beleidigungen.«

Heisenberg sei »Geist vom Geiste Einsteins«, schrieb Johannes Stark im Februar 1936 in den »Nationalsozialistischen Monatsheften«, eine für Heisenberg sehr gefährliche These. In einem von 75 deutschen Physikern unterzeichneten Memorandum an den Reichsminister für Erziehung, Wissenschaft und Volksbildung hieß es im Sommer 1936, die Angriffe auf die theoretische Physik seien »sachlich unbegründet«; eine Initiative, die beweist, daß nicht alle Fakultäten vollständig gleichgeschaltet worden waren, daß die rassische Reinheit der Lehre immer noch von Sachkenntnis getrübt werden konnte und daß es damals auch couragierte, unverblendete Professoren gab, die gar nicht daran dachten, den von vornherein alles jenseits ihres engen Horizonts Gelegene mißverstehenden, mißdeutenden und mißbilligenden Feinden Einsteins auf dem Irrweg zurück zum rein arischen Ursprung der Naturwissenschaft zu folgen. Aber daß sie atomphysikalische Feinheiten vor einem ahnungslosen Nazilakaien und in letzter Instanz vor dessen jähzornigem, unberechenbarem, naturwissenschaftlich ringsherum unbeleckten Führer ventilieren mußten, dürfte die Unterzeichner des Memorandums hart angekommen sein.

Fast zur gleichen Zeit legte Philipp Lenard, »zur Abhaltung des Gedankenfluges von leichtfertigen wirklichkeitsfremden Phantastereien«, sein Hauptwerk vor (Deutsche Physik, 1936), das ein für allemal mit den logisch unhaltbaren Fiktionen der theoretischen Physik aufräumen sollte. »›Deutsche Physik?‹ wird man fragen. – Ich hätte auch arische Physik oder Physik der nordisch gearteten Menschen sagen können, Physik der Wirklichkeits-Ergründer, der Wahrheit-Suchenden, Physik derjenigen, die Naturforschung begründet haben. –

›Die Wissenschaft ist und bleibt international!‹ wird man mir einwenden wollen. Dem liegt aber immer ein Irrtum zugrunde. In Wirklichkeit ist die Wissenschaft, wie alles was Menschen hervorbringen, rassisch, blutmäßig bedingt.« Lenard mußte einige Erfindungsgabe und den unbeugsamen Willen zum Mißverständnis aufbringen, um den Rassismus in die Physik einführen zu können, doch das brachte er anstandslos über sich. Mit nordisch gearteter Physik, stellte er fest, sei die jüdische unvereinbar: »Um sie kurz zu charakterisieren, kann am gerechtesten und besten an die Tätigkeit ihres wohl hervorragendsten Vertreters, des wohl reinblütigen Juden A. Einstein, erinnert werden. Seine ›Relativitäts-Theorien‹ wollten die ganze Physik umgestalten und beherrschen; gegenüber der Wirklichkeit haben sie aber nun schon vollständig ausgespielt. Sie wollten wohl auch gar nie wahr sein. Dem Juden fehlt auffallend das Verständnis für Wahrheit, für mehr als nur scheinbare Übereinstimmung mit der von Menschen-Denken unabhängig laufenden Wirklichkeit, im Gegensatz zum ebenso unbändigen wie besorgnisvollen Wahrheitswillen der arischen Forscher.«

Einsteins »vollständige Ungeeignetheit für Naturforschung« sei offenkundig; »jedoch wurde das durch Rechenkunststücke verdeckt, und die dem ungehemmten Juden eigene Frechheit, zusammen mit der geschickten Zusammenhilfe seiner Rassegenossen, ermöglichte den großen Aufbau von jüdischer Physik, der schon Bibliotheken füllt.« Gefüllte Bibliotheken riefen den Argwohn des Nazis wach, der eine graue, keineswegs blutmäßig bedingte, ihm verschlossen bleibende Theorie einfach als trügerisches Rechenkunststück abtat. Damit machte er kurzen Prozeß: »Der Fremdgeist wirkt lähmend; alles Rassefremde ist dem deutschen Volke schädlich. Die jüdische ›Physik‹ ist somit nur ein Trugbild und eine Entartungserscheinung der grundlegenden arischen Physik.«

Lenard, in Fahrt gekommen, wollte auch den Naturgesetzen nationale Grenzen ziehen: »Das deutsche Volk hat ein volles Recht, seine Eigenart aufs Nachdrücklichste zu pflegen, auch in der Wissenschaft.« Weil aber auch die arische Physik keine Atomkerne im Trachtenjanker zu bieten hatte, verlegte sich Lenard im Vorwort aufs Unken und Raunen und brachte doch nichts tiefer Schürfendes als die Aussage zuwege, daß in Asbach Uralt der Geist des Weines sei: »Der unverbildete deutsche Volksgeist sucht nach Tiefe, nach widerspruchsfreien Grundlagen des Denkens mit der Natur, nach einwandfreier Kenntnis vom Weltganzen.«

Um Tiefgang und Widerspruchsfreiheit, schlicht um schlicht, sei es in den herkömmlichen physikalischen Lehrbüchern leider nicht gegangen: »Es erscheint da die Kenntnis von der Natur oft wie absichtlich zu einem fast undurchdringbaren Gewirre gemacht, das nur für den reinen Fachmann zugänglich sei, zu einem Haufen von Stückwerk, von Theorien, die meist nur Hypothesen sind und gleich Orakeln erscheinen mit Prophezeiungen dunkler, mathematischer Herkunft.« Lenard mied das Gewirre und blieb auf dem Boden der Tatsachen, die er vor sich strammstehen ließ: »Es wird aber das Volk, das einen Kopernikus, Kepler, Guericke, Leibniz, Fraunhofer, Rob. Mayer, Mendel, Bunsen und Kirchhoff hervorgebracht hat, sich wieder zu finden wissen, ebenso wie es als Erbe Friedrichs des Großen und Bismarcks politisch wieder einen Führer eigenen Bluts gefunden hat, der es aus der Verwirrung des ebenfalls rassefremden Marxismus errettet hat. In diesem Vertrauen habe ich das Werk geschrieben, und im besonderen Vertrauen auf die Führung des deutschen Volkes im Dritten Reich gebe ich es heraus.«

Auf sein krudes Denken mit der Natur vermochte Philipp Lenard seine Kollegen nicht einzuschwören, doch er steckte nicht auf, ebensowenig wie Johannes Stark. Am 15. 7. 1937 wurde der Kampf gegen die physikalischen Trugbilder mit einem von Stark veranlaßten Artikel in der SS-Zeitung »Das Schwarze Korps« öffentlich fortgeführt: »Heisenberg ist nur ein Beispiel für manche andere. Sie allesamt sind Statthalter des Judentums im deutschen Geistesleben, die ebenso verschwinden müssen wie die Juden selbst.« In einem Kommentar fügte Stark dem von ihm selbst nicht unterzeichneten Artikel noch hinzu: »Während der Einfluß des jüdischen Geistes auf die deutsche Presse, Literatur und Kunst sowie auf das deutsche Rechtsleben ausgeschaltet worden ist, hat er in der deutschen Wissenschaft an den Universitäten seine Verteidiger und Fortsetzer in den arischen Judengenossen und Judenzöglingen gefunden.« Bei dieser Lage sei es »ein großes Verdienst des ›Schwarzen Korps‹, daß es durch seine mutigen, grundsätzlich wichtigen Ausführungen die öffentliche Aufmerksamkeit auf die Schädigung lenkt, von welcher ein Teil des deutschen Geisteslebens und die Erziehung der akademischen Jugend von seiten der ›Weißen Juden‹ bedroht ist.«

Heisenberg, zum »Judenzögling« und »Weißen Juden« erklärt, handelte. Am 21. 7. 1937 wandte er sich brieflich an Heinrich Himmler: »Wenn die Ansichten des Herrn Stark mit denen der Regierung übereinstimmen, werde ich selbstverständlich um meine Entlassung bitten. Wenn das aber nicht der Fall ist, wie mir vom Reichserziehungsministerium ausdrücklich versichert wurde, dann bitte ich Sie als Reichsführer der SS um einen wirksamen Schutz gegen solche Angriffe in der Ihnen unterstellten Zeitung.« Erst ein ganzes Jahr später, am 21.7.1938, erwiderte Himmler, daß er die Angriffe nicht billige und weitere unterbunden habe. An Reinhard Heydrich, den Chef der Sicherheitspolizei, schrieb er am selben Tag, daß man es sich nicht leisten könne, »diesen Mann«, gemeint war Heisenberg, »der verhältnismäßig jung ist und Nachwuchs heranbringen kann, zu verlieren oder tot zu machen«. Heisenberg müsse geschützt werden, »da wir ihn für das Ahnenerbe, wenn es einmal eine totale Akademie werden soll, vielleicht brauchen können und den Mann als guten Wissenschaftler zu einer Zusammenarbeit mit unseren Leuten von der Welteislehre bringen«.

Nicht die Einsicht, daß die arische Physik nur ein Hirngespinst sei, hinderte Himmler daran, Heisenberg »tot zu machen«, sondern die Hoffnung, den renommierten Physiker für die Mitarbeit an einem anderen Hirngespinst zu gewinnen. »Wer sich einmal mit der Welteislehre beschäftigt hat, weiß Bescheid. Es handelt sich um eine törichte Pseudowissenschaft, die damals in Kreisen der Halbgebildeten viele Anhänger besaß. Zu ihnen gehörten auch Hitler, Himmler und viele andere Größen«, schreibt Armin Hermann (Physik und Physiker im Dritten Reich, in: Wissenschaft, Gesellschaft und politische Macht, hrsg. von Erwin Neuenschwander, 1993). »Hitler wollte damals die Stadt Linz, die er als seine eigentliche Heimat ansah, zur großen Donaumetropole ausbauen. Auf einem Berg sollte ein Monumentalgebäude als ›Denkmal der drei großen Weltbilder‹ entstehen. Welche drei Weltbilder? Das ptolemäische, das kopernikanische und das Weltbild von Hanns Hörbiger, dem Schöpfer der Welteislehre. Ein witziger Zeitgenosse kommentierte: Von der Astronomie auf die Medizin übertragen bedeute dies: Hippokrates, Paracelsus und Sanitätsgefreiter Neumann.«

Im September 1894 hatte der Ingenieur Hanns Hörbiger den Mond betrachtet und war auf den Gedanken verfallen, der Mond bestehe aus Eis. In den folgenden Jahren entwickelte Hörbiger aus dieser Schnapsidee seine Welteislehre. Danach sind die Sonnenflecken auf riesige, in die Sonne stürzende Eisbrocken zurückzuführen, größere Hagelkörner sind Eisbrocken aus dem All, und die ganze Milchstraße besteht aus Millionen von Eiskörnern. Zur Kosmogonie brachte Hörbiger des weiteren vor, daß es im Sternbild der Taube einst einen Riesenstern gegeben habe, größer als die Sonne, der alle Planeten in sich hineinschlang. Als der letzte Riesenplanet in den Stern stürzte, seien gewaltige Materiemengen ins All gespritzt. Daraus sei unser Sonnensystem entstanden.

Brigitte Nagel (Die Welteislehre. Ihre Geschichte und ihre Rolle im »Dritten Reich«, 1991) faßt zusammen: »Insgesamt will die Welteislehre Aufschluß geben über Weltentstehung, Milchstraßen, Sternschnuppen, Marskanäle, Saturnringe, Sonnenflecken, Kohlenflöze, Erdöllager, Salzlager, Sintflut, Atlantis sowie über den Inhalt von Teilen der Bibel und der Edda.« Sonnenflecken, Sintflut und Atlantis haben schon immer die Spökenkieker auf den Plan gerufen. Hanns Hörbiger und sein wichtigster Jünger, der Lehrer Philipp Fauth, brauchten viele Jahre, um die Welteislehre zur Druckreife zu befördern (Glacial-Kosmogonie, 1913). Aber schließlich hatten sie es geschafft: »Eine allumfassende Theorie des Himmels und der Erde bietet zur Stunde nur unsere Glacialkosmogonie, die Lehre von einer alle Materie beherrschenden, allen Raum belebenden, alle Bewegung regulierenden dualistischen Welt, in der das positive Element eines wilden Plutonismus – zugleich Träger und Prinzip der Konzentration von Kräften und Stoffen – im ewigen Widerstreite mit dem negativen Elemente eines ebenso universellen Neptunismus, gegründet auf das sichtbare Vorhandensein endloser Mengen von Eis im Weltenraume – zugleich Quelle aller die Materie wieder trennenden, ja zu Atomen zerstäubenden Wirkungen –, fortwährend Welten gebiert, Entwicklungen leitet und Welten wieder zerstört: Ein vorläufig noch unabsehbarer Kreislauf von Kraft und Stoff von einer Evidenz seines Geschehens, daß man hier als vor einer gewaltigen Wahrheit sich wird beugen müssen.«

Die kühne These, daß sie allumfassend sei, von ewiglich währenden Vorgängen handele und eine gewaltige Wahrheit darstelle, machte die Welteislehre bei Dilettanten beliebt und für Wissenschaftler verächtlich. »War die Welteislehre schon zum Zeitpunkt ihrer Entstehung wissenschaftlich unhaltbar, so wurde die Diskrepanz in den folgenden Jahrzehnten immer deutlicher«, schreibt Joachim Herrmann (Das falsche Weltbild. Astronomie und Aberglaube, 1962). Hitler jedoch, der alle Wissenschaftler am liebsten ausgerottet hätte, wenn es nur möglich gewesen wäre, blieben die Diskrepanzen verborgen. Nach Henry Picker (Hitlers Tischgespräche im Führerhauptquartier 1941–1942, 1965) erklärte er: »Ich neige der Welteislehre von Hörbiger zu. Vielleicht hat um das Jahr 10 000 vor unserer Zeitrechnung ein Einbruch des Mondes stattgefunden. Es ist nicht ausgeschlossen, daß die Erde den Mond damals in seine jetzige Bahn gezwungen hat. Möglich auch, daß das, was der Mond als Atmosphäre um sich hatte, unsere Erde an sich gerissen hat, womit sich die Lebensbedingungen der Menschheit auf der Erde von Grund auf verändert haben. Denkbar ist, daß es damals Wesen gab, die in jeder Höhe und Tiefe haben existieren können, weil es den Zwang des atmosphärischen Druckes nicht gegeben hat. Denkbar ist auch, daß die Erde aufgebrochen ist und daß der Einsturz von Wasser in die Krater zu ungeheuren Explosionen geführt hat und Regengüsse gebracht hat, von denen sich nur ein Menschenpaar hat retten können, da es in einer höher gelegenen Höhle Unterschlupf gefunden hatte. Ich glaube, diese Fragen werden sich nur lösen, wenn eines Tages ein Mensch intuitiv Zusammenhänge schaut und der exakten Wissenschaft damit den Weg weist. Wir werden sonst nie hinter den Schleier schauen, den die Katastrophe zwischen uns und die Vorwelt hat fallen lassen.«

Wenn es etwas gab, das Hitler entzückte, waren es ungeheure Explosionen. Doch was Hörbiger intuitiv durch den Schleier erschaut hatte, rief selbst bei Philipp Lenard Widerspruch hervor. Der NS-Zeitschrift »Illustrierter Beobachter«, die Hörbigers Welteislehre propagiert hatte, sandte Lenard 1937 eine scharf formulierte Stellungnahme zu: »Soll dieses (N.S.!)-Blatt noch weiter das deutsche Volk ungehindert verdummen dürfen? (Es ist gleichgiltig, wieviel Unwahres oder Wahres diese ›Lehre‹ enthält; jedenfalls ist sie *reine Phantasterei*, eine Verhöhnung alles *Wissens* von der Natur.)«

Aus dem Reichserziehungsministerium ging Heinrich Himmler 1938 eine Stellungnahme von Professor Paul Guthnick zu, dem Leiter der Universitäts-Sternwarte Berlin-Babelsberg, worin es hieß, daß die Welteislehre »ein für das Ansehen Deutschlands tief bedauerlicher Rückfall in eine längst überwundene primitive Vorstufe der wissenschaftlichen Forschung« darstelle. Es sei »ein starkes Stück, diese Art von ›Wissenschaft‹ typisch deutsch zu nennen, viel eher würde auf sie die Bezeichnung bolschewistisch oder Produkt eines wissenschaftlichen Untermenschentums passen.« Dem Parteigenossen Otto Wacker im Reichserziehungsministerium teilte Himmler am 22. 6. 1938 bündig mit: »Ich trete für die Forschung in jeder Form ein, daher auch für die freie Forschung der Welteislehre. Ich beabsichtige sogar, diese freie Forschung aufs Wärmste zu unterstützen und befinde mich hier in bester Gesellschaft, da auch der Führer und Kanzler des Deutschen Reiches, Adolf Hitler, seit langen Jahren ein überzeugter Anhänger dieser von den Handwerksgesellen der Wissenschaft verpönten Lehre ist.«

Nicht einmal der Vorwurf bolschewistischen Untermenschentums hatte verfangen. Auf Kritik an der Welteislehre reagierte Himmler mit Maßregelungen. Reinald Schröder hat am 19. 4. 1991 in der »Zeit« in seinem Aufsatz »Welteislehre, Ahnenerbe und ›Weiße Juden‹« die Vermutung geäußert, daß Himmler hinter jedem Gegner der Welteislehre

Philipp Lenard vermutete und mit der Parteinahme für Heisenberg und gegen Stark indirekt dessen Mitstreiter Lenard bestrafen wollte. So hätten Rachegelüste, Aberglauben und verwickelte, unabhängig voneinander ins Werk gesetzte Intrigen verfeindeter Nazis dazu geführt, daß Heisenberg am Leben blieb und die theoretische Physik ihren Geist nicht völlig aufgeben mußte.

In dieser verworrenen Situation drohte von überallher Gefahr. Boris G. Kuznecov (Einstein. Leben – Tod – Unsterblichkeit, Basel/Stuttgart 1977) berichtet: »Bei einigen Physikern zirkulierte ein Plan, sich von der antirelativistischen Vormundschaft Lenards zu befreien: Sie bemühten sich um die Archive von Bratislava, wo die Vorfahren des ehrbaren Adepten der ›arischen Physik‹ gewohnt hatten. Sie hofften, mit Hilfe entsprechender Dokumente die ›Reinheit‹ der eigenen ›arischen‹ Abstammung Lenards in Zweifel ziehen zu können.«

Aber auch Johannes Stark wurde von Antisemiten bedrängt. Im Anmerkungsapparat seiner von Andreas Kleinert herausgegebenen Memoiren (Erinnerungen eines deutschen Naturforschers, 1987) heißt es: »Wilhelm Grau, der Leiter der ›Forschungsabteilung Judenfrage‹ in dem von Walter Frank geleiteten ›Reichsinstitut für Geschichte des neuen Deutschlands‹, hielt Stark 1937 seine früheren Verbindungen zu jüdischen Physikern vor, nachdem er sich Schriftstücke aus dem Jahre 1928 beschafft hatte, die u. a. belegten, ›daß Nobelpreisträger Stark seinerzeit einen Juden für den Nobelpreis vorgeschlagen sowie gemeinsam mit einem Juden erzielte Arbeitsergebnisse publik gemacht hatte.‹ Dadurch erreichte er, daß Stark darauf verzichtete, einen kurz vorher gehaltenen Vortrag über das Thema ›Der jüdische Geist in den Naturwissenschaften‹ in den von Franks Reichsinstitut herausgegebenen ›Forschungen zur Judenfrage‹ zu veröffentlichen.«

Daß sie sich mit den physikalischen Entartungserscheinungen, die sie bekämpften, wenigstens oberflächlich auseinandergesetzt hatten, konnte den Vertretern der arischen Physik jederzeit zum Verhängnis werden, während ihre Gegner sich mit Notlügen zu behelfen versuchten. Am 27. 2. 1939 schrieb Max von Laue an Einstein: »Lenz verficht die These, Du wärst gar nicht der Alleinschuldige an der Relativitätstheorie, vielmehr sei Henri Poincaré Dein Spießgeselle. Er tut dies mit der ausgesprochenen Absicht, die Theorie von dem Vorwurf zu reinigen, sie sei nur jüdischem Geiste entsprungen, um sie dadurch – wie soll ich mich ausdrücken – im Dritten Reich hoffähig zu machen.« Denn wenn auch Poincaré sie aufgestellt habe, sei sie »eigentlich doch arisch« – aus angemessener geographischer oder zeitlicher Entfernung wirken die aus der Not geborenen Winkelzüge nur noch absurd und mitunter ihrerseits mißverständlich; wie ja jede Bewegung und jeder laut oder halblaut geäußerte Satz der in Deutschland verharrenden Intellektuellen Mißverständnisse provozieren mußte. Von Werner Heisenberg berichtet Carl Friedrich von Weizsäcker: »Viele alte Freunde haben ihn nie mehr verstanden, seit er im Sommer 1939, den kommenden Krieg vor Augen, aus Amerika nach Deutschland zurückgekehrt war. Dieses Mißverstehen, unter dem er seitdem tief gelitten hat, ist wahrscheinlich unauflösbar, denn es ist das Mißverstehen einer klaren moralischen Entscheidung durch eine andere klare moralische Entscheidung. Moral trennt, nur Liebe verbindet.«

Im Dezember 1939, nach drei Jahren des Gerangels, wurde nicht Werner Heisenberg, sondern Wilhelm Müller auf Arnold Sommerfelds Lehrstuhl berufen. Müller war ein Gefolgsmann von Lenard und gab 1941 zusammen mit Johannes Stark zwei Vorträge zur Eröffnung des Kolloquiums für theoretische Physik an der Universität München heraus (Jüdische und deutsche Physik, 1941). Namentlich in der exakten Wissenschaft existiere noch immer »so etwas wie eine babylonische Sprachverwirrung«, vergleichbar dem politischen Leben »vor dem Jahre 1933«, das »ein regelrechtes Chaos« gewesen sei, führte Müller aus. »Was wir heute vor uns sehen, kommt kaum über die ersten Ansätze zu einer völkischen Erneuerung der Wissenschaft und zur Überwindung jenes unerträglichen Dogmatismus hinaus, der heute der gesamten theoretischen Physik das Gepräge gibt. Wie wäre es sonst möglich, daß die Einsteinsche Lehre, dieser große jüdische Weltbluff, der dem deutschen Volke in den Tagen seiner größten Schmach als die erlösende Weltformel präsentiert wurde, heute noch als ernst zu nehmende Grundlage der Physik zugelassen wird!« Gegen den jüdischen Weltbluff, Einsteins »Begriffsverdrehungen und -verrenkungen« und die »fruchtlosen Spekulationen der nicht-euklidischen Physik« agitierten die nordisch gearteten Wahrheitssucher weiterhin ohne klaren Erfolg in ihrer Disziplin; sie mußten, wie Wilhelm Müller, immer noch jede Gelegenheit ergreifen, »um einem neuen Geist in der Physik und einer neuen Kampfparole das Wort zu reden, die unmittelbar anknüpft an die große und klare Idee des Führers, die auch für die theoretische Wissenschaft zum unbedingten Vorbild werden muß« – von so weit her wie der Professor Müller hatte aber nicht einmal Philipp Lenard seine Argumente geholt: »Auf der unrechtmäßigen Grenzüberschreitung der mathematischen Wissenschaften beruht ein großer Teil der Irrtümer der heutigen Physik, die in dieser Beziehung mit der berüchtigten, ebenso internationalen Politik des Völkerbundes verglichen werden kann.«

Johannes Stark wurde von Müller als »alter Vorkämpfer für Adolf Hitler« begrüßt und beklagte sich über die »judengeistigen Dogmatiker«, die »in jüdischem Geiste gewirkt, aber den Nachweis der arischen Abstammung erbracht« hätten und »in ihren Stellungen als akademische Lehrer verblieben« seien. Sie träten »zum Teil sogar in nationalsozialistischer Aufmachung auf, setzen aber ihre Propagandatätigkeit für jüdisch-dogmatische Theorien unverändert fort. So hat noch im Jahre 1936 Heisenberg in einem Artikel der führenden nationalsozialistischen Zeitung ›Völkischer Beobachter‹ erklärt: ›In ähnlicher Weise gilt auch die Relativitätstheorie als die selbstverständliche Grundlage weiterer Forschung.‹ Planck, der langjährige Förderer Einsteins und des jüdischen Einflusses, kann noch heute die Veröffentlichung von Abhandlungen in jüdischem Geist ermöglichen. Und Sommerfeld, der Hauptpropagandist jüdischer Theorien, war noch bis vor kurzer Zeit akademischer Lehrer. Bei dieser Sachlage erscheint es notwendig, den jüdisch-dogmatischen Geist und die deutsch-pragmatische Einstellung in der Physik scharf zu kennzeichnen ...«

Der Astronomieprofessor Bruno Thüring (Albert Einsteins Umsturzversuch der Physik und seine inneren Möglichkeiten und Ursachen, 1941) ging sogar noch weiter; er schreckte nicht davor zurück, Einsteins Theorien auf den Talmud zurückzuführen: »Noch berauschen sich Mathematiker an seinen prachtvollen Formeln, noch sind die Physiker durch die formale Darstellung einiger Effekte fasziniert, noch zerbrechen sich viele Philosophen ihre Köpfe an scheinbar physikalisch begründeten Paradoxien und erkenntnistheoretischen Merkwürdigkeiten der Relativitätstheorie, ohne zu bedenken, daß diese in Wirklichkeit nur willkürliche Forderungen und Setzungen sind. So führt der Jude Einstein die Schar der arischen Forscher am Gängelbande«, dozierte Thüring und bemühte sich, »die Identität des talmudischen Denkens mit den Grundlagen und Methoden der relativistischen Physik« nachzuweisen. Dabei griff er den zweifelhaften Vorwurf auf, daß über die Relativitätstheorie schon viel geschrieben worden sei: »Auf diese Weise hat die relativistische Literatur (die sog. moderne theoretische Physik) einen geradezu ungeheuren Umfang angenommen und entspricht auch darin der talmudischen. Entsprach es dem jahrtausendealten Ziel arischer Wissenschaft, im Begrifflichen möglichste Eindeutigkeit zu erreichen, so fühlt sich jüdische Denkungsart gerade dort wohl, wo infolge vorhandener Uneindeutigkeit ›diskutiert‹ werden kann.« Und nachdem er die uneindeutige, interpretationsbedürftige Theorie dargelegt hatte, schloß er: »Soweit Einstein. Aus seinen Worten folgt übrigens, daß ein lebendiger Organismus durch kräftiges und dauerndes Schütteln beliebig jung erhalten werden kann.«

Eine seltsame und traurige Verirrung des Menschengeistes vermutete Bruno Thüring zuletzt bei sich selbst; er verlieh vielmehr der Hoffnung Ausdruck, daß der Tag nicht mehr fern sei, »wo die Ära Einstein als eine der seltsamsten und traurigsten Verirrungen des Menschengeistes klar vor aller Augen stehen wird. Daß auch hier der Geist *deutscher* Forscher die wankend gewordene Stellung gehalten hat und die Wende nun heraufzuführen im Begriffe steht, muß uns mit unbändigem Stolz erfüllen. Die Lücken sind geschlossen, durch die der Feind hereinkam. Nun ist seine endgültige Niederlage nicht mehr aufzuhalten.«

Doch mit Lenard, Stark, Müller und Thüring buhlten ihre Widersacher um die Gunst der Regierenden. Im April 1941 wandte sich der Aerodynamiker Ludwig Prandtl an Hermann Göring: »Eine gewisse Gruppe von Physikern wütet gegen die theoretische Physik, verunglimpft ihre verdientesten Vertreter und setzt ganz untragbare Besetzungen der Hochschullehrstühle durch und zwar mit der Begründung, die theoretische Physik sei eine jüdische Mache. Der schlimmste Fall ist ohne Zweifel die Berufung eines Herrn W. Müller als Nachfolger des weltberühmten theoretischen Physikers an der Universität München, A. Sommerfeld.« In diesem »kriegs- und wirtschaftswichtigen Fach« sei Görings »persönliches Eingreifen« vonnöten.

Nun erhielt Werner Heisenberg den Posten des Direktors am Kaiser-Wilhelm-Institut für Physik. Enttäuscht bemerkte Philipp Lenard im Januar 1942 im Vorwort zur dritten Auflage seiner »Deutschen Physik«: »›Setzen wir das Deutsche Volk nur in den Sattel, reiten wird es schon können.‹ So dachte ich bei Herausgabe der ›Deutschen Physik‹, und ich meinte dabei das Reiten der Geister im Gebiete der Naturerkenntnis. Es scheint, daß ich bisher nicht allzusehr Recht behalten habe, wenn auch das Bedürfnis nach Neuauflagen zum Beweise des Gegenteils genommen werden kann. Jedenfalls haben große gelehrte Versammlungen und Bücher der Fachleute immer wieder in auffälliger Weise sich bemüht, den Judengeist in der Physik zu bekräftigen und ihn als unentbehrlich erscheinen zu lassen.« Die Beschäftigung mit jüdischem Gedankengut sei für Arier immer noch »ein widernatürliches Beginnen« und könne »sinngemäß als geistige Rassenschande« bezeichnet werden.

Im selben Jahr richtete Carl Ramsauer, Vorsitzender der Deutschen Physikalischen Gesellschaft und Direktor des AEG-Forschungsinstituts, eine Eingabe an den Wissenschaftsminister und hob darin die Nützlichkeit der von Lenard bekämpften physikalischen Forschung für die Kriegsführung hervor: »Die deutsche Physik hat ihre frühere Vormachtstellung an die amerikanische Physik verloren und ist in Gefahr, immer weiter ins Hintertreffen zu geraten.« Die Behauptung, die Vertreter der modernen theoretischen Physik seien »Vorkämpfer jüdischen Geistes«, sei »ebenso unbewiesen wie unberechtigt«. Die theoretische Physik habe Leistungen aufzuweisen, »welche auch für Wirtschaft und Wehrmacht von wesentlicher Bedeutung werden« könnten. Ganz ähnlich argumentierte auch Heisenberg, als er 1943 in der »Zeitschrift für die gesamte Naturwissenschaft« schrieb, er sehe »keinen Grund, warum etwa ein Nationalsozialist einen Widerspruch zwischen seiner weltanschaulichen Haltung und der Beschäftigung mit der modernen theoretischen Physik und deren Anschauungen von der Natur empfinden könnte – es sei denn, man wollte etwa sagen: weil die nationalsozialistische Weltanschauung mit den Behauptungen der Relativitätstheorie und der Quantentheorie unverträglich ist, deshalb kann die zukünftige Erfahrung nicht mit den Aussagen dieser Theorien übereinstimmen. Aber diese berüchtigte Schlußweise, daß ›nicht sein kann, was nicht sein darf‹, entspricht jedenfalls *nicht* der nationalsozialistischen Weltanschauung, die in der Naturwissenschaft den Respekt vor den Tatsachen an die Spitze stellt.« Noch schwerer wiege indessen »der Schaden, den die wissenschaftliche und technische Kraft Deutschlands durch den auf politische Basis gebrachten (nicht den wissenschaftlichen) Kampf gegen die moderne theoretische Physik erleiden kann oder schon erlitten hat.«

Die Schlagkraft Deutschlands und seiner Wirtschaft und Wehrmacht schien allen Fraktionen gleichermaßen am Herzen zu liegen. Wer nach Kompromissen suchte, mußte sich kompromittieren. An allen Fronten war der Kampf entbrannt. Die Hauptabteilung »Weltanschauliche Information« in der Reichsleitung der NSDAP wollte 1944 ausdrücklich weiter dafür sorgen, daß die Lehrstühle für theoretische Physik »nur von solchen Wissenschaftlern besetzt werden, die sich eindeutig als Gegner der Relativitätstheorie bewährt haben«. Am 5. 5. 1944 trat das »Hauptamt Wissenschaft« in der Reichsleitung der NSDAP diesem Anspruch entgegen: »Der Streit zwischen der Lenardschen Richtung und den Heisenberg-Anhängern ist für uns in erster Linie eine Frage der sauberen wissenschaftlichen Auseinandersetzung; darüber hinaus müssen wir erkennen, daß die Ergebnisse der relativitäts-theoretischen Forschung von geradezu kriegsentscheidender Bedeutung für die Entwicklung bestimmter Industriezweige sind und daß es schon deshalb nicht angeht, diese Forschungen als weltanschaulich unzuverlässig, weil judenfreundlich, zu diffamieren.«

Verloren hatten letzten Endes alle – die Nazis den Krieg; die Vertreter der theoretischen Physik ihre politische Unschuld und die Illusion von der reinen, ethisch unanfechtbaren Wissenschaft; die reitenden Geister Lenard und Stark den Kampf um die Hegemonie auf dem Gebiete der Naturerkenntnis. Woran Lenard und Stark gescheitert waren, hat Alan D. Beyerchen (Scientists under Hitler. Politics and the Physics Community in the Third Reich, 1977) untersucht. Es sei ihnen letzten Endes ebensowenig gelungen, sich des Rückhalts der einflußreichen politischen Stellen zu versichern wie der Unterstützung durch die führenden Physiker: »Both failings were due ultimately to the limitations imposed upon Aryan physics by the personalities of Lenard and Stark. In essence, the movement they produced was both poor politics and poor physics.«

Im Sommer 1945, als Gefangener der amerikanischen Besatzungsmacht, legte Stark seine Erinnerungen nieder. Ein Kapitel nannte er »Mein Kampf für die Freiheit der Forschung«. Von eigener Schuld war nicht die Rede; auch nicht von den Verbrechen, denen Stark mit seiner antisemitischen Propaganda Vorschub geleistet hatte. Aus Stark sprach wieder unverhüllt die beleidigte Leberwurst: »So hat Hitler, statt im Innern Deutschlands Freiheit gelten zu lassen und die Zusammenarbeit aller Parteirichtungen in einer Volksgemeinschaft herbeizuführen, das deutsche Volk in die geistige Knechtschaft seitens seiner Parteileiter schlagen lassen und damit nicht bloß seine idealistischen früheren Anhänger schwer enttäuscht, sondern eine ungeheure Schuld gegenüber dem ganzen deutschen Volk auf sich geladen.« Mitleid empfand Stark nur mit dem deutschen Volk und mit sich selbst, zumal er persönlich das Opfer gemeiner Machenschaften »des Kreisbauernführers Gagel« geworden sei. Mark Walker (Nazi Science. Myth, Truth and the german Atomic Bomb, 1995) resümiert: »Thus Stark was able to convince himself that even the very fight for ›Deutsche Physik‹ had been a fight against National Socialism.«

Philipp Lenard starb 1947. Johannes Stark wurde 1949 in zweiter Instanz als Mitläufer eingestuft und zu einer Geldstrafe von 1000 Mark verurteilt. Von Paul Weyland weiß Armin Hermann in seiner Einstein-Biographie zu berichten: »Nach dem Zweiten Weltkrieg ging Weyland in die Vereinigten Staaten und arbeitete dort als Zuträger für das FBI, als dieses in der McCarthy-Ära Material über den als Kommunisten verdächtigten Einstein sammelte.« Der Kampf ging weiter.

Ziehe man die Traditionen in Deutschland vor 1933 als Maßstab heran, erscheine auch die Entwicklung bis auf die Exzesse der arischen Physik weitgehend normal, schreibt der Historiker Michael Eckert

(Die Atomphysiker. Eine Geschichte der theoretischen Physik am Beispiel der Sommerfeldschule, 1993). Arnold Sommerfeld und seine Schule seien von der Mehrheit der Physikerschaft auch in der Nazizeit als maßgebliche Instanz der theoretischen Physik in Deutschland anerkannt worden. »Mit den Anfeindungen der ›Deutschen Physik‹ wurde das Autonomiestreben noch verstärkt, doch gleichzeitig provozierte diese Bewegung auch eine Annäherung zwischen der akademischen Physik und den militärischen und industriellen Machtzentren des ›Dritten Reiches‹«; eine moralisch überaus fragwürdige Kollaboration der physikwissenschaftlichen Elite mit dem NS-Staat: »Ihren Widerstand gegen die ›Deutsche Physik‹ mit einer oppositionellen Haltung gegen das gesamte NS-Regime gleichzusetzen, wie dies nach dem Krieg gerne getan wurde, ist nur ein fadenscheiniger Versuch, sich von ihren vielfältigen Verstrickungen im ›Dritten Reich‹ weißzuwaschen.«

Armin Hermann hebt den Mut derer hervor, die dem völkischen Obskurantismus trotzten und dadurch Gefahr liefen, als »Weiße Juden« im KZ zu enden: »Die Physiker in Deutschland haben sich mutig geschlagen gegen die in ihrer Wissenschaft in Gestalt der ›Deutschen Physik‹ auftretende nationalsozialistische Ideologie. Uns Heutigen aber bleibt ein ungutes Gefühl: In ihrem Bemühen, den Einfluß der wissenschaftlichen Ideologen zurückzudrängen, zeigten die Physiker einen bemerkenswert großen Eifer, den Unrechtsstaat wirtschaftlich und militärisch zu stärken. Zum Glück für die Welt hat das Dritte Reich diesen Eifer nur sehr unvollkommen genutzt.«

SS und FBI interessierten sich für die Relativitätstheorie und die Weltanschauung derer, die sie entwickelt hatten oder lehrten. Doch nicht immer hatten sie sich dadurch bolschewistischer Sympathien verdächtig gemacht. Wenn die Geister im Gebiete der Naturerkenntnis reiten und sich ungestüm genug vom Nationalismus mitreißen lassen, können sie die Relativitätstheorie wahlweise als judengeistig und undeutsch oder aber als reinen Ausdruck germanischen Hochmuts verdammen. Auch das ist schon vorgekommen. In einem 1915 in der »Revue des deux mondes« erschienenen und von Andreas Kleinert dokumentierten Aufsatz beschimpfte der französische Physiker Pierre Duhem »die Relativitätsphysik« als Inbegriff der deutschen Wissenschaft, die »stolz auf ihre algebraische Strenge und voller Mißachtung für den gesunden Verstand« sei, »den alle Menschen mitbekommen« hätten. »Die Tatsache, daß das Relativitätsprinzip alle Empfindungen des gesunden Menschenverstandes durcheinander bringt, erweckt nicht das Mißtrauen der deutschen Physiker – ganz im Gegenteil. Es zu akzeptieren bedeutet gleichzeitig, alle Lehrsätze umzustoßen, in denen von Raum, Zeit und Bewegung die Rede war, alle Theorien der Mechanik und der Physik. Eine solche Verwüstung hat nichts an sich, das dem germanischen Denken mißfallen könnte. Auf dem Gebiet, auf dem die alten Lehrsätze beseitigt wurden, wird der geometrische Verstand der Deutschen voller Freude eine ganze Physik neu errichten, deren Grundlage das Relativitätsprinzip sein wird. Wenn diese neue Physik unter Mißachtung des gesunden Menschenverstandes allem widerspricht, was aufgrund von Beobachtungen und Erfahrungen in der Mechanik des Himmels und in der irdischen Mechanik aufgebaut worden war, so werden die Anhänger der rein deduktiven Methode nur um so stolzer sein auf die unbeugsame Strenge, mit der sie die zerstörerischen Konsequenzen ihres Postulats bis zum Ende verfolgt haben werden.«

Die Relativitätstheorie ist im Laufe der Zeit als rohes germanisches Denken, als wissenschaftlicher Dadaismus und als talmudisch inspirierte, dem arischen Denken nach der Natur widerstreitende Begriffsverrenkung mißverstanden worden. Einen dauerhaften Imageverlust hat dabei aber nur der regelmäßig bemühte »gesunde Menschenverstand« erlitten.

g. h.

Menschenfleisch aus der Gerüchteküche
Einige Nachrichten

Auf dem alten, Ende des 19. Jahrhunderts entworfenen Emblem der US-amerikanischen Firma Procter and Gamble war ein bärtiger Herr im Profil zu sehen, dreizehn Sternen zugewandt, die dreizehn amerikanische Kolonien symbolisieren sollten. Im April 1985 mußte die Firma mit der Tradition brechen: Findige Christen hatten im Halbmondprofil des Sympathieträgers eine Anspielung auf den Gründer der Moon-Sekte erkannt, aus der Anordnung der Sterne und dreier Bartlocken zweimal die Satanszahl 666 herausgelesen und das Gerücht in die Welt gesetzt, das Emblem sei ein höllisches Vexierbild und die Firma des Teufels. Zehn Prozent der Gewinne von Procter and Gamble, folgerten die Fundamentalisten, würden an eine satanische Sekte überwiesen. »Dieses etwa 1980 westlich des Mississippis entstandene Gerücht hatte sich rasch verbreitet und den Osten der Vereinigten Staaten erreicht«, schreibt Jean-Noël Kapferer (Gerüchte. Das älteste Massenmedium der Welt, Leipzig 1996). Kein Dementi vermochte das Gerücht zu entkräften; erst nach der Entscheidung, auf das Emblem zu verzichten, konnte die Firma wieder in Ruhe Ariel und Pampers verkaufen.

Abergläubische Konsumenten lassen sich weder von Pressemitteilungen noch von Gesten des guten Willens überzeugen. Ioan M. Lewis (Schamanen, Hexer, Kannibalen, Frankfurt a. M. 1989) schildert einen Fall verschärfter Mißverständnisse in Nordrhodesien, wo preiswertes Dosenfleisch mit dem Etikettvermerk »For African Consumption« auf den Markt gelangt war. Bald kam das Gerücht auf, es handele sich um Menschenfleisch. Ein europäischer »District Commissioner« nahm öffentlich etwas von dem Fleisch zu sich, um dessen Genießbarkeit zu beweisen und die Zweifel zu zerstreuen. »Paradoxerweise hatte dieses Schauspiel jedoch den Effekt, die Überzeugung der Afrikaner, die Europäer seien Kannibalen, eher zu bestätigen als zu widerlegen« (Lewis). Ebenso glücklos habe eine europäische Firma im Kongo operiert, wo sie Fleisch in Büchsen anbot, auf welchen afrikanische Säuglinge zu sehen waren; dieses Produkt sei »kein Verkaufsschlager« geworden.

Die Furcht vor europäischen Menschenfressern hatte sich schon vor Jahrhunderten in Afrika verbreitet. Der Venezianer Alvise da Ca' da Mosto, der sich am Goldhandel beteiligen wollte, erreichte 1455 die Gambia-Mündung und hielt Geschenke für die Eingeborenen bereit. »Ihre Antwort war, sie wüßten über uns Bescheid, z. B. wie wir mit den Negern des Senegal umgegangen seien, und da ihnen bekannt sei, daß wir Christen Menschenfleisch äßen und Neger wegen des Fleisches kauften, könnten nur schlechte Menschen mit uns Freundschaft wollen«, berichtete er (Dokumente zur Geschichte der europäischen Expansion, Bd. 1, hrsg. von Eberhard Schmitt, 1986). Das Motiv für die Menschenjagd der Europäer mußte ihr Appetit auf menschliches Fleisch sein. Die Schiffe wurden zur Umkehr gezwungen.

Wo sie noch keine Rohstoffe und Sklaven erbeutet hatten, wurden die Europäer ehrfürchtig bestaunt. »Dem Mißverständnis der Konquistadoren, die in ihrer Mehrzahl den Indianer als Tier betrachteten und auch als Tier behandelten, entsprach so paradoxerweise das Mißverständnis der Indianer, im Konquistador einen Gott zu sehen«, schreibt Urs Bitterli (Die »Wilden« und die »Zivilisierten«, 1991). Später schienen sich die Götter als Menschenfresser zu erweisen – Irrtümer, die heute so grotesk wirken wie der Glaube der Europäer an die Existenz von Yeti und Tazzelwurm. Auch von Meerjungfrauen, Zyklopen, Leichenaussaugern, ziegenfüßigen Menschen, Amazonen, Menschen mit Hundenasen und anderen Fabelwesen in weit entfernten Gegenden der bewohnten Welt hatten die Reiseschriftsteller immer wieder Kunde gegeben. Heute ist die anthropologische Gerüchteküche weitgehend renoviert und gereinigt. An den Yeti glaubt nur noch Reinhold Messner (»Es handelt sich um ein schwarzes Tier, das auf zwei Beinen geht und nachts pfeift«). Überraschend gut gehalten hat sich allerdings der Glaube an die Menschenfresserei.

»Der unter fast allen Naturvölkern der Erde verbreitete Kannibalismus (auch ›Anthropophagie‹ genannt, von griechisch ›Genuß von Menschenfleisch‹) dient nicht der Ernährung; vielmehr sollen die Kraft und die Seele des Opfers in den Esser übergehen«, erklären Walter Krämer und Götz Trenkler in ihrem »Lexikon der populären Irrtümer« (1996). Sie stützen sich auf den Großen Brockhaus von 1970 und ignorieren alles, was danach zum Thema noch erschienen ist. Weltweit verbreitet, spottet William Arens (The man-eating myth, 1979), sei keineswegs der Kannibalismus, sondern nur die unbewiesene Behauptung, er werde anderswo betrieben, in der Terra incognita, im Nachbardorf, in anderen Religionsgemeinschaften, in der Neuen Welt, im Herzen der Finsternis. Dringt der Forscher jedoch ins Herz der Finsternis vor, kommt er immer zu spät; dafür liefert Arens ein schönes Beispiel aus Neuguinea: Der eine Ethnologe, Ronald M. Berndt, wies 1962 darauf hin, daß der Kannibalismus dort drei Jahre vor seiner Ankunft in den frühen 50er Jahren endgültig unterdrückt worden sei, während der andere, Robert Glasse, 1967 zu dem Schluß gelangte, daß die lokale Menschenfresserei vier Jahre vor seinem Eintreffen in den späten 50er Jahren abgeschafft worden sei. Noch nie hat ein Ethnologe einen Kannibalen auf frischer Tat ertappt. Arens hält fest, daß auch der Fund von Menschenknochen mit Bruchstellen oder Brandspuren immer wieder viel zu leichtfertig als Indiz für kannibalistische Rituale herangezogen worden sei.

In der Annahme, daß es menschenfressende Völker oder Stämme gebe, herrschte von Strabon bis Claude Lévi-Strauss Einigkeit. Ewald Volhard (Kannibalismus, 1939) war sich seiner Sache sicher: »Die Karaiben, deren Name bekanntlich zu dem Wort Kannibale verdreht wurde«, seien »von den Entdeckern zweifelsfrei als Menschenfresser festgestellt worden.« In der umstrittenen Studie von Arens, aber auch in zahlreichen anderen Veröffentlichungen sind in den letzten Jahren starke Zweifel an den zweifelsfreien Befunden erhoben worden, an der Glaubwürdigkeit der Quellen, an der Zurechnungsfähigkeit der Ethnologen und an den Interpretationen der Archäologen.

Tatsächlich sind viele Zeugnisse auf Mißverständnisse, Übertreibungen, üble Nachrede und niedere Motive zurückzuführen. Von den frühen Christen hieß es in Rom, sie verspeisten Kinder; später unterstellten die Christen den Juden Ritualmorde und Ketzern und Hexen, daß sie »gebraten und gesodten kinder« verzehrten. Nichts davon wird heute noch ernstgenommen. Anders steht es mit dem Kannibalismus in Südamerika, Afrika, Malaysia, Indonesien und Ozeanien, obwohl die Beweislage verblüffend dürftig ist und die Zuverlässigkeit der Augenzeugen zumindest zweifelhaft.

Die indischen Menschenfresser, von denen Marco Polo berichtete, sollen nebenbei hundsköpfig gewesen sein; ein Symptom, das noch lange im Trend lag. »Sobald sich die Armada anschickte, Bohío anzusteuern, ergriff die Indianer banges Entsetzen, aufgefressen zu werden«, trug Kolumbus am 26. 11. 1492 ins Bordbuch ein. »Dazu beteuerten sie, daß die Canibaleute ein einziges Auge und ein Hundegesicht hätten.« In der Vorstellung der Europäer waren Kannibalismus, Wildheit, Nacktheit, Grausamkeit, Inzucht, Polygamie, Faulheit und Ungehorsam der Eingeborenen untrennbar miteinander verbunden; von jeder Sünde konnte auf alle anderen geschlossen werden. Und wer sich wehrte, lebte sicherlich verkehrt und konnte nur ein Menschenfresser sein: »Stets werden dabei feindlich gesinnte Eingeborene als Kannibalen definiert, wobei die Europäer nur aus zweiter Hand, durch befreite Gefangene, von der kannibalischen Praktik der Angreifer erfahren haben wollen«, schreibt Annerose Menninger (Die Macht der Augenzeugen. Neue Welt und Kannibalen-Mythos 1492–1600, 1995).

Blutrünstige Reisebeschreibungen waren begehrt, doch es traten noch andere Motive hinzu. 1537 hatte Papst Paul III. Sklavenhaltern mit dem Kirchenbann gedroht. Unter »dem kritischen Blick einer geistlichen und weltlichen Elite Europas« (Menninger) war es opportun, möglichst viele Eingeborene als Menschenfresser hinzustellen, deren Versklavung kaum Kritik hervorrief. Der portugiesische König Sebastian erließ 1570 ein Gesetz, wonach ausschließlich Kannibalen versklavt werden durften; ähnliche Gesetze waren in Spanien bereits in Kraft getreten. Unter solchen Umständen hatte es nur Vorteile, überall Kannibalen zu entdecken.

Ob die Kannibalen Kannibalen waren und ob es überhaupt jemals irgendwo Kannibalen gab, ist noch nicht entschieden. Auf den Großen Brockhaus von 1970 ist jedenfalls ebensowenig Verlaß wie auf die fragwürdigen, bis vor kurzem nahezu kritiklos nachgebeteten Auskünfte der Entdecker wahlweise einäugiger oder hundegesichtiger Menschenfresser. 1939 fällte Ewald Volhard das Urteil: »Keine europäische Phantasie wäre in der Lage, das zu erfinden, was uns in den relativ wenigen ausführlicheren Berichten über ›rituelle‹ Formen des Kannibalismus an zeremoniellem Aufwand entgegentritt.«

Zu welchen Erfindungen die europäische Phantasie fähig war, sollte sich bald darauf zeigen.

g. h.

Von Schmitt über Jünger zu Weber

Ein Spezialunfug

Ungeachtet der auch ihrerseits etwas halbherzigen Vermittlungsbemühungen Armin Mohlers, der um diese Zeit beiden als eine Art inoffizieller und geteilter Eckermann diente, war das Verhältnis der beiden je nationalsozialismusgezeichneten Rechtskonservativen Carl Schmitt und Ernst Jünger gespannt, und mußte es naturgemäß auch bleiben, als Schmitt, in seinen alten Kreisen auf Anschluß und Anerkennung aus wie nichts Gutes, 1955 zum 60. Geburtstag Jüngers der von Mohler mitbetreuten Festschrift einen Glückwunschartikel beisteuerte, nach Mohlers und seiner, Schmitts, Meinung einer der tragenden und erheblichen Texte der Schrift. Im Grunde hatten sich die beiden wenig zu sagen bzw. profilierend zu befördern, ein Goethe-Schiller-Verhältnis war offensichtlich nicht zu haben, nachweislich zumindest Carl Schmitt (Briefwechsel mit einem seiner Schüler, hrsg. von Armin Mohler, 1995) spürt es durchaus – und macht endlich am 22. 11. 1955 aus seinem gekränkten Herzen nicht länger ein Mördergrab. Es geht um das Buch »Silhouetten«, mit dem die erste Frau Jüngers, Gretha Jünger, so Mohler, »beweisen wollte, daß sie mehr als nur die Frau eines berühmten Mannes sei«. Dabei macht sie aber einen Fehler: »Dass Frau Jünger es nicht schickt«, so klagt Schmitt unverhohlen, »ist mir ebenso unbegreiflich wie die Beantwortung oder vielmehr Nicht-Beantwortung meines Geburtstagsgeschenkes an Carl Alexander. Die narzissistische (sic) Selbstgerechtigkeit dieser wohllebenden Herrschaften ist stärker als ihr Sinn für Höflichkeit und für das Minimum von menschlichen Beziehungen, das trotz aller Missverständnisse und Gegensätze bleibt, wenn überhaupt jemals eine menschliche Beziehung vorgelegen hat« (S. 210).

Schmitt will vielleicht eher sagen, daß die Beziehung schon immer ein Mißverständnis war, verdenkt sich aber quasi aus brieflicher Höflichkeit – und tut jedenfalls sehr gut daran, sich schon im Brief vom 14. 1. 1956 ganz anderen Themen zuzuwenden: nämlich (S. 212) der unendlich mühevollen 4. Ausgabe von Max Webers »grosser Soziologie« – in der bisherigen (1922–56) habe es nämlich »unbeanstandet über 1000« Druckfehler gehabt – und Schmitt steht nicht an, einige der mißverständnisförderndsten klagend mitzuteilen:

»Höfe« müsse es einmal heißen statt wie bisher »Hilfe«.

»Kinder« statt »Kunden«.

»Quirites« statt »Feuites«.

»spezifisch« statt »periodisch«.

»Honoratioren« statt »Bondamenden«.

»Universitätsprofessoren« statt »Kommunalvivilisten«.

Da wird einem schon ganz anders. Zu Recht setzt Schmitt hinter die letzten beiden Fälle jeweils »!!!«. Solche Setz- bzw. Druckfehler, adäquate Weber-Rezeption hin und her, sind zu schön. Zwar mißverständnis-, aber auch weltverständnisfördernd. Fehlt eigentlich nur statt des Autorennamens »Max Weber« der in diesem Buch schon zwiefach gefeierte »Peter Hindelang«.

e. h.

Jüngers Spätschwachsinn

»Wilflingen, 9. November 1982. Anruf von Luis Trenker (›Berge in Flammen‹), der etwas mit mir ›zusammen machen‹ will. ›Goebbels wollte Ihnen goldene Brücken bauen, aber die waren aus Sand.‹ Sein neunzigster Geburtstag sei ein Volksfest gewesen, wenn er von einem bösartigen Gartenzwerg absehe, der sich in die Festwiese eingeschlichen habe. Doch die Tiroler sind lustig: ›Wissens S' – bei solchen Jubiläen muß man damit rechnen, daß die Sauställ mitfeiern.‹«

Warum, wieso, weshalb die FAZ den ziemlich sklerotischen Schleimauflauf samt dem widerwärtigen Wichtigkeitsgekaspere der »Tagebücher 1981–85« des sehr späten Ernst (»Goethe«) Jünger vorabdruckt, diese Frage wäre auch allerlei fernere und sehr bängliche Fragen wert. Seine letzte Pointenbitternis aber empfängt der grämliche Quatsch durch die dem Autor auch nach mehr als zehn Jahren noch immer entgangene Blödheitssüße: daß keineswegs Trenker Jünger angerufen hat, sondern alias Trenker kein Naheverwandterer als Horst Tomayer; was Jünger wenn schon nicht aus »konkret«, so später immerhin aus der ziemlich populär gewordenen Buchversion der Tomayerschen »Deutschen Gespräche« hätte erfahren können und müssen.

Woraus man wieder mal und immerhin erfreut feststellen darf, daß es keine kompetente Öffentlichkeit mehr gibt. Sondern nur noch so viele Öffentlichkeiten, daß eh kein Schwein mehr durchblickt.

Freilich: einer schwindelt zudem, der spätestens seit 1995 auch schon obszön alte Ernst Jünger oder Tomayer. Der Passus mit den »Sauställ« kommt bei Tomayer gar nicht vor – die Sache mit den goldenen Goebbelsschen Brücken sagt bei Tomayer nicht »Trenker« ins Telefon, sondern Jünger selber – und den »Gartenzwerg« gibt's bei Tomayer auch nicht, wohl aber ein paar Tage später seltsamerweise und in ganz anderem Zusammenhang nochmals in den Wilflinger Försterhaus-Diarien. »Obskur, obskur« (Karl Gerold) – in einem immerhin scheint man sich einig gewesen zu sein: »Trenker-Tomayer: ›Da heißt's immer, der Jünger war a Nazi und ich wär a Nazi gwen.‹ – Jünger: ›Hahahahaha‹.«

e. h.

Große Alte

Große alte Damen gibt es derzeit unter den Lebenden oder erst knapp Verstorbenen nicht wenige; von Elisabeth Bergner und Elisabeth Flikkenschildt (Große alte Dame des Theaters) bis zu Elisabeth Noelle-Neumann (der Demoskopie), von Ingeborg Drewitz (der Literatur) und Ella Fitzgerald (Jazz) bis zu Hildegard Hamm-Brücher (der deutschen Politik); ihrerseits Marion Gräfin Dönhoff fungiert seit mindestens einem Vierteljahrhundert als die Große alte Dame des deutschen Nachkriegsjournalismus – und das änderte sich erst, als die Bonner Buchhandlung Behrend in ihrer Broschüre »Neue Bücher, die wir Ihnen empfehlen« vor etlichen Jahren im Rahmen dutzender weiterer und sehr wahnsinniger Kurzbuchempfehlungen das Dönhoff-Werk »Im Wartesaal der Geschichte« mit diesen Worten ins Empfehlungsrennen schickte:

»Dieser neue Band der großen alten Dame der deutschen Journaille legt ... Zeugnis davon ab, daß sie nie aufhörte zu warnen, sich mit der Teilung abzufinden.«

Natürlich alles falsch, vom Inhalt bis zum Satzbau (»zu warnen, sich abzufinden«), und sogar das »neu« stimmt nicht; schön aber doch, wie die Wahrheit sich ungewollt ans Licht der Erkenntnis drängt; denn »Journaille« heißt nun mal, im Deutschen wie im Französischen, eindeutig pejorativ und laut Duden »gewissenlos u. hetzerisch arbeitende Tagespresse«; und auch das ist ja noch falsch und also wahrheitsenthüllend; denn die Gräfin, ca. 104, dient seit ca. 78 Jahren bekanntlich der Wochenpresse.

So straft sich am Ende nicht nur die böse Lügentat fluchvoll an sich selber; erneut und spät erfüllt sich am vorliegenden Exempel das Wahrwort Karl Krausens aus dem Jahr 1920 und also der Frühzeit der modernen Schleimzeit: »Die journalistische Technik eröffnet Möglichkeiten, denen selbst sie nicht gewachsen ist« (Die Fackel 531–543, S. 92).

Vor allem dann, wenn zu allem entschlossene Bonner Buchhandlungen bei ihr fremdgehen.

Nach H. H.-Brücher in Wartestellung zur Großen alten Dame der Politik: derzeit am chancenbesten rangiert Rita Süßmuth, falls sie nicht wieder versehentlich Dienst- und Schnapsfahrzeuge vermengselt. Nicht mehr zur Großen alten Dame des Opernregietheaters kann es Ruth Berghaus bringen. Sondern ging rechtzeitig lieber tot.

e. h.

Der Neue

So wie es ein jedenfalls deutsches »Dioskurenbedürfnis« (Karl Kraus, Die Fackel 588–594, S. 12) gibt, nämlich immer nach Goethe *und* Schiller, Faust *und* Mephisto, Wagner *und* Nietzsche, Hyperion *und* Bellarmin, Pilzer *und* Pelzer, Uli *und* Dieter Hoeneß, nach den Eichendorffschen »Zwei Gesellen« im gesellig paritätischen Nebeneinander also; so ein zumindest gleich starkes nach dem zeitlichen Nacheinander, dem: Neuen.

Der »neue Hitler« war 1991 laut Hans Magnus Enzensberger Saddam Hussein; 1990 noch war es laut Thatchers Minister Ridley unser Einheitskanzler H. Kohl; seit 1995 ist es laut »Bild«-Zeitung Wladimir Schirinowski. Die neue Romy Schneider waren seit den ersten »Sissi«-Filmen hintereinander Karin Baal, Heidi Brühl, Dietlinde Turban-Maazel, Gudrun Landgrebe und Constanze Engelbrecht; die neue Brigitte Bardot ist Claudia Schiffer; die neue Marilyn Monroe stellen seit ca. Marilyn Monroes Geburt in dieser Reihenfolge: Kim Novak, Kim Basinger, Michelle Pfeiffer, Kathleen Turner, Sharon Tate, Sharon Stone, Meryl Streep, Christine Kaufmann, Tony Curtis, Brigitte Bardot, Elisabeth Flickenschildt, abermals Heidi Brühl, Kimjunxang und Madonna. Der neue Beckenbauer waren und sind: Stielike, Herget, Briegel, Binz, Helmer, Loddamaddäus, Stalin und Manni Kaltz. Die neue Madonna: Maradona. Der neue Maradona: Claudia Schiffer in ihrer neuen Doppelrolle als Mutter Courrèges (siehe dort) und Hitler.

Denn siehe: »What ever is, is right« (Alexander Pope).

Auf der anderen Seite soll laut Feindesmund der junge FAZ-Mitherausgeber Frank Schirrmacher der ganz neue Hitler sein. Indessen Peter Rühmkorf in seinen unvergeßlichen Tagebüchern »Tabu« (1995, jawohl, die heißen wirklich und wahrhaftig »Tabu«) den konträren und tatsächlich reichlich verbotenen Gedanken vorträgt: nicht an Hitler gemahne ihn Saddam Hussein, sondern »physiognomisch eher an Günter Grass« (19. 1. 1991).

Doch, auch dies klammheimlichst wider Enzensberger schimmernde Ewigkeitslichtlein mußte einmal gesagt und im Sinne des »ganzen lumpigen Lügenwerks dieses Feuilletonismus« (Die Fackel 519/520, S. 9) ausgegurkt und herausgewürgt werden. Während Hitler eben doch mehr einen F. J. Strauß mit Chaplinbart vorwegnimmt, doch, jawohl.

Allerdings gleichfalls im FIDE-Schach-Champion Karpow seinen modernen Wiedergänger hat. Jedenfalls nach Ansicht von Rustam Kamsky, dem Erzeuger des WM-Herausforderers und Karpow-Gegners Kata. Während PCA-Schachweltmeister Kasparow nach Rustams Überzeugung der neue Stalin (Schach-Magazin 12/1996) ist.

Die neue Callas, nämlich »der deutschen Literatur«, aber ist lt. Günther Nenning und FAZ-Magazin vom 28. 6. 1996 und als des laufenden Jahres besonders »strotzend unverschämtester Unflat« (Iris Schärdel) wer? Genau, Ingeb. Bachmann, wer denn sonst.

e. h.

Alles fließt usw.

Zitate von Herodot zu Richard Wagner usf.

Daß unter den Sinnsprüchen und Merksätzen des Heraklit (um 550 bis um 480 v. Chr.) außer dem Krieg als dem Vater aller Dinge (aber ist der nicht vielmehr von Clausewitz?) der einzige halbwegs bekannt und lebendig gebliebene »panta rhei – alles fließt« nun gerade nicht von Heraklit ist, sondern von seinem heraklitischen Umfeld; bzw., so eine andere Auslegung (Hans Joachim Störig, Kleine Weltgeschichte der Philosophie, S. 136), zwar nicht in den erhaltenen Fragmenten steht, aber doch einwandfrei auf ihn, Heraklit, zurückgeht: diese Verwunderlichkeit hat sich, außer freilich bis zum Büchmann, halbwegs herumgesprochen. Zu dem vergleichbar bekannten angeblich sokratischen »Ich weiß, daß ich nichts weiß« hat Kulturgeschichtsbuchmitarbeiter Gerhard Henschel nach gleichfalls recht verwirrenden Recherchen in einem früheren Kapitel schon seine gesonderten Befunde eingereicht. Tendenz: Man weiß, daß man wenig weiß – man weiß, daß man nichts G'wiß' weiß – und man weiß heute, daß auch hier alles fließt – und keineswegs stabiler geht es dem angeblichen und durch Generationen von humanistischen Gymnasien hindurch vermeintlich ehern gültigen Goethe-Finaledikt »Mehr Licht!«; denn (a) hat er, der Alte, es vielleicht ganz platt gemeint, (b) hat der Diener Stadelmann oder Riemer oder sonst wer die imperiale Greisenanordnung »mehr nicht« womöglich verkehrt aufgeschnappt und (c) war das verbürgte Schlußwort ohnehin ein anderes, das weniger philisterdienliche, dafür aber um so nettere und bittende an die Schwiegertochter Ottilie: »Gib mir dein liebes Pfötchen« (Quelle: Luise Seidlers Brief an Herrn Quant, 23. 3. 1832), nein, an einen phonetisch naheliegenden zusätzlichen und noch viel erotischeren Hörfehler wollen wir hier ausnahmsweise nicht denken.

Das von Adorno mehrfach spruchwörterhaft bemühte »nicht mehr lebende Leben« hatte zwar etliche frühe Parallelgestalten wie Joseph v. Eichendorffs »abgestandenes Leben« (Ahnung und Gegenwart, 1815) und Gottfried Kellers »nicht gehende, still stehende Zeit«; das akkurat »nicht mehr lebende Leben« geht aber, wie man heute annimmt, auf Ferdinand Kürnberger (1821–79) und seinen Lenau-Roman »Der Amerika-Müde« (1855) zurück; und gelangte dann via Karl Kraus, vielleicht auch Alban Berg, in jenen Wiesengrund von fast ein bißchen planen Lebensweisheiten, als deren populärste das »Es gibt kein richtiges Leben im falschen« immerhin von Adorno selbst zu sein scheint. Etwas fraglich ist lediglich die Schreibweise und mithin der leicht divergente Sinn: »Es gibt kein richtiges Leben im Falschen.« So oder so, Gernhardt, der zuerst die zweite Variante im Kopf hatte, machte, um die Lage nochmals zu verwirren, den autoreferentiellen Buchtitel »Es gibt kein richtiges Leben im valschen« (1987) draus, ein andermal aber auch die noch wahrere Warnung »Es gibt kein richtiges Leben in Flaschen« – meint: Finger weg!

Wer, wir fragten schon vorne danach, hat eigentlich als erster die Sache mit Deutschland als dem »Land der Dichter und Denker« aufgebracht? Stammt die angeblich fatale Wendung »Deutsch sein heißt, eine Sache um ihrer selbst willen zu tun« wirklich von Richard Wagner? Vielmehr Goethe? Bismarck? Wilhelm II.? Hans Magnus Enzensberger (Der fliegende Robert, 1989, S. 245) plädiert für »den begabtesten Politiker« der deutschen Geschichte – also Bismarck? Gar – Hitler? Nein, doch Wagner, wie Enzensberger auf unsere Anfrage hin eingesteht – aber auch das stimmt nicht ganz: der neuere Volks-Büchmann hält sich bedeckt, aber eine Ausgabe von 1961 (S. 336) weist für die spätere und bekannte Version eine offenbare und aber mehr freie Entlehnung eines Carl Maria v. Weber-Worts von 1820 nach, nämlich über den »deutschen Künstler«, der »eine Sache eben um ihrer selbst willen zu tun habe«.

Nicht ganz einfach stehen die Dinge beim scheint's gesinnungsverwandten Gedichtvers »Und es mag am deutschen Wesen / Einmal noch die Welt genesen«. Der heißt zwar tatsächlich so und ist auch wirklich von Geibel. Aber er war, auch wenn Gremliza darüber spottet, ein bißchen ähnlich wie Hoffmanns »Deutschland über alles«, laut Büchmann allzeit »falsch zitiert und viel mißdeutet«. Nämlich zehn Jahre vor der Reichsgründung nicht Appell an die Welt, sich jetzt nach den Deutschen zu richten und/oder sich ihnen zu unterwerfen. Sondern vielmehr Appell an eben die Deutschen, will sagen: Nur frei und mit Sitte werde man der Welt einiges Heil bringen.

Ja dann. Bleibt das »genesen«. Es löst sich etymologisch und meint nämlich: »Es möge die Welt Genuß an uns haben.« So wäscht die exakte Germanistik uns doch treulich wieder rein.

Eindeutig nun aber wirklich auf Wilhelm II. zurückgeht die anläßlich des feierlichen Kriegsbeginns am 1. 8. 1914 vom Berliner Schloßbalkon heruntergeschleuderte kaiserliche Thronrede: »Ich kenne keine Parteien mehr, ich kenne nur Deutsche!« (Variante: »keine Parteien mehr, nur noch Deutsche«). Sowie seine schon viel früher gewonnene Einsicht, daß die »Zukunft Deutschlands auf dem Wasser« liege (23. 9. 1898) und verfluchtundzugenäht zu liegen habe. Vor allem auf dem Chiem- und jenem Starnbergersee, auf bzw. in dem zwölf Jahre vorher König Ludwig II. sein Leben verhauchte, zusammen mit dem Psychiater Gudden und auf Befehl des falschen Kanzlers Bismarck, den man fälschlich auch den eisernen hieß.

Dagegen scheint das bekannte Postulat »Navigare necesse est« aller Wahrscheinlichkeit nach nicht von Wilhelm noch von Hitler zu stammen; sondern von Pompeius. Oder doch – direkt von Gaius Julius Plutarch? Franz Xaver Cicero? Weiß man's? Man weiß wieder mal nix. Eins aber weiß man bestimmt. Eins immerhin. Immerhin »cogito ergo sum« ist von Descartes. Einwandfrei. Auch nicht? Na gut, dann jedenfalls von Renatus Cartesius (1596–1650).

e. h.

Stumme Lustbarkeiten
Über optische Täuschungen

Marcel Marceau spielt nicht mehr mit, aber es gibt sie noch, die Pantomimen. Sie tasten sich durchs dritte Programm, oder sie stellen sich in der Fußgängerzone auf eine Kiste und rühren mit den Armen in Zeitlupe die Luft um. Die Frage, ob dabei der Hammelsprung im Bundestag, der Karneval der Tiere oder ein Spaziergang im Regen pantomimisch veranschaulicht werden soll, ist nicht leicht zu beantworten. Woody Allen hat einmal »eine stumme Lustbarkeit mit dem Titel ›Ein Picknick‹« beschrieben, bei der er unsicher war, ob der Schauspieler eine Picknickdecke ausbreitete oder eine Ziege melkte, ob er aus seinen Schuhen trank und den einen anschließend mit der Post verschickte oder ob er jemanden darzustellen versuchte, der mit seiner Golfkarre durch eine Drehtür fahren wollte.

Was das Auge nicht sieht, ergänzt das Gehirn: »Dieses Phänomen wird in der Malerei, durch entsprechende Beleuchtungseffekte in der Photographie und beim ›Schwarzen Theater‹ erfolgreich angewendet«, schreiben Inge und Joachim Klebe (Durch die Augen in den Sinn, 1984). »Die Vervollständigung von Scheinstrukturen führte auch schon zu Trugschlüssen. So ist die Suche nach den Marskanälen auf dieses Bestreben zurückzuführen.«

Die Marskanäle hat es ebensowenig gegeben wie die Golfkarre in der Drehtür beim pantomimischen Picknick, und in »Goldrush« verwandelt sich Charlie Chaplin nur in den Augen seines vom Hunger gepeinigten Freundes in ein Huhn, das er schlachten kann. Von solchen Halluzinationen und Trugschlüssen unterscheiden sich Luftspiegelungen; sie lassen sich fotografieren. »Wenn das Wetter ausreicht« (Heinrich Lübke), können Spaziergänger auf dem Fichtelberg den 250 Kilometer entfernten, kopfüber aufgestellten Böhmerwald sehen. Die Luftspiegelungen in der Wüste Gobi führte Marco Polo auf das Treiben böser Geister zurück, die die Absicht hätten, den Wanderer in die Irre zu leiten – natürliche Phänomene narren Auge und Gehirn, und der unbeholfene Versuch, sich einen Reim darauf zu machen, führt erst recht in die Irre.

Alfred Löw (Luftspiegelungen, 1990) erklärt: »Luftspiegelungen sind im allgemeinen ungewöhnliche optische Erscheinungen, bei denen entfernt gelegene Gegenstände entweder nach unten oder nach oben oder seitlich gespiegelt wahrgenommen werden, teils verkleinert oder vergrößert, teils aufrecht oder auf dem Kopf stehend, häufig jedoch verzerrt, und zwar aufgrund wechselnder Lichtstrahlenbrechung, bedingt durch die unterschiedliche Dichte der die Erdoberfläche umgebenden Luftschichten.« Auch Gebirgszüge und Küstenlandschaften seien mitunter weitab vom Festland wahrzunehmen. Obwohl die isländische Küste von der grönländischen ungefähr 350 Kilometer weit entfernt sei, könnten von einem Schiff in der Dänemarkstraße aus unter günstigen Umständen die beiden, jeweils weit unter dem Aussichtshorizont liegenden Küsten gleichzeitig zu sehen sein; ein Phänomen, das den Wikingern um das Jahr 1000 herum bei der Entdeckung Grönlands und Nordamerikas geholfen haben könne. Möglicherweise sei auch die Legende vom Zug der Israeliten durch das sich teilende Meer auf Luftspiegelungen im östlichen Nildelta zurückzuführen – ringsumher schien Wasser zu fließen, und die nacheilenden Ägypter schienen darin zu versinken.

Der »Streif erlogner Meere« (Goethe) kann auch ohne die Nachhilfe böser Geister seine gefährliche Anziehungskraft ausüben. Antoine de Saint-Exupéry (Wind, Sand und Sterne, Leipzig 1945) stürzte 1935 über der Sahara ab und irrte mit seinem Bordmechaniker Prévot verzweifelt umher; Saint-Exupéry »mit gesenkten Augen, denn von Luftspiegelungen hatte ich genug«. Dann heißt es:

»Im Augenblick, da wir uns niederließen, sagte Prévot: ›Ich nehme Gift drauf, daß es ein See ist.‹ Ich fuhr auf: ›Sie sind verrückt!‹ Er aber beharrte: ›Zu dieser Zeit in der Dämmerung kann es noch keine Luftspiegelung sein.‹ Ich antwortete nichts mehr. Seit langem hatte ich es aufgegeben, meinen Augen zu trauen. Mag schon sein, daß es keine Luftspiegelung ist. Dann ist es eben eine Einbildung unseres Wahnsinns. Wie konnte Prévot noch daran glauben! Aber er war eigensinnig: ›Es sind nur zwanzig Minuten bis hin. Ich möchte doch einmal nachsehen!‹ Diese Verbohrtheit ärgerte mich: ›Gehen Sie nachsehen. Immerhin schnappen Sie etwas Luft. Es ist ja gut für die Gesundheit. Aber eines sage ich Ihnen: wenn es Ihren See gibt, ist er Salzwasser. Salzig oder nicht, er ist des Teufels. Vor allen Dingen aber: es gibt ihn gar nicht!‹ Doch Prévot ging bereits stieren Blickes in die Ferne. Ich kannte diese entsetzliche Anziehungskraft und murmelte nur vor mich hin: ›Und manche Nachtwandler werfen sich vor den Zug!‹«

Als Prévot zurückkehrte, fragte ihn Saint-Exupéry: »Na, und was macht Ihr See?« Prévot erwiderte: »Der war immer entfernter, je mehr ich auf ihn zukam. Ich bin eine halbe Stunde auf ihn losgegangen.

Dann war er mir denn doch zu weit und ich bin umgekehrt. Wenigstens weiß ich jetzt, daß es ein See ist.«

Es könnte natürlich auch nur eine Golfkarre in der Drehtür gewesen sein.

g. h.

Der Treppenwitz

Zu Hertslets Klassiker

1882 veröffentlichte William Lewis Hertslet sein Werk über »geschichtliche Irrtümer, Entstellungen und Erfindungen«, ohne uns jedoch allzuviel Arbeit abzunehmen. In Hertslets Klassiker, der bis heute in immer neuen, verbesserten und erweiterten Auflagen vertrieben wird (Der Treppenwitz der Weltgeschichte, 13. Aufl. Berlin u. a. 1984), geht es vornehmlich um unglaubwürdige Wanderanekdoten, pathetische Übertreibungen historischer Ereignisse, nachträglich mit Pointen versehene Zusammenkünfte bedeutender Gestalten und deren erst in der ehrfürchtigen Überlieferung ins vielsagend Bühnenreife verfälschte Worte. Regelrechte Mißverständnisse finden sich bei Hertslet nur selten.

Der Stier, der die Europa davongetragen habe, sei nur ein Mann mit dem Namen Stier gewesen, berichtete im 4. vorchristlichen Jahrhundert der Grieche Palaiphatos, der die Mythen in Hertslets Urteil »in etwas gewalttätiger Weise rationalistisch zu erklären« versuchte. Daß jedoch Aischylos von einer Schildkröte erschlagen worden sei, die ein Adler fallengelassen habe, um sie zu knacken, sei zweifellos ein Mißverständnis. Das griechische Wort »chelous« bedeute nicht nur Schildkröte, sondern auch Schlange oder Leier, denn ursprünglich sei die Leier ein mit Saiten bespannter Schildkrötenpanzer gewesen. Es existiert eine antike Darstellung des trinkenden Aischylos und eines über ihm schwebenden Adlers, der einen Schildkrötenpanzer mit sich führt. Es handele sich um eine Apotheose: Der Adler trage die Leier zum Himmel empor, während Aischylos aus einer Schale die Unsterblichkeit trinke. Die Nachwelt habe das Kunstwerk mißverstanden und daraus den sagenhaften Unfalltod des Aischylos rekonstruiert.

Und das war es dann auch schon, im großen und ganzen, bis auf zwei falsch überlieferte Ortsangaben aus der französischen Kriegsgeschichte. Im Schloß zu Versailles erinnere ein Marmorrelief an die Rheinüberquerung der französischen Armee »à Tholus« am 12. Juni 1672, in der Nähe der niederländischen Grenze und der Mündung des Waal, unweit von Arnheim. Das legendäre Tholus sei aber nirgendwo zu finden, teilt Hertslet mit. Tatsächlich sei unterwegs nur ein Wegweiser mit der niederländischen Aufschrift »Tolhuis« (Zollhaus) zu sehen gewesen.

Ähnlich verhalte es sich mit der legendären »Moulin de Fah«, der »Mühle von Fah«, wo sich bei der Leipziger Völkerschlacht im Oktober 1813 Napoleons Gefechtsstand befunden habe. Der kurzsichtige Napoleon soll auf seiner defekten Karte die für das Wort »Tabakmühle« eingesetzte Abkürzung »Tab.Mühle« nicht richtig erkannt haben; seitdem geistere die »Moulin de Fah« durch die französischen Geschichtsbücher.

Das war's. Wir haben eine schöne erste Halbzeit gesehen, wir haben eine faire erste Halbzeit gesehen, mit leichten Vorteilen für die alten Griechen, aber ich glaube, wenn die Franzosen vorne noch mehr ins Pressing gehen und die Griechen in den Räumen attackieren, ist das Spiel wieder offen.

Zurück zu Waldemar Hartmann.

g. h.

Die Deutschen

Ein Endlos-Kapitel

»Wer weiß, was Gott will und wird aus den Deutschen machen«, sinnierte D. Martin Luther, ein, wie man liest, sehr deutscher Mann, nachdem er im Jahr 1522 die Bibel in »reines und klares Deutsch« gedolmetscht hatte, in einer seiner Tischreden.

Weißgott, man weiß es bis heute nicht, und wußte es auch vorher nicht so recht. Und auch was das überhaupt ist: die Deutschen. Und: »Was ist Deutschland?« (Felix Fürst zu Schwarzenberg, 1850).

Früher wußte man einfach nicht genug, und mußte schon deshalb scheitern und das meiste falsch ausdeuten. »Die Geschichte des deutschen Volkes beginnt nicht mit den Cimbern und Teutonen und auch nicht mit Hermann, dem Cherusker. Es ist Zeit, mit den alten Legenden aufzuräumen«, räumt 1946 Veit Valentin in seiner »Geschichte der Deutschen« (S. 14) mit den alten Legenden auf – in Wahrheit sei »das deutsche Volk, wie es heute besteht, ein verhältnismäßig spätes Erzeugnis der Mischung verschiedenster ethnischer Bestandteile, wobei das germanische Element nur eines von verschiedenen gleichwertigen Elementen gewesen ist« (ebd.) – nämlich von Kelten und Slawen sowie Überresten der vorindogermanischen Urbevölkerung, dazu kommen als Nebenfiguren u. a. die Römer, die Skandinavier, die Litauer, später die Juden und die Hugenotten, auf vertrackte Weise sind auch die Syrer (und ergo Jesus, mithin die Christen i.e. eben Arier w.z.b.w.) mit von der schartigen Partie; jedenfalls: »Die Germanen sind keine Deutschen, und die Deutschen keine Germanen« (S. 21). Und keine Rede von Wahrheit natürlich bei dem lang und fatal nachwirkenden Fehlgeraune des Johann Gottlieb Fichte, der in seinen »Reden an die deutsche Nation« von 1807/08 wohl aus purer Raunlaune und schierer Tiefensucht die Deutschen als »Urvolk, als Volk schlechtweg« (Valentin, S. 326) und also ohne den mindesten Anspruch auf Geschichtskenntnis und Wissenschaft veräußert.

»Deutschland ist Hamlet«, dichtete schon 1844 ein offensichtlich von ihm gleichfalls verwirrter Ferdinand Freiligrath. Die Ungereimtheiten mit diesem auch wohl deshalb bald »problematischsten Volk unseres Zeitalters« (damit meinte Veit Valentin reichlich untertreibend vor allem die erste Hälfte des 20. Jahrhunderts) betrafen und betreffen u. a. gleichfalls die schon angetippte und so sehr folgenreiche »Arier«-Frage – selbstverständlich sind die Deutschen aber keine Arier, sondern Arier sind Perser und Inder. Und es sind die Deutschen auch keine »Indogermanen«, sondern sie gehören zu den »Indoeuropäern« (Valentin, S. 24). Die Deutschen sind mitnichten Germanen, aber: das Deutsche enthält eine starke germanische Komponente. Seine Anfänge, folgt man weiter der Fachkraft Valentin, liegen in der Zeit Karls des Großen, »fertig« ist das »deutsche Volk« um 1300 – von einer »deutschen Nation« wurde aber schon unter Friedrich Barbarossa gesprochen (S. 27). Das Wort »deutsch« (»theod«) erscheint zuerst 976 als die Bezeichnung für die Sprache des Volks der Ostfranken. Mitte des 12. Jahrhunderts wurden die Begriffe »deutsch« (»dietsch«) und »Deutschland« (»Diutiskland«) geläufig und gebräuchlich für die Bewohner und das Territorium des Ostfrankenstaates.

Aus der »Frankfurter Rundschau« vom 20. 10. 1995 allerdings erfahren wir, daß nach einem Fund der Kasseler Universitätsbibliothek die älteste Belegstelle für das Wort »deutsch« in seiner althochdeutschen Frühform »thiutisce« bereits aufs zweite Viertel des 9. Jahrhunderts datiert. Auf das Jahr 886, so heißt es, verlegte man bisher die Ersterwähnung von »deutsch/teutonicus« bzw. »teutiscus« durch Notker den Stammler von St. Gallen als einen natürlich nur sprachlichen und noch keineswegs nationalen Begriff. Und auch das »deutsche Volk« bildete sich begrifflich ja erst viel später.

Andererseits soll sich schon bei den »Straßburger Eiden« von 842 der Frankenkönig Ludwig »der Deutsche« eben des Deutschen, der »lingua teutisca« bedient haben; da mögen die Fachleute für etwas mehr Klärung sorgen.

Die Engführung des Teutonischen (ein germanischer Volksstamm) und des Deutschen aber ist eine offenbar mehr klanglich verursachte und sonst gänzlich kontingente – und wirkte gleichwohl ein bis heute nachwirkendes und ja recht plausibles Mißverständnis, wie sonst nur noch und allerdings noch konfusionierender das Begriffskuddelmuddel rund um Rom, das Romanische und später das Romantische: Jenes meinte das Lateinisch-Antikisierende – dieses (vgl. unser einschlägiges Themenkapitel in diesem Buch) den Rückgriff aufs Mittelalter als das vermeintlich Romanische (!) – von den weiteren und fortschreitenden geistesgeschichtlich nicht mehr reversiblen und auch kaum mehr überschaubaren Begriffsfehlverständigungszweigen vor allem rund um den Roman oder um den lateinisch-italienischen Griechenland-Klassizismus (s. unser Spezialkapitel) hier schon nicht mehr zu reden.

»Deutsch sein heißt, eine Sache um ihrer selbst willen« usw. –: wer immer es gesagt hat (momentan plädiert man für Wilhelm II., nicht für Wagner), er berührte damit die seltsame Antipodik und Antinomie des Deutschen und jenes »Undeutschen«, das, mehr noch als sein positives Komplement, für besonders nachhaltiges Unheil sorgen sollte; zumindest für abermals Verwirrung. Und nicht erst bei den Nazis. Sondern spätestens dann, wenn zum Wartburgfest am 18. 10. 1817 bei einem Fackelzug von Burschenschaftlern und Turnern Bücher verbrannt werden, die, anders als 1933, wenn das Deutsche mit dem Dummen konvergiert, als »undeutsch« taxiert werden, weil sie wirklich reaktionär sind – da stand offenbar, auch wenn die Staatsmacht das anders sah, dies Undeutsche noch für das Rückschrittliche und insofern politisch Gefährliche; so wie später genau umgekehrt oft das Deutsche: das als deutsch sich Spreizende und das Deutschtümelnde.

Aber partiell war es das damals auch schon und seit dem frühen 19. Jahrhundert, in einer schwer entfilterbaren Melange. »Was ist des

Deutschen Vaterland?« frug 1813 im patriotischen Gedicht der Publizist und Agitator Ernst Moritz Arndt vor dem Hintergrund der napoleonischen Befreiungskriege, und er antwortete sich, weil es ihm u. a. zu klein war: es »muß größer«, nämlich »das ganze Deutschland soll es sein«. Und appellierte deshalb an einen Gott, der Eisen wachsen ließ. Ihm, Arndt, echote gleichfalls 1813 der Lützowsche Freicorpslyriker Theodor Körner (»Mein Vaterland«) mit der Gegenfrage: »Wo ist des Sängers Vaterland?«, erhielt aber keine Antwort mehr, sondern starb im gleichen Jahre noch.

»Das ganze Deutschland soll es sein« (Arndt), nämlich inklusive Pommernland und Österreich, Tirol und sogar der Schweiz – »das ganze Deutschland soll es sein«, so lautete noch das Programm der Paulskirche von 1848; aber es war eben allzeit völlig unklar, was letzten Endes von Österreich über Polen bis Anhalt-Köthen alles dazugehörte (vgl. Johannes Willms, Nationalismus ohne Nation, 1983, S. 230 ff.); wobei dann in der Paulskirche 1848 wohl zum erstenmal auch die Begriffe »kleindeutsch« und »großdeutsch« (mit u. a. Österreich) auftauchten. Das führte zu entsetzlichen und vorerst bis 1945 nicht endenden Folgen, zunächst einmal kam freilich nichts heraus, sondern nur Heinrich Heines Gedicht »Im Oktober 1849« von 1849, danach war Germania nach den Paulskirchenwirren nur wieder »das große Kind« als Deutschland-Ersatz geblieben.

»O Deutschland, heil'ges Vaterland!« hatte Ernst Moritz Arndt 1812 sich selbst vorgehalten, aufnehmend hier vielleicht Friedrich Hölderlins Hymne vom »Gesang des Deutschen«, welche eben diesen reichlich fehldeutbar als »heilig Herz der Völker« beschwärmt, und Deutschland als das »Land des hohen ernsteren Genius«. Arndts Deutschland-Vaterland-Pathos aber hat »uns begeistert in der Zeit der Unterdrückung, und es hat uns vereinigt« (Drinkwelder von Krems, Paulskirche 1848) – im Verein mit Fichtes »verlogenen, aber patriotischen Schmeicheleien« (Nietzsche, Jenseits von Gut und Böse, 1886) von wegen »Urvolk« der Deutschen. »In einer korrumpierten Welt« (Willms, S. 108) bildete es mehr als ein halbes Jahrhundert lang das Ferment, aus dem der »treue Gott« der Bibel ein ganz speziell deutschfreundlicher werden sollte –

– die alte Frage aber »Was ist des Deutschen Vaterland?«: sie blieb so unbeantwortet, wie sie schon ein Jahrzehnt vor Arndt seitens Goethe in den »Xenien« skeptisch offengeblieben war: »Deutschland! Aber wo liegt es? Ich weiß das Land nicht zu finden.« Und Hölderlin im »Hyperion« von 1797: »Es ist ein hartes Wort ... Ich kann kein Volk mir denken, das zerrißner wäre, wie die Deutschen.« Deutschland, pointiert im nachhinein Willms (S. 60), ist seit dem frühen 19. Jahrhundert immer nur Traum von Deutschland, das neue Reich mit der Auflösung des alten im Jahre 1797 immer nur »Traum vom Reich«; Deutschland »in der Wirklichkeit nicht vorgesehen« (S. 129); wahrscheinlich gemäß Gottschalks alter und göttlich doppelter Destinationslehre – weder der biblische noch der speziell deutsche Gott hielt letztlich zu ihm, ob Wodan oder Sebaoth – auch das war nie ganz klar.

»Was ist des Deutschen Vaterland?« Die inzwischen 35 Jahre alte Frage wurde von der Paulskirche 1848 nach ewigem großdeutschen Hin und kleindeutschen Her durch den ersten Artikel der Reichsverfassung letztlich wie folgt pariert: »Paragraph 1: Das Deutsche Reich besteht aus dem Gebiete des bisherigen Deutschen Bundes. Die Festsetzung der Verhältnisse des Herzogtums Schleswig bleibt vorbehalten. Paragraph 2: Hat ein deutsches Land mit einem nichtdeutschen Land dasselbe Staatsoberhaupt, so soll das deutsche Land eine von dem nichtdeutschen Lande getrennte eigene Verfassung, Regierung und Verwaltung haben« (cit. nach Willms, S. 257).

Wobei die ganze erste Jahrhunderthälfte lang eine gereinigte Gestalt des bestehenden Preußen die Vision eines »zukünftigen Deutschland« (Arndt) im Sinne eines »vernunftmäßigen Staates« (Fichte) abzugeben hatte.

Das realisierte sich dann 1870ff. und verkehrte sich, den »Schlaf der Welt« (Hebbel) oder jedenfalls den träumenden der »Vernunft« (Goya) zu vertiefen, ins genaue Gegenteil. Daß Bismarck 1864ff. mehr gewollt habe als die preußische Hegemonie, nämlich die deutsche Einheit, das ist der Kern einer »bis heute zählebigen kleindeutsch-nationalen Legende« (Willms, S. 380) und »mißversteht den ganzen Charakter der bismarckschen Politik völlig« (ebd.). Der blutig Eiserne Kanzler, von der Universität Jena 1892 als »reformator Germaniae« gefeiert, hatte ganz anderes im allerdings allzeit ziemlich krausen Sinn. »Warum Krieg?«, so Bismarcks berühmte Frage bei seiner ersten großen Parlamentsrede 1850. Ja, warum. Nicht nur diente ihm der Deutsch-Französische Krieg von 1870/71 ganz kalt als blutige Prämisse für die Reichswerdung im Spiegelsaal von Versailles; sondern primär und wie immer zur »Wahrung der preußischen Interessen«. Ab 1862, mit seiner Ernennung zum preußischen Ministerpräsidenten, so Willms ironisch, »war den Deutschen mit Bismarck endlich ihr Messias gesandt worden, der mit eisernem Willen aus ihnen eine Nation schmiedete« – mit der Erfüllung der Kaiserkrönung Wilhelms 1871: »Das Deutsche Reich, von dem wenigstens zwei Generationen geträumt hatten, war Wirklichkeit geworden« (S. 344). Die Wahrheit war ganz anders: »Preußen ging 1871 nicht in Deutschland auf, sondern Preußen schluckte Deutschland« (S. 415), ausgerechnet die Reichsgründung gedieh zur nachhaltigen und lang nachwirkenden »Verpreußung Deutschlands« (S. 412).

Allerdings hatte sich, wie immer, auch hier Bismarck langfristig vertan: »Es war dies (Reich) aber ein Brocken, der viel zu groß für Preußen war und an dem es schließlich erstickte« (S. 415).

Veit Valentin sieht es genau umgekehrt: 1870 ff. wird »Deutschland wirklich eingedeutscht« (S. 473), das heißt von Preußen »erlöst«.

Wie auch immer, schon am 25. 7. 1870 sang man so viel- wie eindeutig: »Hurra, du stolzes schönes Weib, / Hurra, Germania!« Sowie: »Hurra, Viktoria! Hurra, Germania!«

So oder so zog das goethisch Ewigweibliche hinan. Fehlte nur noch die vollbrüstige Bavaria. Aber die war schon bayerisch. Und Marianne gehörte leider dem Erbfeind, dem Franzmann. Wenn auch genaugenommen wieder nicht. Denn »die Marianne war ursprünglich überhaupt kein Nationalsymbol, sondern verkörperte die Freiheit und die Brüderlichkeit, die übernational verstanden wurden« (FAZ, 29. 9. 1993). Die Germania aber war, wie auch Helvetia oder Italia, ganz andersherum: Symbolgestalt. Und als solche: wenigstens sie eindeutig »gegen Frankreich gerichtet« (ebd.).

Insistiert Willms auf seinem doppelten Deutschland-Preußen-Mißverständnis und auf seinem geschichtlichen Dauerparadoxon eines »Nationalismus ohne Nation« bzw. eines Reichs als Traum vom Reich; so sieht z. B. Sebastian Haffner (Von Bismarck zu Hitler. Ein Rückblick, 1989, S. 16) das altneue Spannungsverhältnis Deutschland – Preußen und insbesondere die Titulatur »Deutsches Reich« gleichfalls recht schillernd so:

»›Deutsches Reich‹: das konnte entweder heißen: soviel Deutschland, wie Preußen beherrschen kann; oder: soviel Europa und soviel Welt, wie Deutschland beherrschen kann. Das erste war die Auslegung Bismarcks; das zweite die Hitlers.« Deshalb: »Das ist das Unheimliche an dieser Geschichte, daß das deutsche Reich fast von Anfang an seine eigene Zerstörung betrieben zu haben scheint.«

Ehe es da war; so wie, laut Willms, eben sein Nationalismus sogar ohne Nation auskommt. Noch vierdimensionaler geht es dann nur noch im Kopfe Adolf Hitlers, beider Zerstörer, zu: »In uns marschiert Deutschland – hinter uns steht Deutschland« (1936).

Ist Deutschland, ist deutsche Geschichte so etwas wie eine Fehlschaltung des Hegelschen Weltgeists, eine Beurlaubung seines Geschäftsführers, der Vernunft? Noch in ihrer jüngsten Periode und fernab von der sogenannten Ironie der Geschichte gibt es ja Fachleuten wie Nichtfachleuten zu denken, daß ein nach 1945 geschrumpftes und gedemütigtes Deutschland mittelfristig bis zur Jahrtausendwende der einzige tatsächliche Kriegsgewinner in Europa werden sollte.

»Deutschland, das Land des ewigen Mäkelns, des immerwährenden Verkennens«, beklagte in der Bismarckzeit ein zunächst selber schwer Verkannter und lange Zeit Dauermißverstandener, der Maler Hans Thoma. Die Sache drehte sich im Kreis rundum und bezog immer auch die Künstler ein, zog sie nämlich ins meist trübe nationale Wässerchen. So konnte es auch gar nicht ausbleiben, daß eine inzwischen kanonisierte Figur wie Goethe weniger zu Lebzeiten als nach 1832 dem massiert forcierten Nationalen dienstbar gemacht werden sollte – mit der Reichsgründung 1871 erreichte nicht zufällig auch die Goethe-Idolatrie ihre bisherige Klimax. Er, Goethe, sei, hieß es, wie später bei Wagner, primär Deutscher. Nichts falscher als das. Außer einem gewissen altdeutschen Ambiente im ersten »Faust«-Teil hatte der Weimarer sich praktisch nichts zuschulden kommen lassen. Für die späteren Deutsch- und überhaupt Gymnasiallehrer nach dem Modell von Heinrich Manns Professor Unrat konnte er nichts. Und außerdem waren das mehr Leute Schillers. Und drittens überhaupt weniger Deutsche; sondern Althumanisten der späthellenistischen Renaissancebewegung.

Und daß die deutsche Germanistik, wie man neuerdings läuten hört (FAZ, 25. 9. 1996), »ihren Ursprung in der Paulskirche« hatte, und nämlich zwei Jahre vor dieser verfehlten deutschen Revolution sich gründete, mithin im Schatten der vergeblichen Vaterlandsfrage –: dafür kann weder Goethe noch die Paulskirche noch sogar die bösböse Germanistik.

Obschon sie nicht so schnell aus dem Schneider ist wie ihre Objekte. Goethe, erfahren wir z. B. von Dieter Borchmeyer (Weimarer Klassik, 1994, S. 61), wurde mit der Weimarer Sophienausgabe von 1887–1919 in einer Art »geistigen Parallelaktion zur Reichsgründung« von den damaligen Obergoethisten Gustav v. Loeper und Herman Grimm »zum Genius des neuen Reichs erklärt«, politisch für die ganz und gar goetheferne Idee des preußischen Deutschland konfisziert. Später dann auch, wie abermals Wagner oder auch Bruckner, für Hitler; bei den Säkularfeiern 1932 ist die hellenisch-utopische »Iphigenie« endgültig ein völkisches Stück (s. Borchmeyer, S. 55). Kein Wunder, nachdem es ja auch lang vorher in Weimar bereits zu allerlei Vermixungen Deutschland–Athen–Bethlehem gekommen war: Wie das

»Scheißige« am Christentum hatte Goethe z. B. auch das »durchaus Scheißige« (Brief an Johann Heinrich Merck vom 22. 1. 1776) der deutschen Verhältnisse beklagt – genau, und eben deshalb erheischte er eben auch die Reichsgründung von 1871, und mit ihr gleichzeitig die Germanistik – der Rest war reine Eskamotage und die Errichtung der schieren Entität des Identischen. So wie der »Deutsche Nationalverein« von 1859 eigentlich keinen anderen Zweck erkennen ließ als den, erst mal ins Leben gerufen und getreten zu sein, so machte es die deutsche und dann auch internationale Germanistik genau so und sogar noch besser. Sie ist im Unterschied dazu noch immer da.

Das Postulat des Deutschen, die Berufung aufs Deutsche und das Undeutsche als der Feind schlechthin: im Laufe einer gut tausendjährigen Geschichte geriet sich das zunehmend ambivalent ins Gehege, war da habhafter Sinn oft kaum mehr auszumachen, keine Positionsbestimmung auch mehr zwischen links und rechts. Hoffmann von Fallerslebens Deutschland-Lied vom 26. August 1841 mußte schon wegen seiner eigentlich und objektiv harmlosen ersten Zeile ein inzwischen 150jähriges Mißverständnis werden; wie noch seine Verballhornung zu »Deutschland, Deutschland über Dulles« (der amerikanische Außenminister) um 1950 als Persiflage seines Nazi-Mißbrauchs der bare Unfug ist. Und jedenfalls hat Hoffmanns dreistrophiges »Lied der Deutschen«, auch wenn es auf dem englischen Helgoland aus der Taufe gehoben wurde, nichts mit Hitlers und Karl Haushofers, seines Lehrers, Zwangsidee von einem revolutionären Weltimperialismus unter Leitung Großdeutschlands im Sinn. Gewiß bediente Hoffmann damit volensnolens auch schwervonbegrifflichen Unverstand und das damalige und ewige »Philistergelichter« (so Gustav Falke in seiner Lied-Travestie). Allein plangelesen drückte der Text, von der geborgten sanften Haydn-Melodie zu schweigen, lediglich ein stark sympathetisches Gefühl für ein Volk, seine Sprache und seine Frauen aus – und, nicht zu vergessen, für ein Land, dem zu Recht und sehr verspätet nach Nation und Reich zumute war. Zwiespältigkeit, Mehrfältigkeit aber regieren von da an erst recht die Begriffsgeschichte, bis hin zum wirren hen kai pan. Was der schlesische Freiherr Joseph v. Eichendorff meinte, als er seinen Taugenichts 1817 von Italien herauf und zu Posthornklängen das angebliche Lied wandernder Handwerksburschen mit der schon hingeschmolzenen Schlußzeile »Grüß dich, Deutschland, aus Herzensgrund!« seufzen hieß, das deutet sich – wie bei Hoffmann, aber doch anders als bei Arndt und Körner – wohl ebenso politisch fortschrittlich und rechtschaffen wie sinnig und innig; genau wie ein Jahrhundert später noch Brechts lyrischer Wunsch, »unser liebes Deutschland«, sobald der Hitlerspuk vorbei, möge recht bald »wieder blühen«; wahrscheinlich dachte Kohl, die Verwirrung zu schüren, an ausgerechnet Brecht, kaum an Hoffmann, als ihm 1990 die »blühenden Landschaften« im Ostteil mächtig schwanten.

»Denk ich an Deutschland in der Nacht«: Heinrich Heines bis heute nachechoenden Sonderfall von lang nachschwelendem Fehlverstand kraft ungebrochener Textunkenntnis (»ein kerngesundes Land« wähnte Heine, keineswegs ein bedrohtes oder bedrohliches) haben wir schon anderswo im Detail vorgestellt – begrifflich-semantischer Wirrwarr rund um »Deutschland« malt sich insgesamt und vermehrt um 1848 und auch schon in der Vormärz-(oder hieß sie: Vorwärts-)Bewegung ab. Nachwirkend offenbar noch auf die spätere und moderne Geschichtsschreibung. Veit Valentin: »Was Deutschland unverzüglich brauchte, war die Volksvertretung beim Deutschen Bunde, das deutsche Parlament«. Als ging' einem ein Mühlrad im Kopf herum. Aber abgesehen von den logisch-definitorischen Kapriolen des Lehrsatzes: Wieso eigentlich »unverzüglich«? Es war ja doch schon seit rund tausend Jahren auch so zwar ziemlich kreuz und quer, aber letztlich doch ganz stetig weitergegangen.

Besonders verstörungsfördernd war freilich auch vorher schon eins gewesen und bis heute Gymnasiastenhirne maltraitierend: »Das heilige Römische Reich D(T)eutscher Nation«, wie es als Name zum Ende des Mittelalters hin, zunächst als »Regnum Teutonicum« 911/918, begründet wurde und erst mit dem Reichsdeputationshauptschluß von 1803 gleichsam beendet und 1806 aufgelöst wurde, nachdem es schon am 30. 12. 1797 um 3 Uhr nachmittags gestorben war, »in dem blühenden Alter von 995 Jahren, fünf Monaten, 28 Tagen sanft und selig« (Joseph Görres): – dies alte Reich hatte weder mit Deutschtum noch mit Nation noch gar mit Nationalismus viel am Hut. Sondern es zeigte nur, wie »die Vorstellungen vom Römischen Reiche und vom ostfränkischen, praktisch also dem deutschen, Reiche ineinander übergingen. Gemeint war das Römische Reich, wie es von der deutschen Nation getragen und aufrechterhalten wurde« (Valentin, S. 141), als ein Doppelwesen mit dem sinnfälligen doppelköpfigen Adler (zu allem hirnvibrierenden Überfluß auch noch mit doppeltem Heiligenschein!) im Reichswappen. Erst mit ihm und jetzt, so Valentin, »nationalisierte sich das deutsche Volk« (S. 121), wenn auch eben, für moderne Optik abermals verstörend genug, zu einer Art Supranation. Noch etwas verwirrsüchtiger nur noch der »wehmütig-absurd klingende Name« (ebd.) des »immerwährenden Reichstags«, wie er ab 1663 nach Regensburg einberufen wurde; was ja auch tatsächlich, wiewohl es so schön Castra Regina hieß, dann später seinen Oberligaverein nach dem schwer patriotischen Turnvater Jahn benannte; obschon es, nach der Meinung aller Besucher, »sowas Italienisches hat« (alle Regensburg-Besucher).

Folglich: »Was deutsch und ächt wüßt' keiner mehr«, kümmert sich, laut Richard Wagner, im nahen Nürnberg ca. 1540 bzw. 1868 der Schuhmacherdichter Hans Sachs in einer seither nicht selten sehr übel aufgenommenen Pegnitzwiesen-Ansprache um Klarstellung – und auch um die Bestätigung bzw. Erledigung der alten Nietzsche-Nörgelei: »Es kennzeichnet die Deutschen, daß bei ihnen die Frage ›Was ist deutsch?‹ niemals ausstirbt« (cit. nach Willms, S. 9). Jedenfalls ist Sachsens Mahnung keineswegs, wie es heutige Opernregisseure und Sorgenmacher gleichwohl gern hätten, nationalistisch noch chauvinistisch noch auch nur welschlandfeindlich, sondern zitiert gewissermaßen nur die um 1500 in deutschen Kunstkreisen geläufige Warnung vor dem »Germano italicato«, dem italianisierten Deutschen (s. Michael Baxandall, Die Kunst der Bildschnitzer, München 1985, S. 144 ff.) – auch war »welsche« Kunst etwa in Form von Mantegna-Stichen via Dürer vielleicht im Übermaß ins »Teutsche« gelangt (Baxandall) und hatte »in Teütscher nation« Übellaune bewirkt – insofern gab Sachs in Wagners Oper nur wirkliche Historie wieder. Das schützte Wagner speziell in der Subfolge Hitler aber nicht vor den albernsten Verdächtigungen des Deutschnationalen – und Wagner wie die ganze Romantik des 19. Jahrhunderts stand allerdings auch noch weit darüber hinaus in einem spannungsreichen Fokus germanisch-deutscher Wunschprojektionen und Sehnsüchte; wie sie etwa zuletzt Walter Klier im »Merkur«-Sonderheft »Unterschiede« 1995 als »Die deutsche Differenz« vorstellt: Noch im 19. Jahrhundert und in der Wagner-Ära blieb der »Kulturnation« das Manko der Nation, blieb trotz Wagners effektvoll arrangiertem Nibelungen-Mythos »das Faktum bestehen, daß der Germane als mythischer Urvater des Deutschen eine allzu fiktive Größe ist, die einmal mehr dem taciteischen Barbaren gleicht, ein andermal dem ossianischen Kelten, dann einem nordischen Wikinger« (S. 978).

Weiß man's, was letztlich dominiert? Mit Gewißheit irrt allerdings Veit Valentin, wie Veit Beckmesser, wie immer, wo er über deutsche Kunst und Poesie redet, so hier, wenn er wiederum Wagners Werk wesentlich der schon damals und sodann in Deutschland immer ärger wütenden »Teutomanie« zuschlägt. Und Heines Schriften dem Kampf gegen ebendiese. Nein, hier tobten und toben in Wahrheit entschieden mächtigere und dialektischere und noch unüberschaubarere Winde und Brandungen; dies auch noch nach der Reichsgründung von 1871, zu der sich Veit Valentin (S. 473) – und damit erreichen wir die Klimax des beinahe autoreferentiell-deutschen Grübeltiefsinns – allen Ernstes, ja im Stil von Karl Valentin fragt: »Sollte, konnte Deutschland wirklich eingedeutscht werden?« Die Frage wird noch grüblerischer, mysteriöser, tiefer, insofern Valentin stracks nachfaßt: »Sollte, konnte Deutschland wirklich eingedeutscht, das heißt ... versöhnlich in die europäische Gesamtkultur eingefügt werden?«

Weiß man's abermals? Uns kann man ja alles fragen, zu klären ist das Ganze so wenig wie die freilich noch viel hochbedenklichere und auch nach zwanzig Jahrhunderten Ideologie und Ideologiekritik nicht ausgeräumte Sache, ob der Rhein ein mehr internationaler bzw. zweirassiger (Germanen, Gallier) Strom ist oder eben doch besser ein nur deutscher und sogar gelinde gesagt kerndeutscher; im Sinne eines ihn links wie rechts umgebenden »kerndeutschen Kulturlandes« (Lucien Febvre, Der Rhein und seine Geschichte, Frankfurt a. M. u. a. 1994).

Zumal ja nicht allein »Die Ursprünge Deutschlands« laut Johannes Fried (Propyläen Geschichte Deutschlands, Bd. 1, 1994) trotzdem insgesamt reichlich obskur bleiben dürften, und die Fragen »Was heißt deutsch?« und »Was ist deutsch?« (ebd.) sowohl mystisch als auch historisch unbeantwortet; ja nach neuesten Erkenntnissen unbeantwortbar sind. Es gilt nur allerdings: »Die deutsche Geschichte war von Anfang an ein Teil der französischen, wie die französische ein gut Teil deutscher Geschichte war und bis heute blieb« (Fried).

Nämlich genau so wie, laut Rainer Barzel 1970, Deutschland Frankreichs Nachbar und »auch umgekehrt«.

Geht alles aus wie das Hornberger Schießen? Rückt Hamburg im Zuge der sehr betrüblichen europäischen Globalkultur definitiv an die Seine? Man weiß es ein drittesmal nicht recht.

Denn wie mit der Europäisierung hat es bisher vor allem mit der Begriffsklärung nicht recht geklappt. Und in der Folge davon wiederum nicht mit der gleichwohl wünschenswerten Grenzziehung in fortschreitend entgrenzten Zeiten. Seltsame Kausalitäten taten das ihre dazu. »Um Deutschland zu schaffen«, schwant Johannes Willms für die Zeit nach 1848, »mußte Österreich zerstört werden« (S. 307). War Deutschland sodann unter Bismarcks Preußen immer norwegischer geworden, so unter Hitler wieder etwas inntalhafter und sogar auf Linz fixierter – und wenig rühmlich mahnt in diesem traurigen Zusammenhang die schwermütige Beobachtung, daß aber auch lang vorher schon die Reichs- und Nationwerdung in Deutschland weidlich und unziemlich verquer, ja pervers ablief, nämlich unter dem volkstümlichen Etikett »schweizerisch werden«, meint: freiheitlich werden, losgelöst von Fron und Banden. Es klappte aber auch das nicht, mit dem Westfälischen Frieden von 1648 war es, folgt man unserem Gewährsmann Veit Valentin (S. 209), auch schon wieder »aus in Deutschland für lange Zeit mit dem ›Schweizerisch-Werden‹ ...«

Und uns möcht' dabei ganz »rappelköpfig« (Ferdinand Raimund, eigtl.: Raimann), ja »wirbelsinnig« (Jeremias Gotthelf, eigtl.: Albert Bitzius) werden – und dabei ist und trägt doch dies Deutsche all' unsere festgefügte Identität. »Wir bilden uns ein«, so der Anthropologe Desmond Morris (Körpersignale, S. 12), »daß ›unser Stamm‹, ob nun in Neuguinea oder New York, irgendwo besser und ganz anders als alles andere sei, aber das ist nur eine Stammesphantasie. Im wesentlichen sind wir alle gleich.« Was nicht gar. Ist nicht wahr. Die Deutschen sind vielmehr Gottes auserwähltes Volk. Denn wie wäre es sonst wohl zu erklären, daß der erwähnte Nürnberger Stadtschreiber und angebliche Jude Sixtus Beckmesser in dem österreichischen Musikschriftsteller Eduard Hanslick (a) sein Modell hat, (b) aber in seiner musikalisch avantgardistischen Substanz ausgerechnet von jenem Frankfurter Juden Theodor W. Adorno ehrengerettet wurde, welcher (c) am gleichen Tag geboren (11. 9.) wurde und (d) am gleichen Tag (6. 8.) starb wie Hanslick?

Eben. Das ist dies geheimnissatte Deutsche. Die Identität des Entischen. Weil: »Ein jeder sucht im Arm des Freundes Ruh« (Goethe). Warum? »Denn jeder sucht ein All zu sein« (August v. Platen).

»Mein Gott, was soll aus Deutschland werden!« wehklagte Konrad Adenauer schon kurz nach ca. 1955, als es die deutschen Sozialdemokraten unterm Joch des steckbrieflich gesuchten Anarchisten Erich Ollenhauer wieder mal gar zu arg trieben. »Was soll ich für unser Volk dazu sagen?« ergänzt um 1967 sein Nachfolger Kurt Georg Kiesinger angesichts der noch brandgefährlicheren neuen Studentenführer und -verführer, von dem von Kiesinger als solches erkannten »Phänomen DDR« beinahe schon abzusehen. Zwar beruhigt der CDU-Abgeordnete Karl Carstens um 1970: »Wir sind und bleiben Deutsche«, denn das Wort »Vaterland« bezeichne »eine der nobelsten Regungen, deren der Mensch fähig ist« – doch schon 1949 faßt Hannah Arendt boshaft nach: »Die Deutschen leben von der Lebenslüge. Sie sehnen sich nach Hitler ohne Krieg zurück, verstehen überhaupt nichts.« Das muß das Ehepaar Mitscherlich mitgehört haben. »Quo vadis, Germania?« frug deshalb um 1990 in der Nachwirkung des Petrus zum dritten und womöglich noch besorgter Theo Sommer in der »Zeit«-Headline. Vielleicht doch hinter die Grenzen von 1937 bzw. 1797 zurück? Gleichviel, nichts wird so heiß getrunken wie dann auch noch lau gebadet und wieder ausgeschwitzt: Wenn schon nicht Willy Brandt und Joseph Fischer es tun, so markierte ja doch letztlich nicht einmal das Kriegsende vom 8. 5. 1945 jenes erschreckende »Finis Germaniae«, wie es der böse Hitler wollte; wie es dem 15jährigen Sohn Rudolf seitens seines Vaters Friedrich Augstein schon am Abend des 9. 10. 1938 vorausgesagt wurde (so Augstein im Hitler-»Spiegel«-Essay 1989); und wie es der vielleicht noch lateinkundigere Prof. Dr. Bettermann 1995 abermals gekommen wähnt – in einem ganz besonders reifen Leserbrief an die FAZ zur 50. Wiederkehr der Schmach.

Sondern der Schmäh rund um das ewig »ringende Deutschland« (Veit Valentin, S. 355) ging und geht, quod erat et est demonstrandum, ja auch seither schnurgrad weiter. Und tut es, »sic rebus stantibus« (F. J. Strauß, ein schon extrem römischdeutscher Lateinlehrer), ja sicherlich auch künftighin.

Die »Dutch« sind allerdings bekanntlich gerade keine Deutschen. Sondern vielmehr: »Die Cimbern und Teutonen stammen eigentlich von einander ab« (Johann Georg August Galletti).

e. h.

Deutsche Symbolik

Von unserem Gastautor F. W. Bernstein

> Der Adler ist sowohl
> real als auch Symbol;
> als letzteres bedeutet er
> Gewalt und Geilheit, Macht und Ehr,
> Durst, Hoffnung, Staat und Gnade.
> Was? Geilheit nicht? Wie schade.

Vom undogmatischen Frühling zum deutschen Herbst

Eine Erinnerung

Am 7. 4. 1977 wurde der Generalbundesanwalt Siegfried Buback erschossen; auch sein Fahrer und ein Sicherheitsbeamter starben. Wer dafür verantwortlich war, analysierte Alfred Dregger, damals hessischer CDU-Vorsitzender, sogleich in »Bild«: »Dem Terrorismus muß der geistige Nährboden entzogen werden. Jahrelang wurden in Schulen und Hochschulen von Marxisten der Klassenkampf und die Intoleranz gepredigt. Diese Saat ist aufgegangen.«

Aufgeregte Stellungnahmen gab es zuhauf, von links und rechts; den dicksten Wirbel erzeugte jedoch der Text »Buback – Ein Nachruf«, den ein Vertreter der »Bewegung undogmatischer Frühling« – laue Luft kam blau geflossen – am 25. 4. unter dem Pseudonym »Mescalero« in der Studentenzeitung »Göttinger Nachrichten« veröffentlicht hatte. Schnoddrig und flapsig ging er dabei zur Sache: »Mir ist bei dieser Buback-Geschichte einiges aufgestoßen, diese Rülpser sollen zu Papier gebracht werden, vielleicht tragen sie ein bißchen zu einer öffentlichen Kontroverse bei. Meine unmittelbare Reaktion, meine ›Betroffenheit‹ nach dem Abschuß von Buback ist schnell geschildert: ich konnte und wollte (und will) eine klammheimliche Freude nicht verhehlen. Ich habe diesen Typ oft hetzen hören, ich weiß, was er bei der Verfolgung, Kriminalisierung, Folterung von Linken für eine herausragende Rolle spielte.« Die Angstlust, mit der ein provinzieller Stadtindianer im Generalbundesanwalt den Volksgerichtshofspräsidenten erkannte oder sogar ersehnte, schloß leichte Selbstironie nicht aus: »Ehrlich, ich bedaure es ein wenig, daß wir dieses Gesicht nun nicht mehr in das kleine rot-schwarze Verbrecheralbum aufnehmen können, das wir nach der Revolution herausgeben werden, um der meistgesuchten und meistgehaßten Vertreter der alten Welt habhaft zu werden und sie zur öffentlichen Vernehmung vorzuführen.«

Den Terror von links, an dem er sich »schon ein bißchen dran aufgegeilt« habe, verwarf der Autor schließlich, seiner klammheimlichen Freude zum Trotz: »Unser Weg zum Sozialismus (wegen mir: Anarchie) kann nicht mit Leichen gepflastert werden.« Phantastischeres als der politische Mord schwebte dem »Mescalero« 1977 in Göttingen vor: »Unsere Gewalt endlich kann nicht die Al Capones sein, eine Kopie des offenen Straßenterrors und des täglichen Terrors; nicht autoritär und deswegen um so wirksamer. Um der Machtfrage willen (o Gott!), dürfen Linke keine Killer sein, keine Brutalos, keine Vergewaltiger, aber sicher auch keine Heiligen, keine Unschuldslämmer. Einen Begriff und eine Praxis zu entfalten von Gewalt/Militanz, die fröhlich sind und den Segen der beteiligten Massen haben, das ist (zum praktischen Ende gewendet) unsere Tagesaufgabe. Damit die Linken, die so handeln, nicht die gleichen Killervisagen wie die Bubacks kriegen.«

Die unbeteiligten Massen ignorierten die Rülpser jedoch, die der Stadtindianer ausgestoßen hatte. Mit einer Strafanzeige, die der Vorsitzende des Göttinger RCDS vier Tage nach dem Erscheinen des Textes stellte, wuchs sich die Provinzposse zur Staatsaffäre aus. »Linksextreme Studentenzirkel feiern die Buback-Mörder und predigen Gewalt – keimt an den Hochschulen Faschismus auf?« fragte sich besorgt der »Spiegel«. »Die Rekruten des Terrors« lokalisierte die »Welt« im Göttinger AStA. Dessen Räume, die Redaktion der »Göttinger Nachrichten«, die Druckerei, ein Buchladen und siebzehn Wohnungen wurden am 28.5. von der Polizei durchsucht.

Viele studentische und andere Zeitschriften druckten den inkriminierten Artikel nach. Nun kam es bundesweit zu Hausdurchsuchungen, vorübergehenden Festnahmen, Ermittlungsverfahren und Prozessen, Disziplinarverfahren und Abmahnungen; von Hochschullehrern und Rechtsanwälten, die den »Nachruf« im Rahmen einer Dokumentation wiederaufgelegt hatten, hieß es, sie seien »Wasserspender des Terrors« (FAZ, 5.8.1977) bzw. »Maden im Speck – zuviele Sympathisanten des Terrors profitieren vom schlappen Staat« (Rheinischer Merkur, 12.8.1977).

So aufgescheucht, rabiat und zumeist von keiner genaueren Kenntnis des in Rede stehenden Pamphlets getrübt reagierten Medien und Justiz auf die unerhörte Herausforderung durch einen anonymen AStA-Kasper, daß dessen »klammheimliche Freude« sprichwörtlich geworden ist. Doch auch Linke, die dem Mißverständnis, hier predige einer den Terror, mit der Dokumentation und Interpretation des Textes entgegentreten wollten, haben sich nicht durchweg mit Ruhm bedeckt. Wo der »Mescalero« unbedacht drauflosgeschrieben hatte (»Ausgewogenheit, stringente, Dialektik und Widerspruch – das ist mir alles piep-egal«), erkannte Peter Brückner Avantgardistisches: »Mescalero wendet sich in der Zerstörung einer erlernten Sprachdisziplin und Sprachästhetik gegen Formen der Begrifflichkeit, die auch innerhalb des universitären Marxismus möglicherweise lebendige Subjektivität abtöten und gesellschaftliche Widersprüche logisch zähmen könnten. Mescalero gehört insofern etwa in bestimmte französische Traditionen. Der Einfluß von Foucault und anderen war unverkennbar.« Und als sich 1979 das Russell-Tribunal in Köln-Mühlheim mit der Situation der Menschenrechte in der Bundesrepublik Deutschland befaßte, trug Armin Golzem in seinem Abriß der Affäre eine nicht minder verwegene Theorie vor: »Die Auseinandersetzung mit den eigenen Gewalt- und Omnipotenzphantasien, mit den Fragen politischer Taktik und revolutionärer Moral ist in dem Artikel bei weitem subtiler, als ich sie hier schildere, findet auf sehr unterschiedlichen Sprachebenen statt und ist in den vielfachen Brechungen und Ironisierungen so kunstvoll, daß selbst viele Linke den Mescalero als unreifen, unausgegorenen, denkfaulen und analyseunfähigen Sponti der neuen theoriefeindlichen Generation bezeichnet haben. Sie verstehen nicht die explizit grobe, ungenaue, rotzige und provozierende Sprache der Verweigerung.«

Die brisante innenpolitische Situation bescherte dem vielfach mißverstandenen, als Rekrut des Terrors gesuchten und als Foucault-Schüler nobilitierten Landei vorübergehend sensationelle Berühmtheit. Mit größtmöglichem Engagement nahm sich die akademische Elite eines anonymen Revoluzzers an, dessen Rülpser weder das Interesse der Staatsschützer noch pädagogische Zuwendung wert waren. Es gibt auch Mißverständnisse, die aus grotesker Überschätzung sei es der Gefährlichkeit oder sei es der politischen Subtilität eines Textes resultieren. Am besten gehalten hat sich Hans Magnus Enzensbergers besonnene, 1977 im »Spiegel« publizierte Einschätzung: »Der unbekannte Autor, dem die FAZ da zu so jähem Ruhm verholfen hat, bedient sich eines ziemlich lumpigen Jargons, und sein Aufsatz schwankt zwischen hilfloser Kraftmeierei und aufrichtiger Konfusion.«

g. h.

Per aspera ad aspera

Die unendliche Sache Clara und Robert Schumann

Hier haben wir es, noch über strukturell verwandte Fälle hinaus, seit eineinhalb Jahrhunderten und derzeit wieder besonders heftig mit einem ganz besonders hemmungslosen Gemengsel aus Legenden und nachweislichen Falschlegenden, Akteneinsichtsverweigerung und Urkundenfehlausdeutung, Mythen und Mythenwiderlegungen, biografischen Säumnissen und Säumnisverlängerungen, Fehlinformationen u. U. pro domo von allerlei sich selbst bestätigenden Behauptungssuggestionen einerseits zu tun; und zuletzt und obendrein mit einer, um das mindeste zu sagen, überaus eigenwilligen Clara Schumann-Biografin, der führenden Expertin, aber auch Feministin Eva Weissweiler andererseits: ein Interessengefecht und -geflecht ad infinitum.

Robert hat es bisher noch nicht zum Geldschein gebracht, Clara schon. Zwei Seiten einer Münze wären vielleicht der Sache symbolisch nützlicher gewesen. Nach Weissweilers »Clara Schumann« (1990) hat die Falschmünzerei scheint's erst mal zugenommen. Dabei folgt die Autorin allerdings keineswegs dem Erwartungsschema begabte und unterdrückte Frau hie, bös-genialer Mann dort; ihre besondere Argumentationslinie führt aber nun zu einem ganz besonderen, zu einem fast beispiellosen Backauflauf, der da keineswegs das Unterste zuoberst kehrt, sondern eigentlich beide, Clara und Robert, ständig und inständig nach unten. Um es, folgend einem kenntnisreichen Artikel von Eleonore Büning in der »Zeit« vom 11. 3. 1994, sehr verkürzt wiederzugeben:

Weissweiler behauptet, extrem anders als etwa Nancy Reich in ihrem kurz danach erschienenen »Clara Schumann – The Artist and the Woman«, daß Robert auch noch in der Endenich-Zeit kerngesund und nur »tief deprimiert« gewesen sei über die »Gefühlskälte seiner Gattin, die ihn ins Irrenhaus abschob, um sich ungestört ihrem jungen Liebhaber Johannes Brahms widmen zu können ... Schumann war, wie Brahms, latent homosexuell« – und dies, obschon, so Büning, Weissweiler es besser wissen müßte: Schumann war, so die Krankenakte, an einer durch Lues-Infektion ausgelösten progressiven Paralyse erkrankt und starb, bei einem wachsenden Bündel sich überlappender Krankheitsbilder, 1856 unterernährt und völlig verfallen, an einer finalen Lungenentzündung.

Bei Weissweiler aber, so Büning, soll einmal mehr nicht sein, was nicht sein darf – sie hält sich lieber an ihre bekanntermaßen hochwissenschaftliche Kronzeugin, die »leidige Bremse« (Goethe) Bettine v. Arnim, auch sie ja inzwischen geldscheinnobilitiert und insofern in ihrer Glaubwürdigkeit herausgefüttert; und Weissweiler, so Büning, findet in der Folge »nach Bettinens Art nur das heraus, was ihr augenblicklich weltanschaulich als die höhere Wahrheit erscheint«. So kommt's, daß nicht nur »das alte feministische Standbild von der armen Clara, künstlerisch vom Manne bevormundet und durch das Kinderkriegen am Komponieren gehindert, plötzlich vom Sockel gestoßen« wird. Sondern praktisch alles. Nämlich durch schiere Wunschprojektion oder Effekthascherei werden summa summarum überall und neukompatibel »aus Opfern Täter – Täter zu Opfern, verkehrte Welt«.

Die immerhin zu dem hübschen Paradox, ja reellen Oxymoron führt, daß unlängst in der Berliner Akademie vier Männer nicht für Robert, sondern für Clara in die Bresche springen und »auf dem Podium eine historische Frauengestalt gegen ihre Verunglimpfung durch eine frauenbewegte Forscherin verteidigen«.

Nicht als erste habe, so Büning, Weissweiler die Konfusion um Clara-Robert, anstatt sie gnädig zu entwirren, systematisch noch befeuert. Ein früherer Fall war aber etwas produktiver. Der Schumann-Forscher und aktive Nazi-Anhänger Wolfgang Boetticher habe, als er 1937 das vom Schumann-Clan unterdrückte Violinkonzert ans Licht holte, z. B. auch und andersherum »etwas Gutes geschaffen mit übelster Absicht – Boetticher rühmte Schumanns Violinkonzert als ein reifes Alterswerk, weil gerade dringend ein populärer, ein passend arischer Ersatz gefunden werden mußte für das aus dem Konzertbetrieb entfernte Violinkonzert von Felix Mendelssohn Bartholdy.«

Und diesen Zusammenhang, die Konfiszierung eines großen deutschen Komponisten in Form einer wahren Verwahrlosung durch die Nazis, kennt man außer von Wagner wie in diesem Buch schon einigemale vorgeführt ja vor allem auch von Bruckner her. Den der Führer, anders als Wagner, aber wohl gar nicht mochte. Den er aber, weil er »Linz als seine Heimatstadt betrachtet« (Bormann an Ley, 20. 3. 1939), und dies ab da immer offizieller und autosuggestiver, als den Linzer Platzhirschkomponisten lieben – mußte. Zum Schaden von Bruckners Siebter, die noch zum Führergeburtstag im April 1944 deshalb im Radio für eine Übertragung herhalten mußte. Und, weil der Führer sie verpaßte, auf Geheiß des Reichspropagandaministeriums im Mai einer Wiederholung nicht entging.

Schutzlos, wie sie war. Bruckners Siebte aber hat den Schaden gut überstanden. Dem »Urgestein« widmete Adorno in seiner Radiosendung »Schöne Stellen« von 1965 eine besonders schöne.

Noch schöner nur Adornos Schumann-Eichendorff-Aufsatz.

»Wie mir ist, das kann ich Dir nicht sagen«, schreibt Clara an Robert am 28. 8. 1839 nach Leipzig, »ich weiß es selbst kaum (könnte ich mich nur an Dir rächen, so wie ich wollte!)« (Clara und Robert Schumann, Briefwechsel, hrsg. von Eva Weissweiler, Bd. 2, 1987). Das hat nun Briefherausgeberin Weissweiler spät noch für sie besorgt. So daß Robert zu Recht vorbeugt: »Das Weib steht doch höher als die Künstlerin.« Ob das nun wieder mehr anklagend gemeint war? Lobend? Biologisch? Im Sinne des klavieristisch Oktavengreiferischen?

Robert Schumann: »Wir würden schreckliche Dinge erfahren, wenn wir bei allen Kunstwerken auf den Grund ihrer Entstehung blicken könnten« (cit. nach Mosco Carner, Puccini, Frankfurt a. M. 1996, S. 476). Und auf den Grund der Seele dreier Frauen – Clara, Eva und Eleonore – zu blicken, hieße ja praktisch, das Gorgonenhaupt der Stheno samt dem Schlangenhaar der Euryale mit dem Blick der Medusa glatterdings in jenen Edelstein zu verwandeln, der die Frauen allesamt doch nun mal sind, doch, ich schwör's.

e. h.

Ein weiterer Sonderfall

»Im Nachwort zu seiner Sammlung von Aufsätzen und Kritiken über Thomas Bernhard schildert Marcel Reich-Ranicki, wie scheu und zögernd er sich zunächst den Arbeiten des Österreichers genähert habe« (FAZ vom 3. 8. 1993) –

– und das, diese verschwiegene, ebenso sensationelle wie enigmatische Megameldung des Jahres, kann gleichwohl nicht sein. RR »scheu«? Ausgerechnet RR ausgerechnet »scheu«? »Scheu« war RR, wie Fachleute versichern, nicht eine einzige Sekunde seines Lebens; nicht einmal damals, als er zum erstenmal freihändig den Namen Thomas Mann auszusprechen versuchte, damit leidlich Erfolg hatte und seither leider auch folgenreich dem deutschen Literaturbetrieb immer wieder zeigt, daß er's kann. Und zwar mit jedem Tag unerwünschter, ungescheuter und ungescheiter.

Nein, scheu war Unser Lautester gewiß nie. Das muß entweder hinterm Rücken der fünf Herausgeber der Redaktionstrottel verbockt haben – oder es handelt sich einfach um einen Draht-Übermittlungsfehler. »Scheuklappenvoll« hatte es vielleicht heißen sollen. Oder jedenfalls »scheußlich«.

Das im Fernseh-, jedoch auch Feuilletonleservolk sehr verbreitete Mißverständnis dagegen, daß der RR Inbild des besonders rigiden, unbarmherzigen, niedermachenden, scharf formulierenden, zerfetzenden, gnadenlosen Literatur- und Kunstrichters sei, das stimmt natürlich auch nicht. Das gründet vielmehr auf einer kompakten Spezialmischung aus barer Unkenntnis, deutscher Softmentalität, ressentimentgestärkter Leseunfähigkeit und wie gehabter Legendenautodynamik. In Wirklichkeit ist er, RR, vielmehr ein ängstlich kanonfolgsamer, deshalb überwiegend gnadenloser und in der Folge nicht weniger tückischer Lober.

Aus den allerdings identischen, nämlich allzeit und ausschließlich taktischen Gründen. Sowie pur l'art pour l'art berserkerhaften und abermals ungescheut schreihalsigen.

Die Hand an gleichwertigem Unflat reicht der Engführung Reich-Ranicki/Scheu allenfalls ein auch sonst recht äquivalenter aus dem Jahr 1981: als nämlich ein damals schon unnachgiebig umtriebiger Peter Handke uns zu wissen gab, ihn zeichne jetzt eine »immer größere Scheu« aus – und dies im Rahmen eines ganzseitig-redseligen Interviews mit Springers »Welt«.

Da kann man nur (a) abermals mit Handkes Verlagskollegen Adorno sagen, und fast mehr als schicklich wiederholen wir uns: »Das Ganze ist das Unwahre«; und (b) mit Handkes Landsmann Peter Alexander in seiner Version des »Weißen Rössl« wenn nicht der weißen Mäuse vom Wolfgangsee: »Sie mißverstehen mich völlig falsch, Frau Chefin!«

Ob der Friedrich Hebbelsche »Schlaf der Welt« eines Tages wohl doch noch in Vollschlaf mit Todesfolge übergeht? Ob vielmehr, wenn lt. Richard Wagner eh »der Welt Weise nichts mehr melden« (Götterdämmerung I,1), der Kantsche Weg aus der »selbst verschuldeten Unmündigkeit« wenigstens träumerisch, somnambulisch weiterhin beschritten wird? Mit dem Effekt, daß, sobald die Schlafsucht im Sinne Kleists durch ein Unendliches gegangen, die Verdammten dieser Erde vielleicht sogar besonders kraftvoll – wiederaufwachen?

»Aparti wäger öppe nüt, Ätti!« (Jakobli).

e. h.

Der Erdbeerschorsch

Folgender Witz aus Nürnberg hat mir sehr gefallen:
Die Kleine kommt aus der Schule nach Hause: »Mama, wir müssen uns morgen schön anziehn, weil der Erdbeerschorsch kommt, und der will uns dann alle filmen!« Die Mama ruft bei der Lehrerin an, was es damit auf sich habe. »Ach«, sagt die Lehrerin, »das hat Ihre Kleine falsch verstanden: Der Erzbischof kommt und tut alle firmen!«

Was mir bei dem Witz bei aller konventionellen Verhörer-Strickart – das Ur-Muster findet sich m. W. im »Nesthäkchen«-Roman (»Konferenz«/»Zirkus Renz«) – so zusagt? Daß über den niedlichen Namen/Beruf des Erdbeerschorsch sogar noch die widerwärtige Profession des Erzbischofs ihren entfernt schimmernd göttlichen, ja direkt theologischen Sinn empfängt.

e. h.

III

Irrungen, Wirrungen

Heterotautonomisches und Brummendes

Wenn die Araber gleichsam die Spanier des Orients sind, so sind die Perser die Franzosen von Asien.
  (Immanuel Kant, Von den Nationalcharakteren)

Papenburg (Bamberg, Nabburg, Nördlingen) ist das Venedig des Nordens.
  (Volksmund)

Das polnische Nikolaiken dagegen das masurische Venedig.
  (item)

Der Weiße mit der Negerin und umgekehrt geben den Mulatten, mit der Indianerin den gelben, und mit dem Amerikaner den roten Mestizen; der Amerikaner mit dem Neger den schwarzen Karaiben und umgekehrt. Die Vermischung des Indiers mit dem Neger hat man noch nicht versucht.
  (Immanuel Kant, Physische Geographie)

Die Weltgeschichte geht von Osten nach Westen, denn Europa ist schlechthin das Ende der Weltgeschichte, Asien der Anfang.
  (Georg Wilhelm Friedrich Hegel)

*

Die Naab ist der Nil der Oberpfalz.
  (Die Oberpfalz, 1995)

Gleißenberg bei Furth i. W. – das bayerische Meran.
(Fremdenverkehrswerbung)

Passau – das bayerische Venedig.
(Volksmund)

Die Polin hat von allen Reizen / Die exquisitesten vereint; / Womit die andern einzeln geizen, / Bei ihr als ein Bouquet erscheint! / Die Nase hat sie griechisch-römisch, / Glutaugen von der Spanierin, / Der üpp'ge Mund ist slawisch, böhmisch, / Und lieblich wienerisch das Kinn. / Von der Pariserin das Füßchen / Und von der Britin die Figur, / Von allem Reizenden ein bißchen, / Doch immer grad das Beste nur! / Sie borgt sogar von der Mongolin / Etwas Pikanterie vielleicht, / Und gerade dadurch wird die Polin / Von keinem andern Weib erreicht.
(Millöcker/Zell/Genée, Der Bettelstudent, 1882)

Leipzig = Klein-Paris.
(div. Quellen)

Frankfurt-Heddernheim = Klaa-Paris.
(Volksmund)

Bamberg: das deutsche Rom.
(Volksmund)

Paris, das Kopenhagen Frankreichs.
(Welt im Spiegel 12/1964)

Solingen, das Essen des Kohlenpotts.
(Welt im Spiegel 5/1966)

Denn der schönste Platz, der hier auf Erden mein, das ist Heidelberg in Wien am Rhein.
(Kurt Tucholsky)

Berlin bleibt Berlin.
(Volksmund, Willy Brandt u. v. a.)

Wien bleibt Graz.
(Robert Gernhardt, 1981)

*

Ein Homer hätte keinen Achill, ein Goethe keinen Faust gedichtet, wenn Homer ein Achill und wenn Goethe ein Faust gewesen wäre.
(Friedrich Nietzsche, Zur Genealogie der Moral, 1887)

Ein Werther würde nie eine Carmen lieben können. Umgekehrt hätte José kaum Lotte geliebt.
(Dietrich von Hildebrand, Das Wesen der Liebe, 1972)

Hätte er Carmen nicht getroffen und sich in sie verliebt, so wäre er so geblieben, wie er sich in der Szene mit Micaela am Anfang zeigt.
(ebd.)

Il ne faut pas en rougir, j'imagine; / Notre ami Wilhem que voilà / Brûle pour Léonor et la trouve divine, / Hermann aime Gretchen, / Et moi, je me ruine / Pour la Fausta!
(Nathanaël in: Offenbach, Les Contes d'Hoffmann, 1880)

Im Tasso stand Goethe noch ganz auf dem Boden der Iphigenie.
(Professor Galletti, um 1800)

*

Goethe hat das Sein, aber der Wille als reine Selbstbestimmung fehlt. Schiller hat den Willen, aber er kann ihn nicht mit dem Sein zusammenbringen, sondern es bleibt bei dem Sollen.
(Friedrich Theodor Vischer, Shakespeare in seinem Verhältnis zur deutschen Poesie)

Schillers Werke streben nach der Höhe, Goethes Werke hingegen nach der Mitte, in der Höhe und Tiefe sich vereinigen.
(Adam Müller, Vorlesungen, 1806)

Um so viel Rousseau mehr ist als Schiller, um so viel ist Goethe schlechter als Voltaire.
(Ludwig Börne, Briefe, 1832)

Die Einheit Hegelscher Spekulation und Goethescher Poesie wurde ein förmliches Dogma der Hegelschen Schule ..., wie dies vorzüglich Göschel getan hat, der dann freilich zu beiden noch die Bibel hinzu fügte. Und tags drauf wahnsinnig wurde.
(Karl Rosenkranz, Hegels Leben, 1844)

Keiner kann Goethe und Kant zugleich sein.
    (Arthur Schopenhauer, Die Welt als Wille und Vorstellung)

Hitler und Goethe stehen in einem gewissen Gegensatz.
    (Kurt Tucholsky, Hitler und Goethe, 1932)

Zu einem Goethe werden wir Deutschen es nicht wieder bringen, aber zu einem Caesar.
    (Oswald Spengler, Der Untergang des Abendlandes, 1918/22)

Wir haben also gesehen, daß zwischen Hitler und Goethe ein Vergleich sehr zuungunsten des letzteren ausfällt.
    (Kurt Tucholsky, a.a.O.)

Es wäre zu bedenken, ob es nicht gut und welthistorisch angemessen wäre, wenn sich im Namen Goethes und Bettinas ein förmlicher Geistesbund gestaltete ... Und wollet ihr etwa eine heilige Trias haben und den Namen Rahel (Varnhagen, d.Red.) hinzusetzen, so wären wir keineswegs gesonnen, Einspruch zu tun.
    (Georg Friedrich Daumer, 1837)

Wie Nietzsches Verhältnis zu Schopenhauer an das Hegels zu Schelling erinnert, so Nietzsches Verhältnis zu Hegel ein wenig an das von Leibniz zu Spinoza.
    (Walter Kaufmann, Nietzsche, 1982)

Puccini ist der Verdi des kleinen Mannes, und Lehár dem kleinen Mann sein Puccini.
    (Kurt Tucholsky)

Meine literarischen Fähigkeiten und die vom (Bernt) Engelmann, da kann man sagen: das ist Goethe zu Ganghofer.
    (Franz Josef Strauß, 1980)

Heine war Heine, Lenin war Lenin und Tucholsky war eben Tucholsky.
    (Gerhard Zwerenz, Kurt Tucholsky)

*

Wenn Sie so, dann ich so, und Pferd fliegt.
    (Vladimir Nabokov, Pnin)

Fischer ist Fischer, aber Springer ist Springer.
> (Schachweltmeister Michail Tal zu Robert Fischers Bemerkung, er könne im Schach jede Frau der Welt schlagen, auch wenn er ihr einen Springer vorgebe)

In Leningrad lebt ein recht bekannter Schriftsteller namens Ssemjon Botwinnik, der dem Schachgroßmeister Viktor Kortschnoj sehr ähnlich sieht. Eines Tages wurde er auf der Straße von einem Unbekannten mit »Kortschnoj« angesprochen. »Ich bin Botwinnik«, lautete die Antwort des Schriftstellers.
> (Jakow Estrin, Notizbuch)

*

Was aber schön ist, selig scheint es in ihm selbst.
> (Eduard Mörike)

Das Schöne ist sich selber selig.
  (Johann Wolfgang Goethe)

Das Schöne bestimmt sich durch das sinnliche Scheinen der Idee.
> (Georg Wilhelm Friedrich Hegel)

*

Das Wirkliche ist vernünftig.
  (Hegel, Rechtsphilosophie, 1821)

Das Geistige allein ist das Wirkliche.
  (Hegel, Phänomenologie des Geistes, 1807)

Das Schöne ist wesentlich das Geistige.
  (Hegel, Vorlesungen zur Philosophie der Religion)

Was wirklich ist, das ist vernünftig.
  (Hegel, Rechtsphilosophie)

Der Geist ist dies, das Wirkliche zu sein.
> (ebd.)

Wir haben allerhand Rumor im Kopfe und auf dem Kopfe.
(Hegel, Phänomenologie des Geistes)

*

Nichts ist irreführender, als Hitler einen Faschisten zu nennen. Sein Nationalsozialismus war alles andere als ein Faschismus.
(Sebastian Haffner, Anmerkungen zu Hitler, 1978)

Der Papst hat Angst vor seiner eigenen Weiblichkeit.
(Luise Rinser, Coop-Zeitung Schweiz, 1988)

Meine Frau und ich sind schwanger.
(Dr. Franz Alt, ca. 1986)

Allerdings:
Kein Vernünftiger wird versuchen wollen, den Deutschen abzugewöhnen, deutsch zu sein. Ein Deutscher bleibt genausogut immer ein Deutscher, wie ein Franzose ein Franzose, ein Engländer Engländer bleibt.
(Veit Valentin, 1946)

Indessen, nicht zu vergessen:
Wir müssen uns immer vor Augen halten: Deutschland ist und bleibt Frankreichs Nachbar. Dasselbe gilt aber auch umgekehrt.
(Rainer Barzel, 1971)

*

Aber:
Nicht ist Kanaan das Kanada des Altertums und Ostens. Sondern Kandahar.

Und:
Das Böhmen ist ein eigenes Land.
(Goethe zu Eckermann)

e. h.

Plato und die platonischen Realisten
Ein dreifacher Extra-Problembereich

Wenn schon, wir lasen es vorne, die Sache mit Sokrates' wissendem Nichtwissen genaugenommen recht dubios ist, dann konnte es natürlich auch nicht ausbleiben, daß der Schlüsselbegriff der »platonischen Liebe« seines bekannten Schülers gleichfalls »auf einem Mißverständnis beruht« (Hans Joachim Störig, Kleine Weltgeschichte der Philosophie, S. 161). Sondern gemeint ist von Plato keineswegs ein Fortschreiten der Liebe zwischen Mann und Frau ins zunehmend oder gar restlos Geistliche, Spirituelle, Freundschaftliche. Vielmehr durchaus »Eros«, neugriechisch: Sex. Gesagt wird an der betreffenden Stelle der Ideenlehre von Plato nur: »Schlecht ist jener gemeine Liebhaber, der *mehr* den Leib als die Seele liebt.«

Von Ausschaltung des Sexes oder jedenfalls Sexus also keine Rede – und darüber hinaus »bezieht sich diese Stelle überhaupt nicht auf die Liebe zwischen Mann und Frau, sondern auf die gleichgeschlechtliche Zuneigung, welche damals weit verbreitet war« (Störig, a. a. O.).

Was Wunder, daß aber dann auch noch dieser vorbildliche Sinn-Dissens übertroffen werden konnte. Selbstverständlich den im Übermaß geschulten Köpfen der Scholastik blieb es gute tausend Jahre später vergönnt, auch noch das elementarste Wissen um Plato, also um seinen bekannten Idealismus resp. die Idealehre, zu erschüttern; indem sie nämlich zur Einleitung des frühen philosophischen Mittelalters im sog. Universalienstreit um die diversen Wirklichkeiten die der Einzeldinge »Nominalismus« (»universalia post res«) nannten; die des höheren und überdisparaten Allgemeinen aber »Realismus« (»universalia ante res«); obwohl eben damit nun akkurat das gemeint war, was wir seit Plato als »Idealismus« bezeichnen – erst der Spätscholastiker Wilhelm von Occam erkannte dann umgekehrt das je Einzelne als »wirklich« an.

Allerdings, man weiß ja auch mit Platos Sokrates nicht so recht. Teile der Sokratesforschung (s. Störig, S. 153) gehen davon aus, daß Plato mehr seine eigenen Gedanken als die des Lehrers in Satz gab. Und ob er selber – und insofern haben auch die Scholastiker vielleicht nicht ganz unrecht – so genau wußte, was er da so meinte, ist ja noch viel unausgemacht.

Weniger ausgemacht? Ausungemachter.

e. h.

Die Kröte als entarteter Frosch
und der Neger am Rhein

Nochmals Hitler – Absonderliches und Abstruses

Über die Zufriedenheit mit seinem kategorisch gefällten Urteil hinaus war dem Historiker Helmut Heiber vermutlich selbst nicht völlig klar, was er denn nun wohl genau gemeint haben mochte, als er seine Hitler-Biographie (Adolf Hitler. Eine Biographie, 1960) mit den funkelnden Worten schloß: »Hitler war der Nationalsozialismus, und der Nationalsozialismus als sogenannte Idee war nichts weiter als die Projektion des Willens jenes Mannes Adolf Hitler in den Bereich der Gedanken und der Worte. Alles andere war nur ein Mißverständnis.«

Von seinen Gegnern ist Hitler lange Zeit unterschätzt worden. Den exaltierten Spinner, der von sich sagte, der Krieg habe ihm dreißig Jahre Universität ersetzt, brachten seine Gewissenlosigkeit und sein politisches Gespür schließlich doch an die Macht. Auf Widerstände reagierte er nach einer Formulierung von Joachim C. Fest (Hitler. Eine Biographie, 1973) »in der für ihn charakteristischen Mischung von Hellsicht und Dumpfheit, die ihn klug in seinen Irrtümern machte«. Aber die Mediokrität des halbgebildeten, aufbrausenden Großmauls fiel auch in den Jahren seiner größten Machtentfaltung nicht von ihm ab. Er beherrschte fast einen ganzen Kontinent und blieb doch immer der kleinkarierte Spießer, der sich vor seinen Ordonnanzen, Adjutanten, Dienern und Sekretärinnen brüstete und ihnen mit größtmöglichem Imponiergehabe aus dem Stegreif die Welt erklärte. Eines der auffallenden persönlichen Merkmale dieses politischen Riesen, der Europa ein Jahrzehnt lang beherrschte, sei sein Infantilismus gewesen, schreibt Robert George Leeson Waite (The Psychopathic God Adolf Hitler, 1977).

Als verkanntes Genie hatte sich Hitler schon vor dem Ersten Weltkrieg aufgeführt. Sein Freund August Kubizek (Adolf Hitler. Mein Jugendfreund, 1953) berichtet, daß Hitler ihn immer wieder mit langen Vorträgen über Richard Wagner gelangweilt habe: »Obwohl es mir nicht immer leichtfiel, diesen Ausführungen zu folgen, hörte ich doch aufmerksam zu; denn ich freute mich schon auf den Schluß, der immer der gleiche war. ›Siehst du‹, hieß es dann, ›auch Richard Wagner ist es so ergangen wie mir. Zeit seines Lebens mußte er gegen die Verständnislosigkeit seiner Umwelt ankämpfen.‹ Mir erschienen diese Vergleiche stark übertrieben. Schließlich hatte Richard Wagner siebzig Jahre gelebt. In einem so ergiebigen Leben gab es selbstverständlich Höhen und Tiefen, Erfolge und Enttäuschungen. Aber mein Freund, der da sein eigenes Leben in eine Parallele zum Leben Richard Wagners stellte, war erst siebzehn Jahre alt, hatte noch nichts geschaffen als ein paar Zeichnungen, Aquarelle und Pläne und nichts erlebt als den Tod seines Vaters und das Versagen in der Schule. Dabei sprach er aber so, als hätte er schon Verfolgung, aufreibenden Kampf und Verbannung hinter sich.«

Der kontaktarme, weltfremde, verhockte Hitler träumte vom Künstlerdasein, verschlang antisemitische Pamphlete und wälzte Pläne zur Neugestaltung Wiens, die er vor August Kubizek entwickelte, seinem einzigen Publikum: »Adolf lehnte Alkohol ebenso radikal ab wie Nikotin. Wenn man nicht rauchte und trank, wozu sollte man dann ins Wirtshaus gehen? Jedenfalls fand er für dieses neue Wien eine ebenso radikale wie großzügige Lösung: Ein neues Volksgetränk! In Linz hatte ich einmal im Bürogebäude der Feigenkaffeefabrik Franck einige Räume zu tapezieren. Adolf besuchte mich damals bei der Arbeit. Die Firma gab damals an ihre Arbeiter ein sehr gutes, eisgekühltes Kaffeegetränk aus, von dem ein Glas nur einen Heller kostete. Dieses Getränk hatte Adolf so gut geschmeckt, daß er immer wieder darauf zurückkam. Wenn man jeden Haushalt mit diesem billigen und bekömmlichen Getränk oder mit ähnlichen alkoholfreien Erzeugnissen versorge, könnte man sich die Wirtshäuser sparen.« So legte sich der junge Hitler die Welt zurecht; schematisch, übersichtlich portioniert und durchgehend gaga: »Die grundsätzlichen Fragen des ganzen Projektes wurden, wie Adolf es formulierte, ›im Sturm der Revolution‹ gelöst. Es war das erstemal, daß in unserer ärmlichen Behausung dieses gewichtige Wort fiel. Ich weiß nicht, ob Adolf die Anregung dazu aus seiner umfangreichen Lektüre geschöpft hat. Jedenfalls stand immer an der Stelle, wo er in seinen Gedankengängen festgefahren war, das kühne Wort vom ›Sturm der Revolution‹, das denn auch seinen Gedanken und Ideen immer neuen Schwung verlieh, ohne daß er sich einmal darüber ausgesprochen hätte.«

In Wien ließ sich Hitler ziellos umhertreiben, als Faulpelz und verkrachte Existenz. Von den überspannten Ideen stach die Wirklichkeit stark ab, in der er sich seinen Lebensunterhalt denkbar unheroisch mit dem Malen von Reklameplakaten für Haarbrillantine und Schweißpuder verdienen mußte. Erst die Legende stilisierte ihn zum Frühvollendeten, der alle Mißverständnisse seiner Epoche durchschaute: »Inmitten des Zuges der Arbeiter geht ernsten Gesichtes ein Jüngling. Er schließt sich nicht aus, er lebt wie die anderen, wie er Seite an Seite mit ihnen Kelle und Hammer, Richtmaß und Wasserwaage gehandhabt hat Jahr und Tag. Er hört ihnen zu, er lauscht den Gesprächen, die sie führen, er nimmt voll gespannter Aufmerksamkeit die Lehren der Freiheitsverkünder in sich auf. Doch er verliert sie nie. Denn mit einer Grunderkenntnis hat das Schicksal diesen jungen Bauarbeiter begnadet. Er fühlt als unumstößliches Fundament seiner kreisenden Gedankengänge: Hier ist ein ganzes Volk auf falschen Weg gebracht worden! Hier wird mit Millionen sehnsüchtig höher strebender Menschen ein falsches Spiel getrieben! Hier waltet ein bewußt erzeugtes Mißverständnis ungeheuerlichster Art, das künstlich die völkische Einheit zwischen Kopf- und Handarbeiter zerbrochen hat.« Das ist die Version, die Adolf Viktor von Koerber (Adolf Hitler. Sein Leben und seine Reden, 1923) in der »Kampfzeit« kolportierte. Hier hatte sich der verschrobene, kunstgewerblich dilettierende Streuner und Hilfsarbeiter in einen immer strebend sich bemühenden Helden verwandelt: »Nacht um Nacht erhellt die Lampe die einsame Kammer dieses jungen Wahrheitssuchers. 200 Bände wertvoller wissenschaftlicher Werke, Geschichtsbücher vor allem, politische, philosophische Schriften, er hat sie sich von seinem kargen Lohn Woche um Woche abgespart! Die grundlegenden weitumfassenden Kenntnisse, sein aus seelischem Ringen heldenhafter Germanenart erwachsenes Wissen, – um der Erlösung seines deutschen Volkstums aus der Tragik der deutschen völkischen Not hat er es sich vom Schlaf vieler langer Nächte abgespart! Vermag einer die asketische Qual solcher Jahre ganz zu ermessen?«

Auch Hitler selbst (Mein Kampf, 1925) verklärte seine Jugendzeit nach Kräften: »In dieser Zeit bildete sich mir ein Weltbild und eine Weltanschauung, die zum granitenen Fundament meines derzeitigen Handelns wurden. Ich habe zu dem, was ich einst mir so schuf, nur weniges hinzuzulernen gemußt, zu ändern brauchte ich nichts.« Was er sich einst so schuf und anverwandelte, war »willkürlich, kurios, voller halbgebildeter Kühnheit, doch nicht ohne Geschlossenheit« (Fest); eine krude Mixtur aus Antisemitismus, Rassenwahn, Geniekult, Verschwörungstheorien, mißverstandenem Wagner, mißverstandenem Darwin, völkischem Wirrsinn, apokalyptischen Ängsten, Zivilisationsekel, Wildwestromantik, Misanthropie und sexuellen Zwangsvorstellungen: »Der schwarzhaarige Judenjunge lauert stundenlang, satanische Freude in seinem Gesicht, auf das ahnungslose Mädchen, das er mit seinem Blute schändet und damit seinem, des Mädchens, Volke raubt. Mit allen Mitteln versucht er, die rassischen

Grundlagen des zu unterjochenden Volkes zu verderben. So wie er selber planmäßig Frauen und Mädchen verdirbt, so schreckt er auch nicht davor zurück, selbst in größerem Umfang die Blutschranke für andere einzureißen. Juden waren und sind es, die den Neger an den Rhein bringen ...«

Fest stand und treu der Neger schon am Rhein, und das granitene Fundament der Weltanschauung Hitlers erwies sich für seine politische Laufbahn und den Erfolg des Nationalsozialismus als erstaunlich tragfähig, so kraus und krumm es auch zusammengehauen war. Die Argumente, die Hitler für die Notwendigkeit der Rassentrennung ins Feld führte, waren abstrus: »Schon die oberflächliche Betrachtung zeigt als nahezu ehernes Grundgesetz all der unzähligen Ausdrucksformen des Lebenswillens der Natur ihre in sich begrenzte Form der Fortpflanzung und Vermehrung. Jedes Tier paart sich wieder nur mit einem Genossen der gleichen Art. Meise geht zur Meise, Fink zu Fink, der Storch zur Störchin, Feldmaus zu Feldmaus, Hausmaus zu Hausmaus, der Wolf zur Wölfin usw. usw.«, und die Folge dieser »in der Natur allgemein gültigen Rassenreinheit« sei nicht allein »die scharfe Abgrenzung der einzelnen Rassen nach außen, sondern auch ihre gleichmäßige Wesensart in sich selber. Der Fuchs ist immer ein Fuchs, die Gans eine Gans, der Tiger ein Tiger« – eine Tatsache, mit der Hitler seinen Rassismus zu begründen versuchte. »Indem er diesen Grundsatz vom Tierreich auf den Menschen übertrug, verwickelte er sich freilich in einen kaum glaublichen Widerspruch«, schreibt Eberhard Jäckel (Hitlers Weltanschauung. Entwurf einer Herrschaft, 1983). »Der Unsinn dieser Argumentation springt in die Augen: Füchse und Gänse können sich bekanntlich nicht paaren, Weiße und Farbige dagegen können es. Der Grundsatz der in sich begrenzten Fortpflanzung war im Zuge der Analogie unversehens von einem Naturgesetz zu einer gesetzlichen Vorschrift geworden. Das Beispiel zeigt, wie widersinnig und unvernünftig Hitlers Rassentheorie war, was übrigens wohl auch für jede andere gilt.« Was Hitler zwischen Tür und Angel bei Darwin und Nietzsche aufgeschnappt hatte, ließ sich nicht zu einem schlüssigen Gedankensystem ausbauen; es waren nur Schlagworte und Parolen, geborgt und verdreht.

So kam es auch weniger auf die Stichhaltigkeit der Argumentation als auf die martialische Vortragsweise an. Einwände pflegte Hitler mit der Grandezza dessen, der sich mit Kleinigkeiten nicht aufhält, vom Tisch zu wischen. Otto Wagener (Hitler aus nächster Nähe. Aufzeichnungen eines Vertrauten, 1929–1932, 1978) war oft dabei und schrieb mit: »Schon lachen diese lächerlichen Fante, und weisen mir nach, daß körperlich Entstellte und auch Schwächlinge und Kranke manchmal große Denker gewesen seien. Natürlich kommt das vor. Und doch mache ich mich anheischig, einem Hinkebein auch geistig seinen Pferdefuß nachzuweisen.« Auf Logik und Systematik konnte Hitler im Kraut- und Rübenrausch seiner Weltanschauung keinen Wert legen. In einem zu seinen Lebzeiten unveröffentlichten Manuskript (Hitlers Zweites Buch. Ein Dokument aus dem Jahr 1928, 1961) sprach er von den »rassisch hochwertigen Amerikanern« und rühmte ihre Erlesenheit: »Dem alten Europa gegenüber, das durch Kriege und Auswanderung unendlich viel seines besten Blutes verloren hat, tritt das Amerikanertum als junges, rassisch ausgesuchtes Volk gegenüber.« Daß er einmal diese Auffassung vertreten hatte, hinderte Hitler nicht daran, die USA, als es im Zweiten Weltkrieg opportun war, als »Land der Korruption« zu verteufeln, das von »Gangstern« regiert werde, und in völlig unrealistischen Vernichtungsphantasien zu schwelgen. Henry Picker (Hitlers Tischgespräche im Führerhauptquartier 1941–1942, ²1965) hat eine bezeichnende Erklärung Hitlers aus dem Jahr 1941 dokumentiert: »Ich werde es nicht mehr erleben, aber ich freue mich für das deutsche Volk, daß es eines Tages mit ansehen wird, wie England und Deutschland vereint gegen Amerika antreten.«

In der Propaganda wurde Hitler schon in den 20er Jahren als Abgott dargestellt, als Drachentöter und Weltenbezwinger, auf den sich die Heilserwartungen einer demoralisierten Nation zu richten hätten. Beispielhaft ist Georg Schotts enthusiastisches, erstmals 1924 aufgelegtes »Volksbuch vom Hitler«, ein Werk, das den später pompös zelebrierten Führerkult vorwegnahm und den nach seinem Putschversuch inhaftierten Hitler als Messias beschrieb, zu dem auch die Kindlein vertrauensvoll kommen könnten: »In allerlei Sprüchlein und Abzählreimen, die nicht immer gerade schmeichelhaft sind für die Gegner der ›Völkischen‹ und die mit dem Schlußvers endigen: ›Eins, zwei, drei – Der Hitler, der ist frei!‹ hat sich die Welt der Kleinsten des Falles Hitler bemächtigt«, schwärmte Schott in dem Kapitel »Das Urteil der Kinder«. »Und dieses Höchste, was einem Menschen werden kann, das wurde dir, unserem Freund und Führer! Zu deinen Lebzeiten, zu Beginn deines Wirkens und Schaffens! Daß sich das Volk, daß sich die Kinder zu dir bekennen und deine Wahrheit den Winden weitergeben; daß sie von dir ›singen und sagen‹, wie sie es sonst nur von denen tun, die der Vergangenheit angehören! Ich denke an dein Wort zum Schluß der Verhandlung: ›Die Göttin des ewigen Gerichtes der Geschichte würde lächelnd das Urteil des Gerichtes zerreißen, denn sie spricht uns frei!‹ Das konntest du nicht ahnen, daß dein Wort so herrlich in

Erfüllung gehen sollte! Die Göttin des ewigen Gerichtes hat das Urteil zerrissen. In Fetzen flattert es in den Winden. Die Kinder haben sich deiner angenommen.«

Bei Großkundgebungen, wenn er sich dem Volk präsentierte und sich an der eigenen Hybris weidete, wuchs Hitler ein Charisma zu, das den propagandistischen Kitsch Wirklichkeit werden ließ und sich wieder auflöste, sobald er die Bühne verlassen hatte. Dann war er wieder der querulatorische, miesepetrige, im Jähzorn aufschäumende Kleinbürger. Karl Wilhelm Krause (Zehn Jahre Kammerdiener bei Hitler, 1949) berichtet: »Ich hatte einmal auf einem Parteitag aus seiner Mütze den Drahtbügel entfernt. Die Mütze saß hundertprozentig besser. Er merkte es nicht gleich. Erst als wir unterwegs waren, stellte er im Wagen fest, daß der Draht fehlte. Damals fürchtete ich, er würde mich persönlich aus dem Wagen werfen. Ich bekam einen ungeheuren Anranzer. Ich bin dann während der Tagung in der Kongreßhalle zum Hotel zurückgefahren und habe den Drahtbügel geholt und wieder eingesetzt. Gleich merkte er es, hatte sofort wieder bessere Laune und verbot mir strikte, noch jemals an der Mütze etwas zu ändern. Ich glaube allerdings, das ganze Volk hat über die Art, wie er seine Mütze trug, gelacht.«

Der Draht in seiner Mütze beschäftigte den Diktator ebenso wie die Beschaffenheit des Schuhwerks seiner Adjutanten. »Der Führer ordnet an, dass die diensttuenden Adjutanten und Angehörigen der Adjutantur im neuen Gebäude der Reichskanzlei an den Stiefeln und Schuhen Gummiabsätze tragen«, hieß es in einem Rundbefehl der Führeradjutantur vom 2.12.1938, und am 8.12.1939 schrieb Martin Bormann an Robert Ley: »Zu Ihrer Unterrichtung teile ich Ihnen mit, daß der Führer, soweit irgend möglich, die Bedienung durch Kellner in allen Gaststätten abgeschafft wissen will. Die Tätigkeit eines Kellners ist nach der Auffassung des Führers nicht die richtige Arbeit für einen Mann, sondern vielmehr die gegebene Arbeit für Frauen und Mädchen.« Beatrice und Helmut Heiber (Die Rückseite des Hakenkreuzes. Absonderliches aus den Akten des Dritten Reiches, 1993) haben diese und ähnliche Belege für die gespenstische Pedanterie und intellektuelle Mittelmäßigkeit des größten Feldherrn aller Zeiten zusammengetragen. In seinem Cäsarenwahn war er schließlich davon überzeugt, auch auf dem Felde der Gastronomie, der Medizin und der Mode unfehlbar zu sein. Im April 1943 entschied Hitler, daß »eine Einstellung der Reparaturen an Apparaten zur Herstellung von Dauerwellen besser als ein Verbot zur Herstellung von Dauerwellen« sei. Auch dann noch, als alle Fronten zusammenbrachen, gab man sich im Führerhauptquartier windigen Betrachtungen über Detailfragen der nazistischen Folklore hin. »Der Führer hat mehrfach den Standpunkt vertreten, unser Deutscher Gruß sei etwa der gleiche wie der alte Deutsche Gruß der Germanen«, schrieb Martin Bormann am 8. 1. 1945 an Heinrich Himmler. »Das Erheben der unbewaffneten Hand sei, wenn sich Freunde begegneten oder nach Beendigung von Streitigkeiten, das Zeichen friedlicher Gesinnung gewesen. Die Forschungen der Dienststelle Rosenberg ergaben die zeitgenössische Verwendung des Deutschen Grußes bei der Königswahl Heinrichs I. Der Heil-Gruß wird außerdem durch die Edda bestätigt und läßt sich bis ins Gotische verfolgen. Als wahrscheinlich wird der Deutsche Gruß in Verbindung mit dem Heil-Gruß aus germanischer Zeit durch eine Münze mit dem Bildnis Theoderichs des Großen und durch ein römisches Mosaik eines Vandalenkriegers angenommen.« Bei ihren Forschungen übersah die Dienststelle Rosenberg geflissentlich den Umstand, daß die Nazis ihren Gruß von den italienischen Faschisten übernommen hatten.

Vollends absurd wurden die Befehle, wenn die Nazis den von ihnen selbst geförderten Mummenschanz verwaltungstechnischen Erfordernissen unterordnen mußten. 1941 sollte die Frakturschrift abgeschafft werden; die international gebräuchliche, schneller lesbare Antiqua kam Deutschlands Weltmachtinteressen besser zupaß. In einem Rundschreiben Bormanns vom 3. 1. 1941 hieß es nun: »Die sogenannte gotische Schrift als eine deutsche Schrift anzusehen oder zu bezeichnen ist falsch. In Wirklichkeit besteht die sogenannte gotische Schrift aus Schwabacher Judenlettern. Genau wie sie sich später in den Besitz der Zeitungen setzten, setzten sich die in Deutschland ansässigen Juden bei Einführung des Buchdrucks in den Besitz der Buchdruckereien und dadurch kam es in Deutschland zu der starken Einführung der Schwabacher Judenlettern.« Hierzu merken Beatrice und Helmut Heiber an: »Die ›Schwabacher‹ war ein 30 Jahre älterer und viel weniger verbreiteter Ableger der gotischen Inkunabelbuchstaben als die Fraktur, die sie in der zweiten Hälfte des 16. Jahrhunderts verdrängt hat.« Die antisemitische Begründung der machtpolitisch erforderlichen Beseitigung der Frakturschrift sei »natürlich unsinnig« gewesen, doch offensichtlich die einzige, die die rebellierenden Altertumsvereinsmeier wieder ruhigzustellen vermochte.

Helmut Heiber (Hitlers Lagebesprechungen. Die Protokollfragmente seiner militärischen Konferenzen 1942–1945, 1962) hat auch die Dokumente herausgegeben, die Hitlers ungemildert brutale Raufboldmentalität als Kriegsherr bezeugen. Am 25. 7. 1943 erwiderte er auf den Vorschlag, die Ausgänge des Vatikans zu besetzen: »Das ist ganz egal, ich gehe in den Vatikan sofort hinein. Glauben Sie, daß mich der Vatikan geniert? Der wird sofort gepackt. Da ist vor allen Dingen das ganze Diplomatische Korps drin. Das ist mir Wurscht. Das Pack ist da, das ganze Schweinepack holen wir heraus.« Das Blitzkriegsglück hatte ihn längst verlassen, aber Hitler redete sich und seinen Paladinen immer noch ein, daß eine ganze Welt im Kasernenhofton in die Schranken zu weisen sei. In einer Ansprache vor Divisionskommandeuren am 12. 12. 1944 urteilte er über Deutschlands alliierte Kriegsgegner: »Es sind Staaten, die in ihrer Zielsetzung schon jetzt Tag für Tag aneinandergeraten. Und wer so wie eine Spinne, möchte ich sagen, im Netz sitzend diese Entwicklung verfolgt, der kann sehen, wie von Stunde zu Stunde sich diese Gegensätze mehr und mehr entwickeln. Wenn hier noch ein paar ganz schwere Schläge erfolgen, so kann es jeden Augenblick passieren, daß diese künstlich aufrechterhaltene gemeinsame Front plötzlich mit einem riesigen Donnerschlag zusammenfällt« – eine Erwartung, die Hitler selbst am 31. 8. 1944 bei einer Besprechung im kleinsten Kreis als »naiv« bezeichnet hatte. Von der Welt, in die er geboren worden war, hatte er sich ein krankhaft schiefes Bild gemacht; jetzt verstand er auch die Welt nicht mehr, die er sich ersatzweise geschaffen hatte.

Er gefiel sich in der Pose des Sehers und Künders elementarer Wahrheiten. Ihm fiel das Wissen um die letzten Dinge zu, aus theatralisch umwölktem Himmel, und in den von Henry Picker aufgezeichneten Tischgesprächen brillierte er auch mit seinem ökonomischen Wissen. Über die Tätigkeit Hjalmar Schachts als Reichsbankpräsident sagte er, Schacht sei »ein unerhört intelligenter Mensch im ›Bescheißen‹« und habe seinerzeit den Plan entwickelt, »die im Ausland gehandelten beziehungsweise als Reparationsleistungen ins Ausland verbrachten deutschen Aktienwerte zu entwerten, diese Papiere dann durch Mittelsmänner zu einem Kurs von 12 bis 18 Prozent im Ausland aufkaufen zu lassen, sie dann der deutschen Industrie zum Pari-Kurs zum Rückkauf aufzuzwingen und mit den auf diese Weise verdienten 80 und mehr Prozent ein Exportdumping durchzuführen, das uns mehr als drei Viertel Milliarden Devisen eingebracht« habe. In einer Fußnote heißt es, daß hierzu eine Gegenstellungnahme Schachts von 1951 vorliege, »nach der Hitler mangels banktechnischem ›Knowhow‹ die Dinge laienhaft fehlgedeutet bzw. mißverstanden« habe.

Aber die Tischgesellschaft kuschte und lauschte, wenn Hitler sich apodiktisch über Gott und die Welt verbreitete: »Menschen vom Rang eines Pavian gibt es auf jeden Fall seit mindestens 300.000 Jahren. Der

Menschenaffe unterscheidet sich vom niedrigstehenden Affen weniger als ein solcher Mensch von einem Kopf wie beispielsweise Schopenhauer.« Millionen Menschen starben auf seinen Befehl, während Hitler bei vegetarischer Kost auf seinem Steckenpferd, der Rassenkunde, Kapriolen schlug. »Da wird irgendwo ein Schädel gefunden und alle Welt sagt: So haben unsere Vorfahren ausgesehen. Wer weiß, ob der Neandertaler nicht ein Affe war. Jedenfalls haben dort unsere Vorfahren nicht gesessen in jener Zeit! Unser Land war ein Sauland, durch das sie höchstens durchgezogen sind. Wenn man uns nach unseren Vorfahren fragt, müssen wir immer auf die Griechen hinweisen.«

Exakt Bescheid wußte Hitler auch über Hysterie und Hormone (»Kriegt ein Mädel kein Kind, so wird es hysterisch oder krank. Auffallend ist, daß fast alle Völker mehr Frauen als Männer haben«), über die antike Mythologie (»Gleichzeitig treffen wir in allen Überlieferungen die Erzählungen von einem Himmelssturz. Was die Bibel darüber bringt, ist nicht auf jüdischem Boden gewachsen, sondern sicher übernommen von den Babyloniern und Assyrern«), über die Kunstgeschichte (»Und was seit 1922 dem deutschen Volk als Kunst aufgeschwätzt worden sei, sei auf dem Gebiet der Malerei ein einziges verkrüppeltes Gekleckse«), über die Machenschaften der Indianer (»Das Rauchen sei die Rache des Roten Mannes [Indianers] dafür, daß der Weiße ihm den Schnaps gebracht und dadurch ihn zugrunde gerichtet habe«), über den Einfluß des Angelsports auf die Außenpolitik (»Der Chef bemerkte zum Schluß, daß es eigentlich eine feine Sache sei, wenn sämtliche Außenminister Angelsportler seien. Denn die Beruhigung ihrer Nerven durch das Fischen sei wahrlich ein Segen für die Völker«) und über die soziale Struktur Schwedens (»Beim Abendessen kam der Chef noch kurz auf die soziale Struktur Schwedens zu sprechen. Er bemerkte, daß die Mittelschicht Schwedens sehr anständig sei, die Oberschicht aber nur als gänzlich verkalkt bezeichnet werden könne und daher der dünnen Judenschicht kolossalen Einfluß ermögliche. Die Unterschicht sei politisch völlig desinteressiert«). Bis jetzt konnte noch kein Historiker herausfinden, wann und wie Adolf Hitler seine umfangreichen soziologischen Untersuchungen in Schweden durchgeführt hatte. Im Führerhauptquartier wurde der selbstherrlich aus der Luft gegriffene Unfug bis zum Schluß nicht beanstandet. Dem Scharlatan blieb auch noch Zeit, seine Hunde zu beobachten und weitreichende Schlüsse aus dieser amateurhaften Verhaltensforschung zu ziehen. »Beim Abendessen erzählte der Chef, daß seine Schäferhündin ›Blondi‹ in gewisser Hinsicht Vegetarier sei und Grasbüschel einer bestimmten Art mit wahrem Wohlbehagen fresse«, berichtet Picker. »Er sei gespannt, ob nicht auch seine Schäferhündin ›Bella‹ mit der Zeit Vorliebe für vegetarische Kost zeigen werde.« Die Nahrungsaufnahme im Tierreich hatte Hitler schon des öfteren beschäftigt; Ernst Günther Schenck (Patient Hitler. Eine medizinische Biographie, 1989) zitiert ihn mit den Worten: »Wenn die innere Widerstandskraft nachläßt, dann ist dies beim Menschen meist die Ursache seines Vergehens. Eine Kröte ist ein entarteter Frosch. Wer weiß, was die Kröte frißt; sie frißt bestimmt etwas, das ihr nicht bekömmlich ist.«

Hitler setzte sonderbare Prioritäten: »Da wir heute Verfahren hätten, mit denen wir den Wal zu 88 Prozent verwerten könnten, zum Beispiel das Fleisch für Konserven, die Haut als Leder, die Fleischfasern als Grundbestandteile eines unzerreißbaren Stoffes, sei die Organisation des Walfangs ein unerhört aktuelles Problem.« Das war im Mai 1942. Im Juni beschäftigte er sich mit einem anderen unerhört aktuellen Problem, der Umbenennung Berlins: »Denn der Name ›Germania‹ für die Reichshauptstadt in ihrer neuen repräsentativen Form sei geeignet, trotz größter räumlicher Entfernung zwischen jedem Angehörigen des germanischen Rassekerns und dieser Hauptstadt ein Gefühl der Zusammengehörigkeit zu erzeugen. Daß eine solche Umbenennung Berlins auch technisch keine Schwierigkeiten mache, zeige die Verdeutschung Gdingens in Gotenhafen und die Umbenennung Lodz' in Litzmannstadt.« Erst der Neger am Rhein und die ruhmreichen Sowjetsoldaten in der Reichshauptstadt bereiteten, als Hitlers fanatischer Wille zum Mißverständnis von praktisch allem und jedem bereits Millionen das Leben gekostet hatte, der finsteren Bunkerschmockerei ein Ende.

Was Hitler vom strengen Denken hielt, geht aus einem typischen Stoßseufzer hervor: »Was für ein Glück für die Regierenden, daß die Menschen nicht denken. Denken gibt es nur in der Erteilung oder im Vollzug eines Befehls. Wäre es anders, so könnte die menschliche Gesellschaft nicht bestehen.« Doch er war sich, bei allem inferioren Gerede über neue Volksgetränke, eingerissene Blutschranken und entartete Frösche, Mützenbügel, Hinkebeine mit geistigen Pferdefüßen, riesige Donnerschläge und die Rache des Roten Mannes, seiner geistigen Vorzüglichkeit gewiß: »Ich fühle mich wohl in der geschichtlichen Gesellschaft, in der ich mich befinde, wenn es einen Olymp gibt. In dem, in den ich eingehe, werden sich die erleuchtetsten Geister aller Zeiten finden.« Als der Führer seinen Einzug hielt, werden sie die Ohren angelegt haben.

g. h.

Dudu, Pimpam und die Folgen

Von Teufeln, Dämonen und anderen Interferenzen

»Quomodo cecidisti de caelo, Lucifer, qui mane oriebaris?« – »Wie bist du vom Himmel gefallen, du schöner Morgenstern!« So wird in Jesaja 14,12 der König von Babel angerufen. Einer trickreichen Auslegung dieser Bibelstelle verdankt Luzifer seine Erfindung, der Lichtbringer, der paradoxerweise zugleich als Fürst der Finsternis amtiert.

Um die Hölle auf Erden vollzählig besetzen und organisieren zu können, waren die Theologen des ausgehenden Mittelalters keineswegs zimperlich. Das Alte Testament kam noch weitgehend mit Satan aus und einigermaßen zurecht. Im Neuen Testament hatten sich Satan bereits Beelzebub und eine Legion weiterer Teufel untergeordnet. Später wurden auch biblische Götzen und heidnische Götter verteufelt oder einfach willkürlich als Teufel mißverstanden. »Ihre Blütezeit erlebte die Teufelshierarchie zweifellos im Zeitraum zwischen dem 13. und 15. Jahrhundert«, schreibt Isabel Grübel (Die Hierarchie der Teufel, 1991); aber auch in der beginnenden Neuzeit brachte die dämonologische Forschung noch manches schöne Ergebnis zutage. Auf das 16. oder 17. Jahrhundert führt Gottfried Holtz (Die Faszination der Zwänge. Aberglaube und Okkultismus, 1984) eine strenge Höllenhierarchie zurück. Es regierte der König Luzifer; ihm untergeben waren die Gubernatores Belial, Satan, Beelzebub, Asterot und Pluto und die Großfürsten Aziel, Mephistopheles, Marbuel, Ariel, Aniguel, Anifel und Barfael; sodann die Geheimen höllischen Räte Abadon, Chamus, Mileas, Lapasis und Merapis; nach ihnen der Geheime Reichs-Sekretarius Milpeza und als Helfer oder Spiritus familiares Cinicham, Pimpam, Masa, Lissa, Dromdrom, Lomha, Palasa, Naufa, Lima, Pora, Saya und Wunsclay.

Aegidius Albertinus (Lucifers Königreich, 1616) differenzierte wiederum zwischen Teufeln in oberen und unteren Lüften, irdischen Teufeln, die Wanderer irreleiteten, in Teichen, Bächen und Seen lauernden Wassergeistern, auf den Feldern »erschröckliche Täntz« aufführenden Erdgeistern und nachtaktiven Lichtfliehern. Welche natürlichen Phänomene hier im einzelnen als Teufelswerk gedeutet wurden, läßt sich nicht mehr bestimmen; mitunter scheint auch einfach die Sammlerleidenschaft mit den christlichen Wissenschaftlern durchgegangen zu sein. Unter Luzifers Herrschaft, das erklärte im 17. Jahrhundert der

Kapuziner Dionysius von Luxemburg (Leben Antichristi, 1682), würden sich die Teufel am Ende aller Zeiten für folgende Arbeitsteilung entscheiden: Asmodeus, Syro, Payman, Char, Gomery, Oze, Zaloes begünstigten »mit anderen der Gailheit vorgesetzten Cameraden« die Unzucht, und Mammon werde mit Belfry, Furfuri, Phoghel, Zagon, Dudu, Hebelfurk, Davo »und andern losen Gesellen« die Menschen zum Geiz und zum Wucher anstiften, während Baal, Martor, Iffar, Lasam, Antangelieu, Pasta, Hussefaß, Abla, Cusant, Mufrot, Bulo, Walst, Citivell, Ansty, Insty u. a. die Fürsten und Herren der Welt »zum Schinden der Underthanen« zu treiben gedächten. An die Stelle der fröhlich betriebenen Vielgötterei war eine nicht weniger munter ins Werk gesetzte, quicklebendige Vielteufelei getreten.

Während man die Teufel zählte und sortierte, wurde ihre Hölle nach Belieben ausgemessen und kartographiert. Jordan von Wasserburg (Fluenta Jordanis, 1742) stellte die Frage: »Wie groß ist wohl die Höll? Ribbera haltet darvor / sie werde der heiligen Offenbahrung nach 1600 Roß-Läuff in sich begreiffen / welche etwann 50 niderländische / und 200 welsche Meill ausmachen / also daß die gantze Höll in der Weitte 100 in dem Umkreiß 300 Meill hielte; ein grosses / aber doch respective noch ein enges Loch / wann zwantzig- oder dreyßigtausend Millionen (dann so groß rechnet Lessius die Zahl der Verdammten) in dasselbige eingeschrencket werden.« Es mußte aber auch noch mehr als eine Milliarde Teufel in die Hölle hineinpassen. 1989 berechnete der römische Jesuit Corrado Balducci die Zahl der Teufel auf exakt 1 758 640 176 Exemplare.

Angesichts solcher Zahlen ist es nicht verwunderlich, daß die Christen jahrhundertelang ihre liebe Not mit den Teufeln hatten und sich in ihren Ränken verfingen, wenn auch von Dudu, Pimpam, Hebelfurk und zich Millionen anderen Teufeln kein Sterbenswörtchen in der Bibel steht. Vielleicht war aber auch hier immerzu der Weltgeist am Werk, der den wilden, jahrhundertelang währenden Teufelsspuk inszenieren mußte, damit der Großschriftsteller Gert Heidenreich im ausgehenden 20. Jahrhundert einen dicken, von Teufeln und Teuflischem handelnden Schlüsselroman schreiben konnte (Belial oder Die Stille, 1990). Darin verfolgt der Teufel die Protagonisten August September und März Sylvester und heißt »Olviado Abelli« oder »El Alib«, kunstvolle und vielsagende Umstellungen des Namens Diavolo Belial. Zwischendurch schickt Heidenreich auch eine Ziege mit dem sprechenden Namen »Nasta« alias Satan ins Rennen. »Mein Gott, ist das beziehungsreich! Ich glaub, ich übergeb mich gleich« (Robert Gernhardt). Aber den Spaß war es immerhin wert.

g. h.

Tiere

Ein Vergleich

Tiere sind in erster Linie Natur-, aber auch in beträchtlichem Maß Kulturwesen. Es gibt, jedermann kennt sie, neurotische Hunde und Katzen. Das führt dann natürlich wieder zu neuen kulturellen Mißverständnissen.

Täuschende, lügende, simulierende Tiere gibt es vom Schimpansen (ihn durchschaut natürlich Jane Goodall) bis zum Leuchtkäferchen (es Martin Lindauer nach wissenschaftlicher Analyse seiner Nachrichtentechnik). Vom »lügenden Hund« erzählt im gleichnamigen Kapitel in »So kam der Mensch auf den Hund« (1950) Konrad Lorenz, von Lüge z. B. als läßliche Form der »Ausrede« eines beschämt aggressiven Bellens wider die Vernunft und bereits bessere Einsicht: der vermeintliche Feind wurde längst als Herr erkannt, die peinliche Berührtheit entlädt sich in der Ersatzhandlung eines wütenden Kläffens an der Mauer empor (S. 67f.). Noch mehr dem Typus kulturelles Mißverständnis zwischen Menschen ähnelt eine andere a. a. O. von Lorenz berichtete Hundegeschichte, die nahezu gattungsbegründend immer mit dem bell- und aggressivitätsfördernden Zaun zusammenhängt. Ist der Hund und Mensch trennende Zaun plötzlich weg, bellt der Hund wiederum verlegen stutzend »der Form halber« (S. 83) weiter. Lorenz erklärt den zunächst überraschenden Vorgang als Mechanismus eines gewissermaßen beidseitigen Mißverständnisses: der Hund bellte zuerst nicht etwa aus Wachsamkeit und Wut, sondern aus Ängstlichkeit samt – fehlt der Zaun – eingeborenem Fluchtinstinkt; wie ihn jeder größere Säuger vor einem überlegenen Gegner samt dem Empfinden von Furcht besitzt.

Erst wenn sich das Mißverständnis der plötzlich gestörten Zaunsituation, gewissermaßen einer gestörten Rollenerwartung, wieder halbwegs geklärt hat bzw. in sich selbst auflöst, bellt der Hund »wutbeflissen« (Lorenz) weiter.

Daß Tiere sich oftmals totstellen, um ihre Feinde zu täuschen und so am Leben zu bleiben, ist bekannt und ein offenbar bewußtseins- und menschennaher Trick der Evolution. Schwerer zu verstehen ist ein scheinbarer Defekt dieser Evolution dergestalt, daß sich gewisse Lebewesen – Mulle, Erdmännchen, auf ihre Weise auch Ameisen – sozusagen gegen das Prinzip des Survival of the fittest altruistisch, ja quasi christlich für andere opfern. Geschieht es nur im eigenen Arten- und Stammesbereich, könnte man den in den letzten Jahren vielberedeten »Egoismus der Gene« als den höchsten und metapersonalen Daseinstrieb vermuten – es gibt aber auch verwirrende Beispiele von Altruismus bis hin zum Selbstopfer über diese Grenzen hinaus. Jeffrey M. Masson und Susan McCarthy (Wenn Tiere weinen, Reinbek 1996) stellen im Zuge zahlreicher Beobachtungen, die auf eine erstaunliche Religionsnähe mancher Tiere schließen lassen, interessante Spekulationen an über das scheint's unerklärliche Verhalten gewisser Delphine, die sich ohne Not und gegen ihren angeborenen Überlebenstrieb fangen und töten lassen, nur um vielleicht sozusagen überindividuell-gattungsmäßig auf die ökologische Notlage der Delphine aufmerksam zu machen –

– ähnlich altruistisch-religiöses, ja politisches Verhalten ist auch bei Walen, Schimpansen, Lemuren usw. ausgemacht worden; allein, hier sind vorerst noch fast jeder Spekulation derart Tür und Tor geöffnet, wie, weit über den deshalb plötzlich nicht mehr einschüchternden Hund hinaus, jedem Mißverständnis zwischen Mensch und Tier. Es gibt aber natürlich auch Fehlverständnisse zwischen Tieren, Kommunikationsstörungen. Vor allem die einseitig erstrebten Spiele zwischen verschiedenen Arten klappen nicht. Masson/McCarthy (S. 192f.): »Ein ... Mungo namens Moja versuchte mit einem afrikanischen Erdhörnchen zu spielen, und zwar auf dieselbe Weise, wie er mit seinen Artgenossen spielte. Moja spielte gerade mit einem anderen Mungo, als ein Erdhörnchen in ihre Mitte hüpfte, sich auf die Hinterbeine stellte und aufhörte, an seiner Nuß zu knabbern. Moja flitzte zu ihm hin, stellte sich ebenfalls auf die Hinterbeine und legte dem Erdhörnchen seine Vorderpfoten auf die Schultern, um mit ihm ›Walzer zu tanzen‹. Ein anderer verspielter Mungo folgte diesem Beispiel und versuchte ebenso wie Moja nach dem Kopf und dem Hals des anderen Tieres zu schnappen, doch das Hörnchen zeigte keine Reaktion, es stand einfach nur passiv da und ließ sich herumdrehen. Dann begann Moja, auf das Hörnchen einzuschlagen und ihm in den Schwanz zu beißen, woraufhin es davonhüpfte, und Moja ersatzweise in einen Zweig biß.«

Ja dann, »gib's auf« (Franz Kafka).

Besser funktionieren offenbar die technologisch-genetisch komplizierteren Kommunikationstechniken. Der nahrungsförderliche Schwänzeltanz der Biene – aber auch die vom falschen Nönnchen der »Zwei Königskinder« mißbrauchten Blinklichter bei jenen Leuchtkäfern, wie sie noch im 14. Jahrhundert als »Seelen ungetauft verstorbener Kinder« (Barbara Tuchman, Der ferne Spiegel, Düsseldorf 1980, S. 62) galten; etwa jene »Morsezeichen« der Gattung »Photinus«, auf welche hinterhältigerweise die Weibchen der nahverwandten Gattung »Photuris« antworten, um die derart ahnungslos herbeigelockten falschen Männchen – stantepede aufzufressen. »Entartete Kommunikation« nennt der den bösen Fall aufgreifende und chemisch analysierende Zoologieprofessor Martin Lindauer (Botschaft ohne Worte. Wie Tiere sich verständigen, 1990, S. 67) diese Art »Spionage« – auch sie ein Mißverständnis-Großsystem also nicht lediglich zwischen Hominiden. Lindauer berichtet z. B. auch von hormonell fehlgesteuertem Sexualverhalten bei Spitzhörnchen unter Streßwirkung (S. 133 f.) bis hin zur »psychischen Kastration« – noch hier ist das Überleben selbst der selektiv Tüchtigsten schwer, sind die Möglichkeiten des Irrgangs auch gattungsintern unbegrenzt.

Bei den Menschen (sapiens sapiens) gibt es, wir haben es uns vorne schon gemerkt, Aneinandervorbeioperationen seit ca. 6000 Jahren. Die Tiere, die meisten jedenfalls, haben damit seit 600 Millionen Jahren überlebt. Und das im Grunde nicht schlecht. Und obwohl der oben erwähnte Schwänzeltanz der Honigbiene noch schwerer zu enträtseln ist, als in den 40er Jahren von Karl v. Frisch und seither angenommen (s. FAZ vom 24. 7. 1996). Wenn wir schon kaum die Tiere, so verstehen sich natürlich auch die Tiere untereinander nicht, bleiben dumm und so am Leben. Vor allem der Opabinia aus den Meerestiefen der kambrischen Tribolitenzeit, obwohl der sich ja nicht einmal mit dem verwandten Wiwaxia interaktiv so richtig ins Benehmen zu setzen vermochte.

Und zwischen Mensch und Tier ist es meist schon ganz aus. Menschen sind für die menschendominierte Katze »Riesenkatzen«, sie hält sie, wenn sie Fressen kriegt, für ihre Stiefeltern und, wenn sie Mäuse anschleppt, für ihre Kinder zugleich – in einer Art Irrglaube als Rationalisierung von Domestikation glaubt sich die Katze, wie man heute weiß, beiden Spezies angehörig, wohl deshalb wird auch da und dort von Menschen die Jungfrau Maria zur Katzengöttin gekürt, obwohl ja Katzen früher eigentlich mehr Hexen waren – aber auch wenn sie, die Katze, sich endlich bequemt, zu unserer Genugtuung zu schnurren, ist der Sinn da noch längst nicht allzu ausgelotet, ebensowenig wie der des »Schmollens« oder des sogenannten »Drohstarrens«, und das wie wägende Schieflegen des Kopfes scheint uns wie die verschwiegne Frage zu dünken: »Was seid jetzt ihr Menschen eigentlich für welche?«, soll aber laut Auskunft sämtlicher hier für unseren Essay zurate gezogener Katzenführer was ganz anderes bedeuten – –

Soweit man das Leben der Tiere nicht allein zur Naturgeschichte, sondern, freilich fernab vom Auf und Ab der Barbareien und Hochkulturen und noch fernaber von den diesbetrefflichen Differenzen der Nietzsche, Spengler, Toynbee, Borkenau, auch zur Kulturgeschichte rechnet; so konstituiert sich, ungeachtet der ohnehin noch ganz ungelösten Borkenkäferspezialproblematik, allerdings auch die ihre nicht zum wenigsten aus einem Labyrinth von Manipulation und multitextualen Mißverständnissen, aus Täuschungen und Lügen, wobei die von Nietzsche elaborierte »Lebenslüge« vor allem dem Siebenschläfer, dem Nacktmull und dem tasmanischen Beutelteufel zueigen scheint; wogegen die von Jesus wie von Kant kulturell gleichfalls streng untersagte, erst von Björn Engholm wieder halbwegs erlaubte »Notlüge« dem Schäferhund und dem Stallhasen wesenhaft zugehören mag, die Unterschiebung im Sinne Uwe Barschels dem Kuckuck, die völlig sinn- und zwecklose Lüge dem Wombat und ähnlich fortschrittlich gesonnenen Gesellen wie Richard Nixon, der Meineid aber neben dem Glühwürmchen dem Fuchs und der Mördermücke –

– wenden wir uns deshalb zum verstörten Schluß nach so vielen Unerquicklichkeiten nach dem Tier- auch kurz noch dem Pflanzenreich zu, in dem es seit Linné (1707–78) ja einigermaßen geordnet zugeht, mit einer großen, geradezu verstörenden Ausnahme: viola calcarata, das Alpen-Veilchen mit Bindestrich, ist ein richtiges und eben alpines Veilchen aus der Gruppe der Veilchengewächse; viola cyclamen, das Alpenveilchen ohne Bindestrich, dagegen ist eine heimische Topfpflanze und Mitglied der Gruppe der – Primelgewächse.

Und schon deshalb natürlich »grundböse« (L. Rinser).

Allein, seltsam genug und um doch nochmal darauf zurückzukommen, es verstehen wir die Tiere zwar bestimmt nicht oder jedenfalls meistens fehl. Aber es scheint uns nicht zuletzt und vor allem der Blick so manchen Tierauges (nennen wir seinen Eigner etwa Minnie oder Ramirez) – vielleicht auch mehr noch unser Blick in den seinen – ausgerechnet das auf eine geradezu unfehlbare Weise verständlich, dringlich verständlich zu machen, was Spinoza seinerseits uns mit so rätselvollen und gleichfalls so seltsam dringlichen Worten mitteilen wollte:

»Scimus et sentimus nos immortales esse.«

e. h.

Sport und Alltagsleben

»Mißverständnisse im Mittelfeld« gibt es schon spätestens seit Ror Wolf und 1967; aber sie sind bei Fußballern offenbar überhaupt die Regel, auch im Angriff, in der Abwehr und in der Gesamtleitung. Legion sind vor allem die um den Trainer Otto Rehhagel. »Ein einziges, großes Mißverständnis« sei Rehhagel für den FC Bayern München gewesen, bilanziert »Bild« beim Aus nach 294 Tagen Trainerschaft am 29. 4. 1996 – und faßt am 3. 5. 1996 schon beinahe versöhnlerisch nach, auch in Rehhagels eigener Einschätzung war die Sache Bayern für ihn »kein Mißerfolg, eher ein Mißverständnis«. Am 20. 5. 1996 bestätigt die »Frankfurter Rundschau« ein letztesmal, im Falle Rehhagel in München habe man ab ovo ein sogar »einziges Mißverständnis« vor sich. Allerdings, anderen Trainern geht es kaum besser. Auch die Beziehung des kurzzeitigen Eintracht Frankfurt-Coach Josef Heynckes zu seinem Manager und ehemaligen Ländermannschafts-Teamkollegen Bernd Hölzenbein war 1994 laut Intimkenner und »Frankfurter Rundschau«-Reporter Dieter Hochgesand »ein Mißverständnis«, und umgekehrt fühlt sich im Juni 1996 Mario Basler, wie kurz vorher Lothar Matthäus, mit seiner Kritik an Nationaltrainer Berti Vogts selbstverständlich »mißverstanden« (FAZ, 14. 6. 1996).

Das Phänomen ist allerdings nicht auf diese primärinteraktionistischen und kommunikativen Interferenzen begrenzt. Denn verständlicherweise war auch der einstige »Bomber der Nation« ein grobes Mißverständnis, gegen den gemeinsamen, beharrlichen und zuletzt schon unausstehlichen Willen der gesamten deutschen Sportpresse bombte nämlich Gerd Müller bei all seinen Tausenden deutschen, Münchner und Nördlinger Toren praktisch nie, sondern schob, druckste, mauschelte, schlitterte und wichselte die Bälle ins gegnerische Tor, fast nie laut und krachend und kanonenmäßig mit körperschwerpunkttechnisch idealer Bomberhaltung, sondern aus der Drehung, mit dem Scheitel, aus irgendwelchen anatomisch unmöglichen Beinverdrehungen heraus und notfalls mit der hinteren Abteilung der Turnhose war er immer ein »Mann der kleinen Tore« (Bundestrainer Helmut Schön). Kein Bomber, vielmehr ein Wurschtler.

So wie auch sein, Schöns, Libero Beckenbauer genau genommen niemals freier Mann, sondern abwechselnd letzter Mann, Doppelpaßmitstürmer, der gute alte Stopper der Schorsch-Kennemann-Ära und zuweilen auch nur Simulant von alledem war: der genuine Faulpelz, der, was immerhin die »Zeit« damals als Diskussionsmodell offerierte, lieber andere (Katsche Schwarzenbeck!) für sich arbeiten ließ in diesen, weit über Egon Friedells »sophistisches Zeitalter« hinaus, unseren Jahren der allgemeinen Simulation, Simulation in Potenz: War ehedem, nach der überwiegenden Meinung der Kulturkritik, das Fernsehen Simulation von Leben, Politik, Kultur usw.: so ist ab 1990 das Fernsehen zweifellos überwiegend und über Hans Magnus Enzensbergers Generalbefund nochmals »ein Stück weit« (Björn Engholm) drüberraus nur noch – Simulation von Fernsehen.

Oft nicht einmal das.

Daß das angeblich »Echte« im Kainszeichen der modernen Kulturindustrie unterm Bann von Cliché und Uniformierung und monopolistischer »Identität« (S. 128) und »Immergleichheit« (S. 142) eben gerade das Unechte sei, das hat Horkheimer/Adornos »Dialektik der Aufklärung« von 1944/47 immer wieder und ausreichend angemahnt und in der Not das Heil im Postulat des »Authentischen« gesucht; mit dem unverhofften Effekt, daß 1996 eine deutsche Frauenzeitschrift Uschi Glas echt als »authentische Frau« vorstellt, nachdem ja die Frauenbewegung schon seit 1980 wiederholt von »authentischen Gefühlen« gefaselt hatte. Und daß die »weltbesten Sinfonien« (Bertelsmann-Lesestunde) von Mahler, Bruckner, Schostakowitsch usw. bei Adorno aber immer »die obersten Kunstwerke« heißen, das – bringt uns hier auch nicht recht weiter. Allein, so wie der Kommunismus als Lehre und politische Partei immerhin nur ein partielles, so war dessen spätes Derivat, eben Horkheimer-Adornos Frankfurter Schule und Kritische Theorie, dann eben ein nahezu komplettes Mißverständnis. Als Sympathie für »Revolution« bei Horkheimer, siehe den Briefband 1949–1973 (1996), seit spätestens 1919; bei Adorno bis hin zu dem Punkt of no return zum plausiblen Sinn, daß man ausgerechnet von jenem Antibourgeoisie, Aktionismus und gar die Revolution sich erhoffte und erheischte, der als genetisch vollkommener Bourgeois, als polizeimachtgeschützter Beschaulichkeitsvertreter und philosophischer Quietist auf die Welt gekommen war. Und das auch immer laut und deutlich, wenn auch oft ein wenig versponnen, sagte. Etwas leiser allerdings seinen frühen Umgang mit Baldur v. Schirach eingestand.

Und seinerseits die Studenten komplett mißverstand. Bis er es dann eines Tages doch wissen wollte und seinen damaligen Sub-Adlatus Helmut Primer gegen Spendierung eines großen Eises (ein Wunder bei diesem Geizhals) ins Café Bauer einlud und dort ihn gradheraus fragte: »Herr Primer, was wollen eigentlich die Studenten?«

Primer tat sein Bestes und sagte es ihm.

Aber das nützte eben auch nichts. Adorno blieb Professor – und für die Studenten Charismatiker. Und so konnte es denn auch nicht ausbleiben, daß ein bißchen vorher schon ausgerechnet in der »Weltbühne« vom 16. 5. 1918 ausgerechnet Karl Kraus ausgerechnet von Siegfried Jacobsohn ausgerechnet für das belobigt wurde, was eigentlich Luise Rinsers (Leserbrief an die Schweizer »Weltwoche« vom 10. 10. 1985) Herzenssache ist und was aber Kraus als damals schon wuchernden journalistischen Pestjargon seit 1899 immer schärfstens bekämpft hatte: für »die Sauberkeit, die Anständigkeit« (Die Fackel 484–498, S. 147). Allerdings, nachdem es ihn, Kraus, als Akklamation traf, ließ er's geduldig, ach was: geschmeichelt und eitel zitierend durchgehen.

Andererseits gehört der Fall auch mehr auf das Feld der Wortbedeutungsinterferenzen, und dazu wiederum vollbrachte das opus summum des Jahrhunderts gegen Kriegsende Heinrich Himmler, als er sich ausdrücklich bei jenen bedankte, die beim Judenmorden gegen so manche Anwandlung von Mitleid und Scham »anständig« geblieben waren.

Speziell aber die TV-Kultur der »multikulturellen« bzw. der neuerdings sog. »Multioptionsgesellschaft« hat vor und seit einigen Jahren ein zumindest angeblich demoskopisch dingfest gemachtes Paradox-Mißverständnis hervorgezaubert: »Die Herrschaft des entfesselten Pöbels« (Jörg Lau, Merkur-Sonderheft »Unterschiede«, 1995) selber will es, daß über die approximative Kongruenz von Kultur und TV-Bekanntheit hinaus zuletzt auch eine von Schönheit und TV-Häufigpräsenz erwuchs. Mit der eindrucksvollen Konsequenz, daß Helmut Kohl nicht nur laut »stern«-Umfrage als unser viertklügster Deutscher gilt (nach Einstein, Helmut Schmidt und Albert Schweitzer); sondern, wie ähnlich seine Ehefrau Hannelore, auch als einer unserer zehn »schönsten Männer«. Denn merke: »Die Mißverständnisse während der Umarmungen nehmen nicht ab oder werden vielleicht jetzt erst in ihrem ganzen Ausmaß klar« (Barbara Sichtermann, Weiblichkeit, 1983, S. 109).

Insofern man dann doch auch wieder Franz Beckenbauer voll zustimmen und ihm ganz rechtgeben muß, wenn er (Der Spiegel, Februar 1994) als damaliger Trainer des FC Bayern München dies bekundet: »Mein Kopf ist Fußball, nichts als Fußball.«

Nein, das ist, obwohl ihm da scheinbar noch der Uwe Seeler über ist, ausnahmsweise kein Mißverständnis, und allenfalls ein winziges sprachliches ist es auch nur, wenn sein ehemaliger Arbeitskollege, der sich zuzeiten als Maoist mißveredelnde Absahner und »Bild«-Zeitungs-Kolumnist Paul Breitner, aus Anlaß eines Weltmeister-Veteranenspiels in Südamerika dies ausformuliert: »Die Qualität konnte der Erwartungshaltung nicht standhalten.« Indessen Hans (»Hansi«) Müller, früher Stuttgart-Mailand-Tirol, darüber nachsinnt, daß auf Rummenigge in Italien »wahnsinnig viel zukommt vom Erwartungshorizont her«. Und wiederum Bernd Schuster, vormals Köln-Deutschland-Spanien-Leverkusen, um 1985 so spekuliert: »Die Erwartungshaltung in Deutschland wäre bei meiner Rückkehr zu groß.« So daß man als quartium comparationis so zusammenraffen darf: Der Erwartungshorizont des ganzen Arschgeredes vermochte von der Erwartungshaltung her dem Erwartungsdruck sehr gut standzuhalten.

Das Mißverständnis wieder im engeren Sinn verspürte Franz (»Kaiser«) Beckenbauer im übrigen im Fall Rehhagel schon im Herbst 1995, sogar als »großes Mißverständnis« (FAZ, 25. 10. 1995) – zwischen ihm, Rehhagel und überhaupt allen Beteiligten –, nämlich u. a. bei der Gelegenheit eines »Spiegel«-Interviews, bei welcher u.m.a. der Spieler Mehmet Scholl aus dem »Kindergarten« (Beckenbauer) Bayern München auch als »Rebell« charakterisiert wurde – und das war allerdings schon früher im Fall der Kollegen Breitner, Stein, Gaudino und wahrscheinlich sogar Loddamaddäus ein sogar grobes Mißverständnis; wogegen die heutige und zuweilen schon etwas wahllose Multifunktionalität Beckenbauers als Bayern-Präsident, Bayern-Trainer, »Bild«-Meinungsbildner, TV-Ko-Kommentator, Hightech-Vorzeigekonsument, Kaiser und »Bayern«-Platzwart aber wiederum überhaupt keins ist, sondern moderne Megakompatibilität unserer wirklich Großen. »Who cares?« (Prof. Hellmuth Karasek, 1996). Eben. Niemand. Denn, so Franz Beckenbauer laut »stern« vom 18. 5. 1986: »Das einzige, was wir wissen, ist, daß wir nichts wissen.« Hier allerdings verwechselt der Kaiser den Sokrates hörbar nicht allein mit Platon, sondern auch mit Plankton – zu diesem Spezialkomplex beachten Sie bitte auch unser Extrakapitel. Oder haben es vielleicht schon (S. 99 ff.) beachtet.

»Ein total menschlicher Trainer«, sei der Rehhagel, äußerte Beckenbauer schon damals, darin ist ihm allerdings Stefanie Graf noch überlegen, die es vor allem im Zuge ihrer Vaddagraf-Verhaftungs-Krise im Sommer 1995 zu so unglaublichen »unglaublich-total-absolut«- und »absolut-total-unschuldig«-Ballungen brachte, daß sogar »Bild« irgendwie erstaunt, ja hingerissen mitzuzählen begann. Wieder mehr ein sozionationales Mißverhältnis war, daß die Tennisweltranglistenanführerin in der Folge dessen lt. »Quick«-Jahresheft 1995 von den Deutschen sowohl zur »Frau des Jahres« (19 Prozent) als auch zur ersten »Verliererin des Jahres« (beides: laut Emnid-Umfrage unter

1002 Deutschen) avancierte – wahrscheinlich sollte, ja muß man diese Welt oder diese Nation doch möglichst bald verlassen. Daß Steffi Graf (laut FAZ) jedoch im Sinne ihrer Mutter Heidi und im Juni 1996 nach ihrer Tenniskarriere wiederum durchaus Möglichkeiten sieht, »normal zu gehen und ein tolles Leben zu führen«, wollen wir hier gottvaterbarmherzig einer etwas mißglücklichen, in Tat und Wahrheit sonst allzu schwerbegreiflichen Rückübersetzung aus dem Angloamerikanischen zuschreiben – Beckenbauer andererseits zugutehalten, daß er auch im einundfünfzigsten Lebensjahr die englischen bzw. französischen Wörtchen »Training« und »Saison« hartnäckig deutsch ausspricht: »Treining« und »Seison«. Und als ehemaliger Salvator della patria hat er natürlich auch das kirchlich-römische Recht, am 29. 4. 1996 in seiner neuen Identität als Bayern-Trainerpräsident nach den erledigten Rehhagel-Mißverständnissen nun zügig »kontuierliches Arbeiten« einzufordern. Weil tamen est laudanda voluntas.

Wieder anders aber, nämlich ein echtes, authentisches Mißverständnis über die gesammelten »Sportidioten« (Karl Kraus) hinaus allerdings ist es, daß unser Paragraf 1 der deutschen Straßenverkehrsordnung von Immanuel Kants allbekanntem Pflichtpostulat von wegen dem allzeit rücksichtsvollen Verhaltensdingens herrühren soll. Sondern der kommt seinerseits direkt und ohne weitere Konfusion von Konfuzius und seiner »Goldenen Regel« bzw. der seiner Schule (s. Glasenapp, Die fünf Weltreligionen, S. 145): »Was du nicht willst, das man dir tu, das füg' auch keinem andern zu« (L. 15,23).

Ein erhebliches Mißverständnis wäre aber auch, zu wähnen, daß diese unsere hiermit erfolgte Mißverständniskorrektur unseren momentanen Verkehrsminister Wissmann groß aufregt. Den juckt das beides nicht. Sondern nur die neue Magnetschwebebahn Hamburg – Berlin. Die doch, wie man munkeln hört, ihrerseits gleichfalls ein großes Mißverständnis sein soll. Weil die, so verlautet hintenrum, schwebt nämlich, was Wißmann wohl noch nicht weiß, gar nicht. Sondern der Magnet ist aus Plutonium, und bei der Probefahrt wird dann alles, alles sofort explodieren ...

Die spätestens seit Kant als anthropomorph durchschaute Apperzeptionsform der Wirklichkeit legt als ihr überwölbendes Prinzip eine Weltstruktur der Mißverständnisse sozusagen metaphysisch oder auch theologisch andauernd nahe. Schon aufgrund naiver optischer Täuschungen kommt es zu ihnen – hinzutritt ein historisches Moment aller menschlichen Aktivitäten – und es tritt in Erscheinung insbesondere im sogenannten Alltag. Ihm hat Norbert Elias in seiner umfänglichen Geschichtsdarstellung »Über den Prozeß der Zivilisation«

(1939/69) sein spezielles Augenmerk zugewandt, dem Essen wie dem Schneuzen wie der Liebe und den sich erst mählich entfaltenden diesbezüglichen Formen und Usancen und auch kulturellen Überhöhungen. Wobei für Elias insonderheit und zivilisationsgeschichtlich ganz zentral zur zunehmenden »Über-Ich-Bildung« gewissermaßen so parallel wie reziprok ein »Vorrücken der Schamgrenze zum Ausdruck kommt« (Bd. 2, S. 401) – ein seinerseits soziales Gefühl für soziale Mißverständnisse und dem, was Elias als ihre häufige Folge zu Recht so nennt und als historische Kategorie fixiert: Peinlichkeit. Die von ihm entwickelte Gestalt der Peinlichkeit (z. B. Bd. 1, S. 163) ist u. a. eine des gesellschaftlichen Mißverständnisses, insofern mit dem Beginn der Neuzeit fortschreitend »Individuen verschiedener sozialer Herkunft durcheinandergewirbelt werden« (Bd. 1, S. 103), was naturgemäß zu neuen Interferenzen von Sinngehalten oder auch zur Minderung von Verständigungschancen führt. Davon handeln heute lebenshelferisch ganze Heerscharen mehr oder weniger wissenschaftlicher Traktate wie etwa Desmond Morris' instruktives »Körpersignale« (Body-watching. A Field Guide to the Human Species, 1985), indem er neben der Gleichheit der animalischen Wesen deren gleichzeitige und historisch differente »kulturelle Prägung« (S. 12) hervorhebt; und die daraus oft erwachsenden Zwischenlagen oder auch wechselseitigen Mißdeutungen von Liebe, Furcht bzw. die daraus entwachsende Komik (S. 24). Und nicht schaden kann es auch, wenn Morris unsere restlichen verbliebenen Idealisten und Platoniker dahingehend historisch und kulturmorphologisch belehrt, höchste Liebe gründe keineswegs im Religiösen; sondern im Animalischen.

Weil wohl nicht erst seit Hegel die »Gestalt des Lebens alt« geworden ist und die Philosophie deshalb ihr Grau in Grau malt, hat sich auch der Mißverständniskoeffizient vergrößert. Wo das Leben von Kürnberger über Kraus bis zu Adorno »nicht mehr lebt«, hat nicht allein »das ganze Ungeziefer des Fortschritts« (Die Fackel 676–678, S. 34 von 1925) sein ganz besonders Beleidigendes und bremsenhaft Enervierendes. Nicht bloß die Menschen von Rehhagel über Horkheimer bis Beckenbauer und zurück reden zwingend aneinander vorbei, das Leben tut es gewissermaßen selbanderweis – vielleicht ist es das, was Karl Kraus mit dem schönen und geheimnisvollen Wort »Verhatschung« (668–675, S. 119) letzten Endes ja meinte.

Mehr und beweiskräftiger als die große und offizielle Geschichte – die aktuelle und die gewesene – stellt und hält dies Gefühl des Lebens natürlich der Alltag fest; deshalb u. a. dürfte er seit einigen Jahrzehnten auch vermehrt in den Brennpunkt der historischen Aufmerksamkeit gerückt sein; auch als buchgedruckte Geschichte und Gegenwartsgeschichte; von der »Galerie der kleinen Dinge – Kleines Kulturgeschichtliches ABC alltäglicher Gegenstände« (1988) bis zur »Kultur- und Kunstgeschichte der Spielkarte« (1995). Denn klar, beim Kartenspielen sind weit über die rätselhaften Ornamente und schwer auslotbaren Ober- und Unter- und Königsgestalten hinaus auch die Möglichkeiten des gröblich und ökonomisch folgenreich kulturellen Fehlverstehens überaus groß und mächtig; sagen wir zum Beispiel und insbesondere beim Watten, wo das erlaubte und erwünschte »Deuten« natürlich beim Feind wie leider auch beim Freund ins Fehldeuten von Max (Lippenspitzen), Welli (rechtes Auge zu), Spitz (linkes Auge zu) und Hauptschlag (rechte Schulter zuckt) umschlagen kann.

Dietrich Dörners »Die Logik des Mißlingens« (1989) befaßt sich vornehmlich mit Fehlerquellen des strategischen Denkens in komplexen Situationen und sogar noch jenseits der hohen Komplexität des Wattens – natürlich hat auch unser altkulturelles Mißverständnis mit jener fehlerquellenstarken Komplexität im Zuge des neuen »vernetzten Denkens« (Frederic Vester, 1984; s. auch Ivo Wessel, 1996) zu tun, und aber auch bei diesem »neuen Denken« gibt es, so lesen wir befriedigt, eben »keinen Zauberstab« (S. 278), sondern die Erfolge bleiben plusminus null konstant. Was Wunder; ist doch noch nicht einmal das simpleste Alte in Wissenschaft und Medizin geklärt. Zum Beispiel, warum eine dauerhafte Krankheit ausgerechnet »chronisch« heißt, wo »chronisch« doch korrekt mit »zeitweise« übersetzt wäre.

Aber das gehört dann wieder mehr ins Kapitel »Falsche Wörter«. Innerhalb der hier wissenschaftsgeschichtlich aber sakrosankten.

Die ambivalent wahrheitsgefährdende Orthografie-Differenz Alpenveilchen und Alpen-Veilchen hatten wir grad vorher schon – eine contradictio in adjecto bzw. arglistige verbo-venia o. ä. ist es aber mit den »Russen« als der volkstümlichen Bezeichnung ausgerechnet der »blatta germania«, einer höchst unangenehmen Schabenart – den Namen aber verdankt sie der irrtümlichen Meinung, sie sei von Rußland eingewandert. Plausibel, daß der Russe das nämliche Hausungeziefer drum umgekehrt »Preußen« (Prussaki) nennt (s. dazu das »Handwörterbuch des deutschen Aberglaubens«, hrsg. von Hanns Bächtold-Stäubli, Bd. 7, 1936), die Verträge mit Willy Brandt aber trotz Diether (»Willy«) Dehm daran nicht scheitern ließ; sondern sich vielmehr gemeinsam mit den deutschen Teutonen beim Lachen über den Doppelsinn der »Franzosen« als diesen Schraubenschlüsseln mit ihren »Parisern« dran hemmungslos schadlos hielt; Willy Brandt bei Breschnew als Witzeerzähler Frahm immer frenetisch voran.

Und da konnte es denn in der Folge als hiermit nachgeholter legasthenischer Sonderfall kaum ausbleiben, daß unsere Kulturgeschichtsautorin Brigitte Kronauer in der »Neue Zürcher«-Besprechung eines Carlo Bergonzi-Liederabends in Zürich vom 9. 6. 1996 immer wieder verwundert, ja geradezu verstört und nachgerade langsam wahnsinnig werdend las, der Tenor habe als einzige Opernarie die aus »Martha« erst »im Zugabteil« vorgetragen; statt im »Zugabenteil«, also durchaus noch brav im Opernhaus Zürich. In Wahrheit, stellte sich dann nämlich später heraus, war's gar kein Lese-, sondern doch ein Druckfehler. Bergonzi, etwas indisponiert, hatte »Ma pari« aus Angst, er könnte versagen, tatsächlich erst während der Rückreise im Zugabteil, im Gotthardtunnel, gesungen.

Und: nicht versagt.

e. h.

Spinoza

Baruch de Spinozas sogenannter Pantheismus gründet bzw. kulminiert in der Formel bzw. Gleichung

$$\text{Substanz} = \text{Gott} = \text{Natur}.$$

Allein, diese Faustregel hat es in sich. Aus mehreren Gründen. Einmal meint hier das Wort »Substanz« mehr im Sinne der lateinischen Wortbedeutung das »Darunterstehende«; zum anderen ist diese Substanz trotzdem über allem stehend, nämlich sowohl »ewig« als »unendlich« und insofern ex definitione eben Gott; dritterseits benutzt Spinoza (eigentlich: Despinoza) den Begriff der infolgedessen gottgleichen »Natur« doppelsträhnig, nämlich etwa in Analogie zu Platos Differenz Idee/Erscheinung, in mindestens zweierlei Bedeutung. Hans Joachim Störig (Kleine Weltgeschichte der Philosophie, S. 325): »Um hier ein Mißverständnis auszuschließen, verwendet er zwei Begriffe der Natur: Natur im oben zuerst genannten allumfassenden Sinne bezeichnet er als ›schaffende Natur‹ (natura naturans), Natur als Inbegriff der endlichen Dinge als ›geschaffene Natur‹ (natura naturata).«

Nach dieser Klärung wird es freilich noch heikler und happiger, insofern als Spinoza, verführt durch unklare Sprachtraditionen, »sich an die von ihm festgelegten Definitionen selbst oft nicht genau hält, zum Beispiel für ›schaffende Natur‹ lieber Gott, für geschaffene Natur aber Natur schlechthin gebraucht« (ebd.).

Ja dann. Kein Wunder, daß Spinoza wie zur Kompensation sich später dann immer mehr auch »Benedictus de Spinoza« nannte und schon mit 44 Jahren starb.

e. h.

Zur Augenproblematik

Von Goethe bis Thomas Mann

Daß die Menschen oft aneinandervorbeioperieren und sich dabei häufig mißverstehen, das haben wir jetzt fast oft genug gehört, und das hat ja nicht selten im Philosophischen, in der unterschiedlichen Prägung und Konditionierung, in der abweichenden Perzeption von Welt seinen tieferen Grund. Manchmal beginnt es aber auch schon damit, daß sie sich in der Frage der Augenfarbe partout nicht einig werden können.

Vor allem im Fall Goethe:

»Voilà un homme!« rief Napoleon 1808 nach dem ersten Ansichtigwerden Goethes in Erfurt. Ob Napoleon sich ihn wirklich genau anschaute, ist nicht zu beweisen noch das Gegenteil; die Weimarer selber aber, das ist durch Goethe-Brief- und Gesprächsbände seit zwei Jahrhunderten hundertfach belegbar, schauten nicht genau hin. Vor allem nicht – es muß die Restperson sie so benebelt haben oder eben dieses – auf sein Augenpaar.

War's ein »Flammenauge« (Friederike Brun) oder ein »Feuer des Auges« (so Carus wie Gries), was sie da serienweise so bezauberte und verwirrte? Ein »Blitz aus seinen Augen« (Zimmermann) oder nur ein »Funkeln« (Pfuel)? Waren sie nun »gewaltig« (Maler Kersting) oder »äußerst geistvoll« (Mosengeil) oder »herrlich« (Wilhelm v. Humboldt)? Oder »scharf« (Kanzler Müller) oder »ausdrucksvoll« (Friedrich Schiller) oder »furchtbar majestätisch« (Voss)? Oder im Gegenteil »erloschen« (Arnim)?

Schlimmer, viel schlimmer: Nicht einmal über die Farbe dieser Augen vermochten sie sich halbwegs zu einigen. Auf »schwarz« setzten August Kestner, August v. Platen und Veit (dieser sogar auf »kohlschwarz«) – auf »braun« dagegen Johanna Schopenhauer, Großherzog Karl Alexander und Sieveking – und den Sonderfall »seine Augen: das Weiße war stark gelblich« vertritt 1823 ein gewisser Höyen.

Auf »hell« kaprizieren sich Lavater, Jung-Stilling und Johanna Schopenhauer – als »dunkel« identifizieren sie Gotthardi und Rojeasline. Auf »lebhafte Augen« redet sich, hörbar in der Klemme, Odyniec heraus.

»Mit seinen Augen, ach!« seufzte schon 1778, ach, Luise Hempel, mache er, Goethe, hach, alles nieder – aber gleichwohl und nochmals, wie waren sie denn nun? Haben sich diese Augen mit den Jahren chamäleonidisch verändert? Im Jahreszeitenturnus? Auf Knopfdruck? »Die göttlichen, nicht schwarzen, sondern braunen Augen«, so sucht Graf Baudissin, der bewährte Shakespeare-Übersetzer (und von daher einigermaßen an Exaktheit gewöhnt), einen öffentlichen oder vielleicht auch den eigenen Irrtum zu korrigieren. Soret, 1823, nimmt es als erster auf sich, das Rätsel prismatisch zu lösen, nämlich zu differenzieren: »Die Iris weist deutlich drei verschiedene Färbungen auf: ein breiter blauer Rand umgibt ihren braunen Kern, mit dem tiefen Schwarz der Pupille« – allein, die Konfusion bleibt auch jetzt. Keine Kriminalpolizei hätte Freude an diesen Zeugen: »Die Augen stehen schräg«, verrennt sich ein gewisser Stackelberg auf Nebengeleise, und David Veit, der noch 1793 auf »völlig braune Augen« geschworen hätte, faselt ein Jahr später komplett beschlagen von im Gegenteil »kohlschwarzen«. Heine hat 1825 vorläufig bilanzierend mehr als recht: »Dieses Auge ist die einzige Merkwürdigkeit, die Weimar jetzt besitzt.«

Mit noch merkwürdigeren Folgen. Er muß sie allesamt geblendet haben, der bei Licht besehen doch nur reichlich dicke Geheimrat.

Goethe, leider, blieb kein Einzelfall. Innerhalb der Riege seiner legitimen oder auch nur angemaßten Erben und Reichsverweser erweist sich auch hierin Thomas Mann als die begabteste Kraft und abermals als der zäheste der Goethenachahmer: Noch heute beschäftigt, immer wieder nimmermüd neuauftauchende und zu edierende Tagebücher mal beiseite, offensichtlich nichts so sehr die Thomas-Mann-Forschung wie gleichfalls wiederum die Augenfarbe des Romanciers. Ein Buch von Volkmar Hansen und Gert Heine »Frage und Antwort. Interviews mit Thomas Mann« faßte 1983 den aktuellen Forschungsstand zusammen:

»Der Blick seiner großen blauen Augen ist durchdringend.«
»Große graue Augen.«
»Seine verblüffend lebhaften braunen Augen.«
»Seine Augen sind grau, sie sind kühl und licht.«
»Entspannt war er ein Mann ... mit tiefen, nußbraunen Augen.«
»Er hat blaue, durchdringende Augen.«
»Die grauen Augen des Nordländers« –
– Intimkenner Adorno freilich blieb es vorbehalten, auch hier noch eins draufzusetzen: »Seine Augen waren blau oder blaugrau, in den Momenten aber, in denen er seiner selbst inne wurde, blitzten sie schwarz und brasilianisch.«
Fehlt halt nur noch das goethisch Gelbliche – vielleicht hat ja auch Thomas Mann aus PR- und Unvergeßbarkeitsgründen den Verwirrunfug selbst mit irgendwelchen zauberermäßigen Chemikalien angestiftet und angezettelt – zu Hercule Poirots Schmerz und Abscheu sind die Zeugen abermals allesamt narrisch geworden und konnten nicht mal was dafür: Thomas Mann wollte eben sichergehen, daß man auch fünfzig Jahre nach seinem Ableben noch von ihm redete und raunte – und von irgendwas muß sich die Philologie ja auch ernähren.
Oder aber: Wir haben da eben doch ein noch ungelöstes Kant-Schopenhauersches Realitätsperzeptibilitätsrätsel des principium individuationis noch hinter dem leidigen »Ding an sich« vor uns. Oder es drängt sich der Verdacht auf, daß die Leute halt nicht nur ein mehr individuelles kriminalpolizeihelferisches Talent mitbringen, sondern darüber hinaus auch wirklich jeweils »a andere Weltanschauung« (Karl Valentin). Haut auch die als Erklärung nicht mehr hin, bleibt wieder einmal bloß noch die Flucht in Erwin Schrödingers erkenntnistheoretische Vielweltentheorie: Jeder wohnt im Grund in seinem eigenen Weltraum.
Mit Novalis' Worten: halt daheim.
Denn merke: »Am schönsten stirbt si doch dahoam« (Tiroler Gebirgsjägerlied).
Thomas Mann aber starb in Kilchberg bei Zürich, direkt am See. Er wollte es wohl so.

e. h.

Vom Stein der Weisen

Eine Kurzgeschichte

Im Stein der Weisen, lapis philosophorum, dem Philosophischen Stein, erkannten die Alchemisten die Universalmedizin, den Schatz der Schätze, den höchsten philosophischen Heiltrank, ein Lebenselixier, das himmlische Geheimnis der Alten, einen »unerschoepfflichen Brunnen der Gesundheit und reichlichen Unterhaltung der Nahrung« (»Fr. Basilii Valentini Benedictiner Ordens Letztes Testament / Darinnen die Geheime Buecher vom grossen Stein der uralten Weisen / und anderen verborgenen Geheimnuessen der Natur«, Jena 1626).

Der Stein, hieß es, wachse aus Fleisch und Blut und bestehe aus Körper, Seele und Geist. Er verwandle unedle Metalle in Gold oder Silber, führe das Gift vom Herzen weg, befeuchte die Luftröhre, heile Geschwüre und habe verjüngende Wirkung. 1413 schrieb Johann von der Fontina (»Vier nuetzliche Chymische Tractat Vom Stein der Weisen«, Halle 1612), der Stein sei »ein edler durch goettliche Weißheit gemachter Stein / in welchem vberfluessige / und mehrer Tugend als sonsten in keinem ding in der gantzen Welt wohnet / vnd wird gefunden durch die Astronomiam und wahre Philosophiam: Koemmet herfuer auff dem Berge / da sonsten nichts frembdes waechset: daselbsten haben ihn viel Weise wahrhafftig also gefunden. Auch wird er durch rechtschaffenes außarbeiten gefunden / vnd der Philosophen Stein genandt. Man kan ihn gar wol haben / alleine daß viel muehe darzu gehoeret / biß daß du ihn findest. Wenn du ihn aber gefunden hast / wird dir alsdann vff dieser Welt nichts mehr mangeln.«

Der »gebenedeyte Stein der Weisen« mache jung, gesund und reich. Als Allheilmittel pries ihn auch Roger Bacon (»Medulla alchimiae Rogeri Baconis Angli. D. i. Vom Stein der Weisen / vnd von den vornembsten Tincturen des Goldes / Vitriols und Antimoni«, Eisleben 1608): »Dann gleich wie er von der Materia / welche die endschaft aller natuerlichen Geschoepfen / Gebehrung / volkommen als eine gantze Welt / ihn erhelt / Also ist er auch Microcosmus / vnnd beschleust der gantzen Welt Arcana, Mysteria vnd Virtutes / wie an einem andern Ort von ihm gesaget wird: Derhalben er auch in dem Microcosmo HOMINE mechtig ist / alle Kranckheiten / weß Namens sie sein mögen / zu pelliren / außzutreiben / und curiren / vnnd die gantze Sanitatem widerumb zu restituiren.«

Mehr noch als Glück im Spiel und in der Liebe sollte der Stein seinem Besitzer Erfüllung, Erlösung, Erleuchtung bescheren: »Und alsdann wirstu haben den Preiß der Klarheit der gantzen Welt. Das ist / durch diesen Stein / der also bereitet ist / wirstu besitzen die Herrlichkeit der gantzen Welt. Darumb wird von dir weichen alle Dunckelheit / das ist / alle Armuht und Bekuemmerniß / und alle Kranckheit / denn wenn der Stein also bereitet ist / heilet er alle Kranckheiten« (»Johannis Garlandii Angli, Philosophi Doctissimi Compendium Alchimiae, oder Erklaerung der Samaragdischen Tafel Hermetis Trismegisti von der Chimia«, Hamburg 1682).

Der Sage nach geht die Kunst, den Stein der Weisen herzustellen, auf Hermes Trismegistos zurück, der nach der Sintflut im Tal Hebron sieben von den Weisen vor der Flut beschriebene Marmortafeln gefunden habe, die der Anfang der sieben freien Künste gewesen seien. Unermüdlich hantierten die Alchemisten mit Retorten, Tiegeln, Feuer und Metall und reichten ihre dunklen Rezepte weiter. Nach Gareth Roberts (The Mirror of Alchemy, 1994) wandelten die Namen der Substanzen und Prozesse in alchemistischen Texten dabei permanent ihre Bedeutung. Unter Kupfer, Bronze und Gold habe man sich zu verschiedenen Zeiten verschiedene Dinge vorgestellt. Beim rechtschaffenen Ausarbeiten des Steins konnte niemand seiner Sache sicher sein. Erschwerend sei die Liebe der Alchemisten zu Metaphern, Allegorien und Rätseln hinzugekommen, so daß die strebsamen Adepten heillosen Mißverständnissen ausgesetzt waren.

»Alle philosophische Schriften, die von der hohen hermetischen Medicin handeln, sind nichts anders, als ein Labyrinth, worin die Schueler der Kunst in tausend Verwirrung und Umwege gerathen, von denen bis auf diesen Tag keine, oder gar wenige den wahren Ausgang gefunden«, klagte Paracelsus 1522 (»Chymischer Psalter oder Philosophische Grundsätze vom Stein derer Weisen«, Berlin 1771). Der wahre Ausgang aus dem Labyrinth war so schwer zu finden, daß sich niemals ein Alchemist mit dem Stein der Weisen in der Öffentlichkeit blicken lassen konnte. Für den Mangel an steinbewehrten Weisen wurden gewundene Entschuldigungen formuliert: »Denn das man keinen sihet noch hoeret / der Gold machen kan / ist der wichtigkeit nicht / die ware Kunst deßwegen fuer falsch vnd nichtig außzuruffen / vnd ihre Anhaenger zu verdammen / sondern viel mehr eben darumb hoch darauff zu halten / sintemal die waren Kuenstler / so das Werck gewis wissen / auch allbereit gefertigt vnd in handen haben / die seind auch den Philosophis hoch verbunden / vnnd haben Gott einen Eyd geschworen / solchs vor den Vnwuerdigen mueglichstes vleisses zu verbergen / vnnd vmb hochwichtiger Vrsach willen / nicht leichtlich jemanden zu offenbaren / vnd derowegen vmb gethanen Geluebts / auch eusserster ihres Leibs und Lebens gefahr willen / nothwendig die Kunst verschweigen / vnnd in geheim halten muessen / wie die vhralten Philosophi selbsten gethan / vnnd erst nach ihrem Absterben ihre Wissenschafft davon in ihren hinderlassenen Schrifften mit dunckeln Worten entdeckt / vnd an Tag gegeben / auch dergestalt ruhig vnd ohne einige Gefahr / die Kunst in der stille vnd ohne Pracht gebraucht / vnd ihr Leben zubracht haben.« Mit dieser Erklärung trat der Alchemist Conrad Schueler im 17. Jahrhundert allen Zweiflern entgegen (»Gruendliche Außlegung vnd warhafftige Erklerung der Rhythmorum Fratris Basili Valentini Monadi. Vonn der Materia / ihrer Geburt / Alter / Farb / Qualitet vnn Namen / des grossen Steins der Vhralten Philosophen«, Stuttgart 1608).

Man sah und hörte von keinem Goldmacher und von niemandem, der das hohe Werk gewißlich zu verrichten wußte; es konnte nur im Verborgenen gedeihen und entzog sich in der Interpretation der Alchemisten, in tausend Verwirrungen, immer geschickter den Sinnen und dem gemeinen Verstand: »Ich rede diß / fürwahr es ist ein Stein / auch nicht ein Stein / sondern umb der Gleichniß willen / nennen wirs Stein / denn der Stein ist also geschickt / das die 4 Elementa in ihm verborgen seyn / derhalben hat er mancherley Nahmen und Gestalt und ist doch ein Ding / und seines gleichen mag auff Erden nicht gefunden werden / denn es ist ein Stein / auch kein Stein / hat auch keines Steins Art und Natur / ist dennoch ein Stein« (»Nodus Sophicus Enodatus. Das ist / Erlaeuterung etlicher Vornehmen Philosophischen Schrifften und Tractaten vom Stein der Weisen«, Hamburg 1692). Jahrhundertelang war verbissen abgewogen, gemessen, geschmurgelt, gebraut und geköchelt worden, bis es knallte und stank, und auf einmal war die Rede vom Stein der Weisen nur ein Gleichnis, das die Alchemisten sträflich mißverstanden hatten, als sie versuchten, die hohe hermetische Medizin aus dem Ofen zu zaubern.

Wer jemals etwas anderes behauptet hatte, wurde in der alchemistischen Literatur fortan als Kuckuckskrämer, Springwürzler, Muußkoch oder Suppentopf beschimpft: »Wer also disputirt von vielen unterschiedlichen Materies und Arbeiten, als Universal Particular, Menstruum der Metallen, Elixier, Tinctur, Liquor, und dergleichen, auch von Gold= aus Silber=Scheiden, von Ein= und Ausbringen, daß das Silber etlich Loth Gold halte, und was deren mehr sind, der oder die zeigen an, ihr Tag nichts von unserer Kunst gesehen zu haben, verrathen also sich selbsten, dann wir von dergleichen Narren=Possen nichts haben« (»Hermann Fictulds Chymische Schrifften, Darinnen in zwoelff Koeniglichen Palaesten, von dem Stein der Weisen gehandelt wird«, Frankfurt a. M./Leipzig 1734). Nun wurden die ernsthaften Bestrebungen der Alten als Narrenpossen abgetan. »Wenn sie den Stein der Weisen hätten, / Der Weise mangelte dem Stein«, spottete Goethe, und Jean Paul notierte: »Der Stein der Weisen ist der Grundstein zum Narrenhaus.«

Der Stein der Weisen, die Herrlichkeit der ganzen Welt, sank tief hinab und gewann einige Beliebtheit als Romantitel in der Trivialliteratur. Ernst Rethwisch (Der Stein der Weisen, 1886) ließ in seinem Chef d'Œuvre stolze Bürgersleute »ehernen Seelenadel« beweisen und in den »Aethergefilden des Geistes« steifhosig einherschreiten: »›Die Eltern heilig zu halten‹, sprach Alfred ernst, ›ist der Stein der Weisen.‹« Noch etwas bräsiger und breiter faßte es Otto Elster (Der Stein der Weisen, 1900): »Unser Wissen ist Stückwerk, unser Können ist Stückwerk – nur die Liebe ist ein Ganzes – sie vermag Alles – sie erträgt Alles, sie erduldet Alles, die Liebe ist der Stein der Weisen, den die Welt seit Jahrtausenden sucht und den jeder Mensch doch in seinem Herzen birgt ...«

Ebenfalls im Herzen lokalisierte Max Geißler (Der Stein der Weisen, 1917) das begehrte Objekt. Das Menschenauge, schrieb er, sehe klar: »Aber dies Auge ist über den Menschenmillionen, in die zu sehen es sich gewöhnt hat, übersichtig geworden und erkennt gemeinhin nicht einmal den heimlichen nahen Platz, an dem das Glück wohnt. Frage danach – und dies Auge beginnt zu suchen in Himmelsfernen oder hinter den blauen Bergen der Erde. Frage danach reihum bei allen Menschen; und wenn du einen findest, der gefaßt an sein Herz klopft und lächelt: ›Hier wohnt das Glück!‹ so ist dieser eine vielleicht ein Weiser.«

In dem entsprechenden Roman von Johannes Anker Larsen (Der Stein der Weisen, 1924) fungiert der liebe Gott als Stein der Weisen: »Er kann nicht gedacht, er muß erlebt werden«, erklärt eine Romanfigur. »Ja, wahrlich, Gottes verborgene Wohnung liegt auf der Landstraße, so offenbar, daß niemand sie beachtet.« Was die uralten Philosophen unter heiligen Gelübden und äußerster Lebensgefahr geheimgehalten hatten, wurde jetzt auf der Landstraße breitgetreten.

Der Stein der Weisen bedeutete inzwischen alles und nichts. Als nun auch der liebe Gott, das Menschenherz und die Liebe zu den Eltern als jeweiliger Stein der Weisen zugelassen worden waren, mischte sich C. G. Jung in die heillos verfahrene Diskussion ein. »Tatsache ist, daß die Alchemisten chemisch wenig oder nichts zu verraten hatten, am allerwenigsten das Goldmachen«, befand er (Psychologie und Alchemie, 1944) und machte sich anheischig, den tieferen Sinn der Suche nach dem Stein der Weisen zu erhellen: »Durch das Studium der Philosophen macht sich der Mensch geschickt, diesen Stein zu erlangen. Und der Stein ist wiederum der Mensch.« Warum auch nicht?

1953, in einem Vortrag über »Moderne Alchemie«, bezeichnete Otto Hahn (zit. nach Falk Stolle, Die Alchemie des Paracelsus und ihre Bedeutung für seine Heilkunde, 1989), die »Uran-Pille« als den »Stein der Weisen«, selbstverständlich ohne jede Begründung, einfach in den blauen Dunst hinein. Wovon sie da im einzelnen schwafelten, war den Deutern längst entfallen oder gleichgültig. Nun wurde sogar noch wilder spekuliert als vor der Aufklärung, und Helmut Hiller (Lexikon des Aberglaubens, 1986) stellte wirre Fragen in den Raum: »War der Stein der Weisen vielleicht eine Vorahnung der in jüngster Zeit von der theoretischen Physik konzipierten Antimaterie? Diese umgekehrt elektrisch geladene Antimaterie könnte beim Zusammentreffen mit unserer irdischen Materie enorme Energien freisetzen, für deren Beherrschung allerdings noch Möglichkeiten gefunden werden müßten. Aber vielleicht wird der Stein der Weisen dadurch eines Tages im Zeitalter der Raumfahrt Wirklichkeit, allerdings in anderer Richtung als ursprünglich gedacht?«

Der Mineraloge Christian Weise (Bergkristall, 1992) machte es sich noch leichter und bezeichnete den Bergkristall kurzerhand als »Stein der Weisen und der Wissenschaft« – eine reife Leistung, die erst im Februar 1996 übertroffen wurde, als die Redaktion der Zeitschrift »Mensch & Büro« in die Debatte eingriff und in der Rubrik »Inner Space« einen bestimmten Vorhangstoff mit den Worten rühmte: »Steine der Weisheit – Mythen ranken sich um Atlantis, den geheimnisumwobenen untergegangenen Kontinent. Kleine blaue Steine sollen das atlantische Wissen noch immer in sich tragen. Für die Dekostoff-Kollektion Atlantis von Hersteller Tulipan griffen die Designer Iren und Krum diesen Mythos auf. Unregelmäßig geformte blaue Farbflächen symbolisieren die weisen Steine. Erdfarben und Rottöne stehen für die Ursprünglichkeit, Natürlichkeit.«

Wo alle aneinander vorbeireden, in Rätseln sprechen oder einfach nur Unsinn erzählen, kann die Dekostoff-Kollektion Atlantis vom Hersteller Tulipan durchaus als der Weisheit vorletzter Schluß gelten; den letzten hatte die Mystikerin Luise Rinser schon 1986 gefunden: »Ich habe etwas gefunden. Was denn? Den Stein der Weisen: Mich – Selbst.«

Nicht die Uran-Pille, nicht die Liebe zu den Eltern, auch nicht die Antimaterie und kein Produkt aus der Alchemistenküche beschließt als gebenedeiter Stein der Weisen der ganzen Welt Arcana, Mysteria und Virtutes, sondern Luise Rinser. Darauf hatten weder die uralten Philosophen noch Otto Hahn, weder C. G. Jung noch Paracelsus kommen können; sie sind entschuldigt. Und die Suche nach dem Stein der Weisen – Bergkristall hin, Dekostoff-Kollektion her – ist abgeschlossen. Das Rätsel ist gelöst, das Geheimnis ist gelüftet, die Mißverständnisse sind ausgeräumt. Es gibt hier nichts mehr zu suchen und zu sehen, Leute! Ihr könnt nachhause gehen.

g. h.

Katakombenkitsch

Aus dem frühchristlichen Schattenreich

Die frühen Christen, diskriminiert und bedrängt, legten in der Umgebung Roms unterirdische Verstecke an, die Katakomben, wo sie sich in der Verfolgungszeit verborgen hielten: Wer vom Frühchristentum auch sonst nichts weiß, glaubt immerhin das zu wissen – aber woher?

Seit Jahrzehnten predigen Historiker und Archäologen, daß die Katakomben eben keine geheimen Zufluchtsstätten gewesen seien, sondern ordentlich angemeldete Grabkammern. »Man darf sich nun nicht vorstellen, als ob die römischen Christen an irgend einer Straße vor der Stadt querfeldein unterirdische Stollen in den Boden getrieben hätten, die sich dann unter der Erde wie in einem Niemandsland ungestört nach allen Richtungen verzweigen und ausdehnen konnten«, schreiben Ludwig Hertling und Engelbert Kirschbaum (Die römischen Katakomben und ihre Martyrer, 1950). Dem römischen Katasteramt sei die Anlage jeder einzelnen Katakombe genau bekannt gewesen. Emil Bock und Robert Goebel (Die Katakomben, 1930) erklären: »Die Katakomben galten, da sie Gräberstätten waren, als sakrale Räume.« Sie waren rechtlich geschützt. Daß sich die Christen dort vor den heidnischen Häschern versteckt gehalten hätten, sei als

»romantische und popularisierende Auffassung Ende des letzten Jahrhunderts« vertreten worden, aber nicht haltbar.

James Stevenson (Im Schattenreich der Katakomben, Bergisch Gladbach 1980) bekräftigt das: »Die Vorstellung, daß die frühen Christen gewöhnlich in den Katakomben ihre Gottesdienste abhielten und sich dort auch in Zeiten der Bedrängnis zu verbergen pflegten, war früher weit verbreitet. Sie ist jedoch, ganz allgemein gesprochen, falsch.« Für den Gottesdienst geeignete Räume, die bereits in der Verfolgungszeit errichtet worden seien, gebe es in den Begräbnisstätten nicht. Gegen die Katakomben als Zufluchtsort spreche auch ihre »nur mit großen Zeitverlusten und Anstrengungen« zu überbrückende Entfernung von der Stadt.

Die meisten Gräber, die inschriftlichen und sonstigen Funde stammen, nach Hertling und Kirschbaum, nicht aus der Verfolgungszeit, sondern aus dem vierten und fünften Jahrhundert. »Die Begeisterung für die ›Martyrer‹ beherrschte nicht nur das große Publikum, sondern auch die Forscher in einer Weise, daß sie überall, auch in den gleichgültigsten Dingen, Beziehungen zu den Verfolgungen und zu den Martyrien zu erkennen glaubten. Die auf den Grabplatten so häufig eingeritzten Palmwedel deutete man ohne weiteres als Zeichen des Martyriums.« Die christliche, von den Katakomben inspirierte Märtyrerromantik habe ein sauberes wissenschaftliches Arbeiten verhindert und zu der gänzlich falschen Vorstellung geführt, daß die frühen Christen sich in den Katakomben nicht nur versteckt, sondern dort geradezu gewohnt hätten: »Solche Vorstellungen wurden genährt durch die alten Martyrerlegenden, die nach der Auffindung der Katakomben mehr denn je zu Ehren kamen. In der Susannalegende wird von Papst Caius erzählt, daß er sich jahrelang in den Grüften verborgen gehalten und dort Messe gefeiert, gepredigt und getauft, sogar Konzilien gehalten habe. In Wirklichkeit war zur Zeit des geschichtlichen Papstes Caius (283 bis 296) überhaupt keine Verfolgung.«

Dennoch scheint die Legende von den Katakomben als Versteck jeden sachdienlichen Hinweis zu überleben. Liegt es an Bibelschinken aus Hollywood? An einer archetypischen Anfälligkeit des Menschen für süßsauren Höhlenkitsch? Man steckt nicht drin.

g. h.

Ariadne auf Nixon

Verstreute Verhörer, Versprecher, Verleser, Verwechslungen

Schneller als jeder andere Film zuvor spielte 1996 Roland Emmerichs Science-Fiction-Film »Independence Day« in den USA 100 Millionen Dollar ein, ein Erfolg, der auch Richard Ford, dem Autor eines Romans mit dem Titel »Indepedence Day«, zustatten kam: »Da die Kunden, die das Buch zum Film erwerben möchten, von Fords Roman nichts wissen und die Verkäufer in den Buchhandelsketten das eine von dem anderen Buch offenbar nicht unterscheiden können, gelangt der Roman, in dem viel über das Geschäft des Häusermakelns, aber nichts über Außerirdische zu erfahren ist, in die falschen Einkaufstüten« (FAZ, 25. 7. 1996).

In die falsche Tüte oder in den falschen Hals geht viel hinein. »O Lord, please don't let me be misunderstood«, flehte Eric Burdon, und in »Strawberry Fields Forever« sang John Lennon: »Living is easy with eyes closed / Misunderstanding all you see.« Mißverstanden hatte Bob Dylan bis 1966 die Beatles, in deren Song »I Wanna Hold Your Hand« er die marihuanabefeuerte Zeile »I get high« zu hören glaubte, wo es einfach nur hieß: »I can't hide.« Paul McCartney redete Dylan das aus (»He said, ›Love that one, man, I get high.‹ He was well into it. And so I had to say, ›No, actually, it's I can't hide‹«); aber Dylan hatte die Beatles nun bereits auf den Geschmack gebracht und damit indirekt ihre Emanzipation vom munteren Sunshine-Sound und ihre drogistisch dominierte Spätphase vorbereitet.

Zu einem weiteren Mißverständnis kam es, als die Fotografin Lynn Goldsmith den Auftrag erhielt, Bob Dylan zu fotografieren. Im Dylan-Fanzine »Series of Dreams« berichtete sie 1996, daß sie damals glücklich aufgewühlt im Taxi gesessen und gerufen habe: »I'm going to shoot Dylan. Bob Dylan!« Woraufhin der Fahrer angehalten, sie zum Aussteigen aufgefordert und hinzugefügt habe, daß er Meuchelmörder nicht befördere.

»Das System des menschlichen Geistes«, dozierte Johann Gottlieb Fichte, »irret nie.« Problematisch oder wenigstens unübersichtlich wird es allerdings auch für den geistvollen Menschen, wenn er mit Jerry Lee Lewis, Sinclair Lewis, Lewis Milestone, Jerry Lewis, Upton Sinclair und John Updike im Biergarten sitzt und sie auf Anhieb auseinanderhalten soll. Wer ist wer? Und wer bekommt was? Wer ein Jever bestellt, erhält ein Hefe, weil Jever in der Werbung »Jewer« ausgesprochen wird, obwohl die Jeveraner Jever »Jefer« nennen. Deswegen versteht alle Welt im Kneipenlärm unter einem Jever ein Hefe. Wer es falsch ausspricht, wird korrekt bedient.

»Schön war auch dieser Versprecher: statt ›Erwachens-Szene‹ (aus einer R.-Strauss-Oper) wurde gesagt: ›Erwachsenen-Szene‹«, schrieb der Hörspielautor Eugen Egner im Dezember 1992 dem Verfasser. Gehandelt habe es sich um die Oper »Ariadne auf Nixon«. Und in einem Brief des Ariadne-Archivars Dieter Steinmann vom 17. 6. 1996 hieß es: »Das Sorgerecht für Yvonne Kuschels Vater, das ich nun schon so gut wie ein Jahr wahrnehme, das ist ein Vergnügen!« Gemeint war aber nur Frau Kuschels Kater. Die Enttäuschung war umfangreich.

Noch vertrackter wird es außerhalb des eigenen Sprachraums. Im Schaufenster eines Buchladens im schwedischen Hälsingborg lag im Mai 1996, Eckhard Henscheid kann es bezeugen, ein Werk mit dem Titel »Voltaire Filosofiskt Ficklexikon« aus, das sich im Zuge der Recherchen als gewöhnliches philosophisches »Taschenlexikon« und keineswegs als Buch zum Schwedenfilm erwies. Niemand in Großbritannien, schrieb Ralf Sotscheck am 15. 7. 1996 in der »taz«, habe sich für das finnische Frostschutzmittel »Super-Piss« erwärmen können und in Brasilien niemand für den Ford Pinto: »Pinto« sei die brasilianische Bezeichnung für winzige männliche Genitalien. In China habe es Pepsi-Cola mit dem Slogan »Lebt auf mit der Pepsi-Generation« versuchen wollen, woraus jedoch im Reich der Mitte versehentlich der Slogan »Pepsi bringt eure Vorfahren aus dem Totenreich zurück« geworden sei. Und Coca-Cola lasse sich in China nur unter einem anderen Namen vertreiben; die Lautfolge des Markennamens bedeute im Chinesischen: »Beiß in die wächserne Kaulquappe.« Dafür läßt sich wiederum in Deutschland beim besten Willen kein US-Auto mit dem klingenden Namen »Silver Mist« (»Silbernebel«) verkaufen.

»Andererseits wirkt die Beziehungslosigkeit fremder Namen, daß sie etwa im Telefon nicht verstanden oder mißverstanden werden und buchstabiert werden müssen«, erklärt Ulrich Ebbecke (Wirklichkeit und Täuschung, 1956). »Die aus dem Fehlen der Obertöne herrührende Unvollkommenheit telefonischer Übertragung wird an ihnen deutlich, während andere Wörter ohne weiteres aus dem Zusammenhang richtig erraten, gedeutet oder verstanden werden.« Absichtlich undeutlich, weil er seine Rolle darin nicht leiden konnte, soll aber Humphrey Bogart 1938 ff. den Titel des Spielfilms »The Amazing

Dr. Clitterhouse« ausgesprochen haben, so daß nur »The Amazing Dr. Clitoris« zu verstehen gewesen sei.

Noch einmal anders verhält es sich mit Bogarts berühmtesten Worten. »›Schau mir in die Augen, Kleines ...‹ Viermal sagte Humphrey Bogart diesen Satz zu Ingrid Bergman, bis er saß.« So will es das Presse- und Informationsamt der Bundesregierung in seinem Reklameheft »Journal für Deutschland«, Ausgabe Februar/März 1996, S. 14. Tatsächlich sagte Humphrey Bogart in »Casablanca« zu Ingrid Bergman: »Here's looking at you, kid« – in der deutschen Synchronisation: »Ich schau dir in die Augen, Kleines.« Harthörige, uncharmante Menschen kolportieren seit Jahren ohne Not die Bundesregierungsversion mit dem häßlichen Imperativ.

Manches große Wort wird im Palaver verfälscht und, nach dem Prinzip der Stillen Post, verschliffen, verdreht und umgedeutet. Aus dem Gebetsruf »Allahu akbar« (»Gott ist der Größte«) wurde das Zauberwort »Abrakadabra«; das Jesuswort »Hoc est corpus meum« (»Dies ist mein Leib«) kam nach einigen Jahrhunderten als »Hokuspokus« wieder zum Vorschein. Damit hat der Volksmund die Sprache mühelos bereichert, an der sich die Top-Journalisten des 20. Jahrhunderts mutwillig vergriffen, wenn sie küchenlateinisch, korridorhebräisch oder loggiagriechisch prunken wollten, allen voran der »Zeit«-Chefredakteur Dr. Theo Sommer, der von Alpha bis Omega-Romeo keinen Pyrrhussieg ausließ und immerzu von »historischen Gezeitenwechseln« schwärmte, die »Paradigmenwechsel nötig« gemacht hätten: »Geopolitik reicht nicht, jetzt tut Gaia-Politik not ...« Bei dieser Eingebung müsse Theo Sommer gegen einen Bus gelaufen sein, vermutete Hermann L. Gremliza: »Wenn Theo sein Graecum auspackt, kann Sophokles wirklich einpacken, der zwar gemeint hat, vieles sei ungeheuer, aber einen so ungeheuren Abiturienten sich nicht hätte vorstellen können.«

Solche Abiturienten waren es vermutlich auch, die Karl Kraus 1924 in der »Fackel« beschimpfte: »Autochton oder autochthon, das ist doch unter denen, die es zumeist nicht sind, ganz egal und schließlich leisten sie ja für das h wieder Ersatz, indem sie sich ›peripathetischen Neigungen‹ hingeben, weil sie glauben, daß solche vom Pathos kommen, und wohl wissen, daß dieses sich nicht der neuen Orthographie beugt, die als Ortographie auch keine Rechtschreibung wäre. Denn das wäre zwar nicht ›abnormal‹, welches sie mit ›abnorm‹ verwechseln, wohl aber anormal, welches eine griechisch-lateinische Bildung ist, ihnen also mangels ebenderselben fremd. Aber man schöpft da in ein Danaidenfaß, das sie oft für ein Danaergeschenk halten, welches sie wieder mit dem der Danae zu vertauschen pflegen.«

Danaern, Danaiden, Dante, Damokles und Danton folgte 1996 Christoph Daum in einer Situationsanalyse der »Stuttgarter Zeitung«: »Anscheinend hat der wie ein Damoklesschwert im Raum stehende Name Christoph Daum einigen die Augen geöffnet, oder besser gesagt: auf Trab gebracht.« Können Namen wie Schwerter im Raum stehen? Öffnen Namen Augen? Oder werden sie von auf Trab gebrachten Schwertern geöffnet? Müssen wir am Ende alle in die wächserne Kaulquappe beißen?

»Wörter öffnen Fäuste«, das erkannte beizeiten Friedrich Schorlemmer und erhielt dafür sofort und mit Nachdruck den Friedenspreis des Deutschen Buchhandels. Doch selbst Daums Damoklesschwert schneidet schlecht ab im Wimpernschlagfinale mit dem Diskussionsbeitrag von Vater Batsch in Gerhard Polts Theaterstück »Kinderdämmerung«: »Also – wenn ich den Film mit dem Nero nicht gesehen hätte – dann wüßte ich heute noch nicht, daß dieser Ustinov Rom angezündet hat.«

Natürlich ist auch den Besserwissern nicht immer zu trauen. In einem von Peter C. Aichelburg und Roman U. Sexl herausgegebenen Reader (Albert Einstein, 1979) ereifert sich der Publizist Wolfgang Yourgrau: »Nach Nietzsche sind nur Feiglinge, Lumpen bescheiden – er hatte unrecht! Einsteins sprichwörtliche Bescheidenheit straft Nietzsches Zynismus Lüge.« Nietzsches Zynismus ist freilich weder von Nietzsche noch Zynismus; was Yourgrau widerlegen wollte, war ein geflügeltes Wort aus Goethes Gedicht »Rechenschaft«: »Nur die Lumpe sind bescheiden, / Brave freuen sich der Tat.«

So also kam Albert Einstein, um es auf den Punkt zu bringen, 1852 am Unabhängigkeitstag mit seinem sprichwörtlichen Ficklexikon aus den Erdbeerfeldern des Totenreichs zurück: tatenvoll, gedankenarm und nicht zuletzt mit einem ungeheuren Kater, der Frau Kuschel gehörte – »er hat geglaubt, der Nero wäre dieser Schwarzenegger – derweil weiß doch jedes Kind, daß der Nero der Peter Ustinov ist« (Vater Batsch). Mit anderen Worten: »Nichts ist gefährlicher als Mißverständnisse zwischen Torwart und Abwehr, und Sie provozieren solche Mißverständnisse geradezu« (Max Merkel zu Petar Radenkovic).

Gefährlicher, Merkel zum Trotz, können Mißverständnisse auf politischem Gebiet sein. Das mußten der brave Gastronom Friedrich Jahn und sein Freund Franz Josef Strauß erleben. Ende der 60er Jahre wurde am Times Square in Manhattan ein Wienerwald-Restaurant eröffnet. Jahn erzählt in seiner Autobiographie (Ein Leben für den

Wienerwald, 1993), daß er mit Strauß »am Ehrentisch« saß, über Entführungen plaudernd, die damals »groß in Mode« gewesen seien. Strauß sagte: »Wer mich entführen will, den laß ich gar nicht dazu kommen; den erschieß ich lieber, bevor ich mich erpressen laß.« Journalisten hätten das Gespräch belauscht und bald darauf zu Protokoll gegeben, Strauß habe gesagt, er werde sich den Weg an die Macht notfalls mit der Maschinenpistole freischießen. »Strauß ließ sich das nicht bieten, reichte durch Dr. Ossmann Klage ein, wir wurden alle als Zeugen vernommen und schließlich gewann Strauß diesen Prozeß vor dem Landgericht München I haushoch«, bilanziert Jahn und fügt warnend hinzu: »Man kann daraus ersehen, was die Bereitschaft, jemanden mißzuverstehen, ausmacht.«

Aber selbst in der politischen Sphäre muß nicht immer Niedertracht die treibende Kraft sein, die zu folgenreichen Mißverständnissen führt; manchmal tut es auch ein Flüchtigkeitsfehler. Nach István Ráth-Végh (Die Kömodie des Buches, Leipzig/Weimar 1984) kam Napoleon III. nur durch einen Setzfehler zu seinem Namen. Im Manuskript des Aufrufs zum Staatsstreich habe es geheißen: »Also sei die Parole: Es lebe Napoleon!!!« Der Setzer habe die drei Ausrufezeichen als römische Drei aufgefaßt und den Satz als »Vive Napoléon III« in den Druck gegeben: »Der Aufruf wurde von sämtlichen Blättern übernommen. So mußte man beim III. bleiben, obwohl Napoleon auf dem kaiserlichen Thron erst der zweite seines Namens war.«

Wer kennt sich da noch aus? Zwischen Kraut und Charybdis, Jever und Hefe, Ehrentisch und Einkaufstüte, Hokuspokus und vertauschten Daidalusgeschenken? Es gibt vielerlei Irrtümer, Verwechslungen, Verdrehungen, Hörfehler, Druckfehler und Versprecher, doch es gibt glücklicherweise auch Claudia Schiffer, die im Ernstfall so tapfer korrigierend aushilft wie am 9. 6. 1994, als sie im »stern« eins immerhin klarstellte: »Es gibt viele Mißverständnisse über die Minderheiten, die in Deutschland Häuser von Türken und anderen Ausländern angesteckt haben. Das muß ich immer richtigstellen und sagen: ›Moment mal, hallo, das sind nur Randgruppen, wie es sie in vielen Ländern gibt. Damit habe ich nichts zu tun. Wir Deutsche sind gegen Rassismus.‹«

Schon gut. Aber für wen war das Hefe? Wer hat das Hefe bestellt. Hallo Wirtschaft?

g. h.

Weitere Wortmißwenden
Zu einem mehr oder weniger aktuellen Kleinphänomen

»Der Titel ihres Buchs«, gab 1994 in einer breitseitigen Zeitungsanzeige zugunsten von Monika Griefahns Aufzeichnungen »Weil ich ein Lied hab' – Die Politik einer Umweltministerin« der Münchner Piper Verlag bekannt, »paraphrasiert nicht von ungefähr einen alten Song von Konstantin Wecker: ›Ich singe, weil ich ein Lied habe ...‹« Natürlich, von dem närrischen Apostroph mal abgesehen, »paraphrasiert« (meint: verdeutlichend umschreiben) Griefahns Buchtitel gar nichts, sondern zitiert verkürzt; und paraphiert somit allenfalls; mit dem Para-Wesen hatte es fast gleichzeitig aber auch höchst ominös der SAT 1-Reporter des Bundesliga-Spitzenspiels Bayern München–Borussia Dortmund, als er schon in der ersten Halbzeit dem Spieler Flemming Povlsen übel nachredete, dieser habe eine »echte Tor-Paranoia«, sein letztes Tor liege schon Monate zurück. Was könnte der Reporter gemeint haben? »Tor-Psychose«? »Versagensangst«? »Schwellenangst«? »Inferioritätskomplex«? »Penetrationsphobie«? »Kastrationsphobie«? »Klaustrophobie«? »Frustrationsparadigma«? »Paralyse«? Einen »paradigmatischen Ödipuskomplex«? »Paradeblödheit«? »Torschußpanik«? »Torschlußpanik«?

Niemand weiß Bescheid.

Daß das befremdende Impromptu des SAT-Manns weder Zufallstor noch Eintagsfliegenpatsche war, stellte sich dann bereits Mitte der 2. Halbzeit heraus, als jener die (fehlenden) Tore zur »Droge des Fußballs« erklärte, wahrscheinlich aber »Pointe« meinte. So wie umgekehrt gleichzeitig Karl-Heinz Rummenigge in seiner Nebeneigenschaft als TV-Reporter bei der 1992er Europameisterschaft von einer Flanke als von »Parabol« redete, wohl aber »Parabel« intendierte. Vielleicht aber auch einen »Parapluie«. Oder »Parerga und Paralipomena«? Oder jetzt wirklich »Paranoia«.

Allerdings auch der Dortmunder Trainer Ottmar Hitzfeld stand in der Pressekonferenz nicht zurück, sondern vollinhaltlich seinen Mann, insofern er darüber klagte, man habe drei Tage vorher bei Inter Mailand zwar gewonnen, leider aber insgesamt verloren – immerhin im Ausland trotzdem für den deutschen Fußball geworben, nämlich »Goodwill« gezeigt. Dies natürlich nicht. Sondern wenn überhaupt was, dann wahrscheinlich »Good luck«. Oder »Good looks«. Oder eben »Good bye«. Nämlich praktisch jenes »Bye bye, Bayern« nach Maßgabe von »Bye, bye, baby« der Bay City Rollers, das im Oktober 1993 den seinerzeitigen Eintracht-Frankfurt-Trainer Toppmöller so sehr mondän kolorierte, ehe er dann im April 1994 doch noch über seine eigene Internationalität flog; worauf Nachfolger Körbel und Präsident Hölzenbein hintereinander die »Alibi-Fußballer« Frankfurts verdammten, vermutlich aber »Pseudo-Fußballer« oder »Ausredenfußballer« oder weißgottwas meinten.

Daß Journalisten, Lektoren, PR-Schreiber und selbstverständlich auch Fußball-Tops immer weniger wissen, was die Wörtchen, welche sie im Munde wälzen, einigermaßen genau bedeuten: darüber wurde schon häufiger bewegte Klage geführt, z. B. 1987 in Eckhard Henscheids »Sudelblättern«, denen zu folgen z. B. ein bayerischer Käsblattreporter bei der Hochzeit des Tenors Peter Hofmann 1983 vor der Kirche ein »Durcheinander« oder »Remmidemmi« beobachtete, aber ein »Inferno« niederschrieb. Während vom Literaturkritiker der »Nürnberger Nachrichten« schon zwei Jahre später ausgerechnet der sanfte Stadt- und Landstreicher Hermann aus Henscheids Idylle »Maria Schnee« als typischer »Bildungsbürger« mit »Hang zum Urbanen« geoutet wird.

Er wird halt Urbarmachen gemeint haben. Das Land urbar machen durch Landstreicherei.

Und natürlich spricht in der Folge auch wenig dagegen, wenn Spitzenpolitiker jenem Journalisten- und »Literatengesindel« (Karl Kraus, Die Fackel 531–543, S. 125) darin stramm folgen; so etwa der bekannte Heiner Geißler, als er einst exzellierend katachretisch, ja schon numinös, praktisch numismatisch die Sozialdemokraten als »fünfte Kolonne« (aus dem Spanischen Bürgerkrieg) mit dem »fünften Rad« am Wagen Moskaus verrührte; das aber deutlich er abhatte. Und um so weniger brauchen das jene Politiker zu wissen, so da aus dem Lager der Dichter kommen, vor allem dann, wenn sie einmal ums Haar Bundespräsidentin geworden wären, obwohl sie Luise Rinser heißen. Daß eben diese sich einst (wir hielten den Fall dort schon fest) auf Einsteins Theorie berief, wieschon sie mit ihrer »Relativität der Zeit« (1981) eigentlich ja nur meinte, daß sie für ihr hohes Alter recht gut beieinander und dieses ihr aber andererseits praktisch auch wurscht sei: dieses Spezialfalls wollen wir uns hier doch auch nochmals adäquat – äquivalent? adhäsionell? äquatorial! – würdigend erinnern.

Übersichtlicher, nämlich einer von Bedeutungswandel, wieder der Fall von Wortmißwende, auf den Günter Barudio (Politik als Kultur, 1994) verweist: daß der ewig bespottete »Spießbürger« ja ursprünglich keineswegs Spießer, Philister, Bourgeois war, sondern im Gegenteil der waffentragende, vertragsfähige Bürger im Sinn des »cittadino« und »citoyen« (S. VII) – auch wenn er noch nicht Citroyen fuhr; sondern Pferdebahn.

Besonders gern werden heute auch ineinandervermantscht (Alb-)Traum und Trauma einerseits, Trauma und Soma andererseits, Trauer und Trauma dritterseits. G. Zwerenz war es, der einmal (wir erwähnten auch den besonders schönen Fall bereits im Tragik-Kontext) in seinen frühen und hinreißenden Sexualschnurren »Tantenliebe« dies unbesorgt und unerschütterlich zum Druck beförderte: »Ich habe erfahren, daß die klügsten Frauen ... traumatisch das Beste tun: sie bedienen einen unbekümmert wieder« (S. 26).

Offensichtlich meinte er: »traumhaft sicher«. Oder vielleicht doch eher: »somnambulisch«? Na denn in Gottes Namen: »psychosomatisch«. Vor allem in heißen Sommernächten. Ich sage nur: Schweden, Tucho, Midsummernightlifecrisis usw. Da gilt dann ganz besonders, was der Dichter sagt: »Nach dem 12. Biere / ähneln sich alle Tiere« (Robert Gernhardt).

Schwerlich mehr beschwerlich noch auch nur verwunderlich deshalb in dieser schwerstens permissiv sexuellen Kontextualität, daß in der Zeitschrift »Neue Revue« (November 1995) von der Lebensberater-Psychologin das jetzt häufig zu hörende Wort »geil« als »Fäkalausdruck« gebrandmarkt wird – normalerweise läuft's mehr andersrum und umgekehrt.

Es kriegt unser Sprachgebrauch vielleicht überhaupt und übers 12. Bier hinaus etwas zunehmend Privates, Eigensinniges, Monomanes. Welches freilich schon vor einem Dreivierteljahrhundert dieser Eigenwilligkeit auch ja nicht entging. Doppelt genußvoll zitiert die »Fackel« (649–656, S. 25) das Berliner »12 Uhr Blatt« von 1924, welches anläßlich einer Karl-Kraus-Lesung von einer Publikums-»Monomanie« rund um den Wiener Gast faselt, offensichtlich aber ein »Ein-Mann-Theater« meint.

Oder aber die Monotonie dieses Mannes.

Sowie seine unmanierlich manierierten Manenbeschwörungen. Die da Balina ja nich so jerne hört.

Aber auch die Version »histologisch« statt »historologisch« oder, gleich noch gescheiter, »historisch« hat was. Dickes, sehr Dickes. Ihr Autor: gleichfalls Eckhard Henscheid, in einer Clemens Brentano-Proseminararbeit unter der Ägide von Prof. Walter Müller-Seidel, Universität München, 1964.

Zu Recht kam der Autor über die Note vier plus nicht hinaus.

e. h.

Trauerunfähigkeit III
Eine vorerst letzte Spätlese

Nicht allein haben zwischenzeitlich der, wie schon erwähnt, bekannte Psychoanalytiker Tilmann Moser als leitender Mitscherlich-Paladin mit harscher Verurteilung (»unflätiges Geschrei«) sowie der Fischerverlags Wissenschaftslektor und insofern Mitscherlich-Sonderbeauftragte Willi Köhler mit herber Kondemnation (»infame Verunglimpfung«) meines ursprünglich in der FAZ beheimateten Trauerentlarvungsaufsatzes der schon vorgestellten Habermasschen Leserbriefkorrektur brav nachgezogen; beide Ende 1993; beide etwas sonderbar anläßlich einer Rede bzw. einer Buchrezension, die sich beide eigentlich mit etwas ganz anderem befaßten; scheint's also ein bißchen an den haarigen Ohren herbeigezogen, aber dafür eben nur um so wachsamer; beide, weniger sonderbar, auch hierin dem großen Vorbilde Habermasens nacheifernd, ohne auch nur ein einziges Argumentchen gegen den Aufsatztext, ja diesen nicht einmal halbwegs sportlich korrekt mit seiner Hauptmitteilung bezeichnend; dafür nach bester heutiger deutschpsychoanalytischer Tradition allerbestens mit Ressentiment und allfälliger Denunziationswertarbeit operierend, daß es eine Art hat und auch wahre Freude ist.

Allein, auch das starrsinnige und, mit Moser zu reden, fast unflätige Unfähigkeits-Gebabbel hat ja auch keineswegs zugunsten gar des neuerlich fatalen »Großen Schweigens« (Gabriele v. Arnim, 1989) aufgehört; sondern es hat, fast immer unter so hemmungsloser wie flagranter Usurpation mal Unkenntnis von Fam. Mitscherlich resp. Freud, derweil gleichfalls munter weitergebrabbelt: »Die Fähigkeit zu trauern« vermißt erwartungsgemäß schon 1987 in einem sog. offenen Brief »an die katholische Kirche« (sic) keine geringere als, jawohl, die muß auch posthum noch ihren einschlägigen Schnabel aufreißen, Petra Karin Kelly – indessen andererseits, glaubt man dem Rezensenten Volker Ullrich in der »Zeit« vom 18.3.1994, der amerikanische Nazi-Historiker William L. Shirer ja schon 1949 die ihrerseits wieder mehr gesamtgesellschaftliche »Weigerung zu trauern« als auffälligstes Verhaltensmerkmal der Deutschen betrauert hat; und diese Weigerung, diese Unwilligkeit haben die Mitscherlichs, wenn überhaupt was, ja auch vielleicht vielmehr gemeint – es fiel ihnen nur (s. unser voriges Kapitel) das rechte Wort nicht ein, Flauberts rares mot juste ...

Dem setzte laut »Spiegel« (9/1994) mit seiner Novelle »Drachenblut« von 1982 Christoph Hein die abermalige »Unfähigkeit zur Liebe« so konträrkomplementär wie wohl auch mehr zeitlos zur Seite – die »Unfähigkeit zur Rezension« beklagt Wolfgang Michal – und zur komplett besinnungsfreien »Unfähigkeit zu mauern« der Comic-Zeichnerin Marie Marcks war's dann nur doch eine Frage der bleiern eilenden Zeit.

»Die Fähigkeit, intensiv zu trauern«, teilt Johannes Mario Simmel 1996 in seinem neuen Roman »Träum den unmöglichen Traum« mit, »ist etwas unerhört Wichtiges – und viel zu Seltenes. Denken Sie an Mitscherlich und seine ›Unfähigkeit zu trauern‹ und an all das, was an Schrecklichem geschieht, wenn ein Mensch, wenn ein Volk nicht wirklich trauert über einen Tod, über sechs Millionen Tote, über sechzig Millionen Tote« (S. 201) – Simmel scheint was zu schwanen von der doppelmitscherlichischen Trauerunfähigkeitsambiguität; aber halt doch nichts Genaues. Ist mit »über einen Tod« etwa der Hitlers gemeint? Romanheld Lambert verweigert die genauere Auskunft. Und »verstummte« lieber.

»Die Fähigkeit zu trauern« wieder mehr im Gefolge Heinrich und René Bölls besitzt dagegen jedenfalls kraft Bildunterschrift im aktualisierten Teil von Veit Valentins schon älterer »Deutschen Geschichte« der Kanzler Brandt bei seinem bekannten Kniefall in Polen, und das, obschon es ja nach Aussage des damaligen Kanzlers ganz anders gemeint, nämlich ein spontaner Demutseinfall gewesen war. »Die völlige Unfähigkeit zu trauern« erspäht andererseits konträr der Urenkel Gottfried Wagner wie zu erwarten in den heutigen Bayreuther Wagnerfestspielen mit ihrer Politik von »Verdrängung, Verfälschung und Totschweigen« (Kunst & Kultur 5/1995). »Die vielberufene ›Unfähigkeit zu trauern‹«, und zwar »nicht nur nach dem letzten Weltkrieg«, berufen und betrauern ihrerseits die »Wiepersdorfer Gespräche« im Rahmen ihrer genannten Gespräche über »Erinnern und Vergessen – deutsche Befindlichkeiten« vom 21./22. Oktober 1995 im Künstlerhaus Schloß Wiepersdorf, wobei die meist »deutsche« sog. »Befindlichkeit« als ein seit 1990 besonders eklig nicht mehr ausrottbares gutdummdeutsches Glanzlicht des wiedervereinigten Deutschland hier zumindest en passant kurz geehrt sein soll. Ja, und da konnte es denn kaum mehr fehlen und ausbleiben, daß der berühmte Eintracht-Frankfurt-Torwart Uli Stein in seinen vielgerühmten Memoiren »Halbzeit« (1993) über den Empfang der Frankfurter Spieler im Römer-Rathaus nach der unselig verkorksten Saison 1991/92 diese allerdings zutiefst verwirrenden Zeilen in Satz gab:

»Das Stimmungspegel schnellt nach oben, als ein Sicherheitsbeamter hereinstürzt und von tausenden von Leuten berichtet, die auf dem Römerberg nach der Eintracht rufen. Wir gehen raus. Mir stockt der Atem. Die Härchen an Armen und Beinen richten sich auf. Der Anblick ist überwältigend. Zigtausende schwenken Fahnen und Transparente, singen ›We are the champions‹ und skandieren Sprechchöre. Das ist die kollektive Fähigkeit zu trauern, fällt mir spontan die Verkehrung des Buchtitels eines bekannten Frankfurter Psychoanalytikers ein. Mehr noch: Das ist die Situation, die mich zum Heulen bringt.«

So verstörend das alles ist – denn eigentlich würde man hier ja eher von Unfähigkeit zu trauern reden wollen und noch eigentlicher hat der Torwart Stein, anders als sein Geisterschreiber Broka Herrmann, auch das Wort »skandieren« garantiert gar nicht drauf –; so hocherfreulich das andererseits für Margarete Mitscherlich sich darstellt, insofern als das allgemeine Gelaber und Gesabber jetzt endlich bei den Fußballern eingetrudelt sein muß: der Wermutstropfen des »eines« statt »einer« – er tut weh. Sehr weh. Und um so weher, als ja doch schon 1992 in seiner »Frankfurter Rundschau«-Jubilatio zum 75. Wiegenfest der vorbildliche Galan Jürgen Habermas nicht allein den gewohnt »hinreißenden Charme« (wortwörtlich: hinreißenden Charme) der vitalen Witwe bejubelt, sondern gerade im Fall des legendären Tandem- und Trauerbuchs den Co-Autor Alexander konsequent, ja gewissermaßen hartnäckig und vorsorglich ausgespart hatte.

Nun also U. Steins Replik. Fatal.

So fatal, daß ihr, Marg. Mitscherlich, ihrerseits jetzt nur noch der verzweifelte Konter bleibt, die Waffen zu strecken und aus Anlaß des 25. Jahresjubiläums der »Unfähigkeit zu trauern« einen Artikel zum Golfkrieg und späterhin ein Buch beizusteuern: »Die Unfähigkeit zu kämpfen«.

»Da schau her« (Gerhard Polt).

e. h.

Die Grafiker

Ein weiteres Spezialkapitel

Wenn einmal eines fernen Tages auf der Welt durchgehend Friede und Harmonie und sogar Verstand und Vernunft walteten, so stifteten *sie* doch unbeeindruckt und unbelehrbar weiter Unfug und Verwirrung. Denn alles, was *sie* nicht einmal halb verstehen noch auch nur verstehen wollten, setzen *sie* gleichwohl hartnäckig in noch dazu zumeist farbige, knallfarbige Bilder um, in Bildarrangements und Farbtopfkompotts; in Postkarten, in Plakate und vor allem in Illustrierten-Titelbilder: es handelt sich um eine Berufsgruppe, sich erstreckend vom unbedarft anonym bleibenden »stern«- und »Spiegel«-Coverkünstler bis hin zum gleichfalls hochunbegabten, aber gefeierten, ja weltberühmten und zu allem Überfluß auch noch in Amberg beheimateten und gleichfalls nur allzu oft für das Hamburger Nachrichtenmagazin tätig gewordenen Spitzenstar Michael Mathias Prechtl – kurzum, wir reden und seufzen, wie schon qua Überschrift gut ahnbar, von: den Grafikern.

Sie setzen alles in Bilder um, sie visualisieren, sie ikonografisieren – und daß dabei, nun sie nun einmal genuin, habituell, ja onto- und werweiß phylogenetisch dumm und ungebildet sind und es offenkundig auch bleiben wollen, nur immerzu Quatsch herauskommt und herauskommen kann, leuchtet unschwer ein. Weil sie nichts von Sigmund Freud wissen noch ahnen, noch wenigstens bei ihm nachschlagen wollen, stellen sie ihn und sein Unbewußtes im Hamburger Nachrichtenmagazin im ca. Zweijahresrhythmus immerfort dar als eine koloristische Bildkomposition aus Sexualträumen (Titten, Pimmel, seltsame Blasen) und irgendwie dalí- oder vielmehr maxernsthaften Fledermäusen; sowie speziell den ominösen Ödipusvorgang (s. unser gesondertes Freud-Kapitel) als einen die Stiefmutter besteigenden Schwippsohn mit möglichst einem (gleichfalls falschen) Geier (vgl. item unseren Freud-Aufsatz) im Hintergrund. Auf abwechselnd oder zusammen die Dohle und/oder den Käfer (Samson o.s.ä.) setzen sie ihre Hoffnungen dagegen, sobald und wenn sie Kafka darstellen sollen, dazu placieren sie zumeist noch irgendein Bildmotiv, das die moderne Bürokratie mal Massengesellschaft ausdrücken soll, obschon es um die bei Kafka eigentlich keine Sekunde lang geht. Eben diese moderne (»anonyme«) Massengesellschaft aber wird führend durch jene auf Chaplins »Modern Times« rezitierend anspielenden labyrinthisch ineinandergreifenden Zahnräder samt Schraubenschlüsseln vorgeführt; welche zuletzt, im September 1995, in der Optik des Grafikers aber auch für das SPD-Duell Gerhard Schröder vs. Rudolf Scharping sprich: die richtige SPD-Wirtschaftspolitik rotierten bzw. geradestanden, und dies gleichfalls in der »Frankfurter Rundschau« vom 28. und – nochmals haben wir's da – 30. 10. 1995; obschon gerade sie doch nun eigentlich noch besser als Kafka-Strafkolonien-KZ-usw.-Visualisierung sich krummachen möchten; und bequem und gern auch noch für einen deutschen DDR-Renovierungs-Report rangieren sollten; und werweiß auch nur von einem diesbetrefflichen schwerkreativen Brainstorming-Meeting übriggeblieben sind.

Indessen dieses böse Zahnrad aber in »Geo« (2/1996) für menschliches Versagen allgemein und weit über Chaplin hinaus krummsteht.

Der moderne (»mörderische«) Hochleistungssport wiederum wird in Grafikerkreisen u. U. befremdlich, ja verfremdend genug durch eine noch dazu scheußlich vergoldete Laokoon-Gruppe dargestellt und visuell rübergerissen; auf daß wir aufhorchend ersehen können, daß auch der Grafiker sein Abendland vollrohr drauf und intus hat. Sowie sechs Flaschen Bier.

Aber während Delacroix' Gemälde »Die Freiheit führt das Volk an« von 1830 seit ca. 1965 und auch jenseits der Hamburger Magazinlandschaft für so ungefähr jeden Schmarren zwischen Pariser Mai 1968 und jenen Nonnen, die gegen den Willen Wojtylas heiraten, den Schild hochhält, derweil bildet ansonsten fast jederzeit und zu jedem Zweck der Caspar David Friedrichsche »Wanderer über dem Nebelmeer« von ca. 1818 die Speerspitze. Fiel dem Grafiker einst zur deutschen Teilung noch eine (aber vielleicht doch schon allzu sexualsemantischzeichensprachlich freudianische) Spaltritze ein oder aber vielleicht auch eine spaltende Axt (Vorsicht! Kafkas Eismeer-Zitat: Verwechslungsgefahr!): so wird die deutsche Neu- und Wiedervereinigung – und leider nicht nur die – vorzüglich von ebendiesem Caspar David Friedrich bildsymbolisch und ikonologisch erlegt. Sie nämlich stellt sich der »Spiegel«-Coverstylovisagist (doch, so könnte er auch auf der Einkommensteuerkarte heißen) als eben den bekannten und besagten Mittelgebirgswanderer vor: rastend auf seinen Stecken über dem Nebelgewalle = deutsche Geschichte gestützt, ruhevoll und selbstbewußt und sogar wieder ein bißchen herrisch zu sich selbst gekommen und mit sich selbst endlich satt identisch: ein allerdings nach Otto Köhlers Deutung gut angetrunkener, ja über den geschichtsbrandenden Nebelschlünden sturzbesoffener Rudolf Augstein.

Unterdessen der nämliche Friedrichsche Wanderer 1995 in Albanien, auf dem Hauptplatz von Tirana, als Cover in der Buchhandlung und als wohl einziges deutsches Kulturinfiltrat weit und breit seinerseits multikulturell polyvalent für, soweit zu erkennen, »Paradies und Demokratie« bolzengerade steht und um sich schaut.

Den Literaturkritiker aber malt sich wiederum der »Spiegel«-Titelgrafiker in angeblicher und fast übertrieben kunstreicher Anspielung auf Moses und Michelangelo als buchzerreißend = buchverreißend tollwütig gewordenen Marcel Reich-Ranicki aus. Nachdem er eben diesen schon im Jahr davor als gleichfalls bestialischen Köterpinscher imaginiert und schlagend auf den Punkt gebracht hat. Und dies, obgleich sich eigentlich sogar bis Hamburg langsam rumgesprochen haben dürfte, daß Reich-Ranicki viel mehr vom Hochloben als vom Niederreißen zehrt und sich ernährt – und auch dies Loben allerdings ja exklusiv taktisch und nie wild-animalisch treibt; und obschon den nämlichen Kritiker ein beinahe noch ahnungsloserer Michael Mathias Prechtl bereits vor fünf Jahren motivlich dreigenäht als Buchzerreißer, als Buchfresser und als Brett-vorm-Hirn-Haber sich zurechtgelegt und gestylt hatte; und in diesem Fall des wild- und bildgewordenen Presseköters (Cerberus? Celebes? Kotzers? Kotauswerfers?) ein Wolf oder vielleicht, gleich noch genialer, ein gemalter Reißwolf als Fleischwolf noch viel aufklärerischere Dienste geleistet hätte.

Michelangelo allerdings hat seinerseits für den modernen Grafiker ein noch verheerenderes Motiv beigesteuert: mit dem ausgestreckten Zeigefinger der sixtinischen Schöpferhand; zuletzt stein-, nein: brunzdumm wiedereingebracht in der »Frankfurter Rundschau« zugunsten einer bioethischen Deklaration der Unesco (14. 8. 1995) – naja, die fortschreitende Unverständlichkeit nicht nur der religiösen Zeichen könnte natürlich auch einmal ein Thema der Unesco sein; mit dem Endziel, den Grafikern endlich Einhalt zu gebieten oder eben für ihren dritten Bildungsweg zu sorgen.

Und sie aber vorerst gleichzeitig beim deutschen Presserat zu verklagen.

Sie wissen nichts, sie können nichts, sie lernen auch nie nix dazu, unsere z. T. hochbezahlten »Barbaren der Bildung« (Julius Langbehn, 1890, über allerdings die Deutschen insgesamt); aber froh und putzfrech und rotzmunter machen sie weiter und vorwärts mit ihrem allzeit blöden bildnerischen Gegleiße und gleisnerischem Gezeter und Gekeife und Gehampel und Gekasper.

Gnade *ihnen* dereinstens Michelangelos Gott.

e. h.

PS: Der Sage nach warnte der Priester Laokoon die Trojaner vor dem hölzernen Pferd der Griechen. Zwei von Athene gesandte Schlangen erwürgten Laokoon und seine beiden Söhne. Im 1. Jahrhundert nach Christus schufen die Bildhauer Hagesander, Polydor und Athanodor aus Rhodos die berühmte Marmorgruppe, die den Todeskampf darstellt. Wäre sie nicht 1506 in Rom ausgegraben worden, hätten die Karikaturisten des 20. Jahrhunderts ein billiges Motiv weniger gehabt. Wo immer großes Durcheinander, Kabelsalat und Wirrwarr dargestellt werden sollten, stand die Laokoon-Gruppe Modell.

»Der Meister arbeitete auf die höchste Schönheit unter den angenommenen Umständen des körperlichen Schmerzes«, schrieb Lessing 1766 (Laokoon oder Über die Grenzen der Malerei und Poesie). »Dieser in aller seiner entstellenden Heftigkeit war mit jener nicht zu verbinden. Er mußte ihn also herabsetzen; er mußte Schreien in Seufzen mildern; nicht weil das Schreien eine unedle Seele verrät, sondern weil es das Gesicht auf eine ekelhafte Weise verstellet.« Bis zur Unkenntlichkeit und perfekten Sinnlosigkeit haben ihrerseits die modernen Karikaturisten und Layouter beim Kopieren und Zitieren den Schrecken des antiken Motivs gemildert, so oft und so gedankenlos, daß der »Spiegel« im August 1995 auf dem Titelbild auch noch den »Goldrausch« in der Fernsehbranche mit Thomas Gottschalk, Ilona Christen und Margarethe Schreinemakers als vergoldeter, strahlend mit Fernsehkabeln fuchtelnder Laokoon-Gruppe illustrieren konnte. Keineswegs Todesqual und Verderben, sondern das jährliche Spitzeneinkommen der TV-Großverdiener wurde dabei ins Bild gesetzt: Gottschalk 8 Millionen Mark, Schreinemakers 20 Millionen.

Da stimmte schließlich zum Glück überhaupt nichts mehr.

g. h.

Misheard Lyrics
Ein Kapitel für Englischversierte

Als er sechs Jahre alt war, lernte Gavin Edwards den Song »Row, Row, Row Your Boat« und nahm an, die Zeile nach »merrily, merrily, merrily« laute »life's a butter dream«; daß sie tatsächlich »life is but a dream« lautete, erfuhr er erst viel später. »'Scuse me while I kiss the sky«, sang später Jimi Hendrix, doch Edwards mißverstand die Zeile als »'Scuse Me While I Kiss This Guy«, und so heißt auch seine Sammlung mißverstandener Zeilen aus Rock- und Popsongs (New York 1995). Edwards widmete das Buch seinen Eltern, weil sie ihn niemals zur Untersuchung seines Gehörs zum Arzt gebracht hätten.

In Edwards' Kollektion gibt es wundervolle Exemplare: »Will you still need me, will you still feed me, when I'm six feet four?« So hatten es die Beatles nicht gemeint. »The girl with kaleidoscope eyes«, das sie besangen, hatte Kaleidoskopaugen und keine Dickdarmentzündung (»The girl with colitis goes by«), und The Police zitierten nicht »That big pineapple cart«, sondern »That book by Nabokov«, und sie gaben keine Bestellung auf (»Salami, salami«), sondern beklagten sich (»So lonely, so lonely«). Simon and Garfunkel sangen »I am a rock, I am an island«, aber nicht »I am a rock, I am in Thailand«. Paul Young ging es nicht etwa ums Essen (»Every time you go away, you take a piece of meat with you«), sondern um beziehungstechnische Nickligkeiten (»... you take a piece of me with you«). Immer ist es die profanere Bedeutung, die den Songs abgelauscht wird: »Can I believe the magic of your sighs?« Danach erkundigte sich Carole King. Edwards notierte, was das mißverständnisbereite Gehör daraus machte: »Can I believe the magic of your size?« Der Steve Miller Band ging es um Größtmögliches (»The question to everyone's answer is usually asked from within«), doch die gemeine Interpretation blieb nicht aus (»... is usually aspirin with gin«). »We'll slide down the surface of things«, versprachen U2, ohne der abstrusen Interpretation zu entgehen (»We'll slide down the surface of pigs«), während Depeche Mode (»I just can't get enough«) sich der ordinären ausgesetzt sahen (»I just can't get it up«), wie auch Queen, deren Schlachtruf (»We'll keep on fighting until the end«) zur Latrinenparole mutierte (»We'll keep on farting until the end«).

»The answer, my friends, is blowin' in the wind«, sang Bob Dylan, und Heinz Sielmann hätte gleich einstimmen können: »The ants are my friends, they're blowin' in the wind.«

Die meisten Mißverständnisse, schließt Edwards, beträfen Ernährung, Sex und Tiere: »Any misheard lyric is an impromptu audio Rorschach test.« Und wenn es auch bedenklich sei, daß weite Teile unseres Gehirns die Erwähnung von Käse, Walrössern und Clowns in Popsongs erwarteten, könne man doch wenigstens Kapital daraus schlagen. »Songwriters take note: There is a large, untapped market for songs about food.«

g. h.

Tao

Tao ist Weg
Tao ist Wahrheit
Tao ist Vernunft
Tao ist Natur
Tao ist Fluß
Tao ist Wort
Tao ist Sinn
Tao ist Energie
Tao ist Schrankenlosigkeit des Beschränkten
Tao ist Schranke des Schrankenlosen
Tao ist Gottesmeisterei
Tao ist Logos
Tao ist Tat
Tao ist Tao
Groß ist Tao.

(Eckhard Henscheid, An krummen Wegen, Zürich 1994; nach: Helmuth v. Glasenapp, Die fünf Weltreligionen, und: Hans Joachim Störig, Kleine Weltgeschichte der Philosophie; vor allem nach dieser ist Tao aber auch noch, S. 102, verantwortlich für Geisterbeschwörung, Magie, Versuche mit der Goldmacherei und Lebensverlängerung.)

e. h.

Politik und Politikwissenschaft
Eine Übersicht

»An nescis, mi fili, quantilla prudentia regatur orbis«, belehrte auf dem Scheitelpunkt seiner Weltkenntnis der schwedische Reichskanzler und Heerführer Graf Axel Gustavsson Oxenstierna (1583–1654), und der von ihm führend mitbestrittene Dreißigjährige Krieg war ja ein besonders starkes Beispiel für allseitigen Mindersinn. Aber so wie es natürlich ein Mißverständnis ist, zu glauben, Politik habe unmittelbar etwas mit Prudentia = Klugheit, gar Geist zu tun, auch wenn Hegels Staatslehre dies zeitweilig suggerieren mochte, indem sie das Vernünftige einfach mit einem syllogistischen Zirkelschlußtrick dem Wirklichen des preußischen Staates gleichsetzte: so ist die Politik in sich selbst erst recht natürlich ein andauerndes.

Das hebt an meist schon mit der Staatsgründung und der bereits 271 Jahre vorher erfolgten territorialen Inangriffnahme: Als Kolumbus Land sah und nämlich einen neuen Seeweg nach Indien entdeckt zu haben glaubte, folgte er bekanntlich, wie man heute genau weiß, einer gehörig fehlgeläuteten Nachtglocke und gereichte damit der Menschheit, wie man heute noch genauer weiß, ergo zu ihrem Segen und aber Fluch zugleich; auch wenn man heute gleichzeitig immer weniger genau weiß, ob jene Kraft, die als sogenannte »Ironie der Geschichte« die Hegelsche »List des Weltgeists« vorstellt, nun wirklich das Gute schafft, indem sie Unverhofftes freilegt. Vielleicht will sie ja doch nur letztendlich das undialektisch Böse, genannt Haldeman, Ehrlichman und Nixon.

Politik hin, Preußen her und Ethik fast beiseite: Zuweilen sind nicht die inkommensurablen Gehalte, sondern abermals die Falschgerüchte das Verwirrende. Thomas Hobbes (1588–1679) sah dem Gerücht zuwider im »Leviathan«-Staat nichts eigentlich Böses – sondern im Gegenteil die einzig denkbare Ordnungsmacht, die kraft Gewaltmonopol den Krieg aller gegen alle ausschließe, wie er in seiner Heimat – Gott strafe England! – dann trotzdem notwendig zu Darwins Endkampf der Fittesten führen mußte, aber dieses unausrottbare Mißverständnis hatten wir ja schon. Erwähnt sei an dieser Stelle aber noch in Eile, daß gleichfalls Hobbes' Landsmann Thomas Morus (1478–1535) mit seiner »Utopia«-Begriffsmetapher von 1516 Pech hatte, damit konsequent fast 500 Jahre lang als Spinnerei ausgelegt und deshalb auch voll zu Recht wegen Hochverrat hingerichtet wurde.

Früh formierten sich falsche Ikonen. So wie es schon um Christi Geburt in Rom einen »mythologischen Handlungsrahmen« (Paul Zanker) gab, so in ihm offenbar auch ein Bedürfnis nach Gegensatzpaaren. In diesem Sinn steht M. Antonius für Dionysos hie, Octavian für Apoll dort, dieser für Maß und Disziplin, jener für Rausch und Luxuria, auch wenn es hinten und vorn nicht stimmen sollte (Augustus und die Macht der Bilder, 1987).

Daß ausgerechnet im rückständigen Rußland von 1917 eine soziale Revolution durchgeführt wurde, gründet wohl weniger in Lenins überaus eigenwilliger Marx-Lektüre; sondern – noch eine Idee stringenter – in deren gründlicher und grundsätzlicher Unterlassung. Immerhin diesen Leninschen Zug teilen große Teile der 68er Bewegung bis hin zu Andreas Baader und zur Roten Armee Fraktion, die alle drei mit Sicherheit Stalinismus, Leninismus und Marxismus fehlverstanden hatten und natürlich bzw. auch schon ihren Marx ja gar nicht kannten, wie kämen sie dazu? – »von der sozialen Kenntlichkeit unseres Kampfes sind wir alle weiter entfernt als die Jahre zuvor«, jammert etwas halbherzig in der »Jungen Welt« (17. 3. 1994) ein Schreiben von RAF-Terroristen; es wird wohl auch vorher nicht allzu weit damit hergewesen sein, der ehemalige Sympathisant und nebenberufliche Ex-Ehemann Klaus Rainer Röhl läßt als positives Erbe der 68er Jahre einzig die Jeans und einige gelockerte soziale Umgangsformen – wahrscheinlich auch seine, bis hin zu Nolte und Zitelmann – durchgehen und sieht sich ansonsten genötigt, nur »Verirrung und Verwirrung, Schaden, Defizite und Defekte« (FAZ, 11. 12. 1993 – das Blatt liest sowas gerne) zu konstatieren. Und ein sehr grobes, von Edmund Stoiber, Strauß und Elisabeth Noelle-Neumann bis eben hin zu den 68ern und Studentenführern selber sich wölbendes Mißverständnis war es, wie erwähnt, natürlich auch schon, die angeblichen lebenden »Führer und Verführer« (Kurt Georg Kiesinger 1968) der Bewegung, also die Vordenker von der »Frankfurter Schule« i. e. Kritischen Theorie, irgend im expliziten Sinn mit antiautoritärer Erziehung, ja mit Antiautorität wider den Muff von tausendjährigen Talaren ins Benehmen zu bringen. »Die Größe des Mißverständnisses« (Claus Leggewie, Druck von rechts, 1993) ermißt sich schon z. B. an einem Aufsatz, den der ab 1965 zum Idol der antiautoritären Studenten aufgestiegene bürgerliche Sozialphilosoph Max Horkheimer unter dem Titel »Studien über Autorität und Familie« erst bzw. schon 1960 veröffentlicht hatte: »Worunter sie leiden«, so kein anderer als Horkheimer, »ist wahrscheinlich nicht eine zu kräftige Familie, sondern eher ein Mangel an familiärer Bindung«. Für Horkheimer nämlich, weiß Leggewie, war »die Familie als Realität die verläßlichste und erfolgreichste Gegeninstanz gegen den Rückfall in die Barbarei«. Adorno in seinem reizwortstarken Aufsatz »Ohne Leitbild« und in verwandten pädagogisierend politisierenden Schriften von 1960 ff. drückte es nur ein bißchen dialektischer aus, und auch Alexander Mitscherlich meinte es mit der vor allem aus Sigmund Freud z. T. falsch herausgelesenen Abschaffung des Vaters und der daraus erfolgenden zumindest als Buchtitel offenbar unwiderstehlichen »vaterlosen Gesellschaft« damals nicht gar so ernst. Leggewie aber seinerseits dies: »Heutige Berichte über die Rohheit und Ungezogenheit der jugendlichen Gangs in Nazikostümen lesend, würde sich

Horkheimer ohne Zweifel auf die Seite der ›Konservativen‹ schlagen, die sich, in aller Behutsamkeit, für die Reparatur der familiären Beziehungen und darüber hinaus für die Wiederaufnahme einer ›positiven‹ Werteerziehung stark machten« –

– hier rauscht und rutscht dem Prof. Leggewie nicht nur sprachlogisch-stilistisch an positiver Satzbautik offensichtlich so einiges durcheinander, sondern offenkundig auch strategisch-taktisch: denn Horkheimers geistige Gegenwelt hieß nun mal seit 1919 »Revolution« (Brief an Theodor W. Adorno vom September 1958, angelegt als Gutachten über den revolutionären Assistenten Jürgen Habermas), vor der ihm wie vor dem Leibhaftigen bangte; sein heutiges Feindbild befände sich in dieser Optik des korrigierten Mißverständnisses ja also nicht zentral bei den »Nazi-Kids« (Leggewie; wer hat diesen geschichtlich-etymologischen Wechselbalg eigentlich in die Welt placiert?), sondern eher bei den Linken und Grünen und ihren »Zwergerl-Demos«; aber hier hatte ja auch seinerzeit schon der schon seinerzeit keineswegs als Revolutionär, sondern vorwiegend als praxisferner Kathederphilosoph und »Sesselfurzer« (Hans Peter Duerr in einem Brief an Paul Feyerabend 1982) tätige Sozialphilosoph Habermas mit seinem Vorwurf des »Linksfaschismus« einiges durcheinandergebracht und -gewirbelt; heute wird jedenfalls die damals so virulente und Strauß enervierende (»Der Geist weht wo er will, wie er will, wann er will, nix dagegen!«) sogenannte Frankfurter Schule, wird insbesondere Max Horkheimer schon von der rechtskatholischen »Deutschen Tagespost« (26. 8. 1995) reklamiert und verweißt vereinnahmt, als ein Denker, den es eben *gegen* die »Studentenrevolte« (gab es die eigentlich wirklich? oder war da gar nichts?) zu verteidigen und in Obhut zu nehmen gelte und gälte; verwechselt wurden nämlich Horkheimer und Adorno damals schon und in Spuren (soweit sich da überhaupt noch jemand genauer erinnert) noch heute (a) mit Alexander Sutherland Neill und seiner Internatsschule Summerhill hie (in die aber insbesondere der alte Adorno partout nicht mehr reinwollte, er war ja inzwischen deutscher Professor und mithin am Ziel dessen, was er sich als Schönstes im Leben vorstellen konnte); und (b) mit Mao Tse-tung dort, mit dem es sich aber laut Sebastian Heilmann, Referent für Asienkunde in Hamburg, auch wesentlich anders verhielt als man damals ahnen konnte und wollte; nämlich es blieb an ihm und seiner Großen Proletarischen Kulturrevolution von 1966–69 zwar »weniger Blut kleben als an den unverbrämten Machtmenschen Hitler und Stalin« – allein, es hat inzwischen »Maos Image als Theoretiker und Poet nun tiefe Risse bekommen« – im Grunde war er auch nur und sowieso ein irgendwie platonischer oder jedenfalls troglodytischer »Höhlenmarxist« (Heilmann) – und über den Karl Marx selber weiß man inzwischen eben auch nichts Genaues mehr. Dies immerhin aber doch, daß die moderne Mehrwertsteuer seit dem Bundeswirtschaftsminister Karl Schiller (SPD) und dem 1. 1. 1968 überhaupt nichts mehr mit der sagenumwobenen Marxschen Mehrwerttheorie von 1859 zu tun und zu schaffen hat. Noch dies auch möchte.

Eine höhere Form von zuweilen epochenbildenden Mißverständnissen besteht laut Arnold Toynbee (Der Gang der Weltgeschichte, 1946, Bd. 1, S. 446ff.) in der »Selbstzerstörung der Militaristen«, in einer quasi-lemminghaften »Form des Selbstmordes« als einer dem Siegesrausch entspringenden »Fehlrichtung von Energien« (S. 455), derart noch einmal das Bibelwort einlösend: »Wer das Schwert zieht, soll durch das Schwert umkommen« – war Adolf Hitler ein solcher Fall? Mit Hegels Weltgeistlist ist sein verfluchtes Wirken gewiß nicht mehr zu erklären, außerdem stand für den der Freund und Waffenbruder Benito Mussolini ein: »Ich bin Hegelianer«, erklärte der Duce jedem, der es ganz bestimmt nicht hören wollte – gern vernahm aber der nachher noch bedeutendere Staatsrechtler Carl Schmitt 1930 aus dem Munde Mussolinis die Begründung ganz persönlich: »Der Staat ist ewig, die Partei vergänglich« (den Fall kommentierte Gustav Seibt in der FAZ) – und das gerade hatte nun der Hegel zwar mit Sicherheit nie und nirgends gesagt – dafür mißverstand der andere Charismatiker, Hitler, sich auch mehr als Nietzscheaner, als werweiß Schopenhauerianer und jedenfalls – die volkstümlichere Version – als Wagnerianer: denn keineswegs fehlinterpretierte er wie Thomas Mann Wagners Oper als »Mitleidsmusik«, sondern dessen Bühnenfiguren Mime und Beckmesser im Sinne Gobineaus und Winifreds, nämlich als auszumerzende Witzgestalten, auch wenn später ein Adorno aus Beckmessers weltjüdischer Verschwörung herauslesen zu müssen meinte, es sei dessen perverses Preislied musikalisch interessanter, ambitionierter und avantgardistischer als das des angeblichen Revoluzzers Walther von Stolzing.

Aber die Geschichte des modernen Antisemitismus ist ja eben ohnehin eine vor allem der schon allseitigen Mißverständnisse, zum Beispiel der Juden als einer die allgemeine gesellschaftliche Ordnung zerstörenden »Familie« (Hannah Arendt, Elemente und Ursprünge totaler Herrschaft, Frankfurt a. M. 1955, Neuausg. 1995, S. 64ff.) oder sogar Großfamilie, die sich dann spätestens in Hitlers Kopf als weltjüdische Verschwörung zur internationalen Verschwörung des Finanzjudentums ballte. Wobei die Nichtkongruenz von schon von jeher existentem »Judenhaß« und dem modernen »Antisemitismus« (Arendt, S. 66f.) natürlich noch mehr Unrat und Rumor und Radau in den willig infizierten Schädeln stiften mußte; zumal es ja auch zwischen den alten »Hofjuden« und den neuen Staatsbankiersjuden wie den Rothschilds oder Bleichröder kaum Gemeinsames gab.

Wie wenig Weisheit, Oxenstierna zu folgen, in den Köpfen der die Welt Regierenden ist, wird nicht erst mit Muamar al Gaddafi, Lyndon B. Johnson und jenem Saddam Hussein überdeutlich, den allerdings der reife Peter Rühmkorf an seinen erleuchteten Tagen als modernen oder jedenfalls orientalischen Günter Grass durchschaute. Ein Mißverständnis war natürlich auch schon, daß Bismarck ein blendender Denker und Stilist gewesen sei, sozusagen der Vorläufer von Ernst Jünger; dies ein, bis hin zu selbstverständlich Peter Glotz, sogar doppeltes. Mindestens. Ein Mißverständnis war die späte und unverdiente Begnadigung Galileo Galileis durch Papst Johannes Paul II.; ein größeres die mähliche Versöhnung des römischen Katholizismus mit Luther durch denselben Karol Wojtyla im Juni 1996 in Paderborn – es hat nämlich, was Wojtyla aber vielleicht noch nicht weiß, jener D. Martin Luther die Vernunft einst als »Teufelshure«, den katholischen Papst aber, wir haben es schon gehört, als »des Teufels Sau« bezeichnet – und beides geht ja nun kaum. Es beruhte vor gut einem Vierteljahrhundert die Verdächtigung des Bundespräsidenten Lübke als eines KZ-Baumeisters auf einem offenbaren Mißverständnis unter entschiedenem Stasi-Einfluß. Es täuschte sich allerdings auch Heinrich Lübke selber, als er (a) dem kaum entgegentrat und (b) in seiner unvergeßlichen Rede am einstigen DDR-Transit-Kontrollpunkt Helmstedt; in der er vermutete, an so was wie die DDR-Grenze könnte der Dichter gedacht haben, als er seinerzeit das Lied »Freiheit, die ich meine« gedichtet habe. In Wahrheit hatte der Dichter Max v. Schenkendorf im Jahr 1813 volle sechs Strophen lang lediglich an »grüne Bäume«, an ein »stilles Weben« und an ein »süßes Engelsbild« gedacht.

Und war auch gar keiner.

So verworren die Politik, so originell oftmals die politische Wissenschaft. So unklar die Herkunft der CDU/CSU (vom Zentrum? von den Nazis? von Gott? Die Sache hatte um 1970, ausgelöst damals durch den SPD-Minister Alex Möller, eine heftige staatspolitische Kontroverse zur Folge) – so geklärt inzwischen die des Kapitalismus, und allerdings Marxens und der Gräfin Dönhoff Forschungen weit hinter sich lassend. »Die protestantische Ethik und der Geist des Kapitalismus«, so weiß man aus Max Webers Schrift von 1922 genau, speisten sich aus der nämlichen Quelle. Nämlich, so Webers »Gegenentwurf zu Marx« (FAZ), aus der Verinnerlichung des Leistungsdenkens; jener also, die im Gefolge von Freud und Kritischer Theorie zu Zeiten der Studentenbewegung gern auch Internalisierung hieß, dabei aber leicht mit der politisch wünschenswerten und fortschrittlichen Internationalisierung verwechselt und spätestens per Druckfehler vermantscht werden konnte. Dabei ist es, was das betrifft, so einfach: Diese ist gut, jene böse.

Schwieriger schon nachzuvollziehen Max Webers Verdacht, daß der Kapitalismus als abenteuerliches Spiel von Unternehmern begann (ebd.), und eben dieses dann mit der puritanischen Askese eines verinnerlicht Protestantischen korreliert. Genußfeindschaft und Profitmaximierung vertragen sich nämlich, Weber zufolge, so gut wie die Devise »schaffe, schaffe, Häusle baue« mit entsprechender schwäbischer Frömmigkeit von Uhland bis Mörike. Es trägt allerdings der Gedankengang stets die Keimzelle des Falschzitiertwerdens und mithin neuen Mißverständnisses gerade in lutherischen Kreisen (s. o.) schon mindestens so inständig in sich wie Webers noch populärere Dichotomie von »Gesinnungsethik« und »Verantwortungsethik« (in den Reden über »Politik als Beruf« und »Wissenschaft als Beruf« von 1919 bzw. 1917), wie sie einst einen furios lärmenden Franz Josef Strauß auf die Palme brachte, indem er nämlich im Zuge der unvergeßbaren Raketendebatten diese gute für sich veranschlagte, jene böse aber der SPD und den Grünen in die Socken schob.

Übrigens war und ist offenbar auch schon der lutherische Protestantismus recht unklar, nämlich, laut Friedell (S. 301), ja keineswegs »Verinnerlichung«; sondern etwas, das elementar »in eine Glorifikation der weltlichsten Dinge: des Staats, der Obrigkeit mündet«.

»Max Webers Werk ist der Steinbruch einer nicht mehr überschaubaren Interpretationsindustrie geworden«, faßt Gregor Schöllgen seufzend zusammen, »ein schier unerschöpflicher Zitatenquell für politische Sonntagsreden«. »Max Webers Weinberg schießt ins Kraut«, ergänzt nicht ohne Grimm Dirk Käsler in seiner Rezension eines neuen Buchs von Stefan Breuer, das sich z. B. mit »Bürokratie und Charisma« (1994) im System der politischen Soziologie Max Webers befaßt. Nun, warum nicht auch »Bürokratie und Charisma«? Sprichwörtlicher geworden seitwärts von Webers »Idealtypus« (nicht verwechseln mit Prototyp, Ideal oder gar dem Freudschen Ich-Ideal!) ist aber längst ein anderes Begriffspärchen, gern zitiert und häufig eher aufgeschnappt denn gewußt woher: das der »wertfreien Wissenschaft«, die, als Zustandsbeschreibung wie als Auftrag und Wunschideal, dann vor allem im Zugwind von Soziologiestreit und Studenten-

bewegung Ende der 60er Jahre erhebliche Scharten abbekam: Wissenschaft sei nie wert- und tendenzfrei, sondern immer Interessen zugeordnet, hieß es jetzt, im Zweifelsfall denen des Kapitals! –
– zuletzt scheint mit der »Max Weber Gesamtausgabe« und den darin – noch jenseits der berichteten Bondamenden und Kommunalvivilisten – vermehrt zur Kenntnis gebrachten frühen Schriften zudem alles sowieso wieder ganz anders zu werden, und nämlich über das bisherige personale Inbild von Wissenschaftlichkeit und liberaler Urbanität extrem hinaus ein ganz neuer und national-chauvinistischer und national-darwinistischer Max Weber zum Vorschwein zu kommen, einer, dessen »ewiger Kampf um die Erhaltung und Emporzüchtung unserer nationalen Art« auch einem jungen Hitler gefallen hätte müssen, auch wenn ihm der Webersche Befund von 1896 »Wir haben die Polen aus Tieren zu Menschen gemacht« nicht nur sprachlich als ungenügend vorkommen hätte müssen. Die Mißverständnisse dürften sich mit dieser neu ins Blickfeld getretenen frühen Soziologie und politischen Wissenschaft so oder so nochmals verschärfen, zumal man ja Max Weber ohnehin und nach wie vor und leicht genug mit –
– seinem Bruder Alfred Weber verwechseln kann, den Max zwar deshalb zeitig einen »Verderber der Jugend« zieh, der aber halt – vergleiche die verwandten Namenskongruenz-Fälle in unserem diesbetrefflichen Extra-Kapitel – zu allem Unter- und Überinformationsfluß auch noch so etwas maxweberisch Fließendes wie Politologe, Nationalökonom, Kulturgeschichtler und Kultursoziologe (also auch unser Kollege!) war – und nicht viel anders als sein bekannterer und in München schon früh mit einem Max-Weber-Platz bedachter Herr Bruder über die Dinge der »niederen Zwecksphäre« des »Geistes« respektive der »Emanation« in der Wissenschaft eindringlich nachdachte und in der Folge ab 1945 – Max war längst tot – im Auftrag der amerikanischen Militärregierung daran ging, zusammen mit Karl Jaspers, Heinrich Bauer und später Dolf Sternberger die Neustrukturierung der Heidelberger Universität als eines sofort ganz »anderen Deutschland« ins Auge zu fassen. Wie man es aber schafft, Verwechslungen zwischen den beiden zu vermeiden, gerade deshalb Karriere zu machen und zuletzt damit sogar Kanzler der Bundesrepublik Deutschland und später auch noch des gesamten Deutschland zu werden, das zeigt das Beispiel des jungen Helmut Kohl. Er hatte von Max läuten hören, studierte, weil der nicht mehr in Frage kam, an der Rupprecht-Karls-Universität aber beim Bruder Alfred, wurde bereits 1956 mit 26 Jahren wissenschaftliche Hilfskraft am Alfred-Weber-Institut, er brachte ab sofort Alfred und Max immer weniger durcheinander, las deshalb bei-

de nicht, erkürte aber zu beider Lohn eine Juliane Weber zu seiner Terminkalenderbesorgerin – und war in der Folge bald unser aller »Kanzler des Vertrauens« (Klaus Hofmann, o. J., Serie Bonn-aktuell).

Womit die »Standortlehre«, Alfred Webers Hauptwerk von 1909, noch über Maxens Verantwortungsethik hinaus, ja abermals bestens in Erfüllung gegangen war.

Unabhängig von der Gefahr der neuerlichen Verwechslung mit einem dritten: dem Gerhard Poltschen Gemeinderat und insofern gleichfalls Politologen »Weber Max«.

e. h.

Hochmißverständlicher Islam

Oder: Vom Holocaust zum Holozän

In seinem Aufsatz »Die Feinde und die Freunde des Islam« (Merkur-Sonderheft »Unterschiede«, 1995) macht Siegfried Kohlhammer nachhaltig darauf aufmerksam, daß mit Beginn der 90er Jahre im und mit dem insbesondere fundamentalistischen Islam ein »neues Feindbild im Westen entstanden sei« – nachdem, so der Orientalist Heinz Halm schon 1991 in der »Süddeutschen Zeitung«, nach einem solchen »offenbar ein Bedarf bestehe... seitdem das alte des Kalten Krieges nicht mehr schreckt«.

Bzw. noch genauer: es bestehe offenbar Bedarf danach, daß so »ein neues Feindbild an die Wand gemalt« wird.

Dabei, zitiert Kohlhammer diesen, hat Altkanzler Helmut Schmidt diesbezüglich in seinem Hausblatt schon am 29. 4. 1994 gewarnt: »Mit wenigen Ausnahmen wissen wir Europäer fast nichts vom Islam, wir verstehen ihn kaum«. Versteht sich, daß dies wenig stört, auch nicht das verschwisterte »Zeitmagazin«, das schon am 18. 6. 1993 die Suggestivfrage stellte: »Der Islam – Feind des Westens?« – der dann prompt die »taz« vom 7. 3. 1995 die antwortende Abfuhr bereitet, »wir Westeuropäer müssen dem ›Feindbild Islam‹ in Europa entgegentreten« – was aber das Autorenpaar Jochen Hippler / Andrea Hueg schon 1993 nicht daran gehindert hat, aus dem »Feindbild Islam« und speziell

»dem Feindbild Islam in der westlichen Öffentlichkeit« so oder so erst einmal ein Buch zu machen.

Produziert werde dabei, so darf man Kohlhammer stark verkürzt zusammenfassen, einerseits ein »irreales Teufelsbild«, so Elisabeth Endres in der »Süddeutschen Zeitung« vom 20. 7. 1994, im Zuge des heute allgemeinen Wirrwarrs an Xenophobie, Rassismus und Kulturkolonialismus; und andererseits stante pede dessen Widerlegung; mit der Folge dritterseits der Anklage aus eigenen Reihen, in den heutigen Muslimen habe man »potentielle Holocaust-Opfer« (Shabbir Akhtar) zu sehen. Insgesamt also, so wiederum Kohlhammer, beobachte man »das Phantasma eines vom Feindbild Islam beherrschten Westens« (S. 817), aber auch das Bild der verbittert und recht gerne »verfolgten Unschuld« (ebd.). Das Ganze nochmals zugespitzt: ein Feindbild als Wunschbild, ut überhaupt noch aliquid fiat, damit der wissenschaftliche, politische und publizistische »Diskurs« (Habermas) approximativ als perpetuum mobile weiterwalke; wobei die Fiktion als Chimäre eo ipsissimo ja eventuell so langsam wahr werden könnte; eine seltsame, wenn auch nicht ganz neue Variante von Wunschprojektion als selffulfilling prophecy mithin.

Gleichwohl: »Daß das Verhältnis des christlichen Europa zur islamischen Welt nur von Haß, Mißverständnis und Unkenntnis bestimmt gewesen sei, ist falsch« (Kohlhammer). Sondern dadurch, daß im Entscheidungsjahr 1995 ausgerechnet die Orientalistikprofessorin und dezidert zur gelungenen Neuversöhnung bestimmte Buchhandelsfriedenspreisträgerin Annemarie Schimmel, 73, aus ihrem fundamentalistisch beheimateten Affekt gegen Salman Rushdie keinen Hehl machte, jedenfalls nicht privat und in ihrer privaten Umgangssprache, obwohl sie als »absolut unpolitische« (Schimmel über Schimmel) Person doch öffentlich keine Fliege zu derem Leid zerdrücken könne – eben dadurch wurde das Mißverständnis wieder einigermaßen bereinigt, und der Friedenspreis konnte jedenfalls rechtzeitig übergeben werden.

e. h.

»Gothic«

Nicht allein zwischen Romantik und Romanik, zwischen Rom und Roman und Romanze usw. kommt es immer wieder zum Begriffskonflikt bis hin zum -kollaps. Auch mit dem Gotischen ist es gar nicht recht geheuer.

Jedenfalls wenn man den Begriff einerseits im Sinne der Kunst- und Bauwissenschaft nach Maßgabe z. B. der gotischen Dome setzt. Mit diesem hat andererseits ganz offenbar nichts zu tun, was im Englischen und Amerikanischen »gothic novel« heißt, ein Terminus technicus, bezeichnend einen Typ von Roman, den man seltsamerweise zumindest in deutscher Begrifflichkeit eher als »barock« oder auch »manieristisch« (im Sinne und in der Typologie etwa von Ernst Robert Curtius oder Gustav René Hocke) oder auch in einer weiteren Gegensatz- und Analogiebildung nach der Hypothese des klassisch-gegenklassischen Periodenwechsels z. B. mit Marianne Thalmann – eben gar »romantisch« nennen möchte.

»Gothic novel« oder auch »gothic romance« meint ursprünglich und im Angloamerikanischen bis heute eine Spezies von Trivial- und Schauerroman mit Themenpräferenz fürs (a) Sensationelle, (b) Mittelalterliche und (c) übernatürlichen Horror (s. The Oxford Companion to American Literature, 1965, S. 325), wobei »gothic« hier vor allem das Wirre, Bizarre, Krause, auch Irrationale signalisiert; indessen das deutsche »Gotische« (urspr.: den Goten gemäß) als Kunststil des 12. und 13. Jahrhunderts vorzüglich in Gestalt von Kathedralen und Plastik wesentlich und primär als Idee von Klarheit, Licht, Maß, Schlankheit und Höherstreben (s. Brockhaus, 1992) steht; der von Goethe 1775 in seiner Hommage an Erwin v. Steinbach, den Erbauer des Straßburger Münsters, so hehr besungenen »Harmonie der Massen ... aus tausend harmonisierenden Einzelheiten« als einer »himmlisch-irdischen Freude«.

Unklarer wird die Sache noch, zieht man als tertium comparationis das Italienische in Betracht, das mit »gotico« auch wieder das Barbarische, Nicht-Antike, i. e. Deutsche zusammenzieht; und noch unsicherer und vagierender das Ganze, sofern man in englischen Literaturgeschichten liest, daß mit der »gothic novel« keineswegs nur deren Hauptvertreterin Mary Wollstonecraft Shelley, die Frau des sattsamen Romantikers und Lyrikers, mit ihren Horrorgeschichten wie »Frankenstein« (1818) gemeint ist, sondern in der Folge auch die Hochkunst

Edgar Allan Poes – und zuweilen fallen auch Carson McCullers und sogar Dostojewski unters »gothic«-Rubrum. Andererseits als ein »tiefes Leuchten« eines »rätselhaften Brauns« als der »eigentlichen Farbe der Seele« faßt Oswald Spengler das Gotische in seinen »Umrissen einer Morphologie der Weltgeschichte« von 1917 einmal. Solche Spezereien beiseite und kleinerer etymologischer Wandlungen gleichfalls fast ungeachtet: Mit Gewißheit versteht das Deutsche das Gotische vor allem als Gegensatz zur Stilidee der Romanik hie und der Renaissance dort; freilich auch zu der des Barocken als eines aber gleichfalls Gegen-Klassischen; wobei allerdings jetzt auch hier dann begrifflich ziemlich, ja ad infinitum alles aus dem Leim und drunter und drüber geht: als »barock« bzw. in der Wollschläger-Übersetzung »baroque« empfindet z. B. der Erzähler von Poes »Der schwarze Kater« die dort geschilderten »höchst schauerlichen Vorgänge«, die nämlich in Wahrheit exakt »gothic« sind; oder es ist natürlich, während Bach und Mozart als »romantisch« ausgelegt werden, ausgerechnet der Maler Hans Thoma »barock« (Roh, Der verkannte Künstler, S. 283); oder es möchte z. B. aber Friedrich Nietzsche den aus Jacob Burckhardts »Cicerone« von 1855 herausgelesenen »Barock«-Begriff schnurstracks auch auf Wagners »Zukunftsmusik« angewendet wissen; sogar wenn diese ihrerseits, was Nietzsche recht gut weiß, in Wahrheit doch vielmehr Spätlingsmusik ist, »decadent« (Der Fall Wagner, 1888).

Mit dem von Hitler ins visionär planerische Auge gefaßten Gotland für die von Großdeutschland okkupierte ukrainische Schwarzmeerküste haben weder »gotisch« noch »gothic« irgend zu tun, auch nicht mit der gleichnamigen Ostseeinsel – interessant aber, daß Gotland zwischen 1408 und 1645 zu Dänemark gehörte, daß aber der deutsche Dichter und Wahl-Däne Klopstock wegen seiner reimlos »fiebernden, irren, trunkenen und mondsüchtigen« und also gewissermaßen spätbarocken Wortaufläufe als »africanisch« (Roh, S. 127) verdammt wurde – weder »gotisch« noch »gothic« hat da mehr gelangt.

Obschon wir Heutigen unseren Klopstock doch wieder noch mehr als keltisch empfinden. Oder jedenfalls spätbyzantinisch.

Schon deshalb, weil ja auch bereits die ursprünglichen und ostgermanischen und aber aus Südskandinavien herrührenden Goten sich gleichzeitig auch »Gothi«, ja »Gothones« schrieben und Minervas Eule eh schon längst gestartet ist: Nicht mehr suspendierbar scheint heute im internationalen Rahmen die Dichotomie und infolgedessen fehlerquellenstiftende Kraft von »gotisch« hie und »gothic« dort als Kunst- und Stilbegriffe. Es sei denn, die Angloamerikaner entschlössen sich im Sinne einer völkerverbindend multikulturellen Klärung und Vereinheitlichung erst einmal zu einer Rechtschreibreform. In diesem Fall – nachdem bei uns das entsprechende Reformvorhaben gescheitert ist – vom »th« zum »t« nun ihrerseits. Tat's it.

Auch wenn es dann ja begrifflich nur um so eulenhafter und noch wirrer schwirrte.

e. h.

Getürkte Heilige und türkische Hähne

Ein seltsamer Fall aus Lübeck und Verwandtes

Jean-Etienne Liotard (1702–89), berühmt als virtuoser Pastellporträtist und Zeichner türkischer Szenen, begann als Achtzigjähriger plötzlich Stilleben zu malen. »Die neuen malerischen Qualitäten, die er suchte, lagen für ihn in der Wahrheit, im Illusionswert der Gegenstände, der bis zur Täuschung geht. Liotard war stolz, mit einem Trompe-l'œil-Stilleben von Trauben sein Publikum hinters Licht geführt zu haben, wie einst Zeuxis, den er sogar über Parrhasios stellte, da es wegen des Mangels an Relief einfacher sei, einen Vorhang zu malen als Früchte« (Katalog Museum Stiftung Oskar Reinhart, Winterthur, hrsg. von Peter Wegmann, 1993). Zeuxis? Parrhasios? Die beiden griechischen Maler lebten im 5. Jahrhundert v. Chr., und von ihren Werken ist nichts erhalten. Liotard bezieht sich auf ein Gerücht, eine Legende: »Um ihre Maler zu feiern, sammelten Griechen Anekdoten, die zu deren Gunsten sprachen: gemalte Weintrauben, an denen die Vögel herumpickten, Bilder von Pferden, die ihre Artgenossen für lebendig hielten, ein gemalter Vorhang, den ein Rivale den Autor zu lüften bat, um das vermeintlich dahinter versteckte Bild betrachten zu können« (Claude Lévi-Strauss, Sehen, Hören, Lesen, München 1995).

Noch heute wird bei Schloßführungen gern darauf hingewiesen, wie der Zuschauer von Trompe-l'œil-Effekten genarrt werden soll, etwa durch aufgemalte Türen oder hinter Portieren scheinbar hervorlugende Spione. Für manche besteht Kunst vor allem aus solchen täuschenden Imitationen der Natur, für andere schließen sie Kunst geradezu aus. Immerhin glänzte Mantegna in der Camera degli Sposi

(Mantua) mit solchen Künsten und entzückte nicht *allein*, aber *auch* durch sie.

Liotard also suchte die Täuschung der »Wahrheit« wegen. In anderen Fällen (siehe auch die Kapitel »Maria wie Milch und Blut«, »Falsche Signale«) unterläuft der Malerei eine Täuschung, die der gemeinten Wahrheit des Bildes äußerst abträglich ist – wenn auch nicht seiner Kunst. »Die Extreme gegensätzlicher Gefühle werden durch nahezu dieselbe Handlung ausgedrückt«, schreibt im 18. Jahrhundert Sir Joshua Reynolds (Discourses on Art, hrsg. von Robert A. Wark, 1975), und führt als Beispiel eine »Kreuzabnahme« von Baccio Bandinelli an, der eine ursprünglich wild erregte Bacchantin einfach als tiefen Schmerz behauptende Maria einsetzte.

Von vornherein skrupellos auf Täuschung aus war hingegen der Londoner Verleger und Drucker Peter Stent im 17. Jahrhundert. Er ließ etwa, wie Francis Haskell berichtet (Die Geschichte und ihre Bilder, München 1995), eine von Rembrandt geschaffene Radierung kopieren und gab sie als Bildnis des – sehr unähnlichen – Thomas Morus aus. Oder er beauftragte Kupferstecher mit einem Standardporträt, dem nur jeweils der Kopf ausgetauscht wurde, das Ganze möglichst mit Pferd: »Auf diese Art ließ sich leicht Richard Cromwell mit geringem Arbeitsaufwand und wenig Kosten in Karl II. verwandeln« (Haskell). Gregorio Leti läßt in seinem »Teatro Belgico« (1690) Karl I. frech in einer Rüstung – mit Sicherheit nicht aus künstlerischen Gründen, sondern aus Nachlässigkeit, Arbeitsdruck, Interesse an schnell verdientem Geld – auftreten, die ein Jahrhundert früher für einen Habsburger entworfen wurde. In der Antike machte man es nicht anders. Der mächtigen Statue des Nero redivivus, nach der vermutlich das Kolosseum benannt wurde, setzte man nach dem Tod des Kaisers den Kopf des Sol invictus, des Sonnengottes auf.

Noch verblüffender aber die »Verfälschungen«, mit denen mythologische Figuren zu rechnen haben, etwa die tapferen Zwillinge Kastor und Pollux (Polydeukes), die einem Schwanenei entschlüpften Söhne von Leda und Zeus. Nach ihrer »Verstirnung« stehen sie als Sternbild der Zwillinge am Himmel, dort für Menschen in Seenot zuständig (Ovid), müssen aber auch, Inbild brüderlicher Liebe, laut Homer, einander abwechselnd einen Tag leben und einen Tag im Grab liegen. Sie sind als Rossebändiger und Boxer Brüder der schönen Helena, aber erstaunlicherweise auch die beiden steif-feierlichen zipfelmützigen Dioskuren (Dioskuren = Zeussöhne) aus dem 5. Jahrhundert v. Chr., die zunächst, der Sage nach, auf dem Forum plaziert waren als Dank für rettendes Eingreifen in eine Schlacht, später von Michelangelo auf dem

Kapitolsplatz aufgestellt wurden. Doch sind sie ebenso die nackten, jungen, sehr hübschen Männer mit Pferden auf dem Quirinal aus dem selben Jahrhundert. In einer wesentlich jüngeren Version, 1617/18 von Rubens gemalt, erscheinen die beiden auf dem Gemälde »Raub der Töchter des Leukippos« (bei dem Kastor, mit Pollux zur Hochzeit der Vettern geladen, wegen des versuchten Brautraubs getötet wurde), als Mädchenentführer damit beschäftigt, zentaurenähnlich zwei unbekleidete Frauen (Hilaeira und Phoibe), deren einzige Gegenwehr in ihrem anscheinend unmäßigen Gewicht besteht, auf schnaubende Rosse zu hieven. Die Dioskuren des Kapitols hätten zweifellos ein so fleischliches Handgemenge abgelehnt. Dafür aber ihre Zipfelköpfe vermutlich wohlwollend in den beiden Alpenbergen Kastor und Pollux wiedererkannt.

Die eigentümlichste Metamorphose, gewissermaßen aktuelle Auffüllung der mythologischen Konturen, stand den beiden jedoch noch bevor, und zwar in Annette v. Droste-Hülshoffs Gedicht »An Levin Schücking« (1840/41): »Pollux und Kastor – wechselnd Glühn und Bleichen, / Des einen Licht geraubt dem andern nur, / Und doch der allerfrömmsten Treue Zeichen. – / So reiche mir die Hand, mein Dioskur!« Einer der Zwillinge ist jetzt zur Droste geworden, die Dichterin selbst aber zum Bruder der schönen Helena!

Zur Haupthandlung: Die im 13. Jahrhundert erbaute Marienkirche zu Lübeck gilt als eines der schönsten Beispiele der Backsteingotik des Nordens. Eine Anfang des 14. Jahrhunderts begonnene hochgotische Ausmalung der Kirche, bei der man sich u. a. der üblichen Kniffe wie imitierter Glasmalerei, bemalter Blendfenster, illusionistisch gemalter Fenster bediente, wurde im 15. Jahrhundert übertüncht, um durch die einheitliche Weißung die vielen Altartafeln und Kultbilder, die sich mittlerweile im Kirchenraum angesammelt hatten, deutlicher hervortreten zu lassen. – In den Achtzigern des 19. Jahrhunderts entdeckte man, durch Zufallsfunde angeregt, unter dem Putz Teile der alten Bemalung, ohne sich aber zu einer Freilegung zu entschließen. Meike Müller, deren Magisterarbeit (Das Schicksal der mittelalterlichen Wandmalereien zu Lübeck seit 1942, 1994) ich die Informationen verdanke, zitiert die Dissertation Johanna Kolbes von 1951: »Und so erscheint es uns heute wie eine Fügung, daß uns erst nach dem Verlust der kostbaren Innenausstattung der Kirche die mit den Mitteln der Wandmalerei erreichte, ursprüngliche Raumgestaltung wiedergeschenkt wurde.«

Die »Fügung« setzt ein mit dem Luftangriff vom März 1942 auf die Lübecker Altstadt, bei der auch die Marienkirche von den Brandbomben der Alliierten getroffen wird. Der größte Teil der Innenausstattung verbrennt (d. h. fast das gesamte Inventar aus Spätgotik, Renaissance und Barock, darunter auch Bernt Notkes »Totentanz« und die »Gregorsmesse«), zerspringt, wird von herabstürzendem Material zerschlagen. Der Fügung zweiter Teil: Durch die Hitze des Brandes sind Partien der Kalkschicht abgeplatzt, so daß umfangreiche Flächen der ursprünglichen Bemalung erkennbar werden. Die Folge: 1944 kann man mit der systematischen Freilegung und vorläufigen Sicherung der unterschiedlich gut erhaltenen Bemalungen beginnen und sie noch im selben Jahr abschließen.

1948 wird dem Restaurator Dietrich Fey mit den Helfern Lothar Malskat und Dietrich gen. Dierschau der Auftrag erteilt, mit der zunächst probeweisen Restaurierung zu beginnen. Hierbei wird ausdrücklich festgelegt, »daß bei einer Restaurierung keinerlei Ergänzungen und Nachzeichnungen an schadhaften Stellen der figuralen Malereien erfolgen dürfen«. Es ist der Anfang eines andauernden Kleinkriegs zwischen der von fachlichem Interesse getriebenen Doktorandin Kolbe, die der Arbeit zusehen will, und dem abwehrenden Fey, der behauptet, seine Aktionen seien streng geheim. Frau Kolbe gelingt es jedoch zu beobachten, daß das Trio keineswegs die goldene Regel des Restaurierens beachtet, nämlich: »daß richtiges Restaurieren vor allem eine Charakterfrage sei und sich jeder Restaurator vor Übermalungen oder geheimen und unsichtbaren Ergänzungen strengstens hüten müsse« (Landeskonservator Peter Hirschfeld), sondern etwa zerstörte Heiligengesichter ohne alten Befund nach Gutdünken farbenfroh »wiederherstellt«. Zwischen Original, Übermalung, Ergänzung kann nach Fertigstellung nicht mehr unterschieden werden. Frau Kolbe: »Die beiden obersten Felder hatten eine sehr feste Kalkschicht, die Herr Dietrich beim Freilegen auch mit Hammer und Meißel nicht abschlagen konnte. Ich besah mir die Felder selbst genau und war der Meinung, daß hier keine Malereien mehr vorhanden waren. Wenige Wochen darauf sind ein Tier und ein männlicher Heiliger zu sehen gewesen.« Auch frei erfundene Schadstellen, zur Vortäuschung alter Malerei, gehören zum Werk der Restauratoren.

Als schließlich, trotz mancher Bedenken, Fey 1950 den Auftrag erhält, die elf Felder des Hochchors zu restaurieren, kommt der eigentliche Coup. Fey und Malskat erkennen bald, daß sie unter der Tünche auf keinen ausreichenden Befund stoßen. Da beschließen sie, um sich den Auftrag weiterhin zu sichern, die Joche drei bis neun neu auszumalen und als restaurierte gotische Malerei auszugeben. Im Zentrum, so ihr Plan, sollte, von 20 Königen, Aposteln, Patriarchen und Heiligen umgeben, die Madonna zu sehen sein. Malskat behilft sich dabei mit abgemalten, durchgepausten und skizzierten Figuren nach Vorlagen aus Büchern zum Mittelalter. »Findet eine der Figuren nicht Feys Zustimmung oder naht ein unerwarteter Gast, entfernt Malskat die Linien mit Wasser und erneuert sie anschließend. Ein Maurer bessert Risse und Löcher aus. Er trägt auf Anweisung von Fey an zahlreichen Stellen der Figurenfelder Kalkmörtelputz in verschiedener Stärke auf, so daß berechtigt mißtrauische Besucher, die diese vermeintliche Schicht abheben, um den tatsächlichen Befund zu kontrollieren, auf die von Malskat angebrachten Konturen stoßen und diese zwangsläufig für originalen Befund halten müssen ... Um den Eindruck alter restaurierter Malerei zu erwecken, werden diese Kreationen unter Verwendung von Sandsteinen, Puderbeuteln, nassen Schwämmen und durch das Abschlagen einiger Stellen fragmentarisiert« (Müller). Es handelt sich, im genauen Wortsinn, um das, was man »einen Türken bauen« nennt, nämlich »etwas Nachgemachtes als dokumentarisch erscheinen lassen« (Friedrich Kluge, Etymologisches Wörterbuch der deutschen Sprache, 1989). Im Abschlußgutachten jedoch heißt es ahnungslos: »Durch diese Behandlung ist ein sehr wichtiger Kunstbestand gerettet worden.«

Am 9. 5. 1952 bezichtigt sich Malskat der Fälschung der Chorheiligen und Fey, mit dem er sich überworfen hat, der Anstiftung. Es kommt zu der seltsamen Situation, daß Fey behauptet, es habe originalen Befund gegeben, der nur ergänzt worden sei, während Malskat, wohl aus Eitelkeit, auf seiner originalen Erfindung ohne alte Anhaltspunkte besteht, was ja die kriminellere Handlung wäre. Mit dem ersten Pressebericht (7. 8. 1952) in der »Lübecker Neuen Presse« beginnt eine jahrelange Diskussion in der Öffentlichkeit um den Fälscherskandal. Im November 1953 wird Anklage gegen die drei Beschuldigten erhoben. Der Prozeß, bei dem sich Malskat offenbar als »nachgeborenen gotischen Meister« (Hinnerk Scheper), als kongenialen Vollender der mittelalterlichen Malereien sieht, bringt dem Fälscher in der Bevölkerung großes Interesse und so viel Sympathie ein, daß er sich später vor Aufträgen kaum retten kann. In der Kirche selbst geht es darum, ob die »Lüge im Gotteshaus«, der »sittliche Makel« zu ertragen sei, ob also die Chorheiligen vernichtet werden müssen; künstlerisch ist die Frage, ob, trotz technischen Könnens und Malskats Bemühen, die mittelalterliche Originalmalweise zu treffen, die »Sehweise seiner Zeit mit eingeflossen sei« und dies sie unzulässig unterscheide von echter mittelalterlicher Malerei und daher die »Nachahmung in den Augen unserer Nachkommen ... vollends ungenießbar erscheinen« lasse

(Gustav Lindtke). Es gibt drei beleidigte Parteien: das gekränkte Genie Malskat, die hintergangene Denkmalspflege, die getäuschte Kirche. Man beschließt endlich die Vernichtung der Heiligen. Jedoch: »Zu einer Übertünchung der Flächen ist es bis heute nicht gekommen« (Müller). Erst recht nicht zu einer Neugestaltung, bei der nötig gewesen wäre, wie Scheper es von Malskat nachträglich gefordert hatte: Heilige zu schaffen, »wie sie sich seiner inneren Schau vor dem Hintergrund des Glaubens darboten«. Woher einen solchen Maler nehmen? Heilige im Kopfstand (Baselitz)? Übermalungen (Arnulf Rainer)?

Nachbemerkung: Zwischen 1887 und 1894 hatte der Maler August Olbers im Schleswiger Dom gotische Malereien restauriert und neue Wandmalereien als Ergänzung geschaffen. Im August 1933 erhielten Fey und Malskat den Auftrag, eine erneute Restaurierung vorzunehmen. Fey schlug vor, auf Kosten der Olbersschen Übermalungen die noch feste gotische Substanz darunter freizulegen und zu restaurieren. Die Arbeit erfolgte in der Manier, wie sie später auch in Lübeck praktiziert wurde. Olbers' Werk wurde teilweise als darunter liegender alter Befund ausgegeben, es wurde übermalt und künstlich fragmentarisiert.

Olbers hatte u. a. unter den Bildern der Westwand des Kreuzgangs Tierfriese nach eigenen Entwürfen gemalt, ohne sie, wie er es bei der Arbeit an den gotischen Wandmalereien getan hatte, zu signieren, im Wechsel vier Füchse und vier Truthähne. Als Fey und Malskat ihre Arbeit aufnahmen, waren die Füchse nicht mehr sichtbar, die Truthähne jedoch noch gut erhalten. Die beiden beschlossen, die vier leeren Felder ebenfalls mit Truthähnen auszumalen, »wobei es ihnen vermutlich entgangen ist, daß die vier anderen Vögel einer gotischen Vorlage entbehrten, zumal sie die Erfahrung gemacht hatten, daß die Tierfriese im Nordflügel teilweise auf originalem Befund beruhten« (Müller). Jedoch: Fachkreise und Öffentlichkeit merkten nichts von dem Schwindel, ihr Urteil über die gesamte Arbeit der beiden fiel positiv aus. »Nur auf diesem Boden konnte die Ansicht gedeihen, daß auch die Truthähne im Kreuzgang auf eine Vorlage des 14. Jahrhunderts zurückzuführen seien, was von den Restauratoren, eventuell mangels besseren Wissens, nicht dementiert worden ist ... Ihr Pech, denn sowohl Olbers als auch der ehemalige Bauleiter Ehrhardt lebten noch und bezeugten das Gegenteil, wodurch ein erster Keim des Mißtrauens ... gelegt war« (Müller).

Die Pointe? Ein Gutachten mit der Feststellung, daß die Truthähne neu seien, wurde erst im Dezember 1948 fertiggestellt. Fey und Malskat hatten im Juli 1948 den Auftrag in Lübeck übernommen und: behielten ihn! Die zweite Pointe: Der Truthahnfries wurde in der heftigen Kontroverse der späten Dreißiger und frühen Vierziger, ob die Wikinger resp. Germanen (!!!) noch vor Kolumbus Amerika entdeckt hatten, als Beweis angeführt für den Import des Truthahns eben durch die Germanen. Woher sollten ihn die gotischen Meister sonst gekannt haben?

Dank des Gutachtens ist es dann doch dabei geblieben, daß die Spanier Anfang des 16. Jahrhunderts den in Zentralamerika und dem südlichen Nordamerika heimischen gallus indicus oder amerikanischen Hahn eingeführt haben, der sich im Laufe desselben Jahrhunderts über ganz Europa verbreitete. In der Malerei des 16. Jahrhunderts spielte er keine große Rolle, wohl weil man Schwierigkeiten hatte, ihm eine eindeutige allegorische Bedeutung zu verleihen. Pieter Brueghel d. Ä. läßt in einer Darstellung der Sieben Todsünden eine Personifikation des Neides auf einen übergroßen Truthahn zeigen. Die Verknüpfung von Truthahn und Neid setzte sich jedoch nicht allgemein durch. Gelegentlich wurde ihm noch die Dummheit zugesellt (»dumme Pute«). Albrecht Dürer berichtet, er habe sich auf seiner Reise nach Brüssel (1520/21) »etlich Federn, calecutisch Ding« gekauft: Der Kalekutschhahn aber ist kein anderer als unser Truthahn, der in England auf den Namen »turkey« hört (wie der Mais auf »grano turco« in Italien), obschon beides nicht aus der Türkei, sondern aus dem fernen Amerika kommt.

»Tête de turc« heißt im Französischen soviel wie »Zielscheibe des Spotts«. Das war der jahrelang von Kopf bis Fuß in türkischer Aufmachung durch Europa reisende Pastellmaler und alte Augentäuscher Liotard, der sich »peintre turc« nannte und in seiner orientalischen Ausstattung »als bewußter Antikonformist und Enfant terrible der Kunstszene« verstand (Katalog Stiftung Reinhart), allerdings durchaus nicht. Obwohl oder zumal ihm in einer späten Ehe, sagen die Klatschmäuler, die Frau Gemahlin die türkische Tünche verbot. Diese jedoch, ein Pluderhosengewand aus einem Stück, verewigte ihn neben seinen Pastellen zum zweiten Mal: Man nennt es »Liotard«!

b. k.

Münz' Mißverständnis
Geschichte als Sinngebung des Sinnlosen

»Was ist der Ursprung der Spontaneität der Massen, die sie (die russische Revolution) ermöglicht hat?« frägt sich der belgische Sürrealist und Amateurhistoriker Marcel Mariën in seiner Studie »Weltrevolution in 365 Tagen – Versuch über das Unmögliche« (1958, dt. 1989); und er antwortet sich selbst: »Kurz, der Mord eines Abgeordneten und eines Erzherzogs, vielleicht die magnetisierenden Handzeichen eines Mönches auf Irrwegen, irgendeine Depesche aus Ems oder sonstwoher, zu alledem eine wirkungsvolle und gut inszenierte Pressekampagne und, zur Abrundung des Schauspiels, einen Haufen von ungefähr neun Millionen Leichen.«

Ob diese unsere eine – längst? inzwischen? – »unheilbare Welt« (Karl Kraus, Die Fackel 514–518, S. 43) ist; oder ob die »Unentwegtheit der Welt« (Brigitte Kronauer, Die Einöde und ihr Prophet, 1996, S. 62) die letztendlich doch stärkere, metamoralisch siegende, vielleicht sogar zuverlässig leitende Kraft: wir wissen es nicht, nicht einmal wir wissen es. Daß die Welt noch und erst im Kommen, daß »das Werden seiner zu dem, was er an sich ist, der Geist« (Hegel) auch im Sinne der Hegelianer Marx und Bloch noch längst nicht abgeschlossen sein dürfte, wäre eine dritte Möglichkeit; daß diese Welt an diesem Überborden des überschüssigen Geistes umgekehrt zuschanden geht, leider eine vierte – was also wird da gespielt, worauf ist für unsere nachwachsende und noch suchende Jugend Verlaß, worauf besonders nicht?

Fast schon eine Platitüde, bescheidwisserisch darauf hinzuweisen, daß, den berühmten Titel Theodor Lessings aufzunehmen, »Geschichte als Sinngebung des Sinnlosen« (1919) gewiß nur sich ereignet; beinahe müßig zu fragen, ob, der besonderen Verwickeltheit und hohenzollernthronlichen Schwerdurchschaubarkeit der dann kriegsauslösenden Emser Depesche vom 13. 7. 1870 und ihrer nebulösen kalendarischen Koinzidenz mit Carlo Bergonzis Geburtstag ungeachtet, inzwischen wenigstens die Frage nach Gottschalks vorerörtert doppelter Prädestinationstheorie von 848 wenigstens theologisch wenigstens halbwegs geklärt ist – es stellt sich ja sie auch gar keiner mehr, außer uns natürlich; diese ganz großen Fragen enden ja ohnehin ganz besonders innig in einem ganz besonders ohnehinnigen und schmählichen und bodenlosen und peinigenden Gebrodel an Wirrsinn und Unsinn und Mißverstand, zumal laut Richard Wagners »Götterdämmerung« von 1874 ja sowieso Weise der Welt nichts mehr zu melden haben. An zwei ganz besonders mächtige und innerhalb des Gesamtgebirges ragende Geschichts-Mißverständnisse sei hier aber doch zur Belehrung nochmals erinnert: 1. Wie und warum ausgerechnet zwei nahezu idealtypische Wirrköpfe, die Grüne Petra Kelly und der Waffenfreund und Exgeneral Gert Bastian, 1980 ff. sich ausgerechnet dazu aufgerufen fühlen, die Welt immer mehr von Waffen zu befreien und überhaupt schleunigst das neue Menschenbild prototypisch zu küren. Und 2. wie der Wiener Journalist Siegmund Münz schon im Sommer 1910, vier Jahre, ehe es dann endlich tatsächlich so weit war, es irgendwie beinahe fertiggebracht hätte, wenigstens teilweise den Ersten Weltkrieg schon auszulösen – durch ein Mißverständnis, natürlich.

Münz, die vielleicht schönste der nicht wenigen realsatirischen Figuren aus dem Fundus des Karl Kraus, war, von anderem Wahnwitz im Rahmen der sowieso allgemeinen »Zeit-Schlamastik« (Franz Werfel) abgesehen, ausgezeichnet durch die doppelte journalistische Spezialität, (a) daß er allzeit vielperspektivische Intensivgespräche mit balkanisch-levantinischen Königen, Exzellenzen und sonstigen Grattlern zum Druck ins Wiener Blatt befördert, obzwar er doch, wie er manchmal nolensvolens selber eingesteht, nur immer gerade für fünf Minuten bei jenen vorgelassen wurde; und welche Besonderheit (b) so notvoller- wie aber auch konsequenterweise darin mündet, daß er dabei aber meist viel mehr an seinen eigenen und der journalistischen Erwartung gehorchenden als an den Welteinsichten der hohen Visitierten und Magnaten interessiert ist; so daß Karl Kraus zu Recht pointiert, der bulgarische König interviewe wieder mal Siegmund Münz.

Aber nicht nur die bulgarische, sondern auch 40 Jahre nach der Emser Depesche »Die kretensische Frage« interessiert zumal im Juli 1910 den böhmisch-österreichischen Journal-Kasper ganz besonders heftig und leidenschaftlich – und sein Leibberichterstatter Kraus seinerseits aber hat den überaus feingesponnenen Fall für die »Fackel« und später, als deren Höhepunkt, zugunsten der Sammlung »Unsterblicher Witz« (1961) festgehalten. Er, Kraus, übernehme also bis zum Ende dieses Artikels das Wort – beginnend mit einer Frage, welche der griechische König an Reporter Münz richtet:

»›Haben die Türken auch nur das geringste Anrecht auf Kreta? Haben sie dort etwas geleistet? Und sind denn nicht auch die Mohammedaner auf Kreta Griechen?‹ Anstatt nun schlicht zu sagen: ›Was wollen Sie von *mir* haben?‹ oder ›Weiß *ich*?‹ oder ›Ihre Sorgen möcht ich haben!‹ oder was man sonst eben in solchen Situationen zu sagen pflegt, läßt sich der Münz in Debatten ein. Erst nachdem er die fortwährenden Anspielungen sämtlicher königlichen Familienmitglieder auf Kreta und die Kretenser und das Kichern des Prinzen, dem die Königin einen Rippenstoß gab, endlich kapiert hatte, zog er es vor, sich zu entfernen. Der König rief ihm nach: ›Und bitte nochmals, vergessen Sie nicht, die reizende Frau ... in Wien von mir herzlichst zu grüßen.‹ (Münz ist diskret und nennt keinen Namen.) Der König wollte ihm einen Gegenbesuch auf der Yacht machen, ›der Tod des Königs Eduard jedoch veranlaßte ihn, diesen Besuch zu unterlassen‹. Das ging also doch nicht. Aber der Kronprinz ließ es sich nicht nehmen. ›Schlag 5 Uhr‹ kam er zum Tee (weil es doch sonst kein five o clock-Tee gewesen wäre). Einige Barken schwammen heran, die dem Münz ›ein veritables neapolitanisches Ständchen darbrachten‹. Es war sehr schön. ›Der Kronprinz brach nach zweieinhalbstündigem Aufenthalt‹, und zwar auf, zum Schlosse, wohin ihn aber der Münz noch begleitete ... ›Als wir den Tag darauf erwachten, sahen wir den Vater Ätna, wie er sein Morgenpfeifchen rauchte.‹ Das ist eine sehr euphemistische Bezeichnung für das, was der Vater Ätna tat, als er den Münz sah. Am Abend – das heißt, ›als der Tag zur Rüste ging‹ – wandelte der Münz bereits ›bewegten Herzens unter den Trümmern von Messina einher‹, nicht ohne dem Gedanken Ausdruck geben zu können, ›wie nahe im Leben Zauber und Tod, Herrlichkeit und Untergang aneinander gerückt sind‹. Gewiß, es ist im Leben häßlich eingerichtet. Aber der furchtbarste Kontrast ist doch zwischen einem Interview und einem Krieg. Ein König wird beim Anblick eines Reiseschmocks redselig, und Europa steht in Flammen. ›Konstantinopel, 8. Juni: Die Mitteilungen der Neuen Freien Presse über die Äußerungen, welche König Georg von Griechenland zu einem Mitarbeiter dieses Blattes gemacht hat, sind gestern im Ministerrat besprochen worden.‹ Man verlangt ein Dementi, man droht mit dem Boykott gegen Griechenland. Der König schwankt. Die Neue Freie Presse bleibt aufrecht. Die Rubrik ›Die Äußerungen König Georgs zu einem Mitarbeiter der Neuen Freien Presse‹ wird fortgeführt. Der Großvezier fordert den griechischen Gesandten auf, die Äußerungen des Königs über die Annexion Kretas zu widerrufen. Der ›Tanin‹ verlangt ›ein amtliches Dementi oder Krieg‹. Die griechischen Untertanen, die in der Türkei leben, sollen ausgewiesen werden. Auch in Salonichi hat sich ein Boykottkomitee konstituiert und die Sperre über die griechischen Schiffe verhängt. Die Erregung ist im Zunehmen. Man fordert die Einberufung eines Kongresses aller Berliner Vertragsmächte. Man nennt die Äußerungen des Königs einen ›schrecklichen Selbstmord‹. Es geht das Gerücht, daß Griechenmassakres geplant sind. Der Münz befindet sich auf der Rückreise in die Redaktion. Der König schwankt. Die Neue Freie Presse bleibt aufrecht. Wird sich der König für den Krieg oder gegen die Neue Freie Presse entscheiden?... Er läßt dementieren. Die Retorsionsmaßregeln werden zurückgezogen. Es tritt Beruhigung ein. ›Tanin‹ erklärt, nunmehr werde kein verantwortlicher Leiter in Griechenland mehr die Türkei verletzende Erklärungen geben. Pfui, ruft die Neue Freie Presse: ›Die merkwürdige Geschichte, wie König Georg *unter dem Hochdruck einer internationalen Verwicklung* zu dem *Dementi der gegenüber unserem Mitarbeiter gemachten Äußerungen gezwungen werden soll*, ist von uns wiederholt mitgeteilt worden. ›Tanin‹ spricht jedoch von einem bereits veröffentlichten Dementi, das wir nicht kennen. Bisher ist uns dieses Dementi *nicht zugekommen*. Unser Mitarbeiter hat gewissenhaft über das berichtet, was ihm der König gesagt hat, und seine Mitteilungen *bleiben aufrecht*, mag nun das Dementi erscheinen oder nicht. Anm. d. Red.‹ Sie besteht auf dem Krieg. Ihre welthistorische Frechheit wird auch aus diesem Feldzug siegreich hervorgehen. Sie läßt den Münz nicht im Stich. Er verläßt den Balkan im Bewußtsein treuer Pflichterfüllung. Er hat schon mit vielen Königen gesprochen, aber keiner hätte es gewagt, nachträglich etwas, was er nicht gesagt hat, in Abrede zu stellen!... Man kann wirklich begierig sein, wie sich der König da herausgewunden hat. Ein Gerücht besagt, er habe ein diplomatisches Meisterstück vollbracht. Das ganze war ein Mißverständnis. Alles bleibt aufrecht, nur habe es sich nicht um die kretensische Frage gehandelt, sondern um die Frage, ob der Kretinismus heilbar ist.«

e. h.

»Soldaten sind Mörder«

Tucholsky zu einem kleinen Volksaufstand

Das Zitat des Jahres 1994 war, nicht nur auf humorkritischem Felde, fraglos Kurt Tucholskys reaktualisiertes Wort aus dem Jahr 1931, daß Soldaten Mörder seien – diesmal ohne das dazugeklebte und mildernde

»potentiell«, wie es ein paar Jahre vorher gleichfalls die Gerichte und eine dumm drumherumquatschende Öffentlichkeit erheblich beschäftigt hatte. Lehrreich und insofern auch wieder komisch am diesmaligen öffentlichen Diskurs war vieles; vor allem die exemplarische Vorführung, was für eine allseitige Verlegenheit entsteht, sobald vermeintlich längst als solche domestizierte und jedweder Wirklichkeit entrückte Klassiker, in diesem Fall der allseits beliebte und als Volkskasper dienliche Lesebuch-Tucho, plötzlich und unverhofft wieder jener Brisanz und Rasanz zurückgewonnen werden, die ihren Schriften ja manchmal tatsächlich eigen ist; und wunderbar zu beobachten war es entsprechend, wie da um den 20. September herum zuerst ein großes und ahnungsloses Entrüstungsgelärme rund um das »Soldaten sind Mörder«-Zitat bzw. um die in dubio pro reo freundliche Auslegung der Karlsruher Verfassungsrichter einsetzte und tagelang noch blindlings vor sich hinzeterte und wütete und bis ca. 25. September immer wilder wütete – immerhin, Alt-Tucho-Leser Helmut Kohl hielt sich, anders als die tobenden Rühe und Genscher und Kinkel und die komplette und komplett bescheuerte Sozialdemokratie, dabei bemerkenswert bedeckt; ob er, als vielleicht schon einziger, ahnungsweise mitkriegte, welcher Widerspruch bis hin zum Nonsens sich hier auftat beim plötzlichen Brenzligwerden des Verhältnisses zu einem vermeintlich maustoten »Klassiker«?

Erst als der mit dem Karlsruher Urteil führend befaßte Verfassungsrichter Dieter Grimm im Fernsehen den recht schillernd kompletten und etwas komplizierten Sachverhalt so behutsam wie korrekt – in dubio pro libertate – auseinanderlegte, kam's langsam zum reichlich mürrischen Schwenk der öffentlichen Meinung; und bei der FAZ noch hübscher: Law-and-Order-Mann Fromme dachte auf der S. 1 nach dem dritten Anlauf erst da langsam pro Karlsruhe und ein bißchen sogar pro Tucholsky um, nachdem's ihm Gustav Seibt in der kenntnisreich wägenden Feuilleton-Leitglosse (und vermutlich in der Redaktionskonferenz) hinreichend erklärt hatte.

Daß Satire auch außerhalb der heiklen Soldatenmördersache häufig, ja fast immer Falschverständnisse zuläßt oder sogar bedingt, Verkehrtverständnisse geboren in aller Regel aus der dem common sense scheint's schwer zugänglichen Wechselstromzone zwischen Eigentlichkeit und Uneigentlichkeit des Sprechens: wüßte man's nicht längst eh, das Gesetz erfüllte sich spätestens als Autoaufkleber, auf dem zum Text »Na endlich, die Frauen werden wieder normal« eine schöne Nackte einem häßlichen dicken Mann die Füße küßt – und Sturm erntete; bzw. ihr Zeichner oder die veröffentlichende Zeitschrift oder auch noch der hilfreich kommentierende und interpretierende Dichter (Robert Gernhardt, Was gibt's denn da zu lachen?, 1988); zuletzt hat Wilhelm Solms auf den betreffenden Vorfall aufmerksam gemacht: »Reimkomik bei Gernhardt und Bernstein«, in: »Risiken und Nebenwirkungen. Komik in Deutschland«, hrsg. von Nils Folckers und W. Solms (1996). Im Fall der Mördersoldaten war ein aparter Seiten-, wenn nicht der Hauptaspekt dagegen der, daß die aufgeifernden Politikerprofis von rechtsaußen bis linksunten sehr schnell kleinlauter wurden, als sie vom Bundesrichter Grimm selber wohl recht beschämt und verstört erfahren mußten, daß es sich hier nicht um irgendwelchen pennälerdoofen Schmuddelkram, sondern um ein schon als solches dignes Tucholsky-Zitat handeln solle. So sehr nämlich nach wie vor »Humor diskreditiert« (Tucholsky), so kreditiert andererseits doch der vermeintliche Schulbuch-Klassiker, der aber nun plötzlich kein von Helmut Kohl vereinnahmter mehr war. Das daraus erwachsende Kuddelmuddel selber war nun das geradezu epiphanisch aufscheinende Kulturmißverständnis: Es offenbarte erneut sich die Tiefe der buchtitelgewordenen Kongruenz von »Literatur und Lüge«, hier aufgezeigt von dem Tucholsky-Kollegen und speziell in Österreich zum gefahrlosen Suppenkasper unschädlich gemachten Karl Kraus.

Daß die historisch-semantologisch-justizielle Groteske rund um die 65jährigen Soldatenmörder dann im März 1996 mit einem Gesetzgebungsversuch – »Ehrenschutz für deutsche Soldaten« als erweiterter Paragraf 109 StGB in 109b – »Straftaten gegen die Landesverteidigung« – im Bundestag herrlich und beispielhaft zur Farce weiterschwoll, versteht sich fast von selber. Und daß der wie stets unverbrüchliche und auf seinen ethischen Einsatz nur allzu lauernde Ralph Giordano es in dem Zusammenhang nicht unterlassen durfte noch wollte, im »taz«-Kommentar vom 15. 3. 1996 Otto Schilys einschlägige Bundestags-Debattenrede vonwegen der deutschen »unausrottbaren Sehnsucht nach dem Obrigkeitsstaat« als »hinreißend präzise« zu feiern, derart sich im Duo mit Schily so fix wie längsterwartet auch noch zum zuständigen Tucholsky-Nachfolger aufzuschwingen (also Vorsicht Jens, Biermann, Weizsäcker, Gräfin Dönhoff!) – : das, obwohl beide im Kern eventuell recht haben, rundete ja nur noch das altbekannte Rollenverteilungs- und -erwartungsspiel des demokratischen Alltagslebens.

e. h.

Von Obelix zu Rathenow
Wieder mal ein Sonderfall

In der deutschen Übersetzung des Asterix-Bandes XXIII (Obelix GmbH & Co. KG) versucht der alerte Römer Technokratus, die widerspenstigen Gallier, um sie dem römischen Imperium gefügig zu machen, von der Tauschwirtschaft abzubringen und in die Dekadenz zu treiben. Dem Hinkelsteinlieferanten Obelix erklärt er: »Wenn du die Produktion nicht steigern kannst, befriedigt das Angebot nicht mehr die Nachfrage, was sich negativ auf den Kurs auswirken könnte.« Da Obelix den Sinn der Rede nicht begreift, übersetzt sie Technokratus ins Infantile: »Wenn-du-nicht-können-machen-mehr-Hinkelsteine-ich-dir-geben-weniger-Sesterze. Klar?«

Obelix muß Hilfsarbeiter einstellen: »Ich gebe dir haufenweise Sesterze, denn-wenn-du-und-ich-machen-viele-Hinkelsteine-Angebot-sein-viel-nachgefragt! Klar?« Die Rückfrage des angesprochenen Galliers (»Sag-warum-du-so-reden?«) beantwortet Obelix wie folgt: »Hmmm ... tja, das ist eben die Sprache der Geschäftsleute!«

An dieses antike Mißverständnis könnte Hermann L. Gremliza gedacht haben, als er sich in »konkret« des Obelix äußerlich und intellektuell verwandten Dichters Lutz Rathenow annahm. Die von Rathenow überlieferten Worte eines Stasi-Offiziers (»Ich untersage Ihnen, weiter doppeldeutige Gedichte zu schreiben! Auch keine dreideutigen! Wir haben Experten, die alles entschlüsseln!«) hatte Gremliza im Januar 1992 als »das schönste Gedicht« bezeichnet, »das der Rathenow je geschrieben hat«. Rathenow mißverstand die Beleidigung als Kontaktaufnahme, und einen Monat später war in »konkret« zu lesen: »Seine Erwähnung in dieser Kolumne hat den deutschen Freiheitsdichter Rathenow ermutigt, einen Leserbrief zu schicken und ein von ihm verfaßtes Buch beizulegen – ›auf verbrüchliche Freundschaft für Hermann L. Gremliza‹. Da er also noch immer nicht kapiert hat, was man von ihm will (und das heißt: nicht will), und er mir sonst vielleicht sein nächstes und sein übernächstes Buch widmet, muß ich einmal deutlicher werden als üblich: Du hören, Rathenow! Du nicht viel teures Papier verhunzen! Du nicht schreibschreib machen! Du das nicht können! Du zu dumm! Du verstanden?«

Daß Rathenow nix haben verstanden, mußte auch Gremliza im August 1993 einsehen: »Er nicht hören. Er immer wieder schreib-schreib ...« Von dem, was dabei entsteht (Zitat Rathenow: »Wipp-wupp / Sonst macht die Erde Hulla-hupp!«), nimmt Rathenow vermutlich an, daß es eben die Sprache der Dichter sei. Die spinnen, die Dichter!

g. h.

Populäre Irrtümer

Ein Blick auf die Kollegen

Auch in Thailand wird gejodelt. Das teilen die Statistikprofessoren Walter Krämer und Götz Trenkler in ihrem »500 kapitale Mißverständnisse, Vorurteile und Denkfehler« korrigierenden Werk mit (Lexikon der populären Irrtümer, 1996). Sie räumen mit den Irrtümern auf, daß Abendrot schönes Wetter verheiße, daß häufiges Haareschneiden den Haarwuchs fördere, daß der Kaugummi eine US-amerikanische Erfindung sei, daß bei Gewittern speziell den Eichen zu weichen sei und daß Alkohol wärme.

Darüber hinaus ist zu erfahren, warum die Bratwurst Bratwurst heißt. Größtenteils handelt es sich um Informationen, wie sie auch unter Hausfrauen in eigens dafür eingerichteten Rubriken der Boulevardpresse ausgetauscht werden – eine Kerze, über Nacht in einen nassen Strumpf gewickelt, brenne heller u. dgl.; keineswegs zufällig ist das Buch in der »Bild«-Zeitung vorabgedruckt worden. Als Fundgrube für den Mißverständnisforscher kann es nur bedingt empfohlen werden. Perfekt gebieten die Autoren über das, was in der Journalisten-Klippschule als »Schreibe« gepriesen wird (»Davon hörend und ›not amused‹, wie moderne Blaublütler zu sagen pflegen, läßt der aktuelle König, also Herodes, die drei Weisen zu sich kommen«). Und sie haben sich es leider nicht verkneifen können, langweilig darauf hinzuweisen, daß das dritte Jahrtausend nicht am 1. Januar 2000, sondern erst am 1. Januar 2001 beginne – eine Korrektur, für die sich nur trübe Tassen erwärmen können, die in der Silvesternacht, wenn die Korken knallen und die Raketen durch den Nachthimmel heulen, zu Tausenden als Party-Pooper altklug näselnd das Wort ergreifen werden. Zur Jahrtausendwende droht, was das betrifft, ein wahres »Besserwisserfestival« (Max Goldt).

Aufgenommen haben Krämer und Trenkler allerdings auch ein possierliches Mißverständnis zwischen Hund und Katze: Hebt ein Hund die Vorderpfote, signalisiert er Spielbereitschaft; eine Katze hebt die Vorderpfote zur Warnung. Und schon reagieren sie aufeinander wie Hund und Katze. »Auch halten Hunde das Schnurren der Katzen, also ein Zeichen des Wohlbefindens, fälschlicherweise für Knurren und damit das Gegenteil, was weitere Mißverständnisse erzeugt.«

g. h.

Was tun?

Exemplarisches über Zitatquellen

»Zitate«, so James Boswell in seiner Lebensbeschreibung von Samuel Johnson 1791, »sind schon gut. Es steht eine geistige Gemeinschaft dahinter. Das klassische Zitat ist das Losungswort der Gebildeten in aller Welt.«

»Schon gut« (Boswell-Johnson), well, was aber tun, wenn es sich um das heute noch häufig zu hörende Zitat »Was tun?« und seine offenbar recht trüb gewordenen Quellen und seine reichlich verhangenen Nebelumfelder handelt? Nun, auch in dieser Frage weiß unser kleiner Mißverständnisführer beharrlich Bescheid, gibt zumindest fürs erste und gröbste Auskunft und trägt, wie auch sonst stets, durchaus Ihren Wünschen und Wißbegierden Rechnung:

»Was tun?« – »Čto delat'?«, so nannte sich mit dem zusätzlich etwas verwirrenden Untertitel »Erzählungen vom neuen Menschen« 1863 ein seinerzeit höchst populärer Roman in drei Teilen, erschienen zunächst im »Zeitgenossen«, von Nikolaj Gawrilowitsch Tschernyschewski (1828–89), in welchem dieser u.v.a. die Revolution als Ausfluß der progressiven Bewegung schon für die 60er Jahre erwartete und der derart zum »Lehrbuch der radikal gesinnten jungen Generation« (Manfred Grunert im Kindler-Literaturlexikon) wurde.

»Was tun?« – »Čto delat'?«nennt sich dagegen und aber in offenbarer, wenn auch nicht unbedingt inhaltlich stringenter Zitierfolge eine Abhandlung von Wladimir Iljitsch Lenin (Uljanow) aus den Jahren 1901/02, in der dieser unter dem Untertitel »Brennende Fragen unserer Bewegung« u.m.a. auch die revolutionäre Theorie, Praxis und Ökonomie sowie die politische Agitation der Klassenpartei des Proletariats sowohl als sein, Lenins, Konzept einer revolutionären Kaderpartei behandelt und erörtert.

Wenn aber deshalb in Fjodor Michailowitsch Dostojewskis Roman »Die Dämonen« (Besy) von 1871/72 als Lektüre des liberalen Oberhumanisten und Grattlers Stepán Trofimowitsch Werchowénski ein auf dem Tisch aufgeschlagenes Buch »Was tun?« (Čto delat'?) Erwähnung findet, so kann es sich in diesem Fall eigentlich nur und im Zuge auch anderer romanfiguraler Geflechtsgespinste um Nikolaj Gawrilowitsch Tschernyschewski und seinen gerade mal acht Jahre alten Roman handeln; den Dostojewski allerdings schärfstens ablehnt (s. den Kommentar in der Piper-Ausgabe, S. 1005); während Tschernyschewski 1861 Dostojewskis »Die Erniedrigten und Beleidigten« noch begeistert und wohl etwas mißverstehend begrüßt hatte; und allerdings auch Stepán Trofimowitsch seinerseits »die Grundidee des Verfassers« (S. 419) Tschernyschewski billigt; und freilich dabei nach Auskunft des Erzählers »wie im Fieber« redet.

Wieder anders und gelockerter, auch zeitlich etwas gelockerter, ist es, wir erwähnten ihn bereits ehrend, im Fall von Theo Sommers Silvesterjahreswelterklärungsbilanz »Noch hat die Zukunft keine Kontur« in der Wochenzeitung »Die Zeit« vom 31. 12. 1994; insofern diese u.m.a. einen »Weisen aus Basel« namens Carl Burckhardt als Verfasser der »Weltgeschichtlichen Betrachtungen« von 1868–73 anführt und ausweist, mit dem er, Sommer, aber ja weder den Schweizer Bildhauer Carl Burckhardt meint noch auch den Diplomaten, Historiker und Autobahnapologeten Carl Jacob Burckhardt noch auch nur vielleicht doch den bekanntesten unter den dreien, den wirklichen Verfasser der »Weltgeschichtlichen Betrachtungen« Jacob Burckhardt; sondern genaugenommen gar nichts.

Aber er schreibt's halt – was tun sonst? – trotzdem hin.

Und das ist, noch genauer genommen, gut so.

PS: Wie es aber zitatsolidargemeinschaftsmäßig geschieht und sich ereignen mag, daß ein Richard Strauss' »Metamorphosen« betreffendes Zitat aus dem noch gänzlich ungedruckten und unveröffentlichten

»Herzgewächse«-Roman von Hans Wollschläger aus dem Jahr 1982 (1. Teil) sich bereits halb- und teilzitatlich in Eckhard Henscheids Opernbuch von 1979 findet: wer die Lösung *dieses* eigentlich unmöglichen Rätsels errät, der erhält vom Autor eine Ferienreise, stop, korrigiere: eine Buchprämie. Und ist darüber hinaus »gesegnet vor allen Menschen« (Dostojewski; der alte Karamasoff beim Staretz randalierend).

e. h.

Der Krieg der Welten

Massenmißverständnisse zwischen Welles und Wells usw. usf.

Am 30. 10. 1938 strahlte CBS das Hörspiel »The War of the Worlds« aus. Es handelte, lose angelehnt an H. G. Wells' gleichnamigen, 1898 erschienenen Science-Fiction-Roman, von einer Invasion der Marsmenschen in den USA. Die Verantwortlichen – Orson Welles, Howard Koch und John Houseman vom »Mercury Theatre of the Air« – lösten unbeabsichtigt eine Panik aus. Wie viele Amerikaner das Hörspiel damals als authentische Reportage mißverstanden und sich auf die Flucht begaben, ist nie genau ermittelt worden. Viele der überlieferten Berichte wirken aufgebauscht, chaoslüstern und apokryph. Sehr beliebt ist bis heute der Hinweis auf die berüchtigte Marsmenschenpanik bei sozialpsychologischen Röntgenbildnern und den Wächtern der Medienmoral, die sich aber nur selten die Mühe machen, in der Bibliothek nachzusehen, ob es denn auch stimmt, wenigstens cirka, was sie vom Hörensagen über jenes exemplarische Massenmißverständnis zu wissen glauben.

»Unter der Bevölkerung brach eine Panik aus, man versuchte sich zu verstecken, Lebensmittel wurden gehortet, die Telefonleitungen nach New Jersey brachen zusammen«, meldet Georg Seeßlen (Kino des Utopischen, 1980). Don R. Pember (Mass Media in America, 1977) teilt mit, die »New York Times« habe nahezu 900 Anrufe bekommen, Katholiken seien spontan zur Beichte aufgebrochen, Hunderte von Leuten hätten berichtet, Marsmenschen gesehen zu haben, und die Highways an der Ostküste seien von Fluchtwagen überfüllt gewesen.

Polizeistationen, Zeitungsredaktionen und Radiosender im ganzen Land seien von Anrufern bestürmt worden, die Marsmenschen gesehen zu haben erklärten und aus der Gefahrenzone hinausgeleitet werden wollten, erklärt Richard France (The Theatre of Orson Welles, 1977). Mehr als zwanzig Familien seien aus einem Häuserblock in Newark, New Jersey, geflüchtet, mit nassen Tüchern vorm Gesicht, um sich vor dem Giftgas der Marsmenschen zu schützen. In Indianapolis sei eine Frau in eine Kirche gerannt und habe gerufen: »New York has been destroyed; it's the end of the world.« In Pittsburgh sei ein Mann nach Hause gekommen und habe seine Frau mit einer Flasche Gift in der Hand vorgefunden; die Frau habe geschrien: »I'd rather die this way than like that!«

Charles Higham (Orson Welles, 1986) stellt fest, die Hälfte der Zuhörer habe geglaubt, daß Marsmenschen im Anmarsch seien. In Harlem seien Hunderte in Kirchen geflüchtet, die Straßen fast jeder Stadt in New England seien von den Autos der Flüchtenden verstopft gewesen, und in Newark sei die Hausfrau Sylvia Homes auf die Straße gerannt und habe den Leuten zugerufen, die Deutschen hätten New Jersey zerstört. Der Bürgermeister einer Stadt im Mittleren Westen habe telefonisch Orson Welles zu sprechen verlangt und ihm zugeschrien, in den Straßen wüte der Mob: »If this is just some crummy joke, then I'm coming right to New York and beat you up!«

Von Küste zu Küste hätten die Menschen geweint, gebarmt und gebetet oder versucht, sich freiwillig zum Kampf zu melden, schreibt John Houseman (Unfinished Business, 1986). Die Elektrizitätswerke auf Rhode Island seien von Anrufern bestürmt worden, alle Lichter zu löschen, um den Marsmenschen die Orientierung zu nehmen. Gleich nach der Sendung war von unzähligen Toten, Verletzten und Unfällen die Rede. Am Ende stellte sich heraus, daß sich nur eine junge Frau den Arm gebrochen hatte, als sie auf der Flucht vor den Außerirdischen eine Treppe hinuntergelaufen und gestürzt war.

Die Schadensersatzforderungen, berichtet Houseman, hätten sich dennoch auf mehr als 750 000 Dollar belaufen; aber nur eine einzige sei erfüllt worden. Ein Mann aus Massachusetts schrieb an CBS: »I thought the best thing to do was to go away. So I took $3.75 out of my savings and bought a ticket. After I had gone 60 miles I knew it was a play. Now I don't have money left for the shoes I was saving up for. Will you please have someone send me a pair of black shoes size 9B!« Diesem Mann sei geholfen worden.

Daß es überhaupt zu panischen Reaktionen gekommen sei, führt Houseman auf die technische Brillanz des Hörspiels zurück. Bis heute sei es unmöglich, der verkratzten, abgenutzten Aufnahme zu lauschen, ohne im Nacken einen Hauch zu spüren »from that great wind of terror that swept the nation«. 1977, nachdem der Hessische Rundfunk die Originalfassung des Hörspiels gesendet hatte, hieß es in der »Welt« allerdings: »Das Ergebnis beim erwartungsvollen und durch 40 Jahre Hörfunkentwicklung maßlos verwöhnten Hörer: Verblüffung, Enttäuschung, fast Ratlosigkeit. Von der Magie dieser denkwürdigen Abendstunde vor fast 40 Jahren ist beinahe nichts mehr zu spüren. Alle Stimmen, selbst die Schreie der unter den Hitzestrahlen der Marsmenschen Sterbenden, sind sofort als Studioprodukt auszumachen.«

Die Sendung sei bei nur halbwegs genauem Zuhören sofort als Fiktion zu erkennen gewesen, urteilte Dorothy Thompson in »The New York Tribune« am 2. 11. 1938, als die Wellen der Aufregung noch rollten und der Wind des Schreckens noch nicht abgeflaut war. Nach einer Umfrage des American Institute of Public Opinion hätten insgesamt neun Millionen Erwachsene in den USA 1938 die Sendung gehört, während C. E. Hooper, Inc., eine kommerzielle Organisation, die Zahl von vier Millionen Hörern ermittelt habe, stellen Shearon A. Lowery und Melvin L. De Fleur fest (Milestones in Mass Communications Research, 1988). Eine Untersuchung von Hadley Cantril (The Invasion from Mars, 1940) ergab, daß ein Sechstel der Zuhörerschaft an die Landung der Marsmenschen geglaubt habe; nach Cantrils Schätzung ungefähr eine Million Menschen.

Macht nichts. Orson Welles habe »das ganze Land in eine Panik« gestürzt, jubelt der Biograph Joseph McBride (Orson Welles, München 1982). Ebenso entschlossen im dunkeln tappt Michael Foot (The History of Mr Wells, 1995). Daß Welles eine Panik verursacht habe (»a sensation and near-panic across a substantial area of the eastern United States«), hat auch Michael Foot düster irgendwo läuten gehört, nimmt aber an, das sei geschehen, als Orson Welles aus H. G. Wells' Roman »The War of the Worlds« verschiedene Passagen im Radio vorgetragen habe. In der Romanvorlage landen Marsmenschen in England; in der Hörspielbearbeitung greifen sie die USA an. Den kleinen Unterschied hat Michael Foot nicht mitbekommen. Schade, daß er nicht auch H. G. Wells und Orson Welles durcheinandergebracht oder beide noch mit George Orwell, Otto Wels und Guido Westerwelle verwechselt hat oder mit Wen Cheng-ming, eigtl. Pi, genannt Wen Chengchung o. Wen Heng-shan, geb. Chang-chou (Kiangsu) 1470, gest.

ebd. (?) 1559, chin. Dichter und Maler; Schüler von Shen Chou; malte als eklekt. Vertr. der Wu-Schule hpts. akadem. Landschaften mit selbstverfaßten Gedichten; auch Stempelschneider und Kalligraph; hatte aber mit dem Krieg der Welten von Wells und Welles nicht viel zu tun, eigtl. gar nichts.

Die aufreizend verwechslungsträchtige Namensähnlichkeit zwischen Wells und Welles war jedoch auch H. G. Wells aufgefallen. Nachdem er 1940 Orson Welles getroffen hatte, sagte er: »I've had a series of most delightful experiences since I came to America, but the best thing that has happened to me so far has been meeting my little namesake here – Orson – I find him most delightful – he carries my name with an extra E which I hope he'll soon drop ... I've known his work before he made this sensational Halloween spree – are you sure there was such a panic in America?«

Was seinerzeit wirklich im Busch war, weiß kein Mensch. Nur Ulrich Wickert (Freiheit, die ich fürchte, 1981) weiß es so exakt, als sei er selbst dabeigewesen: »Millionen von Radiohörern verstanden die – als Hörspiel angekündigte – Sendung als Tatsachenbericht und verließen fluchtartig New York.«

Millionen. Verließen New York. Fluchtartig. »In New York hundreds of people on Riverside Drive left their homes ready for flight«, heißt es in den Memoiren von John Houseman. In der hastig hingeschmierten Version des Mister Tagesthemen sind aus Hunderten Millionen geworden; vielleicht, weil höhere Zahlen höhere Auflage bringen, vielleicht aber auch nur, weil auf journalistische Sorgfalt gepfiffen ist, wenn der eigene Zinken erst einmal oft genug vor der Kamera gehangen hat.

Aber auch im Alternativjournalismus kommt es auf Daten, Fakten und Zahlen nicht so genau an, solange Pi mal Daumen die Richtung stimmt. Am 6. 7. 1996 plauderte Andrea Böhm, die Amerika-Korrespondentin der »taz«, aus dem unsortierten Nähkästchen: »Als in den USA das letzte Mal die Invasion aus dem Weltall angekündigt wurde – 1953 mittels eines höchst authentisch klingenden Hörspiels eines gewissen Orson Welles –, da packten die Leute in Panik ihre Koffer und versuchten, zu fliehen.« Irgendwie war da jedenfalls irgendwas gewesen, 1938 oder 1953, und die Leute packten ihre Koffer. Und millionenfach die Badehose ein. Und den Giftgasschnorchel dazu.

Auf den Plan gerufen hat das spektakuläre Marsmenschen-Mißverständnis aber nicht nur Moralisten und Ahnungslose, sondern auch bewußtseinsindustrie- und medienkritisch eingestellte Akademiker, die sich, Adorno und Horkheimer unbeholfen nachtappend, angestrengt bemühen, dem Ereignis delikat formulierte Schlußfolgerungen abzugewinnen. Pionierarbeit geleistet hat diesbezüglich der Medientheoretiker Werner Faulstich (Radiotheorie. Eine Studie zum Hörspiel »The War of the Worlds«, 1981): »Der Hörfunk ›lebt‹ in der Illusion der Hörer; insofern ist das Hörspiel nur das Eingeständnis seiner Verspieltheit, die Explizierung seiner Abhängigkeit von Phantasie und Kraft zur Illusion. Seine Unmittelbarkeit, seine Sensationen, seine Aktualität: sie pulsieren nur im illusionär gefangenen, be-fangenen Kopfe. Der Hörfunk vermittelt Realität nur in dem Maße, in dem er illusionär sie zu erzeugen vermag.«

Niemand ahnt, was Werner Faulstich uns damit sagen wollte. Vermittelt der Hörfunk Realität nur in dem Maße, in dem er sie zu erzeugen vermag? Illusionär? Illusionär sie? Oder sie illusionär? Oder wierum? Die Illusion als Eingeständnis der Verspieltheit? Oder die Phantasie als Unmittelbarkeit der Kraft der Illusion? Und kann Unmittelbarkeit überhaupt pulsieren? Oder Aktualität? Im Kopf? Pulsieren? Und weshalb ist ausgerechnet Werner Faulstich davon überzeugt, daß gerade ihm kein illusionär gefangener, »be-fangener« Kopf auf den Schultern herumschlottere?

Die Sache ist rätselhaft, unergründlich, nicht zu beantworten. Ein gefundenes Fressen, soviel ist sicher, muß H. G. Orson Wellershoff mit seinem Hörspiel freilich auch dem Zivilisationskritiker Günther Anders bereitet haben. Gibt es irgendwo in Anders' Werken einen Hinweis auf den Krieg der Welten und die 1953er oder evtl. 1938er Millionenpanikflucht aus New York? Hat der unbestechliche Philosoph Günther Anders dem Vorfall einen brauchbaren Gedanken abgerungen?

Sachdienliche Hinweise nimmt der Endesunterfertigte entgegen. Als Belohnung und zur Nervenberuhigung winkt diesmal aus der Ferne ein Original-Autogramm von Mireille Mathieu. Auf einer Vierfarbpostkarte. Der letzte Schrei.

g. h.

PS: Aus einem »Spiegel«-Interview (23. 9. 1996) mit dem amerikanischen Schriftsteller Richard Ford über den Erfolg seines Romans »Independence Day« und den gleichnamigen Kino-Hit von Roland Emmerich:

Spiegel: Viele Amerikaner halten Ihren 1995 erschienenen Roman »Independence Day« für die Vorlage zum Kino-Hit. Stört Sie das?

Ford: Überhaupt nicht. Es kommen Kinobesucher in den Buchla-

den und wollen den Roman »Independence Day« kaufen – seither geht mein Buch sehr gut.
Spiegel: Sie haben in den USA schon mehr als 330 000 Exemplare verkauft – wie viele gehen auf das Konto dieses Mißverständnisses?
Ford: Sicher eine ganze Menge.
Spiegel: Hat es Reklamationen gegeben?
Ford: Nein, darauf bin ich stolz.

Wie man aber aus Klassikerverlagskreisen hört, soll der zuletzt stark stockende Absatz von Goethes »Faust« durch die gleichnamige Fernseh-Krimi-Serie wieder kräftig angezogen haben. Gleichfalls ohne Reklamationen.

e. h.

Nomen non est semper omen

Hin und wieder, im Österreichischen sogar recht häufig, ist der Name ja wirklich, wie der Lateiner will, Programm. Der Burgtheaterdirektor Haeusserman z. B. war ja wirklich einer; der Wiener Aggressionsforscher Hacker beschäftigte sich bevorzugt mit Hackordnungen; Freud am liebsten mit der Libido, die ihm ganz offenbar groß' Freud brachte; indessen Adler viel über Freuds Geiersymbolik bei Leonardo nachdachte. Der seinerseits wirklich der Löwe unter den Malern war. Während Dolci ja nun tatsächlich überaus süß malte; und Lippi speziell süße Madonnenlippen; und Canaletto nichts so gern wie den Canal Grande, immer wieder den Canal grande. Als ob sein eigener Name ihn, halb zog er ihn, halb sank er hin ... und kaum anders Nicolas Poussin: er wieder malte bevorzugt poussierlich poussierende Possenreißer. Und Rosalba Carriera (1675–1757) machte mit immer den gleichen Frauenportraits Karriere und wurde steinalt. Und genauso bei den Dichtern: kein anderer als Jacopone da Todi natürlich war es, der um 1250 die lateinischen Todessequenzen des »Stabat Mater« niederschrieb. Tja. Hm ... doch wie auch immer: Anatoli Karpow jedenfalls spielt wie ein Karpfen kühl bis ans Herz hinan seine Partien herunter und läßt sich dabei nicht mal von Bobby Fischer aufs Glatteis führen. Indessen zwar Wolfgang Unzicker oft genug unselig zickig manövriert, aber wiederum Kasparows Partieanlagen tief und klar wie das

Kaspische Meer sind; von dem er zu allem Überfluß auch noch herkommt.

Mozart machte im wesentlichen zarte Musik; Haydn sich im 2. Satz der Paukenschlag-Sinfonie einen Heidenspaß. Verdi verdiente als einer der ersten mächtig an Musik – während seinerseits Beethoven betroffen vor allem macht.

Wolfdietrich Schnurre, fraglos, bevorzugte die Form der Schnurre. Grass schrieb früher krasse Romane, Böll krachmacherische, und Goethe ist ja doch nun wirklich göttlich, oder? Der Journalist »Focus«-Markwort ist nicht nur ein Meister des markigen Worts, sondern steigerte dadurch auch noch enorm seinen Markwert.

Allein, nicht immer funktioniert der Mechanismus; sondern der Name führt oft auch über die Fehlprojektion zu den unauslöschlichsten Legendenbildungen. Friedrich Schinkel z. B. malte ja keineswegs, wie manche falsche Erinnerung oder Viertelbildung es möchte, klassische Kolossalschinken; sondern hochromantische und zugleich eher apollinische Zartgemälde. Das mit den Schinken war vielmehr Hans Makart, der also keineswegs so mokant-apart pinselte, wie sein Name es suggerierte. Sondern grob wie ein richtiger Holbein, der aber seinerseits wieder mehr elegant wie Bernd Hölzenbein von der Frankfurter Eintracht operierte, auch seine Namenssuggestion stimmt ja hinten und vorne nicht, sondern Hölzenbein spielte im allgemeinen apart und smart wie Mozart – und sein Name träfe also wieder viel eher und treffsicherer für den berühmten Vorstopper Georg (»Katsche«) Schwarzenbeck zu.

Robert Musil imaginiert musikalische Prosakonstrukte, insistiert indessen selber mehr auf mathematischen. Joachim Fest wechselte im Lauf seines Lebens ungemein schwankend von erst einmal linken zu späterhin stark rechtskonservativen Positionen, wurde aber gleichwohl gerade wegen seines Berechenbarkeit simulierenden Namens FAZ-Herausgeber. Ernst Jünger wurde 1995 vielmehr 100, und Walter Benjamin war auch keineswegs das Greenhorn und der Youngster, sondern so was wie der Großonkel der Kritischen Theorie, ja Horkheimer und Adorno hatten ganz schön Angst vor ihm und seiner Naseweisheit. Sartre wohnt weder in Chartres noch wie zu hören auf dem Montmartre, sondern allzeit im gauloisegesättigten de Gaulle-Dunstkreis rund um Simone Beaumarchaiselongue, doch, da gefiel es ihm.

Wie Bach für Beethoven eigentlich »Meer« heißen sollte, so dieser gleichfalls für Brentanos Bettine in »Die Günderode«. Die Epik ihrer Erbin Luise Rinser ihrerseits bildet, das lauschige Rinnsal weit hinter sich zurücklassend, einen ruinenumkränzten breiten Strom, eben den, an dem die Günderode unter Hintanlassung nicht einer einzigen gescheiten Ode verstarb – Moses war dagegen nie an der Mosel – der Bamberger Wollschläger taugt doch vielleicht mehr als schlaubergerischer Schaumschläger – und Karl Heinz Bohrers Gedanken und Einsichten scheinen nur prima vista bohrend, sind aber in Wahrheit hämmernd und klopfend und stehen am Ende meist wie gemeißelt da.

Siegfried Unseld aber, worauf Ulrich Holbeins »Sprachlupe« (1996, S. 230) aufmerksam macht, müßte ja eigentlich »Seld« heißen.

Wußten Sie, daß Alfred Hrdlicka ausgerechnet »Alfred Turteltäubchen« heißt? Dieser überhaupt nicht gurrende, sondern knurrende Wach-, ja Sauhund? Eben. Es ist kein Verlaß. Es ist mit Namen nicht viel zu gewinnen. Brigitte Kronauer, um nur ein Beispiel unter Billionen zu nennen, assoziiert zwar nominell bestens Krone, Thron, Kothurn und Kotau (vor ihr!), entlarvt sich aber aus der Nähe besehen nur als ein Brikett an chronischer Igittigitt-Höheretöchterhaftigkeit. Gerhard Polt ist natürlich entgegen den landläufigen Pressewortspieltorheiten überhaupt kein »Polterer«, sondern mehr leise, bestenfalls »bold« (kühn). Und ein Unhold. Herbert Rosendorfer kommt zwar in Tat und Wahrheit aus jenem Tirol, in dem man sich laut Carl Zeller (nicht aus Zell am See!) Rosen schenkt, ja aus der Gegend unterhalb des Rosengartenmassivs – aber: ausgerechnet eben nicht aus Rosenheim noch aus Deggendorf, sondern aus der Stadt Bozen, die seit kurzem sogar Großstadt ist! Glückwunsch! An die Stadt und Herbert. Joseph v. Eichendorffs Geburtsort Lubowitz ist leiderleider mehrteils mit Linden und Buchen bestückt, und auf der anderen Seite: Arthur Schopenhauer haute ja keineswegs die Schoppen artistisch rein wie er's brauchte; sondern pfiff sich lieber früh den Kant rein und bezichtigte ausgerechnet und umgekehrt den (vermeintlich!) gedankenhegenden Hegel unnachsichtig, ja reichlich philiströs seiner »Bierwirtsphysiognomie«. Ja, so war er halt, unser Arthur mit seinen weinpantscherisch verkniffenen Gesichtsrunzeln und seinem pompös gerharthauptmannartigen Schlohhaarbuschen.

Marx war bekanntlich gar kein Marxist; Heimito v. Doderer allzeit lebendig und fidel; Kaspar Hauser schwer unbehaust; und schließlich Eckhard Henscheid – er dient keineswegs, wie Gerhard Zwerenz es möchte und tatsächlich in ein Buch drucken ließ, seinem eigenen »Hirnscheiß«, sondern erbarmungslos der Menschheit.

Hin und wieder stimmt es aber dann doch wieder, die Kongruenz, ja Konkordanz von Name und Sache. Klaus Michael Grüber hat, wie der Name unkt, unter vielen ähnlich gesonnenen Kulturgangstern seiner Generation ohne jede Frage die grüblerischsten »Faust«-Inszenierungen geleistet (mit u. a. Minetti als Elisabeth Flickenschildt); Franz Alt dagegen sieht heute ganz schön alt aus; Wolfram Schüttes Ideen werden, wie schon sein Personalausweis blinkt, immer schütterer, ja verschatteter; Emil Abderhalden versuchte kraft Fermentabwehr mit Erfolg Gifte abzuhalten; Odysseus wurde nie ganz sein genuines Odiprofanum-Odeur los, so isses, und benannte sich deshalb als altantik ithakischer Aristokrat rechtzeitig in Ulysses um; und genauso ominös numinös erging es dann später immer wieder Adorno-Wiesengrund: Er nämlich adorierte nichts so sehr und innig wie den Eichendorffschen Wiesengrund, den er deshalb konsequent und sonder Wank auch für den wohl schönsten seiner Aufsätze nutzte. A Dorn im Auge war das immer schon seinem Leibdiener, dem komplett unmusischen Jürgen Habermas, der eben deshalb zeitlebens allzeit vor irgendwelchen rechten und linken Faschismen warnen zu müssen meinte und infolgedessen schließlich in die bange Leserbrief-Frage »Wer ist der nächste?« (FAZ vom 17. 6. 1993) diese aufwerfend eindriftete; worauf man nur mit dem alten Volksmund »Habe ma's?« zurückblöken kann.

e. h.

Nomen est oft ein Problem

Ein anderes und strukturell verwandtes Problem ist, daß ähnliche Namen auch noch ähnliche Tätigkeitsfelder okkupieren und unsere Zerebralkapazitäten auf eine zusätzliche und unnötig harte Probe stellen. Nicht verwechseln sollte man in diesem Zusammenhang möglichst den Monisten Ernst Haeckel (1834–1919), der u. a. in seinem Buch »Die Welträtsel« (1899) den biogenetischen Grundgesetzen in der Nachfolge Darwins hinterher war; während Theodor Haecker (1879–1945) in »Was ist der Mensch?« (1933) zwar ebenfalls jenen hinterherjagte, aber wieder mehr als Kulturphilosoph und Anthropologe.

Nicht ausbleiben natürlich konnte, daß auch die alte SPD-Pfeife Carlo Schmid (jetzt auch als Briefmarke) prompt mit der alten Nazi-Pfeife Carl Schmitt vermixt wurde, selbstverständlich vor allem in SPD-Kreisen, wo ja schon der beidemalige Professorentitel die Köpfe verdreht; auch wenn der eigene Mann nicht grad »Kronjurist des Dritten Reiches« war; sondern nur an seinem Baudelaire ziemlich viel falsch auslegte und entsprechend dumm übersetzte.

Noch stärker ist die Vermantschungsgefahr bei dem deutschen Physiker Hermann Helmholtz (1811–94), der sich u.v.a. auch und verschiedentlich mit der Entstehung von Leben befaßte – fatalerweise genau das tat auch der Niederländer van Helmont, der in seiner Eigenschaft als der bedeutendste Naturforscher des 17. Jahrhunderts aus Mehl und einem schmutzigen Hemd Leben, nämlich Mäuse, entstehen lassen wollte; was nicht klappte; nicht klappen konnte.

Und schon fast aussichtslos ist die Lage in der Folge bei der Folge Lacan, Lafayette, La Fontaine, Lafontaine, Laforgue, Lagarde, Lagrange, Laguerre, Lamarck, Lamartine, Laplace, Laroche, Larochefoucauld, Lasagne und Lassalle, also die muß man ja nun praktisch-faktisch verwechseln und vermantschen, naja, den vorletzteren vielleicht doch weniger.

e. h.

Frankreich

Ein Einspruch

»O Frankreich, du edler Bruder Deutschlands!« krähte 1843 im sog. »Königsbuch« Bettine v. Arnim; desungeachtet kommen aus Frankreich, das alte Griechenland beiseite, schon immer die allerärgsten Torheiten und allerbösesten Desinformationen. »Wie miserabel es mit aller französischen Kunst steht; daß Poesie diesem Volke eigentlich ganz fremd ist«, darauf insistierte im Brief an Mathilde Wesendonck vom 10. 4. 1860 bereits Richard Wagner, allein, es geht nicht allein um Kunst und Poesie: Ist es schon, wie vorne gestreift, ein ziemlich dicker Hund, daß ausgerechnet in diesem schwurbeseligen Lande mit seiner heißen Vorliebe für cancantobenden Tanz, Edith-Piaf-Schmalzetten und eben (selbstverständlich falsch gehörte) Wagnermusik ausgerechnet die »apollinische Clarté« ihre Heimat haben soll, nur weil dort Descartes und Pascal und Diderot und Molière mal herummachten (und auch die waren ja keineswegs immer die klarsten im Kopf); ist es schon ein gar zu lange fortwährendes Gerücht, daß dort von Montesquieu und Montaigne bis zu Bataille und Baudrillard und (die bisherige Clarté-Klimax) Bernard-Henri Lévy der philosophische Geist fortwährend am immerwährend sich fortzeugenden Emanieren sein soll, obschon doch in diesem französischen Geistesleben nichts zählt als, wie gleichfalls bereits in einem unserer Eingangskapitel angedeutet, sexualistische Schnurren und speziell zähe Dreiecksgeschichten sans gêne und ganz im Sinne von Maupassants vorbildlich selbstkritischem Monsieur Rade in »Les Dimanches d'un Bourgeois de Paris« von 1880: »Monsieur, Sie sollten bei Franzosen grundsätzlich nie ein edles Motiv annehmen, wenn sich ein niederes finden läßt«; reicht dieser philosophische Boudoir- und Ménage-à-trois-Histörchen-Esprit à la fin auch noch hin bis zu Sartres großmäulig höllensymbolischem Sexualneidspektakel »Huis clos« von 1944; wird nicht jener Jean-Paul (»Satter«) Sartre seit Jahr und Tag unvermeidlich verwechselt mit Chartres und Chantré und eben leider auch Clarté so wie sein dubioser Freund Camus mit Juliette Gréco und diese mit El Greco; wird nicht auch schon der Satz »Eigentum ist Diebstahl« (»La propriété c'est le vol«) nicht allein fortwährend inhaltlich falsch ausgelegt (gemeint ist ja keineswegs das Privateigentum, vielmehr das der Produktionsmittel), sondern statt Pierre Joseph Proudhon andauernd fälschlich Fourier zugeschrieben bzw. Marx und Wehner; stammt, wie uns das »Lexikon der populären Irrtümer« von 1996 belehrt, auch der Satz »L'état c'est moi« gar nicht von Ludwig XIV. selbst; hält auch die Legende nicht Stich, daß Jean-Jacques Rousseau die »Natur« hochhält und die »Gesellschaft« als Kontrast niedermäht, wo er in Wahrheit als personifizierter »Einbruch des durchtriebenen Plebejers in die Weltliteratur« (Egon Friedell, Kulturgeschichte der Neuzeit, S. 731) lediglich seine Hoffnungen kaltschnäuzig auf ebendiese »Rolle des Verächters« in aller ingrimmigen »Originalität«, aber auch inständigen »Ordinärheit« (ebd.) setzt und dies als sein »Zurück zur Natur« ausbellt; so macht, wenn man Johannes Gross (FAZ-Magazin vom 2. 2. 1990) glauben darf, die Sache auch vor dem noch bekannteren, dem bekanntesten aller französischen Sätze nicht halt; sondern den Saustall vollends dicht:

»Zola ist berühmt geblieben mit der Überschrift seines Artikels in der Dreyfus-Affäre, dem flammenden ›J'accuse!‹ Die Überschrift stammte nicht von ihm, sondern vom Chef der Aurore, Georges Clemenceau; der zu umfangreichen Texten neigende Romancier wollte drüberschreiben: ›Lettre à M. Félix Faure, Président de la République‹. Eines der folgenreichsten Worte von Churchill, ›I have nothing to offer but blood, sweat and tears‹, hat er nicht gesagt, sondern von ›blood and toil, tears and sweat‹ gesprochen. So steht es auch im Roman von Henry James ›The Bostonians‹. Häufiger sind die Fälle, daß bedeutenden Figuren Worte in den Mund gelegt werden, die sie weder erfunden noch benutzt haben. So Mark Twains angebliche Bemerkung ›Wagners Musik ist besser, als sie klingt‹. Nur bei wenigen Figuren gelingt es der Nachwelt, ihnen nicht nur Aussprüche anzudichten, sondern ganze Feldzüge. So glaubt heute noch jeder von dem üblen Senator McCarthy, daß er die Hetzjagd auf die liberalen Geister in Hollywood betrieben habe – er hatte aber nicht das geringste damit zu tun. Das hatte mit Truman und einer anti-intellektuellen Camarilla im Repräsentanten-Haus angefangen, McCarthys Säuberungen hatten dem Außenministerium und anderen Beamtenapparaten gegolten, für deren Schicksal sich die Publizistik nicht interessiert.«

»Und wo wird mehr gehexet als im aufgeklärten Frankreich?« frägt man sich in Jeremias Gotthelfs »Anne Bäbi Jowäger«-Roman von 1843. In der bäuerlich rückständigen Schweiz der Solothurner Gegend gewiß nicht. Die schickte ihren J.-J. Rousseau lieber von Genf nach Paris; auf daß er dort seine obscüren scientifischen Tränklein braue.

Frankreich hin und her und drüber nun doch noch weit über seine im engeren Sinn Grenzen hinaus: Ingesamt und international und global und Grossens Erkenntnisse bilanzierend kann man, bei so viel struktureller Falschinformation, wirklich nur noch mit dem alten Franzosenhasser Herodot oder jedenfalls Heraklit zusammenraffen: »Es fließt viel Wasser die Seine hinunter. Oder jedenfalls fast rauf.«

e. h.

Frankfurt

Eine Korrektur

Die Stadt Frankfurt a. M. heißt im neueren Feuilleton Krankfurt, Stankfurt, Mainhattan usw., sie gilt, nicht erst seit Fassbinder und seinem von niemandem gesehenen Stück als Stadt und Symbol von Müll und Beton, und ist aber in Wahrheit und eigentlich seit jeher eine grüne Hölle von Alleen und Anlagen und Flußufern. Sie gilt als häßlich, ist aber eigentlich eher schön. Sie gilt als modern und Avantgarde und spätestens seit der Alten und Neuen Frankfurter Schule als Inbegriff von Kritik und Kritizismus, ist aber strukturell auch Butzenscheibe und Biedermeier. Frankfurt gilt als Stadt des Verbrechens, strahlt aber sogar in der Kaiserstraße eher Gemütlichkeit, ja wahre Gemiedlichkeit ab. Frankfurt ist Inbild und Inkarnation des späten Kapitalismus, ist aber bettelarm. Frankfurt beherbergt den Verlag, lt. dessen Starautor Adorno es kein richtiges Leben im falschen gibt – lt. seinem Verleger Unseld ist es umgekehrt: es gebe kein falsches Leben im richtigen. Frankfurt zählt als kalt und cool, mahnt aber lauschig und wird schon von Goethe als besonders naturhaft geschildert. Frankfurt wurde lange Zeit als die unbeliebteste deutsche Großstadt gehandelt, ist aber lt. einer neueren EG-Umfrage die mit der höchsten Wohnqualität aller europäischen (!) Metropolen.

Bei all diesen Widersprüchen wird klar, was der Frankfurter Lokaldichter Friedrich Stoltze meinte, als er dies zu Papier brachte: »Es will mer net in de Kopp enei, wie kann nur ein Mensch net von Frankfort sei.« Denn offenbar ist, wie auch die neuere Stadtwerbung es will, dies die spannendste aller Städte.

Unter uns (und Adornos und Horkheimers unverkennbar unversöhnliche Handschrift selbst an allen Wasserhäuschen hin und her): langweilig also. Grauslig langweilig.

e. h.

Kulturschnappmesser

»Die Morgendämmerung gesamtgesellschaftlicher Einsicht«, so Franz Borkenau (Ende und Anfang, S. 63), erhoffe sich der Geschichtsphilosoph von seinem Metier, auch dann noch, wenn er es heute offenbar nur mehr als spätes Erbe der Antike mit »einer Welt flottierender Kulturtrümmer« (S. 55) zu tun hat; spätestens dann aber, wenn Kultur nur noch eine Art karnickelartige Vermehrung ihrer selbst bedeutet; nämlich am Ende bloß noch, so vermutet Klaus Bittermann (Geisterfahrer der Einheit, 1995, S. 94 ff.), ihre eigene »Identität«, so wie nämlich heute auch schon längst beide Begriffe praktisch identisch verwendet werden: dann, spätestens dann, hat man allerdings schon wieder Verständnis dafür, wenn seinerzeit schon einem Göring (oder war's Bor-

mann? Hitler selber?) schon beim bloßen Wort »Kultur« das Schnappmesser in der Hosentasche aufklappt (der Browning sich entsichert?) –
– oder war's gar Oswald Spengler, als er Borkenau und Toynbee las? Nein, kann nicht. Hat zeitlich keine Identität.

Bormann? Goehring? Oskar Spengler? Selbst Henry Miller erwähnt in seinen Memoiren das Ondit. Bonmot? Und gibt als Quelle Göbbels an.

Nicht Alfred Rosenberg? Alfred Einstein? Carl Jacob Burckstein? Ach, diese Kultur wird immer identischer!

e. h.

In schwereigener Sache

Wir drei Mißverstandenen

1. *Gerhard Henschel – Der Wilhelminist*

1992 bezeichnete Charlotte Worgitzky den Kollegen Wiglaf Droste und mich in der »Weltbühne« als »Worteschmeißer«, die mit ihrer Polemik »zur Verrohung der Sitten« beitrügen; weil ich die frommen Einlassungen des Edelpfarrers Heinrich Albertz kritisiert hatte, teilte Sibylle Wehrle namens der »AG ChristInnen in der PDS« 1993 der Öffentlichkeit in der Tageszeitung »Neues Deutschland« mit, daß ich liebesunfähig sei (»Der Mann leidet unter einem massiven Pastorenkomplex, einer gewaschenen Dorfphobie, Verfolgungswahn, Menschen- und Liebesscheu sowie Angst und Ekel vor dem Alter. Oh Herr, erbarme Dich seiner!«); in der Zeitschrift »Spex« monierte der unbestechliche Kritiker Dietmar Dath 1994 meine »klappernde logozentrische Scheiße«; wenig später rühmte mir Peter Berger, weil ich mich im »Spiegel« über Gerhard Zwerenz' peinlich mißglückte Pornoromane lustig gemacht hatte, wiederum im »Neuen Deutschland« nach, ich könne »an keinem Spiegel vorbeigehen, ohne spontan zu ejakulieren«; 1995 klärte mich Werner Fuld in der »Woche« darüber auf, daß ich »ein furchtbar(er) deutscher Humorist« sei (»Er ballert blindlings in die Menge«); unter dem Pseudonym Karl Berg beschwerte sich der »konkret«-Autor Michael Nauert im Februar 1996 in einem Leserbrief in »konkret« darüber, »daß ›konkret‹-Autor Henschel eben damit«, nämlich mit dem liebeleeren, logozentrischen Geballer, »auch in der ›taz‹ und der ›FAZ‹ prima ankommt«, während sich Markus Roscher, seines Zeichens »Leiter der Kritischen Liberalen in der FDP«, in einem Leserbrief an die FAZ im Dezember 1995 gerade darüber empört hatte, »daß ausgerechnet dem ehemaligen ›Konkret‹-Mitarbeiter Gerhard Henschel, der zuweilen auch für die linksradikale ›taz‹ schreibt, in der ›FAZ‹ Gelegenheit gegeben wird, den zum Nationalliberalen geläuterten Klaus Rainer Röhl und dessen neues Buch ›Deutsches Phrasenlexikon‹ abzuurteilen« – die »Oberhessische Presse« allerdings ernannte mich im Januar 1996 zum schneidend arroganten »Wilhelministen«, der kein Pardon gebe und keine Gefangenen mache, weil ihm »jedes Mittel recht« sei; und nachdem der Menschenrechtler Konrad Weiß dem Kollegen Droste und mir im September 1996 in der »Welt am Sonntag« bescheinigt hatte, wir würden, »wenn es risikolos ist, auch bespeien und foltern«, zog Ende 1996 der Pfarrer Friedrich Schorlemmer (»Ich bin auch Kassandra«) in seinem Poesiealbum »Eisige Zeiten« nach und stufte mich als »kaltschnäuzigen Zeitanalytiker ohne Arsch in der Hose« ein.

Aber sonst kann ich nicht klagen, ansonsten bin ich zufrieden. Der Rest stimmt Wort für Wort.

g. h.

2. *Der explosive Waschlappen – Brigitte Kronauer*

Charakterisierungen der Hauptfigur meines Romans »Das Taschentuch« (1994):

Wer war Willi Wings?

»... der absolute Durchschnittstyp, der Held Jedermann des Alltags« (Westfalenpost, 20. 12. 1994), »... ein bürgerlicher Don Quichotte meinetwegen, aber kein ›Normalbürger‹« (Basler Zeitung, 13. 1. 1995).

»... harmoniebedürftig und etwas betulich« (Tages-Anzeiger, 13. 1. 1995), »... ein Mann, der ganz und gar nicht zufrieden ist mit sich und der Welt« (Passauer Neue Presse, 19. 11. 1994).

»Willi, der Biedermann« (General-Anzeiger, 12. 11. 1994), »In Willi Wings sind Pflichtgefühl und Feinsinn, Seriösität und Anderssein vereint. Trotz großer mustergültiger Beherrschung eine explosive Mischung« (Pharmazeutische Zeitung 51/52, 1995).

»... braver Ehemann und wackerer Vater« (Spiegel special, Oktober 1994), »... Geschichte eines Mannes, der sich jeder Eindeutigkeit entzieht« (Stuttgarter Zeitung, 5. 10. 1994).

»... völlig normaler Mitbürger, ganz ohne besondere Leistungen oder Verdienste« (Süddeutsche Zeitung, 5. 10. 1994), »Schwach an den Ellenbogen, zeichnet ihn ein tiefer Adel der Seele und des Geistes aus« (Sächsische Zeitung, 25. 11. 1994).

»... Mann mit durchschnittlichen Eigenschaften, der sich von Zeit zu Zeit in ein altmodisches Stofftaschentuch schneuzt« (Kieler Nachrichten, 5. 1. 1995), »Er heißt Wings (englisch Flügel), weil er ein Engel, weil er nicht von dieser Welt ist« (Kommune 11/1994).

»... ein eigenartiger Kerl, dieser Willi Wings, gar nicht aus jenem Stoff, aus dem die Helden sind« (Süddeutscher Rundfunk, 8. 12. 1994), »Apotheker Willi, der sich zum grotesken Normalbürger entwickelt, dem zentralen Helden der Weltliteratur« (Prinz 12/1994).

»... Paradigma für die Spezies Mensch, die man umgangssprachlich als ›Waschlappen‹ zu bezeichnen pflegt« (Schwäbische Zeitung, 28. 10. 1994), »Einer war unerkannt unter uns, will das heißen, den Irene Gartmann Willi Wings nennt und wir, von der Autorin durch ein System zeichenhafter Winke angeleitet, Willy Brandt« (Frankfurter Rundschau, 14. 1. 1995).

»Hellmuth Karasek hat im ›Literarischen Quartett‹ das vermeintlich Erbärmliche dieser Existenz getadelt – und Brigitte Kronauer, die dergleichen in Szene setze, gleich mit. Zum Glück sind nicht alle Romangestalten tolle Karaseks« (Rheinischer Merkur, 4. 11. 1994), »Und so müssen wir schließlich zugeben, daß auch wir uns im Spiegelbild des Willi Wings deutlich selbst sehen können« (NDR 3, 3. 11. 1994).

b. k.

3. Eckhard Henscheid – Der Heidenspaßmacher

»Die meisten Autoren tragen sich mit dem Gedanken, der Leser nehme das Buch zur Hand, um sich zu belehren oder doch etwas Neues zu erfahren. Grundfalsch! Der wahre Leser greift danach mit dem Gefühle des Patronats; der Schriftsteller ist sein Klient, und in je traurigeren Umständen dieser sich befindet, desto größeren Eindruck macht er auf den guten Patron.«

So Karl Immermann im Roman »Die Epigonen« (3. Buch) von 1836 über ein bedeutendes und scheint's unveränderliches Autor-Leser-Aneinandervorbeireden. Ein sehr verwandtes und nicht minder leidiges beruht darin, daß sich Leser, neudeutsch: Rezipienten immer wieder mal dazu aufgerufen wähnen, dem Autor als eine Art Berater und Vorsorger und Versorger zu dienen dergestalt, daß sie ihm gern vorschreiben möchten, was und wie er tunlichst und zu seinem – oder jedenfalls ihrem – Glücke zu schreiben hätte: keinen Roman, sondern eine Satire; kein Theologiebuch mehr, sondern wieder mal einen schönen dicken Roman; nicht so fremdwortreich mäandernd bzw. wissenschaftlich geschwollen, sondern »schlicht und schön wie Hemingway« (Streibl); nicht so wie beim letzten Buch, sondern mal ganz anders; bzw. umgekehrt: nicht jetzt andauernd in diesem neuen Stil, sondern wieder »wie früher«. Und ein drittes elementares Mißverhältnis in der speziellen Mesalliance Leser–Autor siedelt noch eine Etage tiefer: in der bedrückenden Beobachtung der besorgniserregenden Wahrnehmung, daß – die Leser halt offenbar einfach nicht lesen können.

Schon in meinen »Sudelblättern« von 1987 (S. 406) hatte mich zerknirscht oder zähneknirschend oder beides gewundert, daß und wie mein damals immerhin schon ca. fünfzehn Jahre starkes Gesamtwerk z. B. unter »Gegenkultur«, »Schnoddrigkeit«, »Ringelnatz«, »frecher Spaß«, »Genuß«, »Lesevergnügen«, »Postmoderne«, »alternativ«, »Alternative zu Chandler«, »Tucholsky«, »bodenlos ironisch«, »Heidenspaß« und »Nonsense« taxiert und subsumiert wird – nachzutragen wäre für diese frühe Phase noch »Karl Kraus«, genannter »Hemingway«, »besser als Kishon«, »Heiterkeit«, später dann auch »komisch wie Kafka«, »bringt mehr ein als Joyce«, »Arno Schmidt-verwandt«, »Oberspaßmacher der Nation« (Prof. J. Drews), »Ulknudel« (Prof. J. Kaiser), »Klamaukschriftsteller« (Prof. G. Ueding), kurz, sie, meine Ernährer oder aber akademischen Nutznießer, lesen, wenn sie's denn überhaupt auf Ehr' und Gewissen tun, aus einem halt raus, nach was ihnen grad lustig ist, Literatur und Literaturbetrieb und Literaturkritik sind nun mal »ein Schnarchsacktreffen«, welches »offenkundig keinen anderen Zweck verfolgt als den, unter sich zu bleiben« (Robert Gernhardt, Wege zum Ruhm, 1995), auch unter sich mit seinen dummen Meinungen – denn das gilt auch und vor allem für den enormen und namenlosen und wie hermetisch besinnungslosen Quatsch, der da tagein tagaus zusammengefaselt und -geschludert wird.

Und fraglos bewahrheitet sich auch hier die seit der Antike vertraute und offenbar naturgesetzliche Erfahrung, daß unter den je zu Gebot stehenden Legenden die falschesten auch die ganz im Darwinschen Sinne überlebensfittesten sind. Noch jede seitherige und gutgemeinte Zurück- und Zurechtweisung des »Oberspaßmachers« und »Klamaukschriftstellers« verewigt und petrifiziert ja beide nur, auch diese hier – und auch dies, daß sowohl Drews als Ueding es gar nicht gewesen sein wollen. Sondern ein Hörfehler bzw. der Zeitungsüberschriftenmacher war's. Es hilft alles nichts: »Das Gerücht erhält sich« (Karl Kraus, Die Fackel 668–675, S. 44).

Schon im »Rabe«-Artikel von 1983 hatte ich mich darüber recht gestaunt, wie z. B. meine durchaus und unüberlesbar humoristisch-realistischen Romane von irgendwelchen dahergelaufenen, verblendeten und/oder schlecht ausgebildeten und terminologisch ungerüsteten und damit letztlich leseunfähigen Rezensenten so ständig wie inständig als »satirische«, als »ironische«, gar als »Nonsensromane« gefeiert oder, je nachdem, geschmäht wurden. Genutzt hat es selbstverständlich nichts. Noch wiederum neun Jahre später meinte es der bekannte und schon oben gestreifte Kritiker Prof. Dr. Hellmuth Karasek im noch bekannteren Nachrichtenmagazin gut mit mir und würdigte mich als abermals »begnadeten Blödler« im Rahmen meiner allerdings »Trauerarbeit«, im gleichen überaus nachrichtlichen Artikel freilich auch noch als »Nihilisten«; wo ich aber doch vielmehr, wie die FAZ wiederum drei Jahre später korrigierend einen neuen Anlauf nimmt, weißgott mehr ein Protagonist der »negativen Theologie« (2. 12. 1995) bin, mit anderen Worten, so die »Zeit« schon acht Wochen später (1. 2. 1996) übers nämliche Werk, ein mit »Kalauern« freudig haushaltender »Witzler« – auch dies konnte ich anläßlich meines theologischen Tierbuchs von 1995 nachlesen.

»Killer«-Gesinnung sprach mir andererseits einst das Berliner Journal »Tip« zu, »Nazi-Methoden« im bekannten »Stürmerstil« hingegen ein politisch hochkorrekter NDR-Kommentar gleichfalls im Zusammenhang meiner damals (1983) nachhaltigen Zwerenz-Interessiertheit. Zum »Stalinisten«, aber keineswegs zum mehr henschelaffinen Wilhelministen, machte mich bald darauf ein fast schon allzu bekannter deutscher Leninist alias nun wirklich stürmerstahlhartgußeiserner Kabarettist, wieder mehr das »Faschistoide« an mir bedauerte ein FAZ-Leserbrief vor dem Hintergrund meiner in diesem Buch hier nochmals erweiterten Mitscherlich-Verfolgungen. Als andererseits die intellektuell trübe FAZ-Politik »flankierend« weitererseits durchschaute mich 1992 unbestechlich wer? Jawohl, genau, die unerbittliche »Frankfurter Rundschau« natürlich – weil für den bestaunenswert linksradikalen »Pflasterstrand« waren schon 1987 meine damaligen Einlassungen zur steindummen Frankfurter Opernpolitik die eines schwartendumm »reaktionären Spießers«, ja, der war halt letzten Endes immer schon meines grunzdummen Pudels kotschmutziger Kern.

»Falls Freiheit überhaupt irgend etwas bedeutet, dann bedeutet sie das Recht darauf, den Leuten das zu sagen, was sie nicht hören wollen«, so George Orwell in der »Farm der Tiere« totalitarismuskritisch 1943 – und diese konsequent zuende und noch weit über Rosa Luxemburg / Gustav Heinemann hinaus gedachte Freiheit als Aufklärung der andersherum denkenden Minderheiten gilt natürlich auch für mich. Und umgekehrt und jenseits des unguten Herbert Marcuseschen Verbots von repressiver Toleranz für unsere unbedarftesten Minderbemittelten. Die uns da sagen, was wir halt nicht mal ignorieren wollen.

Jawohl, das muß selbst ich, der »bekannte Theologe« (Die Woche), der »Gott« (Junge Welt) bzw. »Weltenrichter« (FAZ) oder jedenfalls mindestens »Goethe« (Pflasterstrand) einsehen und begreifen lernen.

Und ich stehe ja aber offenkundig nicht alleine. »Ein Dichtergenie, das unter die Deutschen fällt«, nimmt mir Kay Sokolowsky in der »Jungen Welt« vom 30. 11. 1995 das Wort aus dem Mund, »darf sicher sein, von ihnen verkannt zu werden. Arno Schmidt haben sie als Pornografen abgeheftet, Peter Weiss als Salonkommunisten, Eckhard Henscheid als Satiriker« – und diesen, obschon er sich aus terminologiekorrekten Hygienegründen seit einem Vierteljahrhundert dagegen wehrt, sogar als, so ein besonders unverbesserlicher Grummelochs 1994 in der »Süddeutschen«, einen »selbsternannten«.

Unser »Rezensentengeschmeiß« (Gottfried August Bürger) mit seinem »Journalgeschwätz« (Joseph v. Eichendorff) für »den großen Lesepöbel« (Jos. Freiherr von Eichendorff): es zeichnet sich aus ziemlich paritätisch ebenso durch Kenntnislosigkeit wie durch Unbelehrbarkeit. Der SZ-Hornochse wird seine Blödheiten einfach wiederholen.

»Der Dichter«, heischte Friedrich Hebbel im Jahr 1843, »muß eine behagliche Existenz haben, ehe er arbeiten kann.« Damit ist es aber bekanntlich nichts. Immer ist der Dichter, wie man weiß, Adler (Goethe) oder Geier (ebd.) oder zumindest Albatros (Baudelaire), eben der »unbehauste Mensch« (Präsident Roman Herzog, Silvesteransprache 1995 – er muß es wissen und sehnt sich in seinem dicken Palais ja förmlich auch danach) schlechthin; ein Geworfener, vornehmlich aber eben ein schwer »Mißverstandener« (Franz Roh, a. a. O., S. 8 bis 438), und so sind es natürlich auch die drei Autoren einzeln und zusammen dieses Buchs, es kann gar nicht anders sein.

Wenn einer wie ich zudem häufiger die Genres changiert, auch zwischen links und rechts nicht so ganz idiotensicher dingfest zu machen ist, mehren sich plausiblerweise nochmals die Chancen, immer und überall falsch aufgeschnappt zu werden. Alles, aber auch alles tritt nach Murphys Gesetzen ein: Den Linzer »Oberösterreichischen Nachrichten« vom 13. 1. 1996 blieb es in diesem Sinne vorbehalten, meinem »Dummdeutsch«-Buch seinerseits »schauderhaftes Piefke-Deutsch« nachzurügen (natürlich ohne auch nur einen einzigen Zitat-Beleg); heimatlose Nichtidentität als »fade Witze über anderer Leute Dummheit« bemäkelt etwas vorher die »taz«; von Monika Schlotthauer, Mainz-Mombach, aber werde ich ja schon mit Brief vom 28. 2. 1972 wg. einer Sex-Satire u.v.a. und jetzt doch endgültig und weit über den Stalinisten hinaus als »Nazihund« enttarnt: »Für Nazihunde das Schicksal, das sie verdienen!« Offenbar das, schon wenige Jahre später wieder von einem dafür besonders kompetenten Journal als »einer der Väter der neuen deutschen Linken«, so die »Männer-Vogue«, neu bekleidet und erneut entschleiert zu werden.

Die beiden letzten besonders sonderlichen Spezialfälle beiseite, dominiert später mißdeutungsmäßig deutlich aber der »Satiriker«. Vorzüglich dann, wenn es um humoristische Theologie, um komische Literaturgeschichtsbetrachtung oder, wie z. B. im Fall Heinrich resp. René Böll von 1991–93, um Polemik, Kurzkritik, Invektive bzw. nach Auffassung des Gerichts vielmehr um Schmähung oder auch Formalbeleidigung geht. Am Ende der etwas ermüdenden Sache (nicht allein Böll) lungern meinerseits Resignation, Entsagung – und Neid: Während die Kulturgeschichtlerin und Kollegin Brigitte Kronauer im neuen 3bändigen Brockhaus als »bed. Dichterin« hochgepriesen wird, sehe ich mich halt wiederum bloß als den üblichen »bed. Satiriker« abgefeiert.

Wo ich doch in Wahrheit vielmehr ein »bed. Pädagoge« oder jedenfalls Propädeutiker und Schachspieler bin.

PS 1: »Henscheids Trilogie lebt vom Dunst der Szene, der sie entstammt« (Ralf Schnell, Geschichte der deutschsprachigen Literatur seit 1945, 1993, S. 451). Hier liegt kein Mißverständnis vor, sondern bloß mehr der reine Bluff. Die Wissens- und Lektürevortäuschung bzw. mindestens Erinnerungslosigkeit eines – nomen est also doch omen – besonders schnellen Wissenschaftlers und Ralf: fünf Sechstel der gemeinten Trilogie (1973–78) haben überhaupt nichts mit der gemeinten »Szene« – »die Lebensformen nach '68« (a.a.O.) – zu schaffen; sondern spielen in Seelburg und Dünklingen da hinten in der Walachei. Und das letzte Sechstel, die in Frankfurt angesiedelten »Vollidioten«, leben selbst für Halbanalphabeten nachweislich weder vom Dunst noch vom Duft dieser »Szene«; sondern von der vornehmlich stilistischen Distanz zu ihr, von ihrer verfremdenden und fast feindlichen Darstellung – nein, eigentlich spielt diese »Szene«, was immer das ist und war, auch nicht diese, sondern fast überhaupt gar keine Rolle nicht.

PS 2: Der süddeutsche Ochs kann aus mortalen Gründen nicht mehr: »Zuletzt befreit mich doch der Tod!« (Mozart, Entführung).

PS 3: Nicht miß-, sondern komplett richtigverstanden fühle ich mich erstmals mit der ersten schwedischen Literaturkritik, die mich, hier das Himmels-Tierbuch, betraf: Ich, E. H., sei ein deutscher »musikhistorikern, romanförfattaren och sprakvirtuosen« (Sveriges Radio, 23. 2. 1996) – doch, Romanverfasser oder, genauer noch, Romanvorsteher bzw. Romangevatter: das ist es, so kann man es sagen.

e. h.

Unselds schwindende Autorenschaft
Oder: Herbstgefühle eines Patriarchen

Erstaunlich beständig hält sich in Literaturgeschichte und Literaturbetrieb die fixe Meinung, das trauliche Bild, der nahezu ikonografische Topos, daß ein Verleger der zumeist ältere und väterliche Freund und

Förderer seiner Autoren, der ihm anvertrauten Buben und Schoßkinder und zarten Pflanzen sei; jener also, welchen er notfalls, sie zu beschützen und zu bestricken und vor allem zu halten, selbstlos, ja sich selbst verleugnend bis ans Ende der Welt nachläuft und ihnen wenn schon nicht das Verlagsgebäude, so im Ernstfall doch sein Seelenheil verpfändet.

Das Heiligenbild stimmt nicht mehr, stimmt spätestens jetzt nicht mehr. Als Gerücht entblößt wurde es zuletzt ausgerechnet von jenem, der ihm allzeit am nächsten zu stehen, schon aus Gründen gottväterlichen Potenznachweises am glaubwürdigsten dafür ein- und geradezustehen schien: der Frankfurter Verleger Siegfried (»Suhrkamp«) Unseld.

Ihm laufen die Autoren weg, wie sie's brauchen; der Verleger aber hält sie keineswegs auf, sondern höchstens nachdrücklich die Türe. Vier Abschiede keineswegs marginaler, sondern zentraler, zumindest lange Zeit zentral gehandelter Autoren hatte Suhrkamp in den letzten Jahren zu buchen, Abschiede einstmals ragender Suhrkamp-Säulen – ohne daß doch der Verleger offenbar auch nur auf das fernhin tändelnde Gedankenspiel gekommen wäre, den vieren nachzulaufen:

1. war das und mußte die betr. schmerzliche Erfahrung machen die nach 1972 zehn Jahre lang verlagsstrategisch als absolute Frauenweltliteratur gehandelte Karin Struck; weil sie nämlich in irgendeinem neuen epischen Bollwerk es riskiert hatte, den Boden des deutschen Grundgesetzes irgendwie zu verlassen oder jedenfalls Helmut Schmidt o. dgl. nicht so gut zu finden o.s.ä., deshalb mußte das daran schuldige Säkularwerk bei einem anderen Koryphäenverlag erscheinen; und man wurde aber schon damals den Eindruck und Verdacht nicht los, daß Siegfried Unseld darauf nur gewartet, ja gelauert hatte, wie seine Spitzendichterin den Bestand der Bundesrepublik gefährde, auf daß er sie seinerseits mit gutem Grund loswerde. Eingedeckt mit der genreüblichen, das gewohnte Repräsentativmaß jedoch noch weit hinter sich lassenden Selbstüberschätzung, fand sich die Struck jedenfalls damals mehr oder weniger verblüfft auf jener nicht mehr von der Sonne Suhrkamp ausgeleuchteten Straße wieder, der sie einst entstiegen war – brachte seither kaum ein Bein mehr auf den Boden und nur aber immer noch und immer wieder mal beide in allerlei trübsinnige Talkshows und obskure Abtreibungsgegnerinnenaufläufe ein, um derart ihr durchaus dubioses Auskommen zu fristen.

2. Franz Xaver Kroetzens Suhrkamp-Hinschied vor ein paar Jahren geriet unserer Erinnerung nach zu einer Art wechselseitigen Kündigung. Zu unerträglich eitel, anmaßend, wohl auch talentlos und jetzt

skandalöserweise auch noch relativ erfolglos war der einstige demikommunistische Volksschriftsteller und (neben Wallraff) führende Sozialanwalt der kleinen Leute dem Verlegervater inzwischen geworden – und mußte gleichfalls recht perplex erfahren, daß Unseld ihm keinerlei öffentlich nachweisbare Träne nachwarf. Im Gegenteil, nachdem Kroetz vor und bei seinem Hinauskomplimentiertwerden den damals gerade mal erfolgreicheren Konkurrenzselbstdarsteller Handke laut und schallend beleidigt und gewatscht hatte, fiel es dem Althandkeianer Unseld spürbar besonders leicht, nach seinem rebellischen Leibsohn Joachim jetzt auch gleich noch dem ohnehin viel zu proletarischen Kroetz praktisch Hausverbot zu erteilen – und sich von ihm dafür auch nochmals beleidigen zu lassen; vor dem Hintergrund der Freude, seiner endlich ledig zu sein, sogar gern.

3. Nicht ganz luzid wurden darauf die Gründe für den Abschied des langjährigen und mehr braven und ja aber durchaus nicht unerfolgreichen Suhrkamp-Insel-Autors Dieter Kühn. Auch in seinem Fall versuchte Unseld keineswegs, einen Reisewilligen aufzuhalten; und mitnichten ehrenvoller erging es

4. wenig später dem integral die Suhrkamp-Avantgarde vorstellenden Stammautor Jürg Laederach, der dummerweise gleichfalls gegen Handke war, nämlich aus Protest gegen Handkes seines Erachtens törichten und politisch reaktionären Serbien-Klarstellungsreisebericht das Haus verließ und – gleichfalls vergeblich auf einen Protest Unselds harrte und vielleicht hoffte. Auch er war wegen Renitenz und Unbotmäßigkeit schneller weg vom erleuchteten Fenster Suhrkamp als er sich's versah und vielleicht ausmalte.

Vier Abschiede, die spätestens zusammengelesen kein Zufall mehr sein können. Sondern das, was im prototypischen Suhrkampschen Philosophie- und Soziologie-Buchtiteldeutsch mindestens Symptomatik, wenn nicht Syndromzusammenhang hieße. In Normalbenzindeutsch: Dem Anschein und der Fama zuwider sind Verleger heute vielleicht eher froh, wenn sie sie endlich loshaben, ihre Autoren. In aller Regel jedenfalls. Und im vorliegenden Fall war es, soweit die Sache nolens volens in die Öffentlichkeit sickerte, ein Verleger wohl gleich vierfach.

Mag sein, daß alles mit Siegfried Unselds nicht mehr ganz juvenilem Alter von ca. 72 zusammenhängt. Mag sein, daß die Vierfacherscheinung auch korreliert und konvergiert mit dem, was die »Frankfurter Rundschau« am 2. 7. 1996 vorsichtig als »Der Herbst des Patriarchen – Zur Situation des Suhrkamp-Verlages« übertitelte, und was in der Branche weniger keusch als Krise befürchtet und da und dort wohl auch freudig erhofft wird; als Krise des »Führungsmodells Unseld« (ebd.) bzw. seiner penetrant ungelösten Kronprinzenfrage; als Krise der erstmals von George Steiner so genannten »Suhrkamp-Kultur«, die halt 23 Jahre später eventuell ein wenig obsolet vulgo verschnarcht und sogar abgelebt sein könnte; als Ausfluß andererseits der viel- und lang beredeten und wohl eben doch wirklich virulenten Buch- und Buchhandelsstrukturkrise; mag sogar sein, daß selbst die kürzliche Schließung des Züricher Suhrkamp-Büros Ursache oder Folge des einen oder anderen ist: – ziemlich fest steht, daß Unseld irgendwie keine rechte Lust mehr hat. Am Verlagmachen, am Geldverdienen – und an seinen Autoren schon gar nicht. Keine Freude mehr an jenen Hochästimierten und Beneideten – und gleich schon gar keinen Bock mehr, sie weiter als vermeintliche Glücksvorzugskinder zu verhätscheln. Es gibt, so die Verleger-Einschätzung von vor gut zehn Jahren, bei Suhrkamp eh nur »wichtige, eher wichtigste Bücher« (Unseld), ergo ist jeder Suhrkamp-Autor, auch noch der mindeste, ein Star-Autor per se und eo ipso und katexochen –

– und jetzt also mag er, Unseld, verstockt, sie allesamt überhaupt nicht mehr und läßt sie ziehen?

Zwei Autoren, mindestens zwei, immerhin gab und gibt es noch, die taugen und die bleiben – zwei, die dem Verleger genehm und sogar extrem lieb sind und es ihm immer waren, dem Vernehmen nach. Und er ihnen wie sie ihm ganz herzlich zugetan; so sehr, daß, wie man unken hört, der Verleger jederzeit nachts um 3 Uhr das Telefon abhöbe, sie zu seelentrösten, und im Morgengrauen eigenhändig über Land chauffierte, ihnen 50 Mark zuzustecken. Zumal beide ihm auch allzeit stramm Kohle einfuhren und noch fahren: Aber nicht allein deshalb liebt der starke Siegfried diese beiden, Handke und Martin Walser also, so zäh und unverbrüchlich; sondern er liebt sie, weil er sie doch tatsächlich für große und unvergängliche Dichter hält, jawohl, ihnen beiden würde er bei ihrer Abschiedsdrohung nacheilen und sie zur Umkehr zwingen und nachsprinten bis ans Ende der dem Suhrkampverlag bekannten Welt –

– zwei Autoren, die ihm, jawohl, auch 1996 treu und verläßlich Geld und Ruhm heimheimsten, jawohl ja: Walser mit seinem »Fink«-Roman, jenem herrlichen Stück politischer Verschlüsselungs- und Bodenseeprosa, dem der zuständige FAZ-Herausgeber, seinem eigenen Verriß-Rezensenten vorgreifend, schon auf den bloßen FAZ-Vorabdruck hin ewigen »Bestand« nach- bzw. vorrühmte; und dies, obwohl, wie man dann vermehrt las, dieser neue Walser ein recht zäher Quark und überflüssiger Quatsch sein soll, so verschwätzt, daß selbst der mit derlei

Dünnpfiff ja ohnehin verwöhnte Unseld es hätte merken müssen und jenem Autor gut zu und ins Gewissen reden, der da mit sich und seinem Leben offensichtlich überhaupt nichts anderes anzufangen weiß, als einen Roman nach dem anderen herunterzuschweißeln –
– indessen Peter Handke, zu Unselds Augentrost, wenigstens beharrlich dünnere Bücher und »Stapeltitel« (deutscher Buchhändlerjargon) abliefert; im verflossenen Frühjahr mit seinem fein aufgemachten Serbien-Werk indessen leider auch einen aber auch schon derart törichten, unbedarften, sprachlich hingeschluderten und politisch rückständigen Unfug, daß nicht nur dem Kollegen Laederach, sondern sogar dem väterlichen Verlegerfreund ganz schwurbelig, ja schwindelig im Kopf geworden sein dürfte, ja müßte. So daß er sich, als nach den fast unisono entsetzten Kritikern auch noch der ÖVP-Außenminister Mock giftete und Handkes »Friedenstext« in eine »unwürdige Tragödie« und »Groteske« wahrdeutete, ebenso unbeugsam wie sein ehern kakanischer Großdichter zu einer nachträglichen Verlagsanzeige emporschwang, welche all diesen Unzufriedenen mit den gußeisernen Worten des Dichtersehers den racheengelmäßigen Kärtnerparademarsch bläst:
»Gleich, welche Schmähung gegen mich vorgetragen wird: Das soll sein, wie es ist. Was nicht sein darf, ist, daß ich den in Jugoslawien jede Sekunde stattfindenden Schmerz aus den Augen verliere. Das war beim Schreiben das mich Leitende. Peter Handke.« –
– weißgott, es bleibt dem Siegfried Unseld auf seine späten Berufsjahre wenig, praktisch gar nichts erspart, keine Struck und kein widerspenstiger Laederach und kein ihn kratzender Kroetz, nicht einmal das zu allem Unstern auch noch rhythmisierte Wortgestopsel eines durchgedrehten Kindskopfs und Lieblingsautors aus Klagenfurt, auch nicht einmal dieser sein durch dick und dünn larmoyant und gleisnerisch selbstanpreisender und sich reinseifender Autoapologienschafskäs samt seiner Veredelung als Reklame-Negativdruck nach Art des Hauses Suhrkamp.

Was aber ist, nach nun auch noch Walsers und Handkes zügig fortschreitender Gerontisierung, mit dem neuen Star und Hoffnungs- und Büchnerpreisträger des Verlags? Findet der späte Unseld wenigstens an und in Durs Grünbeins sich mählich weitendem Œuvre Gefallen, Trost und Rat? Müßte er eigentlich. Denn nach den ersten und allseits preisgezeichneten und sogar noch krähend mit Hofmannsthal verglichenen Lyrikbänden Dursens hat Grünbein nun auch vorbildlich mit »Aufsätze 1989–1995« weitergemacht und sein erstes großes und exemplarisches Prosawerk vorgelegt, und die darin enthaltenen und aufgebotenen Essays zu Gott, Galilei, Dante und Durs Grünbein sind zumindest in der zur beweislastigen Textmontage artifiziell verdichteten Rezension der »Süddeutschen Zeitung« so allerdings unfreiwillig zum Flennen komisch, daß sich selbst Unselds von bittersten Erfahrungen verdüstertes Patriarchenantlitz zu einem zarten Lächeln aufhellen sollte, ja müßte.

Und der Verleger freilich sich langsam vornehm zurückziehen; gewitzt durch schmerzliche Gegenwart zu seinen Anfängen, sich entlastend zu seiner einstigen Doktorarbeit, zum geliebten, zum vollends sinistren Hermann Hesse ...

Ach, er hat's nicht leicht, so ein linker, unverbrüchlich aufklärungsverpflichteter, kritischer, patriarchalischer und aber gleichzeitig pflichtschuldig seine Söhne liebender Dichtungsverleger.

e. h.

Nachkriegswirren II

Ein pfiffiger Kopf hat einmal schriftlich beobachtet, daß die Nachkriegs-Erfolgsschriftsteller Böll, Grass, Lenz und Frisch vor allem deshalb so erfolgreich wurden, weil sie einsilbige und leicht merkbare Namen trugen – und er empfiehlt deshalb dem Nachwuchslyriker Erwin Rammelschreiber, sich das Pseudonym Ramsch anzutun.

Der pfiffige Kopf – es war natürlich ich – hat in der Übertreibung etwas überaus Seltsames und Richtiges gesehen. Denn tatsächlich, kein attraktives Romanthema, keine humane Erzählergeste, keine virtuose Syntax trug so viel zum Breitenruhm von vor allem Böll und Grass bei wie ihre Namen. Nicht nur beider Unverwechselbarkeit wegen. Die Namen strahlten gewissermaßen eine gewisse Botschaft aus, und, so albern es klingt, es war im Fall Grassens sicherlich die des assoziierten Krassen – im Fall Böll gingen die emotionalen Assoziationen wohl eher Umwege über das Bellen und den röböllischen Ö-Laut. Fast zu schweigen davon, daß nach den zwölf Jahren des Tausendjährigen Reichs in den Köpfen wieder Platz für ein paar neue Namen geworden war, lauteten diese Namen eben möglichst nicht Niebelschütz und nicht Perutz und nicht Doderer und auch nicht Rosendorfer. Sondern gefragt waren – ganz im Sinne der »Kahlschlagsliteratur« und der ihr assoziierten Assoziationen – zunächst einmal die kurzen Namen. Nur Schmidt lag wg. Gewöhnlichkeit nicht so günstig. Ihm half aber sein relativ rarer Arno weiter.

e. h.

Leere Versprechungen

Daß die Menschen à tout prix belogen und geschröpft und übers Ohr gehauen werden wollen, das brachte nicht erst, aber doch besonders wortreich 1947 Horkheimer/Adornos »Dialektik der Aufklärung« entschieden emphatisch in Erfahrung. Nein, wahrscheinlich las sie, die Menschheit, auch schon vor Nietzsche und seiner elaborierten Korrelation von »Lebenslüge« und Überlebenstechnik allzeit gern die »Bild«-Zeitung; und das, obschon sie (demoskopisch erhärtet!) deren Lügenboldigkeit jederzeit durchschaut; und nämlich gerade deshalb trotzdem sehr genießt.

Und eben darum weiß diese Menschheit vermutlich auch recht wohl, daß Film- und Buchtitel der Garnitur »Pfahl im Fleisch«, »In der Hitze der Nacht«, »Das Bermuda-Dreieck«, »Die Mätresse des Bischofs«, »L'Amante del Cardinale«, »Das Bikini-Atoll« usw. in ihrer mehr oder weniger, ganz- oder halbherzig sexuelle Wonnen verheißenden Versprechungs-Suggestion praktisch restlos gegaukelt und verschwindelt sind und allenfalls meistens etwas ganz anderes meinen – und trotzdem bei der erwähnten Menschheit bislang fast immer gut als Lebenshilfe ankommen.

Einzige Ausnahme: Der Filmtitel »Fiktive Intimitäten«, gezeigt im Rex-Filmtheater, Frankfurt, Kaiserstraße 62–64, ca. 1975. Die Zeitungsreklame »Es ist unmöglich, hier auszusprechen, was dieser Film an bildlichen Eindrücken u. Erlebnissen vermittelt – ein Film der gefährlichen Erotik, der abgründigen Leidenschaften« – die verspricht kein Wort zu viel.

e. h.

Unklare Trennungen
Oder: Letzte Probleme

Hilft noch im Fall Thomas Mann, daß dessen angebliche »Instinktinvertierung« (Michael Maar, Geister und Kunst, 1995, S. 190), anders als die vorne schon vorgetragenen »Ur-Insekten« bzw. pervertierten »Urin-Sekten«, mitnichten eine Zweideutigkeit, sondern lediglich ein Druckfehler ist, nämlich in Wahrheit statt des pharmazeutisch nicht nachweisbaren »Instinktin« das bekannte »Insulin« gemeint ist, mithin Thomas Manns bekannte Vertierung durch den ständigen unkontrollierten Mißbrauch von Insulinpräparaten: so stellt sich andererseits und fast gleichzeitig die zunächst reichlich rätselhafte »Lempervertierung« als ein typischer Fall nachgerade prototypischer Okularverirrung heraus, der schon durch bloße verbesserte Trennung zu klären ist: Gemeint ist hier nämlich diesmal andersherum die Lem-Pervertierung, also die zunehmende und schon widernatürliche Geschmacksverstörung des einst ja zu den schönsten Hoffnungen berechtigenden polnischen Satirikers und Science-Fiction-Autors Stanislaw Lem; und nicht etwa, wie durch die korrigierte Worttrennung leicht zu ersehen, die allerdings gleichfalls bedrohlich durch ihre dauernde Cancan-Tanzerei sich verschärfende Bestialisierung unserer einstmals begabtesten Diseuse, Ute.

Dagegen die befremdliche Wortbildverwirrung bei »Recherchen« beruht weder auf Falschtrennung noch diesmal auf einem Druckfehler. Sondern einfach auf verkehrter Grammatik: Die Diminutivform von (Garten-)Rechen ist bekanntlich »Rechenchen«, diejenige aber von (Schnell-)Rechner immer noch »Rechnerchen«.

Das »Recht« aber als drittes denkbares Gemeintes hat überhaupt keinen Diminutiv. Sondern bleibt weiter ungebeugt.

e. h.

Mehrfachbesetzungen

Oder: Der Platz wird enger

Daß man mit im Kern 25 Buchstaben des Alphabets durch die schiere Unendlichkeit der Variationen und Permutationen Milliarden Wörter in Hunderten von Sprachen schöpfen kann, ist das eine. Daß 25 Buchstaben gleichwohl nur 25 Lettern sind, ist und bleibt das andere – praktisch sicht-, hör- und schmerzlich spürbar aber wird es heute schon bei den zwei- oder dreigliedrigen Abkürzungen. Vor allem dadurch, daß alles immer mehr wurde auf der Welt, wurde es immer enger. Die Breite der Buchstabenkombinationen ist halt doch sehr begrenzt – Mißverständnisse stellen sich deshalb auch hier ein und vermehren sich weiter stark zunehmend – Doppel- und Drei- und Vierfachbedeutungen von Initialkürzeln auch nach Hintanlassung der besonders schrecklichen NS- und DDR-Hinterlassenschaften sind schon fast die Regel:

CD	Compact Disc / Seife / Christlich-Demokratisch / Corps Diplomatique / Bier (Carl Dinkelacker)
CB	Citizen Band / Columbrium
DC	Democrazia Cristiana / Flugzeugtyp / District of Columbia
DDD(T)	Pflanzenschutzmittel / CD-Typus
PC	Personal Computer / Polycarbonate / Police Constabler / Political correctness / Polychlor
DP	Deutsche Post / Deutsche Partei / Displaced Person
EC	Euroscheck / Eurocard / Eurocityzug
IM	Innenministerium / Internationaler Meister / Informeller Mitarbeiter
KP	Kommunistische Partei / Kontaktperson
BP	Bayernpartei / Benzinmarke
BB	Bundesbahn / Brigitte Bardot / Boris Becker
KV	Köchelverzeichnis / Kartellverband / kriegsverwendungsfähig

AG	Aktiengesellschaft / Army Groups / Arbeitsgemeinschaft
MG	Maschinengewehr / Mendel Gymnasium
MP	Maschinenpistole / Military Police
PS	Pferdestärke / Abk. f. Psychologie / Postscriptum
WM	Weltmeisterschaft / Mann-Weib / Wilhelm Meister
MPG	Maschinenpistolengewehr / Max Planck Gesellschaft
RAF	Royal Air Force / Rote Armee Fraktion
ABC	American Broadcasting Company / Atomar-biologisch-chemisch
CC	Control Council / Corps Consulaire / Coburger Convent / Claudia Cardinale
USA	United States (of) America / Unser Sohn (aus) Amberg
MEGA	Groß-Millionenfach / Marx/Engels-Gesamtausgabe

Dagegen kann oder sollte jedenfalls BMW (Bayerische Motorenwerke) nicht mit BWV (Bachwerkeverzeichnis) verwechselt werden. Oder kaum jedenfalls. Und selbstverständlich hat auch der alte Marxsche Mehrwert (MMW) wie schon in einem früheren Kapitel beschworen mit der modernen Mehrwertsteuer (MMWSt) nichts im Sinn noch Rucksack.

e.h.

O England!

Die Karikaturisten

Ähnlich wie die vorerwähnten Grafiker verstehen die Karikaturisten herkömmlicherweise alles falsch und bringen alles durcheinander und pressen praktisch jeden erdenklichen dummen Deckel auf jeden erahnbar doofen Topf. In Deutschland passiert das meist schon deswegen, weil die recht geringe Grundausstattung an klassischen Bilderzählungs- und Anspielungs-Topoi einfach nicht hinreicht. Der in der Gestalt Bismarcks von Bord gehende Lotse war schon in der »Punch«-

Originalfassung von 1890 nicht sonderlich geistreich, aber er erklärt natürlich noch viel weniger Helmut Schmidts Machenschaften-Abwahl 1982 und schon gar nicht das Ausscheiden Möllemanns 1994, eher schon wieder die Verabschiedung von Jupp Derwall 1984 –
– ganzganz arg aber wird's und finster, wenn sich karikaturistische Legendennot und englische Nazi- und Nazigegenwartsverschwörungsklischees zur fast täglichen Zeitungszwangsidee zugunsten eines offenbar davon nimmersatten Lesepublikums verbünden, im Medienverbund mit dem, was speziell der Engländer wishful thinking nennt. So z. B. und vorzüglich am 6. 11. 1995 im Gefolge der Ermordung des Israel-Premiers Jizchak Rabin durch den rechtsradikalen israelischen Spinner und Studenten Jigal Amir: was in der Karikatur einer großen englischen Tageszeitung sein Echo fand mit der Darstellung des Volks Israel als des sattsamen kleinen Jungen aus dem Warschauer Ghetto, mit dem Gewehr bedroht von einer Männergestalt, welche der zuständige BBC-Reporter als wen identifizierte? Genau, als Heinrich Himmler.
Die Geschichte, wahrlich, lebt. Und schön, daß dergestalt die dunkle Nazi-Periode immerhin auch noch der dritten englischen Nachkriegsgeneration vital und eine stete Mahnung bleibt.
Denn siehe, schon gut neun Wochen später haben wir's abermals da, und es sieht sich im ersten Gefolge des Lübecker Brandanschlags Johann Georg Reißmüller in der FAZ vom 22. 1. 1996 zu folgendem Leitartikel veranlaßt:

Als könnten sie es nicht erwarten

»›Nazi‹ attack kills 10 in Germany« überschrieb der britische »Guardian« vom Freitag seinen Bericht über den todbringenden Brand in Lübeck. Die Anführungszeichen um das erste Wort, welches ihr Sinn auch sein mag, können einer solchen Überschrift, die Deutschland, Nazis und Töten zusammenfügt, ihre Wirkung nicht nehmen.
Dem »Guardian« war ja auch sofort die Wahrheit zum Greifen nahe: Das Inferno in Lübeck »schien das schlimmste Rassistische in Deutschland seit dem Krieg« zu sein. So schien es der britischen Zeitung; ein anderer möglicher Hergang schien ihr nicht so auf, daß sie ihn auch nur erwähnt hätte. Dann zog das Blatt eine Folgerung: Sollte sich bestätigen, daß der Vorfall ein Brandanschlag war (doch welcher Leser braucht nach solcher Darstellung noch eine Bestätigung?), dann stelle er die bei weitem schlimmste Greueltat dar in der Welle ausländerfeindlicher Gewalt, verübt von Neonazis in Deutschland seit der Vereinigung im Jahr 1990.

Auch die Londoner »Times« benutzte am Freitag für ihre Überschrift das Wort »Nazi«: Neonazis würden für den Brand verantwortlich gemacht. Von wem? Am Tag des Feuers, stand im Bericht, schienen alle Anzeichen auf Brandstiftung zu weisen. Was für Anzeichen? Nach der »Times« sagten Zeugen aus, drei maskierte Männer hätten Benzinbomben in das Haus geschleudert. Die Polizei sei nicht in der Lage gewesen, diese Zeugenaussagen zu bestätigen, und habe es abgelehnt, die Möglichkeit eines technischen Defekts auszuschließen. So die Polizei in Lübeck. Aber die »Times« wußte schon, wohin alle Anzeichen deuteten.

Soweit Reißmüller. Wüßte man nur noch gerne, wie die allerdings keineswegs ausschließlich England bedienende wunschprojektive und nicht mehr zu stoppende primäre »Medienwalze« (Reißmüller, zitierend die in wahrer Sisyphosarbeit dagegen sich stemmende Reporterin der »Süddeutschen«) in ihrer nächsten Instanz, der politischen Karikatur, den Fall Lübeck bewältigt. Dadurch, daß der möglicherweise brandstiftende Libanese in Wahrheit ein German-Nazi ist – insofern als sein heimischer Ministerpräsident Rafik Baha ad-Din Hariri kraft Schnauzbart jenem Saddam Husserl fatal ähnlich sieht, der ja praktisch Hüttler ist?

Oder lassen wir ihn kraft einer kleinen Verwechslung gleich Muammar al Gaddafi aus dem nahen Libyien oder jedenfalls Lybien sein?

Ach was, Nazi bleibt Bismarck gleich Laotse tung.

e. h.

London 1966

London 1966, Wembley-Stadion, Endspiel um die Fußball-Weltmeisterschaft zwischen England und Deutschland, Verlängerung, 101. Minute: Geoffrey Hurst schießt, der Ball fliegt über den deutschen Torhüter Tilkowski hinweg an die Latte, prallt ab, knallt auf den Rasen, springt wieder ins Feld und wird von Wolfgang Weber sicherheitshalber ins Toraus geköpft. Linienrichter Tofik Bachramow wedelt mit der Fahne; Schiedsrichter Gottfried Dienst befragt ihn und entscheidet auf Tor. In dem Buch »Drin oder Linie? Alles übers dritte Tor« (1996) von Gerhard Henschel und Günther Willen stehen verschiedene Versionen des Gesprächs zwischen Dienst und Bachramow; mißverständniskulturgeschichtlich bedeutsam sind die folgenden beiden:

Offizielle Version
DIENST. Hello, Mr. Linesman. Was the ball in?
BACHRAMOW. Is Goal, Goal, Goal!
DIENST. Excuse me?
BACHRAMOW. Is Goal, Goal, Goal!
DIENST. Aha. *(Er entscheidet auf Goal.)*

Kleines Mißverständnis
DIENST. Was fuchteln Sie denn hier so aufgeregt mit der Fahne rum, Mann? Ist ja furchtbar!
BACHRAMOW *(zeigt mit der Fahne zur Ehrentribüne).* Da vorne ist de Gaulle, de Gaulle!
DIENST. Was?
BACHRAMOW. De Gaulle, de Gaulle, de Gaulle!
DIENST. Goal? Na, von mir aus ... *(Er entscheidet auf Goal.)*

g. h.

De verkeerde wereld

Oder: Das Mißverständnis vom Mißverständnis

»Freilich fällt erst der erlösten Menschheit ihre Vergangenheit vollauf zu«, schreibt warnend und verheißend zugleich Walter Benjamin (Zum Begriff der Geschichte, in: Gesammelte Schriften I,2, S. 694); sinnvolle Historikertätigkeit habe sich vorerst damit zu bescheiden, daß »eine mit Jetztzeit geladene Vergangenheit ... aus dem Kontinuum der Geschichte herausgesprengt« (S. 701) wird.

Und ebendabei kommt es, wie bekannt und wie vielfach gezeigt, sei's ab ovo, sei's im Laufe dieses Kontinuums und gefördert durch den genetischen Gedächtnisverlust, durch den gesamtgesellschaftlichen oder auch speziell gelehrten Alzheimer, zu Fehlern, Schräglagen, Falschdeutungen, Mißverständnissen.

In zuweilen verwirrender Formation. Daß es auch ein Mißverständnis vom Mißverständnis gibt, z. B. das Mißverständnis vom angeblich mißverstandenen Künstler, der aber in Wahrheit nur ein Esel ist oder war, das belegt außer der allgemeinen Erfahrung und der fast alltäglichen Evidenz vor allem ein Fall, ein gewissermaßen Doppelunfall, der durch ein Werk wie Franz Rohs »Der verkannte Künstler – Studien zur Geschichte und Theorie des kulturellen Mißverstehens« (ein ja auch schon recht mißverständlicher, vor allem aber nicht allzu gut formulierter Titel) von 1948 keineswegs geklärt und erklärt und erledigt, sondern eher verschärft und im Zuge der nun mal gewünschten Thesenbildung und Mythe vielmehr autoenergetisch verewigt wird. Mit dem »wahren Zweck des Menschen«, der, so Wilhelm v. Humboldt 1792 seine Universal-Humanitätsidee verdichtend, »höchsten und proportionierlichsten Bildung seiner Kräfte zu einem Ganzen«, hat es da natürlich dann gleich noch weniger auf sich, wenn die Fehler alle Kräfte mobilisieren, das Ganze noch unwahrer zu machen:

Wohl führt Roh zu Recht sich selber zunehmend staunend darüber Klage, daß und wie und mit welcher offenbar sogar unvermeidlichen Konsequenz allzeit Genies von Wagner bis Bruckner, von Schubert bis Brahms »verkannt«, also z. B. häufig neben oder sogar hinter fünftklassigen Potenzen gehandelt wurden, und dies zuweilen von den »verkannten Künstlern selber« – ausgerechnet Richard Wagner stellt (Roh, S. 68) im Brief an Liszt Brahms neben Joseph Joachim Raff(!!). Aber es gibt daneben selbstverständlich auch die Fälle, daß Franz Roh sich ziemlich täuscht und z. B. einen der lange Zeit Verkanntesten aller Zeiten, Mahler, gar nicht erst aufführt und somit offenkundig seinerseits verkennt – noch lang nach Adornos Plädoyer galt Mahler ja als Kapellmeisterkomponist, vermutlich erst Leonard Bernsteins Initiative änderte das dauerhaft; sowie allerdings auch und wohl noch gründlicher die kapitalismus- und kommerzentsprungene und perennische Verwertungsdynamik, zu der sich Mahlers Werk wie kaum ein anderes eignet.

Darüber hinaus erliegt allerdings auch Roh nicht selten der überlieferten Legende und der daraus häufig folgenden idée fixe. Und potenziert derart das Mißverständnis. So wenn auch er, die prominentesten Fälle, die tradierte und offenbar vom ersten Tag an kurrente Mär von der angeblichen Verkennung/Mißachtung/Verhinderung der unverstandenen, weil rebellischen und jedenfalls nicht konvenierenden

Großgenies Hölderlin und Kleist und Jean Paul durch Goethe und/ oder Schiller wiederaufwärmt und kanonisiert: »Nicht nur Kleist, auch Jean Paul und Hölderlin werden von seiten Schillers und Goethes durchaus verkannt in ihrem Tiefenwert« (S. 210). Vor allem Kleist nämlich verkörpere den »Typus, den das große Mißverstandenwerden, das jeder Neuerer auszuhalten hat, so lang aus jeder Gemeinschaft ausgeklammert, bis er – in eigener Vereinzelung – geradezu erstickt« (S. 204).

Die melodramatische Übertreibung, die ihrerseitige Ideologiebildung und das schiefe Deutsch beiseite, war in diesem Fall alles aber ganz anders. Etwas verwickelter und weniger einseitig. Ein nichtberufsmäßiger Germanist und Freizeithistoriker mußte jüngst auf den Plan treten, den Fall, die Repetition dieser Doppellegende, spät genug nachzuprüfen und weitgehend zu revidieren: Robert Gernhardt in seinen Studien »Wege zum Ruhm« (1995), in welchen er auch dem verletzlichen magischen Quadrat Goethe – Schiller – Hölderlin – Kleist in seinen diversen Schüler-Lehrer-Valenzen und Protektor-Protégé-Ambivalenzen hinterherspürt – und, wie fast zu erwarten, die von Roh wie Emil Staiger und Katharina Mommsen et alt. div. durch 200 Jahre Kulturgeschichte nebst Germanistik gepflegte, ja pfleglich beschworene Insinuation von Mesalliance und Mißgunst ziemlich gründlich dementiert. Durch eindeutige Briefzitate und Verwandtes (S. 125 ff.). Der Gemeinplatz jedenfalls, daß vor allem Kleist von Goethe systematisch »verkannt«, i. e. kleingehalten, niedergemacht und letztlich in den Selbstmord getrieben wurde, ist in dieser Formation jedenfalls purer Nonsens.

Es wird offenbar in der Menschen- und speziell Kulturgeschichte nicht allein fast alles grundsätzlich mißverstanden – es besteht auch, wo schon mal was richtig verstanden wird, ein offenbares Bedürfnis danach, es im nachhinein wieder zu fälschen und zu verwirren, dem Legendenzwang auch da noch nolensvolens sturheil zu gehorchen. Ein Bedürfnis nach Miß- und Unverstand. Sei's eins, das von Mephisto herstammt und seinen Weg wie dort auch hier nur und erst über den immerwährenden Irrtum zur Wahrheit sucht; sei's mitunter offenbar von Hegels List der weltgeistlichen Vernunft; sei's daß den Dingen selbst, mehr als bisher bekannt, die Notwendigkeit, das zwanghafte Bedürfnis nach selffulfilling prophecy eingraviert ist, hier als das Begehr, die Begierde, die Welt nun mal und immer wieder und möglichst oft als herzlich schlecht zu empfinden und stramm nachzuweisen.

Die Sache führt stracks und neuerlich ins zentral Theologische – wieder anders und etwas einfacher immerhin liegt der Fall des jetzt auch noch ins Niederländische transponierten Professors Jürgen Habermas. Denn nicht allein ist das 1995 aus Holland rückübersetzte Werk mit dem Titel »De verkeerde wereld van Jürgen Habermas« (1992) in der einheimischen wie in der deutschen Version »Die verkehrte Welt des Jürgen Habermas« eine geradezu selbstreferenziell verwirrfreudige Wiederkunft des alten Kannitverstan-Modells von Johann Peter Hebel. Denn nicht nur ist der Titel des Autors Jozef Keulartz schon unfreiwillig mißverständlich; er meint nämlich weder einen Doppelsinn, noch den eingleisigen, daß Habermas nicht ganz dicht sei; sondern eher dies, daß der diskursfreudige Deutsche Licht und Ratio in die sonst eher von manipulativen Interessen verdunkelte Welt bringe. Aber auch z. B. des Autors Mitteilung, daß Habermas der »joachimitischen Tradition der Aufklärung« zuzuschlagen sei, kommt etwas verblüffend, ja verstörend, denn er heißt ja eigentlich Jürgen – und, indem, so Jürgen (!) Kaube in seiner FAZ-Rezension vom 2. 12. 1995, »es Keulartz gelingt, alles mit allem zu vergleichen« und dergestalt Habermasen geradezu keulenartig mit »einer wunderlichen Kombinatorik aus Gelesenem und jener theologischen ›Intuition‹ des Verkehrungsmotivs« zu verarzten, erweist jener Keulartz sich als ein wahrer »Spezialist im inspirierten Mißverstehen anderer Philosophen«, faßt Kaube wohl auch stellvertretend für den anderen Jürgen, Habermas, recht entnervt zusammen.

Der sich aber vielleicht noch mehr darüber gewundert und über der Frage gequält und gegrämt hat, was seine Niederlande-Rezeption eigentlich mit dem in der FAZ-Rezension thematisierten odiosen »Weinreinbringer«-Gedicht des ominösen Robert Gernhardt zu schaffen haben mag, ja möge ...

e. h.

Nachkriegs-Topwirrwarr

Oder: Der Fall Borchert

»Manchmal«, so Karl Kraus schon 1924, »glaube ich wirklich, die ganze Literatur müsse ein dummer Aufsitzer sein, indem es doch gar nicht möglich ist, daß die Leser so untalentiert sind wie die Literaten, die sich vor ihnen als Lieblinge produzieren« (Die Fackel 649–656, S. 62).

Den Rest an Torheit und Aufsitzerei aber besorgen dann im Zweifelsfall die Fotografen:

Wohl kein öffentlich gewordenes Einzelfoto hat vor- oder nachher ein solch verheerendes und in starken Spuren bis auf den heutigen Tag nachwirkendes Maß an Falschinformation und Fehlhagiografie bewirkt und nach sich gezogen wie Rosemarie Clausens 1947 geknipstes und veröffentlichtes Schwarzweiß-Portraitfoto des Dichters Wolfgang Borchert, welches der Fotografin dann zumal nach der im gleichen Jahr stattgehabten und zu allem Überschuß einen Tag zuvor auch noch mit dem frühen Lebertod des 26jährigen Autors heiliggesprochenen Uraufführung des knallblöd verlogenen Heimkehrerstücks »Draußen vor der Tür« förmlich, so eine nahe Verwandte, »aus den Händen gerissen« und seither wohl ca. 1,4milliardenmal wiederveröffentlicht wurde; ein bildgewordenes Dokument von Bildlüge noch jenseits herkömmlicher osteuropäisch-altkommunistischer Bildmanipulation: denn das Borchert-Foto manipuliert und schnipselt nichts, sondern zeigt nur einen (a) jungen, (b) schönen, aber nicht zu schönen, (c) schwer ernsthaften und (d) schattenreich schon irgendwie halb todesumschatteten und deshalb irgendwarum heiligmäßigen Mann, dessen so geartete Gesamtphysiognomie eines vorbildlich neubeginnenden Nachhitlerdeutschen als Gesamttotalkunstquatsch den gedichteten Quark seines (ähnliches, nur strenger, befindet Jan Philipp Reemtsma in seinem Rendsburger Borchert-Vortrag von 1992) nun wahrlich und wirklich fern aller notwendigen Trauerarbeit operierenden zynisch naziopferverachtenden Kitsch- und Dumpfwerks zugleich aufnimmt, übertrifft und derart potenziert; forcierend noch einmal die ohnedies vom Lesepöbel gewohnheitsmäßig entzündete allgemeine deutsche Literaturpest; natürlich auch post Hitler.

Kein Wunder, daß das Foto deshalb noch heute gern und ungeschaut und wohldotiert gedruckt wird.

Versteht sich gleichfalls, daß vor solch präadornoisch sichtbarem gesamtgesellschaftlichem Verblendungszusammenhang gleichfalls das Borchert aufgeklebte Etikett von der »verlorenen Generation« qual- und quallvoller Mindersinn ist. Sondern die gemeinte »lost generation« begann genau 1925 mit F. Scott Fitzgeralds Roman »The Great Gatsby« und endete im Jahr darauf mit Ernest Hemingways allerdings fast borchertdummem »The Sun Also Rises« genannt »Fiesta« hurtig auch schon wieder, um sich dann freilich noch eine Zeitlang im vollends Nebulosen tummelnd zu verlieren.

e. h.

Anything goes

Früher war alles anders. Da war alles klar. Da war entweder einer ein Charakter oder es war einer ein Schweinigel. War einer, z. B. in Bayern, ein Charakter bzw. immerhin Charakterdarsteller und -mime wie die kurz hintereinander verstorbenen Gustl Bayrhammer und Fritz Strassner oder (gerade noch) auch Walter Sedlmayr, dann durfte er auch für die Bayerische Vereinsbank, das Weizenbier und die Landesbodenkreditanstalt als Werbeträger fungieren; auch sogar für so unberührbar Moralisches wie die »Aktion Sorgenkind« oder den »Kavalier der Straße«. War er ein Schweinigel oder gar Schweinepriester, dann durfte er das alles nicht.

Jetzt ist auch dieses Säulenaxiom, diese moralische Medienaporie ins Wackeln geraten. Der RTL-beheimatete Bauerntheater-Simulateur Peter Steiner, ca. 88, ist zwar trotz Charakterschnauzbart ein Saubär der spekulativsten, dem Verbalzotenwesen wie dem Voyeurismus uneingeschränktest dienenden Art; er darf aber trotzdem in Fernseh-Spots mit aufrechtem Augenaufschlag auch für Ausländerfeindlichkeitsbeseitigung o.s.ä. baumgerade stehen.

Jetzt paßt wirklich kein Topf von Verhaltensnorm mehr auf den Deckel von Verhaltenskodex und umgekehrt. Jetzt ist wirklich alles erlaubt, jetzt goes wirklich anything – jetzt ist Polen restlos offen, und der Arsch ja sowieso.

e. h.

Ewiger Schwachsinn

In der Berliner Götz Friedrich-Inszenierung von Wagners »Ring« ist, dargestellt von Peter Hofmann, der Heldentenor und Wälsung und Wotanssohn Siegmund nicht nur dieser; sondern laut dem überaus üppig bebilderten und betexteten Beibuch zur Inszenierung (Paul Neff Verlag) auch, nach dem Willen der Regie-Dramaturgie, u. a. »ein kaputter Friedenskämpfer. Ein Don Quijote, der Verdun, Stalingrad, Vietnam durchlitten hat. Der Göttersohn mit dem Ethos einer Tolstoi-Figur.«

Ähnlich nämlich Dostojewskis Radames. Also praktisch Aida ante Portas von Auschwitz. Kurzum Lola – und mithin Lolo, Lale Andersen, Lilo Pulver, Lolita, Lulu, Liselotte von der Pfalz (der verlorene 70er Krieg), also letztlich Karlheinz Böhm alias Romy Schneider als Elisabeth Flickenschildt i. A. Peter Hofmann jr.

e. h.

Von Descartes bis Wittgenstein

Ein Beitrag samt Gastbeitrag von Ulrich Holbein

Manche Formeln und Zitate eignen sich, übers häufige Zitieren hinaus, besonders gut zum Variieren, Permutieren, Herumspinnen, zum mehr freiwilligen als unfreiwilligen Verballhornen; wir haben es ja schon zu Beginn des Buchs an den tragenden und ragenden und schon übermäßig prädestinierten Beispielen der Buñuel-Filmtitel vom »Diskreten Charme der Bourgeoisie« und vom »Obskuren Objekt der Begierde« erörtert. Anders als im gleichfalls schon vorgeführten und nichtendenwollenden Fall Kraus–Hitler oder beim unendlichen Geschichts- und Mythenmodell Heine–Deutschland handelt es sich in diesem dritten Fall meist um ein assoziativ-spielerisches Weiterdrehen und halbes Paraphrasieren, oft auch um ein etwas wichtigtuerisches und deshalb hin und wieder auch nonsenshaftes Wort- und Sinn-Gedroppe – gelegentlich schwer zu sagen allerdings auch hier, ob mehr Halbparaphrase, Sinninversion, Zitatvariation oder gleichfalls die hohe Kunst des praktisch universellen Mißverstehens und dessen noch weiter verschärfte Potenzierung vorliegt.

Eins der berühmtesten Exempel für diese Art Zwitter wäre die manchmal nur unwissentliche, manchmal künstlich-künstlerische Abwicklung und Abwandlung von Cartesius' populärem »Cogito ergo sum« – »Ich denke, also bin ich«. »Der Mensch wühlt sich durch die unendlichen Wolken des Denkens«, walzt Bettine v. Arnim den wohl au fond scholastikbeheimateten Satz recht umständlich aus, »zum wirklichen selbständigen Sein, das heißt er erschafft sich erst durch Denken«. Konziser, vielleicht amerikanischer und weiterdenkender Ambrose Bierce: »Ich denke, daß ich denke; daher denke ich, daß ich bin.« Im Gefolge Sigmund Freuds Peter Schneider: »Ich denke, aber das bin ich nicht.« Zur Krankheit der Moderne Pascal Bruckner: »Ich leide, also bin ich.« Zu Helmut Kohl Hermann L. Gremliza: »Er denkt nicht, also ist er.« Von »Er schreibt über mich, also bin ich« (Wolfgang Koeppen über Marcel Reich-Ranicki) bis »Ich schmarrre – errgo sum« (M. Reich-Ranicki ghostwritten by E. Henscheid); von »Ich lese Descartes, also war er« (Ulrich Holbein) bis »Es denkt mich – also bin ich« (wer?) und »Ich denke – also bin ich ein Denker« (A. M. Arsch); von »Coito, ergo bibamus« (Lützel Jeman) bis »Ogino ergo Knaus« (Robert Gernhardt) reicht sich da eine Gruppe von offensichtlich noch nicht so ganz überzeugten und seriösen Cartesianern und Mutanten die mitmischfreudigen Pfoten. Und bei dieser späten Gelegenheit wird, um frühere Erwägungen nochmals aufzugreifen, auch klar und klarer, woher Descartes' nachhaltige nachmalige Berühmtheit rührt: von dem eingängig-stringenten Gleichklang seines Programms, nämlich seines Denkens als »distincte et clare«, mit seinem Namen Des-car-tes: Doch, so muß es gewesen sein in der dreihundertfünfzigjährigen Descartes-Geschichte. Genau so.

Die Version »Cartesius« erwies sich hier als nicht ganz so günstig und wurde deshalb bald mehr oder weniger abgelegt und abgetan.

»Mens sana in corpore sano«: »Einen derartigen psychosomatischen Unfug hätte der römische Satiriker Juvenal nie geschrieben«, wirft sich der Nürnberger sozialdemokratische Ex-Kulturdezernent Hermann Glaser ehrenrettend in die Bresche und vergißt dabei ganz, daß er es war, der vor einem runden Jahrzehnt einen noch größeren psychosomatischen Unfug, die Habermas-Spitzendoktorandin und Jesus-Liebhaberin Karla Fohrbeck, zu seiner dann, als es zu spät war, nicht mehr beseitigbaren Nachfolgerin vorwärtstrieb; auch eine Art Tripelmißverständnis aller Beteiligten, vor allem Jesus' –

– bei Juvenal stehe vielmehr: »Orandum est« – bei den Göttern nämlich – »ut sit mens sana in corpore sano«, also der Optativ – unabhängig davon klingt aber auch »mensa sit sana – in corpore sit sanella« ganz gut, oder? Ist mir grad so durch den Kopf und sofort in die Schreibmaschine geraucht, und was so ein römischer Satiriker ist, die waren ja zwischen Moral und Sermon gattungstheoretisch auch nicht so ganz einwandfrei –

– zu dem anderen, neben Descartes', berühmtesten einschlägigen Paradigma aus der Feder Wittgensteins aber hat der schon kurz vorerwähnte Ulrich Holbein alles derzeit verfügbare Material gesammelt; er habe hiermit als Gastautor das Wort; bitte, Herr Ulrich Holbein:

Darüber muß man schweigen

Wer nicht geoutet werden will, zeitweise gar den Schreibfluß drosselt, weil man so oder so laut Wittgenstein darüber schweigen muß, wovon man nicht sprechen kann, könnte trotzdem etwas falsch machen. Denn Schweigen ist nicht in jedem Fall eine Lösung, und ein für Schweigen plädierender Wittgenstein liefert bloß jedem Quasselguru ein namhaftes Motto für dessen Schweigeseminare auf französischen Schweigewiesen, ganz im Sinne all jener Autoren, die permanent behaupten, dies und jenes könne man nicht in Worten ausdrücken – wenn die wüßten! Worüber man dank Wittgenstein nicht hinauskommt, nämlich über den Gutenachtspruch nicht, daß Schweigen Gold sei, um dessentwillen muß man sich effektiv vergegenwärtigen, daß nicht alles Gold ist, was schweigt. Und prompt bleibt man – zusammen mit Wittgenstein – restlos in benachbartem Volksmund stecken und dessen Motto: »Merk dir eins, mein Kind: Was nich' geht, das läßt!«

Immerhin haben sich bereits einige Geister gegen Wittgenstein gewehrt, was seinen prominentesten Merksatz nicht hindert, eifrig überall so zu tun, als sei da was dran, daß man immer gleich kuschen müsse, sobald man irgendwas nicht prompt verbalisieren kann. Bereits 1921 (veröffentlicht erst 1966) behauptete Arnold Hau in seinem »Tractatus logico-humoristicus«: »Wovon man nicht reden kann, darüber kann man lachen.« Das ändert am Grundgedanken wenig. Wer schweigt oder lacht, redet zwar nicht während des Schweigens und Lachens, sagt damit aber eventuell mehr, als wenn er redete. Weshalb am 8. 7. 1946 Bloch an Broch schrieb: »Jeder von uns ist um das bemüht, was für sich spricht, indem es schweigt.«

Das klein beigebende Wittgensteindiktum ward erst am 15. 1. 1963 auf einen sinnvollen Kopf gestellt, und zwar mündlich in einer Vorlesung über philosophische Terminologie, von Adorno: »Die Aufgabe der Philosophie, möchte ich einmal sagen, ist das ganze Gegenteil dessen, was in dem berühmten Spruch von Wittgenstein postuliert ist, mit dem sein ›Traktat‹ schließt: ›Wovon man nicht sprechen kann, darüber muß man schweigen.‹« Kein Mensch muß müssen, und ein Wittgenstein müßte? Muß es sein? Es muß sein. Adornos Umkehrung, die aus Wittgensteins Pseudoparadox ein viel aparteres Paradox macht, wurde in der Folge von mindestens vier Autoren, die nicht gemerkt zu haben brauchen, daß dies bereits geschah, nochmals geleistet, unabhängig voneinander, und zwar in Friedrich Dürrenmatts »Versuchen« so: »Wovon man nicht sprechen kann, darüber muß man sprechen.« Kaum anders in Peter Sloterdijks Zynikbuch (S. 952): »Worüber man nicht argumentieren kann, davon sollte man bei besserer Gelegenheit erzählen.« Kaum anders in Eckhard Henscheids »Die leidige Sterberei«: »Worüber man nicht reden kann, darüber soll man erst recht reden.« Etwas gemäßigter auf der ersten Seite das Onaniebuch von Ludger Lütkehaus: »Wovon man nicht sprechen darf, darüber muß man schreiben.« Und praktisch genauso bei Rolf Spinnler am 30. 9. 1992 in der »Literataz«: »Wovon man nicht sprechen kann, darüber muß man schreiben.«

Und obendrein bei Ulla Hahn, nämlich vorndrin in ihrem Romandebüt »Ein Mann im Haus«, wo sich ein Nietzschemotto findet, das kaum noch von Nietzsche stammt, sobald Hahn es benutzt: »Wovon man nicht laut spricht, das ist nicht da.« Bei Nietzsche hat das vielleicht noch gestimmt, derweilen der Wittgensteintip von Anfang an nirgendwo – bei aller Griffigkeit – so recht funktionieren wollte. Die gesammelten Aussagen von Adorno bis Hahn treffen zwar sehr zu, haben aber nicht viel davon, trotz ihrer Stimmenmehrheit. Was man zu siebt oder acht herauskräht, das kann noch so sehr vor lauter Wahrheit überschwappen, es kommt vom Bekanntheitsgrad her gegen Wittgensteins Kümmersprüchli nicht an und ist also vergleichsweise nicht da. Sieben fliegende Stimmen müssen untenbleiben, und ein geflügeltes Wort, das flugunfähig behauptet, daß keiner, der nicht fliegen könne, fliegen solle, steigt problemlos hinauf in den Himmel dauerhafter Zitabilität. Und stürzt auch dann kaum ab, wenn in der Blödel-Reinschubs-Sendung »Mann-o-Mann« auf SAT 1 Peer Augustinsky behauptet: »Frauen sind wie Kinder: Worüber die nicht reden können, das müssen sie wenigstens anfassen.«

Hauptsache, Wittgenstein lebt! Philosophie ist, wenn man trotzdem redet. Und zwar über den Spruch: »Wovon man nicht sprechen kann, darüber soll man schweigen.«

e.h./u.h.

Von Courbet bis Dürer

Bzw.: Von Proudhon zu Gernhardt

»Heute«, weiß das von Ingo F. Walther herausgegebene kunstgeschichtliche Kompendium »Malerei der Welt« (1995, S. 443), sei »nicht mehr zu verstehen«, warum Gustave Courbets bekannte und sehr schöne und ölgemalte zwei »Mädchen an der Seine« nach ihrer Debüt-Ausstellung im Pariser Salon von 1857 »einen so großen Skandal ausgelöst haben«. Zu sehen sind zwei hübsche junge Mädchen, offenbar ausflugs- und hitzeerschöpft hingelegt bzw. hingelagert in den Schatten von Bäumen am Ufer des auch mit einem Kahn ausgewiesenen Flusses – sie genießen die Ruhe und das Nichtstun, die eine geschlossenen, die andere offenen Auges, diese mit aufgestütztem Kopf, jene mit einem auf die Wiese postierten und mit dazu entspannt ausgestreckten Armen, beide prächtig nach der Mode der Zeit gekleidet, aber sonst vollkommen vertrauenswürdig, ja unschuldig –
– allein, für die zeitgenössische Kritik galten die beiden prompt als schamlos und vulgär, als »biches«, als Ausgehaltene und das Gemälde letztlich also als »pornographisch«. Und am härtesten langte in seiner Deutung aber natürlich kein anderer zu als der Obersozialist Pierre Joseph Proudhon: Die Braunhaarige, so er, gehe eindeutig erotischen Träumereien nach; die Blonde stelle unverkennbar »kalt berechnende Überlegungen über Aktien, Rentenpapiere und Geschäfte an« (a. a. O.).

Das Ganze war ein Schock. Oder jedenfalls umgekehrt eine einzige moralische Anklage gegens Zweite Kaiserreich.

Nun wird zwar, jede alte und neue Kunstgeschichte beweist es aufs neue, in der Bilderdeutung noch mehr und enthemmter gefehlt als in der Kafkaexegese und -exekution. Allein, sogar »in unserem überfüllten neunzehnten Jahrhundert« (Jerome K. Jerome, 1889) sowie im Zuge der bekanntermaßen »sophistischen Ideologien des neunzehnten Jahrhunderts« (Hannah Arendt, 1955) steht damit Proudhons Courbet-Projekt doch mit einer gewissen Einzigartigkeit, beinahe Würde da.

Als Prachtexemplar vorzüglich dessen, was der gebildete Franzose bevorzugt pensées intentionelles nennt? Pablo Picassos unschöne Reprise »Les demoiselles des bords de la Seine« von 1950 hilft uns exegetisch leider auch nicht weiter. Aber – erwägen seine, Picassos, schwer verrätselte Fräuleins nicht sogar einen – Bankeinbruch? Kidnapping?

Jedenfalls war da von Proudhon nur noch ein winziger Schritt zu Robert Gernhardts entschlossener Neudeutung Albrecht Dürers im Jahr 1975: »Selbstbildnis, ein unanständiges Liedchen summend«; und zu der noch entschlosseneren des populären und aber bisher immer stark unterschätzten Dürerschen Hasen: »Die Ruhe nach dem Rammeln«.

e. h.

Puccini und Augstein

Vermittelt durch Hitler

In einem schon weiter vorne im Deutschland-Problemzusammenhang gewürdigten »Spiegel«-Essay »Der Terrorist des Jahrhunderts« aus dem Jahr 1989 und primär zu Adolf Hitler teilt Rudolf Augstein nicht allein mit, daß »für uns Hitler nicht nur der entsetzlichste, sondern auch der letzte aller Übeltäter ist«; sondern auch, daß Hitler sich am 24. 10. 1938 »verloren gegeben hat«, aber am 20. 4. 1939 »schon ein verlorener Mann ist, er weiß es nur noch nicht«; und daß aber dritterseits es so ist, daß Hitler ohne seine Besessenheit durch den »Derwisch« als »der arme Abkömmling aus dem Waldviertel ein Nobody geworden (wäre), allenfalls der Held eines Puccini-Stücks«.

Wen könnte er mit dieser so impressionistisch wie genialisch hingeschleuderten Marginalie gemeint haben, der bekannte Hamburger Universal- und Presselord? Hatte Rudolf Augstein mit dem »Helden« den steckbrieflich gesuchten Desperado und Räuberhauptmann Ramerrez-Johnson aus Puccinis »Fanciulla del West« im Auge? Aber der ist doch letzten Endes ein edler und fast schillerischer Charakter, gewinnt im 3. Akt die Freiheit und das Herz der allseits umworbenen wunderbaren Schankwirtin Minnie und hat auch sonst mit dem Meldegänger Hitler gar nichts zu tun.

Hat Augstein vielmehr Puccinis Chevalier Des Grieux im Sinn? Aber der ist ja gleich noch edler und feuriger und opferbereiter und folgt seiner Manon Lescaut zum Sterben bis ins entfernteste Amerika der Wüste von New Orleans! Kein Vergleich mit dem geschworenen Amerikafeind Hitler! Und er ist auch keineswegs ein »Nobody«, sondern ein zwar armer, aber hochgebildeter Ritter und ein sogar höchsttalentiert frauencharmierender später Troubadour darüber hinaus!

Kalaf in »Turandot«? Ach was, den kennt doch der Augstein überhaupt nicht und verwechselt ihn zudem mit dem Kalifen von Bagdad, den es aber auch gar nicht gibt.

Der Tenor und Löscher Luigi-Henri aus Puccinis »Der Mantel«? Der ist zwar Prolet, aber keineswegs derwischbesessener Abenteurer wie Hitler; sondern mit seiner großen c-Moll-Espressivo-Szene in der Mitte des Einakters ein schwer linker und tendenziell Marx zitierender Sozialrevolutionär! Und keineswegs ein nationalrevolutionärer Knalldepp wie der Braunauer. Und außerdem – kennt der Augstein diese annähernd beste aller Puccini-Opern erst recht sowieso nie nicht, wie sollte er, hat er doch keine Zeit für, muß ja doch dauernd hitlerterrorismusforschen.

Hitler als Wiederkunft der »Schwester Angelica« im gleichnamigen Schwesterwerk des Puccinischen »Trittico«? Da stören wieder die vielen Klosterschwestern als allzu unglaubwürdige Vorwegnahme der braunen Horden. Und sie tragen auch noch alle beigeweiß.

Also vielleicht – Cavaradossi aus der »Tosca« von 1900, die der begabte Zwölfjährige ja vielleicht wirklich früh am Stadttheater Linz mitgekriegt haben könnte? Aber auch der Maler Cavaradossi paßt nicht. Erstens ist er kein Gescheiterter wie Hitler, zweitens kein Waldviertelabkömmling, drittens überhaupt schon gar kein Nobody, sondern viertens vielmehr der berühmte Madonnenwegmaler der Kirche St. Andrea, fünftens kriegt er dafür die dickste Sexbombe und Sängerin von Rom ab, weil er nämlich sechstens auch noch politisch auf der richtigen und freiheitlichen Seite gegen den korrupten Österreichbüttel Scarpia agiert und deshalb siebtens bei der Nachricht vom Ausgang der Schlacht bei Marengo ganz anders als Hitler nach dem Einmarsch in Wien bzw. wahlweise Stalingrad ein herrliches doppeltes »Vittoria!« auf dem hohen B ausstößt –

– bliebe also nur und »allenfalls« (Augstein) noch der Maler Marcello aus »La Bohème« von 1896, der da als verarmter Bohemien in einer Mansarde herumackert und wie der Braunauer bei der Malakademie ganz offenbar gescheitert ist. Indessen, auch er unterscheidet sich darüber hinaus entscheidend von Hitler, insofern er trotzdem mit Musetta gleichfalls die schönste Frau von Paris abstaubt, während Hitler zuerst von Geli Raubal abgewiesen und dann schließlich sogar von der saudummen Eva Braun ermordet wird –

– kurzum, Augstein scheitert auch bei diesem letzten Puccini-Paradigma, denn wie, laut Gremliza, sein Hamburger Bruder im Geiste

Raddatz weiß der »Spiegel«-Herausgeber halt auch »gar nichts«, allein, es ist dies doch letztlich weniger ein Fall von Mißverständnis, sondern darüber hinaus auch noch v. a. von Durst, von offenbar schon alltäglichem Volldurst nebst der alliierten Lizenz, den Vollstuß auch noch drucken lassen zu dürfen. Denn es ist und bleibt der bekannte Hamburger Presse- und Universal- und Hitlerlord Augstein als sein eigener dummer August ein auch weiterhin unvermeidlich unverbrüchlicher Mitquatscher am allgemeinen Zeitgequake und Herumgegurke – und wenn er schon von Puccini nix weiß und nix versteht, so bringt er doch im gleichen Essay noch ein zusätzliches schönes Reichskleinod zum Reichsführer a. D. Hitler nebst präziser Fragestellung ein:

»War er ein Mensch? Sicherlich, er tätschelte seine Sekretärinnen ohne Sexualfolgen ... und so kann man paradoxerweise sagen: Er war ein Unmensch.«

Und das wiederum kann man freilich nicht einmal vom hoch, ja paradoxerweise zutiefst schweinischen Baron Scarpia sagen. Oder schon? Na dann eben nicht doch.

e. h.

Verbalhornviehungen

Der führende Philosoph der deutschen Gründerzeit, Eugen Dühring, fand neben und in seinen Hauptwerken einen sehr eigenwilligen Gefallen daran, Namen verunehrend zu verhunzen. So heißt Goethe bei ihm »das Köthchen«, Schiller »der Schillerer«, Nietzsche »das Nichts'sche«. Bismarck nennt er »Bisquark«, Helmholtz »Helmklotz«, Tolstoi schreibt er »Tollstoi« und Strindberg »Rindberg« oder aber »Grindberg« (s. Friedell, Kulturgeschichte der Neuzeit, S. 1299).

Seltsamseltsam, aber die besten Lösungen fand der Philosoph dabei immer keineswegs. Goethe wurde schon zu Lebzeiten mit Götze und Kröte in Veranschlagung gebracht, bei Schiller wäre Schieler sicher noch brillanter, und Bismarck mit Imbißquark noch den deutlichen Hauch einer Nuance besser bedient. Dafür würde ich dann für Hegel Ekel vorschlagen, für seinen Intimfeind Schopenhauer wahlweise Schoppenhineinhauer, Chauvinistenhauer oder aber Schoflerbauer, und für Dühring selber Glühding (gemeint: Glühwein). Bei Nietzsche (ja, ich merke längst, die Sache macht ja wirklich auch außerhalb der Gründerzeit Spaß) würde ich präferieren das anspielungsreich-russische Nitschewo, und bei Marx käme man um das zeitlos ehrwürdige steinzeitkabarettistische Murks nicht herum. Karl Kraus heißt in dem Sinne Karl Wirr, Günter Grass Künter Krass und Heinrich Böll Heinfried Krach. Unter den ganz Neuen aber täte ich Peter Handke nach dem alten Gernhardt-Vorschlag gezielter Peter Handkäs nennen, Kroetz ginge als Kotz gut durch, und Ror Wolf als Ror Schakal, dagegen Christa Wolf als (merken Sie, wie ich Zeile für Zeile mehr in Fahrt komme?) Christa Hyäne. Wolf Biermann sollte in der Folge als Hyäne Schnapsdrossel gut aufgehoben sein, Rainald Goetz als Raimund Goethe, Martin Walser als Maria Waliser, Alissa Walser als Alois Walzer, Brigitte Kronauer als Horst-Dieter Höttges äh: Kronenkorken, Herbert Rosendorfer als Joseph Frhrr. v. Eichendorff, und bei Eckhard Henscheid empföhle ich doch knapp vor der Wolfgang Neussschen Version Hinschied (1987) die alte und ja nach wie vor überaus einleuchtende und elegante Hirnscheiß von Gerhard Zwerenz (1983).

Ja. Das wär's dann.

Und Peter Rühmkorf natürlich Peter Rübenkopf. Rumtopf? Nein, es bleibe bei Rübenkopf. Oder, meinetwegen, Ribbenkopp.

e. h.

Zerebrasthenie

Circa dreimal las ich in der Zeitung vom 5. 3. 1994 die Überschrift

Galileo entdeckte möglicherweise ersten Mond eines Asteroiden

und staunte, was damals (1564–1642) mit einfachsten selbstkonstruierten Fernrohren außer der Entdeckung der Jupitermonde schon alles möglich war; staunend wollte ich's dann doch genauer wissen und mich kundig machen und las den dpa-Text an:

»Die Galileo-Sonde hat auf ihrem Weg zu dem Planeten Jupiter möglicherweise den ersten Mond eines Asteroiden gesichtet. Die amerikanische Raumfahrtsbehörde Nasa berichtete am Donnerstag abend in Washington, von Galileo übermittelte Daten ließen auf einen natürlichen Satelliten des Kleinplaneten Ida schließen. Die nur mit einer Geschwindigkeit von 40 bits pro Sekunde zur Erde geschickten Spektrometerdaten werden erst« –

– kurzum, eine dichte Mischung aus Legasthenie und zerebraler Falschpolung. Andersrum: Man sollte manche Artikel besser gar nicht anlesen. Wie schön wär's für alle Beteiligten gewesen, hätte ich an jedem Stammtisch rumerzählt, der alte Renegat habe nicht nur auf seinem eher faden »Eppur si muove« beharrt, sondern sogar schon den ersten Mond eines Asteroiden –

Man soll überhaupt nicht so viel lesen.

e. h.

Adornos Humor

Warum das merkwürdige Adorno-Diktum, Humor sei das Barbarische schlechthin, »abstoßender als alles Abstoßende«, derzeit wieder und noch immer die intellektuelle Welt beschäftigt (zuerst Rudolf Helmstetter im »Merkur«, in der Folge Hermann Kurzke in der FAZ), ist schon nicht leicht zu begreifen; denn es gibt Belangvolleres, über das zu reden sich lohnte. Was Adorno zu dem seltsamlichen, ja recht eigentlich schwer inferioren Gerede veranlaßt hat, ist aber noch schwerer zu enträtseln. Es wird halt eventuell daran liegen, daß Adorno zwar gar nicht einmal ganz humorunbegabt war, aber plötzlich halt einfach nicht recht mehr wußte, was er da so redete.

Bestimmt nicht vom Humor. Eventuell vom sog. Humanum.

Wahrscheinlich aber ja von Hammurabi.

Allerdings beweist ein Foto aus dem Jahr 1968 (zusammen mit Ludwig v. Friedeburg, Hans-Jürgen Krahl und K. D. Wolff auf der Buchmesse), daß er, Adorno, selbst doch auch Humor hat. Über irgendwas muß er nämlich lachen. Wenn auch weniger laut, dröhnend, ja rasend als die drei anderen. Sondern mehr behutsam, übervorsichtig, ungeübt.

Aber immerhin.

e. h.

Spiegelgasse, Zürich, 1916 ff.

Hugo Ball in »Die Flucht aus der Zeit« (wiederabgedruckt in: DADA total. Manifeste, Aktionen, Texte, Bilder, 1994) am 7. 6. 1917:
»Seltsame Begebnisse: Während wir in Zürich, Spiegelgasse 1, das Kabarett hatten, wohnte uns gegenüber in derselben Spiegelgasse, Nr. 6, wenn ich nicht irre, Herr Ulianow-Lenin. Er mußte jeden Abend unsere Musiken und Tiraden hören, ich weiß nicht, ob mit Lust und Gewinn.«
Jedenfalls mit Folgen. Aus Anlaß der Bildung der Union der Sozialistischen Sowjetrepubliken teilte Lenin mit, es sei künftig kein Platz mehr »für die geringste Unterdrückung des Menschen durch den Menschen«; und ein paar Zeilen später: ab sofort gehe es also um die »schonungslose Unterdrückung des Widerstands der Ausbeuter«.
Konvulsivische Spätschäden des Lärms in der Spiegelgasse. Hugo Ball: »Ist der Dadaismus wohl als Zeichen und Geste das Gegenspiel zum Bolschewismus?« Nein, eben mehr schon die Musik zum. Die Rückübersetzung ins Wort konnte nicht gutgehen.
»Dada bedeutet nichts«, lehrte damals Tristan Tzara. Leninismus war wohl auch nichts.
Dada, so Tzara, meint »Vernichtung des Gedächtnisses«.
Unseres aber nicht.

e. h.

Aha!

»Neben den Unterschieden in den sprachlichen Eigenschaften, die mit den Ergebnissen der Analyse der Schreibstile weitgehend übereinstimmen, gibt es konstitutive Mißverständnisse: So ist beispielsweise die Funktion des Unterbrechens eines sprachlichen Vortrags und der Höflichkeit in den interdisziplinären Diskursen völlig unterschiedlich belegt. Für den Naturwissenschaftler steht Höflichkeit im Dienst der Konsensbildung und damit der Aufrechterhaltung von Handlungsmöglichkeit; für den Geisteswissenschaftler ist sie ohne diese Funktion. Hingegen ist das Unterbrechen ein immanenter Bestandteil seines reflexiven (gebrochenen) Diskurses, während der Naturwissenschaftler von der Idee abgegrenzter und vollständiger Diskursbeiträge ausgeht.«

Robert Schurz, »Ist Interdisziplinarität möglich?«, in: Universitas 593, 1995.

e. h.

Letzte Worte

Mit einigen Neuheiten

1805, in der Seeschlacht bei Trafalgar, führte Admiral Horatio Nelson die englische Flotte zum Sieg über die spanisch-französische, wurde aber von einer französischen Kugel tödlich getroffen. Die letzten, an den Stabskapitän Hardy gerichteten Worte des Admirals waren: »Kiss me, Hardy!«

Oder aber: »Kismet, Hardy!«

Große Männer werden regelmäßig mißverstanden, so oder so, wenn sie ihre letzten Worte formulieren und die möglichst einprägsame, von der Majestät des Todes würdevoll bereits umschattete Bilanz eines bedeutenden Lebens zu ziehen versuchen – sei es, daß im entscheidenden Augenblick die Fähigkeit zur klaren Artikulation erlischt, sei es, daß die Ohrenzeugen sich aus Feindseligkeit untereinander nicht einigen können, oder sei es, daß der Nachwelt die authentischen letzten Worte zu profan erscheinen und in der Legende von erhabener klingenden übertönt werden. Der englische Premierminister William Pitt d. J. soll auf dem Sterbelager am 23. 1. 1806, nach der Schlacht von Austerlitz, aus Sorge um England ausgerufen haben: »Oh, my country! How I leave my country!« Oder jedoch: »How I love my country!« Ein Diener berichtet allerdings, der große Staatsmann habe zuletzt die Worte geäußert: »I think I could eat one of Bellamy's pork pies.«

In Suetons Version seufzte Julius Cäsar nur auf, als er erstochen wurde; anderen Quellen zufolge fragte er im Sterben seinen heimtückischen Sohn Brutus: »Et tu, mi fili Brute?« Beziehungsweise: »Tu quoque, fili?« Oder auch: »Et tu Brute?«

Einige Jahre später, auf Golgatha, der Schädelstätte, kehrte Jesus den Spieß um und rief im Sterben seinem Vater zu: »Mein Gott, mein Gott, warum hast du mich verlassen?« So überliefert es jedenfalls der Evangelist Matthäus. »Aber Jesus schrie abermals laut und verschied.« Daraufhin sei der Vorhang im Tempel von oben ein bis unten aus zerrissen, die Erde habe gebebt, die Gräber hätten sich aufgetan, und die Leiber der Heiligen seien herausspaziert und vielen erschienen. Von solchen sensationellen Vorkommnissen erwähnt Lukas nichts; bei ihm hören sich auch die letzten Worte Jesu anders an: »Vater, ich befehle meinen Geist in deine Hände! Und als er das gesagt, verschied er.« Fast noch feierlicher nimmt sich die Version des Johannes aus: »Da nun Jesus den Essig genommen hatte, sprach er: Es ist vollbracht; und neigte das Haupt und verschied.« Ohne jemals von Bellamys Fleischpasteten gekostet zu haben.

»Lord help my poor soul!« rief Edgar Allan Poe 1849 aus, bevor er starb. Oder vielleicht auch: »Nevermore!« Oder, da ist sich die Nachwelt uneins: »Rest, shore no more!« Oder wiederum: »My best friend would be he who would take a pistol and blow out these damned wretched brains!« Die Wahrheit ist auch mit der Radiokarbonmethode und elektronischem Oberschiedsrichter nicht mehr zu eruieren.

Carl Schüddekopf (Goethes Tod, 1907) erklärte einerseits rundheraus, das berühmte Zitat »Mehr Licht!« beruhe »auf einem Märchen; Goethe hat diese Worte so pointiert überhaupt nicht ausgesprochen, und sie hatten in ihrer ursprünglichen Bedeutung einen ganz andern Sinn.« Übereinstimmend berichteten andererseits der Jenenser Verlagsbuchhändler Frommann und die Malerin Luise Seidler, daß Goethes letzte Worte Ottilie gegolten hätten: »Komm, mein Töchterchen, und gib mir ein Pfötchen...«

Wie auch immer; Schüddekopf versicherte, »daß die Worte ›Mehr Licht‹, mögen sie nun Goethes letzter vernehmlicher Ausspruch gewesen sein oder nicht« – es war in einem früheren Kapitel davon schon die Rede –, »nur eine Anweisung an den Diener bedeuteten, keineswegs aber eine Art von geistigem Testament, das er seiner Nation hinterließ.« Noch im Sterben aber, heißt es, habe Goethe mit dem Finger Buchstaben in die Luft gemalt. Hierzu teilte die Baronin Jenny v. Gustedt (Aus Goethes Freundeskreise, 1892) mit: »Das bekannte Wort ›Mehr Licht‹ mag er wohl gesagt haben, klar und deutlich aber sprach er seine letzten Worte: ›Nun kommt die Wandlung zu höheren

Wandelungen...‹« Doch auch das, monierte Schüddekopf, sei nur »eine Fabel, die durch nichts bestätigt wird und wahrscheinlich auf einer Weiterdeutung des von Goethe in die Luft geschriebenen ›W‹ beruht.« Mehr Licht in die geheimnisvolle Angelegenheit gebracht hat Karl S. Guthke (Letzte Worte, 1990) mit der Theorie, »der Sterbende sei zuletzt in seinen Frankfurter Dialekt verfallen und habe vielleicht sagen wollen: ›Mer liecht so unbequem.‹«

Joachim Fest zufolge (Staatsstreich, 1994) waren die letzten Worte des Hitler-Attentäters Claus Graf Schenk v. Stauffenberg vor dem Erschießungskommando: »Es lebe das geheime Deutschland!« Zeugen, die Peter Hoffmann (Widerstand, Staatsstreich, Attentat, 1979) anführt, haben etwas anderes gehört: »Es lebe das geheiligte Deutschland!« oder »Es lebe Deutschland!« oder »Heiliges Deutschland!« oder »Es lebe die Freiheit!« oder »Es lebe das heilige Deutschland!« Die Worte gingen im Krach der Schüsse unter.

Unwiderlegbar eindeutig und bestimmt äußerte sich in seiner letzten Stunde nur Alexander v. Humboldt (gest. 1859), dessen letzte Worte (»Ich kann die Haare der Venus noch sehen«) der Naturforscher Eugen Egner 1996 recherchiert und der Vergessenheit entrissen hat.

Kismet?

Nevermore. »Der Rest ist Schaweigen« (Robert Gernhardt).

g. h.

Noch so ein Fall

Aus unseres Hausautors kleiner Todesprosa

Einem Mann war die Frau verstorben. Nach fast einem Jahr glaubte er, einer Verwechslung aufsitzend, sie auf der Straße wiederzuerkennen, fiel vor freudigem Schreck um und starb.

Schon am nächsten Tag klärte sich das Mißverständnis.

e. h.

Dostojewski-Special

Der Herausgeber, Übersetzer und Nachwortschreiber der Dostojewskischen »Gesammelten Briefe 1833–1881« (1966), Friedrich Hitzer:

»Zwischen 1881 und 1930 entstanden viele Dostojewski-Mystifikationen. Man machte Fjodor Michajlowitsch Dostojewski zum Kronzeugen gegen Revolutionen, zum Fürsprecher für ewige Ordnung, Glaube, Liebe und Gerechtigkeit, gerade dort, wo er selbst die Unordnung, den Unglauben, den Haß und die Ungerechtigkeit entlarvt hatte. Er galt ... als Tiefenpsychologe und Existentialist, Philosoph, Prophet und vieles andere, als Nihilist und Atheist auf dem Weg zum Christentum, als Aufrührer und Versöhner.«

Da kann man wirklich nur mit einem anderen Dostojewski-Übersetzer, Nachwortschreiber und Briefherausgeber, Karl Nötzel, nochmals zusammenraffen:

»Dieser stille Mann, der hatte Rußland die geistige Einheit gegeben.«

Und bis zu Alexander Issajewitsch Solschenizyn war es da nur noch ein kleiner Schritt.

Allerdings: »dieser stille Don« wäre noch einen Tick stringenter gewesen.

e. h.

Wer war's denn nun?

Furie des Vergessens

Von Rilke, schreibt der sonst stets recht geistesgegenwärtige Eckhard Henscheid in seinem Kleinessay »Das Furiensieb des Verschwindens« (Text+Kritik-Sonderband: 50 Jahre deutsche Nachkriegsliteratur, 1995), sei ihm halbwegs zitatfest in Erinnerung »immerhin zum Beispiel auch noch der Beginn seines Panther-Gedichts (oder war's doch ein Tiger? Ein Eisbär?)« –

Nichts von alledem.«»... es ist, als ob es tausend Stäbe gäbe und hinter tausend Stäben keine Welt – Gedanken eines Pandabären, der sein Leben im ›Abenteuer Zoo‹ in Berlin fristet«, korrigiert noch im gleichen Monat die Radio- und Fernsehfachzeitschrift »Gong« im Zuge ihrer Programmvorschau zur MDR-Sendung »Tiere« – und gegen diese auch noch beweiskräftig bebilderte Gebildetheit ist halt dann einfach kein Kraut ja mehr gewachsen.

Und die nächsten Rilke-Editoren sollten ein Einsehen haben.

e. h.

Ein allerletzter Sonderfall

Post kommt aus 93055 Regensburg, wo das »Cultur Bureau 42«, das sich gleichzeitig auch »Para-SOL e. V.« benennt, im Sinne »einer wichtigen Aufgabe« der »soziokulturellen Arbeit«, um deren »Situation zu stabilisieren« und zur »Aufrechterhaltung des sozialen Gleichgewichts in unserem Lande«, die folgenden Personen in dieser ungekürzten Reihenfolge zusammenschließen will und dann auch schon zur gemeinsamen Mitarbeit auffordert:

»Herbert Achternbusch – Franz Alt – Klaus Bednarz – Robert Bosch jr. – Norbert Blüm – Sabine Christiansen – Daniel Cohn-Bendit – Dieter Hildebrandt – Thomas Ebermann – Björn Engholm – Hans Magnus Enzensberger – August Everdings – Joschka Fischer – Lisa Fitz – Anke Fuchs – Norbert Gnasel – Heiner Geißler – Ralph Giordano – Günther Grass – Jürgen Habermas – Peter Handke – Gerda Hasselfeldt – Gottfried Helnwein – Eckhardt Henscheid – Werner Herzog – Burkhard Hirsch – Ludwig Hirsch – Rolf Hochhuth – Gertrud Höhler – Monika Hohlmeier – Alfred Hrdlicka – Friedensreich Hundertwasser – Walter Jens – Robert Jungk – Helmut Kohl – Alexander Kluge – Friedrich Küppersbusch – Hanna Renate Laurin – Sabine Leutheusser Schnarrenberger – Markus Lüpertz – Heiner Müller – Friedrich Nowottny – A. R. Penck – Claus Peymann – Fritz J. Raddatz – Edzard Reuter – Horst-Eberhard Richter – Philip Rosenthal – Jan Philipp Reemtsma – Rudolf Scharping – Peter Schmidhuber – Renate Schmidt.«

Da allerdings läßt sich »zum Ende hin« (Dieter Asmus) nun wirklich nur noch der Hut ziehen sowie abermals mit Robert Gernhardt kontern, daß sich nach dem 12. Tiere alle Biere ähnlich schauen.

Sogar Eckhardt oder so ähnlich Henscheid sich seiner Lieblingsprozeßgegnerin Gertrud Höhler. Die er, »Emma« hat das seinerzeit schon richtig erahnt, ja auch letztlich wirklich nur allzu gern heiraten täte. Tät' er sich nicht neuerdings fast noch mehr auf Christiansens Sabine spitzen. Von Renate Schmidt oder gleich Hanna-Renate Laurien, ist ja wurscht, nur noch schwerst übervollen Herzens zart zu seufzen. Um dann schließlich Küppersbusch zu nehmen.

e. h.

Winckelmann und Lessing

»Lessing schreibt«, so in einem berühmten Diktum Winckelmann über jenen, »wie man geschrieben zu haben wünschen möchte« (Franz Roh, S. 133), und, so elegant konjunktivisch und formenfreudig das klingt und entsprechend begeistert allzeit Zitierung fand, lessingisch licht und klar und im Sinne eindeutig ist es gerade nicht. Ist gemeint: »Wie man von Lessing geschrieben zu haben wünschte«? Oder doch: »Wie man selber – hätte man nur zugesehen und rechtzeitig desgleichen gelernt – gern geschrieben hätte«? Oder aber gar: »Wie man früher gern geschrieben hätte – heute aber nicht mehr«?

Es verschlägt nichts, man wird Johann Joachim Winckelmann selber fragen müssen, welchen Sinn geschrieben zu haben er eigentlich genau in seinem Sinn gemeint haben können möchte.

e. h.

Parabel

Der ursprüngliche Freudenrausch, ja -taumel des Ajatollah Khomeini, endlich den Kopf des Schriftstellers Salman Rushdie auf dem Tablett serviert zu kriegen, wich schon in Sekundenschnelle rasendem Schmerz und Jammer, als nämlich genauere Nachprüfungen ergaben, daß es sich um ein offenbares Versehen, und zwar um eine Verwechslung mit dem Schriftsteller Michael Rutschky handele.

e. h.

Bei einem Werk dieser gerammelten Daten- und Detailvielfalt schleichen sich, ungeachtet aller erwünschten und erstrebten Sorgfalt, Fehler ein, Quellenzitatfehler, Abtippfehler, auch – Mißverständnisse; es kann ja nicht ausbleiben. Schon um der erwartbaren und naseweisen Rechthaberei aus Leserkreisen so rechtzeitig wie unwiderleglich diese zurückweisend zuvorzukommen, bitten wir eben diese Leserschaft schon an dieser Stelle um diesbetreffliche Hinweise, Korrekturen und im Bedarfsfall sogar um einige Nachsicht.

Empfohlene Handbibliothek

Borkenau, Franz: Ende und Anfang. Von den Generationen der Hochkulturen und von der Entstehung des Abendlandes. Hrsg. und teilw. aus dem Engl. übers. von Richard Löwenthal. Stuttgart 1984.
Borst, Arno: Barbaren, Ketzer und Artisten. Welten des Mittelalters. München/Zürich 1988.
Burckhardt, Jacob: Die Kultur der Renaissance in Italien. 1860.
Burckhardt, Jacob: Weltgeschichtliche Betrachtungen. 1868–73.
Eckermann, Johann Peter: Gespräche mit Goethe in den letzten Jahren seines Lebens. 1836–48.
Eilert, Bernd: Die 701 peinlichsten Persönlichkeiten. Zürich 1990.
Elias, Norbert: Über den Prozeß der Zivilisation. 1939. Neuausg. Bern 1969/Frankfurt a. M. 1977. (2 Bde.)
Freud, Sigmund: Das Unbehagen in der Kultur. 1930.
Flasch, Kurt: Das philosophische Denken im Mittelalter. Von Augustin zu Machiavelli. Stuttgart 1986.
Friedell, Egon: Kulturgeschichte der Neuzeit. 1927–32. Neuausg. München 1960.
Gall, Lothar: Bürgertum in Deutschland. Berlin 1989.
Glasenapp, Helmuth von: Die fünf Weltreligionen. München 1963.
Haffner, Sebastian: Der Verrat. 1818/19 – als Deutschland wurde, wie es ist. München 1979. Neuausg. Berlin 1994.
Hegel, Georg Wilhelm Friedrich: Die Vernunft in der Geschichte. Hamburg 1955.
Heine, Heinrich: Die romantische Schule. 1836.
Hocke, Gustav René: Die Welt als Labyrinth. Manier und Manie in der europäischen Kunst. Hamburg 1957.
Hocke, Gustav René: Manierismus in der Literatur. Sprach-Alchimie und esoterische Kombinationskunst. Hamburg 1957.
Kant, Immanuel: Physische Geographie. 1802.
Kant, Immanuel: Von den Nationalcharakteren, insofern sie auf dem unterschiedlichen Gefühl des Erhabenen und Schönen beruhen. 1764.
Krämer, Walter/Trenkler, Götz: Lexikon der populären Irrtümer. Frankfurt a. M. 1996.

Lahnstein, Peter: Report einer »guten alten Zeit«. Zeugnisse und Berichte 1750–1805. Stuttgart 1970.
Mann, Golo: Deutsche Geschichte des 19. und 20. Jahrhunderts. Frankfurt a. M. 1958.
Mommsen, Theodor: Römische Geschichte. 1854–56.
Nietzsche, Friedrich: Unzeitgemäße Betrachtungen. 1873–76.
Panorama des zeitgenössischen Denkens. (Panorama des idées contemporaines. 1957.) Hrsg. von Gaëtan Picon. Frankfurt a. M. 1961.
Prause, Gerhard: Niemand hat Kolumbus ausgelacht. Fälschungen und Legenden der Geschichte richtiggestellt. Frankfurt a. M. / Hamburg 1969. Neuausg. 1986. Völlig überarb. und erg. Neuausg. Düsseldorf 1995.
Roh, Franz: Der verkannte Künstler. Studien zur Geschichte und Theorie des kulturellen Mißverstehens. München 1948. Neuausg. Köln 1993.
Spengler, Oswald: Der Untergang des Abendlandes. 1917–22.
Sternberger, Dolf / Storz, Gerhard / Süskind, W. E.: Aus dem Wörterbuch des Unmenschen. Hamburg 1957. Neue, erw. Ausg. Hamburg/Düsseldorf 1968.
Störig, Hans Joachim: Kleine Weltgeschichte der Philosophie. Stuttgart 1950. 14. Aufl. 1988.
Streifzüge durch die Jahrhunderte. Ein historisches Lesebuch. Hrsg. von Rainer Beck. München 1987.
Schnabel, Franz: Deutsche Geschichte im neunzehnten Jahrhundert. 4 Bde. Freiburg i. Br. 1964.
Taylor, Gordon Rattray: Die biologische Zeitbombe. (The biological timebomb. 1968.) Frankfurt a. M. 1969.
Theweleit, Klaus: Männerphantasien. 2 Bde. Frankfurt a. M. 1977–78.
Toynbee, Arnold J.: Der Gang der Weltgeschichte. (A Study of History. 1934–61). Stuttgart/Zürich/Wien 1952.
Valentin, Veit: Geschichte der Deutschen. New York 1946. Berlin 1947.
Zimmer, Dieter E.: Tiefenschwindel. Die endlose und die beendbare Psychoanalyse. Reinbek bei Hamburg 1986.

Register

Das Register enthält die Namen der im Text genannten Personen und die Titel der anonymen Werke.

Abbado, Claudio 26
Abderhalden, Emil 517
Abendroth, Walter 145 f.
Abraham a Sancta Clara 54
Achternbusch, Herbert 562
Adam, Pierre 199
Adelung, Johann Christoph 266 f.
Adenauer, Konrad 67, 101, 227, 297, 369, 412
Adler, Alfred 164, 514
Adorno, Theodor W. 36, 42, 45-47, 49, 65, 70-72, 79-81, 88, 96, 138 f., 143 f., 148, 155, 273, 331 f., 334, 337, 339 f., 342, 396, 412, 419, 420, 447 f., 451, 456, 482-484, 512, 515, 517, 521, 535, 542, 546, 550, 556
Aichelburg, Peter C. 467
Aischylos 271, 400
Akhtar, Shabbir 489
Alberigo, Giuseppe 310
Albert, Heinrich 74
Albertinus, Aegidius 440
Albertus Magnus 189 f.
Albertz, Heinrich 522
Albrecht von Wald(en)stein, Herzog von Friedland 343
Alexander der Große 289
Alexander, Peter 420
Allen, Woody 37, 103, 398
Almsick, Franziska von 297
Alt, Franz 317, 428, 517, 562
Altdorfer, Albrecht 203
Althusser, Louis 328
Altwegg, Jürg 288
Alzheimer, Alois 99, 542
Amatrice → Cola dell'Amatrice
Ambrosius 202, 316
Amir, Jigal 539

Anders, Günther 46 f., 513
Andersch, Alfred 35
Andersen, Hans Christian 234
Andersen, Lale 547
Angelo, Gianna d' 83
Anker, Albert 96
Antipatros 277
Antonioni, Michelangelo 39
Antonius, Marcus 481
Apollodor 239
Appignanesi, Lisa 164
Arcimboldo, Giuseppe 44
Arendt, Hannah 165 f., 287, 412, 484 f., 551
Arens, William 388
Aristophanes 59
Aristoteles 59, 209, 240 f.
Arminius 402
Arndt, Ernst Moritz 404 f., 408
Arnim, Achim von 74, 454
Arnim, Bettine von 354, 418, 426, 515, 518, 548
Arnim, Gabriele von 21 f., 472
Arning, Matthias 296
Arntz, Heiko 103
Arntzen, Helmut 50
Asmus, Dieter 563
Athanodor 478
Attila 246
Augstein, Friedrich 413
Augstein, Rudolf 31 f., 303 f., 413, 476, 552-554
August der Starke, König von Sachsen 358
Augustinsky, Peer 550
Augustinus, Aurelius 107, 117 f., 265, 313, 316
Augustus, röm. Kaiser 228, 481
Avnery, Uri 31

Baader, Andreas 35, 482
Baal, Karin 394
Bach, Johann Sebastian 53, 81 f., 327, 491, 515
Bachmann, Ingeborg 78, 95, 395
Bachramow, Tofik 540 f.
Bacon, Francis 298, 358
Bacon, Roger 457
Bächtold-Stäubli, Hanns 452
Bahners, Patrick 317
Baier, Lothar 36
Bailly, Jean 209
Balducci, Corrado 441
Baldung, Hans, gen. Grien 192, 195, 199
Balinghem, Antoine de 232
Ball, Hugo 557
Balzer, Bernd 316
Bandinelli, Baccio 493
Barck, Karlheinz 337
Bardare, Leone Emanuele 237
Bardot, Brigitte 98, 394, 537
Barheier, Klaus 334
Barnes, Julian 58
Barschel, Uwe 227, 445
Barth, Karl 316
Barthes, Roland 327
Barudio, Günter 263, 470
Barzel, Rainer 411, 428
Baselitz, Georg 122, 497
Basilius Valentinus 457
Basinger, Kim 394
Basler, Mario 446
Bassenge, Friedrich 340
Bastian, Gert 296, 500
Bataille, Georges 519
Baudelaire, Charles 333, 337, 518, 528
Baudissin, Wolf Heinrich Graf von 455
Baudrillard, Jean 36, 519
Bauer, Hans-Richard 139 f.
Bauer, Heinrich 487
Baxandall, Michael 191, 410
Bay City Rollers 470
Bayrhammer, Gustl 546
The Beatles 86, 464, 479
Becher, Martin Roda 208
Beckenbauer, Franz 394, 446, 448-451
Becker, Boris 349, 537
Beckett, Samuel 37 f., 41, 44, 46, 54, 82, 96, 252

Bednarz, Klaus 562
Beethoven, Ludwig van 44, 80, 82, 137, 270, 356, 515
Behring, Emil von 357
Beitl, Richard 277
Bekker, Paul 144
Beller, Steven 332
Bellinger, Gerhard J. 133
Belmondo, Jean-Paul 35
Beltz, Matthias 97
Beltz, Walter 312
Bender, Hans 70
Benedetti Michelangeli, Arturo 80
Benedikt von Nursia 313
Benelli, Sem 248
Benjamin, Walter 52, 257, 333, 336 f., 515, 541
Benn, Gottfried 69, 184
Berésin, Fedor M. 265
Berg, Alban 79, 153, 396
Berg, Karl → Nauert, Michael
Berger, Friedemann 108
Berger, Klaus 303, 307, 316 f.
Berger, Peter 522
Berghaus, Ruth 152, 393
Bergman, Ingmar 41, 46 f., 66, 78
Bergman, Ingrid 466
Bergner, Elisabeth 392
Bergonzi, Carlo 453, 499
Bergson, Henri 179
Berlioz, Louis Hector 75, 139
Berlitz, Charles 214
Bernanos, Georges 35, 48
Berndt, Ronald M. 388
Bernhard von Clairvaux 112, 199
Bernhard, Thomas 47, 54 f., 419
Bernstein, F. W. 72, 96 f., 188, 258, 300, 413
Bernstein, Leonard 542
Meister Bertram 193
Bettermann, Prof. Dr. 413
Beuys, Joseph 37 f., 96
Beyerchen, Alan D. 384
Bhutto, Benazir 347
Bibel 104, 115-117, 121 f., 162, 189, 192, 201 f., 259, 276 f., 301 f., 304-306, 311, 313, 317 f., 319-323, 377, 401, 404 f., 425, 438, 440 f., 559
Bierce, Ambrose 548
Biermann, Wolf 504, 555
Billroth, Theodor 358

Binz, Manfred 394
Bismarck, Otto von 19, 298, 375, 396 f., 405-407, 411, 485, 538, 554
Bitterli, Urs 387
Bittermann, Klaus 97, 135, 164, 521
Bizet, Georges 78
Blixen, Tania 250
Bloch, Ernst 50, 92, 153, 499, 549
Bloch, Karl Heinz 360
Bloch, Karola 97
Blüm, Norbert 562
Blumenberg, Hans 296
Blumenstein, Gottfried 24
Blunck, Jürgen 111 f.
Boccaccio, Giovanni 240
Boccalini, Traiano 256
Bock, Emil 462
Bodenstedt, Friedrich 300
Bodmer, Frederick 260, 270-272
Böhm, Karlheinz 512
Böhm, Andrea 547
Böhme, Jakob 311, 358
Böll, Heinrich 23, 29 f., 35 f., 41 f., 45, 47 f., 86 f., 96, 223, 228 f., 254, 340-342, 473, 515, 528, 534, 555
Böll, René 23, 228, 473, 528
Börne, Ludwig 425
Böttger, Friedrich 358
Boetticher, Wolfgang 418
Bogart, Humphrey 465 f.
Bohl, Friedrich 204, 207
Bohley, Bärbel 69
Bohrer, Karl Heinz 333, 337, 516
Boito, Arrigo 75
Bollack, Jean 161 f., 169
Borchert, Wolfgang 35, 545 f.
Borch-Jacobsen, Mikkel 160
Borchmeyer, Dieter 90, 407
Borkenau, Franz 157, 159, 304, 307 f., 330 f., 445, 521 f.
Bormann, Martin 418, 435 f., 522
Borst, Arno 281
Borst, Otto 281
Bosch, Robert, jr. 562
Bossle, Lothar 261
Boswell, James 256, 507
Botticelli, Sandro 192
Botwinnik, Ssemjon 427
Boulez, Pierre 150 f.
Bouts, Dirk 193
Braem, Harald 219

Braghine, Alexander 212
Brahms, Johannes 79, 81, 137, 153, 417, 542
Brando, Marlon 110
Brandt, Willy (d. i. Herbert Frahm) 62, 205 f., 413, 424, 452, 473, 523
Brassens, Georges 36, 48
Braun, Eva 553
Brecht, Bertolt 38 f., 70, 85 f., 95-98, 351, 408 f.
Bredekamp, Horst 256
Bréhier, Emile 325
Breitpohl, Horst 34
Breitner, Paul 34, 449
Brendel, Alfred 80
Brennan, James H. 343-349
Brentano, Clemens 74, 351, 354 f.
Brentjes, Burchard 370
Breschnew, Leonid 452
Breton, André 198
Breuer, Josef 156, 168
Breuer, Stefan 486
Briegel, Hans-Peter 394
Brincken, Anna-Dorothee von den 107
Broch, Hermann 351, 549
Brock, Bazon 134
Brod, Max 52
Broder, Henryk M. 296
Brooke, Rupert 233
Bruckner, Anton 74, 79, 81, 137, 153 f., 407, 418 f., 447, 542
Bruckner, Pascal 548
Brückner, Peter 415 f.
Brueghel, Pieter, d. Ä. 498
Brühl, Heidi 394
Brüning, Heinrich 292
Brun, Friederike 454
Bruni, Leonardo 313
Bruno, Giordano 328
Brutus 558
Buback, Siegfried 414 f.
Buber, Martin 43, 318, 323
Büchmann, Georg 93, 141, 395-397
Büchner, Georg 60, 79
Bülow, Hans von 79
Büning, Eleonore 417-419
Bürger, Gottfried August 236, 249-251, 527
Buffet, Bernard 36, 48
Bullivant, Keith 22

Bulthaupt, Heinrich Alfred   143
Bultmann, Rudolf   303 f.
Bulwer, John   119 f.
Bunsen, Robert   375
Buñuel, Luis   26 f., 547
Burckhardt, Carl   282, 508
Burckhardt, Carl Jacob   281 f., 508
Burckhardt, Jacob   88 f., 281 f., 284, 301 f., 491, 508
Burdon, Eric   464
Burger, Hermann   38
Burke, Kenneth   116
Byron, George Gordon Noel, Lord   90

Ca' da Mosto, Alvise da   387
Caccini, Giulio   75
Cäsar   289, 426, 558
Cagliostro, Alexander Graf von   144
Caius, Papst   463
Calderón de la Barca, Pedro   277
Callas, Maria   83, 395
Calvin, William H.   182
Cammarano, Salvatore   237
Campin, Robert   193 f., 199, 203
Camus, Albert   35 f., 44, 48, 84, 231-233, 235, 237, 253, 332, 338, 519
Canaletto (d. i. Antonio Canal)   514
Cano, Alonso   199
Cantril, Hadely   511
Capone, Alfonso (»Al«)   414
Capra, Frank   186 f.
Cardinale, Claudia   538
Carner, Mosco   419
Carriera, Rosalba   514
Carstens, Karl   41, 96, 254, 412
Carstens, Peter   284
Carus, Carl Gustav   167, 454
Castorf, Frank   152
Cayce, Edgar   219 f.
Cayce Evans, Edgar   219
Cayce-Schwartzer, Gail   219
Celan, Paul   188
Centurio, Alexander   343-349
Cervantes Saavedra, Miguel de   52, 356
Chagall, Marc   36
Chamberlain, Arthur Neville   289
Chamberlain, Houston Stewart   76, 288 f.
Chandler, Raymond   525
Chaplin, Charles   36 f., 52, 284, 298, 394, 398, 476

Charles I. → Karl I.
Charles II. → Karl II.
Charles IX. → Karl IX.
Cher (d. i. Cher LaPierre)   349
Chéreau, Patrice   150 f.
Chesterton, Gilbert Keith   123
Chiari, Karl   357
Christen, Ilona   478
Christian, Roger   350
Christiansen, Sabine   562 f.
Christie, Agatha   281
Christophersen, Thies   295
Chruschtschow, Nikita   346
Chrysostomos, Johannes   202
Churchill, Winston   519
Cicero   117
Cipriani, Lidio   361
Clark, Ronald W.   365
Claudel, Paul   35
Clausen, Rosemarie   545
Clausewitz, Karl von   395
Clemenceau, Georges   519
Cocteau, Jean   35, 235
Cohn-Bendit, Daniel   134, 562
Cola dell'Amatrice (d. i. Nicola Filotesio)   199
Conzelmann, Hans   304
Corneille, Pierre   235
Correggio (d. i. Antonio Allegri)   203
Courbet, Gustave   551
Crivelli, Carlo   195
Croce, Benedetto   329
Croissant, Klaus   35
Cromwell, Richard   493
Crossan, John Dominic   303
Crumb, Robert   38
Csernai, Pal   274
Csikszentmihalyi, Mihaly   315
Curtis, Tony   394
Curtius, Ernst Robert   490

Dach, Simon   74
Dalhaus, Carl   139, 146
Dalí, Salvador   475
Dall, Karl   60
Dante Alighieri   300, 356, 467, 533
Danton, Georges   467
Da Ponte, Lorenzo   242-244
Darwin, Charles   156, 180-186, 291, 338, 432 f., 481, 517, 526
Dath, Dietmar   522

Daum, Christoph 467
Daumer, Georg Friedrich 426
David, Gerard 193
Davis, Miles 35
De Fleur, Melvin L. 511
Degen, Hans J. 31
Dehm, Diether 452
Delacroix, Eugène 476
Demokrit 328
Denzler, Georg 310
Depardieu, Gérard 110
Depeche Mode 479
Derwall, Josef (»Jupp«) 539
Descartes, René 397, 518, 548 f.
De Vere, Edward → Oxford
Diderot, Denis 518
Dieckmann, Friedrich 78
Dienst, Gottfried 540 f.
Dieterle, William 278
Dietrich gen. Dierschau, Bernhard 495
Dietrich, Marlene 25
Dimde, Manfred 343-345, 347-349
Dinkelacker, Carl 537
Diogenes von Sinope 271
Dionysius von Luxemburg 441
Ditfurth, Hoimar von 68
Ditfurth, Jutta 97
Doderer, Heimito von 41, 96, 516, 534
Döblin, Alfred 367 f.
Dönhoff, Marion Gräfin 35, 44, 308, 330-332, 392 f., 485, 504
Dörner, Dietrich 452
Dohnanyi, Klaus von 274
Dolci, Carlo 514
Domitian 121
Donington, Robert 149
Donizetti, Gaetano 154
Donnelly, Ignatius 209 f.
Donovan (d. i. Donovan Leitch) 215
Dorsch, Friedrich 158, 161-163, 168
Dos Passos, John 41
Dostojewski, Fjodor Michailowitsch 40, 47 f., 51-53, 55, 65-67, 161, 273, 491, 508 f., 547, 561
Douglas, Michael 349
Dregger, Alfred 31, 414
Drewermann, Eugen 315, 317
Drewitz, Ingeborg 392
Drews, Jörg 525 f.

Drexler, Anton 287
Dreyer-Eimbcke, Oswald 107, 109
Dreyfus, Alfred 519
Drinkwelder, Franz 404
Droste, Wiglaf 230, 522 f.
Droste-Hülshoff, Annette von 247, 494
Dschingis Khan 245 f., 258
Duden, Barbara 128
Dühring, Eugen 554 f.
Dürer, Albrecht 194, 203, 410, 498, 552
Duerr, Hans Peter 281, 360 f., 483
Dürr, Hans-Peter 281
Dürrenmatt, Friedrich 241, 550
Duhem, Pierre 385 f.
Dulles, John Foster 408
Durzak, Manfred 341
Duve, Freimut 338
Dvořák, Antonín 74
Dyck, Anthonis van 195
Dylan, Bob 24, 464, 479

Ebbecke, Ulrich 465
Ebermann, Thomas 562
Eckart, Dietrich 288, 290
Eckermann, Johann Peter 89, 225, 301, 328, 350, 390, 428
Eckert, Michael 384 f.
Meister Eckhart 153, 273, 311
Edda 377, 436
Edel, Alfred 225, 338
Edwards, Gavin 478 f.
Effenberg, Stefan 119
Egner, Eugen 465, 560
Ehrhardt, Ernst 497
Ehrlichman, John D. 481
Eichendorff, Joseph von 42, 75, 94, 144, 263, 351-356, 394, 396, 408, 419, 516 f., 527, 555
Eigruber, August E. 81
Eilert, Bernd 66, 95
Einstein, Albert 29, 120, 125, 176-180, 185-188, 226, 281, 332, 362-369, 372-374, 379-382, 384, 448, 467, 470
Eissler, Kurt Robert 172
Elias, Norbert 360, 450 f.
Elisabeth I., engl. Königin 346 f.
Ellington, Edward Kennedy (»Duke«) 35

Ellis, Havelock 172
Elster, Otto 260
Eluard, Paul 198
Emmerich, Roland 464, 513
Empedokles 302 f.
Endres, Elisabeth 489
Engelbrecht, Constanze 394
Engelmann, Bernt 426
Engholm, Björn 71 f., 166, 205 f., 227, 230, 445, 447, 562
Enzensberger, Hans Magnus 26, 355, 394, 396, 416, 447, 562
Erich, Oswald A. 277
Ernst, Max 198, 475
Es waren zwei Königskinder 247, 443
Escher, Maurits Cornelis 82, 99
Esheh, Amir 71
Esslin, Martin 38
Estrin, Jakow 427
Euklid 380
Eulenspiegel → *kurzweilig Lesen von Dil Ulenspiegel, Ein*
Euripides 233, 235, 271
Eusebios 280
Everding, August 562
Eyck, Jan van 193

Falk, Daniel 329
Falke, Gustav 408
Faraday, Michael 368
Farantouri, Maria 90
Fassbinder, Rainer Werner 38, 57, 80, 520
Faulkner, William 35
Faulstich, Werner 513
Faure, Félix 519
Fauth, Philipp 377
Faye, Jean-Pierre 336
Febvre, Lucien 411
Federlein, Gottfried 139
Fellini, Federico 39, 46
Ferenczi, Sándor 315
Fernau, Joachim 195
Fest, Joachim C. 138, 143, 146-148, 153, 285, 291, 293 f., 296, 430, 432, 515, 560
Feuchtwanger, Lion 178
Feuerbach, Ludwig 188
Fey, Dietrich 495-497
Feyerabend, Paul K. 337, 483

Fichte, Johann Gottlieb 326, 336, 339, 402, 404 f., 464
Fictuld, Hermann 459 f.
Fiedler, Corinna 93
Finck, Werner 50
Finley, Moses I. 90
Fischer, Joseph (»Joschka«) 413, 562
Fischer, Robert (»Bobby«) 427, 514
Fischer-Titze, Renate 165
Fitz, Lisa 562
Fitzgerald, Ella 392
Fitzgerald, Francis Scott 546
Flasch, Kurt 89, 273, 303, 307, 311, 313
Flaubert, Gustave 58, 235, 280, 300, 472
Flegel, Georg 96
Fleming, Alexander 357
Flickenschildt, Elisabeth 392, 394, 517, 547
Fließ, Wilhelm 170
Fölsing, Albrecht 363-365
Förster-Nietzsche, Elisabeth 143
Folckers, Nils 504
Fontane, Theodor 56 f., 93
Fontbrune, Jean-Charles de 343-349
Foot, Michael 511
Forbeck, Karla 76, 548
Ford, Harrison 216
Ford, John 102
Ford, Richard 464, 513 f.
Forrester, John 164
Forßmann, Werner 358
Foucault, Michel 328, 416
Fouquet, Jean 195
Fourier, Charles 519
Frahm, Herbert → Brandt, Willy
France, Richard 510
Franck, César 139
Meister Francke 203
Frank, Hans 285
Frank, Karl A. 214
Frank, Walter 379
Frankenberger (Kaufmann aus Graz) 285
Franz Ferdinand, Erzherzog von Österreich 348
Fraunhofer, Joseph 375
Freeman, Derek 327
Freiligrath, Ferdinand 402
Frenzel, Elisabeth 235

Freud, Anna 166-168, 170
Freud, Sigmund 19, 21, 23, 25, 41, 96, 155, 156-176, 180, 235, 254 f., 257, 268, 299, 306, 315, 326, 329, 333-335, 472, 475 f., 482, 486, 514, 548
Freund, Winfried 64
Freytag, Gustav 37, 352
Fricke, Wedding 305
Fried, Johannes 411
Friedeburg, Ludwig von 556
Friedell, Egon 55, 75, 87-89, 143, 157, 168, 172, 183, 297, 310 f., 329 f., 352 f., 447, 486, 519, 554
Friedrich I., gen. Barbarossa, dt. Kaiser 402
Friedrich II., dt. Kaiser 122
Friedrich II., der Große, König von Preußen 375
Friedrich, Caspar David 34, 476 f.
Friedrich, Götz 547
Frisch, Karl von 444
Frisch, Max 534
Fritz, Bernd 296
Fritz-Vannahme, Joachim 130
Fritzsch, Harald 177
Frommann, Carl Friedrich Ernst 559
Fromme, Friedrich Karl 503
Fuchs, Anke 562
Fühmann, Franz 23
Fuld, Werner 522
Furet, François 288
Fussell, Paul 124

Gabler, Hans Walter 109
Gabriel de Barletta 189 f.
Gaddafi, Muammar al 485, 540
Galilei, Galileo 177, 368, 485, 533, 555 f.
Galletti, Johann Georg August 254, 413, 425
Ganghofer, Ludwig 426
Gansel, Norbert 562
Garaudy, Roger 295
García Gutiérrez, Antonio 237
Garencières, Théophile de 343, 345-347, 349
Gatz, Siegfried Michael 106
Gaudino, Maurizio 449
Gauger, Hans-Martin 272
Gaulle, Charles de 541
Gauweiler, Peter 32

Gebsattel, Viktor von 325
Gehlen, Arnold 334 f.
Gehrcke, Ernst 364 f., 367
Geibel, Emanuel 397
Geißler, Heiner 206, 470, 562
Geißler, Max 460
Genée, Richard 424
Genscher, Hans-Dietrich 69, 151, 503
Gentileschi, Orazio 195
Georg I., griech. König 500-502
Gernhardt, Robert 33, 37, 39, 43, 49, 70, 96, 227, 229, 254, 256, 259, 263 f., 274, 290, 342, 396, 424, 441, 471, 504, 526, 543 f., 548, 552, 555, 560, 563
Gerold, Karl 25, 57, 392
Ghirlandaio, Domenico 193
Gide, André 35, 40, 235
Giehse, Therese 95
Giordano, Ralph 22, 164, 504, 562
Giordano, Umberto 248
Glas, Ursula (»Uschi«) 447
Glasenapp, Helmuth von 312, 450, 480
Glaser, Hermann 164, 548
Glasse, Robert 388
Glotz, Peter 150 f., 153-155, 261, 485
Gluck, Christoph Willibald 141
Glucksmann, André 36
Gobineau, Joseph Arthur de 29, 181, 291, 484
Godard, Jean-Luc 35, 48 f.
Goebbels, Joseph 81, 145-147, 284, 290, 292 f., 297, 311, 391 f., 522
Goebel, Robert 462
Gödel, Kurt 82
Göring, Hermann 147, 289, 294, 296, 382, 521 f.
Görres, Joseph 75, 409
Goes, Hugo van der 203
Göschel, Karl Friedrich 425
Goethe, Johann Wolfgang 22, 52, 59, 64, 75, 77, 87, 89-91, 91-95, 155, 177, 180, 186, 188, 198, 225, 228, 232, 246, 254, 262 f., 266, 297, 300, 301-304, 310, 313, 328-330, 334 f., 337, 350, 355, 357, 390, 394, 395 f., 399, 404, 406-408, 412, 418, 425-428, 454-456, 460, 467, 490, 514, 515, 521, 527 f., 543, 554, 559 f.
Goethe, Ottilie von 396, 559

Goetz, Rainald 555
Gogh, Vincent van 36, 44
Gold, T. 175
Goldhagen, Daniel Jonah 296, 304
Goldsmith, Lynn 464
Goldt, Max 25, 34, 507
Golther, Wolfgang 277
Golzem, Armin 416
Goodall, Jane 442
Gorbatschow, Michail 24
Gorki, Maxim 98
Gossaert, Jan 196
Gottfried von Straßburg 248
Gotthardi, W. G. 455
Gotthelf, Jeremias 98, 237, 412, 520
Gottschalk 313, 315, 405, 499
Gottschalk, Thomas 478
Gould, Glenn 81
Gould, Stephen Jay 184
Gounod, Charles 75
Goya y Lucientes, Francisco José de 283, 405
Grabbe, Christian Dietrich 60
Graf, Heidi 450
Graf, Peter 449
Graf, Stefanie 61, 332, 449 f.
Gras, Moses 189
Grass, Günter 42, 48, 58, 86, 223, 394, 485, 515, 534, 555, 562
Grau, Wilhelm 379
El Greco (d. i. Domenikos Theotokopulos) 44, 519
Gréco, Juliette 325, 519
Greene, Graham 274
Greene, Robert 299
Gregor I., der Große, Papst 316
Gregor von Nazianz 202
Gregor von Tours 279 f.
Gregor-Dellin, Martin 140, 149
Gremliza, Hermann L. 32 f., 50, 61, 98, 188, 261, 275, 282, 301, 331, 338, 397, 466, 505 f., 553, 648
Griefahn, Monika 469
Grieg, Edvard 47, 73, 83
Grien, Hans Baldung → Baldung, Hans
Gries, Johann Diederich 454
Grillparzer, Franz 141, 239, 247
Brüder Grimm 231, 239 f., 246, 249
Grimm, Dieter 503 f.
Grimm, Herman 407

Grimme, Ernst Günther 196
Grock (d. i. Adrian Wettach) 36
Gross, Johannes 70 f., 519 f.
Grübel, Isabel 440
Grüber, Klaus Michael 516
Grünbein, Durs 533
Grunert, Manfred 507
Grzimek, Bernhard 338
Guardini, Romano 43, 99-101
Gudden, Bernhard Aloys von 397
Günderode, Karoline von 516
Il Guercino (d. i. Giovanni Francesco Barbieri) 93
Guericke, Otto von 375
Gurjewitsch, Aaron J. 314
Gustedt, Jenny von 559
Guthke, Karl S. 560
Guthnick, Paul 378
Gutknecht, Christoph 266 f.
Gutzkow, Karl Ferdinand 144

Haarmann, Harald 267
Haas, Joseph 81
Habermas, Jürgen 32, 45, 57, 65, 67, 134 f., 223-225, 258, 264, 272, 317, 336-338, 472, 474, 483, 489, 517, 544, 548, 562
Hacker, Friedrich 514
Haeckel, Ernst 180, 281, 517
Haecker, Theodor 281, 517
Haeusserman, Ernst 514
Haffmans, Gerd 264
Haffner, Sebastian 291-294, 406, 428
Hagesander 478
Hahn, Otto 460 f.
Hahn, Ulla 550
Halbe, Max 98
Haldeman, Harry R. (»Bob«) 481
Halm, Heinz 488
Hamm-Brücher, Hildegard 392 f.
Hammes, Manfred 23
Hammurabi 556
Handke, Peter 64, 420, 531-533, 555, 562
Hanf, Petra 296
Hanimann, Joseph 326
Hansen, Volkmar 455
Hanslick, Eduard 139, 412
Harding, Tonya 38
Hardy, Thomas Masterman 558
Harms, Eike → Arntz, Heiko

Harris, Marvin 123, 194, 196
Hartmann, Waldemar 401
Haskell, Francis 113, 131, 493
Hassel, Kai Uwe von 282
Hasselfeldt, Gerda 562
Hau, Arnold 549
Hauff, Volker 24
Hauff, Wilhelm 233-235
Hauptmann, Gerhart 99, 516
Hauser, Kaspar 516
Haushofer, Karl 408
Haydn, Joseph 73, 75, 79, 408, 515
Hayworth, Rita 278
Hebbel, Friedrich 278, 405, 420, 527
Hebel, Johann Peter 28, 254, 259, 544
Heckel, Emil 151
Hegel, Georg Wilhelm Friedrich 39, 42, 53, 59, 76, 84, 177, 188, 256, 270, 273, 284, 289 f., 303, 324, 332, 335 f., 338 f., 339 f., 406, 423, 425-428, 451, 481, 484, 499, 516, 543, 554
Heiber, Beatrice 81, 287, 435 f.
Heiber, Helmut 81, 287, 430, 435 f.
Heidegger, Martin 35, 37, 49, 86, 265 f., 324-326, 332, 335
Heidenreich, Gert 441
Heilbron, John L. 369
Heilmann, Sebastian 483 f.
Hein, Christoph 473
Heine, Gert 455
Heine, Heinrich 30-34, 60, 70, 75, 170, 190, 204, 251, 308, 339, 355 f., 404, 409 f., 426, 455, 547
Heinemann, Gustav 527
Heino (d. i. Heinz-Georg Kramm) 75
Heinrich I., der Vogler, dt. König 19, 436
Heinrich von Vorneburg 311
Heinse, Wilhelm 93
Heisenberg, Werner 177-179, 187, 362, 367, 371, 373, 375 f., 379-383
Heissig, Walther 246
Heitmann, Steffen 96
Hellwig, Maria 75
Helmer, Thomas 394
Helmholtz, Hermann 518, 554
Helmont, Franciscus Mercurius van 518

Helmstetter, Rudolf 556
Helnwein, Gottfried 562
Hemingway, Ernest 35, 37, 39, 41, 43, 260, 525, 546
Hempel, Luise 455
Hendrix, James Marshall (»Jimi«) 479
Henscheid, Eckhard 41 f., 53, 63, 65 f., 77, 97, 164, 222-225, 255 f., 260, 271, 333, 351, 465, 470 f., 480, 509, 516, 525-529, 548, 550, 555, 561, 562 f.
Henscheid, Regina 256
Henschel, Gerhard 63, 97, 230, 395, 522 f., 526, 540
Hepburn, Audrey 281
Hepburn, Katharine 281
Heraklit 183, 395, 520
Herder, Johann Gottfried 246, 302, 336
Herget, Mathias 394
Hermann der Cherusker → Arminius
Hermann, Armin 177-180, 187, 362, 364, 376, 384 f.
Herodes I., der Große 228, 276-280, 305, 506
Herodes Agrippa I. 277, 280
Herodes Antipas 277-280, 305
Herodes Archelaos 277
Herodias 277-279
Herodot 520
Herrmann, Broka 274, 474
Herrmann, Hans-Dietrich 129 f.
Herrmann, Joachim 377
Hersent, Louis 199
Hertling, Ludwig 462 f.
Hertslet, William Lewis 400 f.
Herzog, Roman 528
Herzog, Werner 562
Hesiod 239
Hesse, Hermann 22, 534
Hewitt, V. J. 349
Heydrich, Reinhard 296, 376
Heynckes, Josef (»Jupp«) 446
Hiedler, Johann Georg 285
Hieronymus 202, 316
Higham, Charles 510
Hildebrandslied 237
Hildebrandt, Dieter 562
Hildebrandt, Dietrich von 425
Hildebrandt, Regine 97, 99
Hiller, Helmut 267, 460

Himmler, Heinrich 296, 362, 375f., 378, 436, 448, 539
Hindenburg, Paul von 19, 292f.
Hippler, Jochen 488
Hippokrates 376
Hirsch, Burkhard 562
Hirsch, Ludwig 562
Hirschfeld, Peter 495
Histoire admirable et prodigieuse 232
Hitler, Adolf 17-20, 22, 25, 29, 30, 34f., 44f., 50, 76, 81, 86, 144-153, 166, 179, 181, 185f., 222, 258, 274, 282, 283-297, 322, 324, 326, 331, 333, 345, 347, 349, 362, 366, 368-373, 375-378, 380f., 384, 394, 396f., 406-413, 418, 426, 428, 430-439, 473, 483f., 487, 491, 522, 545, 547, 552-554, 560
Hitler, Alois → Schicklgruber, Alois
Hitler, Johann Georg → Hiedler, Johann Georg
Hitzer, Friedrich 561
Hitzfeld, Ottmar 469
Hobbes, Thomas 481
Hochgesand, Dieter 446
Hochhuth, Rolf 562
Hocke, Gustav René 283, 490
Höfer, Werner 21
Höhler, Abel 159, 164
Höhler, Gertrud 56f., 63, 159-161, 164, 338, 562f.
Hölderlin, Friedrich 22, 82, 87, 302, 313, 404f., 543
Hölzenbein, Bernd 49, 446, 470, 515
Hoeneß, Dieter 394
Hoeneß, Uli 394
Hörbiger, Hanns 376-378
Höß, Rudolf 295
Höttges, Horst-Dieter 555
Höyen, Niels Lauritz 455
Hoffmann von Fallersleben, August Heinrich 63, 76, 397, 408f.
Hoffmann, Ernst Theodor Amadeus 141, 351
Hoffmann, Heinrich 286
Hoffmann, Peter 560
Hoffstetter, Roman 73
Hofmann, Klaus 488
Hofmann, Peter 470, 547
Hofmannsthal, Hugo von 235, 280, 293, 533

Hohlmeier, Monika 562
Holbein, Hans, d. Ä. 199
Holbein, Hans, d. J. 515
Holbein, Ulrich 72, 263, 516, 548-550
Holtz, Gottfried 440
Homer 235f., 256, 297, 300, 303, 425, 493
Homes, Sylvia 510
Hope, Murry 220f.
Horaz 56, 188, 229
Horkheimer, Max 45, 47, 65, 69, 96, 273, 331f., 447, 451, 482f., 512, 515, 521, 535
Houseman, John 509-512
Hower, Danielle 41
Hrabanus Maurus 118, 131, 313
Hrdlicka, Alfred 516, 562
Hubmeier, Anna 254
Huch, Ricarda 353
Hueg, Andrea 488
Hüttler, Johann Nepomuk 285
Huizinga, Johan 196
Human, Klaus 31
Humboldt, Alexander von 177, 560
Humboldt, Wilhelm von 454, 542
Hundertwasser, Friedensreich 562
Hupka, Herbert 98
Hurst, Geoffrey 540
Hussein, Saddam 394, 485
Ibsen, Henrik 46, 73
Iffland, August Wilhelm 90
Ignatius von Loyola 113
Immermann, Karl 525
Irons, Jeremy 40
Isenbrant, Adriaen 193

Jacobi, Johann Georg 93
Jacobsohn, Siegfried 448
Jacobus de Voragine
→ *Legenda aurea*
Jacopone da Todi 514
Jäckel, Eberhard 433
Jaenecke, Heinrich 24
Jahn, Friedrich 467f.
Jahn, Friedrich Ludwig 410
Jahnn, Hans Henny 37
Jakobli → Jowäger, Jakobli
James, Henry 298, 520
Jansen, Hans Bernhard 271
Janßen, Karl-Heinz 25

Jaspers, Karl 487
Jean Paul 35, 55f., 188, 283, 306, 336, 351f., 354, 460, 543
Jelínek, Jan 132f.
Jelzin, Boris 66
Jeman, Lützel 548
Jenninger, Philipp 24, 204, 306
Jens, Inge 56
Jens, Walter 56, 97, 99, 223, 504, 562
Jerome, Jerome K. 551
Jewison, Norman 279
Johann II., König von Portugal 107
Johann von der Fontina 457
Johannes de Garlandia 458
Johannes Paul II., Papst 303, 308, 311, 313-315, 476, 485
Johnson, Lyndon B. 485
Johnson, Samuel 507
Jong, Erica 175
Joos, Verena 230
Jordan von Wasserburg 441
Josephus, Flavius 279, 305, 320
Jowäger, Jakobli 98, 420
Joyce, James 41, 58, 313, 525
Jüngel, Eberhard 315
Jünger, Ernst 45, 102, 336, 390, 391f., 485, 515
Jünger, Gretha 390
Jung, Carl Gustav 159f., 176, 460-462
Jung, Johann Heinrich, gen. Jung-Stilling 455
Jungk, Robert 562
Juvenal 229, 548f.

Käfer, Michael 155
Kaegi, Werner 89
Kähler, Richard 323
Käser, Steffen 31
Käsler, Dirk 486
Kafka, Franz 37, 39-41, 44, 46, 48, 51-53, 59, 66, 82, 96, 172, 186, 188, 252, 255, 443, 475f., 525, 551
Kahl, Ernst 261
Kaiser, Joachim 43, 48, 144, 146, 153, 341, 525
Kallimachos 247
Kaltz, Manfred 394
Kamsky, Gata 395
Kamsky, Roustam 395
Kant, Immanuel 28, 71f., 181, 186f., 206, 268-270, 273, 292, 326, 330, 338, 420, 423, 426, 445, 450, 456, 516
Kapferer, Jean-Noël 387
Karajan, Herbert von 82
Karasek, Hellmuth 164, 449, 524, 526
Karczewska, Irma 160
Karl der Große 331, 402
Karl I., engl. König 344, 493
Karl II., engl. König 346f., 493
Karl VII., frz. König 195
Karl IX., frz. König 347
Karl Alexander, Großherzog von Sachsen-Weimar-Eisenach 455
Karlstadt, Liesl 251
Karpow, Anatoli 395, 514
Karst, Joseph 211
Kasack, Hermann 37
Kasparow, Garri 395, 514f.
Kaube, Jürgen 544
Kauffman, Stuart 184
Kaufmann, Christine 394
Kaufmann, Walter 426
Keller, Christoph 42
Keller, Gottfried 56, 250f., 396
Kelly, Petra 97, 296, 472, 500
Kennedy, John F. 24, 346, 348
Kennemann, Georg 446
Kepler, Johannes 177, 368, 375
Kernberg, Otto F. 156
Kerner, Justinus 75
Kerrigan, Nancy 38
Kersting, Georg Friedrich 96, 454
Kesten, Hermann 50
Kestner, August 455
Keulartz, Jozef 544
Khomeini, Ruhollah Mussawi 564
Kiefer, Anselm 101
Kierkegaard, Sören 86, 334f.
Kiesinger, Kurt Georg 412, 482
Kimjungxang 394
King, Carole 479
Kinkel, Klaus 503
Kirchhoff, Robert 375
Kirschbaum, Engelbert 462f.
Kishon, Ephraim 525
Kittner, Dietrich 64
Klebe, Inge 398
Klebe, Joachim 398
Klee, Paul 36f., 44
Kleinert, Andreas 363f., 370, 379, 385

Kleist, Heinrich von 53, 124, 244, 249, 252, 318, 356, 420, 543
Klemens von Alexandria 202
Klemm, Barbara 334
Klier, Walter 298-300, 410
Klinsmann, Jürgen 27
Klönne, Moritz 146
Klopstock, Friedrich Gottlieb 491
Kluge, Alexander 562
Kluge, Friedrich 272, 496
Knappertsbusch, Hans 81
Koch, Howard 509
Koch, Robert 357
Köhler, Horst W. 110-112
Köhler, Michael 336 f.
Köhler, Otto 261, 476
Köhler, Wilhelm H. 199
Köhler, Willi 472
König, Franz 304
Koeppen, Wolfgang 35, 548
Körbel, Karl-Heinz 470
Koerber, Adolf Viktor von 432
Körner, Theodor 73, 404, 408
Körte, Peter 328
Kohl, Hannelore 448
Kohl, Helmut 22, 32, 44 f., 63, 68 f., 135, 204-207, 227, 394, 409, 448, 487 f., 503 f., 548, 562
Kohlhaas, Ellen 83
Kohlhagen, Norgard 187
Kohlhammer, Siegfried 488 f.
Kolbe, Johanna 494 f.
Kolumbus, Christoph 107-110, 154, 356, 361, 389, 481, 498
Konfuzius 450
Konrad von Soest 203
Konrad von Würzburg 240
Konstantin der Große, röm. Kaiser 122
Kopernikus, Nikolaus 368, 375 f.
Kortschnoj, Viktor 427
Kosmas Indikopleustes 104-107, 109 f., 209
Kott, Jan 244
Kowalewski, Gerhard 177
Kracauer, Siegfried 257
Krämer, Walter 297, 388, 506 f., 519
Krafft-Ebing, Richard von 172
Krahl, Hans-Jürgen 556
Kraus, Karl 23 f., 33, 41 f., 44, 50 f., 56, 60 f., 64, 91, 156 f., 160, 169, 186, 188 f., 229, 262 f., 271, 274, 284, 301, 330, 332-334, 393, 394, 396, 448, 450 f., 466, 470 f., 499-502, 504, 525 f., 545, 547, 555
Krause, Karl Wilhelm 435
Kroetz, Franz Xaver 43, 530 f., 533, 555
Kronauer, Brigitte 36, 97, 175, 453, 499, 516, 523 f., 528, 555
Kubizek, August 286, 430 f.
Kügelgen, Wilhelm von 327
Kühn, Dieter 531
Kühn, Herbert 132 f.
Kühn, Volker 228 f.
Kühn-Frobenius (Physiker) 367
Küng, Hans 306-308, 310-316
Küntscher, Gerhard 358
Küppersbusch, Friedrich 562 f.
Kürnberger, Ferdinand 396, 451
Kuhlemann, Peter 132 f.
Kuhn, Thomas S. 312
Kunert, Günter 101
Kurzke, Hermann 295, 556
Ein kurzweilig Lesen von Dil Ulenspiegel 251
Kuschel, Karl-Josef 187, 316
Kuschel, Yvonne 465, 467
Kuznecov, Boris G. 379
Kypros 277
Kyrill von Alexandrien 202

Lacan, Jacques 328, 518
Lachmann, Karl 297
Lackemann, Thomas 307
Laederach, Jürg 531, 533
Lafayette, Marie Joseph de Motier, Marquis de 518
La Fontaine, Jean de 518
Lafontaine, August Heinrich 518
Laforgue, Jules 518
Lagache, Daniel 165
Lagarde, Paul Anton de 518
Lagrange, Joseph Louis 518
Laguerre, Edmond Nicolas 518
Lahnstein, Peter 352
Laktanz 107, 109
Lalebuch 250 f.
Lamarck, Jean Baptiste de Monet de 518
Lamartine, Alphonse de 518
Landgrebe, Gudrun 394

Lang, Bernhard 308
Lang, Jack 36
Langbehn, Julius 146, 477
Lapide, Pinchas 319-323
Laplace, Pierre Simon de 518
Laplanche, Jean 162-164, 168
La Roche, Sophie 518
La Rochefoucauld, François VI., Duc de 71, 518
Larsen, Johannes Anker 460
Las Casas, Bartolomé de 200
Lasker, Emanuel 185, 187
Lassalle, Ferdinand 518
Laßwitz, Kurd 111
Lau, Jörg 448
Laub, Gabriel 189
Laub, Johann Jakob 363
Laue, Max von 364, 379
Laughton, Charles 278
Laukhard, Friedrich Christian 68
Laurien, Hanna-Renate 562 f.
Lavater, Johann Kaspar 113, 455
Lay, Rupert 25
Lee, Desmond 208
Lefort, Claude 326
Legenda aurea 161, 235
Leggewie, Claus 482 f.
Lehár, Franz 44, 426
Leibniz, Gottfried Wilhelm 284, 328 f., 375, 426
Leinemann, Jürgen 24
Lem, Stanislaw 536
Lemper, Ute 536
Lenard, Philipp 362-375, 378-380, 382-384
Lenau, Nikolaus 396
Lengsfeld, Vera 230
Lenin, Wladimir Iljitsch (d. i. W. I. Uljanow) 426, 481 f., 508, 557
Lennon, John 464
(Pseudo-)Lentulus 189
Lenz (Physiker) 379
Lenz, Hermann 281
Lenz, Siegfried 281, 534
Leonardo da Vinci 41, 96, 166, 171 f., 177, 191, 306, 335, 514
Leoncavallo, Ruggiero 36
Lepenies, Wolf 354
Lessing, Gotthold Ephraim 268, 478, 563

Lessing, Theodor 329, 499
Leti, Gregorio 493
Leutheusser-Schnarrenberger, Sabine 562
Lévi-Strauss, Claude 159, 161, 327, 329, 388, 492
Lévinas, Emmanuel 326
Lévy, Bernard-Henri 519
Lewis, Ioan M. 387
Lewis, Jerry 464
Lewis, Jerry Lee 464
Lewis, Sinclair 464
Ley, Robert 418, 435
Lichtenberg, Georg Christoph 188
Lichtenstein, Roy 38, 86
Lierde, Petrus Canisius van 201
Lillo, George 232
Lindauer, Martin 442, 444
Lindenberg, Udo 38
Lindtke, Gustav 497
Lineker, Gary 349
Linné, Carl von 445
Liotard, Jean-Etienne 492 f., 498
Lippi, Filippino 198
Lippi, Fra Filippo 514
Liselotte von der Pfalz 547
Liszt, Franz 138, 141, 152, 154, 542
Lochman, Jan Milič 308
Löffler, Sigrid 55
Loeper, Gustav von 407
Löw, Alfred 398 f.
Lohmann, Hans-Martin 223
Lohse, Eduard 121
Lomazzo, Giovanni P. 131
Lombroso, Cesare 114
Looney, John Thomas 298
López de Gómara, Francisco 209
Lorentz, Hendrik Antoon 362
Lorentz, Lore 32
Lorenz, Konrad 442
Lorenzetti, Ambrogio 193
Loriot (d. i. Vicco von Bülow) 43, 235
Lowell, Percival 111
Lowery, Shearon A. 511
Lubbe, Marinus van der 289
Luce, John Victor 208, 215 f.
Ludendorff, Erich 76
Ludwig der Deutsche, ostfränk. König 403
Ludwig II., König von Bayern 143, 146, 153, 397

Ludwig XIV., frz. König 343, 519
Ludwig XVI., frz. König 345
Ludwig Heinrich Joseph, Herzog von Bourbon 343
Lübke, Heinrich 398, 485
Lüdemann, Gerd 304
Lueger, Karl 291
Lüpertz, Markus 562
Lütkehaus, Ludger 550
Lützow, Adolf von 404
Luhmann, Niklas 185, 337
Lukács, Georg 331
Luther, Martin 67-69, 88, 145, 147, 178, 198, 251, 255, 257, 290, 310f., 320f., 335, 410, 485f.
Luxemburg, Rosa 527

Maar, Michael 536
Machen, Arthur 245
Mackenzie, Henry 233
Macmillan, Harold 345
Madonna (d. i. Madonna Louise Ciccone) 27, 394
Maffay, Peter 34
Mahler, Gustav 26, 79, 137, 447, 542
Maisak, Petra 93
Makart, Hans 515
Mallarmé, Stéphane 280
Malle, Louis 332
Malskat, Lothar 495-497
Mandeville, John 109
Mann, Gottfried (»Golo«) 290
Mann, Heinrich 407
Mann, Klaus 286
Mann, Thomas 51f., 59f., 66, 143f., 150, 153, 157, 178-180, 185-187, 419, 455f., 484, 536
Mannert, Konrad 106, 109
Mantegna, Andrea 410, 492
Mao Tse-tung 483
Maradona, Diego Armando 394
Marceau, Marcel 398
Marcks, Marie 473
Marcuse, Herbert 63, 169, 281, 308, 331, 527
Marcuse, Ludwig 30-32, 281, 308
Margolina, Sonja 135
Maria Theresia, Erzherzogin von Österreich 79
Mariamme 277
Marić, Mileva 187

Mariën, Marcel 499
Markwort, Helmut 515
Marlowe, Christopher 298f.
Maron, Monika 98
Marquardt, Axel 170
Marti, Susan 199
Martini, Simone 192
Marx, Karl 35f., 39, 45, 47, 84f., 97, 149, 303, 308, 314, 326, 330f., 335, 338, 351, 366, 481f., 484-486, 499, 516, 519, 538, 553, 555
Masen, Jacob 241
Masolino, Tommaso di Cristoforo Fini 193
Masson, Jeffrey M. 443
Mathieu, Mireille 513
Matthäus, Lothar 256, 394, 446, 449
Maupassant, Guy de 200, 519
Mauthner, Fritz 140
Mavor, James W. 216
May, Karl 43, 95, 109
Mayer, Arno J. 185
Mayer, Robert 375
Mazarin, Jules 344
McBride, Joseph 511
McCarthy, Joseph Raymond 384, 520
McCarthy, Susan 443
McCartney, Paul 464
McCormick, James 357
McCullers, Carson 43, 491
McDannell, Colleen 308
Mead, Margaret 327
Medawar, Peter 169
Mehring, Walter 62
Meiser, Hans 257
Meister der weiblichen Halbfiguren 197
Meister des Wiener Schottenstiftes 203
Mendel, Gregor Johann 375
Mendelssohn, Moses 336
Mendelssohn Bartholdy, Felix 73, 80, 82, 418
Menninger, Annerose 389
Mentz, Hans 62
Menzel, W. 362
Merck, Johann Heinrich 408
Merkel, Max 467
»Mescalero« 414-416
Messerschmidt, Manfred 98

Messner, Reinhold 388
Mey, Reinhard 69
Meyer, Lothar 106
Meyer, Wilhelm 111
Meysel, Inge 95, 99
Meysenbug, Malvida von 281
Michal, Wolfgang 473
Michelangelo Buonarroti 477, 493
Milestone, Lewis 464
Miller, Henry 37, 522
Steve Miller Band 479
Millöcker, Karl 357, 424
Minelli, Liza 281
Minetti, Bernhard 47, 54, 517
Mirror of the World 119
Mitscherlich, Alexander 17-25, 27, 70, 134, 164f., 168, 222f., 269, 274, 284, 334, 412, 472-474, 482, 527
Mitscherlich, Margarete 17-25, 27, 70, 164f., 168, 173, 222f., 225, 269, 274, 284, 315, 412, 472-474, 527
Mitterrand, François 36
Mock, Alois 533
Möllemann, Jürgen 539
Möller, Alex 485
Mörike, Eduard 68, 247, 427, 486
Mohler, Armin 293, 295, 390
Molière 243, 518
Mommsen, Katharina 543
Mondani, Danieli 199
Monroe, Marilyn 274f., 394
Montaigne, Michel de 519
Montefiore, Claude 305
Montesquieu, Charles-Louis de Secondat, Baron de la Brède et de 124, 519
Montfaucon, Bernard de 106
Monty Python 103
Moon → Mun
More, Thomas 344, 348, 481, 493
Moritz, Karl Philipp 233
Morris, Desmond 119f., 412, 451
Morus, Thomas → More, Thomas
Mosengeil, Friedrich 454
Moser, Tilmann 225, 472
Moszkowski, Alexander 65
Moxter, Michael 314
Mozart, Wolfgang Amadeus 59, 73, 82, 137, 139, 155, 238, 242-244, 327, 356, 491, 515, 529
Muck, Otto 208, 213f.

Müller, Adam 425
Müller, Friedrich Theodor Adam Heinrich von 454
Müller, Gerd 446
Müller, Hans (»Hansi«) 449
Müller, Heiner 130f., 562
Müller, Lothar 328
Müller, Meike 494, 496f.
Müller, Ulrich 139
Müller, Wilhelm (Dichter) 75
Müller, Wilhelm (Physiker) 380-382
Müller-Karpe, Hermann 132f.
Müller-Seidel, Walter 471
Müntzer, Thomas 112
Münz, Siegmund 500-502
Mulisch, Harry 85f., 291
Mun, San Myung 386
Die Mundorgel 108
Murphy, Ed 60, 99, 284, 528
Musaios 247
Muschg, Walter 175
Musil, Robert 333, 515
Musper, Heinrich T. 196
Mussolini, Benito 295, 342f., 484
Mynarek, Hubertus 316

Nabokov, Vladimir 42, 58, 162, 426, 479
Nachmansohn, David 369, 372f.
Nagel, Brigitte 377
Napoleon I., frz. Kaiser 88, 289, 344, 347, 401, 404, 454
Napoleon III., frz. Kaiser 468
Nauert, Michael 522f.
Navratil, Leo 333f.
Neill, Alexander Sutherland 45, 483
Nelkowski, Horst 363
Nelson, Horatio 558
Nenning, Günther 395
Nero, röm. Kaiser 289, 347, 467, 493
Nestroy, Johann 61
Neubauer, Caroline 173
Neuenfels, Hans 47, 152
Neuenschwander, Erwin 376
Neumann, Robert 42, 65
Neuss, Wolfgang 555
News from Perin in Cornwall 232
Newton, Isaac 176f., 358, 368
Nibelungenlied 297
Niebelschütz, Wolf von 93, 534

Niekisch, Ernst 294
Nietzsche, Friedrich 22, 28 f., 40, 69, 73, 76 f., 86, 87-89, 139, 142-144, 146, 149, 180, 184 f., 254, 272, 281, 291 f., 302, 307, 315, 317, 329 f., 335, 394, 404, 410, 425 f., 433, 445, 467, 484, 491, 535, 550, 554 f.
Nightingale, Florence 95
Nikolaus von Kues 302 f., 356, 357
Nixon, Richard 445, 481
Nodus Sophicus Enodatus 459
Noelle-Neumann, Elisabeth 29, 45, 331 f., 392, 482
Nötzel, Karl 51, 561
Nolte, Ernst 272, 288, 482
Nostradamus 342-350
Notke, Bernt 495
Notker Balbulus (der Stammler) 403
Notredame, Michel de
→ Nostradamus
Novak, Kim 394
Novalis (d. i. Friedrich von Hardenberg) 89, 141, 143, 190, 301, 351-353, 356, 456
Nowottny, Friedrich 562

O., Anna → Pappenheim, Bertha
Octavianus, Gajus → Augustus
Odyniec, Anton Eduard 455
Oeser, Adam Friedrich 93 f.
Offenbach, Jacques 93, 425
Ojemann, George A. 182
Olbers, August 497
Ollendorf, Oberst 358
Ollenhauer, Erich 412
Onania oder die erschreckliche Sünde der Selbst-Befleckung 359
Opitz, Martin 241
Orff, Carl 187, 235
Origenes 202, 316
Orley, Bernaert van 194
Orwell, George 318, 511, 527
Osman, Nabil 267
»Ossian« 410
Ossietzky, Carl von 293
Ott, Hugo 325
Ovid 238 f., 246 f., 493
Oxenstierna, Axel Gustavsson 480, 485
Oxford, Edward De Vere, Earl of 298

Palágyi, Melchior 364 f., 367
Palaiphatos 400
Palme, Olof 68
Pandelea, Anca 83
Pankraz → Zehm, Günter
Pappenheim, Bertha 156
Paracelsus (d. i. Theophrastus Bombastus von Hohenheim) 376, 458, 460
Parmenides 268
Parmigianino (d. i. Francesco Mazzola) 197, 199
Parrhasios 492
Pascal, Blaise 518
Pastior, Oskar 93
Paul III., Papst 389
Paul, Günter 176, 180, 281
Paul, Wolfgang 180, 281
Pauli, Wolfgang 179, 187, 281
Pavese, Cesare 39
Pawlow, Iwan Petrowitsch 127, 139
Pember, Don R. 509
Penck, A. R. 562
Peri, Jacopo 75
Perutz, Leo 96, 250, 534
Peymann, Claus 101, 562
Pfaff, Alfred 49
Pfeiffer, Michelle 394
Pfister, Manfred 109
Pfitzner, Hans 45, 79
Pfuel, Ernst von 454
Philipp II., span. König 343
Piaf, Edith 326, 518
Picasso, Pablo 35 f., 551
Picker, Henry 290 f., 377, 434, 437 f.
Piero di Cosimo 238
Abbé Pierre (d. i. Henri-Pierre Grouès) 295
Pilatus, Pontius 304 f.
Pink Floyd 155
Pischel, Barbara 209
Pitt, William, d. J. 558
Pius IX., Papst 276, 306, 309
Piwitt, Hermann Peter 35, 102
Planck, Max 178, 363, 369-371, 381
Platen, August von 412, 455
Plato(n) 99 f., 168, 171, 207-216, 218 f., 264 f., 268, 303, 313, 429, 449, 453, 483
Plautus 244
Plinius d. Ä. 209

Plutarch 209
Poe, Edgar Allan 491, 559
Poincaré, Henri 379
Polgar, Alfred 96
The Police 479
Polo, Marco 108 f., 389, 398
Polt, Gerhard 66, 467, 474, 488, 516
Polydor 478
Pompejus, Gnäus P. Magnus 397
Ponchielli, Amilcare 79
Pontalis, Jean-Bertrand 162-164, 168
Pope, Alexander 394
Porta, Giovanni della 113
Pound, Ezra 239
Poussin, Nicolas 91, 94, 131, 514
Povlsen, Flemming 469
Prandtl, Ludwig 382
Prause, Gerhard 107 f., 276 f., 279 f.
Prechtl, Michael Mathias 96, 475, 477
Prévot, André 399 f.
Primer, Helmut 447
Proudhon, Pierre Joseph 519, 551 f.
Proust, Marcel 36, 39, 41, 72, 178 f.
Ptolemäus, Claudius 108, 376
Puccini, Giacomo 44, 83, 139 f., 248, 426, 552-554
Pulver, Liselotte 547
Pusch, Luise F. 263
Pyenson, Lewis 363

Qualtinger, Helmut 292
Quant, Johann Gottlob von 396
Queen 479
Quintilian 117

Raabe, Wilhelm 56 f., 63, 338
Rabelais, François 236
Rabin, Jizchak 539
Raddatz, Fritz J. 23, 32 f., 44, 50 f., 266, 331, 554, 562
Radenkovic, Petar 467
Raff, Joseph Joachim 542
Rahm, Franz 358
Rahner, Karl 315-317
Raimund, Ferdinand 412
Rainer, Arnulf 497
Ramage, Edwin S. 209
Ramsauer, Carl 382
Ranke, Leopold von 108
Ranke-Graves, Robert 121
Ransmayr, Christoph 239

Ráth-Végh, István 468
Rathenow, Lutz 188, 505 f.
Ratzinger, Joseph 303, 313, 317
Raubal, Geli 553
Rauschning, Hermann 291
Ray, Nicholas 278
Reemtsma, Jan Philipp 545, 562
Reger, Max 137
Rehhagel, Otto 446, 449-451
Reich, Nancy 417
Reich, Wilhelm 169, 284
Reich-Ranicki, Marcel 47, 419 f., 477, 548
Reinmar von Brennenberg 239
Reisch, Linda 165
Reißmüller, Johann Georg 539 f.
Rembrandt van Rijn 44, 49, 195, 493
Renault, Alain 326
Renoir, Auguste 194
Rescher, Nicholas 331
Rethwisch, Ernst 460
Reuter, Edzard 562
Reynolds, Joshua 493
Ribbentrop, Joachim von 45
Richards, Douglas G. 219
Richardson, Jonathan 131
Richter, Horst-Eberhard 223, 562
Richter, Johann Paul Friedrich
 → Jean Paul
Ricœur, Paul 326
Ricordi, Giulio 79
Ridley, Nicholas 394
Riedl, Erich 112, 130
Riemer, Friedrich Wilhelm 395
Rihm, Wolfgang 235
Rilke, Rainer Maria 69, 265, 561 f.
Ringel, Erwin 25
Ringelnatz, Joachim 525
Rinser, Luise 29, 70, 95 f., 166, 187, 315 f., 428, 445, 448, 460 f., 470, 515
Rinuccini, Ottavio 75
Ritter, Henning 182, 327 f.
Rob Roy (d. i. Robert MacGregor) 345
Roberts, Gareth 458
Robespierre, Maximilien de 344
Robins, G. 233
Rockefeller, Nelson 119
Röckel, August 148
Röhl, Klaus Rainer 482, 523
Röhm, Ernst 289

Roh, Franz 27, 33, 77, 82, 137, 140, 144, 185, 273, 326 f., 491, 528, 542 f., 563
Rojeasline 455
Rolland, Romain 153
Romberg, Johanna 121
Roosevelt, Theodore 344
Roscher, Markus 523
Rosenberg, Alfred 153, 185, 311, 436, 522
Rosendorfer, Herbert 60, 516, 534, 555
Rosenkranz, Karl 425
Rosenthal, Philip 562
Rosh, Lea 97
Rossini, Gioacchino 82
Rostworowski, Karol H. 233
Roth, Joseph 286
Rouault, Georges 36
Rousseau, Jean-Jacques 88, 326 f., 331, 425, 519 f.
Rubens, Peter Paul 195, 494
Rubin, Zick 351
Rudbeck, Olof 209
Rückert, Friedrich 68, 93
Rühe, Volker 503
Rühmkorf, Peter 36, 394, 485, 555
Rütting, Barbara 95
Rummenigge, Karl-Heinz 449, 469
Rushdie, Salman 489, 564
Russell, Jeffrey Burton 107
Russell, Theresa 40
Rutschky, Michael 134, 164 f., 564

Sachs, Hans 145 f., 240, 290, 311, 410
Sade, Donatien-Alphonse-François, Marquis de 86
Saint-Exupéry, Antoine de 399
Salgari, Emilio 43
Salome (Schwester Herodes I.) 277
Salome (Tochter der Herodias) 277-279, 305
Sammer, Matthias 350
Santamaría, José 307
Sarkander, Jan 311
Sartre, Jean-Paul 35-37, 43, 48 f., 324-326, 332, 335, 338, 515, 519
Savalas, Telly 259
Schabert, Ina 298
Schacht, Hjalmar 437

Schärdel, Iris 395
Schalck-Golodkowski, Alexander 26
Schapiro, Meyer 172
Scharping, Rudolf 338, 476, 562
Schatz, Klaus 310
Schedel, Hartmann 330
Scheel, Klaus 370
Schelling, Friedrich Wilhelm Joseph 170, 336, 426
Schenck, Ernst Günther 439
Schenkendorf, Max von 485
Scheper, Hinnerk 496 f.
Scherrmann, Christine 147
Schiaparelli, Giovanni 110 f.
Schicklgruber, Alois 285
Schicklgruber, Maria Anna 285
Schidone (Schedoni), Bartolommeo 91 f., 94
Schiffer, Claudia 258, 394, 468
Schiller, Friedrich 65, 87-90, 92-94, 186, 189, 228, 236, 351, 354, 356, 390, 394, 407, 425, 454, 543, 552, 554
Schiller, Karl 484
Schiltbürger → *Lalebuch*
Schily, Otto 504
Schimmel, Annemarie 489
Schinkel, Karl Friedrich 515
Schirach, Baldur von 447
Schirinowski, Wladimir 394
Schirrmacher, Frank 40, 48, 394
Schlegel, August Wilhelm 245, 350, 355 f.
Schlegel, Friedrich 89, 143, 350 f., 353, 356
Schleiermacher, Friedrich 336-338, 356
Schloemann, Martin 68
Schlosser, Horst Dieter 205
Schlotthauer, Monika 528
Schmid, Carlo 517 f.
Schmid, Harald 281
Schmid, Roswitha 369, 372 f.
Schmid, Thomas 282, 337
Schmid, Willi 289
Schmidhuber, Peter 562
Schmidt, Arno 58, 105 f., 109, 525, 527, 534
Schmidt, Harald 282
Schmidt, Helmut 81, 261, 448, 488, 530, 539
Schmidt, Oskar 183

Schmidt, Renate 151, 562 f.
Schmidt, Willi 289
Schmitt, Carl 295, 336, 390 f., 484, 517
Schmitt, Eberhard 387
Schmitt, Jean-Claude 117, 120
Schmölders, Claudia 121
Schneider, Peter 160, 166, 169 f., 548
Schneider, Romy 394, 547
Schnell, Ralf 529
Schneyder, Werner 60
Schnurre, Wolfdietrich 515
Schöllgen, Gregor 486
Schön, Helmut 446
Schönberg, Arnold 139
Schönerer, Georg von 291
Schönhuber, Franz 31
Schongauer, Martin 203
Scholl, Mehmet 449
Schopenhauer, Arthur 76 f., 82, 143, 155, 168, 180, 185, 268-270, 312, 426, 438, 456, 484, 516, 554
Schopenhauer, Johanna 455
Schorlemmer, Friedrich 69, 467, 523
Schostakowitsch, Dimitrij 447
Schott, Georg 434 f.
Schreinemakers, Margarethe 98, 315, 478
Schröder, Gerhard 476
Schröder, Reinald 378
Schrödinger, Erwin 28, 187, 333, 456
Schubert, Franz 73-75, 77, 137, 140, 334, 542
Schücking, Levin 494
Schüddekopf, Carl 559 f.
Schueler, Conrad 459
Schütte, Wolfram 57, 80, 517
Schulten, Adolf 210
Schulz, Peter 44
Schulze, Gottlob Ernst 270
Schumann, Clara 417-419
Schumann, Robert 75, 82, 141, 351, 417-419
Schurz, Robert 557 f.
Schuster, Bernd 449
Schwanitz, Dietrich 299 f.
Schwarzenbeck, Georg (»Katsche«) 447, 515
Schwarzenberg, Felix, Fürst zu 401
Schwarzenegger, Arnold 467
Schweitzer, Albert 82, 448

Schwilk, Heimo 317
Scott, Ridley 110
Sebastian, König von Portugal 389
Secchi, Angelo 110
Sedlmayr, Walter 546
Seebacher-Brandt, Brigitte 134
Seeler, Uwe 448
Seelig, Carl 363
Seeßlen, Georg 25, 509
Seibt, Gustav 41, 135, 337, 484, 503
Seidler, Luise 396, 559
Seitter, Walter 171
Seitz, Norbert 24
Seneca 235
Sexl, Roman U. 467
Shakespeare, William 44, 73, 236, 243-248, 253, 275, 298-301, 303 f., 356
Shaw, George Bernard 145
Shelley, Mary Wollstonecraft 490
Shelley, Percy Bysshe 90, 490
Shen Chou 511
Shirer, William L. 148, 285-291, 294, 296, 472
Sibelius, Jean 47
Sichtermann, Barbara 98 f., 335, 448
Siebeck, Wolfram 60, 189
Sieferle, Rolf Peter 182 f., 291
Sielmann, Heinz 479
Sieveking, Carl 455
Silcher, Friedrich 74
Simek, Rudolf 106 f., 109
Simmel, Georg 84 f.
Simmel, Johannes Mario 473
Simon and Garfunkel 479
Simpson, Thomas 99
Sinclair, Upton 464
Skrabanek, Petr 357
Sloterdijk, Peter 271, 550
Smetana, Bedřich 74
Snell, Bruno 92
Soderbergh, Steven 40
Sölle, Dorothee 163 f.
Sokolowsky, Kay 527
Sokrates 99-101, 264 f., 303, 313, 357, 395, 429, 449
Sollbach, Gerhard E. 109
Solms, Wilhelm 504
Solon 207-209, 211-213, 215 f., 218
Solschenizyn, Alexander 66, 561
Sommer, Elke 274

Sommer, Theo 275, 282, 302, 412, 466, 508
Sommerfeld, Arnold 179, 364 f., 368, 371, 373, 380-382, 385
Sophokles 161 f., 187, 235, 271, 275, 466
Sorel, Agnès 195-197
Soret, Frédéric Jean 455
Sorge, Elga 318
Sotscheck, Ralf 465
Spanuth, Jürgen 212 f.
Speer, Albert 147, 286
Speidel, Ludwig 138, 144
Spence, Lewis 210 f.
Spencer, Herbert 180
Spengler, Oswald 30, 101, 185, 294, 307, 330 f., 426, 445, 491, 522 f.
Spenser, Edmund 245
Spielberg, Steven 216, 222
Spierling, Volker 269
Spies, Werner 36
Spinnler, Rolf 550
Spinoza, Baruch de 426, 445, 453 f.
Spohr, Louis 141
Spotts, Frederic 138, 140, 142 f., 145, 147, 150, 152-154
Springer, Axel Caesar 46
Staël-Holstein, Anne Louise Germaine de 351
Stackelberg, Otto Magnus von 455
Stadelmann, Johann Karl Wilhelm 395
Stadelmann, Rudolf 325
Staguhn, Gerhard 186 f.
Staiger, Emil 89, 543
Stalin, Josef 258, 394 f., 483
Stark, Johannes 179, 362-364, 366, 368-373, 375, 379-382, 384
Stauffenberg, Claus Graf Schenk von 293, 560
Steevens, George 300
Steffensky, Fulbert 163 f.
Stegemann, Wolfgang 304 f.
Stein, Ulrich 274, 449, 473 f.
Steinbach, Erwin von 490
Steiner, George 532
Steiner, Peter 546
Steiner, Rudolf 221
Steinmann, Dieter 465
Stengel, Georg 232
Stenmark, Ingemar 46, 78

Stent, Peter 493
Stephan von Bourbon 120
Sternberger, Dolf 487
Steuhl, Wolfgang 313
Stevenson, James 463
Stich, Jessica 27
Stielike, Ulrich (»Uli«) 394
Stingelin, Martin 160-162, 172
Stockhausen, Karl-Heinz 101
Stoecker, Wolf 98
Störig, Hans Joachim 270, 358, 395, 429, 453, 480
Stoiber, Edmund 206, 482
Stoll, Dieter 26
Stolle, Falk 460
Stoltze, Friedrich 521
Stone, Sharon 274 f., 394
Storch, Johann 128
Strabon 209, 388
Strachey, James 172
Straßburger Eide 403
Strassner, Fritz 546
Straub, Jean-Marie 40
Strauß, Botho 56, 64, 134, 188, 272, 316 f.
Strauss, David Friedrich 303
Strauß, Franz Josef 45, 48, 81, 135, 205, 227, 228, 394, 413, 426, 467 f., 482 f., 486
Strauß, Johann, d. Ä. 79
Strauss, Richard 79, 81, 137, 153, 278, 280, 465, 508
Strawinsky, Igor 235
Streep, Meryl 394
Streibl, Alwin 37, 525
Streisand, Barbra 281
Stremmel, Jochen 50
Strindberg, August 46 f., 554
Strossmayer, Joseph Georg (Josip Juraj Štrosmajer) 310
Struck, Karin 97, 530, 533
Strunz, Franz 105
Stülpnagel, Karl-Heinrich von 45, 293
Süssmuth, Rita 393
Sueton 558
Svevo, Italo 39 f., 96
Swift, Jonathan 188

Tabori, George 98
Tacitus 410
Tal, Michail 427

Talmud 157, 332, 381, 386
Tappert, Wilhelm 142
Tarrasch, Siegbert 185
Tate, Sharon 274 f., 394
Tebaldi, Renata 82 f.
Mutter Teresa (d. i. Agnes Gonxha Bojaxhiu) 95, 98
Tertullian 304
Teufel, Fritz 97
Thalmann, Marianne 490
Thatcher, Margaret 394
Theoderich der Große, König der Ostgoten 436
Theodotos von Ankyra 202
Thoma, Hans 407, 491
Thoma, Ludwig 60, 152
Thomä, Dieter 324 f.
Thomas von Aquin 119
Thompson, Dorothy 511
Thüring, Bruno 381 f.
Tieck, Ludwig 80, 143, 246, 350-352, 355 f.
Tiedje, Hans-Hermann 348
Tiepolo, Giovanni Battista 193
Tilkowski, Hans 540
Tissot, Samuel A. 359-361
Titze, Henry G. 165
Tönnies, Ferdinand 332, 334
Tönnies, Sibylle 94, 332
Tolstoi, Leo 66, 104, 547, 554
Tomayer, Horst 64, 392
Topper, Uwe 216 f.
Toppmöller, Klaus 470
Torberg, Friedrich 65
Toscanelli, Paolo dal Pozzo 356
Toscanini, Arturo 82
Towarnicki, Frédéric de 324 f.
Toynbee, Arnold Joseph 307 f., 330, 445, 484, 522
Trabant, Jürgen 340
Tratschke → Prause, Gerhard
Trelawny, Edward John 90
Trenker, Luis 147, 391 f.
Trenkler, Götz 297, 388, 506 f., 519
Tresckow, Henning von 296
Tributsch, Helmut 217-219
Truman, Harry Spencer 520
Tschaikowski, Peter Iljitsch 66
Tschernyschewski, Nikolaj Gawrilowitsch 507 f.

Tuchman, Barbara 259, 444
Tucholsky, Kurt 44, 56, 60, 62 f., 204, 206, 226-230, 294, 424, 426, 471, 502-504, 525
Turban-Maazel, Dietlinde 394
Turner, Kathleen 394
Twain, Mark 520
Tzara, Tristan 557

U2 479
Ueding, Gert 525 f.
Uhland, Ludwig 239, 486
Uljanow, Wladimir Iljitsch → Lenin
Ullrich, Volker 472
Unseld, Joachim 531
Unseld, Siegfried 64, 326, 516, 521, 530-534
Unzicker, Wolfgang 514
Updike, John 464
Ury, Else 254, 421
Usher, James 259
Ustinov, Peter 467
Uz, Johann Peter 91

Valentin, Karl 66, 86, 206, 229, 251, 253, 275, 287, 328, 354, 411, 456
Valentin, Veit 153, 183, 289, 353, 402, 406, 409-413, 428, 473
Valéry, Paul 355
Varnhagen, Rahel 351, 426
Vasari, Giorgio 131, 171
Veit, David Johann 455
Veit, Dorothea 356
Veneziani Svevo, Livia 39 f.
Venske, Regula 24
Verdi, Giuseppe 59, 44, 76, 78 f., 82 f., 237, 245, 426, 515
Verdier, Yvonne 190, 240
Vergil 92
Vester, Frederic 452
Viereck, Peter 145
Vischer, Friedrich Theodor 65, 141, 425
Voegel, Susanne 361
Vogts, Hans-Hubert (»Berti«) 446
Volhard, Ewald 388, 390
Voltaire 235, 328, 425
Vos, Johtje 97
Voss, Heinrich 454
Voss, Johann Heinrich 256

Waalkes, Otto 266
Wackenroder, Wilhelm Heinrich 80, 143, 351 f.
Wacker, Otto 378
Waerden, Bartel Leendert van der 369
Wagener, Otto 433
Wagner, Cosima 57, 76, 78 f., 140, 143, 145
Wagner, Gottfried 473
Wagner, Minna 154
Wagner, Nike 150, 152, 154, 332
Wagner, Richard 28 f., 57 f., 64, 73-82, 87, 89, 137-155, 158, 180, 185, 247 f., 257, 286, 288-291, 311-313, 326, 330, 333, 394, 396, 403, 407, 410, 418, 420, 430-432, 484, 491, 500, 518, 520, 542, 547
Wagner, Wieland 146, 150, 152, 154, 291
Wagner, Winifred 76, 144, 147, 291, 293, 484
Wagner, Wolfgang 291, 333
Waite, Robert George Leeson 430
Waley, Thomas 118 f.
Walker, Mark 384
Wallenstein → Albrecht von Waldenstein
Wallmann, Walter 45
Wallraff, Günter 530
Walser, Alissa 555
Walser, Martin 59, 532 f., 555
Walser, Robert 53
Walther, Ingo F. 551
Wapnewski, Peter 139
Ward, Charles A. 343, 346, 349
Warhol, Andy 37, 96
Wark, Robert A. 493
Weber, Alfred 487 f.
Weber, Carl Maria von 139, 356, 396
Weber, Juliane 488
Weber, Max 391, 485-488
Weber, Wolfgang 540
Webern, Anton von 74
Wecker, Konst. 34, 469
Wegmann, Peter 492
Wehler, Hans-Ulrich 184
Wehner, Herbert 519
Wehrle, Sibylle 522
Weigel, Helene 95
Weingarten, Susanne 36

Weinzierl, Ulrich 47, 54
Weise, Christian 460
Weiß, Konrad 63, 230, 523
Weiss, Peter 86, 527
Weissweiler, Eva 417-419
Weizmann, Chaim 288
Weizsäcker, Carl Friedrich von 369, 380
Weizsäcker, Richard von 44, 96, 504
Weldon, Fay 334
Welles, Orson 40, 509-513
Wells, Herbert George 111, 509, 511 f.
Wels, Otto 511
Wen Cheng-ming 511 f.
Wenzel, dt. König 121
Werfel, Franz 500
Werff, Adriaen van der 193
Werner, Zacharias 232
Wesendonck, Mathilde 154 f., 518
Wessel, Ivo 452
Westerwelle, Guido 511
Weyden, Rogier van der 193, 203
Weyland, Paul 364 f., 368, 384
Wickert, Ulrich 72, 512
Widmer, Urs 53
Wieck, Wilfried 24
Wieland, Christoph Martin 92-94, 329
Wiesengrund → Adorno
Wieser, Harald 342
Wilamowitz-Moellendorff, Ulrich von 89
Wilde, Oscar 278, 280
Wilder, Billy 244
Wilhelm I., der Eroberer, engl. König 331
Wilhelm II., dt. Kaiser 396 f., 403, 405
Wilhelm von Occam 309, 429
Willemsen, Roger 230
Willen, Günther 540
William the Conqueror → Wilhelm I.
Willms, Johannes 404-406, 410 f.
Wilpert, Gero von 252
Wilson, Andrew N. 317
Winckelmann, Johann Joachim 87-90, 563
Winkler, Angela 42
Winter, Judy 274
Wissmann, Matthias 450

Wittels, Fritz 160, 169
Wittgenstein, Ludwig 51, 549f.
Wittstock, Uwe 23
Witzenburger → *Lalebuch*
Wörner, Manfred 31
Wojtyla, Karol → Johannes Paul II.
Wolf, Christa 23, 555
Wolf, Hugo 153
Wolf, Max 364f.
Wolf, Ror 53, 97, 360, 446, 555
Wolfe, Thomas 35, 37
Wolff, Karl Dietrich 556
Wolfram von Eschenbach 237
Wollschläger, Hans 491, 509, 516
Wollstonecraft Shelley, Mary
 → Shelley
Wolzogen, Hans von 139, 151
Wondratschek, Wolf 38
Worgitzky, Charlotte 522
Wucher, Albert 289, 309
Wüllenweber, Willi 259
Wyclif, John 320
Wysling, Hans 180

Young, Paul 479
Yourgrau, Roman 467

Zadek, Peter 47, 152, 301
Zahl, Peter Paul 68
Zangger, Eberhard 218f.
Zanker, Paul 481
Zardino de Oration 189
Zehm, Günter 50f.
Zelinsky, Hartmut 141, 144
Zell, F. 424
Zeller, Carl 516
Zentner, Marcel 168
Zeuxis 492
Ziegler, Joseph 202
Zimmer, Dieter E. 169, 183, 223
Zimmermann, Johann Georg von 454
Zinnemann, Fred 138
Zitelmann, Rainer 294, 482
Zola, Emile 519
Zschaetsch, Karl Georg 211, 220
Zweig, Stefan 55, 66
Zwerenz, Gerhard 33, 44, 274, 426, 471, 516, 522, 526, 555
Zwickel, Klaus 97